中国人民大学科学研究基金重大规划项目：
实现小农户与现代农业发展有机衔接研究

创新与发展

——农村集体产权制度改革及效应研究

孔祥智 等◎著

INNOVATION AND DEVELOPMENT
——RESEARCH ON THE REFORM OF
RURAL COLLECTIVE PROPERTY RIGHTS SYSTEM

经济管理出版社
ECONOMY & MANAGEMENT PUBLISHING HOUSE

图书在版编目（CIP）数据

创新与发展：农村集体产权制度改革及效应研究/孔祥智等著 . —北京：经济管理出版社，2022. 6

ISBN 978-7-5096-8448-1

Ⅰ. ①创… Ⅱ. ①孔… Ⅲ. ①农村—集体财产—产权制度改革—研究—中国 Ⅳ. ①F321. 32

中国版本图书馆 CIP 数据核字（2022）第 087389 号

组稿编辑：曹　靖
责任编辑：郭　飞
责任印制：黄章平
责任校对：张晓燕　陈　颖

出版发行：经济管理出版社
　　　　　（北京市海淀区北蜂窝 8 号中雅大厦 A 座 11 层　100038）
网　　址：www. E-mp. com. cn
电　　话：（010）51915602
印　　刷：唐山昊达印刷有限公司
经　　销：新华书店
开　　本：787mm×1092mm/16
印　　张：41. 75
字　　数：866 千字
版　　次：2022 年 8 月第 1 版　2022 年 8 月第 1 次印刷
书　　号：ISBN 978-7-5096-8448-1
定　　价：198. 00 元

目　录

上篇　理论探讨

中篇　产权改革

下篇　集体经济发展

上篇　理论探讨

第一章 产权制度改革与农村集体经济发展

——一个研究框架及其应用[①]

在"统分结合"的双层经营体制中，农村集体经济组织一直发挥着"统"的重要作用。但从全国情况来看，集体经济组织普遍处于"空壳"状态。根据农业部门的数据，2015年全年没有任何收益的村占55.3%，年收入5万元以下的村占21.7%。收入的拮据使集体经济组织无法发挥"统一经营"的作用[②]。2008年召开的中共十七届三中全会对"统一经营"的范畴作了重新界定，即"统一经营要向发展农户联合与合作，形成多元化、多层次、多形式经营服务体系的方向转变，发展集体经济、增强集体组织服务功能，培育农民新型合作组织，发展各种农业社会化服务组织，鼓励龙头企业与农民建立紧密型利益联结机制，着力提高组织化程度"。集体经济组织成为诸多可以为分散的家庭经营服务的主体之一。但中国的特殊国情、特殊制度背景使集体经济组织不可能在"统一经营"中缺位，否则，仅依靠市场机制调节经营性组织的服务行为很有可能造成"市场失灵"现象。尤其像2020年暴发的新冠肺炎疫情那样的突发性公共卫生事件或自然灾害现象，单纯地依靠经营性组织必然会造成效率损失，最终损害小农户利益。而集体经济组织收入状况又使其无法行使"统一经营"职责。这一矛盾现象使农村基本经营制度一直处于不稳定状态。近年来，在农村开展的集体产权制度改革则产生了意想不到的效果，由改革促进了集体经济的发展，这很值得我们从理论上进行深入讨论。本章首先构建分析产权制度改革促进农村集体经济发展的理论框架，在此基础上，利用中国人民大学课题组2018~2019年在山东、贵州、广西调研的三个案例进行验证，并提出若干对策建议。

第一节 "产权清晰＋制度激励"：一个分析框架

所谓产权，H.登姆塞茨认为，"包括一个人或其他人受损或者受益的权利"，

---

① 执笔人：孔祥智。
② 孔祥智，高强.改革开放以来我国农村集体经济的变迁及当前亟需解决的问题［J］.理论探索，2017（1）：116-122.

"产权是一种社会工具，其重要性就在于事实上它们能帮助一个人形成他与其他人进行交易时的合理预期"①。A. A. 阿尔钦认为，"产权是一个社会所强制实施的选择一种经济品的使用的权利"，"私有产权是对必然发生的不相容的使用权进行选择的权利的分配。它们不是对可能的使用所施加的人为的或强制性限制，而是对这些使用进行选择时的排他性权利分配"②。在西方经济学家看来，产权具有排他性，它可以决定谁能以一定方式使用一种稀缺资源的权利；产权是可分割的，可以细分为占有权、使用权、收益权、转让权；产权具有可处置性特点，一个人无论获得哪种意义上的产权，都可以处置它，除非合约上有明确规定；产权是有限的，任何产权与其他产权之间都有清晰的界限，而且任何产权都有时间、空间界限③。

产权经济学源于科斯的企业理论，后人把他的理论总结为科斯定理。科斯表示："'科斯定理'这一术语并非我的首创，我亦未曾对这一定理作过精确的表述。""权利的界定是市场交易的基本前提，……最终结果（促进产值最大化）与法律裁决无关。""这是科斯定理的实质。……这一结果取决于交易费用为零的假设。④""……没有这种权利的初始界定，就不存在权利转让和重新组合的市场交易。但是，如果定价制度的运行毫无成本，最终的结果（产值最大化）是不受法律状况影响的。"这就是科斯第一定理。经济学家斯蒂格勒把它概括为："……在完全竞争条件下，私人成本与社会成本将相等。"由于社会成本代表着生产要素在替代的用途中会产生的最大价值，因此，在零交易成本条件下，产值将最大化。

问题在于，交易费用是不可能为零的。"一旦考虑到进行市场交易的成本，那么显然只有这种调整后的产值增长多于它所带来的成本时，权利的调整才能进行。反之，禁令的颁布和支付损害赔偿金的责任可能导致发生在无成本市场交易条件下的活动终止（或阻止其开始）。在这种情况下，合法权利的初试界定会对经济制度的运行效率产生影响"⑤。这就是科斯第二定理。它表示：第一，在现实世界里，交易成本一定大于零，因此，对产权的界定是重要的，它会对经济系统运行效率产生影响。第二，产权的调整只有在有利于产值增长时才有可能发生。即发生产权调整的必要条件是调整后的产值大于调整前的产值，或者说必须出现产值的净增长⑥。

① H. 登姆塞茨. 关于产权的理论 [A]. R. 科斯等. 财产权利与制度变迁——产权学派与新制度学派译文集 [C]. 上海：上海三联书店，上海人民出版社，1994.

② A. A. 阿尔钦. 产权：一个经典注释 [A]. R. 科斯等. 财产权利与制度变迁——产权学派与新制度学派译文集 [C]. 上海：上海三联书店，上海人民出版社，1994.

③ 罗必良. 新制度经济学 [M]. 太原：山西经济出版社，2005.

④ 罗纳德·科斯. 社会成本问题的注释 [A]. 盛洪. 现代制度经济学（上卷）[M]. 北京：北京大学出版社，2003.

⑤ R. H. 科斯. 社会成本问题 [A]. R. 科斯等. 财产权利与制度变迁——产权学派与新制度学派译文集 [C]. 上海：上海三联书店，上海人民出版社，1994.

⑥ 袁庆明. 新制度经济学 [M]. 北京：中国发展出版社，2005.

在科斯第二定理框架下，"一种权利的调整会比其他安排产生更多的产值"①。农村集体产权制度改革就是这样，在产权界定的初始阶段（我们假定这次改革前为科斯所说的"初始阶段"），集体产权的运行效率很低，这是改革的初衷。按照《中共中央　国务院关于稳步推进农村集体产权制度改革的意见》（以下简称《意见》），农村集体经营性资产存在着"归属不明、经营收益不清、分配不公开、成员的集体收益分配权缺乏保障等突出问题"②，这些问题归结起来，就是"归属不明"，即产权不清晰。"这种形式的所有制没能将任何人实施他的共有产权时所带来的成本集中于他身上。"这种制度运转的"谈判成本可能因很多人很难达成一个共同满意的协议而很高，……即便所有人之间的协议能够达成，我们还必须考虑监察协议的成本，这些成本也可能很大"。而"产权的一个主要功能就是导引人们实现将外部性较大地内在化的激励"。按照登姆塞茨的界定，外部性包括外部成本、外部收益以及现金和非现金的外部性。明晰的产权制度将会使这些外部性内部化，从而会提升经济实体的运行效率③。

按照《意见》要求，这次农村集体产权制度改革的任务包括：①开展集体资产清产核资。要求对集体所有的各类资产进行全面清产核资，摸清集体家底。②明确集体资产所有权。即事实上属于哪一级集体所有就确权到哪一级，不打乱原集体所有的界限，建立健全集体经济组织。③加强农村集体资产的财务管理，切实做到财务公开。④确认集体组织成员的身份，解决成员边界不清问题。⑤从2017年起，用5年左右的时间把集体经济组织股份确权到人，完成经营性资产股份合作制改革，构建社区股份合作社，名称可为经济合作社，也可为股份经济合作社。⑥发挥农村集体经济组织的功能作用，通过多种形式发展集体经济。⑦搭建平台，引导农村集体产权规范流转和交易。可见，这次改革的特点可以归纳为"产权明晰到组（组织），股份明晰到人"，是20世纪80年代初期推行家庭承包经营制度以来对农村集体产权的第二次改革。从已经完成改革任务的15个省份来看，改革效果的确验证了菲吕博腾和配杰威齐"产权会影响激励和行为"的判断，"产权不是指人与物之间的关系，而是指由物的存在及关于它们的使用所引起的人们之间相互认可的行为关系。产权安排确定了每个人相应于物时的行为规范，每个人都必须遵守他与其他人之间的相互关系，或承担不遵守这种关系的成本"④。改革以后，由于集体产权的股份明晰到人，落实到户，每个村民与集体经济组织的关系由原来的福利分配（钱或物）转变为按股分红，由原来对集体经济组织漠不关心到踊跃参加监督。越是集体经济实力

①　R.H.科斯.社会成本问题［A］.R.科斯等.财产权利与制度变迁——产权学派与新制度学派译文集［C］.上海：上海三联书店，上海人民出版社，1994.

②　由于中央文件可以通过多种方式查询，本章不予标注。

③　H.登姆塞茨.关于产权的理论［A］.R.科斯等.财产权利与制度变迁——产权学派与新制度学派译文集［C］.上海：上海三联书店，上海人民出版社，1994.

④　E.G.菲吕博腾，S.配杰威齐.关于产权的理论［A］.R.科斯等.财产权利与制度变迁——产权学派与新制度学派译文集［C］.上海：上海三联书店，上海人民出版社，1994.

雄厚的地方，村民参加股改的积极性就越高。经过改革，原来的集体经济"空壳村"，有相当一部分发展了项目，积累了资金，有的甚至分了红。如广西北海市银海区在集体产权制度改革完成后引导这些村按照资源开发、资产盘活、产业带动、物业经营、服务创收、股份合作六个方向进一步发展壮大村集体经济。截至 2019 年 11 月，44 个改革村由原来的集体经济"空壳村"转变为集体经济收入均达 5 万元以上，收入总额达到 651.5 万元。调研结果显示，越是经济欠发达地区，股改后农村集体经济发展的效果越明显，农民得到的实惠越多。由此，本章提出如下命题：

命题一：以确权到人为主要特征的农村集体产权制度改革提高了集体经济组织的运行效率，推动了集体经济发展。

改革和发展之间的关系几乎达到了"立竿见影"的效果，连产权经济学家也很难解释。诚然，产权是组织效率的重要影响因素，但不是唯一因素，还有经营者因素、项目类型、发展环境、社会经济发展总体状况等。其中，产权是基础性因素，经营者是能动性因素，那么这次产权改革能否调动经营者的积极性？调研发现，改革后各地均成立了股份合作社或者经济合作社，理事长一般由村书记或者村委会主任担任（极少数外聘，不在本章讨论范围之内），与改革前基本相同。而且，改革前他们具有支配这些资产或资源的剩余索取权，年终利润如何使用由他们说了算，而改革后则由章程或者村民（代表）大会决定，一些村连打扫卫生费用、老年人福利等都写进章程或者纳入合作社预算，理事长和其他经营管理人员只是合法地领取工资或者补贴（一般都极少）。因此，从理论上讲，经营层的积极性在改革后应该降低了。这就是这次改革和 20 世纪 80 年代初期改革的最大不同之处，20 世纪 80 年代改革的实质是把产权（法律用语为"承包经营权"）和经营权都落实到农户，因而极大地调动了农户的积极性，把产权的效用发挥到了极致；而这次改革把产权以股份的形式落实到农户，但经营权是不可分割的，在农村精英有限的前提下，一般仍然由原来的村干部经营。由于产权明晰了，这些经营人员的权利反而减少了，经营管理的积极性和创造性下降了，出现了"产权悖论"。那么，为什么经营效率反而在短期内提升了呢？

《意见》提出了 14 条改革任务，其中，第十四条即为"多种形式发展集体经济"，要求各地"从实际出发探索发展集体经济有效途径"。并且推荐了多种十分具体的"途径"，包括利用"四荒地"（荒山、荒沟、荒丘、荒滩）、果园、养殖水面等仍属于集体经营的资源，通过招标的方式发展现代农业；利用人文、历史资源和优美的生态环境发展休闲农业和乡村旅游；利用闲置的厂房、办公设备、集体经营性建设用地等以入股、自营等方式发展相应产业；整合各种资源、资金（包括政府帮扶资金）入股农业产业化龙头企业或者合作社等，并且，集体经济发展水平已经被纳入了地方政府的考核指标。具体说来，就是源于贵州省六盘水市的"三变"改革，即资源变股权、资金变股金、农民变股民。在已经完成改革试点任务的 15 个省份，通过改革推动集体经济发展都是试点内容之一。于是，在上述目标的引导下，各地都在开动脑筋，通过培植产业、招商引资、发展农民合作社等多种方式，彰显了集体产权制度改革的效果。同时，县、乡镇两级政府工作人员一起努力，弥补了村干部能力的不足。由此，本章提出如下命题：

命题二：中国特色政治制度（社会经济制度、行政管理制度）对各级干部的激励是农村集体产权发挥作用的重要原因，会推动农村集体经济进一步发展。

本章把这种类型的激励称为"制度激励"，当然不只是正向的，也可以是负向的，比如对于完不成任务或者能力不足的政府工作人员（包括村干部）予以处分和调离等。这种制度激励是制度优势的体现，也是"四个自信"的体现。

本章将采用多案例分析方法验证命题二。由于所有案例都基于集体产权制度改革，其前提就是改革已经完成，农村集体产权已经明晰到人，落实到户，因此，验证了命题二就相当于验证了命题一。从方法论上看，多案例研究方法对案例的选取有一致性的要求，即案例发生发展的背景应该是一致的，具有可比性。本章选取的案例都以农村集体产权制度改革结束为前提，符合多案例方法的基本要求。

第二节　案例分析

本节将对三个案例进行分析，然后进行总结。这三个案例分别来自贵州省六盘水市、广西壮族自治区、山东省东平县改革实例。

一、"三变"推动农村集体经济发展

所谓"三变"，是指资源变股权、资金变股金、农民变股民。这里的"资源"是指村集体以集体所有的土地、森林、草地、荒山、滩涂、水域等自然资源性资产和房屋、建设用地（物）、基础设施等可经营性资产的使用权，通过合同或者协议的方式，投资入股企业、合作社、家庭农场等新型经营主体，享有股份权利。因此，这里的"资源"实质上是集体所有的资源和资产，也包括一部分资金。"资金"是指以各级财政投入到农村的发展类、扶持类资金等（补贴类、救济类、应急类资金除外），在不改变资金使用性质和用途的前提下，量化为村集体或农民持有的资金，通过合同或者协议的方式，投资入股各类新型经营主体。农民也可以自愿以自有耕地、林地的承包经营权、宅基地的使用权以及资金、实物、技术等，通过合同或者协议的方式，投资入股经营主体。可见，六盘水的"三变"实际上是在市场化和农业现代化的大背景下，农村的各种资源价值量化以后投资到各类经营主体，通过经营主体的运作实现其价值最大化。六盘水市政府设计的"三变"改革思路，通过县、乡镇两级政府落实到村，通过村干部具体实施，取得了十分明显的效果。

六盘水地处贵州西部乌蒙山区，大部分村的集体积累很少，有相当一部分甚至属于"空壳村",村干部没有为村民服务的基本手段。"三变"改革后,村集体可以把以前利用不充分甚至闲置的耕地、林地、荒山、池塘、场地等资源入股到新型经营主体,使这些资源充分发挥作用,产生经济效益,按照协议,一部分经济效益归村集体所有,从而使参与改革的村摆脱了过去"等、靠、要"的状态,能够利用这些财力为农民提供公共服务,村干部的腰杆也"硬"了起来。自 2014 年以来,全市共有 16.52 万亩集体土地、8.21 万亩"四荒地"、32.18 万平方米水面、3450 平方米房屋入股到各类新型经营主体。通过股权收益,新增村集体经济收入 2477 万元,消除"空壳村" 157 个,"空壳村"占比从 2013 年的 53.8% 下降到 2015 年的 18.6%,2015 年全市 912 个行政村全部实现有村集体经济积累的目标。

例如,六盘水市盘县普古乡舍烹村在外经商致富的村民陶某,2012 年 5 月回到家乡,带领村民成立盘县普古银湖种植养殖农民专业合作社,并承包村内银湖水面开发水上乐园,每年按水面开发 10% 的纯收益提交舍烹村集体。自水上乐园投入经营以来,舍烹村可分到的收益已达 2 万余元。再如,盘县淤泥乡岩博村在"三变"改革中,经村民会议集体讨论,多方筹资 22 万元赎回村集体对外承包的 1480 多亩林场,并以此为抵押申请贷款,先后筹资成立矸石砖厂、小锅酒厂、火腿加工厂、休闲山庄 4 家集体企业和 1 家特种养殖专业合作社,村集体按股参与收益分红。该村将 22 亩集体土地以每亩 3 万元的标准作价入股,与 36 户农民共同出资 2380 万元创办了特种养殖专业合作社,重点养殖绿壳蛋鸡、野猪、芙蓉香鸡等特殊品种,村集体出资占 2.8%,农户出资占 97.2%。目前,该村集体资产总额已达 5250 万元,其中集体林场市值已达 1500 多万元,2014 年集体分得红利 380 万元。

六枝特区堕却乡朗树根村拥有大量的荒山、草坡和林地资源,该村把部分荒山草坡经营权承包到户,鼓励农户入股当地的农业产业化龙头企业西藏圣核农业科技股份有限公司用以发展核桃产业,全村有 20 户农户将 2512 亩承包荒山草坡经营权入股该公司,按照协议,前 5 年(核桃基地建设期),每亩按 30 元支付农户等额现金分红;核桃产生经济效益后,除去项目生产成本,公司、村民和村集体按 7∶2∶1 的比例进行分红,每亩每年按 2000 元的纯利润来计算,将产生 503.6 万元的经济总效益,村集体每年可增加经济收益 50 万元以上,农户每年可增加经济收益 100 万元,每户年收入将增加 5 万元。

六盘水市的"三变"改革,把确权后农村集体和农民手中的资源和资产用途从原来的仅利用一个途径拓展到投资入股,实现了产权的财富化,有效增加了村集体和农民的收入,目前已在全国很多地方推广,本章以下的案例都有六盘水"三变"的影子。六盘水市"三变"改革的成功,是多方面因素共同作用的结果。首先,"三变"本来就是六盘水市委、市政府设计的改革路径。2015 年 8 月 23 日,中共六盘水市委、六盘水市人民政府联合发布了《关于资源变资产、资金变股金、农民变股民的指导意见》(六盘水党办发〔2015〕32 号),不仅对"三变"内容作出了十分明确而具体的规定,还制定了"领导到位、责任到位、措施到位、人员到位,形成一级抓一级，层层抓落实"的工作机制。其次，2015年7月28日，六盘水市党委办公室发布了《六盘水市开展农村产权制度改革工作专题实施方案》（六盘水党办发〔2015〕76号），对"三变"中涉及的各项工作的具体内容、考核指标、完成时间都作了具体规定。并规定"建立督导检查制度，加大考核力度，对农村产权制度改革进展情况实行月调度、季督查、半年小结、年终考评，并将考核结果纳入各县（特区、区）统筹城乡发展工作考核和综合目标考评内容"。把改革成效与政绩考核结合起来，是推进改革的有效手段，也正是我们的制度优势。最后，六盘水市下辖的县、特区都是国家级贫困县（区），限期脱贫是基层政府的首要任务，"三变"也是脱贫攻坚的手段和重要内容，这就从制度上确保了改革的成功推进。总之，制度优势下的考核机制是"三变"改革成功的基础性条件。

二、建立农村集体经济孵化器，创新土地流转模式

在近年来的脱贫攻坚中，广西一直重视农村集体经济发展。早在2017年6月2日，自治区党委办公厅、自治区人民政府办公厅就印发了《关于加快贫困村村级集体经济发展的意见》，要求加快贫困村村级集体经济发展，确保如期完成脱贫攻坚任务。2018年7月，自治区党委办公厅、自治区人民政府办公厅印发了《关于发展壮大村级集体经济的若干政策措施》，明确要求"实现村级集体经济组织全覆盖，每个行政村均要设立和发展一个村民合作社，并把村民合作社培育成一个具有发展活力、能带动集体经济持续健康发展的经营主体"。2018年11月17日，自治区党委办公厅、自治区人民政府办公厅印发了《关于实施发展壮大村级集体经济三年行动计划（2018—2020年）的意见》（以下简称《三年行动计划》），将农业农村厅集体产权制度改革工作融入党委组织部发展壮大集体经济工作中，实现两部门工作的有机结合。按照《意见》的要求，集体产权制度改革后要建立股份经济合作社或者经济合作社，在广西实际上就是原村民合作社改个名称，有的地方实行"一套人马，两块牌子"。

为了完成产权制度改革过程中推动农村集体经济发展的任务，广西贵港市覃塘区创新思路，于2018年5月成功建立村集体经济孵化器，邀请农业、林业、水产畜牧、市场监管、税务等部门入驻，为企业提供咨询、注册、业务指导和政策服务；邀请华夏助农、汉世伟、荷岸汇兴、绿希望等农业产业化龙头企业入驻，主要提供农技农资、市场信息、人员培训等服务；邀请北部湾产权交易所、广西金融投资集团等金融企业入驻，主要提供产权交易、金融、保险、信贷、物流等服务。孵化器提供各种要素及"一站式"服务，行政部门和企业的咨询都是免费的，而涉及企业的业务则是要收费的，因此，企业也愿意进驻，以便获得更多的业务。各个乡镇把有关村集体土地流转等信息及时上传到孵化器，在孵化器中实现与投资方的对接。截至2019年11月底，该孵化器已经孵化了美系种猪养殖、黑木耳种植、百香果套种柑橘和富硒百香果种植四大类、共计34个村集体经济发展项目，共引进各类企业

12 家。其中，与汉世伟食品集团有限公司合作的现代猪舍建设项目，涉及 12 个村 418 万元，农户与企业签订猪舍租赁协议，按投资资金 10% 的比例享受租金，使 4000 多户农户直接受益，解决了 610 人的就业问题。荷岸汇兴公司指导孵化的毛木耳种植项目，每个村通过出售毛木耳获得的集体经济收入超过 1 万元；华夏助农公司指导孵化的金葵砂糖橘项目也取得了很好的收入。

孵化器的产权交易是与该区首创的农村土地"预流转"制度紧密结合在一起的。该区出台了《覃塘区加快农村土地承包经营权流转推进农业适度规模经营的实施方案》，成立了区、乡镇（街道）、村（社区）三级农村土地"预流转"服务机构（农地服务公司），大力推行"土地预流转"模式。所谓"土地预流转"，就是由村农地服务公司出面和有流转意愿的农民协商，签订《土地预流转、流转协议书》，先把土地"预流转"，再由农地服务公司集中起来流转给有需求的企业。孵化器首先起到平台的作用，将"预流转"土地和集体资产放到产权交易平台挂牌、招租，截至 2019 年 11 月底，已挂牌 45 宗 7704.17 亩，成功交易 15 宗 2300 多亩，成交总金额 934.76 万元。其中，平天山林场谭坪林站 4 林班 14 小班（面积约 211.5 亩）转让项目起拍价 78 万元，经过 100 次竞价，最终以 111.4 万元成交，增值率达 42.82%。这一创新性做法节约了企业与农户对接流转土地的交易成本，加快了项目落地。该区对于新增连片"预流转"土地面积达 100 亩以上的村集体，给予 30 元/亩的服务经费。该区樟木镇是土地"预流转"的发源地。由于很多农民外出打工，10.5 万亩耕地中抛荒地达 0.5 万亩，于是镇党委、政府决定各村成立农业服务公司，"预流转"外出打工农民的土地，一旦有企业流转则把流转费用全部支付给农户。自 2016 年以来，樟木镇共"预流转"土地 4.5 万亩，占全镇耕地面积的 44.1%；建立各类扶贫项目创业基地 24 个，完成总投资 11.3 亿元。根据覃塘区的奖励政策，樟木镇川山、寺江、元金等村仅奖励的服务费就达 15 万元，有效增加了村集体经济收入。如该区黄练镇平寨村在事先预流转土地的基础上，仅用 36 天就和深圳诺普信农化股份公司签署了流转 450 个土地流转户建设高标准稻虾共作生态示范基地的协议，使项目成功落地，并且 403 个土地流转户很快就领到了第一年的地租。仅 2019 年，该区就新增预流转土地 4.4 万亩，转为正式土地流转面积 2.7 万亩。在招商引资过程中，村集体还以场地、房屋、办公场所、山林、池塘等入股企业，获取一部分集体经济收入。

可见，集体经济孵化器和土地"预流转"都是贵港市覃塘区在农村经济发展中的重大制度创新，是在改革之后产权明晰化的基础上，该区提出的农村集体经济发展的新模式。这个模式的重要特点有三：第一，发展农村集体经济，是广西区委、区政府一贯的政策理念，前述 2017 年、2018 年发布的一系列文件，尤其是《三年行动计划》，对自治区各个阶段农村集体经济发展的目标任务作了具体规定并层层落实。贵港市委、市政府也发布了相应的文件。第二，农村集体经济"孵化器"和土地"预流转"制度是贵港市覃塘区委、区政府设计的落实《三年行动计划》的具体措施。2018 年 2 月 26 日，中共覃塘区委员会办公室发布了《关于创建覃塘区发展村集体经济孵化器的意见》，对孵化器的前期准备、组织实施和考核验收等发展作出了具体规定，并把每项具体任务落实到相关委、办、局。2019 年 1 月 25 日，中共覃塘区委员会办公室、覃塘区人民政府办公室联合发布了《覃塘区加快农村土地承包经营权流转推进农业适度规模经营的实施方案》，要求区、乡镇（街道）两级限期成立农村土地流转服务中心，村成立农村土地流转服务站，规定了土地流转、"预流转"的程序和方法，并把责任层层落实到相关机构和个人。第三，靠人的推动。比如，村农业服务公司成立以后，哪些农民的土地需要"预流转"？怎样动员他们"预流转"，流转以后怎样根据企业的要求平整或者连片？这些都需要村干部发挥主观能动性。再如，有了"预流转"土地，仅依靠孵化器平台是不够的，还需要县、乡镇干部做大量的招商引资工作，引导企业到本地投资，这样，孵化器才能发挥作用。当然，人的主观能动性的发挥是上述文件推动的直接结果。因此，在这个案例中，制度性激励同样起到了关键作用。

三、资源、资金股份合作，扩大集体经济来源

山东省东平县在产权制度改革过程中，充分利用当地的各种资源和扶贫资金，发展股份合作社或者入股企业，有效扩大了集体经济来源。该县有两大优势：一是土地资源比较丰富，除 86 万亩耕地实行家庭承包经营外，还有没有承包到户的"四荒地"20 多万亩。长期以来，"四荒地"资源权责不明，缺乏管理，不同主体随意占用，导致集体资产流失。二是东平县属于全国第二、全省第一移民大县，每年所承接的财政扶持资金和其他涉农资金达 3 亿多元，过去主要采用"平均到户、分散使用"的方式，效率低下，很难发挥作用。这次改革除了经营性资产外，东平县还把"四荒地"等资源性资产进行股份合作制改革，规定凡集体经营的"四荒地"类资源人均面积 0.5 亩以上的村，都要明晰集体成员占有的份额，但由改革后成立的经济合作社统一经营。各类政策性扶持资金量化到人，集中使用。具体做法包括土地入股和扶贫资金股份化。

一是建立以土地股份合作经营为主的股份经济合作社，并引导农户以家庭承包经营土地自愿入股。《意见》明确要求农村集体产权制度改革后的集体经济组织"是集体资产管理的主体，是特殊的经济组织，可以称为经济合作社，也可以称为股份经济合作社"。东平县创造性地要求各地在建立股份经济合作社时，集体土地可以入股。根据东平县原农业局发布的《东平县农村集体产权股份合作制改革工作指导意见》，"改革后成立的股份经济合作社，不同于一般的企业和专业合作社，它作为村集体内部所有成员共有共享的集体经济组织，还相应承担壮大集体经济、发展村级公益事业、服务集体成员的职能""引导和鼓励合作社根据自身资产和自然资源状况，运用项目制、现金配股、土地入股等方式，与股东、相关市场主体发展混合所有制经济"。该县在经济合作社资源股份的设置上，实行 A、B 两类股份，A 股为集体配置股，由"四荒地"等资源转化而来；B 股为个人自愿股，即由成员以家庭承

包经营土地自愿入股，实行"租金保底+分红"，确保成员家庭承包地的收益权。从实践来看，通过经济合作社的运作，实现了集体和农户双增收的目标。

例如，该县梯门镇西沟流村将集体所有的1000亩荒山折股量化给村民后由股份经济合作社统一经营，同时引导农户自愿将零星分散的承包土地1000亩入股，通过招商引资发展有机樱桃、石榴等高效优质林果规模种植，村民入股和量化土地亩增收200多元，集体年增收10万元。同时，项目经营需要长年务工人员40多人，年人均工资性收入13000元；果实采摘季节需要务工人员400多人，年人均工资性收入3000多元。提高了本地村民的务工收入。再如，该县彭集街道后围村在改革后构建股份经济合作社时，设置资产股、资源A股、资源B股三类股份，比例为1：1：1.33（资产股30%、资源A股30%、资源B股40%），其中，资产股分为集体股和个人股，集体股不超过30%，个人股不低于70%。资源A股由村内非农用地（"四荒地"）折合成股份构成，分为集体股和个人股，集体股不超过30%，个人股不低于70%。全村共有非农用地310亩，29%（90亩）留作集体股，71%（220亩）配置给合作社成员。资源B股是指家庭承包经营的土地，在自愿的前提下入股合作社，入股期限不低于5年。资源B股按照每标准亩土地配置15股计算，实行"保底+分红"，即以当年土地流转价格为参考标准给予保底，然后再与资产股、资源A股同等享受股份经济合作社的分红。合作社成立后，实行政社分离，选举村内经营能人担任理事长，统一经营苗木花卉，第一个年度（2018年）每股可分红15元，按平均每户30股计算，户均分红450元，村集体年增收10万余元。

二是实行各类政策性扶持资金股份化。该县规定凡集体承接政策性扶持资金人均1000元以上的村，将资金折股量化到扶持对象后，必须集中形成股份合作制经营项目，实现扶持资金集中使用。在经营方式上主要有三种类型：第一，自主经营型，对班子强、有产业的村，建设种、养、加特色园区，进行自主经营。比如，该县彭集街道马流泽村股份经济合作社，利用集体经济增收项目扶持资金90万元自主发展草莓采摘园，2017年集体收入30多万元，合作社成员每人分红160元。第二，合作经营型，对经营能力不足的村，引入工商资本参股，发展新型经营主体。如该县接山镇夏谢五村共317户1355人。该村利用驻村第一书记带来的资源招商引资，与江苏立华牧业有限公司、东平富华养殖设备有限公司达成了协议，共同开发养殖"雪山"牌草鸡项目。项目总投资455万元，其中，村集体45亩土地产权股折合资金50万元，两年省级专项扶贫资金160万元，村内大户自愿入股50万元，江苏立华牧业有限公司投入技术股、东平富华养殖设备有限公司投入设备股共折合股金195万元，盈利按以上比例分红。第三，租赁经营型，对无资源无条件的村，通过出租土地或设施获取集体收入。如该县老湖镇西三村为无地移民村，农民有散养鸡的习惯，但由于养殖规模小、风险大、品质低，盈利较少。该村通过整合南水北调移民扶持资金1410万元，建设22000平方米的特种动物养殖场，将使用权按面积折股量化给全体村民，由经营大户租赁经营，租金由村集体和村民按股共享，增加了集体和村民的收入。

山东省东平县的案例说明，改革形成的产权明晰化和改革方案中具有地方特色的制度创新（资产股+资源 A 股+资源 B 股）是集体经济发展的基础，而改革后集体经济发展、移民搬迁和脱贫攻坚三重"硬性任务"，调动了县、乡镇、村三级组织的积极性，共同推动了东平县农村集体经济的发展。

四、小结

上述三个案例涉及的地区都是农业部农村集体产权制度改革试点县（市、区），都属于经济欠发达地区。其中，广西壮族自治区贵港市覃塘区和贵州省六盘水市属于西部地区；东平县尽管地处经济发达的山东省，但移民搬迁任务重，承担着移民安置和带领村民致富的双重任务。由于有时间的限制，上述三个区县在设计集体产权制度改革方案时都自觉地把改革和村民致富结合在一起，即改革方案的设计，尤其是改革内容之一的集体经济发展方案的设计要有利于实现村民致富的目标，六盘水市和东平县政策性扶持资金入股合作社的设计本来就是村民致富的手段之一。这就是起码截至目前看三个案例的经济合作社、股份经济合作社都运转良好的最重要原因。从而验证本章的命题二，即现行政治制度对干部的激励是使农村集体产权发挥作用的重要原因，会推动农村集体经济进一步发展。当然，由于集体产权制度改革是前提条件，因而我们也验证了命题一。

第三节　对策建议

本章第二节用经济欠发达地区的案例验证了第一部分提出的命题，实际上，即使在北京、上海、浙江、广东这样的经济发达地区，我们依然可以找出相应足以证明命题的案例，这是由我们的政治制度决定的。例如，广东省惠州市惠城区在集体产权制度改革中专门制定了《惠城区开展扶持村级集体经济试点工作壮大村级集体经济的实施方案》，对被纳入惠州市扶持村级集体经济试点工作范围的 8 个村，每村支持 50 万元，用于盘活集体资产、开发特色产业项目等，取得了明显的效果。产权经济学是新制度经济学的一个分支，从更宏观的意义上讲，制度是决定组织运行效率的最重要因素之一。当然，这是另外研究所要验证的命题。针对前面的结论，本章提出如下对策建议：

第一，稳定产权结构。由于脱贫攻坚所构建经济实体的产权结构还不稳定，比如六盘水和东平将政策性资金（扶贫资金、移民搬迁资金等）入股到合作社和企业，2020 年脱贫攻坚任务完成后，或者东平县移民安置任务结束后，这样的政策性资金还会不会继续下达？贫困户脱贫后是否还应该继续享受政策性资金的分红？这些都是需要结合各地实际情况深入研究的问题。从一些地区的规定看，贫困户脱贫后，原来享受的政策性资金分红转为集体所有，这从脱贫作为一项任务角度看是没有问题的，但从产权角度看，政策性资金作为股金，其产权应该属于原贫困户，每年的分红是股金产生的，不应该因为脱贫了就剥夺该农户对于原政策性资金的产权。实际上，在相当长一段时间里，很多地方都是把这笔资金直接发放到户的。产权结构的不稳定，必然会影响组织运行效率，影响后脱贫时代农村集体经济发展的效果。

第二，构建农村集体经济发展的长效机制。经济发展有其自身的规律，依靠政治制度的社会动员能力在短期内可以把集体经济发展到一个较高的水平，但难以长期维持，也不能期待政治力量的长久支持。因此，构建股份经济合作社、经济合作社的长期发展机制，首先要建设一支经营管理人员队伍，保证集体经济组织的良性运行。根据一些地方的经验，合作社理事长不一定要由原村干部担任，也可以由合作社成员大会或代表大会选举出具有经营能力的村民担任，广东的一个村聘请本村的民营企业家担任合作社理事长；另外一个村理事长由原村干部担任，外聘职业经理人担任合作社社长，全面负责合作社的经营活动。这些经验都应该借鉴。对于确实没有经营管理人才或者确实找不到经营项目的村，可以借鉴东平县的经验，以现有的资源、资产入股到农业产业化龙头企业或者实力雄厚的农民专业合作社，也可以实现集体资产的增值保值，确保集体经济发展。

第三，改革后构建农村集体经济组织的合法经营问题值得重视。根据《意见》，改革后的农村集体经济组织一般为股份经济合作社或者经济合作社，在农业农村部登记，尽管农业农村部赋予其社会信用代码，但毕竟其不具备企业法人或者合作社法人的资格，与其他社会组织进行交易时会受到诸多限制。这个问题在改革过程中由于有地方政府的背书，矛盾尚没有充分显现，但改革完成后，股份经济合作社或者经济合作社独立走向社会，必然会遇到身份合法化问题。因此，建议在改革全面完成前农业农村部和市场监管部门协商，尽快赋予农村集体经济组织的完全市场主体地位，消除其参与市场活动的各种障碍。

第四，尽快制定《农村集体经济组织法》，赋予农村集体经济组织的合法地位。根据《民法总则》第九十九条规定，"农村集体经济组织依法取得法人资格。法律、行政法规对农村集体经济组织有规定的，依照其规定"。换句话说，《民法总则》确定了农村集体经济组织的法人主体地位，但对于其主体特征、构成、结构、运作规则、与其他市场主体之间的关系等，都需要专门的法律法规予以规定。法律的出台，将会极大地优化农村集体经济组织发展的制度环境，前述第三个问题也会迎刃而解。

第二章 深入推进产权制度改革 培育农业农村发展新动能[①]

2017 年中央一号文件深刻分析了当前农业农村形势，全面部署了 2017 年农业农村工作，强调以推进农业供给侧结构性改革为主线，加快培育农业农村发展新动能，开创农业现代化建设新局面。从当前农业农村的形势来看，继续深入推进农村集体产权制度改革，落实农民的各项财产权利，是农业供给侧结构性改革的核心内容和培育农业农村发展新动能的重要基础。

第一节 农村改革是农民产权不断得到落实和保护的过程

1978 年底，以安徽省凤阳县小岗村为代表的农民率先实行"大包干"制度，开启了中国农村改革的进程，其实质就是把集体所有的土地使用权承包到户，是土地产权制度改革的一小部分内容。此后，随着土地制度改革的深入，其他方面的产权也不断得到保护。如果从产权保护角度来划分，我国的农村改革可以划分为三个阶段。

一、第一阶段：1978~1992 年

这一时期，中共中央连续发布了五个中央一号文件（1982~1986 年），对广大农民实行的各种农业生产责任制不仅在性质上给予肯定，而且指出了推广的措施、步骤以及深入改革的方向。20 世纪 80 年代的五个中央一号文件构建了农村土地集体所有、农户承包经营的基本制度框架，实现了"两权分离"。其中，1982 年的中央一号文件肯定了包括"包干到户"在内的各种责任制的社会主义性质，促进了各种责任制形式在全国范围内迅速推广。截止到 1983 年春，全国实行"包干到户""包产到户"的农村基本核算单位（主要是生产小队）达 95%以上[②]，为了给农民一个较为长期且稳定的预期，提高生产者对土地投入的质量，1984 年中央一号文件提出

---

① 执笔人：孔祥智。
② 陈锡文. 中国农村改革：回顾与展望［M］. 天津：天津人民出版社，1993.

"土地承包期一般应在十五年以上"，正式确立了"两权分离"体制。1991 年 11 月召开的中共十三届八中全会把这一体制正式表述为"统分结合的双层经营体制"并延续至今。

为了解决土地细碎化问题，1984 年中央一号文件就提出"鼓励土地逐步向种田能手集中"，给予了农民流转所承包土地的权利，这是承包权的延伸，是农民承包土地之后除了经营权之外的又一权利。1986 年 4 月 12 日，最高人民法院在《关于审理农村承包合同纠纷案件若干问题的意见》中明确规定，"承包人将承包合同转让或转包给第三者，必须经发包人同意，并不得擅自改变原承包合同的生产经营等内容"。1987 年 1 月 22 日，中共中央政治局在《把农村改革引向深入》中指出，要进一步稳定土地承包关系。只要承包户按合同经营，在规定的承包期内不要变动，合同期满后，农户仍可连续承包。已经形成了一定规模、实现了集约经营并切实增产的，可以根据承包者的要求，签订更长期的承包合同。承包人将承包合同转让或转包给第三者，必须经发包人同意，否则合同无效。1988 年 4 月 12 日，第七届全国人民代表大会第一次会议通过《中华人民共和国宪法修正案》，将原宪法第十条第四款"任何组织或者个人不得侵占、买卖、出租或者以其他形式非法转让土地"修改为"任何组织或者个人不得侵占、买卖或者以其他形式非法转让土地。土地的使用权可以依照法律的规定转让"。至此，农民流转承包土地的权利得到了最高法律的认可。

从土地权益角度来看，这一阶段的显著特点是农民在改革过程中不断争取新的权利，并逐渐得到了中央政策和法律的认可，这种渐进式改革逐步激发农民的活力、推进农村改革的深化，最终确定了农村基本经营体制的框架。

二、第二阶段：1993~2006 年

1993 年，中共中央、国务院发布了《关于当前农业和农村经济发展的若干政策措施》（中发〔1993〕11 号），提出"为了稳定土地承包关系，鼓励农民增加投入，提高土地的生产率，在原定的耕地承包期到期之后，再延长三十年不变"。由此开启了第二轮土地承包的进程。11 号文件提倡"增人不增地，减人不减地"，进一步推进了土地承包经营权的稳定。1998 年召开的中共十五届三中全会提出"赋予农民长期而有保障的土地使用权"，继续强化这种稳定性。

1993 年 3 月 29 日，第八届全国人民代表大会第一次会议通过了《中华人民共和国宪法修正案》，肯定了农村中以家庭联产承包为主的责任制以及各类形式合作经济的社会主义性质。同年通过的《中华人民共和国农业法》明确了"国家稳定农村以家庭联产承包为主的责任制，完善统分结合的双层经营体制"，规定了农村集体和承包者双方的权利义务，并第一次以法律的形式规定了承包期满后承包人的优先承包权和承包人死亡后继承人的继承承包权利。2002 年实施的《农村土地承包法》规定了各类土地的承包期限，以法律的形式强化和保护了农村集体组织对土地的所有权以及作为农民的承包方所享有的各项权利，如"依法享有承包地使用、收益和土地

承包经营权流转的权利，有权自主组织生产经营和处置产品""承包地被依法征用、占用的，有权依法获得相应的补偿"等，并首次以法律的形式保护了"外嫁女"的土地承包权。

这一阶段，农村基本经营制度得到了法律的认可，在这一制度框架下，农民对于所承包土地所应该拥有的各项主要权利也得到了法律的确认和保护，也只有在这个意义上，基本经营制度才真正稳定下来。

三、第三阶段：2007 年至今

2007 年 3 月 16 日，第十届全国人民代表大会第五次会议通过了《中华人民共和国物权法》，把土地承包经营权界定为用益物权，这就从财产权的角度对农民的这一基本权利进行了保护。由于土地是农民最基本的生产资料，界定为财产权以后，土地和农民之间关系的稳定性也上升到最高级别，从而为农业的进一步发展打下了新的制度基础。

2008 年 10 月召开的中共十七届三中全会在我国农业发展历史上具有里程碑意义，会议通过了《中共中央关于推进农村改革发展若干重大问题的决定》，提出"赋予农民更加充分而有保障的土地承包经营权，现有土地承包关系要保持稳定并长久不变"。"长久不变"和用益物权连接在一起，不仅超越了 15 年、30 年、70 年的限制，也超越了"增人不增地，减人不减地"的政策设计，从而使承包经营权具有"永佃权"的特点。2009 年中央一号文件提出"抓紧修订、完善相关法律法规和政策"以体现"长久不变"，并部署"强化对土地承包经营权的物权保护，做好集体土地所有权确权登记颁证工作，将权属落实到法定行使所有权的集体组织；稳步开展土地承包经营权登记试点，把承包地块的面积、空间位置和权属证书落实到农户"。2013 年中央一号文件提出"全面开展农村土地确权登记颁证工作"，计划"用 5 年时间基本完成农村土地承包经营权确权登记颁证工作，妥善解决农户承包地块面积不准、四至不清等问题"。目前，已经有 2545 个县（市、区）、2.9 万个乡镇、49.2 个村开展，已经完成确权面积 7.5 亿亩，接近家庭承包耕地面积的 60%①。确权查清了农村土地的"家底"，颁发的新证体现了农民土地承包经营权的物权权能，赋予了农民更多的财产权利。

由于上述一系列政策的推动，加之外出打工的农民工人数不断增加等因素的影响，自 2008 年以来，土地流转的比例持续上升，从而导致了土地承包权和经营权分离的现实。为此，2014 年中央一号文件提出"在落实农村土地集体所有权的基础上，稳定农户承包权、放活土地经营权"，即"三权分置"。这是一次重大的政策调整。在前述确权、颁证的基础上，落实所有权、稳定承包权，更加有利于农村基本

---

① 参见国务院新闻办公室就《中共中央办公厅 国务院办公厅关于完善农村土地所有权承包权经营权分置办法的意见》有关情况举行的发布会。http://www.china.com.cn/zhibo/2016-11/03/content_ 39620797.htm。

经营制度的稳定和完善；而放活经营权则有利于实现农民对于承包土地的各项财产权利，即 2014 年中央一号文件所提出的"赋予农民对承包地占有、使用、收益、流转及承包经营权抵押、担保权能"，"允许承包土地的经营权向金融机构抵押融资"，等等，也更加有利于土地流转。这是土地作为基本生产资料和主要资产的财产价值体现。2016 年 10 月，中共中央办公厅、国务院办公厅印发了《关于完善农村土地所有权承包权经营权分置办法的意见》，指出"现阶段深化农村土地制度改革，顺应农民保留土地承包权、流转土地经营权的意愿，将土地承包经营权分为承包权和经营权，实行所有权、承包权、经营权分置并行，着力推进农业现代化，是继家庭联产承包责任制后农村改革又一重大制度创新"，并提出了保障"三权分置"的具体措施。

这一阶段，在政策和法律上更加注重农民承包土地的财产权利、财产价值及其实现，是农村土地基本价值的回归。这是一次重大的政策变迁，必将对未来的农业农村发展乃至城镇化起到不可估量的推动作用。

四、遗留的问题

从前面的分析可以看出，自 1978 年以来，我国农村土地制度变迁就是农民的权利不断得到体现和保护的过程，就是承包土地的财产化特征逐渐显现的过程。改革至今已经进入"深水区"，需要在理论和法律上解决一些重大问题才能继续推进，最终实现农民承包土地的财产化。这些问题主要有：第一，"长久不变"的含义是什么？是农村基本经营制度长久不变还是农民第二轮承包地块不变？这是自 2008 年党的十七届三中全会以来就一直争论不休的问题。如果是前者，党的十七届三中全会的这一著名政策表述就难以显示出实质性价值。如果是后者，那么，第二轮承包期结束后还有没有第三轮承包？第二轮承包结束后可以自行延续吗？第二，在"三权分置"框架下，经营权是物权还是债权？这是目前讨论中分歧较大的问题，如果是前者，则应该通过颁发新的证明的方式进行确认；如果是后者，则只需由承包者与经营者之间签订合同加以规范，那么就很难用于抵押贷款。如果仅被界定为债权，则"三权分置"的提出就没有任何意义。第三，按照"两办"《关于完善农村土地所有权承包权经营权分置办法的意见》，"农户享有承包经营权是集体所有的具体实现形式，在土地流转中，农户承包经营权派生出土地经营权"。那么，经营权如何确权？即使在"两办"颁发的上述意见中，也只是提出"提倡通过流转合同鉴证、交易鉴证等多种方式对土地经营权予以确认，促进土地经营权功能更好实现"。说明经营权的性质及其确权问题无论在理论上还是在实践中都有待进一步探索，"两办"的意见并没有解决这一问题。

上述问题在理论和实践中探索清晰并找到解决途径后，还要通过修改相关法律进行确认，如《土地管理法》《农村土地承包法》《物权法》《民法通则》等，到那时，"三权分置"、农民承包土地财产权等才能真正实现。而在此之前，一切都处于探索阶段。

第二节 农民的其他权益及其实现

在农村，承包土地只是农民的各项产权之一，我国农村改革以土地制度改革不断深化为主线，其他各项权益也在 40 多年的改革中不断完善。限于篇幅，本章仅讨论三方面问题。

一、农村集体林权制度改革

我国除了 20.3 亿亩耕地外，还有 38 亿亩林地，是林区农民的基本生产资料，也是国家生态建设的基础。随着以耕地为主的家庭承包经营的推进和不断深化，林地这项重要资源的产权制度也在改革之中。

在林区，农村集体所有部分占 58%，20 世纪 80 年代初期，农村主体改革完成，林区农民参照家庭承包经营制度进行集体林权制度改革。1981 年 3 月 8 日，中共中央、国务院发布《关于保护森林发展林业若干问题的决定》，提出"稳定山权林权，落实林业生产责任制"，各地采取的主要方式是"三定"，即"稳定山权林权、划定自留山和确定林业生产责任制"，取得了稳定和促进林业发展的积极效果。

2003 年 6 月 25 日，中共中央、国务院发布《关于加快林业发展的决定》，提出"进一步完善林业产权制度""加快推进森林、林木和林地使用权的合理流转"，发出了进一步改革的信号。正是在这个文件的推动下，福建、江西、浙江等南方集体林区开始了以承包到户为主要形式的集体林权制度改革，并取得了显著的产业发展效果和生态效果。

为了巩固林改成果并推广先行改革地区的经验，2008 年 6 月 8 日，中共中央、国务院发布了《关于全面推进集体林权制度改革的意见》，提出用五年左右的时间，基本完成明晰产权、承包到户的改革任务，即明晰产权、勘界发证、放活经营权、落实处置权、保障收益权。2009 年 6 月 22 日，中央林业工作会议在北京召开，这是中华人民共和国成立以来首次中央林业发展会议，进一步推进了农村集体林权制度改革。2016 年 11 月 16 日，国务院办公厅发布了《关于完善集体林权制度的意见》（国办发〔2016〕83 号），提出了稳定集体林地承包关系、放活生产经营自主权、引导集体林适度规模经营、加强集体林业管理和服务等政策措施。

应该说，虽然林业改革的时间比农业晚不了几年，但由于其产业特性，总体上改革的进展比农业滞后较多。目前，还存在产权保护不严格、生产经营自主权落实不到位、规模经营支持政策不完善、管理服务体系不健全等诸多问题，农村集体林权制度进一步改革的任务还比较重，但总的趋势依然是农民和林地之间的产权关系越来越紧密，林地财产化的趋势也越来越明显，农村集体林权制度改革的深化同样依赖于"长久不变""三权分置"在法律上的实现。

二、农村宅基地制度改革

宅基地是农民的又一重要集体资产。由于我国鲜明的人多地少特征，相关法律对农村宅基地有着十分严格的规定。按照《土地管理法》第六十二条规定，"农村村民一户只能拥有一处宅基地，其宅基地的面积不得超过省、自治区、直辖市规定的标准"，"农村村民出卖、出租住房后，再申请宅基地的，不予批准"。《物权法》专设一章规定了农民宅基地的用益物权特征，第一百五十二条赋予了农民对于宅基地的主要权益"宅基地使用权人依法对集体所有的土地享有占有和使用的权利，有权依法利用该土地建造住宅及其附属设施"。同时，第一百五十三条又限制了农民行使权利的范围，"宅基地使用权的取得、行使和转让，适用土地管理法等法律和国家有关规定"。在上述规定下，农民对于宅基地的获得及其相关行为依据本村土地资源条件和村规民约而进行，基本上有条不紊。

但随着外出打工的农民越来越多及部分农民在城镇定居，就产生了宅基地权益的转让等问题，一些地方也借新农村建设之机大拆大建，有的还以增减挂钩为手段将宅基地置换为城镇建设用地。为此，2008年召开的中共十七届三中全会指出，"完善农村宅基地制度，严格宅基地管理，依法保障农户宅基地用益物权。农村宅基地和村庄整理所节约的土地，首先要复垦为耕地，调剂为建设用地的必须符合土地利用规划、纳入年度建设用地计划，并优先满足集体建设用地"。2013年召开的中共十八届三中全会也指出，"保障农户宅基地用益物权，改革完善农村宅基地制度，选择若干试点，慎重稳妥推进农民住房财产权抵押、担保、转让，探索农民增加财产性收入渠道"。2014年12月，中共中央办公厅和国务院办公厅联合印发了《关于农村土地征收、集体经营性建设用地入市、宅基地制度改革试点工作的意见》（以下简称《意见》），标志着农村宅基地正式进入试点阶段，《意见》也对宅基地权益保障和取得方式的完善、农民户有所居的多元化实现方式、进城落户农民自愿有偿退出或转让宅基地作出了具体说明。2016年中央一号文件指出，"加快推进农村宅基地使用权确权登记颁证，推进农村宅基地制度改革试点，探索农民住房保障新机制"。对于农村宅基地制度改革都采取谨慎、稳步推进的原则。

截止到2016年6月底，全国进城打工的农民超过2.8亿人，约有7000万人举家迁到城镇居住，农村中确实闲置了大量住房；一些村庄内部住房闲置、破旧不堪，而新建住房却向村外耕地扩张。但也应该看到，目前农民工在城镇就业、定居还处于不稳定状态，一旦他们中的一部分在城镇失业而返乡又失去了住处，则必然会沦为城市贫民，成为社会不稳定因素。从这个角度来看，一些地方推行宅基地换进城资金等措施的动机是好的，但依然要采取慎重、自愿的原则，切忌盲目推进。一些农业地区大建农村居民小区，动员农民上楼，可能既不符合农民的生产方式，又不符合生活方式。一些地方宅基地退出或集中居住后置换的建设用地指标并未完全复垦为耕地甚至无法复垦，因而导致复垦虚化现象。这些都需要在改革过程中加以关注和避免。部分城镇居民在大中城市郊区购买农村宅基地并在其上翻盖自己设计的房屋，不仅侵害了农民的合法权益，也引起了矛盾和纠纷，都应该通过政策设计而加以避免。

三、农村集体经营性资产产权制度改革

根据《中国农业统计年鉴》的数据可知，2015 年，在全国 58.4 万个村中，32.3 万个村当年无收益，占 55.3%。在 26.1 万个有收益的村中，年收益在 5 万元以下的村为 12.7 万个，占 21.7%；年收益在 5 万~10 万元的村 5.32 万个，占 9.1%；年收益在 10 万~50 万元的村 5.2 万个，占 8.9%；年收益在 50 万~100 万元的村 1.3 万个，占 2.2%；年收益在 100 万元以上的村 1.7 万个，占 2.9%。普遍地看，无收益村的大部分村"两委"处于涣散状态，无法给村民提供必要的社会化服务。面对这种情况，中共十七届三中全会提出"发展集体经济、增强集体组织服务功能"；中共十八大报告提出"壮大集体经济实力"；中共十八届三中全会也提出要"发展壮大集体经济"。

但应该看到，无收益村并不完全是无资产的村，大部分村还有部分由村集体管理仓库、房屋、果园、荒山、鱼塘、小型水利设施等，把这些资源、资产盘活，也可以为村集体增加收益，为村民带来福利。如河北省石家庄市早在 2005 年就尝试建立的村级财富积累机制，从规范农村集体资产、资源、资金管理入手，盘活闲置资产、资源，合理定价，竞标承包，规范管理，并合理运营，实现了农村集体资产、资源的保值增值[1]。贵州省六盘水市在农村集体产权制度改革过程中盘活各种资源、资产，并入股到合作社或者企业，实现了增加集体收益的目标，服务农民的能力及农民的财产收入也随之提高[2]。近年来，从中央到地方都在积极推进农村集体产权制度改革，寻找增加集体和农民财产收入的有效途径。中共十八届三中全会指出，"保障农民集体经济组织成员权利，积极发展农民股份合作，赋予农民对集体资产股份占有、收益、有偿退出及抵押、担保、继承权"。2014 年 11 月，农业部、中央农办、国家林业局联合下发《关于印发〈积极发展农民股份合作赋予农民对集体资产股份权能改革试点方案〉的通知》，并在全国 29 个省份各选定 1 个县（市、区）开展试点。2014 年中央一号文件指出，"推动农村集体产权股份合作制改革，保障农民集体经济组织成员权利，赋予农民对落实到户的集体资产股份占有、收益、有偿退出及抵押、担保、继承权"。2016 年中央一号文件提出，"到 2020 年基本完成经营性资产折股量化到本集体经济组织成员"的改革目标。2016 年 12 月 26 日，中共中央、国务院发布《关于稳步推进农村集体产权制度改革的意见》，提出要有序推进经营性

①　王武德．创建村级财富积累机制探索与实践［M］．北京：中国铁道出版社，中国农业出版社，2012.

②　孔祥智，高强．改革开放以来我国农村集体经济的变迁与当前亟需解决的问题［J］．理论探索，2017（01）：116-122.

资产股份合作制改革，并要求在五年之内完成。尽管 2016 年 12 月中共中央、国务院发布的改革意见立足于试点总结，但毕竟时间太短，试点地区的经验是否适合其他地区还有待验证，甚至试点地区的一些经验能否在本地区持续下去也有待验证。改革后形成的农村社区股份合作社如何运行，发达地区的社区股份合作社如何吸收外部优秀人才、实行公司化运作，以及合作社运作亏损后集体和成员资产的处置等，都有待在未来的实践中不断摸索经验。

第三节　几点思考和对策建议

当前，我国正处于农业发展转型的关键时期，要点在于构建具有活力的新型经营体系，解决"谁来种地，地怎么种"问题。明晰而有保障的产权制度是新型农业经营体系发育的基础。按照中央一号文件的要求，产权制度改革是 2017 年农村改革的重点，实际上也是"十三五"期间农村改革的重点。在 2016 年岁末之际，中共中央、国务院发布了《关于稳步推进农村集体产权制度改革的意见》，提出"落实农民的土地承包权、宅基地使用权、集体收益分配权和对集体经济活动的民主管理权利，形成有效维护农村集体经济组织成员权利的治理体系"的改革目标，以及开展集体资产清产核资、明确集体资产所有权、强化农村集体资产财务管理、有序推进经营性资产股份合作制改革等主要任务，意义十分重大。笔者认为，"十三五"期间的农村集体产权制度改革，在贯彻上述文件精神的前提下，必须抓好以下四个方面。

一、抓紧修改与土地制度相关的法律

中共十八届四中全会强调全面推进依法治国，除了授权试点外，改革也必须在法律的框架下进行，而且试点或者在实践中证明行之有效的改革措施也应该尽快被纳入法律，使之在更大的范围内生效。首先，给予土地经营权相应的法律地位，只有这样，经营权才能在市场上发挥应有的作用，"三权分置"的意义才能充分体现出来。其次，使土地经营权在满足一定条件时具有抵押功能。最后，关于土地经营权的权利人认定问题，在有关法律上也应该予以明确，从现实中看，土地的转入方既可能是本集体经济组织成员，也可能是非本集体经济组织成员；既可能是农村居民，也可能是城镇居民；既可能是自然人，也可能是企业、社会团体等法人单位。这些可能性都应该体现在相关法律的条款中。

二、尽快对农村社区股份合作社制度框架进行顶层设计

按照中共中央、国务院《关于稳步推进农村集体产权制度改革的意见》的要求，农村经营性资产股份合作制改革必须将农村集体经营性资产以股份或者份额的形式

量化到本集体成员，作为其参加集体收益分配的基本依据，这项工作最迟应在五年内完成。也就是说，五年内，全国每个农村集体经济组织将会建立一个社区股份合作社。而目前我国只有《农民专业合作社法》，农村社区股份合作社适用什么法律，制度框架怎么建立，在全国范围内并没有一个框架性规定。从各个省份来看，江苏省工商行政管理局于 2010 年出台了《关于农村社区股份合作社登记的指导意见》，要求农村社区股份合作社经县（市、区）工商行政管理部门依法登记，领取农民专业合作社法人营业执照，取得农民专业合作社法人资格。山东省工商行政管理局于 2013 年出台了《农村经济（社区）股份合作社办理工商登记有关问题意见》，也要求到县级工商部门登记取得合作社法人资格。其他省份有的叫"村经济合作社"（如浙江），有的叫"股份经济合作社"（如北京），一般都要求到县级农业主管部门登记，因为不具有法人资格，不能开展经济性业务。为了解决这个难题，北京市的做法是另外成立资产运营公司，专门负责集体经济组织资产的运行，股份经济合作社把资产委托给公司经营。

从本质上看，农村社区股份合作社和农民专业合作社是不一样的，前者强调成员的固定性，只有本集体经济组织成员才有资格成为合作社成员，股权继承和转让也局限在集体经济组织成员内部；而后者则以入社自愿、退社自由为基本原则，成员没有边界。这一区别足以说明江苏等省把农民专业合作社的运作规则套用在农村社区股份合作社上是不恰当的，是发力缺位情况下的无奈之举。其他省份不管名称是什么，由于不能在工商部门注册，不具备基本的市场交易功能，因而无法解决农村集体经营性资产股份合作制改造以后的市场运作问题。而通过修改《农民专业合作社法》或者由国务院制定《农村社区股份合作社条例》都具有一定的滞后性，无法及时解决现实中出现的上述问题，建议借鉴《农民专业合作社法》出台前农业部门引导农民专业合作社发展的做法，由国家农业部门出台《农村社区股份合作社示范章程（草案）》，引导各地社区股份合作社按照示范章程（草案）来组建；并由国家农业部门和工商行政管理部门联合发布通知，要求各地成立农村社区股份合作社（包括以前成立的经济股份合作社或村经济合作社等）到县级工商行政管理部门注册为合作社法人，待正式的法律或者条例出台后按照新规定执行。这样就可以暂时解决农村社区股份合作社不能注册从而无法成为独立的市场主体的困境。

三、以住宅合作社思路解决农村宅基地制度改革中的急迫问题

从长期来看，农村宅基地改革要解决农民公平获得和市场化流转问题；从短期来看，主要是满足部分城镇居民到农村购买民房的需要。现实中，部分城市郊区农民或者在城镇购买了住宅，或者长期在外打工，造成城郊农村相当一部分房屋长期闲置。如果把这一部分闲置的农房盘活，不仅能够满足城镇居民的需求，还能给郊区农民的创业带来启动资金，达到双赢的效果。实践中，北京等大城市郊区的农民创造了住宅合作社的解决思路，很值得总结和推广。具体说来，就是由农民自己组织起来组建住宅合作社，把闲置的农房入股到合作社（可以是一个院落，也可以是一个院落中的某几间），由合作社统一经营，农民按股分红。合作社按照统一的标准进行装修后出租给城镇居民。装修后的民房，从外面看和普通民房差距不大，但内部设施一应俱全，能够满足城镇居民的生活需要。具体经营模式也有差异，有的是合作社自己经营；有的是由合作社与企业联合开发共同经营；有的是合作社把闲置的民房委托或入股企业，由企业开发、经营这些民房，合作社只按协议获取利润。在住宅合作社框架下，城镇居民以租赁的形式合法取得住宅，不存在违反政策或钻政策空子的问题，并且不和农村居民直接交易，减少了一对一交易时产生的矛盾。农民通过合作社筹集到更多的资金，可以对闲置住宅进行彻底改造，具有更大的利润空间。

四、合理减轻农村社区股份合作社的税收负担

国家对农民专业合作社减免税收，主要是因为把合作社对外销售农产品等同于农民自产自销，而社区股份合作社不存在农产品销售问题，或者主要不是农产品销售，而是资产的经营，在有些近郊区，社区股份合作社经营的房地产等资产所占的比重还比较大。这部分资产在改制前一般不缴税或者缴很少的税，改制后，尤其是大部分地区股份合作社没有经营权而移交给企业经营后，税费负担明显加重。我们在调研时发现，在山东省青岛市，股份合作社把资产移交给企业后需要缴纳增值税、营业税、所得税等多达 12 项税费，综合税负超过 30%，在办理集体资产权属变更登记时还要缴纳超过资产总额 13% 的变更费用。这样高的税费负担造成部分地区农民不愿意改制，或者千方百计地找借口拖延改制。因此，建议国家农业部门和税务部门协商后出台税收优惠政策，鼓励改制，促进农村经济发展。

第三章 农村集体产权制度改革的探索、成效与启示

——基于7省13县（区、市）的调研[①]

第一节 引言

农村集体产权制度改革是全面深化农村改革的重大任务。推进农业现代化，产权清晰是一个重要前提。自党的十四大要求把建设社会主义市场经济作为经济体制改革目标以来，我国农村集体产权制度改革问题不断受到中央和地方的重视，如表3-1所示。2016年底中共中央、国务院印发了《关于稳步推进农村集体产权制度改革的意见》，对深化集体产权制度改革进行了系统全面的部署，明确了改革的目标方向、推进原则和重点任务。党的十九大进一步提出，"深化农村集体产权制度改革，保障农民财产权益，壮大集体经济"。2020年中央一号文件也提出要抓好农村的重点改革任务，全面开展农村集体产权制度改革试点，有序开展集体成员身份确认、集体资产折股量化、股份合作制改革、集体经济组织登记赋码等工作。

表 3-1　2016~2020 年农村集体产权制度改革有关政策措施

年份	文件名称	政策内容
2016	《关于稳步推进农村集体产权制度改革的意见》	对农村集体产权制度改革作了总体部署，明确改革要尊重农民意愿，积极稳妥有序推进，坚持试点先行、先易后难，不搞"齐步走"、不搞"一刀切"
2016	《关于落实发展新理念加快农业现代化实现全面小康目标的若干意见》	到2020年基本完成土地等农村集体资源性资产确权登记颁证、经营性资产折股量化到本集体经济组织成员，健全非经营性资产集体统一运营管理机制。探索将财政资金投入农业农村形成的经营性资产，通过股权量化到户，让集体组织成员长期分享资产收益。制定促进农村集体产权制度改革的税收优惠政策

[①] 执笔人：孔祥智、赵昶。

续表

年份	文件名称	政策内容
2017	《关于深入推进农业供给侧结构性改革　加快培育农业农村发展新动能的若干意见》	深化农村集体产权制度改革，落实农村土地集体所有权、农户承包权、土地经营权"三权分置"办法。统筹协调推进农村土地征收、集体经营性建设用地入市、宅基地制度改革试点。允许地方多渠道筹集资金，按规定用于村集体对进城落户农民自愿退出承包地、宅基地的补偿。鼓励地方开展资源变资产、资金变股金、农民变股民等改革，增强集体经济发展活力和实力
2018	《关于实施乡村振兴战略的意见》	全面开展农村集体资产清产核资、集体成员身份确认，加快推进集体经营性资产股份合作制改革。维护进城落户农民土地承包权、宅基地使用权、集体收益分配权，引导进城落户农民依法自愿有偿转让上述权益。研究制定农村集体经济组织法，充实农村集体产权权能
2019	《关于坚持农业农村优先发展做好"三农"工作的若干意见》	加快农村集体资产监督管理平台建设，建立健全集体资产各项管理制度。做好成员身份确认，注重保护"外嫁女"等特殊人群的合法权利，加快推进农村集体经营性资产股份合作制改革，继续扩大试点范围。积极探索集体资产股权质押贷款办法，健全农村产权流转交易市场，研究完善适合农村集体经济组织特点的税收优惠政策
2020	《关于抓好"三农"领域重点工作　确保如期实现全面小康的意见》	以探索宅基地所有权、资格权、使用权"三权分置"为重点，进一步深化农村宅基地制度改革试点。全面推进农村集体产权制度改革试点，有序开展集体成员身份确认、集体资产折股量化、股份合作制改革、集体经济组织登记赋码等工作。探索拓宽农村集体经济发展路径，强化集体资产管理

资料来源：根据有关政策文件整理。

农村集体产权制度改革是一项全面性的深刻变革，是实现全面建成小康社会目标的根本保障。推进农村集体产权制度改革，对于发挥市场在资源配置中的决定性作用、建立城乡要素平等交换关系、壮大农村集体经济、推进乡村治理体系和治理能力现代化具有重要而深远的意义，是实施乡村振兴战略、实现共同发展的制度基础[1][2]。自2016年农村集体产权制度改革启动以来，各地改革取得了重大进展和显著成效。课题组在2018~2019年进行了实地调研，发现了一些值得总结的做法和值得推广的经验。先后对山东、江苏、浙江、内蒙古、上海、广东、广西等省份的农村集体产权制度改革试点展开了调研，共涉及十余个县（区），具体情况如表3-2所示。通过调研发现，各地在改革过程中的工作安排、具体做法以及实践效果等方面有明显的地区差异和地方特色。

① 张红宇．深入推进农村集体产权制度改革［J］．农村工作通讯，2020（04）：18-20.
② 宋洪远，高强．农村集体产权制度改革轨迹及其困境摆脱［J］．改革，2015（02）：108-114.

表3-2 调研区域分布

省（区、市）	县（区）	村（社区）
山东省青岛市	黄岛区	珠海街道郝家石桥村
山东省泰安市	东平县	彭集街道马流泽村、后围村、梯门镇西沟流村、梯门镇西沟流村、南堂子村等
江苏省南京市	高淳区、溧水区、江宁区	
浙江省	海盐县	武原街道小曲社区、德胜村
内蒙古自治区	阿荣旗	六合镇东山屯、向阳峪镇松塔沟村、查巴奇乡猎民村、民族村、河西村
上海市	闵行区	七宝镇
广东省惠州市	惠阳区	镇隆镇长龙村和楼下村、秋长街道白石村
	博罗县	园洲镇刘屋村、麻陂镇艾埔村、罗阳街道鸡麻地村
	惠城区	江北街道办事处三新村、水北社区
广东省肇庆市	四会市	城中街道仓岗社区、江谷镇黎寨村、江谷镇清平村
广西壮族自治区北海市	银海区	银滩镇
广西壮族自治区贵港市	港南区、覃塘区	

如何实现在经济发达地区、高度城镇化地区推行农村集体产权制度改革一直是农村集体产权制度改革的重要难题。浙江省海盐县作为全国综合实力百强县，属于经济快速发展的地区，处于快速城镇化发展区域。同样属于经济发展水平较高、城镇化进程较快的调研地区还有青岛市黄岛区、上海市闵行区、江苏省南京市。经济欠发达地区的农村集体产权制度改革模式的典型代表有山东省东平县、广西壮族自治区、广东省等地，如何促进村集体经济的发展、完成改革试验任务是这些地区面临的难题。

第二节 各地农村集体产权制度改革的实践

各地区开展了一系列有效的工作，扎实有序推进农村集体产权制度改革任务。

一、具体做法

第一，强化组织领导。调研的各地都从不同层面成立了专门的农村集体产权制度改革工作领导小组，明确各成员单位职责，建立联席会议制度，形成改革会商协商机制，确保党政主要领导抓改革工作，做到事有人管、责有人负、密切配合、协调推进。比如江苏省南京市成立了三级工作领导小组，既包括市级层面，也包括区级层面甚至镇级层面，将办公室设在市委农工委，工作领导小组组长由市长直接担任。各郊区党委、政府是各区改革试验任务承担的责任主体和实施主体，负责辖区改革试验工作的组织领导。各区也成立了改革试验区工作领导小组，具体组织推进各区农村集体产权股份合作制改革工作。山东省东平县则是在县、乡镇、村三级分别成立由书记担任组长的改革工作领导小组，形成三级书记负总责、抓改革的局面。领导小组办公室设在县农业局，负责改革试验区的日常工作。各个乡镇（街道）成立了相应的领导机构和工作机构，为农村集体产权股份合作制改革试点工作提供了有力的组织保障。通过组织机构搭建，在试点过程中随时召开会议，分管领导时刻把握进度，及时组织协调解决问题，更能确保各地按时间节点完成农村集体产权制度改革工作。

第二，做好宣传工作。立足把握全局，切实做好宣传发动工作是农村集体产权制度改革的前提。各地充分利用有线电视、宣传栏、横幅标语、发放宣传资料等形式进行宣传发动，阐明农村集体产权股份合作制改革工作的必要性和重要性，充分调动广大干部群众参与的积极性、主动性，营造了良好的工作氛围。改革试点工作刚开始进行时，难免会出现村"两委"干部思想上想不通、怕麻烦、有抵触和畏难情绪。各地也通过宣传、培训和密切交流等方式解决思想上的问题。比如，江苏省南京市先后举办了6次由郊区农工委、镇街和试点村（社区）干部参加的全市农村集体资产清产核资、农村集体产权股份合作制改革、农村产权交易市场建设专题培训班，详细讲解集体产权股份合作制改革等政策业务。再比如，广东省博罗县组织业务指导员前往北京、上海闵行区、浙江省嘉兴市和江苏省苏州市参观学习，借鉴全国各地关于农村集体产权制度改革工作的先进经验，并印发《博罗县农村集体产权制度改革漫画》2万多册、《致农民朋友的一封信》2万多份，以微信形式发布了《博罗县农村集体产权制度改革宣传片》，通俗易懂，加深了农民群众对于改革工作的理解与支持。

第三，坚持民主原则。在改革过程中，各地都坚持民主决策，商议过程尊重客观历史和农民意愿，保障农民的知情权、参与权、表达权、监督权。凡是涉及农民群众切身利益的问题，都严格履行民主程序，极大地减少了农村基层的矛盾和纠纷。比如山东省青岛市黄岛区产权制度改革就是在民主参与、民主议事、民主决策的前提下，把依法、自主、公开、公正、透明、稳定精神贯穿于改革的全过程。改制的每一个环节、每一个步骤、每一个事项都按规定程序广泛征求意见，集思广益起草方案并进行公示或公告，改制中召开领导小组会、村居"两委"会、村民代表会等大小会议近10次，13次张榜公示相关文件、决定，村居民代表先后4次入户做工作，赢得了农民群众的理解和支持，保证了改革的顺利推进。集体经济组织成员通过参与决策和管理，增加集体身份认同感的同时也增强了集体凝聚力。

第四，加强监督管理。监督、管理工作贯穿改革试验任务的始终，各地相关工作的开展呈现出多元有效的特征。比如广东省博罗县通过鼓励集体成员参与资产运营来激发监督管理的积极性。具体像罗阳街道鸡麻地村委规定下辖各股份经济合作社按13户选1户为代表，成为本社股份经济合作联合社股东户主代表，合理发挥好成员的监督管理作用。山东省青岛市黄岛区在工作程序的管理方面，通过探索与实践完善固化了"三段九步"工作法，三个阶段、九个步骤使改革过程规范，在具体操作中能够确保民主公正，确保政府取信于民。"三段"即将改制过程分为前期准备、工作实施、成立组织三个阶段，"九步"即组成改制班子、形成改制决议、人口摸排、清产核资、界定成员、折股量化、注册登记等九个具体操作步骤。上海市闵行区则将集体资产民主监督管理贯穿产权改革及经营管理的全过程，重大经济决策都做到会前广泛征求意见，会后及时公布。各改革村已经建立健全集体经济组织的"三会四权"治理机制，建立成员代表会议、理事会、监事会等现代法人治理结构，赋予成员知情权、表决权、收益权和监督权。

第五，加大财政扶持。调研中大部分地区的政府财政部门都会安排财政专项资金用于支持改革试点工作的进行。比如上海市闵行区，各镇都设立财政专项资金，资金来源为改革后农村集体经济组织上缴的税收形成的增量部分，时间定为5年。对开展产权制度改革的，区对村给予10万~20万元奖励。对开展改革的村，根据村集体经济组织资产规模、人员状况、改革难易程度及相关因素综合考虑，划为三档，区、镇分别给予10万元、15万元、20万元的工作支持与奖励。专项资金主要用于改革过程中宣传发动、召开座谈会、成员（代表）大会、成员身份界定与农龄统计、清产核资或资产评估、培训、学习交流、政策咨询、其他有关工作经费以及村集体经济发展。

二、聚焦关键问题

第一，农村集体资产清产核资。清产核资是顺利开展农村产权制度改革的基础和前提，目的在于全面搞清集体资产的存量、结构、分布和运用效益情况，加强对农村集体资产的管理。通过调研发现，各地清产核资的工作方式主要有三种：一是聘请第三方会计公司的清产核资方式。以广西北海市银海区为例。一方面，以村级会计账目和镇财政所会计账目为依据，固定资产有原始凭证按原值登记，无凭证则进行资产评估，评估结果由村民代表大会确定；另一方面，聘请第三方会计公司协助开展清产核资，以村（组）为单位厘清资产权属，逐笔逐项登记集体资产。二是镇级财政所指导的清产核资方式。以广西玉林市为例，在清产核资阶段，玉林市镇财政所专业会计全程参与，在充分利用已有数据摸底登记的基础上，在镇财政所专业会计的专业指导下，对价格不明、票据不清、合同丢失、无法追究的村进行重新评估。三是自行清产核资方式。例如，广西万秀区采取自我清查的方法，核实了各村、组的资金、资产和资源，解决了数据不明、权属不清的问题；然后进行了系统录入和审核上报，实现了系统化管理。

第二，农村集体经济组织成员身份确认。成员资格的合理界定是农村集体产权制度改革过程中难以回避的问题，其中的关键就是要保证有资格的成员得到认可，而没有达到资格要求的人员排除在外。具体的成员身份确认条件由各地市县区辖区内的村组根据本地的实际情况，综合考量户籍、土地承包关系、人员生活历史等方面来制定。各试点单位所采取的成员身份认定办法大同小异。在方法导向上，为避免出现涉及社会稳定不可控的风险和民众矛盾，普遍采取从宽界定的认定办法，只要成员身份不在不同集体经济组织内重复认定即可。在认定准则上，农村主要以改革基准日实际在册人口为基础，村改居社区则以祖居户为基础，进行成员身份确认。例如，广西贵港市港南区新庆村农村集体经济组织成员身份的取得分为三种情况：一是原始取得，包括本村出生且户口未迁出的；刑满释放后户口迁回本村的；大中专院校的在校大学生，就读期间其户口由原籍临时迁入学校管理的学生，属于集体经济组织成员，学生毕业以后，按有关规定迁回原籍的。二是法定取得，包括与本村村民结婚且户口迁入本村的；本村村民依法办理子女收养手续且其所收养子女户口已迁入本村的；外国、省、市人员因婚姻关系与本集体经济组织成员结婚的，限于户籍政策原因，户口暂时不能迁入的，以其结婚证为依据，且需户籍所在地村委出证明确认不属于该村集体经济组织成员后，才可确认为本集体经济组织成员身份，外国人员则至少凭结婚证才可确认为本集体经济组织成员身份。三是协商取得，上述情形之外的其他人员，是否具有集体经济组织成员资格，由本集体经济组织村民（代表）会议讨论决定并经2/3以上成员或者2/3以上村民代表同意，可接纳为本集体经济组织成员。关于少数、特殊群体的身份认定问题，各地也高度重视、因地制宜，主要情况和认定办法总结如表3-3所示。

表3-3　各地对特殊群体的认定办法

省份	市区县	群体类型及认定办法
广西	贵港市港南区新庆村	户籍在本村内的合法再婚人员及依法随其户口迁入的未成年子女，确认其具有集体经济组织成员身份
山东	青岛市黄岛区	大学生村官、聘用制教师、部队干部自主择业人员，属于国家财政供养人员，在进行成员资格界定时不属于人口股享受对象。历次机关事业单位机构改革中的分流人员中，只要是财政承担工资福利、按事业单位投保标准缴纳社保费用的，也被认定为财政供养人员，在进行成员资格界定时，不属于人口股享受对象
浙江	海盐县	一是本村全日制大中专毕业生户口间接回迁者按80%享受，随其迁入的配偶及子女按30%享受。二是嫁给本村社员，无争议的无土居民及知青子女回迁者按80%享受。三是有争议的婚嫁女配偶、子女及其他有争议人员按30%享受。四是离婚后户在人不在者按20%享受。五是原已出嫁在外，现户口回迁者按20%享受。六是顶替回迁者本人按60%享受，随其迁入的配偶和子女按30%享受。七是离婚后再婚户口迁入者，以第二轮土地承包时间（1998年12月31日）为界限，即第二轮土地承包前迁入者全额享受；第二轮土地承包后迁入者按50%享受

续表

省份	市区县	群体类型及认定办法
山东	东平县	在校大中专学生以及毕业后未取得固定工作的，现役义务兵和符合国家有关规定的士官，正在服刑人员以及刑满释放后户口迁回本村的，离婚、丧偶的女性成员及其子女仍在本村居住、生产、生活的人员，仍然为其保留成员资格
内蒙古	阿荣旗	正在服兵役的本村社员、正在劳教服刑的本村社员、因小城镇综合改革中户籍关系从本村迁入小城镇的原本村社员及因被征地而农转非的本村社员以及与本村社员已办理结婚证书但户口尚未迁入的对象及其子女等十二种特殊情况均保留集体成员资格
广东	惠州市惠城区	通过界定时间节点，在此之前户籍在村均可被认定为集体成员，对"外嫁女"等特殊人群一视同仁，极大地化解了社会矛盾，促进了社区的稳定和谐，保障了妇女权益。比如水北社区以 2007 年 1 月 10 日为基准日，户籍在水北的享受原集体分配的村民及其合法生育的子女均可配股，对于出嫁女及其子女也均按规定实行配股。比如三新村设置了缓冲期，对于之前属于村集体成员但是户口已经迁出的村民，如果在缓冲期内迁回则可以继续保留股民资格，并享有 50% 的股份分红权

资料来源：根据课题组调研资料整理。

第三，经营性资产股份合作制改革。经营性资产股份合作制改革的任务主要从三个方面展开：一是在股权量化上。广西各地区主要根据经营性资产收益的多少进行分类量化。比如对经营性资产和收益较多的村（组），将集体经营性资产以股份或份额的形式量化到本集体成员。浙江省海盐县则将除公益性资产和资源性资产外的集体经营性净资产列入股份量化范围，从制度上改变了以往村集体资产处于"人人有份、人人无份"的虚无状态，确立了股东在村集体资产中的份额和收入预期。内蒙古阿荣旗量化股权以人口、土地、劳动力等为基本要素，区分社员类别，确定合理的计算比例，界定各户股权，设置股份数量。考虑到改革过程中存在着不可预计因素，可量化资产不得同时全部分光或配置完，可提取村集体净资产总额 10% 左右比例作为改制风险金，用于妥善解决改革中不可预计的问题和改革后的遗留问题。

二是在股权设置上。各地均以成员股为主，是否设置集体股由本集体经济组织成员民主讨论决定。成员股中可设置基本股、劳龄股等，按照集体净资产总额，考虑人口、土地、劳龄等要素，合理确定权重和比例。比如浙江省海盐县、江苏省南京市、山东省青岛市黄岛区、内蒙古阿荣旗均不设集体股，但在个人股的设置上又有差别。其中青岛市黄岛区把个人股细分为人口福利股和劳动贡献股（农龄股），两者比例为 6∶4~8∶2。还有一些地区允许集体股占有一定比例。比如上海市闵行区允许集体股占 20% 以下，山东省东平县则根据产权归属区分为集体配置股、个人自愿股、定向扶持股。集体股一般不高于 30%，个人股一般不低于 70%。

三是在股权管理上。大部分地区提倡实行不随人口增减变动而调整的静态管理方式，比如浙江省海盐县、山东省青岛市黄岛区、内蒙古阿荣旗、广东省四会市和惠州市惠城区，明确股东对量化到人的股权享有收益分配权，以长期保障集体成员股份权益。少数地区也探索了几年一调的动态管理模式，比如广东省博罗县园洲镇刘屋村股份经济合作联合社在成员大会表决的基础上出台了五年一调的股权管理模式。上海闵行区七宝镇采取"生要增，死要退"的管理方式，集体成员在持股期间，其股权原则上不得转让、不得退股，对改革基准日后新生和新增的人员，户籍在本村，符合本村规定，可以入股。

第三节　成效、启示与政策建议

一、取得的成效

农村集体产权制度改革旨在破解农村集体资产混乱、集体产权主体缺位、农村集体经济组织成员权利不清、法人治理结构不完善和集体经济缺乏长效发展机制等难题。各地通过清产核资、成员身份认定、资产量化及股权设置、建立股份经济合作社、多种方式发展集体经济等工作，不断深入推进农村集体产权制度改革，取得了良好效果。

第一，创新了集体经济运营模式。明晰集体产权制度并不能自动解决当前农村集体经济组织普遍的"空壳"问题①，在集体经济薄弱村，农村集体经济组织工作人员往往能力有限、市场信息掌握程度有限，难以有效盘活集体资产，未能探寻出集体经济有效增长路径。新型农业经营主体由于懂经营、善管理，能够推动集体经济发展困境的突破，完善经营性资产增量转化方式。通过农村集体产权制度改革，核资确员、折股量化，建立集体股份合作社、集体经济合作社、土地股份合作社、集体经济股份合作联社等组织形式，提高了农民组织化能力和水平。在广西覃塘区山北乡石马村，经过产权制度改革之后，解决了土地产权不清晰、权责不明确、流转不顺畅的问题。通过股份经济合作社将清产核资之后的细碎化土地流转集中790亩，出租给当地种植专业户种植圣女果、黑米和红米，每年收取30元/亩的服务费，不仅增加了集体经济收入，同时也能在当地创造雇工岗位，增加集体经济组织成员土地流转收入和务工收入，从而调动了农村发展活力，促进了农村集体经济发展。

第二，促进了农业高质量发展。一方面体现在农村集体产权制度改革提高了资源配置效率，促进了农地规模化，提高了生产率。内蒙古阿荣旗借助土地确权成果，截止到2018年底全旗规范流转土地270万亩，成为全自治区规模化流转面积最大的旗县，其中耕地轮作整建制推进140万亩，占耕地总面积的30%。轮作任务区土地

---

① 郭晓鸣，王蕾. 深化农村集体产权制度改革的创新经验及突破重点［J］. 经济纵横，2020（07）：52-58.

流转价格高出农民自行流转 100 元/亩，增收 1.4 亿元，规模效益达 6.42 亿元。另一方面体现在盘活了资源，促进了乡村旅游、休闲农业等新产业的发展。比如山东东平县南堂子村是电视剧《新水浒传》的主要取景地，自 2014 年以来，南堂子村采取"固定土地股、变动户口股"的模式，成立了土地股份合作社，利用银行贷款对村庄进行旅游开发，探索出兼顾土地、户口和劳动贡献的收益分配机制：土地股每年 1000 元/亩的"保底收益+年终分红"；户口股随人口变动而变化，并仅参与年终分红；管理人员的收益直接与当年合作社盈余情况挂钩。通过这种方式，南堂子村的门票和鲜果采摘收入已经从几年前的 10 万元快速增加至 2017 年底的 500 万元，该合作社的年盈余达 50 万元，带动了本村及周边 4000 多人就业。

第三，提高了农民的收入。通过农村集体产权制度改革，盘活了集体资产，保护了农民的财产权利，同时改变了农户家庭内部的要素配置，促进了劳动生产效率的提高，进而实现了农民增收。调研中的大多数试点单位通过开展"土地集中入股合作社"的模式，解决了劳动力少、撂荒严重地区的集体经济发展问题。在该模式下，集体将成员的土地以入股的方式集中流转，进行统一经营管理，因地制宜地发展农业产业，收益按入股面积分红，盘活了资源，增加了收入。比如广西北海市银海区就通过改革实现了村民收入的来源多元化。一是建立流转土地收租金、园区务工挣薪金、入股股份合作分股金、产业经营赚现金的"四金"，拓宽了当地村民的收入渠道。二是政府通过加大对改革村的项目扶持力度，持续助力村集体经济发展，一些村实现了集体收入的倍数增长。比如福成镇竹林村在政府的帮助下，通过开发"四荒"资源，凭借区位优势发展渔家乐等休闲旅游项目，扩展村集体收入渠道，实现项目增收。三是通过利用集体土地对外出租，建设农村农贸市场，增加集体经济收入，采取此做法的包括福成镇的西村、东村、福成村以及平阳镇的包家村。

第四，增加了农民的获得感和幸福感。农村产权制度改革不仅促进了集体经济的发展、农民收入的增加，还辐射带动了公益事业、教育事业、环保产业的发展。例如广东覃塘区二龙村将多余的收益用于村委的公共事务和公益事业，重阳节组织敬老用餐、重要节日举办歌唱比赛、举办篮球比赛等活动，弘扬了中华民族传统文化，提高了村民的幸福指数。广西则专门设立教育股或助学股，用于激励村集体受教育水平的提高，例如丹竹镇白马村、丰塘村另设置教育股 200 股，凡本集体经济组织成员有子女考上重点大学的，每户奖励 20~25 股不等。广东惠城区水北社区还创造性地将敬老与股份分红挂钩，这一举措极大地增强了对村民的行为约束力，基本杜绝了不赡养老人的现象。

第五，缓解了社会矛盾。农村集体产权制度改革还增强了村民的归属感与认同感。广西北海市通过规范村集体资金的支出明细，将村内资产资源处置权交还村民，村级事务从"一言堂"变为"全民参与"，有利于缓和村民与村干部间的关系，赢得村民的信任，密切党群、干群关系。又如，广西设立世居股，奖励在社区内长久居住、做出贡献的老村民，增强了村庄的凝聚力，减少了因归属感丧失导致的社会矛盾。上海闵行区通过完善股权 6 项权能，特别是所有干部岗位股和村民受让股全部退出后，缓解了干群矛盾，将改革红利更多落到百姓身上，改革村入股率由改革初期的 70% 提高到现在的 90% 以上，改革村无一例集访，实现了农村社会和谐稳定。

二、农村集体产权制度改革对壮大集体经济的启示

农村集体产权制度改革对集体经济发展的促进效果非常明显。一是由于改革以确权到人为主要特征，极大地提高了集体经济组织的运行效率；二是因为改革中正向激励的干部工作制度激发了干部队伍的积极性、主动性，激励各级干部进行具有地方特色的制度创新。通过对各地壮大集体经济模式的探索，以山东青岛市黄岛区、东平县为例，总结出以下两种典型的集体经济发展模式。

（一）经济发达地区的改革发展模式：以青岛市黄岛区为例

1. 产业功能区（园）村产权制度改革新模式

针对产业功能区（园）中村，青岛市黄岛区开展确权、确股、确利、不确地的试点，探索开展农民土地承包经营权和集体资产股份"绑定"改革。产业功能区（园）内的村庄由于城市发展需要，将原有的耕地转换为建设用地，村民集中上楼。如青岛市黄岛区薛家泊子社区已于 2004 年 7 月实行了村改居，2013 年底社区拆迁改造已经完成，现在社区已经没有农田，原来依靠种地的生活模式已经不存在了，社区居民就业也已经城市化，已经不再有农村、农业、农民的概念。薛家泊子社区在集体经济改制中，遵循的公正、平等的原则对所在社区居民进行人员资格认定。此外，薛家泊子社区集体经济改制后，成立了薛家泊子社区农村经济组织合作社，并严格按照合作社章程要求管理进行经营。在每个会计年度结束后，公司委托会计师事务所对合作社经营情况进行审计。经济合作社经营性净收入按以下比例进行分配：提取公积公益金不少于 40%；股东红利分配不超过 60%。此外，薛家泊子社区规定，经济合作社成员可以在本经济合作社内部转让股权，但不得退股提现；单个主体受让股权不得超过总股份的 5%。为保证经济合作社资产及成员股权安全，在相应法律法规出台之前，转让股权应经经济合作社理事会过半数通过，且只能转让给本社区居委会。

2. 城中村产权制度改革模式

针对城中村，探索规范成员资格界定、集体资产产权变更、法人治理结构的有效途径。城中村不同于传统农业村以及产业功能区（园）村，这类村庄在发展的过程中，耕地逐渐变为工业用地，村中主导产业以写字楼租赁、工业及加工业企业场地租赁等为收入来源。随着项目占地和人员外出打工，村庄农田越来越少，原来依靠种地的生活模式逐步转变为外出就业模式。因此，通过实施改革，把资产量化到人，明晰产权关系，避免农村在向城市化过渡过程中集体资产被平调、流失的可能，解决农民对集体（土地）资产的依附关系，促进农村劳动力转移。青岛市黄岛区的城中村（城乡接合部村）在集体经济发展过程中，主要采取了集体资

产改制的方式，量化资产，明晰成员资格。如黄岛区珠海街道郝家石桥村位于城区内，属典型的城中村，共有 804 户居民。该村 2016 年完成集体资产改制，共量化资产 3 亿元，界定社员 2721 人，2016 年实现村集体经济收入 1200 万元，村经济收入主要来源为土地、房产租赁。改制后新成立的农村经济合作社，有了经营发展的主体地位，对全村 3 亿元的集体资产进行经营管理，可以把集体资产、资源调动起来，投资、融资、参股、注册新的企业，最大限度地参与到市场经济运行当中，实现集体资产的保值、增值。此外，改制完成后，农民的集体收益分配由按人头发放实物变成按股份发放红利，农民通过分红的形式，享受集体经济发展带来的红利，有了固定而且稳定的收入来源，成为有股金、薪金、租金、医保金、养老金的"五金"农民。

（二）经济欠发达地区的改革发展模式：以青岛市东平县为例

东平县经营权分散、土地细碎化，难以形成规模化、现代化的土地经营。全县共有家庭承包经营的土地 86.6 万亩、集体"四荒"土地以及村庄内"空荒"土地 20 万亩。细碎化的土地分散在一家一户的小农手中，难以形成规模化的经营。长期以来，村集体"三资"主体不清、权责不明，致使农民主体权益缺位，出现了集体资产流失的现象，村集体经济难以持续发展壮大。

针对这种现状，东平县通过农村产权股份合作制改革，增加农民收入和集体收入，确保农民利益不受损、集体资产不流失。其土地股份合作的经营模式大体形成了三种：一是合作经营型。土地股份合作社引入外部资金、技术和管理，将土地股份合作社打造为新型农业经营主体，合作发展。接山镇后口头村炬祥土地股份合作社以土地和劳务的形式，经营大户以资金和苗木形式进行合作经营，双方按 5：5 收益分成，实现了农民集体双增收。二是内股外租型。土地股份合作社把土地整体对外租赁，稳定获取租赁收入。梯门镇西沟流村宝泉土地股份合作社将 1400 亩土地对外租赁给灵泉农场，将分散的山岭薄地连片发展樱桃、石榴、核桃等高效优质林果规模种植，提高了土地产值，每亩平均收益由 700 元提高到了 1300 元。三是产业经营型。比如彭集街道安村由土地股份合作社牵头，发展起了粉皮加工、生态养殖、有机蔬菜、中药材种植四大产业，村集体由 2014 年的负债变成 2017 年收入过千万元。

此外，在资源股权设置上，东平县探索出了 A、B 两类股的发展模式。A 股为集体配置股，即集体"四荒"地与村内"荒片"地；B 股为个人自愿股，即由成员以家庭承包地自愿有偿加入，实行"租金保底+分红"，确保农民承包权保值增值。比如接山镇后口头村实行 A、B 两类股，为方便统一规模经营，该村规定，自愿入股的家庭承包地必须是整户土地入股，入股期限不低于 5 年。访谈时发现，原来农户之间的土地流转一般每亩地 300～500 元，入股后每亩地保底收益在 700～1000 元，在一定程度上实现了土地承包权的财产性收益的翻倍。

东平县是调研中经济欠发达地区发展模式的典型代表。实践中发现，越是经济欠发达地区，改革后农村集体经济发展的效果越明显，农民得到的实惠越多。通过集体产权制度改革，东平县破解了农村集体产权权属不明、管理难的问题，把细碎分散的土地集中起来，实现了农业产业化，壮大集体经济，进而提升村集体话语权与办事能力。可见，保持了农村集体经济发展效果，应稳定产权结构，构建农村集体经济发展的长效机制，重视改革后农村集体经济组织的合法经营建设，优化农村集体经济组织发展的制度环境①。

三、深化农村集体产权制度改革的政策建议

农村集体产权制度改革是一项重大的产权制度创新，调研发现改革的综合效益已初步显现。继续推进农村集体经济发展，需要法律保障、政策支持、政府指导等多方面的配套措施。

第一，加快农村集体经济组织立法。通过立法，对农村集体经济组织在经营管理、权利义务等方面的内容，以法律条文的形式做出明确规定。根据《民法总则》第九十九条规定，"农村集体经济组织依法取得法人资格。法律、行政法规对农村集体经济组织有规定的，依照其规定"。换句话说，《民法总则》确定了农村集体经济组织的法人主体地位，但对于其主体特征、构成、结构、运作规则、与其他市场主体之间的关系等，都需要专门的法律法规予以规定。因此，农村集体经济组织法的出台，将会极大地优化农村集体经济组织发展的制度环境。

第二，紧跟国家农村集体产权制度改革方针。深入贯彻党的十九大报告和2020年中央一号文件有关农村集体产权制度改革的精神。首先，理顺农村集体产权股份合作制改革过程中的各项职责，建立和健全工作激励机制。通过多方评估、绩效评价、座谈交流等途径激发出农村改革的强大动力，有效保障改革试验任务顺利推进。其次，进一步建立并完善改革过程中的风险防控机制。要对改革进程中可能产生的风险保持高度警惕，尤其是农村集体经济在不同区域发展的不平衡、不充分，所面临的各项挑战，亟须探索改革内外部风险预判和防范机制，做到防患于未然。最后，进一步加强部门之间的联动，发挥乘数效应。改革试验任务并不是单一部门的事情，而是整个区域内的事情，农村集体产权股份合作制改革涉及多个部门，平衡各部门的利益，才能保障改革顺利进行。

第三，构建农村集体经济发展的长效机制。促进集体经济发展到一个较高的水平，需要构建股份经济合作社、经济合作社的长期发展机制，要建设一支经营管理人才队伍，保证集体经济组织良性运行。根据一些地方的经验，合作社理事长并不一定由原村干部担任，也可以由合作社成员大会或代表大会选举出有经营能力的村民担任，例如，聘请本村的民营企业家担任合作社理事长，或者理事长由原村干部

---

① 孔祥智．产权制度改革与农村集体经济发展——基于"产权清晰+制度激励"理论框架的研究［J］．经济纵横，2020（07）：32-41+2.

担任，外聘职业经理人担任合作社社长，全面负责合作社的经营活动。对于确实没有经营管理人才或找不到经营项目的村，可以借鉴东平县的经验，以现有的资源、资产入股到农业产业化龙头企业或者实力雄厚的农民专业合作社，也可以实现集体资产的保值增值，确保集体经济发展。

第四章 制度变迁、潜在收益与政府影响力

——对我国农村集体产权制度改革政策与实践的思考①

农村集体经济是集体成员利用集体所有的资源要素，通过合作与联合实现共同发展的一种经济形态，发展壮大农村集体经济是实现乡村振兴的必由之路。但是多年来农村集体经济发展却饱受批评，故政策层面不断推进集体产权制度改革以适应健全社会主义市场经济体制的新要求。诚然农村集体产权制度改革属于经济体制改革的范畴，而处理好政府和市场关系则是该领域的核心问题，从此角度展开讨论意义深远。本章将用制度变迁理论来阐释农村集体产权制度改革何以兴起，并分析政府在其中的作用机制，探讨改革不同阶段的政府影响力变化，这对今后深化集体产权制度改革具有重要的政策启示作用。

第一节 理论分析

一、制度变迁——一个简要的文献回顾

制度变迁，简而言之是一种更高效率的制度对原有低效率制度的替代过程，或是交易活动中制度安排与制度环境的结构性改善过程②，西方新制度经济学理论对此多有探索。西方新制度经济学家 Demsetz 提出，产权是界定人们如何受益或者如何受损的权利，旨在说明产权的配置引导了人们的行为规范，其中一项重要功能是引导人们实现外部性内在化并提供激励③，换言之，这个内在化的过程即为产权制度变迁的过程，而舒尔茨则认为，由于人的经济价值提高从而使制度在执行经济功能的同时产生了非均衡现象，制度变迁是为适应人的经济价值的提高而进行的调整，但是

① 执笔人：谢东东、孔祥智。
② 罗必良. 新制度经济学 [M]. 太原：山西经济出版社，2005.
③ Demsetz H. Toward a Theory of Property Rights [J]. American Economic Review, 1967, 57 (02)：347-359.

带有滞后性调整色彩[1]。随着研究的深化，戴维斯和诺斯则明确提出了制度变迁的概念并进行系统化研究，提出"如果预期的净收益超过预期的成本，一项制度安排就会被创新"。即制度变迁是为了获得潜在利润，而潜在利润的来源则主要为规模经济、外部性、风险、交易费用四个方面[2]。在此基础上，诺斯基于潜在利润是诱使行为主体实施变迁的主要因素这一点开展探讨，通过产权理论、国家理论、意识形态理论三个维度阐释制度变迁理论，并提出潜在利润的驱动是制度变迁的根本动力[3]。首先，产权结构创新是制度创新的一个重要方面，且由于明晰产权结构能够激励技术进步促进生产发展；其次，产权制度安排与国家息息相关，国家决定产权结构并且最终对其效率、效果负责；最后，人们能遵守一定的意识形态可以克服机会主义，维持市场机制运作，由此降低个人机会主义行为对制度变迁的干扰。

二、分析框架

党的十八届三中全会提出市场在资源配置中起决定性作用，但是市场在资源配置中的决定作用依赖市场机制的有效运作，然而彼时农村集体经济发展面临着较为严重的市场秩序不规范和要素市场发展滞后的现实问题。农村产权保护性制度尚未建立、要素配置效率低下往往是我们处于计划经济向市场经济发展过渡阶段的表现，在这个大的也是最重要的背景下去分析新时代农村集体产权制度改革意义深远。第一，产权明晰是市场经济存在和发展的保障。一方面，农村产权制度长期以来因主体不清、产权残缺等因素被学界批评模糊低效[4][5]，而产权界定可以视为市场交易的先决条件，若产权未能清楚界定、保护，市场参与者将面临高昂的交易费用，从而使市场难以实现资源有效配置。换言之，市场的有效性意味着充分界定和行使产权[6]。另一方面，公平规范的市场秩序是完善市场体系内在要求，但是市场秩序不是自发形成的，这同样也建立在有效的产权制度上[7]。第二，集体产权制度改革是我国农村要素市场发展的制度保障。完善的市场体系依赖统一的市场规则和生产要素充分流动公平竞争，而提升要素市场化配置水平的关键是形成统一开放的要素市场[8]，由于农村大量生产要素权属不清，一方面，大量要素由于产权保护和权能问题未能

① Schultz T. W. Institutions and the Rising Economic Value of Man [J]. American Journal of Agricultural Economics, 1968, 50 (08): 1113-1122.

② Davis L. E., North D. C. Institutional Change and American Economic Growth [M]. Cambridge: Cambridge University Press, 1971.

③ 诺斯. 经济史中的结构与变迁 [M]. 上海：上海三联书店，上海人民出版社，1994.

④ 韩俊. 中国农村土地制度建设三题 [J]. 管理世界，1999 (03)：3-5.

⑤ 曲福田，田光明. 城乡统筹与农村集体土地产权制度改革 [J]. 管理世界，2011 (06)：34-46.

⑥ Coase R. H. The Problem of Social Cost [J]. Journal of Law and Economics，1960, 56 (03): 1-13.

⑦ 洪银兴. 论市场对资源配置起决定作用后的政府作用研究 [J]. 经济研究，2014 (01)：14-16.

⑧ 马建堂. 新时代全面深化经济体制改革的纲领性文件 [J]. 管理世界，2020 (07)：1-4.

进入市场,自由流动、公平竞争更是无从谈起,进而扩大了城乡差距①。另一方面,要素闲置和大量有效需求得不到满足并存,我国农村要素市场亟待发展②。

结合改革的背景和上述理论分析,由此,本章提出如下假说:

假说1:农村集体产权的制度变迁是为了获取更完善的市场机制带来的潜在收益。

假说1a:通过建立有效的集体产权保护制度推动市场秩序公平规范发展。

假说1b:通过深化权能改革规范产权流转交易,促进农村要素市场发展。

在此基础上,本章认为,自党的十八大以来,集体产权制度改革可以分为三个阶段,以2016年12月底中共中央、国务院颁布《关于稳步推进农村集体产权制度改革的意见》(以下简称《意见》)为重要节点,可以分为试点先行期、加速推进期两个阶段,按照5年时间基本完成集体产权制度改革的部署③,2022年将进入制度全面成熟期阶段。

当然,之前基层实践和政策设计层面对于集体产权制度改革的探索早有开展,但是本章认为,自党的十八大以来的改革相较之前具有显著差别。一方面,之前更多是着眼于集体收益分配制度改革,政策重视程度与探索范围均较为有限。以浙江省为例,早年开始的集体经营性资产股份合作制改革中量化到人的股权只是作为其享受集体收益分配的依据,仅从集体与成员间利益分配关系的角度进行探索④。而自党的十八大以来,我们首先统一思想认识并高度重视,2013年是贯彻党的十八大精神的开局之年,当年"改革农村集体产权制度"首次作为章节标题被写进中央一号文件,标志着此项改革被提到前所未有的战略高度,与创新农业生产经营体制、完善乡村治理机制等一道成为"三农"工作的重要内容在全党全国加以重视,随后在保障成员权利、拓展产权权能、规范产权交易等多领域加以探索。另一方面,对于全国农村而言,土地是农民集体所有的最重要资产,是发展建设的基础,更是农村制度之源⑤,习近平同志提出新形势下深化农村改革的主线仍然是处理好农民和土地的关系⑥,因此只有将土地纳入集体产权改革的框架中统筹部署,才是完整意义上的农村集体产权制度改革。自党的十八大以来,我们推进的集体产权制度改革首先在

---

① 陈钊,陆铭. 从分割到融合:城乡经济增长与社会和谐的政治经济学 [J]. 经济研究,2008 (01):21-32.

② 孔祥智,周振. 我国农村要素市场化配置改革历程、基本经验与深化路径 [J]. 改革,2020 (07):27-38.

③ 到2021年底基本完成农村集体产权制度改革 [EB/OL]. [2017-12-1]. http://www.gov.cn/xin-wen/2017/12/11/content_ 5245721. htm.

④ 黄延信,农业部农村经济体制与经营管理司调研组. 浙江省农村集体产权制度改革调研报告 [J]. 农业经济问题,2013 (10):4-9.

⑤ 张红宇,陈良彪,胡振通. 构建农业农村优先发展体制机制和政策体系 [J]. 中国农村经济,2019 (12):16-28.

⑥ 习近平. 加大推进新形势下农村改革力度促进农业基础稳固农民安居乐业 [N]. 人民日报,2016-04-29 (1).

农村土地制度改革取得突破，2013 年对农地确权正式提出"全面开展"的要求，继而逐步确立"三权分置"改革方案。此外，集体经营性建设用地、宅基地等制度改革陆续跟进，这一套土地制度创新的"组合拳"无疑在探索农村集体产权制度改革领域中发挥了重要作用。因此，根据以上两点，本章将研究对象（农村集体产权制度改革）的时间划分起点设置为自党的十八大以来，并且为了方便研究以及篇幅所限，针对《意见》提出"以推进集体经营性资产改革为重点任务"，本章所讨论的产权制度改革聚焦于集体经营性资产领域。

首先在改革试点先行期阶段，为了减轻改革阻力和降低改革盲目性，中央政府的影响不断强化，其政策偏好显著影响下级政府的施政方向[1]，地方政府根据中央试点安排结合自身发展环境进行推进，干部队伍激励机制开始形成[2]，基于自上而下的管理体制改革不断被推动。其次在加速推进期阶段，大量工作依赖中央政府牵头实施，统筹改革方向并组织更大范围试点、开展检查督导，地方政府更是不断介入集体经济发展，基于当地实践，创新发展模式，以求得在地方利益、官员晋升锦标赛中占据更多博弈优势[3]，从而干部激励机制在更大范围内被建立起来，政府影响力持续提升。各级政府在改革实践的基础上不断总结经验、完善政策，这一阶段政府对于集体经济的影响力达到峰值。最后进入制度全面成熟期，相较于前期利用行政手段直接推动产权制度变迁，政府在本阶段则着力提供良好的市场环境，即健全产权保护法律制度、用法治监管来维护良好的市场秩序，充分发挥市场作用以探索农村集体经济发展长效性机制。此外，制度激励优势不断凸显，农民与集体经济的联系趋于紧密，集体经济组织内部治理机制也不断完善，前人研究发现，资产股份合作组织的成长、治理结构的完善不仅仅便利了农民管理集体资产，更是有助于在利益冲突时组织农户与政府抗衡、捍卫集体利益[4][5]。综上所述，政府影响力轨迹在此阶段呈现下降趋势。需要注意的是，在此本章将法治行为和政府行政手段干预区分开，换言之，从处理好政府与市场关系角度入手强调通过法治完善减少政府对于微观事物的干预。

基于上述分析（见图 4-1），由此，本章提出如下假说：

假说 2：自党的十八大以来，在集体产权制度改革的不同阶段，即试点先行期、加速推进期、全面成熟期，政府影响的起点和终点都是围绕市场机制而展开的，影响力轨迹呈现先增后减的"倒 U 型"曲线形状（见图 4-2）。

① Birney M. Decentralization and Veiled Corruption Under China's "Rule of Mandates" [J] . World Development, 2014（53）: 55-67.

② 孔祥智. 产权制度改革与农村集体经济发展——基于"产权清晰+制度激励"理论框架的研究 [J] . 经济纵横, 2020（07）: 32-41+2.

③ 周黎安. 中国地方官员的晋升锦标赛模式研究 [J] . 经济研究, 2007（07）: 36-50.

④ Hsing Y. The Great Urban Transformation: Politics of Land and Property in China [M] . Oxford: Oxford University Press, 2010.

⑤ Hou X. Community Capitalism in China: The State, The Market, and Collectivism [M] . Cambridge: Cambridge University Press, 2013.

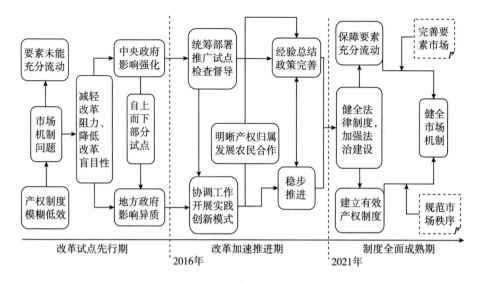

图 4-1　自党的十八大以来集体产权制度改革不同阶段及政府影响机理

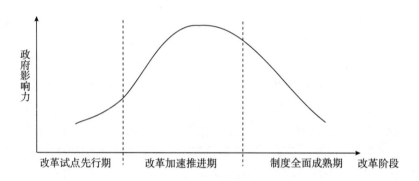

图 4-2　自党的十八大以来集体产权制度改革不同阶段政府影响力轨迹变化

第二节　农村集体产权制度变迁何以兴起

一、集体产权制度改革的必要性

第一，随着市场机制逐步完善，农村市场交易行为日益丰富，利益关系发展趋势日益复杂化，农民维护自身利益的现实诉求更加强烈。一方面，产权界定与实施也受成本收益约束影响，随着农村经济社会发展，资源性、经营性资源价值快速提高，2012 年中国农村集体经济组织总资产达 2.18 万亿元①。另一方面，资产规模固然庞大，但是由于存在产权归属不明、产权结构虚化、代表性主体缺乏等问题，影响社会稳定和集体经济发展，产权主体之间利益矛盾冲突增多。产权归属不明致使集体资产有流失、被侵占的风险，随着资产价值提升，侵蚀集体和农户合法利益的行为屡见不鲜，而随着经济社会发展，农民拓宽财产性收入渠道的诉求也较为强烈，若不加以应对，任凭矛盾激化，势必影响农村社会稳定和经济健康发展。

第二，集体经济发展力量总体较为薄弱、地区之间极不平衡的现实局面亟待改变。虽然 2012 年村均资产达 370 万元，但是全国无经营收益的村占比为 52%，经营收益在 5 万元以下的村占比为 25%，两者合计为 77%②。一方面存在着大量的"空心村""负债村"，另一方面部分城郊村、城中村借助城镇化建设的区位优势迅速壮大集体经济，甚至通过征地和拆迁补偿实现了"暴富"，农村集体经济呈现出严重的不均衡发展格局。但是即使是"空心村"，也亟待唤醒许多"沉睡的资产"（如村集体管理的房屋仓库、果园鱼塘）并提升其运营管理水平，实现保值、增值。若不加以推进农村集体产权制度改革，在新形势下探索集体经济发展新路径，必将背离我们对农村集体经济在促进共同富裕中发挥重要作用的功能期许，甚至弱化公有制经济在我国基本经济制度中的主体作用。

二、集体产权制度改革的可行性

自改革开放以来，我们不断开展集体经济有效实现形式的探索，其中较为有代表性的就是农村集体经济股份合作制改革。农村集体经济实行股份合作制改革起源于 20 世纪 80 年代中期商品经济比较活跃的珠三角以及其他地区，随后在许多地区不断自发兴起。这是在家庭承包经营的基础上进一步发展生产要素联合，旨在促进集体成员共享产业资本收益、推动初次分配公平公正的社区财产制度创新③④，对于新时代集体产权制度改革有着重要的启发意义。在此期间，我们在政策上也尝试鼓励部分地区开展股份合作制改革的试点，积极探索集体经济的实现形式，形成了一些先行适应市场经济的发展模式经验。而且农村集体经济组织作为财政支农项目的承接主体之一，自 21 世纪以来，大量对接国家惠农政策，自身实力也不断提升。据统计，2000～2009 年，农村集体经济收入从 4.06 万亿元增加到 9.73 万亿元⑤。此外，农地"三权分置"等改革也促进了集体产权结构开放性发展和农村要素资源配置效率的提高⑥。上述内容为自党的十八大以来农村集体产权制度改革发展奠定了坚实的实践基础。

①② 数据来源：《中国农村统计资料（2012）》。

③ 温铁军，王平，石嫣．农村改革中的财产制度变迁——30 年 3 个村庄的案例介绍［J］．中国农村经济，2008（10）：4-12.

④⑥ 叶兴庆．扩大农村集体产权结构开放性必须迈过三道坎［J］．中国农村观察，2019（03）：2-11.

⑤ 高鸣，芦千文．中国农村集体经济：70 年发展历程与启示［J］．中国农村经济，2019（10）：19-39.

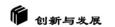

三、集体产权制度改革的理论阐释

基于上述理论分析，集体产权制度改革最重要的意义是政府通过有效的产权保护制度促进农村市场机制的完善，发挥市场在资源配置中的决定性作用，从而健全符合社会主义市场经济要求的农村经济体制。换言之，这一制度变迁是为了获取更完善的市场机制带来的潜在收益，具体来说，表现在以下两个方面：

一方面，通过清晰界定产权并加强资产监管来建立健全有效的产权保护制度，从而规范市场秩序。由于之前在农村集体经营性资产管理上存在主体模糊归属不明、运营低效监督不善、收益不清分配不公等严峻的问题，更有甚者，集体资产流失、村干部反仆为主，集体经济蜕变为"干部经济"，腐败高发、"小官巨贪"现象层出不穷。上述问题制约了农村集体经营性资产的规范化、市场化运营管理，无法在公平竞争的市场环境中配置农村资源要素，从而既不能发挥市场配置资源的效率优势，也难以保障农民集体合法权益。通过清晰界定产权并加强集体资产监管，有助于规范产权交易、推动市场公平竞争，这遏制了集体经济组织"内部人"和外部资本以不正当手段谋取集体经营性资产收益，捍卫了农民集体合法权益，从而通过建立健全有效的产权保护制度规范市场秩序，完善市场机制。

另一方面，深化产权权能改革规范产权流转交易，促进农村要素市场发展。完善农村要素市场化配置是建设统一开放、竞争有序的现代市场体系的内在要求，是推动城乡融合发展和乡村振兴的题中应有之义，更是完善社会主义市场经济体制的重要内容。通过深化农村集体产权改革，将经营性资产折股量化到集体经济组织成员，赋予农民对集体资产股份占有、收益、有偿退出及抵押、担保、继承权利，使大量农村生产要素能够进入市场交易，以真正实现唤醒、盘活农村资产，扩大农村要素市场化配置范围。与此同时，通过建立农村集体资产交易平台，强化交易服务，畅通要素流动渠道，有助于健全要素市场化配置的体制机制，提高资源要素配置效率，促进市场在资源配置中决定作用的充分发挥。

此外，集体产权制度改革的部分政治性目标如保护农民利益、维护社会稳定、促进共同富裕等，也可以在健全有效产权保护制度的基础上通过发展规范的市场秩序、完善农村要素市场等方式得以实现。换言之，保护农民的合法利益是从产权制度变革入手完善市场机制的题中应有之义，近年来开展的"三变改革"的着力点就是利用现代市场要素如资本、技术、管理等引入产权清晰、权能完整的农村实践场域，利用市场机制实现好、发展好农民的利益①。

---

① 马池春，马华. 农村集体产权制度改革的双重维度及其调适策略［J］. 中国农村观察，2018（01）：2-13.

第三节 不同阶段政府影响及轨迹变化分析

一、改革试点先行期

党的十八届三中全会提出，要紧紧围绕使市场在资源配置中起决定性作用深化经济体制改革和加快完善现代市场体系，从而为开展农村集体产权制度改革提供方向指引，在具体的改革构想上提出"保障农民集体经济组织成员权利，积极发展农民股份合作，赋予农民对集体资产股份占有、收益、有偿退出及抵押、担保、继承权，建立农村产权流转交易市场"等内容。2014年中央政府则在建立农村产权流转交易市场等方面发力，并围绕保障集体成员权利和发展股份合作开展了第一批集体产权制度改革试点方案设计。随着改革的推进，中央政府开始尝试系统化的制度顶层设计，对农村不同改革开展政策衔接，以确保降低改革的盲目性和减轻改革的阻力，2015年两办印发的《深化农村改革综合性实施方案》在土地制度改革、集体经营性资产股份合作制改革等方面作出了系统规划部署，本阶段的改革政策梳理如表4-1所示。

表4-1 试点先行阶段政策文件梳理

年份	文件名称	主要内容
2013	《中共中央 国务院关于加快发展现代农业进一步增强农村发展活力的若干意见》	加强农村集体"三资"管理，鼓励具备条件的地方推进农村集体产权股份合作制改革，探索集体经济组织成员资格界定的具体办法
2013	《中共中央关于全面深化改革若干重大问题的决定》	保障成员权利，积极发展农民股份合作，赋予农民对集体资产股份占有、收益、有偿退出及抵押、担保、继承权，建立农村产权流转交易市场
2014	《中共中央 国务院关于全面深化农村改革加快推进农业现代化的若干意见》	推动农村集体产权股份合作制改革，建立农村产权流转交易市场，加强农村集体资金、资产、资源管理，提高运营管理水平
2014	《积极发展农民股份合作赋予农民对集体资产股份权能改革试点方案》	保障农民集体经济组织成员权利，积极发展农民股份合作，赋予农民对集体资产股份占有、收益、有偿退出及抵押、担保、继承权等方面开展试点
2015	《中共中央 国务院关于加大改革创新力度加快农业现代化建设的若干意见》	对经营性资产重点是明晰产权归属，将资产折股量化到本集体经济组织成员，发展多种形式的股份合作，完善推进改革的税费政策

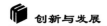

续表

年份	文件名称	主要内容
2015	中共中央办公厅、国务院办公厅印发《深化农村改革综合性实施方案》	分类推进农村集体资产确权到户和股份合作制改革，赋予农民对集体资产更多权能，发展多种形式的股份合作
2016	《中共中央 国务院关于落实发展新理念加快农业现代化实现全面小康目标的若干意见》	探索将投入财政资金形成的经营性资产，通过股权量化到户，让成员长期分享资产收益，制定税收优惠政策，开展扶持村集体经济发展试点

资料来源：根据相关公开文件整理。

　　根据表4-1可知，本阶段中央政府从提出改革构想、明确改革目标、安排阶段性试点再到探索规划综合方案，影响力不断强化。一方面，主要领导高度重视，上级政府以及主要领导的政策偏好显著影响下级施政方向，干部队伍激励机制开始形成。习近平同志在2014年在中央深改组第5次会议上提出"积极发展农民股份合作、赋予集体资产股份权能改革试点的目标方向，是要探索赋予农民更多财产权利，明晰产权归属，完善各项权能，激活农村各类生产要素潜能，建立符合市场经济要求的农村集体经济运营新机制"。2016年，习近平同志在小岗村农村改革座谈会上强调着力推进农村集体资产确权到户和股份合作制改革。2015年两办印发的《深化农村改革综合性实施方案》明确要求要完善各级党委和政府推进农村改革的领导体制和工作机制，主要负责同志要亲自抓农村改革工作。另一方面，中央政府部门积极推动地方试点，为下一阶段的全面推进提供实践经验。2014年农业部等多部委制定对集体资产股份权能改革试点方案，2015年确定了29个县区开展首批农村集体资产股份权能改革试点工作。但是此阶段地方政府对于集体产权制度改革的影响呈现异质性状态，部分地方政府层面积极根据自身环境较早开展产权制度改革创新，如2016年贵州省在六盘水"三变"改革的基础上在全省范围内推广改革试点，当年年底全省有超过1000个村开展试点，涉及农村人口304万人[①]，但是我们也要注意到在全国范围内仅安排了29个试点单位，许多地区改革尚未开始，集体经济与政府影响都呈现出了强烈的不均衡发展态势，以至于到了2017年，仍有3/4的村无合作经济组织，2/3的村无集体经济，无人管事、无人干事、无钱办事现象突出[②]。

二、改革加速推进期

　　在立足于经营性资产股份合作制改革试点经验总结的基础上，2016年《意见》

---

　　① 贵州农村"三变"去年获益16.6亿元［EB/OL］．［2017-03-03］．http：//m. xinhuanet. com/2017-03/03/c_ 1120561816. htm.

　　② 习近平：在深度贫困地区脱贫攻坚座谈会上的讲话［EB/OL］．［2017-06-23］．http：//www. xinhua-net. com/politics/2017-08/31/c_ 1121580205. htm.

出台，对开展农村集体产权制度改革作了总体部署和明确任务要求，可以视为今后一个时期指导农村集体产权制度改革的纲领性文件。本阶段的一大特点就是改革政策的"高位推动"，相较于之前改革试点政策文件由农口单位编制和印发，《意见》是由中共中央、国务院联合发布，党政联合发文将集体产权制度改革政策上升到党和国家工作的主要议题之中，提高了改革的政治位阶，赋予了改革更高的政治意义，在党的领导的权威下得以"高位推动"，《意见》明确要求中央农村工作领导小组组织领导并建立省级全面负责、县级组织实施的领导体制和工作机制，地方各级党委书记特别是县乡党委书记要亲自挂帅，承担领导责任。各地纷纷成立农村集体产权制度改革工作领导小组，协调一定的财政、行政和人力资源形成合力推动的局面，相较于之前围绕深化农村改革而建立领导体制，本阶段更为明确聚焦集体产权制度改革领域，为干部队伍激励机制的全面形成奠定了坚实的政治和组织基础。本章考虑到此文件的特殊意义，以此为节点，将2017年开始划为加速推进期。

在此阶段前期，政府的影响在不断强化。首先，经营性资产改革的范围和力度相较于前一阶段均有显著增加。中央政府层面改革试点覆盖面越来越广，2017年第二批试点单位从第一批的29个扩大到100个，2018年第三批在吉林、江苏、山东3省的50个地级市整市以及150个县区整县开展试点，2019年第四批继续新增12省、39个地级市、163个县级单位，2020年第五批提出全面推开农村集体产权制度改革试点，15省以外的非整省试点省份要全面推开改革，力争改革覆盖面扩大到所有涉农县区①。

其次，政策的偏好压力和改革的实在收益极大地提升了中央其他职能部门以及地方政府的参与热情。到2015年底，全国已经有5.8万个村、4.7万个村民小组实行这项改革，已经累计向农民股金分红近2600亿元，2015年当年就分红了411亿元②，这些收益极大地提升了广大农民参与改革的意愿，改善了党群、干群关系，极大地促进了地方政府继续推动改革。在前三批试点中，部分省份还在国家试点名单之外主动确定了266个地方试点③。通过建立全国农村集体产权制度改革部际联席会议制度，在中央政府层面不同职能部门之间积极开展有效联动并提供系统化政策扶持，为地方政府深化改革明确了发展的方向和路径。2018年是清产核资的关键年份，中央财政安排专项资金3亿元，省、市、县三级财政累计安排工作经费9.4亿元，为清产核资提供了有力保障。同年，中组部联合财政、农业部门印发通知，计划到2022年在全国扶持大约10万个村发展壮大集体经济，支持欠发达地区的薄弱村发展提升，我们以啃"硬骨头"的姿态全面拓展改革的覆盖范围。2019年央行等多部门也提出了加大对

---

① 由于各个年份试点名单在农业部网站均可查询，本章在此不再提供出处。

② 农业部介绍农村集体产权制度改革有关情况［EB/OL］.［2017-01-03］. http：//www.gov.cn/xin-wen/2017-01/03/content_ 5156007. htm#1.

③ 农业农村部就农村集体产权制度改革进展情况举行发布会［EB/OL］.［2018-06-19］. http：//www. moa. gov. cn/hd/zbft_ news/ncjtcqzdggjz/.

具有独立法人地位、集体资产清晰的农村集体经济组织的金融支持力度。

最后，政府对试点经验不断总结，细化完善政策。总体来说，这一阶段呈现出总体部署、重点推进、先行试点、总结评估、政策完善、全面展开的集体产权制度改革演化路径，实践经验和政策设计实现有效联动，每一批改革内容都要与时俱进并且都要有新要求。第二批试点根据 2017 年中央一号文件进一步拓展深化，探索实行全面清产核资、确认成员身份、推进经营性资产股份合作制改革。第三批试点根据当年中央一号文件与时俱进，开展全面确认集体成员身份并明确提出了开展农村集体经济组织登记有关工作。第四批提出加快农村集体资产监督管理平台建设，完善农村集体产权权能，探索集体资产股权质押贷款办法。此阶段政策梳理如表 4-2 所示。

表 4-2　加速推进阶段政策文件梳理

年份	文件名称	主要内容
2016	《中共中央　国务院关于深入推进农业供给侧结构性改革加快培育农业农村发展新动能的若干意见》	全面开展清产核资，研究制定集体经济组织相关法律，赋予法人资格。研究制定支持农村集体产权制度改革的税收政策，加快农村产权交易市场建设
2018	《中共中央　国务院关于实施乡村振兴战略的意见》	全面开展集体成员身份确认，加快推进经营性资产股份合作制改革。研究制定农村集体经济组织法，充实农村集体产权权能
2018	中组部、财政部、农业农村部联合印发《关于坚持和加强农村基层党组织领导　扶持壮大村级集体经济的通知》	中央财政在全国范围内扶持发展壮大集体经济，统筹使用好现有各项涉农财政支持政策，创新财政资金使用方式，可采取资金整合、先建后补、以奖代补、政府与社会资本合作等多种方式，发展壮大村级集体经济
2019	《中共中央　国务院关于坚持农业农村优先发展做好"三农"工作的若干意见》	加快资产监督管理平台建设，扩大股份合作制改革试点范围。完善集体产权权能，积极探索集体资产股权质押贷款办法。研究农村集体经济组织法、完善税惠政策
2019	《中共中央　国务院关于建立健全城乡融合发展体制机制和政策体系的意见》	对投入财政资金形成的经营性资产，鼓励探索将其折股量化到集体经济组织成员。创新农村集体经济运行机制，探索混合经营等多种实现形式
2019	中共中央印发《中国共产党农村基层组织工作条例》	基层党组织因地制宜推动发展壮大集体经济，领导和支持集体经济组织管理集体资产，组织集体资源合理开发，确保集体资产保值增值
2019	中国人民银行等部门联合印发《关于金融服务乡村振兴的指导意见》	推动集体资产股份等依法合规予以抵押，加大对具有独立法人地位、集体资产清晰、具有稳定现金流的农村集体经济组织金融支持力度
2020	《中共中央　国务院关于抓好"三农"领域重点工作确保如期实现全面小康的意见》	全面推开农村集体产权制度改革试点，有序开展集体经济组织登记赋码等工作。探索拓宽农村集体经济发展路径，强化集体资产管理

资料来源：根据相关公开文件整理。

此外，地方政府之间对于改革的竞争态势也较为明显。山东、吉林等省份通过鼓励完成清产核资且条件成熟的地方直接开展股份改革等工作，旨在提前完成农村集体产权制度改革，可以说许多省份时间设置要求均鼓励在国家之前。与此同时，地方政府结合自身发展环境，充分挖掘当地各类资源资产，在产权明晰的基础上不断创新改革发展模式，壮大集体经济。从类型上看，笔者就所在的团队基于全国多省的调研整理了脱贫攻坚型、产业开发型、企业合作型三种模式（见表4-3），可以说这些集体经济发展成果的取得与地方政府的工作密不可分。

表4-3　创新集体经济发展的三类典型案例

类别	案例	发展模式
脱贫攻坚型	内蒙古阿荣旗	扶贫资金入股分红，筹建扶贫农场享受融资优惠，每年在村集体收益中提取30%作为村集体经济积累
	山东青岛	村集体收回"四荒地"与企业合作发展订单农业，发展贫困户种植；利用扶贫资金建起太阳能光伏发电项目或者购买黄岛发展有限公司商业资产，利用公司运作发展资产的售后承租及经营
产业开发型	江苏南京	支持村集体资产股份合作社抱团发展，在开发区、工业集中区、商业集聚区建设或购置综合楼、标准厂房等集体物业项目
	广东惠州	通过统筹利用征地资金先后开发了购物广场、商务酒店、农贸市场产业项目，发展旅游观光农业，结合当地历史文物建筑的开发带动村集体对外出租商铺、投资民宿和餐饮
企业合作型	广西平南	通过招商引资由企业出资打造生态旅游区，开展基础设施建设，村民通过土地入股，并由村集体与景区签订土地资源入股协议，村集体今后门票分红，村民优先安排就业
	山东东平	引入农业企业，按照集体土地、扶贫资金、外来投资合理划分比例组建公司开展特色养殖业；将土地整体对外租赁给企业，利用分散山岭薄地连片发展高效优质林果规模种植

资料来源：根据课题组实地调研资料整理。

值得注意的是，在本阶段前期政府影响还是处于上升状态，但是随后政府影响逐渐稳定并略有下降。一方面，到2019年，全国已有80%的县级单位推进了改革，年底完成改革的集体经济组织颁证比例达70%[①]，2020年4月全国已有超过36万个村完成改革，共确认集体经济组织成员6亿多人[②]。2020年开始全面推进，相较于2017~2019年，改革的空间上新增覆盖面较少。另一方面，法治化建设的色彩越来越浓厚。2017年通过的《民法总则》将农村集体经济组织列为一类特别法人，赋予了农村集体经济组织、村民委员会特别法人资格。2018年，全国人大常委会立法规

① 中国农村集体产权制度改革试点增至80%的县区市［EB/OL］.［2019-03-30］. http://tv.cctv.com/2019/03/30/VIDEn1ppdjA9vQwVYOxrv89Z190330.shtml.

② 国务院关于农村集体产权制度改革情况的报告［EB/OL］.［2020-05-12］. http://www.npc.gov.cn/npc/c30834/202005/434c7d313d4a47a1b3e9edfbacc8dc45.shtml.

划将农村集体经济组织方面的立法列为第三类项目，建立集体经济组织登记赋码制度，随后多部门及时印发《关于开展农村集体经济组织登记赋码工作的通知》，通过推进集体经济组织登记赋码，促进建立统一的社会信用代码制度从而服务国家经济大局，为下一步充分发挥农村集体经济组织的功能作用奠定良好基础。2020年，第五批改革试点中提出有条件的地方可先行开展农村集体经济组织相关立法探索，为国家立法积累经验，随着法治化建设的逐步推进，鉴于本章将法治行为与政府行政干预区分开，本章认为，政府在集体经济发展中的影响力将逐渐回落，市场秩序不断迈向规范化发展轨道，这也有助于促进农村要素市场的健康发展。

三、制度全面成熟期

根据改革任务推进要求，在2021年底完成集体产权制度改革，届时逐步构建归属清晰、权能完整、流转顺畅、保护严格的农村集体产权制度。根据上一阶段分析，我国法治化建设正在逐步推进，2017年国家就注意解决农村集体经济组织的市场主体地位问题，作为市场主体，探索其发展的长效性机制无疑需要充分尊重市场规律，在此基础上我们主要依靠法治建设不断促进市场秩序规范化发展，进一步推动农村要素市场健康发展。

步入制度成熟期，政府在已有工作的基础上开始不断发展法治建设，健全以公平为核心原则的农村产权保护法律制度，明确权利义务关系，利用法治维护市场秩序。在此阶段，政府的影响相较于第二阶段逐渐消退，通过充分发挥市场的作用探索农村集体经济发展长效性机制从而维护集体和成员的利益，本章认为，这也是集体产权制度改革的落脚点。一方面，正如《意见》明确指出的，集体产权制度改革的正确方向就是充分发挥市场在资源配置中的决定性作用和更好发挥政府作用。另一方面，赋予集体经济组织市场主体地位是实现城乡融合发展、保证农村集体经济组织平等使用生产要素，促进农村各类要素公平参与市场竞争的现实需要。此外，由于产权明晰，集体资产股份量化到人、固化到户、按股分红，集体资产实现了从"共同共有"到"按份共有"的转变，从"人人无份"到"人人有份"，农民与集体经济的联系趋于紧密，集体成员实现了从对集体资产运行管理的漠不关心到积极参与和监督的转变，因而产权的人格化、价值化特性不断凸显，制度激励优势日益生效。与此同时，制度约束功能也同时发挥作用，完成集体产权制度改革的地区普遍建立起包含"三会"（股东会、董事会、监事会）在内的组织体系，通过健全内部治理架构，完善制衡机制的方式有效保障农民对集体资产运行管理的知情权、参与权、决策权、监督权等民主权利，全体集体成员是集体资产的主人，集体经济组织代表成员行使资产所有权，对集体资产开展运营管理，涉及集体经济组织成员利益的重大事项都要提交成员（股东）大会讨论，这对政府干预无形中提高了要求。

随着对农村集体经济发展的探索逐步深化，农村集体经济组织参与市场竞争越来越频繁，对专门立法的需求也越来越迫切。尽管目前国家层面还缺乏农村集体经济组织方面的法律，但是少数省份出台了农村集体经济组织条例等地方性法规或地方政府规章，对于我们在全国范围内完成集体产权制度改革具有重要启示作用。较早开展改革的江、浙、沪等地都颁布了《农村集体资产管理条例》，为全国农村集体经济组织立法提供了有益参考，这些法规条例围绕的重点是在清产核资的基础上健全集体资产管理法律制度，规范集体资产管理和交易行为，厘清农村各类基层组织的职能和关系，探索集体经济组织"政经分离"，巩固市场主体地位。

需要强调的是，尽管随着改革陆续完成，政府淡化自身行政干预，影响力轨迹呈现继续下降趋势，但是市场在资源配置中只是起决定性作用，并不是起全部作用。农村集体经济组织的经济职能、社会保障职能和公共服务的职能是有机地交织在一起的。根据以往的政策和相关法律，村集体实际上是一个经济、政治、社会组织的综合体，从全国范围来看，农村集体经济组织还承担大量农村公共服务开支和社区福利开支。如江苏、广东等许多发达地区已经在探索村集体经济"政经分离"方面积累了丰富的经验，但是集体经济涉及公共资源这一现实局面长期来看都将存在并维持，市场配置资源着眼于效率，而公共资源配置却必须强调公平。在此阶段，能够更好地发挥政府作用不依赖于高强度的影响，而是政府作用与市场机制相衔接，尊重并利用市场机制，因此政府的影响仍需维持在一定水平，着眼于克服市场失灵。

四、结论与启示

本章基于上述分析，梳理了自党的十八大以来我国集体产权的制度变迁进程，总结了集体产权制度改革的发生逻辑、政府影响轨迹的演进规律，形成如下研究结论。第一，农村集体产权的制度变迁是为了获取更完善的市场机制带来的潜在收益，一方面通过建立有效的集体产权保护制度推动市场秩序公平规范发展；另一方面借此规范农村产权流转交易，促进农村要素市场健康发展。第二，在改革试点先行期、加速推进期、全面成熟期的不同阶段，政府影响的起点和终点都是围绕市场机制而展开，影响力轨迹呈现先增后减的"倒U型"曲线形状。

本章对今后深化集体产权制度改革具有如下启示：第一，必须加快集体经济法治化建设。一方面加快农村集体经济组织立法工作，赋予农村集体经济组织合法地位，今后集体经济组织应作为独立的市场主体，公平参与市场竞争，在法律制度的框架下发挥自己的功能与作用；另一方面加强农村集体产权的司法保护，依法保障集体经济组织及其成员的权益，对农村集体经济组织将集体资产折股量化到集体经济组织成员的，要依法充分保障经济组织成员参与经营决策和收益分配的权利，从而夯实市场经济有效运行的制度基础。第二，接下来政府应着眼于更好地在集体经济发展中发挥作用，充分尊重市场规律，探索集体经济发展的长效机制，降低对微观事物的行政干预，着眼于农村集体经济发展过程中的公共资源配置，解决市场失灵问题。

第五章 农村社区股份合作社组建中的 股权设置及其权能[①]

2017 年中央一号文件全面部署了全年农业结构性改革的任务，其中，深化农村产权制度改革是"激活市场、激活要素、激活主体"的基础和关键环节。2016 年 12 月 26 日，中共中央、国务院颁布了《关于稳步推进农村集体产权制度改革的意见》（以下简称《意见》），提出力争在五年左右时间基本完成经营性资产股份合作制改革，其基本形式就是农村社区股份合作社。因此，从 2017 年起，构建农村社区股份合作社将成为农村改革的重点任务之一。2015 年，农业部门在全国确定了 29 个县（市、区）作为"积极发展农民股份合作赋予农民对集体资产股份权能改革试点"，已经积累了一批可复制、可推广的经验。本章在对部分试点县（市、区）和部分非试点地区进行详细调研的基础上，重点讨论农村社区股份合作社组建中的股权设置及其权能等核心问题。

第一节　农村社区股份合作社及其性质

农村社区股份合作社是指将农村集体净资产量化到成员后形成的合作经济组织。它是中国特色的农村集体所有制的产物。《物权法》第五十九条规定，"农民集体所有的不动产和动产，属于本集体成员集体所有"。包括土地（含林地、草原等资源性资产）和其他财产。据农业部门统计，经过长期的发展积累，目前全国农村集体经济组织拥有土地等资源性资产 66.9 亿亩，各类账面资产 2.86 万亿元，全国的村平均近 500 万元，东部地区的村平均近千万元[②]。这些资产是农业农村发展的重要物质基础。《物权法》第一百二十四条第二款规定，"农民集体所有和国家所有由农民集体使用的耕地、林地、草地以及其他用于农业的土地，依法实行土地承包经营制度"。那么，其他动产和不动产怎样经营？作为集体成员的农民享有什么权利？在实

---

① 执笔人：孔祥智。

② 盘活集体资产，增添发展活力，让广大农民共享改革发展成果——韩长赋在国新办发布会上就"关于稳步推进农村集体产权制度改革的意见"答记者问 [EB/OL]．[2017-01-03]．http://www.moa.gov.cn/zwllm/tpxw/201701/t20170103_5423298.htm.

行人民公社制度的 20 多年间，这些资产和耕地等资源性资产一样全部由集体（公社、大队、生产小队）统一经营，而截至 1983 年春，95% 以上的农村基本核算单位（主要是生产小队）全部实行了以家庭为主体的承包经营[①]，与此同时，广大农村也在尝试着进行集体经营性资产经营方式的探索。20 世纪 80 年代如雨后春笋般兴起的乡镇企业，到了 20 世纪 90 年代，几乎都实行了某种形式的承包责任制。20 世纪 80 年代后期，作为国家级农村改革试验区，山东省淄博市周村区还试点了农村社区股份合作制改革，把农村社区的集体资产量化到每一位成员，为今天的农村社区股份合作社的构建探索了极其宝贵的经验。

　　从现实来看，农村社区股份合作社具有以下特点：第一，成员性。即农村社区股份合作社的成员和集体经济组织的成员是重合的，强调成员按份所有，尤其在合作社构建的初期阶段，每个成员的股份大体接近，是典型的同质性合作社。从股权构成角度来看，农村社区股份合作社的股权均衡性决定了成员地位的平等性，不像农民专业合作社那样，存在着少数成员占大股甚至控股现象。现实中有些社区股份合作社为了保持这样的均衡股权，防止"一股独大"，甚至在章程上注明，即使出现个别成员转让股权的情况，转入成员的持股也不能超过单个成员持股的 3 倍或 5 倍。第二，封闭性。即农村社区股份合作社的成员只能是集体经济组织的成员，即使出现股权转让的情况，也只能在集体经济组织内部，非本集体经济组织成员没有资格成为本社区股份合作社的成员，从而没有资格转入本社区股份合作社的股份。现实中，农村集体经济组织包括乡镇级、村级、村民小组级，互相之间还存在着交叉、重叠现象。如有的乡镇集体资产雄厚可以组建乡镇级的社区股份合作社，但不影响其下辖的村也组建村级社区股份合作社；按照《意见》的要求，将来每个村都有可能组建一个社区股份合作社，村里面的村民小组如果集体资产较多，也可以组建小组级社区股份合作社；没有资产的村民小组当然就没有必要组建合作社。这样，同为一个村的村民，有的可能是三级合作社的股权持有者，有的只是乡镇、村两级合作社的股权持有者或村一级合作社股权持有者。这样的交叉持股现象并不影响农村社区股份合作社的封闭性特征[②]。第三，民主性。农村社区股份合作社的股权构成特点使其具备了决策时采取"一人一票"制度的可能性，即决策的民主性，能够实现"罗虚代尔式"的决策方式。在较大的村或乡镇，由于成员较多而采取成员代表大会制度，但决策的基础仍然是民主决策制度下的"一人一票"制。现实中可能会出现少数成员引导成员大会或代表大会决策的情况，但一般是由于该成员的阅历或见识超群，而不是由于其股份超群。

　　成立于 1844 年的罗虚代尔先锋社被公认为是世界上第一个"标准"的合作社，即"元合作社"。其成立之初就拟定了八项办社原则，即"罗虚代尔原则"，分别

①　孔祥智. 深入推进产权制度改革，培育农业农村发展新动能［J］. 教学与研究，2017（03）：33-40.
②　管洪彦. 农民集体成员权研究［M］. 北京：中国政法大学出版社，2013.

为：入社自愿；一人一票；现金交易；按市价售货；如实介绍商品，不缺斤少两；按业务交易量分配盈余；重视对社员的教育；政治和宗教严守中立①。对于当前的合作社而言，最具借鉴价值的就是入社自愿、一人一票、按业务交易量分配盈余。从前面分析的农村社区股份合作社的特点来看：第一，农村社区股份合作社是按照原集体经济组织范围来组建的，集体经济组织成员就是天然的合作社成员，非本集体经济组织成员没有加入的资格，因而，不具备"入社自愿"的特征；第二，农村社区股份合作社股份均衡的特点决定了其可能实行决策过程中的"一人一票"制；第三，农村社区股份合作社没有交易量（额）可言，合作社的运作一般采取委托代理制，即委托合作社理事长或职业经理人全权负责经营活动，成员只参与合作社重大决策以及年终分配盈余。可见，作为一种具有中国特色的特殊类型合作社，农村社区股份合作社与"标准"的合作社还是有着重大区别的。

2007年7月1日，《中华人民共和国农民专业合作社法》（以下简称《农民专业合作社法》）开始实施，为中国农民确立了专业合作社这一重要的市场主体。当然，中国的农民专业合作社也是按照"罗虚代尔原则"构造的，这在《农民专业合作社法》中体现得非常明显，因此，农村社区股份合作社与"罗虚代尔式"合作社的区别，也就是与《农民专业合作社法》的区别。除此之外，《农民专业合作社法》详细规定了成立专业合作社必备的条件，最重要的可以概括为三方面：一是农民成员至少占80%；二是在决策时基本表决权（即成员权）至少占80%；三是在盈余分配时，按交易量（额）分配部分至少占60%。从这三方面来看，农村社区股份合作社的成员均为原集体经济组织成员，百分之百为农民身份；由于股份的均衡性，现实中的农村社区股份合作社一般采取全部基本表决权的决策方式，这在前面已经有所分析；前文已经谈到，农村社区股份合作社没有成员与合作社的交易活动，因而不存在按交易量分配问题。可见，与《农民专业合作社法》相比较，农村社区股份合作社也有自己的特殊性，主要表现在没有交易量因而不存在按交易量分配盈余问题。

综上所述，农村社区股份合作社既不完全等同于经典的"罗虚代尔式"合作社，又和《农民专业合作社法》的要求有一定距离，因而可以界定为特殊类型的合作社。现实中，由于缺乏相关法律法规的界定，一些省份（如江苏省、山东省等）发文要求各地成立农村社区股份合作社到县级工商行政管理部门按照《农民专业合作社法》注册为合作社法人，应该仅是在法律缺位情况下的权宜之计，其意义在于赋予新发展起来的农村社区股份合作社一个法人地位，便于以市场主体的身份进行运作，并不意味着其运作方式也符合《农民专业合作社法》。这是各地在组建农村社区股份合作社时要特别注意的，如果到工商局注册后完全按照《农民专业合作社法》的要求

---

① 孔祥智，金洪云，史冰清等. 国外农业合作社研究——产生条件、运作规则及经验借鉴［M］. 北京：中国农业出版社，2012.

组建社区股份合作社，则不仅会成为"四不像"，现实中也无法运作。

与农民专业合作社相比，农村社区股份合作社的组建有很多特殊性，其中最关键的是股权设置及其权益问题，本章以下部分拟着重探讨这些问题。

第二节　农村社区股份合作社的股权设置

农村社区股份合作社是在集体经济组织的基础上构建起来的合作经济组织，股权设置意味着对成员权益的认可和认定，因而是当前组建社区股份合作社的最关键环节。从现实中看，各地的做法差异较大，主要集中在三方面：一是是否设集体股；二是个人股如何设置；三是确权单位是个人还是农户。

一、是否设集体股

集体股是体现农村集体经济组织权益的股份。从现实中看，部分地区在农村经营性资产股份制改革过程中设有集体股。比如，北京市海淀区玉渊潭乡的集体股为30%；江苏省苏州市苏中区部分农村社区保留不超过总股数20%的集体股份；北京市大兴区规定集体股设置的比例为30%和35%两档，供试点村根据本村实际情况选择。

从调研情况来看，大部分地区不设集体股。如广东省佛山市南海区明确规定不设集体股，但股份合作社的收益分配时先提取40%的公积金和福利费后再向个人分配；江苏省苏州市苏中区的大部分农村社区也不设集体股；贵州省湄潭县在改革中坚持不设集体股；山西省潞城市翟店镇小天贡村在股份制改革中不设集体股；山东省昌乐县在改革过程中引导试点村只设个人股，不设集体股，集体公益事业一般通过提取公积金、公益金的方式解决；重庆市梁平县不设集体股，采取按一定比例提取公积金、公益金的方式解决集体工作运行和一般公益性事业开支问题；山东省青岛市黄岛区全面推行了农村集体资产股份制改革，规定不设集体股，村"两委"的日常支出全部被列入集体经济组织正常支出范围内，并在股份制改革后组建的有限责任公司或者股份经济合作社的章程中明确规定提取比例。

在实践中，设置集体股的理由主要有两个。一是提供村党支部、村民委员会等组织的各项运转费用及为村民服务的费用。在股份制改革之前，农村集体经营性资产或者由村集体（实际代理人为村党支部或村委会）直接负责，或者承包经营，村集体收取承包费，可用来维持村集体的运转，剩余的可用来为村民提供生活和生产性服务。而实行股改后，如果不设置集体股，这笔费用就没有来源了。这也是少数村集体不愿意改制的重要原因。二是为新增人口或本次股改中的遗留问题做准备。这就涉及第三个问题，即静态管理还是动态管理，本章将在下文展开讨论。当然，有的村也提出第二个问题是为解决第一个问题寻找借口。实际上，由于股改是村党支部、村委会主导开展的，在上级部门没有硬性规定不许设置集体股时，大部分村还是倾向于设置集体股的。

应该看到，这次产权制度改革的目的就是解决集体产权明晰化问题，把集体资产落实到人，真正实现集体资产的"人人有份"。把握了这个大前提，部分村在股改过程中保留小规模的集体股是可以理解的，但这只是在股改初期为了解决一些特殊问题而采取的权宜之计，如果比例过大，显然有违股改的初衷，也是本次股改不彻底的表现，同时也会带来一系列负面效应。从一些股改完成地区来看，时间越久，负面效应就越明显。

二、个人股如何设置

农村集体产权制度改革的实质就是把集体所有的经营性资产量化到成员，因此，个人股的设置是这次改革的核心环节。从实践中看，各地做法的差异比较大，但都经历了在征求村民意见的基础上确定初步方案、公示方案、确定最终方案的过程，力争做到使每一位村民都满意。

例如，贵州省湄潭县核桃坝村以农村土地第二轮延包时的户内农业人口为依据，以2016年3月31日为时间节点，采取"五取得、五保留、五丧失"的界定标准和"六步三榜"的操作流程。"五取得"：一是原始取得，即第二轮土地延包时户内的农业人口，且户口在本村的农村居民；二是婚姻取得，即与本集体经济组织原始成员具有合法婚姻的妇女、入赘男及其子女，且户口在本村的农村居民；三是收养取得，即本集体经济组织成员收养的子女且户口在本村的农村居民；四是移民取得，即因国家建设或其他政策性原因，将户口迁入本村的农村居民；五是申请取得，即除前面四种方式外，经申请，户籍已经迁入本村，并在本村拥有合法自主产权住房的农村居民。"五保留"是五类人员保留本村集体经济组织成员资格。一是原籍在本村的现役士兵、在校学生、服刑人员；二是长期外出下落不明被注销户籍后，人又回归原籍，且在其他地方无户籍的人员；三是农村居民购买"蓝皮户口"而转为城镇户口的人员；四是属于全国第二轮延包时户内的农村居民，因自行出资购买城镇养老保险而转为城镇户口的人员；五是符合法律法规的其他人员。"五丧失"指五类人员将丧失本集体经济组织成员资格。一是死亡或被依法宣告死亡的；二是除现役士兵、在校学生、服刑人员、蓝皮户口等资格保留人员外，户籍已经迁出本村的；三是户籍在本村，已经界定为其他村集体经济组织成员的；四是已成为国家财政供养人员的；五是其他法律、行政法规规定的情形。"六步三榜"操作流程即成立机构，健全组织；宣传动员，业务培训；初试登记，一榜公示；复核调查，二榜公示；民主决议，三榜公示；整理资料，归档备案。经过上述步骤，并最后经村民代表大会表决通过后，该村8个村民组、19个小组（原生产小队）859户3607人的集体经济组织成员资格认定工作全部完成。

再如，黑龙江省方正县本着"有法依法、无法依规、无规依民"的原则认定集体经济组织成员资格。全县以2016年2月25日零时为人员登记时间节点，劳龄计算日期原则上为1956年1月1日至2004年12月31日，且年龄在16~60周岁，为个人劳龄有效期。全县以村为单位，以户籍为基础，进行分类登记，由村"两委"进行资格初审，交由村民代表大会讨论通过后张榜公示，对嫁出嫁入、国外定居、双重身份、空挂户籍等人员，坚持依法依规，逐一排除，对有异议的由村民代表大会民主投票确认。同时，对外出人口、户口迁出和身份特殊的人员，坚持以人为本，尽量确认为集体经济组织成员，以保证其正常的生产生活。

　　从操作细节来看，湄潭县核桃坝村以人员的实际存在为基础认定成员资格，可称为"人员股"或"基本股"；方正县以劳动年龄为基础进行认定，可称为"劳龄股"。有些地方把两者结合在一起，如青岛市黄岛区规定个人股由人口福利股（即人员股）和劳动贡献股（即农龄股）构成，两者的比例由各个村在6∶4~8∶2选择。有些地域范围较大的集体经济组织由于各个组成部分资源（这里的资源是广义的，包括自然资源，也包括社会资源等）禀赋的差异，对本集体经济组织的贡献也不同，因而设置了"资源股"，属于同一个小区域的成员其资源股相同。如北京市海淀区玉渊潭乡，自人民公社起就一直是一级核算单位，下面的各个村的资源条件自然有所差异。在股份制改革时除了集体股外，划分了三种个人股，即基本股、劳龄股和资源股，其中基本份额为8%~15%、资源份额不超过20%、劳龄份额不低于65%。山西省潞城市小天贡村把个人股分为人口股和农龄股，其中人口股细分为原始股和基本股，农龄股细分为村龄股和劳龄股。从实践来看，由于每个村的情况都不完全一样，有的试点县尽管发布了统一的指导性文件，但每个村的做法仍然有所差异，说明这次改革充分体现了民意，做到了实事求是、以人为本。

三、确权单位的确定：个人还是农户

　　还有一个问题就是前面讨论的成员都是具体到人，那么股份是落实到户还是家庭成员？从调研情况来看，一般都是股权量化到人，但以户为单位向成员发放股权证书。如广东省佛山市南海区实行股权量化到人，以户为单位进行确权，股权确权到户后，以户为单位对户内股权进行管理，分配也是以户为单位，不对个人，实行户内共享。从南海区的情况来看，股权确权到户的"户"即股权户，是指农村集体经济组织内部的农户，它由具有农村集体经济组织成员资格且经济共同核算的家庭成员构成，与公安户籍户不完全相同，存在着交叉、重复或包容关系。股权户可以分户、并户。股权按户管理、按户分红与土地按户承包的机理一致。少数地方按人管理、按人分红，表面上似乎公平了，实际上由于与土地承包制度不一致，容易引起户内矛盾。时间越久远，所积累的矛盾可能越大。

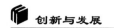

第三节　农村社区股份合作社股份的权能

所谓权能是指农村社区股份合作社的股权除了分红外，还可能具有哪些功能，能否继承、转让，如果能转让，能否转让给非成员，是否具有抵押、担保功能。从实践来看，股份的权能取决于管理方式，即是动态管理还是静态管理。

一、动态管理还是静态管理

所谓动态管理就是根据人口的变化经常性地调整或重新分配股权，而静态管理就是股权确定下来后长久不变。从调研情况来看，在实行股份制改革的地区，倾向于静态管理的占绝大多数；少数实行动态管理的也是权宜之计。

比如，江苏省苏州市吴中区在全区范围内推行股权固化管理，即"生不增，死不减"政策，个别村（社区）由于历史等原因暂时不具备静态管理条件的，采取相对固化管理政策，即章程一定五年，五年后对生死、婚迁、身份变化等进行微调，待条件成熟后逐步固化，实现静态管理。安徽省天长县实行"生不增，死不减；进不增，出不减"的政策，以户为单位进行静态管理。河南省济源市在股权管理上设置了五年的过渡期，过渡期内实现"生增死减"的动态管理，过渡期结束后逐步实行"生不增，死不减"的静态管理。广东省佛山市南海区早在20世纪80年代后期就是国家级改革试验区，这次股改中按照中共十七届三中全会精神，实行"长久不变"政策，即股权一经确定，无论今后股权户内人口增加还是减少，该户内总股数保持长久不变，并提倡户内股权均等化。从调研情况来看，以户为基础的股改策略有利于实现农村社区合作社股权的稳定性，有利于调动每一位成员的积极性和参与管理的主动性，有利于股份合作社的可持续发展，也有利于合作社股份的权能拓展。

二、权能设计

农村社区股份合作社股份的权能，除了基本的分红外，主要有继承、转让、退出、抵押、担保等。一般来说，权能和管理方式相联系。如果实行动态管理，则上述功能就大打折扣，即使能够贷款抵押，也只是在动态管理期限内（如上述济源市的五年期限）。而在静态管理条件下，上述功能则可以充分体现。在这次股改过程中，一般地区都设计了相应的权能。

例如广东省佛山市南海区实行"确权到户、户内共享、社内流转、长久不变"的股改方略，在"长久不变"条件下，"户内共享"确保了户内继承的合理、合法性。"社内流转"是根据中央和省政府文件精神确定的，股权流转只能在本社区股份合作社内部，同时规定流转要有上限、下限。上限即每户持股不能超过规定的比例

（各村有所差异），防止少数成员垄断集体的股权，形成"一股独大"；所谓下限，即规定了流转股份的比例（各村有所差异），不能把股份全部卖光，防止影响成员的基本生活，同时也为了防止某些成员逃避处罚责任（该区规定违反计划生育政策的人员要扣除 7~14 年的股份分红）。为了促进农村集体资产股份制改革的深化，南海区全面修订完善农村股份合作制章程，在章程中明确了股权管理、股权流转交易、赠与、退出、赎回的审批手续、办理流程等，完善了《南海区集体经济组织成员股权（股份）管理交易试行办法》，明确了股权转让、继承、赠与、担保、抵押的条件和程序，规定了流转范围，规范了股权交易行为。

再如河南省济源市规定，股权量化到户，户内可以继承，并在此基础上探索集体资产股权抵押贷款，赋予集体资产股份新的权能。该市出台了《农村集体资产股权抵押担保贷款管理办法》，明确了抵押的对象为完成农村集体资产股份制改革任务、在市农业行政主管部门备案村的集体经济组织成员或新成立的村股份经济合作组织；贷款流程为：借款人提出申请，市农牧局推荐至农商行进行初审，承贷银行农商行根据贷款人的资信状况、偿贷能力、农村集体资产股权市场价格、权利变现难易程度、抵押担保贷款期限等因素进行综合评估，按照最高不超过评估价值的 70%确定集体资产股权的价值；由借贷双方签订抵押合同，双方共同到市工商行政管理局办理抵押登记后，签署借款合同，发放贷款。关于递延贷款的风险防范，在借款合同签署前，市财政部门按贷款额度的 10%向承贷银行农商行缴纳政府风险保证金，同时对贷款人进行全额贴息。该市承留镇花石村成为开展集体资产抵押贷款后首个受益村，2016 年 9 月，该村 42 户成员成功向市农商行申请贷款 120 万元。

应该看到，农村集体资产股份制改革的重点应该是如何量化资产、组建社区股份合作社，股份权能的拓展是排在第二位的任务。因此，在国家级试点县、市、区，权能的拓展才刚刚开始。即使在股份制改革基本完成的地区（如北京市海淀区），股份的权能也主要体现在分红上。当然，从长期来看，如果没有股份权能的拓展，农村集体资产的股份制改革就失去了意义，改革最终也很难成功。从这个角度来看，中国农村集体资产股份制改革的路程还很长。

第四节 试点中需要重视的几个问题

一、成员股权退出问题

城镇化是随着生产方式和生活方式的变化，农村人口不断减少的过程。《中华人民共和国国民经济和社会发展第十三个五年规划纲要》提出了 2020 年常住人口城镇化率要达到 60%的目标，可见，农村人口进一步减少是大势所趋。在这个过程中，农村集体成员权的退出是必然选择。一些地区已经在试点农村土地承包经营权的退出①，可见，农村社区股份合作社股权的退出也是必然趋势。在一些经济比较发达的村，农民成员退出股份合作社后，还可以得到一部分集体补偿资金用于在城镇创业，对于新型城镇化的健康发展是有益的。从前面的讨论来看，广东省佛山市南海区是不允许成员股份全部退出的，这样的规定可能符合南海的实际情况，但在城镇化的大背景下，人员流动成为不可阻挡的大趋势，南海也是如此，应该进一步探索成员全部退出的有效办法。天津市宝坻区在农村集体资产股份制改革过程中也努力探索股权的有偿退出办法，规定股权自愿退出的，经成员代表大会表决通过，可由本社收购。同时规定股权证上登记人员全部死亡或者全部丧失成员资格的，股权由集体无偿收回。这样的探索是有积极意义的。因此，建议国家级试点县（市、区）更多地试点农民成员权退出的办法，为新型城镇化的推进积累经验。

农村社区股份合作社成员权的退出涉及很多因素，比如退出的条件，是否需要与土地承包经营权的退出结合在一起，是否个人申请就可以退出，是否需要审核申请人在城镇的资产和住房情况，申请人提出申请退出后什么组织有权批准，是合作社的理事会批准还是必须经过成员代表大会审议，由于成员的退出是永久性的，那么，补偿的标准是什么，是否需要经过公证机构履行公证手续后再办理退出手续，这些都需要在实践中探索后形成政策。

二、引入社会力量办社问题

从全国范围来看，构建农村社区股份合作社的基本单元是村级集体经济组织，而一个村的精英分子毕竟是有限的，尤其是懂经营、善管理的企业家人才更少。从调研情况来看，不少资产数十亿元、数百亿元的村，仅依靠目前村委会一班人从事经营活动已经力不从心。集体资产股份制改革后，解决经济实力较大村的股份合作社经营人才问题已经成为当务之急。北京、上海、浙江等发达省市的部分村已经开始从职业经理人市场招聘人才专门负责资产经营，但由于体制、观念等因素的约束，这部分人才并没有充分发挥作用。因此，建议在经济实力较强村股改试点过程中，把聘用职业经理人作为试点内容之一，以取得经验向其他地区推广。

三、成员决策权问题

成员决策权是指农村社区股份合作社的成员参与合作社重大事务决策的权利，这是作为成员的最重要权利之一。正如本章第一节所分析的那样，农村社区股份合作社的股权具有均衡性的特点，这就决定了每一位成员参与决策的权利是一致的，不存在农民专业合作社中的"一股独大"现象。那么，这样均衡的决策权如何真正体现在合作社重大事务的决策中呢？参照《农民专业合作社法》第二十五条的规定，

---

① 刘同山，孔祥智．参与意愿、实现机制与新型城镇化进程的农地退出［J］．改革，2016（06）：79-83.

"农民专业合作社成员超过一百五十人的，可以按照章程规定设立成员代表大会。成员代表大会按照章程规定可以行使成员大会的部分或者全部职权"。现实中，一般村的规模都比较大，都会超过 150 户，那么，成员代表大会就是必然选择。

问题在于，《农民专业合作社法》并没有进一步规定成员代表大会中代表产生的办法。因此，在实践中，农村社区股份合作社成员代表的产生无规可循，随意性比较强。相当多的合作社由理事会甚至理事长指定部分成员作为代表，很难具有代表性。比较规范的是按自然村或原来生产小队的范围产生，这样产生出来的代表还具有一定的代表性和说服力，但在召开成员代表大会时，大部分社区股份合作社代表决策权的行使与其所代表的成员是隔绝的，即缺乏征求所代表成员意见的过程。国际通行的合作社代表权利的行使程序是：合作社在召开代表大会前若干天要把会议拟讨论的重大议题告知每一位代表，代表要征求其所代表的成员的意见；在代表大会召开时，每一位代表必须把其代表的成员的意见提交到大会，代表大会所表决的不仅是代表的意见，而且是包括代表在内的全体成员的意见。换句话说，合作社之所以召开成员代表大会，是由于成员较多，召开全体成员大会比较困难，但成员代表大会和成员大会的结果是一致的，反映的都是每一位成员的意见。建议这样的决策方式也在农村集体资产股份制改革中予以推行。

第六章 内生秩序对农村集体经济
组织成员资格认定的影响研究

——以北京市 M 村为例①

第一节 引 言

一、研究背景

第一，来看农村集体产权制度改革现状。整体而言产权制度改革是成功而有效的。2020 年中央一号文件提出，全面开展农村集体产权制度改革试点工作是现阶段农村地区的重点任务。2021 年中央一号文件强调要基本完成农村集体产权制度和股份合作制改革，规范集体经济组织的登记赋码以及成员证书发放，壮大新型农村集体经济。要想实现这一目标，就要进一步深化产权制度改革，改变村集体资产表面上人人有份实际上却人人无份的状态，真正确保"资源变资产、资金变股金、农民变股东"。近年来，我国在农村地区共设立了五批试点地区以开展产权制度改革，农业农村部在 2020 年 4 月召开的十三届人大常委会十七次会议上提出要求：当年做到省级改革试点的百分之百覆盖、2021 年年底前完成试点改革任务。在 2020 年 8 月的深化农村集体产权制度改革工作会议上，农业农村部指出改革已在当前阶段取得较为乐观的成效，已经完成改革的农村在全国占比 74.5%，确认了集体成员 6 亿多人。

在改革实践中不可避免地存在着困难和问题。农村集体经济组织的成立和更新是产权制度改革的重要一环，政府作为发起者和基本标准规范的制定者，确定了集体经济组织成员资格认定的规则大纲并层层落实。但当基层农村按照"一村一策"的方针，结合本村实际制定具体的成员资格认定规则并着手把文字政策落实成具体行动时，种种问题和矛盾才真实地显现出来。

第二，来看基层治理现状。自改革开放以来，国家权力对基层治理的松绑使以自治组织为载体的内生秩序的作用得以凸显。农村地区的公共事务大多围绕公共物

---

① 执笔人：高坤。本章是基于高坤的硕士学位论文进行修订而成。

品、社会治安和矛盾纠纷发生，村民之间主要通过内部调解和协商等行动来维持村庄的规范有序，这种自主行动可以被看作乡村治理的"润滑剂"，能够建设、稳定和保护乡村社会的秩序。推行村民自治，不仅对乡村社会的秩序有益，也是对政治权威的巩固，这一社会治理模式使广大农民的权利意识和民主意识逐渐觉醒，获得了自主调配资源的行动空间，在日常生活中通过信任、参与和人际网络形成了一种非正式规范，即本章所说的村庄内生秩序。

村集体制定本村集体组织成员资格认定规则本身就是乡村自治的体现。在此过程中，作为农村地区所特有的诸如风俗习惯、宗教网络等内生秩序在潜移默化中主导了对农村特殊群体资格认定的决策，于是存在部分人群失去入社入股资格，或是因被认定为某类人员而导致的股份劣势现象。随着政府对农村的重视程度逐年上升以及农村集体经济组织的良好经营和运转，股民们每年年底都能收到分红，此外还可享受到一些生活上或是经济上的福利，可见集体成员资格的含金量日益增高，由成员资格不同导致的福利差异愈发拉大，劣势者由此形成的相对剥夺感就引发了一系列问题和矛盾，这是当前我国基层治理领域的一个普遍而复杂的难题。

二、研究意义

长期以来，学术界对农村集体经济组织的研究集中在经济层面或是组织内部运行机制层面，然而集体经济不应该被单纯地定义在市场经济范畴内，对集体经济的管理也是一种社会治理。且除一些法学类文章外，现有文献大多是从宏观层面对改革进程和政策实施方式进行整理和直接进行论述，全面指出了其中存在的各方面问题并给出改进建议，而结合实际案例进行具体分析者较少，因此本章通过田野调查对真实发生的农村案例进行研究，能够从微观层次丰富对改革主体的研究成果。

农村集体经济组织的成员资格认定规则，不是简单地由政府政策和法律条文直接规定，而是由村集体结合本村实际情况进行决策的，所形成的"一村一策"的局面又使正式制度无法对所遇问题进行明确直接的判定处理。因此，在现有的大量从正式制度角度出发的研究基础上，本章从村庄内生秩序即非正式制度着手，研究成员资格认定的问题及原因，不失为一种创新，也为相应领域的研究添砖加瓦。

现实意义上，我国的农村集体产权制度改革正处于关键阶段，总结试点地区关于集体经济组织成员资格认定方面的经验与教训，能够使下一阶段、下一批地区的改革防患于未然，在一定程度上减少问题和矛盾的出现，为农村地区的长远发展提供有益的对策建议。

三、问题的提出

农村集体产权制度改革是现阶段我国农村发展的重要着力点，其中集体经济组织的成立或完善是不可忽视的一环，而此过程中的一大难点就是成员资格的认定，在具体实施过程中难免会存在一些问题和矛盾。农村集体经济组织成员资格认定主要由政府部门规定基本政策，农村在此基础上经由村集体的民主议事程序制定具体规则，能够征得大多数村民的同意并保证其利益，因此其中存在的问题主要集中在一些特殊群体之中，如"外嫁女""外来户""空挂户"等。

由于我国的特殊国情，农村地区所经历的各发展阶段的改革与变化在一定程度上导致村民结构复杂多样，再加上传统风俗习惯等内生秩序的存在，使农民形成了一套特有的处事风格和行为方式。因而在对情况复杂、边界模糊的一些特殊群体的成员资格进行界定时，村庄内生秩序会潜移默化地对决策者的行为发挥影响作用。因此在对农村集体经济组织成员资格认定问题，尤其是针对特殊群体进行研究时，村庄内生秩序是值得研究的一个角度，也是梳理问题成因的优质出发点。

总之，在我国农村集体产权制度改革进程中，集体经济组织成员资格认定存在诸多问题，容易对农村社会稳定产生消极影响。那么，具体存在哪些成员资格认定方面的问题？结合村庄内生秩序来看，造成这些问题的原因是什么？为了农村的稳定发展，农村领导班子和各级政府该采取怎样的对策？本章将对以上问题进行深入的研究和探讨。

四、前人研究评述

首先，关于农村集体产权制度改革，学者通过其明晰集体产权、促进农村经济成效等说明了产权制度改革的必要性，认为在改革朝着市场化方向发展和演进的过程中，普遍存在配套政策不完善、运营管理机制不健全等问题，并从政策和制度方面提出了建议。其次，关于成员资格认定标准，学术界主要存在五种观点，对于实际界定操作上的复杂情况和导致认定纠纷发生的原因也进行了多个角度的总结，并对应提出了完善路径，大量学者还从立法角度和司法实践入手对成员权益在法律保护层面的缺失进行了深入研究。最后，关于内生秩序存在大量对其产生及内容的相关研究，其对乡村治理的重要作用也已被广泛讨论。

从目前关于农村集体产权制度改革和农村集体经济组织成员资格界定的研究成果来看，大部分是整体、宏观层面的探讨，包括对动力机制、形式与做法、矛盾与问题方面。随着对成员资格界定规范路径研究的不断深入，学者从单一论逐渐转向多元论，从只考虑行政管理的便利性逐渐转向对农民主体地位的关注，从把握一般通用性原则转向对特殊情况的统筹考虑。在关于特殊情况农民主体在集体成员资格纠纷的文献中，研究结果表明各种约定俗成的不成文规定对资格认定的影响较大，村民自治的不全面和不规范往往使权益丧失者试图通过司法诉讼的路径进行调解，但相关立法的不完善和司法规范的错位导致效果不尽如人意，法律往往无法给出具体的判定标准。由此可见，在内生秩序与制度嵌入共存的背景下，成员资格界定及其后续的问题处理主要还是依靠村民自治，因此本章从村庄自身出发，聚焦于内生秩序的社会基础，从风俗、宗族和人情等社会关系入手探究其在成员资格界定中的运行逻辑与作用机制。

第二节　研究框架

农村集体经济组织的资产符合公共池塘资源的特征，社会结构是行动者开展行动的基础，行动主体根据结构实现行动，并在一定条件下使结构被调整和完善，如此互动构成社会系统。本章以公共池塘资源治理理论作为分析基础，结合我国产权制度改革试点地区的实践操作来看，农村集体经济组织管理办法主要由组织成员自主制定，组织成员资格认定规则的制定体现了"私法自治"原则，根据吉登斯的结构化理论，可见村庄的社会结构是行动者的重要行动基础。

一、分析前提——公共池塘资源治理理论

公共池塘资源的特征是很弱的排他性和很强的竞争性，集体成员共同使用整个资源系统但分别享用资源单位，资源系统是公用的，但资源单位之间是存在竞争的。在农村集体产权制度改革中，可以将集体资产看作以村为单位的、集体经济组织成员共同拥有的公共池塘资源，成员在享受集体组织权益时不能阻止其他成员共同享有该权益，但成员拥有的资源单位是相互竞争的，这里的资源单位指的是单个成员从资源系统占用的量，也就是农村集体经济组织的股份单位。

公共池塘资源的合理使用有赖于共享成员的自主治理。在《公共事务的治理之道》中，奥斯特罗姆从复杂的现实场景中抽象出理论变量，描述了集体行动的形成过程以及制度的演化过程，他用实际案例证明：将公共池塘资源私有化或交由外部机构进行强权治理并非合理使用公共资源的好办法，要想实现资源优化使用和合理配置，应该引导共享成员进行自主治理，使其自发形成规则约定以治理社区、共享公共资源。这一点十分契合实行村民自治的我国农村，共享集体资产的成员是集体经济组织成员，而集体经济组织管理办法的具体细则就是经由村庄的民主议事程序自主制定的，他们通过管理办法这一规则约定共同维持组织的运行。奥斯特罗姆认为，社区成员之间频繁地沟通和交流能够建立与对方的信赖关系，进而构建彼此认可的实际运行规则来改善治理结果，这样一来，即使在可能出现"搭便车"等其他机会主义行为的情况下，共同的收益也能维持不减，避免遭遇集体行动的困境[①]。农村产权制度改革以农村为基本单位，中国农村社会是典型的熟人社会，根据奥斯特罗姆的理论，人与人之间由于能够经常沟通，比较容易建立信任感，通过对成员资格认定规则的改进和调整，能够规避机会主义，组织成员也会取得持久的共同收益。

实现自主治理的原则之一是分享资源单位的成员边界界定清晰。公共池塘资源

---

① 埃利诺·奥斯特罗姆. 公共事物的治理之道［M］. 上海：上海三联书店，2000.

的提取关键是如何进行资源的分配，分配的前提就是要清楚地界定提取资源的成员资格。公共资源的总量是一定的，当资源单位对提取者的重要程度较小时，提取者不会主动寻求次优结果策略，因而不必担心困境问题，但当提取者期望提取更多资源单位时，整个场面就有可能陷入困境，尤其要当心有无止境的人被许可使用资源的情况，那必定会降低提取资源的效率。在这种逻辑下，农村集体经济组织的资产量是有限的，当成员分配所得收益不足以引起重视时，分多分少甚至有无成员资格都无足轻重，而一旦股份分红增加，成为成员生活来源的重要组成部分，持股数量便成为锱铢必较的对象，成员资格的含金量越高，认定的复杂性就越大，因此，若不把成员身份界定清楚，模糊的边界必定会成为引发问题和矛盾的源头。

二、作为"结构"存在的内生秩序

在吉登斯对结构化理论的阐述中，"结构"是指将社会组织中的时空"束集"在一起的结构化特征，是社会再生产过程中反复出现的规则和资源。在村集体制定经济组织成员资格认定标准的情境中，社会结构中的规则涉及非正式制度和正式制度[①]。

村庄内生秩序存在于结构的非正式制度层面。对于农村地区来说，非正式制度是社会存在的一种基础，包括风俗习惯、传统规范等，一般情况下是村庄或地区内经由数十年甚至数百年的历史沿革形成的，形成机制是内生和自发的。村庄的内生秩序是典型的非正式制度，是由地区内长期进行生产生活的农民之间的密切互动而构建形成的，它在潜移默化中引导和约束村民的大部分行为选择，对村民的行动具有一定强制性。

农村产权制度改革中形成的集体经济组织成员资格认定规则也属于结构的一种存在形式，它存在于结构的正式制度层面。认定规则经由上级政府的指导和部分介入，通过农村的民主议事程序确定，整体而言是村民自主制定的一种形成文字的正式制度。

三、作为"行动"存在的村民行为

吉登斯定义的具有能动性的"行动者"并未局限于个体，也包括各类社会集体组织，他把"行动"定义为社会成员理性化的过程。本章主要涉及的参与农村集体经济组织成员资格认定的相关行动者包括决策者和特殊群体，其中决策者指初步拟定认定规则的村"两委"和审议过程中进行投票表决的村民代表，特殊群体包括但不限于户籍仍在本村的"外嫁女"、户籍迁入相对较晚的"新户农民"、仅留户籍在村的"空挂户"等，本章涉及的相关行动包括决策者的决策行动和特殊群体的行动。

---

① Giddens A. New Rules of Sociological Method: A Positive Critique of Interpretative Sociologies [M]. New York: John Wiley & Sons, 2013.

在非正式制度层面，在当时的村民自治背景下，农村地区的内生秩序潜移默化地主导了决策者对几类特殊群体资格认定的决策行为，这一行动体现为村"两委"商议、村民代表经由民主议事程序确定认定规则。在正式制度层面，既定的认定规则使部分特殊群体失去入社入股的资格或资格缩水，刺激该群体产生反映行为，这一行动体现为百姓到村委会、上级政府等相关部门反映意见等。

四、农村社会结构与行动者的互动机制

结构与行动的关系历来是社会学研究的重要主题。在社会结构与人类行动的研究领域存在的主要观点中，或是突出结构的作用或是强调人的能动性。结构化理论就是起源于对个人、社会之间关系的研究，这一关系通过结构与行动得以表现，在这一领域存在与下文提到的两种路径对应的两种主要理论——结构功能主义和解释社会学，结构功能主义认为结构与行动的关系是前者影响后者，而解释社会学则认为行动对社会结构的作用才是值得强调的。吉登斯在这两种主流理论的基础上，对结构化理论进行了重构，提出了结构的二重性，认为结构与行动之间存在互动的关系。

吉登斯的结构化理论的核心在于结构化地看问题的视角。结构具有"二重性"，一方面是指结构同时具有激励性和制约性，另一方面是指结构同时充当行动的中介和结果，结构性特征就是卷入行动的生产与再生产，也被称为"结构化"。社会结构是行动者开展行动的基础，行动主体根据结构实现行动，并在一定条件下使结构被调整和完善，如此互动构成社会系统。吉登斯的结构化理论提供了将内生秩序归结为"结构"和将村民行为归结为"行动"的分析工具，并有效地将两者联系起来，能有效理清内生秩序和村民行为之间的辩证关系。由结构化理论发展而来的"结构—行动"互构框架能够阐释社会组织与社会成员之间的互动机制以及由此引致的社会系统的发展和演化。在现有的农村社会结构背景中，行动者以相关制度为依据采取行动，同时也会影响并作用于农村社会结构，这种互构最终形成一个对于所处社会环境而言较为合适的局面，实现了推动制度发展和社会变迁的效果。

因此，本章在吉登斯的结构化理论和现有研究中已经提出过的"结构—行动"互构理论视角的基础上，构建农村集体经济组织成员资格认定的"结构—行动"分析框架（见图6-1），将村庄内生秩序和成员资格认定规则归结为"结构"，将村"两委"、村民代表的决策和特殊群体的反映行为归结为"行动"。在涉及农村特殊群体的集体经济组织成员资格认定上，村庄内生秩序通过激励机制或制约机制影响决策者的决策行为，决策行为则促成认定标准，此为结构与行动交互作用的路径之一；认定标准"激励"部分村民做出反映行为，反映行为则可能实现对既有标准的调整，此为结构与行动交互作用的路径之二。作为利益冲突者之间的博弈，也是问题和矛盾的直接表现形式，博弈的最终结果将维持或改写认定规则。

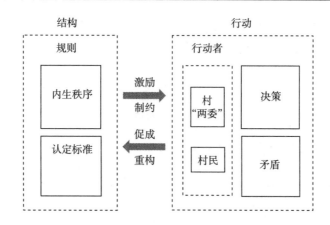

图6-1　农村集体经济组织成员资格认定的"结构—行动"分析框架

本章将根据上述"结构—行动"互构理论框架的两个研究路径，通过阐释"结构"与"行动"之间的交互作用机制，探析村庄内生秩序对集体经济组织成员资格认定产生的影响。由此，本章提出如下假说：

假说1：村庄内生秩序激励或制约决策者的决策行动，促使其制定成员资格认定规则。

假说2：既定认定规则规定的成员资格差异激发特殊群体的反映行动，该行动重构认定规则。

第三节　多案例分析

本章所选取的三个案例均发生于北京市 M 村，能够分别代表村中涉及人员较多、引起矛盾较为突出的三类集体经济组织成员资格界定情况，每个案例针对一类成员资格认定问题进行阐述和分析，且三个案例共同验证两个研究假说。

一、案例背景

M 村地处北京市门头沟区的中心区、老城区、城乡接合部，区域面积 1.4 平方千米，山场、林地总面积 656 亩，M 村共有 174 户 317 人。历经人民公社时期、改革开放时期和近年来的拆迁转户、采空棚户区改造，各个时期都存在随国家政策选择迁入和迁出村子的人员，村内成员成分组成不再单一，这一特点能够代表大多数北京市近郊地区农村的现状。

2008 年，伴随京郊传统村落城镇化的大趋势，M 村开始整村拆迁，经过三年的各寻住处暂时安身之后，村民得以搬进竣工的安置房，回迁上楼，并将农业户口转为非农业户口。虽然绝大多数村民已转变成居民身份，但根据当地的政策规定，与 M 村情况类似的村庄仍保留村建制和村民委员会，村民也仍然被称为"某村村民"而非居民。现今 M 村的村民、拆迁前就因自身原因转为城镇户口的原村民，以及外来租户居住在同一个由安置楼房构成的小区内，镇政府在此成立了社区服务站，也被称为"居委会"，以服务小区内的全部住户。拆迁上楼后，M 村的村民不离土不离乡即可享受城市生活，社区功能完善，周边基础设施和公共服务条件良好，村民生活水平显著提升，正在逐渐融入城市现代文明和生活方式，其所在的门头沟区持续推进城镇化，城乡融合新格局已然呈现。

二、M 村集体经济产权制度改革和组织成员资格认定

M 村集体经济产权制度改革从 2009 年 6 月 1 日正式开始，并成立集体经济组织，也就是 M 村股份经济合作社，把集体资产量化为股份并分配到人。经民主决策，M 村将股权设置为集体股和个人股，其中集体股占 30%，个人股占 70%。个人股又分为基本股和劳龄股，基本股是由农村土地承包经营权转化成的股份，由有资格参与土地确权的现有集体经济组织成员平均分配，占比 40%；劳龄股通过早年在村公社的劳动年限换算得来，占比 60%。M 村遵从北京市普遍实行的股权固化的静态管理模式，股份"生不增、死不减"，可以继承但不能转让。

经过改制工作小组成员的筛查、核算，截止到 2009 年 5 月 31 日改革基准日，M 村实有农业人口 314 人，改制后 M 村股份经济合作社成员为 296 人，其中自 1956 年入社以来户口在本村并以土地、资金等生产资料加入本村集体经济组织的农户及其衍生农业人口 144 人，享受 100% 的基本股，按当地习惯将其称为"老户"；1982 年 1 月 1 日前户口迁入 M 村的，未以土地、资金等生产资料加入本村集体经济组织的农业人口 42 人，每人享受 50% 的基本股，称之为"半拉户"；1982 年 1 月 1 日后户口迁入 M 村的，未以土地、资金等生产资料加入本村集体经济组织的农业人口 110 人，不享受基本股，仅享受劳龄股，称之为"新户"（见表 6-1）。当只区分为新户、老户时，半拉户也可归类为新户。

表 6-1　M 村股份经济合作社股权分配

群体	人数/人	股权
老户	144	100%基本股+劳龄股
半拉户	42	50%基本股+劳龄股
新户	110	0%基本股+劳龄股

由于 M 村经历了拆迁，村集体资产的主要构成是集体土地和房屋的拆迁款，改革时经清退原始股与转居、迁出和去世人员劳龄款后，可量化集体净资产为 282 万元，经民主程序决定将资产用于购买银行理财产品，以确保本金安全和稳定收益。

近几年，这些收益加上村集体拆迁时分得的集体房屋的出租所得，M村每年给股东的年底分红都较为可观，同时享有基本股和劳龄股的股东每人基本都在万元以上。

上级政府发布的《龙泉镇农村集体经济产权制度改革工作实施方案》规定，在集体产权制度改革中，将2009年5月31日定为基准日，将基准日之前户籍在M村的"新老户"村民纳入成为集体经济组织成员，也就是M村股份经济合作社的股东。M村在拆迁转户之前，村民中存在出于工作、个人运作等原因转为居民户口者，也存在外来迁入本村的人口，因此村民的组成较为复杂多样，模糊的身份和权利边界提高了集体经济组织成员资格认定工作的难度。自产权制度改革以来，M村股份经济合作社带给股民的分红收益较为可观，也间接导致关于成员资格、股权配置的矛盾和纠纷持续上演。

三、"外嫁女"成员资格"两头空"问题及原因

传统观念认为妇女的性别存在一定劣势，有些地方的女性出嫁后就会被剥夺本村村民的身份和村民待遇，个别地方甚至不论男方是否具备实现妻子落户的条件，都必须限期将户口迁出本村。本章讨论的"外嫁女"是指女方从一个农村嫁到另一个农村的情形，从当地的实际情况来看，一般情况下，女子嫁到其他农村后，户口随之迁入男方所在村，享有婆家村的村民身份、决策权和集体福利，如果发生因合理原因确实无法迁走户口的，娘家村不会强迫其迁户口。

A是M村某村民的女儿，在实施集体产权制度改革前嫁到了别村，并且一直在男方所在的村子生活，但由于男方在结婚时户口未在村中，已经随工作迁出，再加上男方村子的种种规定和传统，A的户口未能迁入男方所在村，仍留在M村。按照当地的风俗习惯，认为"嫁出去的女儿泼出去的水"，再加上妇女出嫁后从夫居住和生活的传统与现实，即使A的户口还在村内，M村进行集体产权制度改革时也未将其纳入到集体经济组织成员范围内，A因此丧失了M村的成员资格。不仅如此，男方村集体在进行产权制度改革时，根据政策规定遵从以户籍为根本判定依据的原则，A的户口未迁入本村，自然无权成为男方村集体经济组织的成员，无法享受股权。就这样，A在娘家村和婆家村都未能享有成员资格，遭遇了"两头空"的问题。

M村制定的集体经济组织成员资格认定规则让A难以理解并极为不满，她和家人多次到村委会询问和协商，但都无济于事，村集体不可能轻易改变已经制定并经民主议事程序通过的认定规则。于是A和同村的几名"外嫁女"共同到镇政府乃至区政府反映自身情况。最终，镇政府给A等人和M村村委会的答复是这样表述的："外嫁女"的户口如果仍在原村，但不长期居住和生活在原村，并且没有承担村民义务的情况，由股东代表大会确定其成员资格和股权待遇。这一处理虽然看似公允，但显然并没有平息争议，A和其他类似情况的"外嫁女"仍然在两个村都无法获得集体经济组织成员的资格，也没有股权和分红可享，她们依然没有达到目的。

当然，风俗习惯也会产生影响。不轻易承认"外嫁女"在娘家村的集体经济福利

是存在其合理性的，这不仅符合农村社会长期以来形成的风俗习惯，还能够在一定程度上避免比较富裕的农村集体经济组织人口的畸形膨胀，避免资产实力雄厚的村集体的大量妇女在出嫁后仍享受原来村集体的各种福利、稀释其他股东的分红收益。

但 M 村没有根据 A 的现实情况酌情处置，没有顾及其"两头空"的结果，只是"一刀切"地依照风俗习惯和传统观念制定了这一导致 A 资格"两头空"的认定规则。在这一事件中，歧视"外嫁女"的风俗习惯作为非正式制度，属于规则的一种，充当着"结构"的角色，通过将村"两委"等决策者的思维模式禁锢在传统观念中，对其决策行动产生制约作用，这就是结构对行动的作用。而行动对结构的反向作用则体现在村"两委"通过民主议事程序等决策行动，促成了认定"外嫁女"不享有集体经济组织成员资格的认定规则，对结构进行了塑造，但规则的不合理部分引发了"两头空"的问题（见图6-2）。在这样"结构"和"行动"互构的双向作用下，可以验证假说1：歧视"外嫁女"的风俗习惯制约村"两委"等人的决策行动，促使其制定导致部分"外嫁女"成员资格"两头空"问题的认定规则。

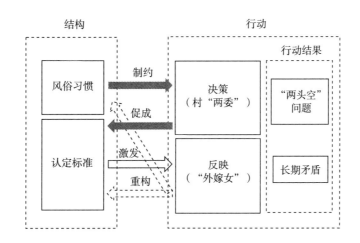

图6-2　"外嫁女"成员资格"两头空"问题分析框架

在大多数农村，与 A 情况类似的"外嫁女"在村民中占比很少，而农村民主议事程序又惯以村"两委"商议、党员和村民代表审议决议、事关重大时"户代表"表决通过的流程执行，决策者的身份性质和少数服从多数的原则让原本就遭遇歧视的"外嫁女"群体基本失去了在认定规则制定上的发言权。因此，她们只得持续以多种方式反映，试图推动政策的改变，让村集体和政府相关部门重新处理和决策自己的成员资格一事。

在上述事件中，M 村制定的集体经济组织成员资格认定规则以正式制度的身份充当"结构"的角色，这一结构导致的成员资格差异激发行动者"外嫁女"A 产生一系列行动。目前像 A 一样的"外嫁女"特殊群体的行动还没有使已经成文的成员认定规则得以修改，没有对结构造成强有力的影响和有效的作用，但她们细水长流的努力已经在不知不觉中慢慢改变村民轻视、歧视妇女的老旧观念和把出嫁妇女当作外人对待的风俗习惯，也让政府部门无法忽视其中的矛盾和问题，把亟待解决的"外嫁女"成员资格"两头空"的问题记在任务簿上。由此可以验证假说2：既定认定规则中"外嫁女"的成员资格丧失激发"两头空"群体的维权行动，该行动试图重构认定规则并争取成员权益。

四、成员资格认定上的"新老户"矛盾及原因

《M村集体经济产权制度改革实施办法》中将本村农民分为"老户"和"新户"，"老户"是由原住民和政策性搬迁人员的衍生人口组成的，在生存繁衍的过程中形成了以"申、王、陈"三大姓氏为脉络的宗族网，"新户"是未以土地、资金等生产资料加入本村集体经济组织的迁入本村的农业人口，政策性搬迁人员不被包含在内。"老户"认为自己在集体经济组织的资产份额（也就是股金份额）所占比重应体现出一定的数量或层级优势，因为村集体资产的主体部分是由原住居民的土地、资金和几十年来付出的劳动积累起来的，而非政策性搬迁入村的"新户"，户口迁入时既没有为村庄引进企业，也没有做出任何贡献，没有资格享有完全份额的基本股。M村股份经济合作社的股权设置的确如此："老户"享有100%的基本股，1982年前迁入的"新户"（半拉户）享有50%的基本股，1982年及之后迁入的"新户"不享有基本股。

村民B于1987年迁入M村，在产权制度改革中被认定为"新户"，不享有基本股，只享有截止到2009年共22年的劳龄股。根据《M村集体经济产权制度改革实施办法》，基本股的人均年均股金为4841.2元，劳龄股的人均年均股金为175.54元，村民B只能享有劳龄股，为175.54×22＝3861.88元。而"老户"则享有100%的基本股加上比B再多年数的劳龄股，这样算下来，B发现自己的年底分红数额还不及老户的一半。村民B等"新户"自然心中不满，认为应该给予自己一个一次性缴纳集体积累换取基本股的机会，但奈何身为外来人口在村中的势力较弱，受重视程度较轻，人口数上也不占优势，因而在民主决策程序中败下阵来，试图为自身群体争取基本股的想法就这样暂时搁置了。但新户与老户之间的矛盾却从此拉开序幕，两个群体之间存在利益冲突，在需要共同参与的事项上往往存在分歧，"新老户"问题成为影响M村稳定的重要因素之一。

宗族网络与"新老户"矛盾同样值得重视。M村中的老户在村中的权利具有家族性和代际传承的趋势和特点，村中的"新户"人数不占优势，也没有形成像"老户"之间那么高的思想统一程度，因此在换届选举中一般只能有一两个"新户"村民当选为委员，村民B就是其中之一，长期担任M村纪检委员和妇女干部。这种宗族和地方观念是构成宗族网络的核心，依靠长期形成的血缘、地缘等传统社会关系形成紧密的人脉网，发挥着统筹大局、维护宗族自身利益的作用。

中国传统乡土社会以亲属关系为主轴，以此呈现出的人际关系是我国农村最稳定的社会网络之一，宗族网络在农村村民自治体系中始终发挥着不可替代的重要作用，是在村庄内部长期形成的、自然内生的制度秩序。村中的几大姓氏能够拥有更多的人际资源和社会资本，通过自身权威制衡村庄的权利结构，指导村民的集体行动。结合"结构—行动"的理论视角（见图6-3），在M村的产权制度改革过程中，村中的几大姓氏的权威人物能够利用其在宗族中的位置统一宗族成员的思想，宗族网络通过血缘、地缘关系对成员的决策行动起到激励作用，利用在心态和行动上存在的较之于外来人口的优越感，和利己主义思想的助推，共同排斥"外来户"，拒绝给予"新户"享有完全基本股的权利，此为宗族网络作为结构中的非正式制度，对决策行动的激励作用。反之，村民代表中的宗族成员通过民主议事程序做出决策，以数量和气势上的绝对优势通过了"新户"不享有完全基本股的《M村集体经济产权制度改革实施办法》，此为决策行动作用于正式规则这一结构的体现。由此可以验证假说1：村庄内生秩序激励或制约决策者的决策行动，促使其制定成员资格认定规则。

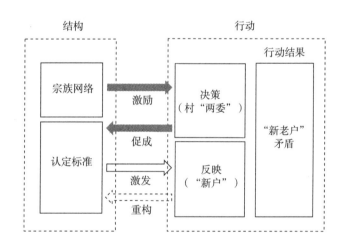

图6-3　成员资格认定"新老户"矛盾分析框架

这一股权分配规则维护了"老户"的利益，但同时也激发了"新户"和"老户"之间的矛盾，事关几代人的利益分配，这一问题已经并且必定在得到解决之前在村镇场域内持续产生影响，外来户试图争取因被认定为集体经济组织的新户而丧失的完全基本股、试图调整现有股权分配制度的努力，亦是行动对结构反向作用的体现。由此可以验证假说2：既定认定规则规定的成员资格差异激发特殊群体的反映行动，该行动重构认定规则。

五、成员资格认定的差别对待问题及原因

首先来看"空挂户"，这是指户籍在某村，但并未在该村参加生产和生活的人员。其中包括原本不是本村村民且不是本村村民的子女，出于就业、上学等需求，通过各种途径将户口迁入到村里的人员；也包括原本是本村村民，但发生某些事件后不再在本村生活，且按规定应当但并未把户口迁离或注销的人员。这类人员将户籍空挂在该村往往是受利益驱使，并未参与集体经济组织的生产生活，因此一般认为其与该村之间不存在社会保障关系，不具有集体成员资格。在现实情况中，这类人员将户口迁入时，往往会通过书面方式或口头方式明确自己不享有村集体成员资格和经济利益，不享受村民同等待遇，村委会则与之签订相关协议。

M村有9名被定义为"空挂户"的村民，他们的户籍都在M村，但并未参加过本村的生产生活。他们中有的人是由于想让孩子在这附近上学，根据按户口归属分片就读的政策，为了满足就近入学的条件，将自己和孩子的户口迁入到M村，挂在亲戚或朋友家；有的人是M村原村民，但已经转为在城区居住的非农业户口，因为办理二代身份证和新农村合作医疗保险，把户口迁回了原籍所在地；有的人是在夫妻双方解除婚姻关系后，离开的一方没有把户口迁走；有的人移居境外，却没有按照我国有关政策的要求，让家属到户籍管理部门为其注销户口。可能由于户口迁入或离开M村的时候，相关政策和要求并不十分严格，这类人员的行为没有受到太大的制约，只是通过口头或书面的方式同意自己不享受村民待遇，就这样他们成为了M村的"空挂户"。

村民C就是其中之一，早年间M村在招商引资时，C还是一名外地农民，经过村集体同意后在M村的集体土地上开始投资办厂，为了生活和经营方便起见，C希望能够把户口从外地迁入到本村，在与村委会签订了虽是村民但不享受村民待遇的协议后，顺利迁户到了M村。为了对村集体表示感谢，村民C利用自己的工厂为M村的其他村民们提供了很多就业岗位和十分合理的薪资待遇，使大量的村民不需离开家乡，在郊区就能打工赚钱，有力地提升了村民们的生活质量，村"两委"也因整村收入水平上升和村庄稳定和谐得到了上级政府的表扬和褒奖。因此，C在本村非常受欢迎，一直和村"两委"、村民保持着良好的沟通和熟络的私人关系，村民也因C的工厂而感到自豪。

后来M村开始产权制度改革，按照本村的集体经济组织成员资格认定规则，"空挂户"不具有成员资格。但C向村委会提出申请，称自己当初迁户并非出于利益原因，且自退居二线以来就生活在M村，希望能拥有成员资格，享受部分股权。村"两委"本就与C关系很好，商议后对村民C所说的理由表示认可，再加上本村其他的"空挂户"既没有在村生活之实，又没有对村集体和村民做出可圈可点的贡献，认为其与C不存在可比性，于是初步同意了C的申请。在后续的民主决策程序上，由于C始终拥有村民们的信任，深得民心，大部分村民代表都赞成给予其集体经济组织成员资格，因而本着少数服从多数的原则表决通过，C取得了成员资格，享有M村股份经济合作社的劳龄股。

这样一来，其他"空挂户"便提出了不满意见，他们虽然知道自己与C的差距和不同，但眼见同身份属性却受到不同的待遇，便对村集体提出了质疑，要求享有经济组织成员资格。由于他们长期不在 M 村居住生活，村民与其几乎没有人际交往，也不存在人情关系，这些"空挂户"得不到村集体和村民的支持，始终未能达到获取成员资格的目的。几年来，他们对村集体和 C 的不满一直存在，以遭到差别对待为由持续到上级政府和纪检部门反映自身诉求，试图为自身争取与 C 一样的成员权益，形成了 M 村的不稳定因素之一。

其次来看人情关系与差别对待问题。长期以来，人情关系是乡土社会理念中不可忽视的部分，深深扎根在村级领导班子成员和广大村民的思维中，影响着农村社会治理的决策和具体操作，是不同于政策法规的非正式制度，是社会中尤其是农村地区长期以来形成的一种内生秩序。如果一个农村中有着融洽的人情关系，很大概率是因为这个农村的生活氛围是热切舒适的，村集体的治理是积极正面的，村民与集体的关系是和谐稳定的。

人情关系具有情感性和工具性。如果说村民 C 在投资办厂期间为村民提供工作岗位、带动提升 M 村村民的生活水平，以及保持与村庄的亲密程度是人情关系的情感性表达，那么后来他申请加入 M 村集体经济组织并得以顺利实现则是利用了人情关系的工具性。C 凭借自身为村庄做出的贡献赢得了村民们的认可和接纳，与村领导、村民长期保持密切良好的人情关系，其他"空挂户"则不具备这项优势。经济组织的成员认为，这些其他的"空挂户"不参加村庄的集体生产、不履行相关义务，也没有为村集体做出贡献，理应依据其之前与村委会签订的不享有村民待遇的协议，不予认定其具有本村集体经济组织成员资格。于是，村民 C 与其他"空挂户"之间、其他"空挂户"与村集体之间的矛盾就此形成，"差别对待"成为了 M 村产权制度改革中备受质疑的问题。

学者认为，人情是一种人际间的交往规则，是进行社会互动和相处时应该遵循的一种规范。套用"结构—行动"的逻辑框架（见图 6-4），人情关系这一村庄内生秩序作为非正式制度，化身成为一种资源配置的机制，激励村"两委"和村民代表做出有利于关系亲近者的决策行动。对于大部分 M 村村民来说，C 俨然是一个熟人，而其他"空挂户"近乎于陌生人，参与制定成员认定标准的行动者自然而然地偏向于 C，对 C 和其他"空挂户"进行了差别对待，以此实际行动作用于"结构"，确定了对于身份性质原本相同"空挂户"的不同认定规则。由此可以验证假说 1：村庄的人情关系激励村"两委"和村民代表的决策行动，促使其制定差别对待同类群体的认定规则。

而这不同的认定规则，即 M 村对 C 和其他"空挂户"在集体经济组织成员资格认定上的差别对待，刺激未得到成员权益的"空挂户"也要求享有村民待遇、成为集体经济组织的成员，他们试图争取相同对待、更改现有规则的行为，亦是行动对结构反向作用的体现。由此可以验证假说 2：既定认定规则中同类群体的成员资格差异激发处于劣势者的反映行动，该行动试图重构认定规则并争取成员权益。

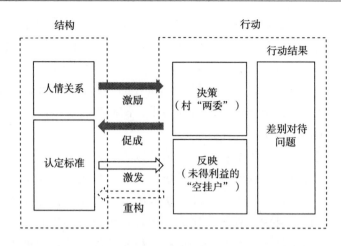

图6-4 成员资格认定差别对待问题分析框架

六、小结

综合上述案例分析，风俗习惯、宗族网络和人情关系这三种村庄内生秩序对集体经济组织的成员资格认定产生了各自的影响，引发了相应的问题和矛盾（见表6-2）。这是一种结构和行动相互构建、不断演进的动态变革过程，结构以非正式制度和正式制度为规范途径，行动以行动者的能动性为核心，如此互动的最终结果将达到两者间的均衡，实现社会组织的良性治理。

表6-2 案例小结

	影响因素	所涉群体	所致结果
案例1	风俗习惯	"外嫁女"	"两头空"问题
案例2	宗族网络	"外来户"	"新老户"矛盾
案例3	人情关系	"空挂户"	差别对待问题

在我国实行村民自治制度的背景下，农村集体经济组织成员的资格认定一直以国家规定的"以户籍为根本"和"人人有份、机会均等"的基本原则为主导，但内生于乡土社会的传统风俗和社会文化使行动者具备一定的能动性，可以说，农村社会组织的变革中体现着国家正式制度与村庄内生秩序这一非正式制度之间的冲突和融合。正如M村的案例展现的那样：一方面，非正式制度在一定程度上能够有效界定情况复杂的成员资格，通过集体决策合理地分配和利用资源，这是正式制度所无法替代的；另一方面，抽象理智的正式制度与掺入了基层行动者个人意志的非正式制度之间的冲突在所难免，一旦非正式制度的力量压过正式制度的公平原则，处于弱势的群体就只能将希望寄托于向上级反映，问题和矛盾也随之而来，政府治理和

村民自治的冲突就此体现。基层社会的治理就是这样在正式制度与非正式制度的博弈中形成的。

既然政府治理和村民自治在成员资格认定上存在一定的冲突，政府就需要接受村庄内生秩序带来的冲击。问题的关键在于如何进行调解和处理以及从源头上对相关制度的完善，政府在捍卫以户籍为根本等认定原则的同时，也要加强对特殊群体的关注，保障其用法律手段解决问题的可行性。

第四节　结论及对策建议

一、研究结论

结构化分析工具将结构与行动有机统一起来，结构通过发挥激励或制约作用影响行动者的目标与决策从而形成某种结果，结构受到行动的反向作用，通过相同或不同实践主体的协同与冲突，对结果进行重构或试图重构以塑造结构，各层次制度不断演化以消除行动冲突、达成协同，"结构"与"行动"的动态交互是一个"结构化"的过程。

本章从村庄内生秩序的角度入手，构建了农村集体经济组织成员资格认定的"结构—行动"分析框架，将吉登斯结构化理论应用到了确定成员资格实践的认识中。结合 M 村集体经济组织成员资格认定的实际情况，明确了其中"结构"和"行动"的内涵，通过发生在北京城郊 M 村的三个典型案例分析了资格认定存在的问题，并通过行动逻辑背后存在的制约机制或激励机制探讨其深层次的原因，共同验证了两个假说，回答了最初提出的研究问题：在我国农村集体产权制度改革进程中，集体经济组织成员资格认定主要存在"两头空"问题、"新老户"矛盾和差别对待问题，村庄的内生秩序是影响这些问题和矛盾形成的重要因素，三类问题的成因具体对应如下：

第一，歧视"外嫁女"的风俗习惯制约村"两委"的决策行动，促使其制定导致部分"外嫁女"成员资格"两头空"问题的认定规则；既定认定规则中"外嫁女"的成员资格丧失激发"两头空"群体的反映行动，该行动试图重构认定规则并争取成员权益，是"两头空"问题和矛盾的具体体现。传统风俗习惯中对"外嫁女"的轻视和歧视通过制约机制影响村集体的决策行动，形成了认定"外嫁女"不享有集体经济组织成员资格的认定规则，但规则"一刀切"导致对情况特殊者的不公平不合理，引发在男方村也无法加入集体组织妇女的"两头空"问题；认定规则通过激励机制刺激"外嫁女"产生反映行动，试图重构认定规则以捍卫自身权益。

第二，村庄宗族网络激励宗族成员的决策行动，促使其制定"老户"权益占优的认定规则；既定认定规则中"新户"和"老户"的成员资格差异激发"新户"的反映行动，该行动试图重构认定规则，调整股权分配并取得丧失的部分股权，是"新老户"矛盾的具体体现。宗族网络作为农村中的一种非正式的权利结构，通过血缘、地缘关系激励宗族成员的决策行动，以票数和气势优势得到独享基本股的行动结果；"外来户"则试图争取因被认定为集体经济组织的"新户"而丧失的完全基本股、试图调整现有股权分配制度，由此形成"新户"和"老户"之间的矛盾。

第三，村庄的人情关系激励村"两委"和村民代表的决策行动，促使其制定差别对待同类群体的认定规则；既定认定规则中同类群体的成员资格差异激发处于劣势者的反映行动，该行动试图重构认定规则并争取成员权益，是差别对待问题后果的具体体现。人情关系以一种资源配置的机制，对村"两委"和村民代表发挥激励作用，促使其做出有利于关系亲近者的决策行动，给予关系亲近的熟人以较好的待遇。确定了对于身份性质原本相同人员的不同认定规则；这种规则刺激被差别对待人员中处于劣势的一方产生反映行动，试图更改现有规则，因此形成的矛盾更加凸显了这一差别对待问题的严重性。

二、对策建议

在我国农村产权制度改革中的集体经济组织成员资格认定上，各级政府制定的基本政策确定了规则的主要方向，以户籍为基本依据、"人人有份、机会均等"的认定原则是村集体细化本村认定规则的大纲。然而，在情况复杂的村庄自治实践中，成员资格的认定受到风俗习惯、社会关系等内生秩序的影响，资源的分配和利用或多或少地倾斜于某些群体。村民自治的结果中往往包含基层决策者的个人意志，国家政策和基层自治之间就必然存在不连续性，其间的边界模糊地带难免会产生各类难以明确孰是孰非的冲突，但既然"一村一策"具备存在的合理性，村集体、政府和国家就必须承认和接受其带来的问题和矛盾，并努力寻找处理对策。本章通过分析和研究，提出以下建议：

第一，协调融合农村传统理念和现代文化结构。自改革开放以来，我国乡村文化和文明水平得到了极大的提高，但是由于农村地区较为封闭的小农生产生活习惯和传统老旧思想的长期存在，不可避免地会形成根深蒂固的保守思维。在农村社会转型发展的总体构建中，文化结构是重要组成部分，文化建设的工程庞大且复杂，国家也将其视为重点工作，加大马力推动农村地区的文化建设，融合传统乡土文化与现代城市文明，努力使公平正义和村庄内生秩序融会贯通。传统乡土文化是中华文明的根基，在尊重村庄内生秩序的存在、发扬优秀农村文化的基础上，融入现代城市文明，才能给乡村治理带来新面貌，从而建设和完善农村社会治理的和谐秩序。

第二，各地政府细化认定标准，出台规范性文件。目前对于农村的一些特殊群体，缺乏认定其集体经济组织成员身份的法律法规，基本处于村集体自行决定的状态，受当地传统观念和风俗习惯的影响较大，乡土色彩浓厚。由此引发的种种问题说明，更加明确、细化且具有权威性的界定标准对于农村集体经济组织是十分必要的，因此地方政府和法院等相关部门应该结合具体实践进一步出台具有地方色彩的规章制度或法律条文，由村集体在此基础上自行确定具体细则，细则要涵盖不同群体，保证成员享有的权利应与其对农村组织承担的义务和做出的贡献对等，认定标准要一致，不能实行双重标准。

第三，进一步规范集体经济组织成员资格认定的程序。公平合理的认定程序是从源头上减少事后问题和矛盾的有效工具，整个程序应该遵循民主、公开、透明的原则。例如，村集体应通过民主程序设立资格认定委员会，在申请成员资格时，除了那些毫无悬念被直接纳入集体经济组织的村民以外，其他认为自己有资格成为组织成员的村民可以向村集体发出书面申请，资格认定委员会予以审核，提交给村民代表大会或户代表大会进行决议，通过此类民主议事流程后最终确定申请者是否具备成员资格，将结果在全村范围内进行公示并存档。若提出申请的村民对决议结果提出质疑，则进行更为严谨的复核。

第七章　北京市海淀区股份经济合作社法人治理结构研究[①]

第一节　研究背景与实践现状

一、研究背景

深化农村集体产权制度改革，就必须健全和完善法人治理结构，建立符合市场经济要求的农村集体经济运营新机制。党的十八届三中全会决定提出"完善产权保护制度""赋予农民对集体资产股份占有、收益、有偿退出及抵押、担保、继承权"，这是对农村集体产权制度改革提出的新要求，也是赋予农民更多财产权利的新举措。健全和完善股份社法人治理结构，是巩固农村集体产权制度改革成果的重要保证，对于壮大农村集体经济、增加农民财产性收入，巩固党在农村的执政基础、推进农村全面小康建设，具有重要而深远的意义。

自20世纪80年代起，珠江三角洲地区就率先开始了改革试点。从1993年起，北京市郊区部分农村社区集体经济组织开始推行产权制度改革。2003年，北京市肯定了农村社区股份合作制改革的方向。2007年农业部总结各地经验，出台了指导意见。截至2014年底，全国已有4.7万个村和5.7万个村民小组完成了改革，当年股金分红386.4亿元，改革已见到成效。农村集体产权股份合作制改革的主要内容包括清产核资、明确债权债务、资产量化、股权设置、股权管理、收益分配等方面。建立健全法人治理结构是集体产权制度改革的题中应有之义。由于我国集体经济组织立法滞后，组建股份经济社无统一标准，再加上行政力量干预较强，致使股份经济社真正意义上的法人治理结构尚未建立，制约了集体经济的发展壮大。同时，新形势下集体经济的组织形式、实现方式与转型升级等方面面临一系列挑战，亟须加快理论探讨与制度设计回应现实需求。

[①]　执笔人：孔祥智、高强、郑力文、黄博。

二、海淀区股份社法人治理结构的现状

（一）海淀区农村集体产权制度改革历程

2000 年左右，海淀区开始在一批撤销行政建制、经济实力较强、集体土地大部分被征用、村民大部分已转居的村集体试点推行农村集体经济产权制度改革。2002年6月，海淀区政府出台了《关于我区城乡结合部地区乡村集体资产处置及集体经济体制改革试点工作的意见》。作为海淀区首个指导产权制度改革的重要文件，就集体资产处置和集体经济体制改革两项工作作出了明确部署，尤其是为如何进行集体资产处置提供了详细的可操作方案。2002 年，海淀区确定的首批改革试点单位包括玉渊潭、东升乡（现东升镇）的大钟寺和太平庄、海淀乡（现海淀镇）的西苑和肖家河。按照"近郊全面推开、远郊扩大试点"的方针，改革主要在城市化和工业化进程较快、集体经济实力较强、集体资产数额较大、农民有强烈要求的乡村进行。到 2007 年，东升乡的清河和太平庄率先完成改革。2010 年，东升乡、玉渊潭以及西北旺镇的安宁庄完成改革。

2011 年 5 月，海淀区政府常务会审议通过产权制度改革工作方案以后，改革进程明显加快，不到两年时间全区村级改革基本完成。截至 2013 年 9 月，全区累计有76 个单位完成改革，完成率为 78%；累计登记注册股份经济合作社 39 个。另有西二旗等单位完成集体资产处置后，不再成立股份经济合作社。如表 7-1 所示。

表 7-1　海淀区农村集体经济产权制度改革完成情况　　　　单位：个，%

年份	完成改革单位数量		市农委统计的改革完成率	登记股份经济合作社数量	
	当年新增	累计		当年新增	累计
2007	2	2	2	2	2
2008	5	7	7	3	5
2009	2	9	9	4	9
2010	2	11	11	1	10
2011	46	57	58	0	10
2012	19	76	78	11	21
2013	0	76	78	18	39

注：①2009 年（含）以前，海淀区以"登记股份经济合作社"作为完成改革的标志；之后执行市农委统计口径，以"召开股份经济合作社股东代表大会"作为完成改革标志。②市农委确定海淀区应改革的集体经济组织总数为 98 个。其中，乡镇级 8 个、村级 90 个，并以此计算改革完成率。③2009 年，马连洼三队改建为兴劲马股份经济合作社，计算"完成改革单位数量"1 个；2010 年，东升完成镇级改革，拟成立海升、新东源、博展 3 个股份经济合作社，只计算"完成改革单位数量"1 个。

据统计，海淀已完成改革的 76 个单位累计账面净资产 1115760 万元，核实净资产 1372836 万元，应退偿老股金 7746 万元，应支付补贴 13474 万元，预留专项基金

23331 万元，可量化资产总额 1287731 万元，股权设置 628541 万元，应转专项基金 101593 万元，应兑现金额 559132 万元。参加资产处置人员总数 183623 人，其中，非社员 63406 人、已故人员 36397 人。2012 年，玉渊潭股份经济合作社、东升镇的 10 个股份经济合作社、安宁庄股份经济合作社共计 12 个单位实现按股分红，约 1.1 万人，人均税前分红 2.23 万元，正好与当年全区农村居民人均纯收入 22364 元 相当①。

（二）股份社法人治理结构逐步健全

目前，海淀区新型集体经济组织普遍建立了包括"股东（代表）大会、董事会、监事会"的"三会"组织架构，并能够按照组织章程运行。

1. 建立健全农村集体经济组织

早在 20 世纪 90 年代初，北京市对乡镇、村两级集体经济组织的性质与名称、职能与任务、运行与管理以及社员权利与义务进行了规定，要求以行政村为单位设立村经济合作社，以乡为单位设立乡合作经济联合社，在行政主管部门登记后，取得法人资格。《北京市农村集体资产管理条例》作为地方法规，赋予乡联社和村合作社集体资产所有者主体代表资格及经营管理职能。贯彻落实北京市有关规定，海淀区也制定下发了相应的规范性文件，建立健全了全区农村集体经济组织。例如，2002 年海淀区发布的《关于我区城乡结合部地区乡村集体资产处置及集体经济体制改革试点工作的意见》中也明确指出，"经济合作社是农村集体资产所有者代表，在改革中履行所有者代表职能"。

2. 建立新型社区股份合作经济组织

在产权制度改革中，海淀区本着"一村一策"原则，在原有村合作社的基础上，采取存量资产量化、"资源+资本"以及社员投资入股等多种方式进行股份合作制改革，建立新型社区股份合作经济组织。出于集体土地未被全部纳入产权改革且集体内部还有新衍生人口的考虑，在改革中恢复保留原村合作社。在新型集体经济组织管理方面，2013 年，海淀区下发了《关于加强股份经济合作社管理指导和服务的意见》。该文件再次强调"股份经济合作社是农村集体经济组织通过产权制度改革整体改建而成的新型集体经济组织，是农村集体经济新的实现形式，仍然是集体资产的所有者代表和经营管理主体，其农村集体所有制的性质不变"。

3. 理顺农村基层组织间的职责及关系

2012 年 4 月，为配合国土部门做好农村集体土地确权登记发证工作，北京市农委印发《关于进一步建立健全农村集体经济组织全面加强登记管理工作的通知》（京政农发〔2012〕12 号），规定原来已经组建的村经济合作社、镇合作经济联合社，在农村集体经济产权制度改革中被撤销或变更登记为股份经济合作社或集体所有制（股份）合作企业的，要重新恢复并进行登记颁证。同年，《北京市实施〈中华人民

---

① 资料来源：《海淀区农村集体经济产权制度改革研究》（海淀区农村工作委员会提供内部报告）。

共和国村民委员会组织法〉的若干规定》对集体经济组织和村委会的职责、关系进行了区分和明确，村委会主要负责村内公共事务，并支持集体经济组织开展经营管理活动。

第二节　法人治理结构的主要问题

尽管海淀区股份合作社法人治理结构建设取得了明显进展，但仍存在不少问题，具体表现为以下三方面：

一、政府职能定位不明，过度干预与政经不分并存

在集体资产监管方面，政府职能定位不明，对股份合作社及集体资产的监管存在过度干预现象。例如，海淀区建立了备案、审核、实地检查等制度，规定了股份经济合作社应就股本变更、因故不能执行章程规定、修改章程、整体改建为公司制企业法人等事项向区级主管部门进行请示，经核准后方可实施。这些规定可以视为行政审批。改制后新成立的股份合作社在人事安排上仍然受到行政力量的干预，特别是高层管理人员的任命常由所在政府部门决定，而不是市场资源配置的结果。股份经济社作为一种经济组织，拥有独立的法人地位，能以自己的名义从事经营管理活动，不应受到政府的直接领导和管理。同时，政经不分是股份经济社法人治理结构的最大制约因素。党组织、村民自治组织和集体经济组织三位一体，"政经混合"，职责不清，容易出现"集体经济问题绑架基层组织"现象，影响基层稳定。在这种情况下，新型集体经济组织的法人财产权以及相应的法人治理结构难以真正确立，而组织的经济目标也很难按照市场规律运行[①]。

二、管理运作不规范，缺乏长效发展机制

在治理结构方面，新成立的集体经济组织在形式上普遍按照现代企业制度设立了股东代表大会、董事会和监事会等组织结构，有的还设立了集体资产管理委员会。但从实际运作来看，民主决策、民主管理和民主监督等问题依然突出[②]。例如，玉渊潭农工商总公司在实际运行中更像一个巨型的家族企业，强调"内部提拔、政府任命"，离真正实现"产权明晰、责权明确、运行规范、管理科学"的现代企业管理模式还有很大距离。海淀区集体资产经营普遍以对外租赁为主，经济合同管理不规范、

---

① 政经不分与社区封闭两者之间存在互为因果的关系，政经不分导致社区组织无法对外开放而维持封闭状态；而封闭的产权结构又进一步固化了社区集体经济组织与行政组织"天然合一"的体制性弊端。参见郭光磊主编的《北京农村研究报告（2013）》。

② 北京市农村经济研究中心. 北京市农村经济发展报告（2013）[M]. 北京：中国农业出版社，2014.

用地手续不健全、承包期过长、管理粗放、不按规定履行合同等问题时有发生。海淀区村级集体产权制度改革虽然已经基本完成，但是新型集体经济在可持续发展方面面临着巨大的挑战。对于集体经济薄弱村，基本上以租赁物业为主，产业结构单一，缺乏优良的经营性资产，没有形成稳定收入来源。对于一些经济实力较强的村，分红压力普遍较大，制约了集体经济的发展后劲。在分红率刚性递增的压力下，新型集体经济组织面临着投资决策"只能成功，不许失败"的制约，增加了农村集体资产管理人员的压力。

三、村社干部交叉任职现象突出，专业人才不足

在推进农村集体产权制度改革过程中，为降低管理成本，部分村采取"三块牌子、一套人马"的方式，实行干部交叉任职。据统计，北京市村党支部书记兼任董事长的占93.8%。村党支部书记兼任集体经济组织理事长固然可以加强党对农村集体经济组织的领导，便于协调各组织之间的关系，但也会带来干部权责不清、决策不民主、资产管理不透明等问题，甚至有的村集体资产控制权集中在村干部等少数人手中，致使集体资产面临流失的危险。从市场角度来看，专业人才不足成为制约股份合作社发展的重要因素。一方面，原有的村社干部缺乏资本运营、管理分配与市场拓展等专业性知识，加大了集体资产运营管理上的风险；另一方面，新型集体经济组织也缺乏引进人才、留住人才的机制。

第三节　案例分析

一、苏家坨镇案例分析

（一）主要做法

在海淀区农办相关人员的陪同下，课题组赴海淀区北部四镇之一的苏家坨镇进行了实地调研。2011年，苏家坨镇开始着手准备推进农村集体产权制度改革。

与海淀区其他乡镇类似，苏家坨镇农村集体经济产权制度改革大致可分为7个阶段：①成立改革领导小组和工作机构，明确改革主体。②制定改革方案。③进行清产核资，这一阶段也可以同时进行老股金和劳龄的登记及确认。④退偿老股金（一般以16倍的比例，采用一次性现金全额兑付的方式进行退偿）。⑤量化集体资产份额及个人资产份额（集体资产份额主要用于已退休人员的费用、集体经济组织补缴和欠缴的费用、一些必要的社会性支出和不可预见问题的处理，其比例一般不超过退偿老股金之后净资产的30%。扣除退偿老股金和集体资产量化份额之后的净资产全部量化给个人，按照个人的身份和实际参加集体劳动的年限分为基本份额、资

源份额和劳龄份额三种份额进行量化）。⑥个人量化资产份额的自愿流转。⑦成立新型集体经济组织。

与南部地区不同，苏家坨镇作为北部四镇之一，在人员界定、资产处置等方面执行的具体政策主要包括：①按照海农发〔2010〕12号文件界定成员身份。②只设置基本份额和劳龄份额，基本份额所占比例较高，土地确权以后的随征地农转非人员与农民平等享有基本份额。③集体资产主要是征地补偿费，考虑了尚未纳入城镇社保体系的考学人员、初级士官以下现役军人、政策性随家属转居人员等特殊群体的利益。

（二）问题与思考

一是集体经济实力是影响治理结构优化的重要因素，建议强化引导，加大资产薄弱村的支持力度。苏家坨镇经济发展水平较低，大多数改制村的集体经济以租赁物业为主，几乎没有什么产业，其中一部分还属于违章建筑。改制之后，村民也没有分红。因此，有的村民认为改制没有任何意义，而有的乡镇干部进一步指出，改制不仅没有增加收益，反而增加了行政成本，容易激化农村潜在的矛盾。这种情况在远郊县或中西部地区较为常见，一般多发生在集体资产很少或为负的"空壳村"。这类村集体改制的重心应放在清产核资、明晰产权上，重点是抓紧、抓实农村土地承包经营权确权登记颁证工作，并在此基础上搭建股份合作平台。一般而言，资产量较少的村进行改制具有客观、公平等优势，也更容易组建规范的长效治理机制，但必须解决改制动力问题。因此，政府部门一方面要积极宣传、强化引导，让村民意识到改制的长久收益，主动参与改制；另一方面有条件的地区要列出专项经费或奖补资金，对资产薄弱村予以补助。

二是村级组织关系是法人治理结构的重要内容，建议继续坚持"一村一策"化解历史矛盾。对于政府而言，村级组织的稳定是基础。村集体经济组织改制后，按照股份合作制原则，新成立的股份合作社需要执行民主程序，选举产生合作社理事长。调研中了解到，苏家坨镇村集体经济完成改制之后，需要每一位村民签字。但是，有些村民对于补贴标准不满意，有的村民对于补贴方式不认可。截止到目前，没有一个村的村民全部签完。因此，推行集体经济组织改制，要坚持统一性和灵活性相结合的原则，要注意轻重缓急、改进工作方法方式，通过"一村一策"和民主协商，在改制的过程中化解历史矛盾，帮助村民构建新型合作关系。

三是"政经不分"依然存在，建议村集体剥离社会性负担，明确集体经济组织功能定位。长期以来，农村地区"政经不分"问题一直普遍存在，农村的各项事务实际上主要靠村民委员会正常运转，村务决策程序替代集体经济组织决策程序，重大事项往往由村委会和党支部决策。在计划经济时期，社区自治组织与社区集体经济组织一本账，起到了维护农村社会稳定的作用，也为城镇化、工业化作出了贡献。然而，在全面深化农村改革新阶段，若"政经不分"问题依然存在，就会产生集体资产经营效率低等问题。苏家坨镇改制后的大多数村仍然由村委会、党支部和合作社共用一本账。调查中了解到，村集体承担着巨大的社会性负担。村里每年只有 12 万元的办公补助和 2 万元的村干部补助，却要承担几十万元的公共公益性支出。而如果"分账"后，村委会就面临"断炊"的威胁。调查中了解到，也有一些股份社存在把社会服务当作股东福利，主观上不愿意分离的现象。在法人治理机构建设方面，由于村民和社员身份高度重合，在实际操作过程中，往往以村民代表作为社员代表。如果村委委员本身是股东的话，则自动转为合作社董事会。同时，村务监督委员会直接转为监事会。这样操作固然可以降低成本，有利于改制平稳推进，但是村干部交叉任职的问题将更加突出。同时，村民委员会属于基层自治组织，与股份合作社具有不同的属性、目标和功能定位。因此，两种村级组织对人才的需求也不尽相同，简单的人事任免也容易滋生权力寻租的空间。

因此，"分账"的背后涉及的是村级治理模式的变革问题。从目前来看，村委会将经济职能剥离交给股份合作社，仅承担公共事务管理等职能，代表了乡村治理结构变革的一种方向。只有剥离社会性负担，集体经济组织才能作为一个纯粹的经济组织，平等地参与市场竞争。剥离方法要多元化，可以行政式移交，也可以产业化运作。然而，村级公共负担问题就会凸显出来，是全部由财政兜底，还是从村级收入中提取，亟须进一步探讨。暂不具备剥离条件的地区，要统筹安排、分步推进。

二、玉渊潭农工商总公司案例分析

（一）基本情况

玉渊潭公社自 1958 年起一直实行公社一级核算，集体经济发达，资产量较大。作为海淀区首批改革试点单位，以 2002 年 6 月 30 日为时间节点，玉渊潭开始进行集体产权制度改革。到 2010 年，基本完成了改制任务。改制共涉及 4 万余人，其中有 3.6 万人申请资产份额变现，有 4000 人入股成为股东。2013 年，总分红金额为 4 亿元，分红率为 25%，缴纳红利税 8000 万元。玉渊潭在"撤乡"背景下完成乡级整体改革，其资产规模之大、矛盾之尖锐、实施之艰难、成效之显著，都是十分罕见的。

目前，集体经济组织已发展成为规模庞大的企业集团，主要涉及酒店、置业和物业管理三大板块，辖属近百家子公司。2013 年，玉渊潭农工商总公司还投资 100 亿元进军金融领域，成立了小额贷款公司。

（二）基本做法

由于玉渊潭实行"乡镇一级所有"体制，在改制之初选择进行乡级整体改革，将乡镇集体净资产直接量化或兑现给每个集体经济组织成员。

第一，制定 66 号文件并组织实施，成功完成玉渊潭"撤乡"背景下的乡级整体改革。根据玉渊潭的实际情况，创造性地实施"玉渊潭股份经济合作社授权及委托玉渊潭农工商总公司代表其对资产进行经营与管理"，玉渊潭农工商总公司行使出资人产权，在理论与实践之间找到了联结点。

第二，划分三种个人份额，即基本份额、劳龄份额和资源份额，其中，基本份额8%～15%、资源份额不超过20%、劳龄份额不低于65%，规定"除老股金外其他资产不进行现金量化，只量化为股权"，设置普通股和优先股，预留30%的集体股。实行"同股同利"，收益水平不低于银行同期利息。由于村改居后，农民这一身份消失，创新设立"在职职工"概念，将已转居人员的劳动力安置费留在集体。

第三，恢复村经济合作社，成立"玉渊潭股份经济合作社"，作为产权代表。玉渊潭股份经济合作社行使集体所有权。2010年4月，将1986年成立的镇级实业公司改组为玉渊潭农工商总公司，成立董事会和监事会。

（三）问题与思考

一是新型集体经济组织的内部治理不够规范，法律地位不明确，建议出台地方性文件，完善企业法人治理结构。在内部治理机制方面，玉渊潭农工商总公司努力向公司制靠拢，建立了董事会、监事会、总经理等机构设置及其运行机制。在高管管理方面，仿照国有企业的管理模式，探索实行股份经济合作社董事长人选由上级党组织提名、总经理实行聘任制、镇级股份经济合作社的董事长和总经理应当分设等具体做法。虽然玉渊潭参照现代企业制度设立了相应的组织架构，但在实际运行中更像一个巨型的家族企业。《北京市农村集体资产管理条例》从集体资产所有权和经营管理权的角度对村经济合作社和乡合作经济联合社作出了相关规定。而改革后形成的新型股份合作经济组织则尚未进行立法规范，导致新型集体经济组织登记管理不统一、投资主体地位不明确。建议率先出台地方性文件，对新型经济组织的法人地位、性质、功能和职责予以明确，落实税收优惠政策。同时，在原有的行政隶属关系弱化的情况下，明确对新型经济组织外部监督管理主体，健全民主管理、民主监督的企业法人治理结构。

二是产业结构单一、分红压力较大，建议拓宽集体经济发展空间，规范对外投资行为。从调研情况来看，与其他乡镇相比，玉渊潭集体经济发展水平较高，但以酒店和物业管理为主，产业结构单一，运行管理不规范，并且在城市化进程中也难以持续稳定。同时，股份合作社的分红压力较大，制约了集体经济的发展后劲。此外，新型集体经济组织在项目管理、资本运营与市场开拓等方面经验不足，也加大了集体资产运营管理上的风险。2013年底，海淀区成立了"农村集体资产管理委员会"①。农村集体资产管理委员会作为一个议事协调机构，仅负责对成员单位1亿元以上的重大投资决策进行审核备案。因此，建议充分利用这一平台，将其打造为扶持与规范集体经济组织投资行为的载体，加大对村集体经济的扶持力度，规范对外投资行为，帮助集体经济组织制定产业发展规划，实现产业结构提升、转型、升级，促进集体资产保值增值。

三是集体股占比较高，政策风险依然存在，建议强化股权管理，探索股权流转机制。玉渊潭改制较早，由于当时政策不完善，在股权设置上保留了30%的集体股，

---

① 由7个乡镇、1个玉渊潭总公司以及农委、农工委和农经站总计11个单位代表组成。

尚未达到明晰产权的目的，还需要进一步深化改革。同时，在改制过程中，玉渊潭严格坚持"封闭性""内改制"原则，无论是资产处置、份额流转，还是股权管理，都限定在集体经济组织内部、成员之间进行。然而，随着人口流动加速，部分转出人员强烈要求将个人资产量化份额进行兑现。为了克服这一矛盾，2005年，海淀区发布了《关于加快城乡结合部地区乡村集体在资产处置及深化集体经济体制改革的指导意见》，规定"允许资产量化份额在主体之间自由有序流转"。该文件在份额流转方面具有一定的突破性，但集体经济组织的外部成员仍不属于政策适用对象。随着人口老龄化加剧以及新生代人口的成长，集体成员界定和股权边界必然面临新的挑战。同时，如何在集体经济组织发展壮大的过程中，创新股份管理形式，调动企业高管和职业经理人的积极性，也是一项重要课题。针对这些问题，建议地方政府指导集体股持股比例较高的集体经济组织减持集体股比例，组织早期完成改革的村开展股权继承、流转试点和高管持股试点，进一步明晰股东产权，探索股东退出机制。

三、东升镇案例分析

（一）基本情况

东升镇于2003年初正式启动了集体资产处置及经济体制改革试点工作，以"资产变股权、农民当股东"为方向，采取自下而上的方式分两个阶段推进。第一阶段，首先在村级层面实施。经过清产核资、预留社员社保基金和个人量化资产份额流转等7个步骤，于2008年底陆续完成了9个村级集体经济组织的产权改制。第二阶段，继续在镇级层面深化。按照"先重组，后改制"的思路，先将镇属50多个企业分为科技服务、商贸服务和物业服务三个产业方向，依此组建了东升博展、新东源和海升三个新公司，继而改制成股份合作社，于2010年底完成了产权改革任务。

（二）主要做法

东升镇集体产权制度改革由集体资产处置和集体经济体制改革两部分组成，并分别以《东升乡经济合作总社集体资产处置及经济体制改革实施方案》和《中共东升乡委员会关于将各经济分社改建为股份经济合作社的指导意见》两份纲领性文件为指导，重点完成了以下几项改革任务：一是结合上级文件精神和东升镇实际情况，制定清产核资方案，按照乡、村两级"分级核算"的原则，完整准确、不重不漏地核算集体净资产；二是按1∶16现金全额一次性退偿合作化时期老社员的入股金；三是区分不同类型确认成员身份，并以1956年起至改革时点止（6个月以上算1年）计算登记个人劳龄；四是预留基本社保基金、量化集体和个人资产份额，并进行个人资产份额流转；五是将各经济合作分社改建为股份经济合作社。

值得一提的是，完成农村集体经济产权制度改革后，东升镇紧抓国务院批复建设中关村国家自主创新示范区和核心区的历史机遇，坚持高端引领，打造科技园区，实现了由低端"瓦片"经济向高端科技服务型经济的成功转型。具体做法是，以新成立的东升镇股份经济合作总社为园区开发建设主体，采取集体开发、自主运营的开发模式。园区一期工程于2007年9月开工建设，先后投入5.5亿元完成园区及周边环境和硬件建设，2010年起陆续投入使用。建成后，由总社下属的东升博展科技发展有限公司负责园区日常运营管理。2011年东升科技园总产值近31亿元，上缴税收达3.8亿元。

（三）问题与思考

一是集体资产监管仍不完善，管理不规范问题依旧突出。近年来，伴随集体经济发展壮大，东升镇顺应形势需要，与时俱进地加强了对集体资产的监督管理，率先在全区成立镇农资委，出台工作规则；建立集体经济组织重大事项审议备案制度，健全农村集体资产监督管理体系；指导股份社建立监管机构，加大对股份社的审计工作，重点解决财务管理、合同管理和专项资金使用等方面的突出问题。但与此同时，农村集体资产粗放管理还没有根本转变，管理不规范等问题仍然存在。下一步，建议完善农资委运作机制，严格落实重大事项审批备案制度，逐项整改审计报告反映的问题，从资金支出、合同签订和资产管理等方面细化监管内容，从制度设计、人员配置、过程控制等方面落实监管责任，增强对集体"三资"的监管力度。同时，以建立现代企业制度为方向，进一步优化股份社"三会"运作机制，强化监委会的监督职能，提高效率，控制风险，确保集体经济安全健康发展。

二是低端低效业态仍然存在，实现高端转型任务艰巨。2007年底，东升镇领导班子研究决定，由乡镇下属的农工商总公司与改制后新成立的北京东升博展科技发展有限公司共同对园区项目原有规划进行重新定位，从"安置原有乡镇工业企业"调整为"高新科技产业园区"，并以此为契机，着力推动产业结构优化升级，大力发展科技金融服务业，不断增强园区品牌影响力和创新服务能力。同时，加快退出低端产业，坚决关停低端有形市场，用高端的服务科技产业代替低端的传统"瓦片"经济，实施主动融入中关村自主创新示范区的发展战略。仅2014年，全镇就关停低端有形市场7家，经营建筑面积12.7万平方米，清退摊位1.1万个，疏解外来人口3万人。但也要看到，目前全镇仍有低端有形市场22家，经营面积超过30万平方米，推动提质增效、实现高端转型仍面临较大压力。下一步，建议加快盘活存量资源，继续关停低端市场，推进业态置换，提升产业品质，扩大创新产业发展空间，持续优化产业布局。

三是人才队伍建设与发展需求仍有差距，行业领军人才缺乏。在园区入驻企业的选择上，东升镇严把入门关，坚持"引领高端发展方向、代表行业一流水平"的优质企业作为重点招商对象，积极引入高端科技型企业，促进高新科技企业总部和研发中心落地，为园区发展储备了大量科研技术型人才。同时，园区服务管理机构广泛聘请专业团队和专业人才，为入园企业提供专业化、差异化的全产业链保障服务，真正为企业提供了从科研服务到产业发展的优质环境。但同时，园区内具有管理经验、熟悉市场情况、具有创新开拓能力的高水平专业型人才仍不够多，在行业内起领军作用的高端人才尤其缺乏，制约了园区的优质高效发展。下一步，建议以适应经济发展要求为导向，制定好人力资源规划，完善职业经理人聘任管理制度，优化人才引进、培养和任用机制，强化人才培养管理，健全镇域内专业技能人才交流和交叉培养机制，为持续发展提供人才支撑。

第四节　制度设计与建议

一、基本原则

健全股份社法人治理结构的具体目标是在市场经济体制下，保障农民集体经济组织成员权利，使农村集体经济组织真正成为独立核算、自主经营、自负盈亏、民主管理的市场主体。海淀区农村集体产权制度改革已经走过了十几年的发展历程，一方面在组织载体、成员界定以及集体经济发展壮大等方面积累了许多经验；另一方面在法人治理结构、战略管理、集体资产监督管理等方面也面临一系列新挑战。鉴于农村集体产权制度改革的复杂性和艰巨性，健全法人治理结构必须坚持以下基本原则：一是要坚持以市场化为导向，充分遵循市场规律，发挥股份合作社的经营自主性，确保市场在资源配置中起决定性作用。二是要坚持公开、公平、公正，充分尊重农民群众的创造与选择，确保改革经得起历史考验。三是要坚持制度设计优先、统筹兼顾，处理好加强顶层设计与摸着石头过河的关系，建立健全相关制度，允许在关键环节先行先试。四是要坚持因地制宜、循序渐进，综合考虑各地经济发展水平和实际情况，分阶段分区域分步骤地推进改革。

二、创新思路及制度设计

经济新常态下，健全股份社法人治理结构要实现从以管企业为主的管理体制向以管资本为主的新体制转变，从着眼企业经营权改革向集体资本所有权权能拓展转变。集体所有制是我国一项特殊的制度。在现有的集体资产管理体制下，政府与市场边界不清、集体范围与成员资格不明、所有权各项权能相互混淆。这既不利于政府宏观战略目标的实现，又不利于企业微观经济目标的达成，也不利于对农民权益的保护。因此，应以资本为纽带，通过集体资产管理体制变革，建立政府与市场权责明确、集体资本所有权权能相互分离、个人集体与政府公共目标兼顾的集体资本授权投资运营新机制。新的集体经济组织法人治理结构构建，要求实现集体资本所有权管理职能的横向"三分开"与集体资本所有权权能纵向"三分置"。

（一）集体资本管理职能的横向"三分开"

集体资本所有权的管理主要包括宏观管理、资本运营和监督评价三种职能。宏观管理着重从国家战略和区域发展高度对集体资本进行宏观规划、调节和管理。资本运营主要通过具体投资管理、资本运作等方式来实现资产保值增值、股东福利实现等战略目标。监督评价主要通过对集体资本所有权管理过程及结果的监督评价来确保集体资本战略目标的实现。可见，三种职能既相互独立，又紧密联系，共同构成一个完整的管理体系。集体资本管理职能的横向"三分开"主要是指宏观管理、资本运营和监督评价三种职能不能相互交叉，宏观管理不能直接干预资本运营，资本运营必须要与监督评价互相分离，宏观管理与监督评价要相互独立。

一是宏观管理职能要与资本运营职能分开。村集体（或者乡镇集体）是集体资本的终极所有权人，集体经济组织是集体资本所有权的代表。集体资本所有权的宏观管理职能应由地方政府履行。地方政府通过制定集体资本投资运营规则，对资产管理与利润分配提出建议等手段，来实现对辖区内集体资本的管理。集体资本的投资运营职能应为集体经济组织或改制后的股份合作社履行。对于一些市场化程度高、资产量大、所属企业层级多的集体经济组织，可以依法授权成立资本运营公司和资本投资公司，专门负责集体资产投资运营职能。在设立这两类公司的过程中，应取消行政级别，并实现财务信息的公开透明，使其成为真正的市场主体。地方政府与集体经济组织的关系类似于教练员与运动员的关系。地方政府追求公共利益的特性决定了其不能既是集体资本投资运营规则的制定者，又是投资运营的执行者。政府不仅应该将集体资本的投资运营职能交给集体经济组织或股份社，还要确保投资运营职能落到实处，实现宏观管理职能与资本运营职能的真正分开。

二是资本运营职能要与监督评价职能分开。资本运营职能是集体资本的所有主体或被依法授权的市场主体依据相关法律法规对自身所有的资本进行投资和运营的行为[①]。监督评价职能是集体资本监督评价机构（集体资产监督管理委员会）对资本投资运营是否符合相关规定，是否完成相关社会使命和战略目标进行监督和评判。两者关系类似于运动员与裁判员。目前，由于各地集体资本监督评价机构建设滞后，在集体产权制度改革过程中可由地方政府代行其职能，一旦改制完成，地方政府应组织成立专门的"集体资产监督管理委员会"。股份社作为市场主体，具有逐利性、利己性和局限性等特征，不能对自身进行有效监督，尤其是在社区建设、社会公共利益与区域经济发展等方面。反过来，监督评价主体也不能干预集体资本的具体运营，否则就会违背市场原则。因此，资本运营职能应当与监督评价职能分开。

三是宏观管理职能要与监督评价职能分开。根据分权制衡理论，调控权与监督权只有相互分开，才能相互制衡。集体资本的宏观管理主体和监督评价主体不能是同一个部门和机构。监督评价主体可以由地方政府牵头组织，但应当是一个包括政府官员、专家学者、辖区内各股份社法人代表广泛参与的专门机构。宏观管理主体

---

① 由于我国集体经济组织法律建设滞后，过渡期间可以在一定范围内由地方政府出台地方性法规，对集体资产管理进行规定。

和监督评价主体两者的关系类似于教练员与裁判员。若由一个部门或机构同时行使这两项职能，必然会影响集体资本所有权的公平、公正。因此，应彻底改变政府集宏观管理职能与监督评价职能于一身的管理模式，使宏观管理职能和监督评价职能相互分开并互相制衡。

总之，由于集体资产具有特殊属性，决定了其既不能照搬发达国家的资产管理模式，也不能模仿国有资本的管理方式。我们应该统筹考虑集体资本的经济目标、集体属性和社会使命，建立既符合市场经济规律，又能服务于区域战略布局的以管资本为主，横向管理职能分开制衡的集体资产管理新体制。

（二）集体资本所有权权能的纵向"三分置"

所有权权能纵向"三分置"是指集体资本所有权通过资本所有权、出资人产权和企业经营权三种不同形式存在。三种权能相互分离，明确权责界限。资本所有权是集体资本投资运营的前提和基础，其终极所有权人为集体，集体经济组织或村经济合作社代表集体行使所有权；出资人产权是出资人代表集体完成集体资本各项使命和目标的权利，主要体现为对集体资本的投资运营权，一般由股份社行使；经营权则是资本所有权和出资人产权得以实现的重要保障。经营权一般由社办企业行使①。资本所有权、出资人产权和企业经营权是集体资本所有权衍生出的三项权能，三者紧密联系、相互依存共同构成一个完整的产权体系。资本所有权不能直接干预出资人产权的行使，而出资人产权要维护企业的经营自主权。同样，资本所有权更不能越过出资人直接干预企业经营权的行使。

一是资本所有权要与出资人产权相分离。在当前的法律环境下，集体的虚无性和所有权权能的可分割性决定了集体不能也不必行使集体资本所有权的各项权能。集体只能通过授权，将其所有权的部分权能交给具有市场法人地位的主体代其履行出资人职责，并完成集体资本保值增值和社区发展。出资人可以为股份社，也可以为专门成立的资本投资公司和资本运营公司。授权以后，集体和出资人之间就构成了委托代理关系。这样集体获得资本所有权，出资人获得集体资本的投资运营权，集体不能干涉出资人的具体运营管理行为。

二是出资人产权要与企业经营权相分离。作为集体代表的出资人享有的产权包括两个层次：第一层是被授权的对集体资本的投资运营权，即出资人的自身法人财产权；第二层是作为出资人对所投企业的股权。出资人与所投企业之间联系的纽带是资本，两者是平行的市场主体。企业享有独立的经营权，在法律框架内，依据章程自主开展经营，出资人不能以出资的名义干预企业的具体经营行为。

三是资本所有权要与企业经营权相分离。资本所有权是出资人产权的前提，出资人产权是企业经营权的基础，但资本所有权并不与企业经营权发生直接联系。资

---

① 需要说明的是，有些村集体改制后只成立了股份社，并没有社办企业，而是由股份社直接负责资本的运营。这个时候，出资人产权和经营权是合一的，都由股份社行使。

本所有权与企业经营权之间的唯一联系纽带是资本。那么，依据资本属性，一方面具有生产要素的属性，另一方面是具有参与分配的属性。资本所有权获得参与分配的权利，而企业经营权实现生产要素的属性。因此，资本所有权人既不能直接参与出资人的具体投资运营行为，也不能越过出资人直接干预企业的经营行为。

在市场经济条件下，健全法人治理结构和变革集体资产管理体制要求市场在集体资源配置中发挥决定性作用。新的集体资产管理体制的建立要求以资本为纽带，实现集体资本所有权权能的"三权分置"。通过"三权分置"，集体资本就可以进军多个领域，成为混合所有制经济的重要力量。横向"三分开"与纵向"三分置"都是强调分工基础上的协同，是不同维度确保集体资本所有权、社会属性与战略目标达成的制度保障。在当前的情况下，健全完善法人治理结构必须要求制度创新，而集体资本横向"三分开"与纵向"三分置"提供了一条可行路径。在制度创新的基础上，辅以配套制度的完善，才能真正理顺集体资产管理的关系，新的法人治理结构才得以构建。

三、完善股份社法人治理结构的对策措施

根据集体经济的特点和建立现代企业制度的要求，需要在集体资本横向"三分开"与纵向"三分置"的基础上，建立合理的产权结构和严格的法人治理结构，改变集体企业的单一产权结构，实现投资主体多元化。并在此基础上，尽快建立起完整规范的法人治理结构，完善监督制衡机制，不断提高企业的治理效率。具体来看，主要有以下五个方面：

（一）划清职能边界，明确地方政府责任

从横向职能划分来看，宏观管理的主体是地方政府，具体职责由负责集体资产、资源管理的部门承担。宏观管理的主体责任包括制定集体资本的相关规则和政策、建立完善绩效考核体系、推动集体经济布局和结构的战略性调整、促进集体资产保值增值等。目前，海淀区农委负责研究指导本区农村集体经济组织及合作经济组织建设工作、监督指导农村集体资产和村级财务管理工作，存在干预过多、过宽现象。按照"三权分置"的原则，地方政府既没有集体资本所有权，又没有出资人产权，更没有企业经营权。因此，作为宏观管理部门的政府不能干预集体经济组织或股份社的投资运营行为，也不能参与企业的具体经营。

（二）赋予股份社的市场主体地位，组建"两类公司"

集体资本投资运营的主体是集体经济组织或改制后的股份合作社。现阶段，由于我国集体经济组织相关法律政策不完善，当前的主要任务是改制先行区的地方政府通过组织证明书的方式，赋予股份社市场主体地位。与"国家"这一概念相似，"集体"的概念同样具有虚无性。在实践中，集体经济组织、村委会或改制后的股份合作社往往代行集体所有权。《北京市农村集体资产管理条例》作为地方法规，赋予乡联社和村合作社集体资产所有者主体代表资格及经营管理职能，这就出现了资本

所有权与出资人产权合一的现象。为了规避这一现象，践行"三权分置"的理念，可以依法经政府授权和集体经济组织表决同意，成立履行集体资本出资人职责的集体资本投资公司和集体资本运营公司，并取消行政级别，使之成为真正意义上的市场主体。这一点可以参考玉渊潭农工商总公司的有关做法。作为集体资本的出资人，"两类公司"既要完成集体资本保值增值的经济目标，又肩负着集体资本优化配置和增进全体集体经济组织成员福祉的社会使命。

（三）规范股权管理，科学设置股权与合理拓展权能

通过股权管理，可以做大做强集体经济，增强集体经济的竞争能力、发展活力和为股东服务的能力。在国家层面相关规定尚未出台之前，海淀区可以先行出台区级文件，对股权结构、增资扩股以及新增资产股份量化等问题作出明确规定。现阶段，集体资产股权设置应以个人股为主，是否设置集体股，归根结底要尊重农民群众的选择，由集体经济组织通过公开程序自主决定。但当一些农村完成"村转居"，集体经济组织的社会性负担逐步剥离后，应当取消集体股以达到产权的彻底清晰。集体经济组织还可以探索设置募集股、风险责任股等其他股权类型。有条件的企业或股份社可以面向企业经营管理、专业技术、高技能三类岗位上的高级人才试行员工持股，促使员工与企业达成利益共同体。按照党的十八届三中全会要求，通过开展改革试点，赋予农民对落实到户的集体资产股份占有、收益、有偿退出及抵押担保、继承权。海淀区可以选择部分地区进行试点，重点探索农民对集体资产股份有偿退出的条件、退出的范围、退出的程序和退出的方式，探索贷款人不能偿还到期贷款时，集体资产股份作为抵押物变现的具体途径，探索具备法定继承人资格但不是集体经济组织成员的人员如何继承集体资产股份等内容。

（四）创新运行管理机制，加快分配制度改革

企业经营权的主体为依法设立的企业。企业的职责主要是通过加强公司治理而实现资本的保值增值，维护股东的合法权益，其法人财产权和企业经营权均不可侵犯。维护企业的经营自主权，需要创新运行管理体制，正确处理村委会、党支部、股份社与企业之间的关系，推进集体所有制企业领导人员去行政化改革，尤其是解决干部之间交叉任职的问题，增加市场选聘比例。一方面，应尽快研究出台《农村新型集体经济组织收入分配管理办法》，对于改制后的集体经济组织收入分配进行规范，逐步缩小集体福利分配的范围，在把集体财产权转变为共同持有股份的时候，对集体组织共同的持有股份应分配给集体成员持有。另一方面，通过完善激励机制，确保企业领导人员收入与选任方式、企业效益相匹配，探索采取期股期权、岗位分红、激励基金等中长期激励方式，并健全与激励机制相配套的约束机制。在薪酬制度改革方面，建议采取"两种身份、两种机制"的方案。行政干部身份的企业负责人参照公务员管理，依据相应职级确定薪酬和福利；职业经理人身份的企业负责人实行市场化管理，根据经营业绩和市场水平制定薪酬方案。公务员身份的国企负责人可以自愿退出，参与市场化的职业经理人竞聘。

（五）创新监管体制机制，完善集体资本监督管理机构

由于宏观管理职能与监督评价职能不能合一，集体资本的监督评价主体应当为专门的集体资产监督管理机构。创新监管体制机制，需要以专门的监督管理机构为载体，达成宏观层面与微观层面的目标。宏观层面主要是通过对集体资本所有权进行管理、对投资运营权进行监督，保证其与区域战略目标和社会使命相吻合；微观层面主要是对出资人执行各项法律法规制度、公司章程、重大问题决策、重要干部任免以及资本状况、运营效率、财务状况进行监督评价。在集体资本监督管理方面，海淀区已经进行了积极探索，成立了农村集体资产监督管理委员会。从目前来看，农资委行政色彩过浓，组成成分相对单一，民主参与性不足。我们建议，镇级农资委可由选举委员与选任委员共同组成。选举委员从各股份社法人代表中选举产生，一般采取"一社一票"原则。选任委员由政府、科研院所或社会组织推荐产生。一般来说，镇政府、区农经部门和科研院所各推荐1名代表，作为选任委员参加农业委员会。选任委员和选举委员共同构成农村集体资产监督管理委员会，其中选任委员可以保证宏观层面目标的达成，选举委员主要侧重于监督微观层面的目标。需要注意的是，监督管理委员会不能以监督的名义直接参与投资运营主体的日常运营甚至干预企业的日常经营。

第八章 农村集体经济组织成员身份认定的"困境"与"突围"

——基于公共价值管理范式的研究①

第一节 问题提出与理论分析

一、问题提出

农村集体产权制度改革是自 20 世纪 80 年代初期推行家庭联产承包责任制以来对农村集体产权进行的第二次改革，对乡村振兴有积极而深远的影响，其重要地位不言而喻。党中央、国务院对农村集体产权制度改革给予了重点的关注。2016 年 12 月，中共中央、国务院发布的《关于稳步推进农村集体产权制度改革的意见》（以下简称《意见》）中明确指出，力争用五年的时间基本完成农村集体经营性资产股份合作制改革。《意见》还指出以"着力推进经营性资产确权到户和股份合作制改革"为改革目标。其中确认集体组织成员身份、解决成员边界不清的问题是这次农村集体产权制度改革的重要任务之一。就目前的情况来看，2020 年 5 月发布的《国务院关于农村集体产权制度改革情况的报告》指出，目前全国已有超过 36 万个村完成改革，共确认集体经济组织成员 6 亿多人②。因此，如何解决当前仍未完成成员身份认定的集体经济组织所面临的诸多问题是当前全面完成改革的必要保证，而成员界定和股权分配是农村集体产权制度改革的难点和重点③，也是影响改革进程的首要因素。随着经济社会的快速发展，人口流动日益增强，特殊成员类型逐渐增多，使集体经济组织在认定成员身份的工作中很难进行准确把握和界定④，增加了成员身份认

---

① 执笔人：魏广成、孔祥智。
② 国务院关于农村集体产权制度改革情况的报告 [EB/OL].［2020-04-26］. http://www.npc.gov.cn/npc/c30834/202005/434c7-d313d4a47a1b3e9edfbacc8dc45.shtml.
③ 闵师，王晓兵，项诚，黄季焜. 农村集体资产产权制度改革：进程、模式与挑战 [J]. 农业经济问题，2019（05）：19-29.
④ 宋洪远，高强. 农村集体产权制度改革轨迹及其困境摆脱 [J]. 改革，2015（02）：108-114.

定工作的难度，尤其是经济发展较好的行政村，在成员身份认定工作中产生的问题更加多样化①。那么，集体经济组织如何破解"困境"进而完成成员身份认定工作将是一个重要的理论和实践问题，对深入推进集体产权制度改革、深化城乡融合体制机制建设具有重要意义。

农村集体经济组织成员身份认定中存在诸多问题和挑战②③。为此，部分学者通过研究多年的改革探索经验，从试验区的层面提出推进改革的政策建议④。但上述文献并没有就集体经济组织如何完成成员身份认定提出具有实践意义的解决方案，集体经济组织该如何突破成员身份认定的"困境"依旧没有破题。此外，仍有学者就特殊成员的身份认定展开研究⑤，但依旧没有从集体经济组织的角度出发，探寻解决该难题的困境。先前学者关于集体产权制度改革的研究大多是基于产权科层模型⑥、产权理论⑦、政治经济学⑧等领域。鲜有学者从公共价值管理角度出发研究农村集体经济组织在成员身份认定中如何突破现实改革中的"困境"，应用公共价值管理范式展开研究的更是凤毛麟角。因此，笔者提出问题：基于公共价值管理的研究范式，集体经济组织究竟是如何突破成员身份认定"困境"进而完成改革的？其背后的逻辑又是什么？基于此，本章从案例研究的角度出发，以江苏省海盐县武原镇小曲社区与广东省惠州市惠城区白石村高澳小组为典型案例，解释其推进成员身份认定过程如何由改革陷入"困境"到迎来"转机"，最终提升改革绩效，完成成员身份认定。

根据文献梳理，现有研究主要存在以下两方面不足：第一，现有研究主要着眼于区县层面的典型经验与举措，但缺乏对集体经济组织层面的案例研究，实际上集体经济组织层面的案例研究更具有实践价值；第二，现有研究仅是对成员身份认定中特殊成员的股权量化问题与分配原则进行分类，但鲜有学者研究集体经济组织推进成员身份认定的演化机制，也缺乏对成员身份认定工作演化机制的深入研究。实际上，多元化主体形成的推进机制、制度设计与操作规范对成员身份认定工作也至

① 陈美球，廖彩荣，冯广京，王庆日，蒋仁开，张冰松，翁贞林. 农村集体经济组织成员权的实现研究——基于"土地征收视角下农村集体经济组织成员权实现研讨会"的思考［J］. 中国土地科学，2018，32（01）：58-64.

② 方志权. 农村集体经济组织产权制度改革若干问题［J］. 中国农村经济，2014（07）：4-14.

③ 黄延信，余葵，师高康，王刚，黎阳，胡顺平，王安琪. 对农村集体产权制度改革若干问题的思考［J］. 农业经济问题，2014，35（04）：8-14.

④ 李宽，熊万胜. 农村集体资产产权改革何以稳妥进行——以上海松江农村集体资产产权改革为例［J］. 南京农业大学学报（社会科学版），2015，15（02）：8-16+124.

⑤ 马翠萍，邵亮亮. 农村集体经济组织成员资格认定的理论与实践——以全国首批29个农村集体资产股份权能改革试点为例［J］. 中国农村观察，2019（03）：25-38.

⑥ 张瑞涛，夏英. 我国农村集体资产产权科层分析［J］. 农业经济问题，2020（11）：8-15.

⑦ 张应良，徐亚东. 农村"三变"改革与集体经济增长：理论逻辑与实践启示［J］. 农业经济问题，2019（05）：8-18.

⑧ 马池春，马华. 农村集体产权制度改革的三重维度与秩序均衡——一个政治经济学的分析框架［J］. 农业经济问题，2018（02）：4-11.

关重要。针对已有研究存在的不足，本章拟通过以下方式予以探讨：第一，本章通过对集体经济组织推进成员身份认定演化机制入手，弥补关于成员身份认定实现历程研究的不足；第二，本章以公共价值管理的研究范式，深入剖析集体经济组织突破"困境"并完成改革的历程，从时间线维度全面展示成员身份认定中遇到的问题与困难，如何实现多元化、冲突性的社会价值转变为多方利益相关者达成一致的公共价值，最终提升改革绩效。基于对上述问题的探讨，本章希冀为集体产权制度改革平稳有序完成提供有益参考，并为今后发展集体经济妥善处理好成员管理问题提供指导。

二、理论分析

在新公共管理之后，公共价值管理范式作为一种新的公共行政学范式正在兴起。公共价值管理是一个公民集体偏好形成的结果，在这个过程中公共管理者的身份由"领导者"转变为"探索者"，与其他公民一道创造公共价值[①]。实现社会价值构建，形成公共价值是改革绩效的生成路径[②]。按照公共价值管理研究范式的分析方法，本章主要从社会价值、公共价值与改革绩效三个维度展开探讨。

（一）社会价值

社会价值是指社会成员所持有的经验结果、判断与诉求，具有多元化和冲突性特征[③]。集体经济组织中成员的情况不尽相同，因此不同成员存在着不同的利益诉求。当成员利益诉求不一致、存在多种争议时，属于多元化、冲突性社会价值的范畴。多元化的社会价值偏好通过重叠效应，聚集为集体价值偏好，与政府政策价值构建形成双向互动，两者的交集则为公共价值，这一过程也称为社会价值构建[④]。社会价值构建的核心在于政治系统和社会系统的互动，执政者需关注社会系统的价值偏好，促进公民参与是其中的重要机制[⑤]。因此，公共管理者的目标是将多元化、冲突性的社会价值构建为多方利益相关者达成共识的公共价值。集体经济组织成员存在多方面的价值诉求，属于多元化、冲突性的社会价值。而集体经济组织作为公共管理者，其目标则是将多元化、冲突性的社会价值构建为多方利益达成共识的公共价值。

① 何艳玲. "公共价值管理"：一个新的公共行政学范式［J］. 政治学研究，2009（06）：62-68.

② 王学军，张弘. 公共价值的研究路径与前沿问题［J］. 公共管理学报，2013，10（02）：126-136+144.

③ 单菲菲，包国宪. 社会价值建构视角下的村庄治理绩效实现路径——广州市下围村"蝶变"的案例研究［J］. 公共管理学报，2018，15（04）：139-148+156.

④ 王学军，王子琦. 政民互动、公共价值与政府绩效改进——基于北上广政务微博的实证分析［J］. 公共管理学报，2017，14（03）：31-43+155.

⑤ 包国宪，道格拉斯·摩根. 政府绩效管理学——以公共价值为基础的政府绩效治理理论与方法［M］. 北京：高等教育出版社，2015.

（二）公共价值

公共价值是在社会价值的基础上形成的①，但公共价值与社会价值又有明显的不同。Moore 首次提出"公共价值"的概念，并认为公共价值是政策目标的价值，是公共管理者应当满足公民多样化需求的价值体现②。由于公共价值较为抽象，目前对此概念尚无统一定义。不同于新公共管理、新公共治理理论，公共价值管理范式旨在强调管理过程中，政府应当关注公民集体偏好、价值选择的表达③。公共价值不是个人偏好的简单叠加，而是通过社会价值加以构建，是各方利益的共识。相比之下，公共价值管理更加注重集体偏好、重视政治作用等，是多方利益相关者协商的结果。通过与已有的研究范式进行比较，公共价值管理可归结为关注集体偏好、重视政治作用、推进网络治理、重新定位民主与效率的关系、全面应对效率责任与公平问题五种④。因此，通过社会价值的构建来形成公共价值是公共管理者与多方利益相关者协商的结果。借鉴单菲菲等的研究⑤，结合本章的研究问题，本章从公共价值构建的要素展开分析，分为构建主体、构建能力、构建环境、构建条件四方面。集体经济组织完成成员身份认定，实际上要对公共价值的四要素展开构建，构成多方利益相关者达成共识的公共价值。

（三）改革绩效

以公共价值为基础的改革绩效治理理论认为，公共价值是判定改革绩效是否达成的依据，也是改革绩效改进的逻辑起点⑥。改革绩效是社会价值的构建、是公共价值的形成⑦。而在成员身份认定中，通过解决遇到的问题顺利完成改革，实现了改革绩效。

基于成员身份认定改革绩效的生成逻辑，本章采用"任务绩效—周边绩效"模型⑧对成员身份认定的改革绩效进行分析。任务绩效是指在一段时间内，组织通过运作所取得的绩效；周边绩效是指组织在实现自身组织目标的过程中，对社会造成影响所带来的衍生绩效。借鉴陈亦宝的研究，本章以股权量化方案认可度衡量任务绩效，以集体和谐程度、集体经济组织与成员沟通程度、成员对改革工作熟悉程度三

①⑥　王学军，张弘. 公共价值的研究路径与前沿问题［J］. 公共管理学报，2013，10（02）：126-136+144.

②　Moore M. Creating Public Value：Strategic Management in Government［M］. Cambridge，MA：Harvard University Press，1995.

③⑤　单菲菲，包国宪. 社会价值建构视角下的村庄治理绩效实现路径——广州市下围村"蝶变"的案例研究［J］. 公共管理学报，2018，15（04）：139-148+156.

④　何艳玲. "公共价值管理"：一个新的公共行政学范式［J］. 政治学研究，2009（06）：62-68.

⑦　包国宪，道格拉斯·摩根. 政府绩效管理学——以公共价值为基础的政府绩效治理理论与方法［M］. 北京：高等教育出版社，2015.

⑧　Borman W C，Motowidol S M. Expanding the Criterion Domain to Include Elements of Contextual Performance［M］. Schmitt N，Borman W C. Personnel Selection in Organizations. San Francisco，CA：Jossey-Bass，1993.

个变量衡量周边绩效①。

（四）模型构建

社会价值构建的研究多用于民众讨论公共政策问题时相互协商的过程，因此农村集体产权制度改革成员身份认定过程中，集体经济组织与成员确定股权量化方案属于社会价值构建的过程。社会价值构建认为公共部门的绩效管理过程是一个政府、市场及社会多元化复杂主体认知协同的过程②。根据本章研究问题的特殊性，本章仅研究上级政府、集体经济组织、成员代表大会、成员代表、成员五类主体参与成员身份认定所发挥的作用。社会价值、公共价值与改革绩效的逻辑关系如图 8-1 所示。

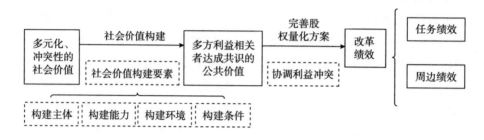

图 8-1　社会价值、公共价值与改革绩效的逻辑关系

第二节　研究设计与案例分析

一、研究设计

（一）案例选取

本章选择多案例研究方法，理由如下：一是多案例研究方法适合应用典型案例分析回答探索性问题，适用于研究无法对相关因素进行控制的事件，因此，探究农村集体产权制度改革成员身份认定工作的过程应采用多案例研究方法。二是多案例研究方法是一种经验性的研究方法，能够很好地解释"怎么样"和"为什么"的问题。三是多案例研究方法能够对命题进行反复论证，增强案例研究的有效性。

课题组分别于 2018 年 8 月与 2019 年 12 月赴浙江省海盐县武原镇小曲社区、广

---

① 陈亦宝."最多跑一次"改革绩效实际测评、影响因素及优化路径研究 [D]．杭州：浙江大学，2019.

② 包国宪，道格拉斯·摩根．政府绩效管理学——以公共价值为基础的政府绩效治理理论与方法 [M]．北京：高等教育出版社，2015.

东省惠州市惠阳区秋长街道白石村高澳小组展开调研。之所以选取上述两个案例，主要原因如下：一是上述案例距区县人民政府较近，区位优势较为突出，经营性资产较多，村集体资产总额与资产收益均位于全县前列。成员资格认定严格程度与集体经济发展水平、成员权的含金量呈正相关①。因此，上述典型案例集体经济发展较好，成员对身份认定工作较为重视，研究其成员身份认定过程具有重要理论和现实意义。二是案例村集体村民对集体产权制度改革较为重视，其成员身份认定过程均经历了七次修改，认定过程较为复杂，因此适用于本章的研究目标。三是上述案例属典型的城中村，外来人口较多，成员身份较为复杂，包含多种特殊成员类型。城中村集体经济组织成员构成较为复杂，使村委会在认定成员身份的工作中很难进行准确把握和界定，增加了工作的难度②。四是案例集体经济组织的成员身份认定过程经历了由浅入深，上级政府、集体经济组织、成员代表、成员均经历了由"淡然"到"重视"的过程，有助于研究其成长演化机制。

（二）资料收集

遵循三角测量法的基本原则，课题组通过多种渠道获取资料，以保证资料与数据准确可靠。本章选取的案例资料主要来自三个方面：一是半结构化访谈。课题组逐一访谈了村委会成员、集体经济组织理事会成员、村民小组组长以及普通成员，重点对每位身份认定存在争议的成员开展了长达2~3小时的访谈。根据研究需要，将访谈地点设在封闭会议室中，有助于被访谈者畅所欲言。每位被采访者访谈时间约为2小时，访谈内容均于结束后转录成文字，每位被采访者文字记录为5000~10000字。为保护被访者隐私，对被访者的姓名做了编码处理。经过对正式访谈录音资料的整理，研究者共得到近8.7万字的访谈逐字稿。二是实地考察。课题组在调研期间深入走访了小曲社区、白石村及各村民小组，为本章的研究增强了理性认识。三是文献资料收集。一方面是当地农业部门对农村集体产权制度改革的总结材料，这些素材清晰地展示了省、市、县、乡镇（街道）、行政村、村民小组对成员身份认定工作的制度建设、改革情况、所遇问题及创新点等；另一方面是新闻报道，课题组统一对百度、微信公众号等与两典型案例产权改革工作的相关报道进行整理，为本章提供了辅助信息。

（三）案例介绍

案例的选择需遵循复制法则，可分为逐项复制和差别复制③。就典型案例来看，两个案例都顺利实现了成员身份认定，且演化路径存在一定的相似性，因此本章选

① 陈美球，廖彩荣，冯广京，王庆日，蒋仁开，张冰松，翁贞林. 农村集体经济组织成员权的实现研究——基于"土地征收视角下农村集体经济组织成员权实现研讨会"的思考［J］. 中国土地科学，2018，32（01）：58-64.

② 宋洪远，高强. 农村集体产权制度改革轨迹及其困境摆脱［J］. 改革，2015（02）：108-114.

③ Yan，A.，B. Gray. Bargaining Power，Management Control and Performance in United States-China Joint Ventures：A Comparative Case Study［J］. The Academy of Management Journal，1994，37（6）：1478-1517.

取的两个典型案例采用逐项复制的方法。

1. 小曲社区

截止到 2018 年底，小曲社区净资产为 20947.20 万元，村集体经济组织成员 2060 人，人均净资产 10.17 万元，社区内二级网格法人 148 家，三产服务业 130 家，属于集体经济发展较好的村，明显高于全国平均水平的 1484 万元①。小曲社区股权设置分为"人口股"与"土地补偿股"。90% 的集体净资产依法并经股东代表会议讨论决定将 18852477.95 元折股量化给有资格的股东享受，按每 1000 元折 1 股，共计 18852.47 股。小曲社区部分土地已经被征收，为平衡利益，将集体净资产 10% 用于分配土地补偿股。本章仅针对人口股进行分析。村集体经济组织成员对成员身份认定工作非常重视，且村中特殊人群较多，成员身份认定工作存在着诸多困难。在推进成员身份认定工作期间，小曲股份合作社改革筹备小组经过七次修订股份经济合作社章程，最终通过小曲股份合作社章程，对特殊人群成员资格进行了认定，如表 8-1 所示。

表 8-1 小曲社区就特殊成员身份认定七次修改章程情况

人员类型	第一次	第二次	第三次	第四次	第五次	第六次	第七次
户口迁回大学生	1	1	1	1	0.5	0.8	直接迁回 1，间接迁入本人 0.8，配偶子女 0.3
蓝色户口	1	1	1	1	1（其他村享受股权除外）	1（其他村享受股权除外）	1（其他村享受股权除外）
农转非迁入	1	1	1	1	1（其他村享受股权除外）	1（其他村享受股权除外）	1（其他村享受股权除外）
顶替回迁者及其配偶子女	0	待定	0.2	0.2	本人 0.3；配偶与子女 0.15	本人 0.6；配偶与子女 0.3	本人 0.6；配偶与子女 0.3
离婚后再婚迁入者	1	1	1	1	第二轮承包前迁入 1；第二轮承包后迁入 0.5	第二轮承包前迁入 1；第二轮承包后迁入 0.2	第二轮承包前迁入 1；第二轮承包后迁入 0.2
因离婚户口在人不在	0	待定	待定	0.2	0.2	0.2	0.2
有争议的婚嫁配偶与子女问题	0	待定	待定	0.5	0.3	0.3	0.3
已出嫁户口迁回	0	待定	待定	0.2	0.2	0.2	0.2
离退休人员	0	0	0	0	0	0	0
公务员	0	0	0	0	0	0	0

---

① 国务院关于农村集体产权制度改革情况的报告［EB/OL］.［2020-04-26］. http：//www.npc.gov.cn/npc/c30834/202005/434c7d313d4a47a1b3e9edfbacc8dc45.shtml.

续表

人员类型	第一次	第二次	第三次	第四次	第五次	第六次	第七次
挂靠户口	0	0	0	0	0	0	0
因就学迁出或迁回	1	1	1	1	1	1	1
义务兵	1	1	1	1	1	1	1
服刑人员	1	1	1	1	1	1	1

注：表格中数字表示“每类集体经济成员分得的单位股份数”。

资料来源：根据调研材料整理。

2. 白石村高澳小组

白石村位于惠州市惠阳区秋长街道西南部，总面积 12.1 平方千米，下辖 26 个村民小组。2017 年 12 月，白石村以高澳股份经济合作社为试点，率先开展农村集体产权制度改革工作。高澳小组资产总额共计 603.5 万元，确认成员数 207 人，股份总额 1962.5 股，其中，集体股共 402.5 股，个人股共 1560 股。成员人均资产 2.92 万元，远高于全国平均水平。白石村于 2019 年 3 月 1 日组织召开高澳股份经济合作社第一届股东大会第一次股东会议。在会上，集体经济组织成员对成员身份认定办法异议较多。为此，在秋长街道提供的会计与法律服务的支持下，白石村先后组织高澳股份经济合作社成员召开七次成员代表大会，并七次修改《股权量化方案》，推进成员身份认定工作，解决成员在认定工作中的争议，如表 8-2 所示。

表 8-2　白石村高澳小组就特殊成员身份认定七次修改章程情况

量化对象	第一次	第二次	第三次	第四次	第五次	第六次	第七次
户籍未迁出的“外嫁女”	1992 年前 1；1992~2010 年 0.5；2010 年后 0	1992 年前 1；1992~2010 年 0.5；2010 年后 0.3	1992 年前 1；1992~2010 年 0.5；2010 年后 0.5	1992 年前 1；1992~2010 年 0.5；2010 年后并表决同意 0.5	1992 年前 1；1992~2010 年 0.5；2010 年后并表决同意 0.5	1992 年前 1；1992~2010 年 0.5；2010 年后并表决同意 0.5	1992 年前 1；1992~2010 年 0.5；2010 年后并表决同意 0.5
户口随迁的配偶	1992~2010 年入村 0.5	1992 年前入村 1；1992~2010 年入村 0.5；2010 年后入村 0	1992 年前入村 1；1992~2010 年入村 0.5；2010 年后入村 0.3	1992 年前入村 1；1992~2010 年入村 0.5；2010 年后入村并表决同意 0.5	1992 年前入村 1；1992~2010 年入村 0.5；2010 年后入村并表决同意	1992 年前入村 1；1992~2010 年入村 0.5；2010 年后入村并表决同意 0.5	1992 年前入村 1；1992~2010 年入村 0.5；2010 年后入村并表决同意 0.5
户口在人不在者	0.5	0.5	0.5	0.5	1992 年前 1；1992~2010 年 0.5；2010 年后 0.5	1992 年前 1；1992~2010 年 0.5；2010 年后 0	1992 年前 1；1992~2010 年 0.5；2010 年后 0

续表

量化对象	第一次	第二次	第三次	第四次	第五次	第六次	第七次
户口迁回本村的村民	1	1	1	1	0.8	1992 年前 1；1992 后 0.5	1992 年前 1；1992~2010 年 0.5；2010 年后 0
非本社成员的"空挂户"	0	0	0	0	0	0	0
农转非户口迁入	0.5	0.5	0.5	0.5	0.5	0.5	0.5
其他集体经济组织有分红成员	0	0	0	0	0	0	0
非合法夫妻所生子女	0	0	0	0	0	0	0

注：表格中数字表示"每类集体经济成员分得的单位股份数"。

资料来源：根据调研材料整理。

二、案例呈现：突破改革"困境"的集体经济组织

（一）改革陷入"停滞"的集体经济组织

凭借着优越的地理优势，小曲社区和白石村集体经济得到了迅速发展，人均集体资产不断增加，集体经济组织成员对集体资产的关注度也愈加提升。小曲社区与白石村分别于 2010 年 4 月与 2017 年 12 月开展成员身份认定工作，并制定成员股权量化方案。但经过集体经济组织两次召开成员代表大会后，依旧未能完成成员身份认定。

武原镇小曲股份经济合作社在完成清产核资后，为进一步明晰资产产权，完善集体经济有效实现形式和分配方式，于 2010 年 4 月 15 日成立专门小曲股份合作制改革筹备小组（以下简称筹备小组）。小曲社区是武原镇第三个实施村级资产股份制改革的基层经济组织，村集体经济资产较多，成员身份种类较复杂，身份认定工作存在着诸多困难。筹备小组按照"摸着石头过河"的原则，制定了《经营性资产股权量化方案》，并于 2010 年 4 月 17 日与 19 日两次修改成员身份认定办法并召开成员代表大会。由于缺乏经验，集体经济组织成员在第一次讨论会上意见不尽相同，股权量化方案未能通过。

2017 年，白石村高澳小组被确认为高澳村民小组并作为秋长街道农村集体产权制度改革试点单位。同年 12 月，白石村召开农村集体产权制度改革宣传贯彻会，并组成了产权制度改革工作小组（以下简称产改小组），推进成员身份认定工作。高澳小组于

2018年3月完成清产核资工作，并于4月开展股份合作制改革。产改小组在充分听取村民代表意见的基础上，制定了《高澳小组股权量化方案》，并于2018年4月12日召开第一次成员代表大会。在会上，成员代表就股权量化方案存在较大争议。

两典型案例的产权改革领导小组囿于缺乏经验等原因，在成员身份认定工作中遇到较大困难，产改领导小组对改革方案把握不清晰，所制定的《股权量化方案》未能得到成员的认可。未能将多元化、冲突性的社会价值建构为多方利益达成共识的公共价值，改革绩效较差。两典型案例的集体产权制度改革小组囿于缺乏改革经验与上级指导，对成员的诉求也不甚了解，使集体经济组织的成员身份认定工作一度陷入困境。究其原因，主要体现在以下四个方面：一是构建主体不完善。在该阶段，集体经济组织往往是"单兵突进"，上级政府并没有提供相应的政策指导，成员代表也并不了解政策、无法起到代表成员的作用，成员的诉求也多种多样，无法达成共识。因此，该阶段中仅有集体经济组织发挥作用，其他主体并未切身参与到成员身份认定工作中来，多元化改革主体协同推进的工作机制并未形成。二是构建环境不成熟。在该阶段，上级政府仅是向集体经济组织指派任务，但并没有提供支持，也没有要求集体经济组织汇报改革进度与问题。此外，集体经济组织、成员代表与成员也并未形成协调的工作机制。因此，因地制宜的制度设计并未构建。三是构建能力不具备。在该阶段，上级政府缺乏推进成员身份认定工作相关的经验，集体经济组织则是本着"摸着石头过河"的原则推进改革，成员代表既不懂政策也不能讲政策，成员对成员身份认定则更加缺乏了解。因此，参与改革主体的能力仍然不足。四是构建条件不完备。在该阶段，集体经济组织仅是根据自身的理解和认识来制定股权量化方案，但对成员的诉求也不了解。成员代表也并不了解股权量化方案，无法向成员讲清楚成员身份认定工作，也无法代表成员的诉求，成员则是不了解成员身份认定的规定，一味地追求更多股权，但其诉求也并不能反映到集体经济组织层面。因此，顺畅的信息传递机制并未建立。综上所述，未能将多元化、冲突性的社会价值建构为多方利益达成共识的公共价值，改革绩效较差。

（二）改革迎来"转机"的集体经济组织

小曲社区筹备小组在遇到改革停滞的困境后，积极向县、乡镇政府反映情况，争取上级政府的政策支持。为此，海盐县出台了《中共海盐县委办公室　海盐县人民政府办公室关于成立海盐县深化农村集体产权股份合作制改革工作领导小组的通知》《关于成立海盐县全国农村改革试验区工作领导小组的通知》，成立海盐县深化农村集体产权股份合作制改革工作领导小组、全国农村改革试验区工作领导小组，由16个县级单位领导组成，并下设海盐县全国农村改革试验区领导小组工作组，在由其中的综合协调组和股改深化组具体负责成员身份认定工作的基础上，还为顺利推进农村集体产权制度改革构建了"1+X"的制度体系。其中，"1"指的是海盐县编制的《浙江省海盐县深化农村集体产权股份合作制改革试验方案》（以下简称《试验方案》），"X"指的是海盐县相继编制的其他与《试验方案》相配套的文件，为小曲社区推进成员身份认定提供了制度保障。小曲社区筹备小组痛定思痛，到武原街道其他两个试点村调研，学习成员身份认定工作的典型经验。此后，筹备小组在充分讨论的基础上，调整股权分配方案，并印发《致全体村民的一封信》，发放成员身份认定"明白纸"，广泛宣传成员身份认定工作。此外，小曲社区还充分走访前两次调研中有争议成员代表，广泛听取意见和建议。在上级政府指导、充分调研与走访的基础上，小曲社区逐步明晰推进改革的方向和路径。

由于对高澳小组特殊人群状况不甚了解、缺乏法律知识等，产改小组在探索阶段产权改革无法顺利完成。另外，有集体经济成员就股权分配问题将产改小组告上法庭，成员身份认定工作一度陷入困境。为此，白石村积极争取惠阳区委区政府、秋长街道的政策支持。惠阳区成立以区、镇、村三级书记为组长的农村集体产权制度改革领导小组，强化对农村集体产权制度改革的领导工作，建立由农业农村局等11部门分管落实的责任制，采取广播、电视、宣传小册子、印发宣传海报等多渠道多形式加强改革政策宣传和思想引导，加强对全区农村集体产权制度改革试点工作业务指导的"四位一体"工作法。秋长街道还聘请专业的法律团队，为试验任务村与小组提供法律咨询服务，为村和小组处理特殊群体的成员身份认定问题提供法律保障。为进一步深入推进改革工作，产改小组还充分调研其他成员身份认定典型经验做法，并深入高澳小组挨家挨户了解成员诉求。在上级指导、充分调研与学习的基础上，白石村明确了推进改革的方向。

小曲社区与高澳小组产改小组在充分争取上级政策支持、广泛学习先进经验、深入了解成员诉求的基础上，大致明确了成员身份认定工作的推进路径，将多元化、冲突性的社会价值建构为多方利益达成共识的公共价值，提升了改革绩效。

究其原因，主要体现在以下四个方面：一是构建主体完善。在该阶段，上级政府、集体经济组织、成员代表及成员切实加入到成员身份认定工作中来，形成了多元化改革主体协同推进的工作机制。二是构建能力具备。在该阶段，上级政府提供了政策支持，集体经济组织推进改革的能力显著增强，成员代表和成员对改革的知晓程度显著提升，参与改革主体的能力显著增强。三是构建环境成熟。在该阶段，上级政府构建了推进成员身份认定的体制机制，为集体经济组织推进成员身份认定工作保驾护航。另外，为解决法律纠纷问题，秋长街道还为高澳小组提供法律服务，因地制宜的制度设计日趋完善。四是构建条件完备。在上级政府的指导下，两集体经济组织根据实际情况，因地制宜地制定股权量化方案，交由上级政府审议，在集体经济组织内部公示，充分走访调研问题成员，了解问题成员的诉求，还要求成员代表深入学习成员身份认定办法，并做到向成员讲解全覆盖，构建了顺畅的信息传递机制。通过上述具体工作，将上级政府的统筹引领作用落到实处，也充分调动了成员代表和成员的积极性，将多元化、冲突性的社会价值建构为多方利益达成共识的公共价值，有力地推动了成员身份认定工作，实现了成员身份认定工作由遭遇"困境"到顺利实现"突围"。

第三节　突破改革"困境"的途径

一、构建主体：多元化改革主体协同推进

在"困境"阶段，小曲社区和高澳小组一无指导，二无经验，只能本着"摸着石头过河"的原则推进成员身份认定。从小曲社区前两次成员代表大会与高澳小组第一次成员代表大会来看，两产改小组既没有政策支持也没有通过调研学习经验，还缺乏对成员诉求的了解，因此，在突破改革困境前，两典型案例的成员身份认定主体实际上仅有集体经济组织，上级政府、成员代表、成员并没有发挥推进改革的主观能动性。从成员代表、成员的访谈中都能感受到这种情况：

小曲社区成员代表说："我以前是一名成员代表，开会所提出的股权量化方案通不过，大家讲着就吵起来了，当时觉得开会没有意义，都不打算再去开会了。"

小曲社区成员代表说："我们村民当然是关心我们自己的切身利益，村里推进工作遇到困难是他们的事情，与我们无关。"

高澳小组成员代表说："开始推进身份量化工作时，领导班子根本就不懂怎么搞，上不接天线，下不接地气，这改革怎么能成功？"

高澳小组成员说："我们小组资产较多，真正分红的话我们会分得大量钱，对我们每个家庭来说，我们当然要去争取每家每户的利益，给我们股份少了，当然是得据理力争，哪怕是打官司也得争回来。"

在小曲社区前两次成员代表大会和高澳小组第一次成员代表大会后，小曲社区和高澳小组推进成员身份认定的改革格局发生明显变化。首先是政府由"关心改革进程"转变为"积极参与改革"。小曲社区改革遇到困境后，积极争取上级政府的支持，为此海盐县成立了深化农村集体产权股份合作制改革工作领导小组，并下设综合协调组和股改深化组具体负责指导小曲社区推进成员身份认定，并组织小曲社区筹备小组外出调研5次，要求小曲社区充分走访群众了解情况，并提交股权量化方案给领导小组审议。高澳小组改革遇到困境后，也积极争取上级部门的支持，为此惠阳区制定了加强对全区农村集体产权制度改革试点工作业务指导的"四位一体"工作法，具体解决推进改革村所遇到的问题。就白石村高澳小组就特殊成员身份认定频繁发生法律纠纷的问题，秋长街道聘请专业的律师团队，为高澳小组提供全程法律服务。通过这一系列举措，两典型案例的成员身份认定工作由"单兵突进"转换为"协同推进"，取得了较好的成效。表8-3反映了改革陷入"停滞"与迎来"转机"两典型案例改革主体的变化。

表8-3　改革陷入"停滞"与迎来"转机"两典型案例改革主体的变化

改革陷入"停滞"的改革主体	改革迎来"转机"的改革主体
重点关注改革进程的政府	积极参与改革全过程的政府
"单兵突进"的集体经济组织	"多主体协同推进"的集体经济组织
"尴尬境地"的成员代表	发挥"代表"作用的成员代表
只关注个人利益的成员	在完成改革基础上实现个人利益的成员

从成员代表和成员的访谈中也能感受到这种变化。

小曲社区成员代表说："后来，村里在开会前也变得勤快了，充分到村民家中走访，也会公开向大家伙讲解，让大家明白，制定的办法也更加合理了，这是不小的进步。"

小曲社区成员说："村里印发的明白纸让我们把这件事看懂了，知道怎么回事了，通过他们的耐心讲解，我们知道了集体资产属于大家，完成了这项改革我们才能真真正正分到钱，吵架是没有用的。"

高澳小组成员代表说："改革开始时，不少人不顾大局，打官司闹得村里面手足无措，不知怎么是好，我们作为成员代表也没法开会，自己所代表成员的意见也不统一，怎么开会呢？经过上级部门指导后，村里的工作方法明显改善了，遇到官司也不会发怵了，更加重视村里人的意见，之后村里人的意见就慢慢统一了，我想这变化还是非常大的。"

高澳小组成员说："上级部门对我们也很重视，改革前我们是分不到一分钱的，改革后我们能分到钱了，而且可能还不少。如果大家都这么执拗下去，谁也分不到钱了。个人利益的实现也不能只考虑自己，毕竟大家是在一个集体中嘛。"

二、构建能力：参与改革主体能力建设

在"困境"阶段，仅有集体经济组织在成员身份认定工作中发挥作用，上级政府、成员代表、成员并没有切实参与其中。具体来讲，集体经济组织对改革工作缺乏经验，仅是本着"摸着石头过河"的原则推进改革，遇到了诸多问题；上级政府仅规定了成员身份认定工作完成的时间点，但并未提供切实的支持政策；成员代表并未受到集体经济组织关于成员身份认定工作的培训，对成员身份认定工作不甚了解，自然无法发挥讲解政策和表达诉求的作用；成员对成员身份认定相关政策更是不甚了解。从理事会成员和成员代表的访谈中也能感受到这种情况：

小曲社区理事会成员表示："我们社区在开始的时候探索还是非常艰辛的，我们领导小组也不知道该怎么推进，上级没有支持，下面对政策也不了解，感觉推进改革工作挺孤立无援的。"

高澳小组理事会成员则表示："高澳小组的情况比较复杂，刚开始推进改革时成员的诉求也多种多样，另外出台的股权量化方案都是我们凭着自己浅薄的经验和理解制定的，改革工作一度陷入困境。"

小曲社区成员代表表示："刚开始推进改革时，社区里通知我们代表开会投票，我们连做的是啥事都搞不明白，那我们怎么投票？"

高澳小组成员代表则表示："成员代表就是代表成员的，我们不了解政策就无法也不能代表成员。"

在"转机"阶段，集体经济组织积极向上级政府反映困难并寻求上级政府的支持与帮助，为此上级政府积极参与其中，为成员身份认定工作提供制度和人才保障，还要求集体经济组织会前汇报股权量化方案。集体经济组织对成员代表开展广泛的培训，并要求成员代表做到讲解政策全覆盖，并按时反馈成员诉求。从理事会成员和成员代表的访谈中也能感受到这种情况。

小曲社区理事会成员表示："自从上级有了推进工作的方案后，就给我们的工作提供了'指南针'，再也不会茫然了，上上下下都参与进来了，推进工作的科学性也明显提高了，我们再也不会感到孤立无援了。"

高澳小组理事会成员则表示："在上级政府的统筹安排下，多个主体都参与到身份认定中来了，这是我们村里所做不到的，另外都参与进来后工作也的确好开展了。"

小曲社区成员代表表示："社区里对我们的培训是很重要的，让我们明白了政策，我们能够跟成员讲清楚，自然也能够反馈他们的合理诉求。"

高澳小组成员代表则表示："村里让我们学政策并讲政策，我们发现成员明白了政策后，这项工作的阻力就没那么大了，面貌可以说是焕然一新了。"

三、构建环境：因地制宜的制度设计

在小曲社区调研的过程中，小曲社区书记与村干部、集体经济组织理事会成员在访谈中均表示，自获得上级政府的帮助后，小曲社区筹备小组推进成员身份认定工作相比之前大有改善，无论是从改革方法，还是从改革目标与阶段来看，均有了显著的提升。其中，上级政府的制度保障和人才支撑发挥了很大的作用。在制度保障方面，海盐县委、县政府农村集体产权制度改革"1+X"制度体系，其中，"1"指的是《试验方案》，《试验方案》对工作进度、流程、方案、政策取向等进行了明确的规定，为小曲社区筹备小组推进成员身份认定工作提供了参考标准。此外，海盐县还为《试验方案》的顺利实施制定了一系列配套文件，以保障集体经济组织能够依法依规推进改革工作。在人才保障方面，海盐县委、县政府还组织 16 个县级单位成立了深化农村集体产权股份合作制改革工作领导小组，由其下设的股改深化组和综合协调组专门指导成员身份认定工作。其中，股改深化组负责指导解决集体经济组织推进改革遇到的问题与困难，并要求集体经济组织会前充分走访群众、提交股权量化方案，会后提交成员代表大会会议记录、讨论结果、视频录像等文件；综

合协调组具体负责联络妇联、民政等部门，协助解决成员身份认定工作过程中出现的各类纠纷。这些举措提高了小曲社区成员身份认定工作的规范性，为小曲社区完成成员身份认定工作打下了坚实的基础。

白石村高澳小组推进成员身份认定工作遭遇困境后，积极筹措上级部门支持，为此惠阳区委、区政府成立了由三级书记统筹、11个县级单位分管的农村集体产权制度改革领导小组，制定包括强化组织领导、落实部门责任、抓好宣传培训、加强督导检查的"四位一体"工作法，将农村集体产权制度改革工作分具体环节落实到各个部门，培养了一支熟悉政策、掌握规程、精通业务的工作队伍，明确对成员身份认定工作的检查督促和业务指导，及时掌握改革过程中的新情况、新问题，为白石村高澳小组推进成员身份认定工作提供了制度保障。为解决白石村高澳小组推进改革过程中缺乏专业知识等问题，秋长街道出资聘请专业的律师团队，有针对性地解决高澳小组经常遭受法律纠纷的问题，为高澳小组推进成员身份认定工作提供了人才支撑，有效降低了改革过程中的法律风险。

四、构建条件：顺畅的信息传递机制

集体经济组织成员代表大会是集体经济组织的最高权力机构，是基层民主的重要表现形式。在小曲社区前两次成员代表大会和白石村高澳小组成员代表大会中，成员代表往往处于尴尬的境地，集体经济组织制定的股权量化方案既不能满足规范性的要求，也不能得到成员的认可，结果是成员意见悬殊，导致成员代表无所适从、代表不了成员的利益。

小曲社区成员代表表示："说实话，刚开始的时候，据我们了解，不少村民对村里给出的方案不认可。我代表的那些村民，都没有形成一致的意见，村民提出的意见五花八门，甚至有的意见截然相反。那我这代表到底应该怎么代表呢？"

高澳小组成员代表表示："第一次开完会后，效果非常不理想，小组还吃了官司，这让我们村民代表根本没法代表村民的意见。"

在小曲社区得到上级政府的支持后，通过上级政府的制度保障和人才支撑，成员代表大会成为将成员的多元化、冲突性社会价值转化为多方利益达成共识的公共价值的重要载体。就小曲社区来看：首先，小曲社区根据领导小组的要求，宣传成员身份认定工作的具体规定、认定流程，并充分走访集体经济组织成员，充分了解成员的诉求。其次，小曲社区根据本集体经济组织情况，制定了《股权量化方案》，并提交给领导小组审核。再次，经领导小组审核后，《股权量化方案》即可公示，公示期不得少于5个工作日，保证成员代表在公示期内向成员讲清楚、说明白。最后，成员代表收集自己所代表的集体经济组织成员的意见，并形成对《股权量化方案》是否通过的判断。此时，小曲社区集体经济组织成员多元化、冲突性的社会价值得到第一次整合。成员代表大会召开时，成员代表对第一次整合的意见进行表决，通过反复沟通与协商，形成了第二次整合的多方利益

相关者达成共识的公共价值。

高澳小组同样获得了来自上级政府的制度和人才两方面的支持。首先，高澳产改小组先通过走访充分了解问题成员的诉求，随后制定出能够体现全体成员"最大公约数"的《股权量化方案》。其次，产改小组公示《股权量化方案》至少3天，还要求成员代表会前充分了解每位成员的诉求。最后，成员代表根据所代表成员的诉求，形成对《股权量化方案》是否通过的判断。此时，高澳小组集体经济组织成员多元化、冲突性的社会价值得到第一次整合。成员代表大会召开时，成员代表对第一次整合的意见进行表决，通过反复沟通与协商，形成了第二次整合的多方利益相关者达成共识的公共价值。

基于公共价值管理范式，小曲社区和高澳小组集体经济组织通过成员代表大会，两次整合成员多元化、冲突性的社会价值，实现社会价值构建过程，形成多方利益相关者达成共识的公共价值，逻辑框架如图8-2所示。

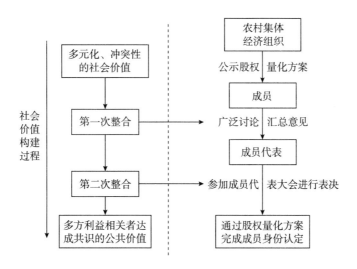

图8-2 信息传递机制两次整合社会价值逻辑框架

五、案例研究小结

基于前文的分析，从公共价值构建主体的环境、能力及条件三个维度出发，通过构建多元化的改革参与主体、因地制宜的制度建设与参与改革主体的能力建设、顺畅的信息传递机制等变革要素的组合和运用，实现了成员身份认定的社会价值构建，形成了多种利益相关者达成共识的公共价值，其演化模型如图8-3所示。

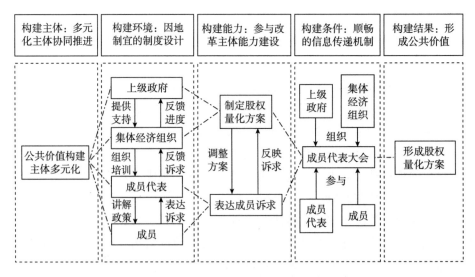

图 8-3　公共价值管理范式下集体经济组织成员身份认定演化模型

第四节　主要结论与政策建议

一、主要结论

（一）构建主体：多方参与改革是实现公共价值的重要前提

社会价值的构建仅由集体经济组织"单兵突进"是无法实现的，需要多方利益者共同参与和配合，才能实现形成公共价值。其中，多方利益相关者不仅包括集体经济组织、上级政府等管理主体，还包括成员代表、成员等多类基层民众的声音。任何主体的缺失，都无法实现由社会价值向公共价值的构建。从两典型案例推进成员身份认定工作来看，在改革陷入"停滞"和迎来"转机"两个阶段，上级政府、集体经济组织、成员代表、成员等多类主体都发挥了较强的作用，实现了改革绩效的提升，如表 8-4 所示。

表 8-4　典型案例多元化改革主体参与、社会价值构建与改革绩效

	主体/绩效	陷入"停滞"	迎来"转机"
主体	上级政府	仅关注改革进度	切实参与改革
	集体经济组织	"单兵突进"	协同推进
	成员代表大会	追逐社会价值	寻求公共价值
	成员代表	无法代表成员利益	充分代表成员利益
	成员	片面追求个人利益	在集体利益基础上实现个人利益

续表

主体/绩效		陷入"停滞"	迎来"转机"
改革绩效	任务绩效	股权量化方案认可度低	股权量化方案认可度高
		集体和谐程度较低	集体和谐程度较高
	周边绩效	与成员沟通程度高	与成员沟通程度低
		成员对改革熟悉程度低	成员对改革熟悉程度高

在上级政府层面，在陷入"停滞"阶段，上级政府仅关注成员身份认定工作完成的进度，并没有对典型案例集体经济组织提供切实的支持。在迎来"转机"阶段后，上级政府积极为典型案例提供政策、法律等多方面支持，协助到其他地方学习典型经验，秋长街道还为高澳小组提供法律服务。综上所述，上级政府的政策支持对推进改革至关重要，有助于完善体制机制建设，提升改革绩效。

在集体经济组织层面，在陷入"停滞"阶段，集体经济组织往往处于"单兵突进"的尴尬境地，上没有政策支持，下没有对成员诉求的认知，左没有经验可供学习借鉴，右没有指导方案可供遵循，两典型案例集体经济组织虽然召开多次成员代表大会，但都无疾而终。在迎来"转机"阶段后，集体经济组织得到了上级政府在制度、法律、组织等方面的大力支持，并明确要充分走访群众、了解成员诉求等要求，提高了成员对成员身份认定工作的了解程度，也提升了组织与成员的互动，提升了改革绩效。

在成员代表大会层面，在陷入"停滞"阶段，成员代表大会往往起不到合意的效果，成员代表不清楚政策，也无法代表成员的共同诉求。在迎来"转机"阶段后，集体经济组织通过广泛走访群众，并要求成员代表讲解成员身份认定工作达到全覆盖，使成员了解政策，再由成员代表汇集成员诉求，大大减少了成员代表大会中出现的问题和分歧，提升了股权量化方法的认可度，提升了改革绩效。

在成员代表层面，在陷入"停滞"阶段，成员代表处于两难的尴尬境地，一方面成员不了解政策，诉求多种多样，另一方面集体经济组织制定的《股权量化方案》没有充分考虑成员的诉求，难以达成一致的意见。在迎来"转机"阶段后，成员代表能够充分发挥"承上启下"的职能，一方面通过集体经济组织和成员代表广泛讲解政策，增加了成员对政策的了解，其诉求也实现了一定的一致性；另一方面集体经济组织通过充分走访群众了解诉求，制定的《股权量化方案》更加符合成员的预期，因此提升了《股权量化方案》的认可度，也增加了组织与成员之间的互动，提升了改革绩效。

在成员层面，在陷入"停滞"阶段，成员不了解政策，只关注自身的利益，并不关心改革是否能够完成，为成员身份认定工作增添了较大难度。在迎来"转机"阶段后，通过集体经济组织和成员代表的充分讲解和沟通，成员普遍认为只有在改革完成的基础上，才能得到集体经济分红，即在实现集体利益的基础上，才能实现个人利益，因此《股权量化方案》认可度提高，改革绩效提升。

（二）构建能力：参与主体能力建设是构建公共价值的必要保证

提升改革绩效需要建立政府与公民等利益相关者的合作伙伴关系，但仍需要具备能力的主体作为前提条件①。课题组在对小曲社区和高澳小组进行调研过程中发现，具备改革能力的上级政府、集体经济组织与懂政策、明条款的成员代表和成员是改革推进的重要条件。在改革陷入"停滞"阶段，上级政府承担改革试验任务，并不清晰改革的具体情况，也只能是"摸着石头过河"，并没有建立推进改革的体制机制。两典型案例的集体经济组织既没有上级指导，也没有改革经验，缺乏对改革政策的理解，导致成员身份认定工作难以推进。成员代表不熟悉政策，无法解答成员对成员身份认定的疑惑，改革中分歧自然较多。成员并不熟悉成员身份认定工作，仅追逐个人利益，使改革工作一度陷入"停滞"阶段。在迎来"转机"阶段后，上级政府通过充分调研与学习政策，掌握了推进改革的要领与经验，并建立起推进改革的体制机制。集体经济组织通过调研学习与走访群众，明确了推进成员身份认定工作的步骤和程序。成员代表通过集体经济组织指导，熟知了改革政策，便于向集体经济组织成员宣传，也解答了成员对改革的疑惑。通过广泛宣传和交流，成员熟悉了改革政策，在集体利益的基础上实现个人利益的观念深入人心。

（三）构建环境：因地制宜的制度设计是构建公共价值的制度保障

适宜的制度体系对参与主体的能力建设发挥了至关重要的作用。从两典型案例来看，在改革陷入"停滞"阶段，集体经济组织往往缺乏政策支持，没有制度保障，改革工作一度陷入困境。在迎来"转机"阶段后，海盐县成立了改革领导小组，由股改深化组和综合协调组专门负责指导改革工作，还出台了《试验方案》，为改革提供详细的规范和标准。为保障集体经济组织制定的《股权量化方案》具备可操作性，改革领导小组还要求集体经济组织提交《股权量化方案》，由改革领导小组审议，通过后方可向成员公示。惠州市惠阳区成立改革领导小组，并制定"四位一体"工作法，具体指导高澳小组等改革主体推进成员身份认定工作。此外，秋长街道还为高澳小组提供法律服务。综合以上两典型案例来看，适宜的制度体系是将多元化、冲突性的社会价值转变为多方利益相关者达成共识的公共价值的必要保证。

（四）构建条件：顺畅的信息传递机制是构建公共价值的重要基础

基层民众的参与对社会价值的构建、政府绩效的生成至关重要②③。在以公共价值为基础的改革绩效治理模型（PV-GPG 模型）中，社会价值与改革绩效的价值构

① 单菲菲，包国宪. 社会价值建构视角下的村庄治理绩效实现路径——广州市下围村"蝶变"的案例研究［J］. 公共管理学报，2018，15（04）：139-148+156.

② 吴建南，阎波. 地方政府绩效评估体系的路径选择——福建的分析［J］. 中国行政管理，2008（02）：25-29.

③ 徐双敏. 政府绩效的影响因素研究［J］. 行政论坛，2007（06）：9-12.

建是一个政府与公民、社会协商对话的过程①。就两典型案例来看，在改革陷入"停滞"时，集体经济组织与上级政府、成员代表及成员并未建立有效的对话协调机制，导致上级政府没有指导、成员代表不懂政策、成员不清楚改革，多方主体未建立有效的信息传递机制，社会价值无法构建，改革绩效较差。在迎来"转机"阶段后，海盐县与惠州市惠阳区成立改革小组具体指导小曲社区的改革工作，两典型案例集体经济组织还充分走访问题群众，了解群众的意愿，提前公示股权量化方案，要求成员代表向成员讲解改革政策达到全覆盖，建立了顺畅的信息传递机制。因此，多元化主体之间顺畅的信息传递机制是社会价值构建的重要内容。

二、政策建议

上述结论表明，集体经济组织完成成员身份认定工作需要充分协调多元改革主体的作用，并通过建立改革体制机制、提升改革主体能力、因地制宜的制度设计、顺畅的信息传递机制等举措，将多元化、冲突性的社会价值转变为多种利益相关者达成共识的社会价值，实现社会价值构建，提升改革绩效。本章研究结论对推动成员身份认定有以下几点政策建议：

一是构建多主体协同推进改革的体制机制。事实证明，农村改革仅靠村"两委"与集体经济组织是远远不够的，需统筹多方力量协同推进。首先，政府应发挥统筹引领作用，科学制定工作方案与推进流程，为完成改革工作保驾护航。其次，集体经济组织应充分尊重广大成员的意见与诉求，科学合理、因地制宜地制定差异化的《股权量化方案》。最后，应加强对成员的培训力度，引导成员在清楚政策的基础上合理表达诉求，减少改革进程中的不稳定因素。

二是推进改革主体能力建设。目前，我国基层组织的能力普遍偏弱，尽管通过驻村干部、下派第一书记等方式为基层提供人才支撑，但人才"瓶颈"问题依然突出。一方面，政府应提供必要的人才支撑。通过建立专项工作组等方式为改革工作和集体经济组织提供专业的指导与咨询，降低改革工作的合法性风险。另一方面，建立典型改革经验交流机制。通过定期召开座谈会、开展调研等多种方式，支持集体经济组织相互学习成功的改革经验。

三是因地制宜地开展制度设计。一方面，制度设计应"灵活有度"。鉴于基层千差万别的现实状况，上级政府应本着因地制宜的原则开展制度设计，并赋予集体经济组织一定的调整权，以增强制度的灵活性和适应性，以诱致性和强制性制度变迁相结合的方式提升改革绩效。另一方面，鼓励集体经济组织进一步完善制度设计。充分发挥各类基层自治组织的作用，在发挥民主的基础上，广泛听取成员的诉求与意见，力求找到集体经济组织成员诉求的"最大公约数"。

---

① 包国宪，周云飞．政府绩效评价的价值载体模型构建研究［J］．公共管理学报，2013，10（02）：101－109＋142.

　　四是建立顺畅的信息传递机制。发扬民主是基层改革的重要内容之一，因此基层改革应是诱致性制度变迁和强制性制度变迁相结合的改革，其中建立顺畅的信息传递机制至关重要。一方面，上级政府应构建顺畅的信息传递机制。充分保障每一位成员都能清楚地了解政策，也能够保障成员的诉求被反馈到上级政府与集体经济组织手中。另一方面，集体经济组织应将政策落实到位。充分发挥成员代表大会、成员代表等的作用，做到政策知晓程度全面覆盖、成员合理诉求及时解决，做好信息传递机制的"枢纽"。

第九章 基于历史制度主义的中国农村集体产权制度改革变迁分析①

第一节 引言

集体所有制是我国农村社会的制度根基，毫不动摇地坚持这一根本制度对于保障农村社会稳定、维护农民的切身利益有着重要意义。随着我国发展形势日新月异，在坚持集体所有制基础上的家庭联产承包责任制改革反映了国家对农村生产关系的调整和完善，推动着中国农村经济社会发生历史性变革②。然而，自人民公社时期形成的集体经济核算体制并未发生实质性变化③，长久以来产权关系虚置所形成的集体资产"人人有份而人人无份"使民主议事、管理和监督流于形式，模糊不清的产权大量地滋生了农村基层的权力寻租和集体资产流失事件，带来了极高的制度运行成本，助长了农村的不稳定因素，是当前实现乡村振兴的重要阻碍之一。

自 2011 年开始，中央将改革农村集体产权制度作为全面深化农村改革的重要组成部分。党的十八届三中全会特别强调，要"保障农民集体经济组织成员权利，积极发展农民股份合作，赋予农民对集体资产股份占有、收益、有偿退出及抵押、担保、继承权"。2016 年 12 月，中共中央、国务院联合发布了《关于稳步推进农村集体产权制度改革的意见》，对农村集体产权制度改革工作进行了全面部署，指出要探索建立"归属清晰、权能完整、流转顺畅、保护严格"的中国特色社会主义农村集体产权制度，保护和发展农民作为农村集体经济组织成员的合法权益。至此，农村集体产权制度改革正式全面启动。

我国农村集体资产的形成、积累和维护是广大农民在实践中不断探索、创造

---

① 执笔人：纪元、孔祥智。

② 马池春，马华. 农村集体产权制度改革的三重维度与秩序均衡——一个政治经济学的分析框架［J］. 农业经济问题，2018（02）：4-11.

③ 黄延信，余葵，师高康，王刚，黎阳，胡顺平，王安琪. 对农村集体产权制度改革若干问题的思考［J］. 农业经济问题，2014，35（04）：8-14.

出来的，与之相关的制度改革既没有历史道路效仿，也没有国外经验借鉴，是农村经济发展组织形式和运营机制的重要制度创新①。本轮农村集体产权制度改革的制度创新本质是股份合作制，在改革路径、试点方法、制度供给等方面体现了很强的制度创新特征②。在已有研究中，大多数学者主要关注农村集体产权制度改革过程中产生的典型做法和经验③、面临的问题和挑战④⑤，以及改革所能释放的巨大制度红利⑥⑦，却很少有学者从动态角度分析这一制度变迁背后的逻辑，研究从旧制度体系到新制度体系的转换过程。毋庸置疑，制度变迁并非一蹴而就、千篇一律的，就算是某项由中央政府推动的强制性制度变革也会在基层与地方环境互动的过程中展现出独特的地方性，因而多种因果机制会在不同情境下、不同时间点相互组合形成差异化的发展路径、制度目标以及制度结果。马池春和马华认为，我国农村集体产权制度改革历经了改革开放初期农村生产经营单位调整与巩固、经济体制改革时期农村集体产权结构重设与优化、城乡一体化时期农村产权结构及基本经营制度完善与发展三个主要阶段，但其文章所关注的重点是改革过程中对农民利益保护及经济发展问题，因而并没有对我国农村集体产权制度改革发展历程的具体特征和因果关系进行深入的梳理和分析⑧。高强和孔祥智以国家主导政策为线索，将我国产权制度改革划分为五个阶段，突出了在特定历史背景下改革的制度特性，并指出产权制度改革的本质是在不同发展阶段下的中国特色社会主义实现路径选择，但是过于宏观的发展阶段划分只能勾勒出国家大的制度结构和发展潮流，而在潮流之下演进机制可能还依赖更具体的中观乃至微观视角研究⑨。类似地，闵师等按照经济发展脉络将我国农村集体资产产权改革大致划分为三个阶段，主要介绍了各个阶段农村经济的发展特点，但是也未能体现出农村集体资产改革过程中

---

① 张红宇．关于农村集体产权制度改革的若干问题［J］．农村经营管理，2015（08）：6-10.

② 夏英，张瑞涛．农村集体产权制度改革：创新逻辑、行为特征及改革效能［J］．经济纵横，2020（07）：59-66.

③ 夏英，钟桂荔，曲颂，郭君平．我国农村集体产权制度改革试点：做法、成效及推进对策［J］．农业经济问题，2018（04）：36-42.

④ 黄延信，余葵，师高康，王刚，黎阳，胡顺平，王安琪．对农村集体产权制度改革若干问题的思考［J］．农业经济问题，2014，35（04）：8-14.

⑤ 闵师，王晓兵，项诚，黄季焜．农村集体资产产权制度改革：进程、模式与挑战［J］．农业经济问题，2019（05）：19-29.

⑥ 孔祥智．产权制度改革与农村集体经济发展——基于"产权清晰+制度激励"理论框架的研究［J］．经济纵横，2020（07）：32-41+2.

⑦ 王敬尧，李晓鹏．城乡统筹进程中的农村集体产权改革——以温州"三分三改"为蓝本［J］．求是学刊，2012，39（06）：68-75.

⑧ 马池春，马华．农村集体产权制度改革的三重维度与秩序均衡——一个政治经济学的分析框架［J］．农业经济问题，2018（02）：4-11.

⑨ 高强，孔祥智．新中国70年的农村产权制度：演进脉络与改革思路［J］．理论探索，2019（06）：99-107.

的"起承转"演化①。由此可见，少量对农村集体产权制度改革变迁历程展开的研究大多过于宏观，且缺少系统性的研究方法，阶段的划分难以形成统一的意见，关键原因在于没有形成将背景、现象同制度变革联系起来的理论框架，使制度变革背后的逻辑不能被真正把握。

目前，对制度变迁动因分析最常用的理论框架是诺斯和戴维斯提出的包括产权理论、国家理论和意识形态理论在内的制度变迁理论②，即理性选择制度主义。他们认为相对价格的变化和追求制度创新的潜在收益是引起产权制度变迁的根本动力，通过成本—收益分析解释产权制度演变的逻辑：经济制度之所以会被创新、产权会得到修正，是因为个人或团体希望获得一些在旧有安排下不可能得到的利润，且愿意承担一定的成本。国家层面的制度创新则是以"社会共同利益代表体"为分析对象，形成比较著名的诱致性制度变迁和强制性制度变迁的分析框架，但是这是一种明显的假定"只要存在变迁需求就会发生制度转型"的功能主义视角，而忽视了制度需求和制度变迁结果之间存在的时间差③，且其分析框架建立在微观、"理性人"假设的基础之上，将国家的政治范畴、历史范畴抽象化，未能关注到改革过程中的情境因素、主观因素、心理因素等结构化特征。其他分析制度变迁常见的理论还有社会学制度主义和历史制度主义。前者认为制度变迁是依据"适当性逻辑"，一旦新的行为规范和组织形态获得合法性，便会自然而然地使制度发生转型。这种合法性来源可能是国家认可的合法制度或组织形态，也可能是被社会广泛接受的价值标准或认知框架。社会学制度主义主要关注来自外部的压力机制，对内因导致的制度变迁现象解释力稍显不足。而历史制度主义对时间和空间的认知和敏感性是区别于其他流派的重要特征，它试图建立一个符合历史发展经验的制度变迁分析框架，按照时序解释制度和政策的动态性、结构性差异，关注情境变量、行动者和制度之间互动及相互作用机制，同理性选择制度主义的"去情境化"形成鲜明的对比④。历史制度主义是在更为广阔的时间和空间下看制度的运行和变革，大多关注如革命爆发、民主转型、国家变迁及国家间的政策差异等现实问题，既强调了政治过程的复杂性和动态性，又注重将历史逻辑和制度逻辑相结合，具备很强的解释力和理论弹性。

如前所述，农村集体产权制度改革"是怎么样"和"会怎么样"已有很多学者进行了深入的讨论，但制度变革及其过程究竟"为什么会这样"（变迁动因）以及"为什么要这样"（演变逻辑），至今没有引起足够的重视，尚未形成系统可靠的解释。其原因可能并非像想象中那样能够用简单的"获取潜在改革红利"或"原有制

① 闵师，王晓兵，项诚，黄季焜. 农村集体资产产权制度改革：进程、模式与挑战［J］. 农业经济问题，2019（05）：19-29.

② 戴维斯，诺思. 制度创新的理论：描述、类推与说明［A］. 科斯. 财产权利与制度变迁——产权学派与新制度学派译文集［C］. 上海：上海三联书店，1995.

③ 李秀峰. 制度变迁动因的研究框架——探索一种基于新制度主义理论的整合模型［J］. 北京行政学院学报，2014（04）：8-14.

④ 段宇波. 历史制度主义制度变迁理论的逻辑冲突与融合［J］. 比较政治学研究，2016（02）：14-69.

度不适应新的生产力和生产关系"来解释。诚然，这是改革的原因，但更需要关注和解释的是，为什么改革会以此方式出现和变迁？不同制度变迁特征是什么导致的？不同的改革方式和改革结果之间有怎样的联系？目前，其他与制度变迁动因相关的研究大多缺少清晰有力的研究框架，致使关键的内生或外生变量被忽视，或忽略变量间的结构及制度脉络或情境，简单地停留在对变量的简单罗列层面。通过梳理资料还发现，历史制度主义凭借其系统性、结构化的情境脉络和因果要素分析，在解释制度变迁方面具有很强的适用性。因此，围绕上述问题，本章将基于历史制度主义的分析范式搭建农村集体产权制度改革的制度变迁逻辑框架，站在制度变革的起点以及制度演进的关键节点看这项制度是如何被创新、被实践、被推广的。农村集体产权制度是当前改革难度最大的内容，情况复杂且影响广泛①。而唯有从历史的角度出发，才能深入理解改革的模式以及当前的改革进程，为后续深化改革进程、突破改革阻碍提供经验，助力于实现乡村振兴和共同富裕。

第二节　历史制度主义

历史制度主义的分析范式是新制度主义框架下常用的制度分析途径之一②。历史制度分析于 20 世纪 80 年代中期在政治学领域兴起，认为制度分析应与特定社会背景下的历史信息相结合，在其发展的历史脉络中去理解路径多样化的制度起源及其影响，注重从过去的历史性制度中寻求资料来分析制度，同时强调过去的制度和历史事件在影响制度变迁的时间、进程、方式以及新制度的特征中的作用。

历史制度主义有以下三个主要特征：第一，强调影响政治结果的变量（比如利益、观念、制度）之间的结构性关系③。在历史制度主义的视角下，制度并不是个单一独立的整体，而是由相互联系但又互不相同的各个要素（尤其是规则、信念和规范）构成的复合体，这些外生要素向人们的行为提供了认知、协调、规范、信息等微观影响基础，促使、激励人们按照特定方式行事，因此要理解内生性的制度变迁离不开研究制度影响行为的微观机制以及微观机制产生的多重效应。第二，关注制度的"路径依赖性"。一旦最初的政策和制度选择固定下来，学习效应、协同效应、适应性预期和退出成本的增加将使制度的改变变得越来越困难④，即制度具有较强的

---

　　① 张红宇. 关于农村集体产权制度改革的若干问题 ［J］. 农村经营管理, 2015（08）: 6-10.

　　② 黄新华, 于正伟. 新制度主义的制度分析范式: 一个归纳性述评 ［J］. 财经问题研究, 2010（03）: 17-25.

　　③ 何俊志. 结构、历史与行为——历史制度主义的分析范式 ［J］. 国外社会科学, 2002（05）: 25-33.

　　④ Krasner S D. Approaches to the State: Alternative Conceptions and Historical Dynamics ［J］. Comparative Politics, 1984, 16（02）: 223-246.

自我强化和正反馈过程。第三，强调人类的能动性在制度变迁中的关键作用，即行动者特征及理念。在外部环境和社会经济政治制度变化时，人类并不是消极地服从或者适应，而是会根据自身的需要发挥创造能力去改变周边的环境和制度。根据行动主体可以划分为以国家为核心的行动者和以社会为核心的行动者[①]，前者强调主导国家的精英行动者和国家管理者的作用，行动结果包括由上至下的权力架构或制度安排，类似于"强制性制度变迁"；后者更关注国家中下层行动者，受一定理念、价值影响的"草根集体"成为推动制度变迁的主体，相对应的有"诱致性制度变迁"。历史制度主义对路径依赖的分析最终落脚于行动者对路径确定的动能和推动制度变迁的压力机制上。

基于制度的"路径依赖性"，历史制度主义形成了独特的制度变迁分析范式，将制度置于从传统社会向现代社会行进的历史大背景下，考察新旧制度体系的转换过程[②]。此过程可以被分成制度存续的"正常时期"（Normal Periods）及制度断裂的"关键节点时期"（Critical Junctures）。在正常时期，旧制度体系遵循着路径依赖规律，制度与环境及其制度内部都保持着某种平衡，并对行为者的偏好、目标、决策、思维习惯和行动认知产生或明或潜的影响。当外部环境变化和内部潜在冲突破坏了制度稳定性之后，在原制度体系下的矛盾和冲突积累，使改变制度体系的势能不断接近阈值临界点，制度体系位移来到制度断裂的关键节点时期，主要制度的变迁将成为可能。这种阈值临界点并不是能够数字化的具体表达，而是对阶段大体特征的描绘、对阶段主要特征的形容[③]，比如社会矛盾频发、经济秩序混乱、思想意识复杂。可以按照原有制度体系"路径依赖"的强度，将制度变迁的路径划分为制度开放和制度闭锁，前者是指旧制度体系就有很高的包容性，能够被温和地改造发生制度功能变化或制度演进，而后者则是旧制度体系拒绝变迁的避让、敌视、封闭状态，只能通过制度断裂被打破。斯特里克和西伦从制度变迁的过程（积累式/突变式）和制度变迁的结果（连续/非连续）两个维度划分出了适应性制度再生、渐进性制度转型、制度存活并回归、制度崩溃或更替四种制度变迁类型[④]。在进入新制度之后，制度的自我强化机制将使得制度再次巩固和强化，直至新的危机出现。

就分析的方法论而言，历史制度主义是"问题驱动的案例研究""宏观结构化分析"以及"以时间为导向的分析"[⑤]，运用一定的分析范式从杂乱无章的现象背后抽

①　伊丽莎白·桑德斯，张贤明．历史制度主义：分析框架、三种变体与动力机制 ［J］．学习与探索，2017（01）：42-49+174.

②③　董琼华．论历史制度主义解析制度变迁的逻辑框架 ［J］．嘉兴学院学报，2010，22（04）：131-134.

④　Streeck W，Thelen K A. Beyond Continuity：Institutional Change in Advanced Political Economies ［M］．New York：Oxford University Press，2005.

⑤　马得勇．历史制度主义的渐进性制度变迁理论——兼论其在中国的适用性 ［J］．经济社会体制比较，2018（05）：158-170.

取出制度变迁的逻辑结构。相较于其他制度分析理论，历史制度主义更注重从中观层次进行动态的制度变迁过程分析，关注连接宏观政治体制及具体政治或政策结果的中间环节，建构起经验性的过程追踪机制和因果分析链条①。根据其主要特点，大部分的历史制度主义研究成果均对政策或制度变迁中的脉络、行为者、制度、关键节点、因果机制等要素进行了经验性的过程分析，或以制度情境、关键节点、路径依赖、动力机制（行动者及路径创新）为切入点分析具体的制度变迁逻辑②。历史制度主义的分析框架如图9-1所示。

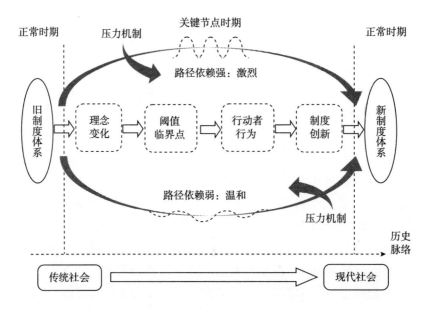

图9-1　历史制度主义的分析框架

历史制度主义常用来分析重大历史事件或制度变革，探寻因资源稀缺而展开竞争的利益集团间的冲突问题，以及这些冲突在不对等的权力关系下推动国家制度、体制或经济政策变迁。近些年，不少历史制度主义者开始关注政治社会稳定期的制度变迁问题，渐进性制度变迁成为新的研究亮点。马洪尼和西伦在《解释制度变迁》一书中基于历史制度主义对渐进性制度变迁进行了详细的划分，总结出更替、层叠、漂移、转换四类。既有的历史制度主义研究虽多以发达国家为研究对象，但在中国，正是由于现有研究对制度变迁的逻辑和动力机制分析的忽视，历史制度主义反而有非常广阔的应用空间，为研究方法和学术成果的推陈出新提供了良好的契机。目前

①　段宇波. 历史制度主义制度变迁理论的逻辑冲突与融合［J］. 比较政治学研究，2016（02）：14-69.

②　郭哲，曹静. 中国农地制度变迁70年：历程与逻辑——基于历史制度主义的分析［J］. 湖湘论坛，2020，33（02）：116-128.

很多学者基于历史制度主义视角分析了教育管理制度变迁[①②]、行政制度变迁[③]，少部分学者研究了我国农村土地流转政策[④]、农村医疗保险制度[⑤]、农村公共品供给制度[⑥]的变迁历程，体现出历史制度主义分析范式较强的适用性。本章将运用该范式分析农村集体产权制度改革的变迁过程，丰富历史制度主义在中国的应用，弥补现有研究空白。另外需要指出的是，历史制度主义分析要求研究者掌握较为翔实的一手资料和信息，而面对我国各地丰富多样的农村集体产权改革具体实践，在资料收集方面存在巨大的困难以至于不可能全面把握制度变迁过程中的所有地方性差异，因此本章将基于主线、透视脉络、刻画细节，尽可能多地抓住阶段特征和演化特点，完成对制度变迁过程的剖析及变迁逻辑的解释。

第三节　历史演进

我国农村集体产权制度改革带有明显的渐进性制度变迁的色彩，在不同时期改革面临的集体经济发展境况不同，集体经济的存在形式及改革的主要任务也有所差异[⑦]。结合现有研究和调研资料，本章按照变革前后产权关系和集体经济组织发展的特点确定了两个关键时间节点，由此将我国农村集体产权制度改革历程划分为三个阶段。

第一阶段为 1978~1992 年，改革开放后我国工业化和城镇化快速发展，发展乡镇企业、农村征地和"农转居"改造等措施使得村集体经营性资产规模不断壮大，尤其是东南沿海地区的改革开放带动了很多城郊村发展起了物业经济，获得了巨额土地非农使用租金[⑧]。这一时期村集体资产多以乡镇企业以及改制后的企业股金、厂

① 周光礼，吴越. 我国高校专业设置政策六十年回顾与反思——基于历史制度主义的分析 [J]. 高等工程教育研究，2009（05）：62-75.

② 冯元，俞海宝. 我国特殊教育政策变迁的历史演进与路径依赖——基于历史制度主义分析范式 [J]. 教育学报，2017，13（03）：92-101.

③ 张西勇，杨继武. 历史制度主义视域下我国城市街道办事处的制度变迁 [J]. 中国行政管理，2012（12）：69-73.

④ 吴光芸，万洋. 中国农村土地流转政策变迁的制度逻辑——基于历史制度主义的分析 [J]. 青海社会科学，2019（01）：86-94.

⑤ 任雪娇. 农村合作医疗制度的变迁逻辑与发展趋势——基于历史制度主义的分析框架 [J]. 宏观经济管理，2019（06）：43-49.

⑥ 韩鹏云，刘祖云. 我国农村公共产品供给制度的结构与历史性变迁——一个历史制度主义的分析范式 [J]. 学术界，2011（05）：37-44.

⑦ 闵师，王晓兵，项诚，黄季焜. 农村集体资产产权制度改革：进程、模式与挑战 [J]. 农业经济问题，2019（05）：19-29.

⑧ 贺雪峰. 农村集体产权制度改革与乌坎事件的教训 [J]. 行政论坛，2017，24（03）：12-17.

房楼盘、征地拆迁补偿款等形式存在①，但存在着明显的管理混乱、权责不清等问题，为集体经济的长远发展埋下了隐患。

第二阶段为1992~2013年，在此期间，多地出现了对农村集体资产产权改革的自发探索，且主要集中在经济较为发达的地区。比如，1992年佛山市南海区率先开展以土地为中心的农村股份合作制，在坚持农民自愿原则的基础上将土地承包经营权入股，以股权收益实现土地承包经营权的财产权利，在产权主体界定、成员资格界定、股权管理等方面取得了显著成效，之后陆续出现了很多地方借鉴南海经验进行农村集体产权制度改革探索，也为后续国家推行试点及全面铺开积累了充足的经验。然而，自发探索的改革实践不可避免地存在着制度化不足、规范化较弱等弊端，且具有一定的短视性、改革范围不够深入和全面。

第三阶段为2013年至今，经济市场化程度日益加深，农村社会结构发生了深刻变化，不完善的农村产权制度引起了国家高度重视。在连续几年对农村集体产权制度改革试点部署规划的基础上，2013年中央一号文件明确提出"鼓励具备条件的地方推进农村集体产权股份合作制改革，探索集体经济组织成员资格界定的具体办法"，并于2014年开始在全国范围内有组织、有计划地稳步推行产权制度改革试点。2016年，中共中央、国务院出台的《关于稳步推进农村集体产权制度改革的意见》进一步对深化集体产权制度改革进行了系统而全面的部署，各地依照清产核资、资产量化、股权设置、股权界定和股权管理的改革程序稳步推进农村集体产权制度改革。在实现改革基本内容的基础上，国家和村组一方面致力于探索集体经济发展途径，另一方面积极探索拓展集体资产股份权能，将改革最终落脚于发展壮大集体经济，带领农民增收致富。

从关键节点来看，第一阶段、第二阶段划分的标志是集体产权制度改革在基层的探索，并选定最早佛山市南海区集体产权股份合作制改革的开始时间作为分界点，意味着产权从混乱无序、权责不分的模糊状态向建章立制、折股量化成功过渡，此时的制度变迁具有一定的诱致性制度变迁的特征，是明晰的产权关系及管理制度"从无到有"的突破性制度变革；而第二阶段、第三阶段的划分则是国家规范的力量强势介入，以2013年中央一号文件和党的十八届三中全会通过《中共中央关于全面深化改革若干重大问题的决定》为标志，国家强调要"保障农民集体经济组织成员权利，积极发展农民股份合作，赋予农民对集体资产股份占有、收益、有偿退出及抵押、担保、继承权"，意味着产权制度改革从此进入更为制度化、规范化、全面化的发展阶段，是改革过程中"从有到全"的关键性制度规范，具有明显的强制性制度变迁的特征。如图9-2所示，本章的分析将建立在这一关键制度演化脉络的基础之上。

---

① 闵师，王晓兵，项诚，黄季焜. 农村集体资产产权制度改革：进程、模式与挑战［J］. 农业经济问题，2019（05）：19-29.

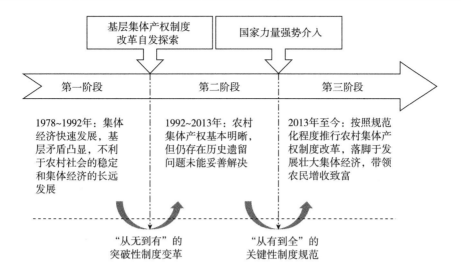

图 9-2　我国农村集体产权制度改革的历史演进脉络

第四节　制度变革

一、"从无到有"：温和的制度变革

改革开放后，农村在市场经济环境的冲击下，思想观念、社会结构、要素流动都呈现出新特点，然而制度体系的调整却较为缓慢，乡村整体上处于一种不安定、不协调的发展状态，乡邻矛盾日益加深。广东等经济发达地区的村集体在城镇化、工业化的过程中积累了雄厚的集体资产，构成第一个关键节点时期的变革主体。

（一）制度情境

历史制度主义主张不能孤立地分析事件和行为的起因，而应放在发展脉络的大背景下去理解。行为者的偏好和目标并非一成不变，而是随着情境的改变而改变，在分析那些导致重大社会或制度变迁的事件时，不仅要关注短期内的直接"导火索"，而且要分析对事件产生影响的背景性、结构性因素，将事件置于宏大的社会历史文化情境之下，方能更深刻理解"为什么会"变革。

一方面，在从传统社会向现代社会转变的过程中，农村社会经济不断发展构成了制度变迁的经济基础。20 世纪 80 年代，我国城镇化的快速扩张、工业化的资本积累主要是建立在农村土地集体所有制的基础之上。发达地区的农村集体经济发展主要包括两条路径：一是在城市扩张的过程中，村社二级将集体所有土地出租办厂或建设厂房引资，通过农地的非农使用获得了土地非农使用增值收益；二是村集体凭借自身邻近城市的区位优势，承接城市转移的相关产业，通过发展工业经济吸引外来人口，带动住房、餐饮、娱乐等行业的繁荣，获得了租金等要素收入。另一方面，同发展实际需求不协调、不匹配的制度体系构成了制度变迁的制度基础。在农村长久以来是集体经济核算体制和集体产权制度，但集体资源资产与农民个人联系不紧密。产权关系的虚置使农民个人利益与集团利益的联结弱化，普通村民大多对集体事务不太关心，不利于农村社会稳定和集体经济的长远发展。

（二）关键节点

在制度分析中，关键节点通常体现为结构（经济结构、文化结构、意识形态结构、组织结构等）对原有政治行为的影响在相对较短的时期内显著减弱，或结构异化、出现新的影响趋势。这将导致两个主要结果：一是对于强势的政治行为者而言，可选的制度空间被大大拓展；二是他们对最终结果的判断、为了结果做出的选择变得极为重要。在农村集体产权制度改革的历史脉络中，关键节点所发生的驱动制度变迁的重要动力事件主要包括理念变化、权力倾斜、追求身份政治、矛盾积累深化。具体而言，精英阶层权力不断扩张但缺少有效的监督制约机制，导致了邻里平衡关系失调、干群矛盾激化，且随着人口流动速度增加，农村社区居民结构日趋复杂，集体成员身份界限模糊使新增人口利益分配和外来人口利益共享等问题成为在经济发达的农村地区新的矛盾激发点，这一系列构成了制度变迁的结构基础。另外，改革开放后，社会主义市场经济在农村不断建立和完善，人们逐渐树立起明确的权责意识，表达出强烈的平等、公平诉求，构成了制度变迁的价值基础，但同农村社会整体环境、制度体系并不能妥洽地融合，表现到具体行为上则是基层矛盾日益加深、纠纷数量快速上升。在这种摩擦、动摇的过程中制度稳定性逐渐减弱，建立明晰的产权制度的呼声越来越高，乡村整体社会环境向发生制度变迁的阈值临界点靠近。

（三）行动者

在关键节点时期，不同利益集体间会进行激烈的较量和博弈，因此在制度变迁的重要转折点上，存在着不同的行动者及差异化的行动策略。第一类关键节点主要是在地方层面上的博弈，因此变革的主导者是以村干部为核心的地方精英，其政治行为、政治抉择直接影响下一时期政治制度前进的方式；第二类主要行动者是大多数普通村民，对共享收益、公平分配、透明决策、身份政治等的诉求构成产权制度变革的主要推动力量；第三类主要行动者是反抗者，主要来自旧制度下的既得利益者，担心丧失原有的权威或资源优势从而对新制度的构建和推行起阻力作用；第四类是"搭便车"者，对制度变革没有明确的态度和行动，但不会影响其在产权制度变革后获取制度红利。

（四）路径依赖和压力机制

"路径依赖"原本是由经济学家诺斯提出的经济学概念，而在历史制度主义中，路径依赖意味着制度本身存在的报酬递增和自我强化机制使其改变极为困难，就算实现了制度变革，过去的制度和政策选择也会对现在的制度产生影响。而压力机制则会对制度变革起推进作用，将两者结合分析则解释了"为什么要这样"变革。

在农村集体产权制度改革历史变迁的第一个关键节点时期，这种"正反馈"具体体现在三个方面：第一，路径调整成本。变革前的农村集体产权在运行过程中已经产生了一定的经济效应和制度效应，既得利益集团对路径依赖性的认知、偏好和选择构成了制度变革的保守力量，因此对保守力量的说服、对原有制度的重新设计和调整工作构成巨大的路径调整成本。第二，学习效应，即行动者习惯于从既往的制度要素中寻求指导和政策认同，导致制度的演进路径会受到过去制度的残余影响。第三，适应性预期。适应制度的行动者会遵循过去现象和思维习惯对未来的制度回报形成预期。一方面产权制度改革释放出巨大的制度红利，而另一方面政治结果取决于各方政治行动者之间尚不确定的合作和期望，使无法确切估算新制度可能带来的收益，所以为了减少风险和获得稳定利益，政治行为者往往倾向于维持现有的制度。

但同时，高强度变革压力相对弱化了路径依赖强度。变革压力：第一是身份竞争和利益分配引起的内部矛盾激化，显示出变革的迫切性和必要性。第二是制度变革的潜在制度红利，通过建立系统、明晰的产权体系，其一可以增加农民个人财产性收入，使集体发展收益在成员间共享；其二可以缓解农村基层矛盾和纠纷，保证集体稳定发展；其三可以提高经济决策的民主度和管理的透明度，落实民主监督机制；其四可以促进生产要素的优化配置，整合闲散资源、资金及劳动力，解决经济上的合作问题，提高集体发展的经济效益和市场竞争能力。第三是外部示范效应，周边村集体的改革方式及成效形成了推动制度变革的外部压力，因此政治行为者在作出制度决策时既有来自历史的纵向学习效应，也有来自同一时期其他集体的横向学习效应，两者相互碰撞、相互抵消影响制度变迁的路径依赖强度。

另外，农村社会建立在人情关系基础之上，为了保持一种和谐稳定的乡村秩序，压力的集中相对弱化了路径调整成本、突出制度红利，而且邻里间对行为偏好、品德特性的熟知，使适应性预期下的不确定性降低。特别是南方宗族势力较强的发达村集体，高度的组织化和宗族信任降低了制度变革的内生阻力和群体摩擦事件，且减少了由违约、冲突与对抗引起的成本。因此，在农村集体产权制度改革的第一阶段向第二阶段过渡的过程中，总体上呈现出路径依赖关系不强的特征，村集体因而更愿意顺应民意，通过集体成员大会梳理原有产权关系并对新制度框架进行讨论，革新产权制度体系及运作方式，实现连续性、局部性、地方性的温和式制度演进。

（五）结果

在农村集体产权制度变迁第一个关键节点时期结束后，一种全新的集体产权制度以较温和的方式"从无到有"在农村确立，兼顾历史实际和农民意愿，初步明确了集体产权框架、成员身份、权责关系及股份分红方式，缓解了村民之间、村民与村集体干部之间的矛盾，并在集体内部搭建起了产权改革与村务管理之间的"桥梁"，充分释放出制度红利，为促进资源合理配置奠定了良好的基础。但是这种基层自发探索的改革是以"解决问题"为导向的，可能存在着操作不规范、缺少制度保障等方面的问题，且在过去制度的残余影响下，妇女儿童等弱势群体权益可能难以得到充分保障。

这次变革以解决日益激化的矛盾、获取潜在制度红利为主要目的，具有诱致性制度变迁的特征，社会中下层行动者的主观能动性在制度变革过程中发挥着关键作用，结果是变革的压力机制弱化了旧制度的路径依赖性，旧制度无法阻止新制度变革，并体现为集体产权制度的创新。

二、"从有到全"：温和的制度规范

进入历史发展的新阶段，国家对农村集体产权制度改革的重视程度不断提高，各级政府陆续出台了文件鼓励、支持和规范村集体的清产核资、明晰产权、股份设置等工作，增加了产权改革的政策和法律保障。因此，在第二个关键节点时期，国家力量强势介入，农村集体产权制度改革的历史演进脉络呈现出新面貌、新特征，两个时期的对比如表9-1所示。

表9-1　农村集体产权制度改革的两个关键节点时期对比

	第一个关键节点时期	第二个关键节点时期
改革定位	解决基层现实问题	制度化、规范化的农村集体产权制度改革
行动主导者	以村干部为核心的地方精英行动者	国家的精英行动者及国家管理者
路径依赖	较弱	较强
压力机制	矛盾激化、制度红利及示范效应	国家规范
制度变迁特征	连续性、局部性、地方性的诱致性制度变迁	连续性、全局性、国家性的强制性制度变迁
制度变迁方式	温和性，新制度在原有制度体系下被创新	温和性，新制度规则层叠于旧规则之上
演进结果	"从无到有"的产权制度变革	"从有到全"的产权制度规范

（一）制度情境

为什么会出现这次变革？从社会情境来看包括四个方面的原因：第一，自党的十八大以来，户籍制度改革全面落地，农业人口向城市转移数量日益增加。在很多地方农村集体产权制度改革的探索中，实行的股权固化管理同发展形势不相适应，集体资产存在流失的风险。第二，受旧制度体系的影响，存在小部分人权益无法保障的现象，比如"外嫁女"。很多村组的章程规定，不论"外嫁女"户籍是否迁出都一律取消集体经济组织成员资格，不再享受集体经济组织的福利和分红。当村集体经济发展壮大时，出嫁前为村集体发展做出贡献的妇女理应享受分红，但这种不合理的身份界定侵犯了其财产权益，使妇女同村组间的矛盾加深，为农村集体产权制度改革的稳步推进埋下隐患。第三，农村社会要素流动性加大，封闭的生活空间被打破，乡邻联系和信任基础呈现弱化的趋势，传统的血缘、宗族、文化等因素在

维护农村社会安全与稳定方面的功能被削弱①，村规民约、社会道德在基层的制约和规范作用受到挑战。在农民日趋强烈的谋求自身利益的愿望面前，矛盾显化、激化导致基层纠纷数量以前所未有的速度增加。第四，基层自发的制度探索具有一定的短视性，配套制度建设不够规范和完善，且由于顶层设计缺失，村民权益受到侵犯时往往无法得到及时、有效的解决。

（二）关键节点

在这一时期，农村内部自控机制失效与农民的利益保护需求增长之间的矛盾日益凸显②。随着农民的法律意识增强，当合法权益受到侵犯时，国家层面越来越意识到农村集体经济组织产权制度改革的重要性。2013 年，党的十八届三中全会强调，要"保障农民集体经济组织成员权利""赋予农民对集体资产股份占有、收益、有偿退出及抵押、担保、继承权"，2014 年在全国范围内选取了一批经济基础较好的试点开展农村集体产权制度改革试验。在改革初具规模和成效的基础上，2016 年国家出台了《关于稳步推进农村集体产权制度改革的意见》，按照由点及面的方式稳步推进农村集体产权制度改革，探索农村集体经济有效实现形式，终极目标是发展壮大集体经济、实现共同富裕。国家层面的政策出台和制度建设为各地推行和规范农村集体产权制度改革提供了契机，也为农民提供了利益保护的新路径，由此，推动集体产权制度改革向第二个关键节点时期的阈值临界点靠近。

（三）行动者

本阶段主要是国家规范同地方制度体系的互动，因此行动者可以划分为三类：第一类是国家的精英行动者和国家管理者，负责自上至下推动改革进程、制定改革远景目标、完善权力架构和制度安排，并依靠国家行政力量将改革大范围推行；第二类是一些前期已经自发进行产权改革的发达地区村集体，该行动主体面对激化的矛盾可能已经意识到需要对产权制度进一步完善，但出于制度"惰性"和路径依赖，进行调整的交易成本可能会很高，所以国家的产权制度改革为其进一步深化改革提供了契机；第三类是前期未进行过产权制度改革的村集体，在效仿试点经验并结合实际情况的基础上，按照国家制定的规范化操作一次性完成集体产权制度改革的"从无到有"和"从有到全"。为了同历史脉络相一致，本章的制度规范过程分析主体主要是针对第二类团体而言，在其内部的个体成员可能会具有不同的行动策略：支持、反对或是观望。

（四）路径依赖和压力机制

很多村集体在前期改革探索过程中已经形成较为明晰的产权制度，这一制度在发展过程中不断自我强化，具有较强的路径依赖性。一方面，可能此时大部分群体成员都是享受产权改革红利的既得利益者，而少数人权益尚未得到保障，因此在集

---

①② 马池春，马华．农村集体产权制度改革的双重维度及其调适策略［J］．中国农村观察，2018（01）：2-13.

体看来，为了少部分人的利益去调整制度、承担较高的路径调整成本是"不划算"的，如果没有外力介入则长久保持这种不完善的制度。另一方面，尽管村集体可能产权管理不够规范，但如果村民年年都能实现分红，便不会出现很强烈的负面情绪，进而助长制度"惰性"。

当国家规范强势介入后，对制度演进过程便构成强烈的外部压力，这种由行政力量推动、国家意志保障的变迁力量会弱化路径依赖，将新规则附加到旧规则之上，从而改变既有规则对行为的约束。通过众多村集体行动者的参与，两者共同推动产权制度改革朝更全面、更规范、更有保障的方向发展，实现连续性、全局性、国家性的温和式制度演进。

（五）结果

在农村集体产权制度变迁第二个关键节点时期结束后，一种规范程度较高的集体产权制度改革以较为温和的方式全面推进。全国各地依照清产核资、资产量化、股权设置、股权界定和股权管理的标准程序稳步开展农村集体产权制度改革，尤其是在清产核资的过程中，查实了集体资产存量、价值和使用情况，过去大量闲置的村集体资源资产也被盘活。同时国家不断加强对农村集体资产的监督和管理，并通过编码颁证赋予农村集体经济组织市场主体地位，在产权分类确权登记、产权流转交易建设、股权赋能以及探索农村集体经济有效实现形式等方面取得了明显进展，在这一过程中还强调保障弱势群体权益。

这次变革以彻底解决地方集体经营性资产归属不明、经营收益不清、分配不公开、成员权益缺乏保障等突出问题为主要目的，具有强制性制度变迁的特征，国家行动者在制度变革过程中发挥着关键作用。在这一阶段，集体产权制度体系体现出较强的自我强化机制，交易成本过高使通过获取制度红利的诱致性变迁并不能实现制度变革。因此，国家规范强势介入弱化了路径依赖、降低了调整成本，从而推动实现温和性的制度演进，将新制度规则层叠于旧规则之上，体现为农村集体产权制度"从有到全"的规范，但前提是国家和村集体的行动目标一致。

第五节　结论与启示

随着市场化程度的加深和经济水平的提高，社会利益主体的诉求愈加多元化，在模糊不清的集体产权下，农村基层利益纠纷、权利差异等问题日益显现，尤其是身份竞争和利益分配失衡加剧了基层的不稳定性。本章结合历史制度主义分析范式，对农村集体产权制度改革的变迁过程进行了识别。按照变革前后产权关系和集体经济组织发展特点，本章确定了两个关键节点时期，并将我国农村集体产权制度改革历程划分为三个阶段，分别从制度情境、关键节点、行动者、路径依赖和压力机制以及结果五个方面入手，完成对制度变迁过程的剖析及变迁逻辑的解释，回答了制度变革及其过程"为什么会这样"以及"为什么要这样"的问题。

研究发现，两次制度变迁过程从各方面体现出极大的差异。在第一个关键节点时期发生的变革具有诱致性制度变迁的特征，社会中下层行动者在其中发挥着关键作用，且矛盾激化、制度红利、示范效应构成的压力机制弱化了旧制度的路径依赖，"从无到有"对原有的集体产权制度进行了明晰和创新。在第二个关键节点时期，国家行动者在改革中占主导地位，体现出明显的强制性制度变迁特点。原制度体系在制度"惰性"下不断强化，此时路径调整成本过高导致类似前一个阶段的诱致性制度变迁不会主动发生，国家规范的介入则起到了弱化路径依赖、降低调整成本的作用，依靠行政力量在较大范围内推动农村集体产权制度"从有到全"的制度演进。由此可见，制度情境是制度变革的出发点，关键节点和行动者构成制度创新空间，而路径依赖和外部压力的相对强度影响着制度变迁的路径，几种因素组合最终导向差异化的变革结果。另外，虽然各时期改革面临的集体经济发展境况、改革的定位和结构都不同，但两次制度变革都是以一种温和的方式实现的，并体现为差异化的形成机制：第一次顺利的制度变革可以说是建立在乡村人情社会的基础之上，彼此信任、相互熟识、高度组织化降低了制度演进的不确定性和路径调整成本；第二次则是当国家和村集体的行动目标一致时，国家的强制力量与制度的路径依赖性相抵消所实现的。

任何一项改革都不是一蹴而就的，也不是一瞬一息就能完成的，因此在建立改革历史观、动态观和结构观的基础上为下一步深入开展农村集体产权制度改革提供两点启示。

第一，从村集体和村民行动者角度来看，在改革工作中要充分发挥主观能动性。地方行动者在解决具体实际问题方面具有独特的优势，因此，为了深化农村集体产权制度改革，应充分发挥村干部等乡村精英的主观能动性，解决好村民的个体诉求，调动村民积极参与。一方面，要巩固既有改革成果，并在不违背法律意志的前提下运用集体成员大会等渠道，妥善解决好历史遗留问题，处理好既得利益者与未得利益者的矛盾，为集体经济的长远发展打好基础。另一方面，集体经济最终还是落脚于发展和壮大，因此要结合实际、因地制宜，充分利用集体智慧创新集体经济发展路径，"宜农则农、宜工则工、宜商则商"，探索乡村振兴和共同富裕的有效实现形式。比如，在区域性主导产业规划的基础上，具有区位优势的村组可以发展物业经济，不断提高集体资产的管理水平和市场竞争意识，实现资产保值增值；资源禀赋优异的村组则可以结合农业产业、自然风光、民俗风情、农耕文化等特色发展乡村休闲旅游业，或积极利用集体土地、水面等自然资源优势发展生态农业、设施农业、特色农业，以及通过推行"企业+合作社+农户"等模式发展农村电商经济。

第二，从政府行动者角度来看，要为改革顺利开展提供切实保障。一方面，中央政府及相关部门要不断完善顶层制度设计，为改革的开展提供指导和规范。目前基层的矛盾爆发点主要集中于集体成员身份和妇女权益的问题，但相关指导文件一直处于空白状态，因此，国家应加快完善制度体系和法律体系建设，减少历史旧制度、旧规范对新时代集体产权制度改革的残余影响。另一方面，各层级政府有关部门要建立健全改革过程中的监督机制。由于制度的模糊性，在执行过程中可能会出现差异性结果，比如地方行为者对规则的含义和如何执行进行再解释、歪曲或延伸，从而使结果发生变化，即发生马洪尼所说的转换现象。由此可见，一项好的制度切实发挥作用还需要建立健全监督机制，充分利用基层自治和民主监督，不断提高主要行动者的改革思想觉悟，防止政策结果过度偏离预期目标、损害群众利益。

第十章 改革开放以来我国农村集体经济的变迁与发展[①]

农村集体经济是中国社会主义公有制的重要组成部分。《宪法》第六条规定，"中华人民共和国的社会主义经济制度的基础是生产资料的社会主义公有制，即全民所有制和劳动群众集体所有制"。而农村中劳动群众集体所有制的体现就是农村集体经济。它形成于计划经济时期，其实体是人民公社。经过 1959 年、1960 年、1962 年的多次修改，最终形成"三级所有，队为基础"的农村集体经济框架。1978 年以后开始的农村改革，仅是在操作层面上把"队为基础"继续向下延伸到户，所有制关系并没有变化，集体经济的框架依然存在。1982 年中央一号文件强调了家庭经营也是集体经济的组成部分，即提出"目前，我国农村的主体经济形式，是组织规模不等、经营方式不同的集体经济。与它并存的，还有国营农场和作为辅助的家庭经济""目前实行的各种责任制，包括小段包工定额计酬，专业承包联产计酬，联产到劳，包产到户、到组，包干到户、到组，等等，都是社会主义集体经济的生产责任制"。党的十五届三中全会通过的《中共中央关于农业和农村工作若干重大问题的决定》也指出，"实行土地集体所有、家庭承包经营，使用权同所有权分离，建立统分结合的双层经营体制，理顺了农村最基本的生产关系。这是能够极大促进生产力发展的农村集体所有制的有效实现形式"。在这样的共识下讨论农村集体经济的变迁与发展是很有必要的。

第一节 改革开放以来我国农村集体经济的变迁

1983 年 10 月，中共中央、国务院发出《关于实行政社分开，建立乡政府的通知》，要求各地实行政社分开，建立乡政府，同时按乡建立乡党委，并根据生产的需要和群众的意愿逐步建立经济组织。规定乡的规模一般以原有公社的管辖范围为基础，要求各地有领导、有步骤地搞好农村政社分开的改革，争取在 1984 年底以前大体上完成建立乡政府的工作，改变党不管党、政不管政和政企不分的状况。此后，

[①] 执笔人：孔祥智、高强。

公社、生产大队、生产小队相应改为乡（镇）、村、村民小组，集体经济的载体和运作方式均发生了变化。我们按照集体经济最核心的"资产—土地"的制度变迁来划分，改革开放 40 多年来，中国农村集体经济共经历了三大阶段。

一、1978~1993 年

这一阶段，农村集体经济的特点有二：一是在第一轮承包期内，土地和生产性固定资产基本均分到户，只有部分村集体还保留少量机动地以及林地、园地、鱼塘等，这些土地的发包可以成为村集体收入来源的一部分；二是乡镇企业在这一阶段"异军突起"，为农村集体经济的发展注入了新的"血液"。

在改革初期，广大农民对原集体经济组织造成的"大呼隆"、低效率深恶痛绝，因而在承包初期绝大多数把能分的都分到户，集体资产所剩无几。河北省灵寿县南朱乐村党支部书记李年发在谈到承包状况时说道，"能搬走的、能挪动的都卖了，要说集体还有财产，那就剩下搬不走、挪不动、国家政策不允许变卖的土地了"[①]。中共中央政策研究室、农业部农村固定观察点办公室从改革初期就跟踪调查了 274 个村庄，发现改革前一年，平均每个村集体拥有生产性固定资产原值 31 万元，而 1984 年只有 22 万元，减少了 29.1%。其中最突出的是役畜、种畜、产品畜，大中型农机具，农林牧渔业机械，三者分别减少了 85.4%、65.3% 和 46.8%。越过了改革的"阵痛期"之后，不论村干部还是广大农民都感受到集体经济的重要性，在这一阶段的后期，集体所有的固定资产迅速增加。在 274 个调查村中，1990 年村集体拥有的生产性固定资产原值比 1984 年增长了 283.6%，年均增长 20%。其中，工业机械增长了 291.9%，农牧渔业机械增长了 145.6%，运输机械增长了 93.8%，生产用房增长了 180.5%[②]。这样高的增长速度，在很大程度上是乡镇企业迅速发展的结果。

二、1993~2008 年

1993 年，中共中央发布十一号文件，规定在原定的耕地承包期到期之后，再延长 30 年不变，从而开启了第二轮农村土地承包的进程。第二轮承包不仅是承包期限的延长，还有两个重要特点：一是强调"增人不增地，减人不减地"，基本杜绝了土地的频繁调整；二是严格控制"机动地"。村集体留有"机动地"的原因很多，但最主要的是通过对"机动地"的发包，可以增加乡、村集体的收入，这在一定程度上损害了农民个体的利益。为此，1997 年 8 月，中共中央、国务院联合发布了《关于进一步稳定和完善农村土地承包关系的通知》，强调各地"原则上不应留'机动地'"。上述两项规定都堵住了村集体通过土地发包获取一部分收入的不规范做法，但也客观上造成了大多数村集体陷入"空壳"的困境。

---

① 王武德. 创建村级财富积累机制探索与实践 [M]. 北京：中国铁道出版社，中国农业出版社，2012.
② 中共中央政策研究室，农业部农村固定观察点办公室. 完善中的农村双层经营体制——对 274 个村庄的跟踪调查 [M]. 北京：中共中央党校出版社，1992.

在此期间，1992 年 8 月发生了一起对农村集体经济发展具有重要意义的事件，即《吕梁地委行署关于拍卖荒山荒沟荒坡荒滩使用权、加速小流域治理》文件的出台。该文件规定，不管是谁，都可购买"四荒地"的使用权。购买形式，可竞标拍卖，亦可招标、议标拍卖。购买期限，可 30 年，亦可 50 年、100 年。山西省吕梁地区的做法引起了其他地区的效仿，各地纷纷出台办法对域内"四荒地"资源进行拍卖，从而为农村集体经济增加了新的收入来源。1999 年，国务院办公厅专门出台了中央二号文件对"四荒地"资源使用权拍卖进行了规范。2002 年实施的《农村土地承包法》第三章专门对"四荒地"资源的招标、拍卖、公开协商等方式进行了具体规定。

这一阶段，针对农村集体资产管理混乱的现象，国务院于 1995 年 12 月发布了《关于加强农村集体资产管理工作的通知》，明确了集体经济组织是集体资产管理的主体，要求集体经济组织建立健全产权登记、财务会计、民主理财、资产报告等制度，把集体所有的资产纳入管理范围之内。这一文件的实施大大提高了农村集体资产规范化管理的水平。

20 世纪 80 年代后期和 20 世纪 90 年代前期大办乡镇企业，也使一些地区的农村集体经济负债增加，因此，清理债务成为这一阶段农村集体经济组织的一项重要工作。1999 年 5 月，国务院办公厅发布了《关于彻底清理乡村两级不良债务的通知》，要求妥善处理已经形成的债权债务，制止新的不良债务继续增加。2006 年 10 月，国务院办公厅发布《关于做好清理化解乡村债务工作的意见》，要求全面清理核实，锁定债务数额，坚决制止发生新的乡村债务，并确定化解乡村债务的试点范围和顺序。

三、2008 年以后

2008 年 10 月，党的十七届三中全会提出了"赋予农民更加充分而有保障的土地承包经营权，现有土地承包关系要保持稳定并长久不变"。加上 2007 年出台的《物权法》等一系列法律、政策，进一步推动了土地承包经营权的流转。土地流转对于中国农业规模经营和现代农业发展的意义重大，很多地方政府都出台了促进土地流转的奖励政策，包括对村集体经济组织推动或组织流转达到一定规模后给予一定的奖励，这一政策推动了以村为单位、以村"两委"为主导的土地流转合作社（有些地方也叫土地股份合作社）的产生，客观上加速了土地流转，也为村集体经济组织带来部分收入。

进入 21 世纪以来，现代农业发展的水平越高，就越需要完善的社会化服务，而村级集体组织的服务质量一直处于较低水平。中国人民大学课题组 2007 年对山东、山西、陕西 3 省 30 个行政村进行了问卷调查，在所调查的 39 项社会化服务中，只有在技术指导和灌溉两个项目上提供服务的村占样本村的比重超过 50%，其他提供较多的服务分别是信用评级证明、政策法律信息、购买良种和技术培训、技术信息等，而诸如介绍贷款渠道、统一购买化肥农药、产品运输加工等则基本没有提供服务。调查表明，村集体组织之所以无法为农民提供高水平的服务，根本原因在于集体资产有限，不足以支撑必要的社会化服务。而缺少村级组织这个环节，农业社会化服务体系是不完善的，因此，在本阶段，中共中央多次强调农村集体经济的发展。如2008年10月召开的党的十七届三中全会提出"发展集体经济、增强集体组织服务功能"；党的十八大报告提出"壮大集体经济实力"；党的十八届三中全会也提出要"发展壮大集体经济"。

随着集体经济的发展壮大，集体产权不清晰、成员权不明确、成员权与用益物权不衔接等问题越来越突出。这一阶段，农村集体产权制度改革成为集体经济发展必须突破的"瓶颈"。《物权法》等相关法律的颁布与完善，也使维护农民财产权益显得越来越重要。因此，党的十八届三中全会指出，"保障农民集体经济组织成员权利，积极发展农民股份合作，赋予农民对集体资产股份占有、收益、有偿退出及抵押、担保、继承权"。2014年11月，农业部、中央农办、国家林业局联合下发《关于印发〈积极发展农民股份合作赋予农民对集体资产股份权能改革试点方案〉的通知》。改革试点方案经中央审议通过后，全国共有北京市等29个省份各选定1个县（市、区）开展试点。2014年中央一号文件指出，"推动农村集体产权股份合作制改革，保障农民集体经济组织成员权利，赋予农民对落实到户的集体资产股份占有、收益、有偿退出及抵押、担保、继承权"。2016年中央一号文件首次提出了农村集体产权制度改革的目标，即"到2020年基本完成土地等农村集体资源性资产确权登记颁证、经营性资产折股量化到本集体经济组织成员，健全非经营性资产集体统一运营管理机制"。

第二节　我国农村集体经济的发展模式

改革开放40多年来，我国农村集体经济的发展呈现出多样化的态势，各地根据自身的资源条件，探索出了不同的发展模式。

一、工业化模式

这种模式主要集中在那些距离大中城市较近、接受辐射能力较强、改革开放前就具有一定发展基础的村。这样的村大多在20世纪80年代初期没有实行土地承包到户，而是发挥自身的资源优势，把农业当作一个车间，采取工业化的经营方式，集体经济的收入也主要来自工业。如江苏省江阴市华西村，建于1961年，始终不懈地坚持发展集体经济，从最初的0.96平方千米发展到成为拥有5个村子的大华西。经过多年的发展，华西村拥有固定资产60多亿元，形成钢铁、纺织、旅游三大产业，拥有8家上市公司，下属60多家企业。2010年，华西村创造了35.4亿元的工农业生产总值,实现了4.6亿元的利税,人均年经济收入14.3万元,走出了一条以工业化致富农民、以城镇化发展农村、以产业化提升农业的华西特色发展之路,为社会主义新农村建设做出了示范和表率,并正在努力建设一个文明、富裕、和谐、稳定、名副其实的"天下第一村"。这类村在长江三角洲、珠江三角洲和山东的胶东半岛等经济发达地区均有分布,尽管总体上数量不多,但示范效应明显。

这类村集体经济快速积累的重要原因之一,就是工业化过程中农村土地、劳动力等要素的隐性贡献内部化,直接形成村级集体经济发展资金。中国人民大学课题组的一项研究结果显示,自改革开放以来,中国农民在劳动力、土地和工农产品价格"剪刀差"三大方面作出的隐性贡献累计高达18.9万亿~23.9万亿元,为国家工业化、城镇化提供了巨额资金支持。这类村在工业化过程中大量土地非农化,并吸收了大量外来劳动力就业,实际上是把土地、劳动力的贡献内部化,形成村集体经济快速积累。华西村合并周边村庄,也有通过村民集中居住结余建设用地用于工业化的意图。

二、后发优势模式

这类村主要指改革开放后,在能人的带动下,充分挖掘自身资源潜力,有的以工业兴村,有的以农产品加工业兴村,有的以旅游兴村,这类村的大部分集体经济积累没有前一类村那么多,名气没有那么大,但也有少部分村的集体经济超过了前一类村。例如,永联村曾是当时沙洲县(现张家港市)最小、最穷的一个村。1978年,吴栋材作为第七任工作组组长、第五任党支部书记被南丰镇派驻到永联村工作。从此,他扎根永联一干就是几十年,带领永联人将一个30万元的作坊式小工厂建设成年销售收入达380亿元、利税20亿元的大型联合型钢铁企业。今日的永联村,在全国60万个行政村中,经济总量排名前三、上交税收排名前二、全面建设名列前茅。

再如,干河陈村位于河南省漯河市源汇区西南郊,20世纪90年代,该村与漯河市区仅有一路之隔,处于市整体规划区内。发展初期,干河陈村集体经济薄弱,几乎没有什么收入,村里用卖地款办的几家小企业只有投入,没有产出。为了改变这种局面,干河陈村党支部决定将个人承包的企业收归集体所有,清缴承包费用,理顺集体产权关系,仅一年就使集体企业扭亏为盈。为了更快地推进农村集体经济发展,该村又把村民分散经营的土地收归村集体统一管理,并鼓励村干部、党员等带头以现金入股的形式筹集资金300万元,组建了村集体控股的企业开源集团。1998年,公司收入达180多万元。2000年,干河陈村决定拆迁100多户,自主修路,修筑了6条、总长11千米的道路,主动对接城市,带动市区向南扩展6平方千米,使村庄和城区融为一体。20余年来,干河陈村通过逐步融入城市,走出了一条城市近郊村后发超越、快速城镇化发展的新路子。目前,村办集体企业开源集团,已经成为集房地产业、旅游业、商业三大产业以及12家公司于一体的集团公司,2015年净资产近 20 亿元，实现年营业收入 10.7 亿元。从 20 世纪 90 年代末开始，干河陈村集体经济发展取得明显成效，正是基于以下特定前提：第一，地理位置是村集体经济发展的独特优势。一般而言，离城市比较近的农村往往最先被纳入城镇化进程。依托地缘区位优势，这些农村最容易承接城市的二三产业，成为农村集体经济增长突破点。第二，村干部是村集体经济发展的关键因素。发展村级集体经济，需要有一个强有力的领导班子，更需要有一个思路清、懂经济、肯实干的带头人。受市场经济和打工潮的影响，许多年富力强、有头脑的农村能人纷纷外出务工或创业，导致农村发展后继乏人，而有带头人的村集体经济组织往往能脱颖而出。第三，村办企业是村集体经济发展的物质基础。村办企业是村级集体经济的主体，是实现共同富裕的基础。村办企业归村集体所有，每年的利润可由村里统一支配用来改造村级设施和提高村民生活福利。第四，外部支持是村集体经济发展的必要条件。自改革开放以来，农村不再是传统的封闭空间，必然与外界发生关联。尤其是对于城郊农村来说，在发展的起步时期，外部的支持与肯定更是必不可少。在干河陈村发展的关键时期，漯河市长协同相关部门就该村的发展模式进行专门调研，并形成一个会议纪要，初步确认了干河陈村自主开发、自主建设的城镇化道路。干河陈村集体经济发展的道路，对于城郊农村具有借鉴意义。

三、集腋成裘模式

这类村绝大部分长期属于"无经营收益的村"，但在改革中盘活各类看似不起眼的资金、资源、资产，如仍属村集体管理的果园、荒山、鱼塘、小型水利设施等，采取租赁、入股、拍卖等方式为集体经济注入新的"血液"，从而增加集体经济收入。如河北省石家庄市建立的村级财富积累机制就是欠发达地区发展集体经济的很好案例。具体做法是从规范农村集体资产、资源、资金管理入手，盘活闲置资产、资源，合理定价，竞标承包，规范管理，最大限度地实现农村集体资产、资源的合理保值增值，并合理运营，最终达到发展壮大集体经济，完善农村基本经营制度的目的。在石家庄市的探索中，一方面是完善合同，承包、租赁合同的合法签订和及时完全兑现，将农村集体"三资"管理纳入法制轨道；另一方面是实现民主监管，以前农村集体"三资"之所以流失、丧失，就是因为缺乏有效监管。各村成立了一个由村"两委"成员和村民代表参加的村集体"三资"管理领导小组，负责本村集体"三资"的核实、登记和台账管理，对集体所有的土地、闲散地、林地、山场、滩涂、水面，以及房屋、厂房、沿街门面、机具、农业基础设施、公用公益设施等，都要逐项分门别类地登记，核查清楚后建立台账，做好发包、租赁及合同建档管理等工作。在此基础上清产核资，并向全体村民公开，接受村民监督。村集体"三资"的处置，由村集体"三资"管理领导小组集体研究，村集体资源、资产经营权变更、大项开支等重大事项，都必须由村民大会或村民代表会讨论决定。村集体"三资"管理领导小组定期向村民大会或村民代表会报告村集体

"三资"运营情况，并接受全体村民的监督。从运行结果来看，石家庄市建立村级财富积累机制的尝试取得了很好的效果，不仅大部分村的财力有了较大幅度的增加，还形成了全新的村级经济治理模式，实现了农村集体经济的市场化运营和长期保值增值。

贵州省六盘水市在农村集体产权制度改革中推动了贫困村集体经济的发展。六盘水市地处贵州西部乌蒙山区，大部分村的集体积累很少，相当一部分属于"空壳村"，村干部没有为村民服务的基本手段。农村集体产权制度改革后，村集体把以前利用不充分甚至闲置的耕地、林地、荒山、池塘、场地等资源入股到新型经营主体，使这些资源充分发挥作用，产生经济效益，从而使参与改革的村摆脱了过去"等、靠、要"的状态，能够利用这些财力为农民提供公共服务，村干部的腰杆也"硬"了起来。2014~2015年上半年，全市共有16.52万亩集体土地、8.21万亩"四荒地"、32.18万平方米水面、3450平方米房屋入股到各类新型经营主体。通过股权收益，新增村集体经济收入2477万元，消除"空壳村"157个，"空壳村"占比从2013年的53.8%下降到2015年的18.6%。到2015年底全市912个行政村全部实现有村集体经济积累的目标。

第三节　我国农村集体经济当前亟须解决的问题与讨论

一、当前亟须解决的问题

我国农村集体经济的发展，在农村改革之后一度处于低水平徘徊状态，而在21世纪的改革中逐渐呈恢复态势。但从根本上看，农村集体经济要进一步发展，在当前需要重点解决以下四大问题。

（一）集体经济主体缺位

农村集体经济是劳动群众集体所有制的最重要组成部分。全民所有制的代表是国家，根据《中华人民共和国企业国有资产法》，各级政府组建相应级别的国有资产监督管理委员会（局）负责本级国有资产的监督和管理工作，并委派法人代表和经营团队进行管理和经营，使之保值增值。但农村集体经济并不具备法人主体资格，改革前政社不分，由人民公社、生产大队、生产小队分别负责本级范围内资产的管理，改革后则基本处于无主体状态，乡镇一级的资产（包括部分仍然属于乡镇所有的土地）由乡镇政府代管，只有少数地区成立了农工商联合公司或类似名称的经营管理机构。村、组两级基本上由村委会、村民小组代管。截至2009年底，在全国农经统计调查的近62万个行政村中，只有25万个行政村建立了村级集体经济组织，占全部行政村的 40.5%①。按照 2010 年中央一号文件的要求，"力争用 3 年时间把农村集体土地所有权确认到每个具有所有权的农民集体经济组织"。按照这个部署，到 2012 年底，全国范围内农村土地的所有权已经基本落实到乡镇、村、组三级。由于缺乏相应的管理组织，大部分处于"名不正，言不顺"的状态。当然，即使成立了相应的集体经济组织，也没有法人主体资格，在对资产的管理上仍然没有法律效力，并且不能取得合法营业资格和组织机构代码，严重影响了集体经济的正常运营。

为了解决法律缺位的问题，江苏省要求各地成立村级社区股份合作社，将村级集体所有的经营性资产以股权的形式量化给每个村级集体组织成员，并遵循股份合作制的原则，形成一个民主管理、民主决策、独立核算、自主经营、风险共担的新型合作经济组织。规定一个行政村只能设立一个农村社区股份合作社，如该行政村下设的村民小组有独立的集体经营性资产，可单独设立农村社区股份合作社。农村社区股份合作社经县（市、区）工商行政管理局依法登记，领取农民专业合作社法人营业执照，取得法人资格。设立农村社区股份合作社时，行政村的村民为合作社当然的设立人；居住在该行政村辖区内的其他人员，经该行政村村民会议 2/3 以上村民或者 2/3 以上村民代表同意，也可以成为合作社的设立人。江苏省的做法很有推广价值。但是，社区股份合作社毕竟是和农民专业合作社不一样的组织，硬把专业合作社的"壳"套在社区股份合作社上面，难免会出现漏洞，甚至捉襟见肘。北京市海淀区农村集体经济组织产权制度改革后，按文件要求成立农村社区股份经济合作社，并要求在农业部门登记注册，但其根本不具有法人资格。

综合以上考虑，笔者认为，由于农村集体经济组织具有特殊性，有关部门应抓紧开展村级集体经济组织的立法调研，明确其有限参与市场竞争的特殊法人地位，重点是明确集体经济组织的设立、权利、运行方式，保障其依法公平参与市场竞争，并为其设计一套特殊的法律保护制度与政策支持体系。

（二）农村集体经济组织的成员权不清晰

农村集体经济组织的成员权不清晰，在法律上说不清楚，是影响农村集体经济发展的又一重大问题。中国人民大学课题组调查了北京市海淀区十余个已经改制或者正在改制的农村集体经济组织，发现每个组织对成员资格的界定都不一样。区农委也只能是模糊地界定一个范围供各地参考。在这种情况下，一旦出现纠纷，就有可能出现法律争议等问题。农村集体经济组织的成员权，是指农民基于其成员身份，针对农民集体就集体财产和集体事务管理等方面的事项所享有的复合性权利②，是以集体成员资格为基础进行界定的。问题在于，这个"资格"究竟是什么？指的是出生地还是贡献？不同时期出生的成员其资格是否相同？如果这些问题弄不清楚，就有可能损害一部分集体组织成员的权益，甚至出现内部控制问题，阻碍农村基层民

---

① 关锐捷，黎阳，郑有贵. 新时期发展壮大农村集体经济组织的实践与探索［J］. 毛泽东邓小平理论研究，2011（05）：28-34+84.

② 管洪彦. 农民集体成员权研究［M］. 北京：中国政法大学出版社，2013.

主政治的发展①。

鉴于以上问题，笔者认为，由于集体成员资格涉及面广、利益关系复杂且事关广大农民的基本民事权利，只能由全国人大制定相关法律规定。现阶段条件还不成熟，可由各地因地制宜，根据实际情况出台地方性法规或规范性文件，明确农民的集体成员权，规范成员资格认定和取消、登记、变更等程序。待条件成熟后，由全国人大出台原则性的认定标准。具体操作上，考虑到农村各类人员的情况千差万别，农村集体经济组织成员身份的认定，应充分尊重农民意愿，坚持程序合法、公开，由农村集体经济组织成员充分协商、民主决定，建立成员登记备案制度，编制成员名册，建立成员档案，切实保障农村集体经济组织成员的合法权利。

（三）法人治理结构不完善

2007年，农业部《关于稳步推进农村集体经济组织产权制度改革试点的指导意见》下发后，各地开始加快推进以股份合作为主要形式，以清产核资、资产量化、股权设置、股权界定、股权管理为主要内容的农村集体产权制度改革。据不完全统计，截至2015年底，全国已有5.8万个村和4.7万个村民小组完成股份合作制改革，村、组两级共量化集体资产7417.5亿元，累计股金分红2591.6亿元，其中2015年股金分红411.1亿元。完成产权制度改革的集体经济组织大都要成立一个机构，如前述江苏省叫农村社区股份合作社，北京市海淀区叫股份经济合作社，也有叫其他名称的。这些组织的共同特点是，主要负责人基本上由村书记或者村主任担任，或者直接由村"两委"班子兼任。据统计，北京市村党支部书记兼任董事长的占93.8%。新型农村集体经济发展壮大需要在股份合作基础上实现"政企分开"与"政经分离"，建立较为完善的现代企业制度和法人治理结构。但是，目前已完成产权制度改革的农村集体经济组织，在形式上普遍按照现代企业制度设立了股东代表大会、董事会和监事会，有的还设立了集体资产监督管理委员会。但从实际运作来看，集体经济组织在人事安排、项目运作上仍然受到行政力量的干预，因人设岗、交叉任职现象严重。有的股份合作社更像一个巨型的家族企业，民主决策、民主管理和民主监督问题突出。由于长期以来村级组织的运转经费主要依靠农村集体经济来保障，一些村改制后，并未真正实现村委会经费和集体经济组织经费分账管理、分账使用。当前已改制地区普遍反映，改制后村党支部、农村集体经济组织与村民自治组织职能交叉，未能做到各司其职、各负其责。村党支部书记兼任集体经济组织负责人固然可以加强党对农村集体经济组织的领导，便于协调各组织之间的关系，但也会带来干部权责不清、决策不民主、资产管理不透明等问题，甚至有的村的集体资产控制权集中在村干部等少数人手中，致使集体资产面临流失的危险。从市场角度来看，专业人才不足成为了制约股份合作社发展的重要因素。一方面，原有的

① 关锐捷，黎阳，郑有贵. 新时期发展壮大农村集体经济组织的实践与探索［J］. 毛泽东邓小平理论研究，2011（05）：28-34+84.

村社干部缺乏资本运营、管理分配与市场拓展等专业性知识，加大了集体资产运营管理上的风险；另一方面，新型集体经济组织也缺乏引进人才、留住人才的机制，造成能力强的职业经理人很难留在集体经济组织发挥作用。

针对这一问题，笔者认为，要健全农村集体经济组织运行机制，理顺集体经济组织与其他村级组织的职责关系，从成员权利、组织功能、干部管理、账目资产、议事决策等方面推进"政经分离"改革。充分利用信息化的管理手段和民主化的监督方式，加强"三资"监管力度，推进集体所有制企业领导人员去行政化改革，尤其是解决干部之间交叉任职的问题，增加市场选聘人才比例，增强农村集体经济组织发展活力。

（四）农村集体经济缺乏长效发展机制

一些发达地区农村集体产权制度改革虽然已经基本完成，但是改革后的新型农村集体经济在一定程度上受到规划、土地等方面的制约，新项目难以引进、老项目难以维持，在可持续发展方面面临着巨大的挑战。从全国来看，集体经济薄弱村占大多数，基本上以租赁物业为主，缺乏优良的经营性资产，没有形成稳定的收入来源。有的村集体经济组织采取了分家底的方式进行改制，兑现比例过高，而大规模兑现导致集体资产大幅减少，影响了改制后新型农村集体经济组织的持续经营。如北京市奥运村乡级集体净资产20.5亿元中兑现了19.1亿元，大屯乡净资产7.65亿元中兑现了6.3亿元。即便是对于一些经济实力较强的村集体来说，分红压力普遍较大，制约了集体经济的发展后劲。同时，由于缺少相关政策扶持和专业经营人才的支撑，新型农村集体经济组织还存在盲目投资的现象。

针对这一问题，笔者认为，一方面，要努力拓展改制后成立的新型集体经济组织的从业范围。在新的历史条件下，发展新型集体经济，既应避免走过去那种大办乡镇企业的老路，防止内部人控制和形成新的债务包袱，也不能盲目上工业项目，不适宜进入竞争激烈的一般性经营性领域。新形势下发展壮大新型集体经济，要重点盘活农村集体资源资产，谋求稳定可持续的资源资产性收入。要立足本地优势、统筹优化资源配置，结合产业转型和新型城镇化，创新土地利用方式，促进传统"瓦片经济"转型升级为"楼宇经济""美丽经济"，实现集体土地的建筑形态及其附着产业高端化。另一方面，要努力探索集体经济有效实现形式与发展模式。要鼓励整合利用集体积累资金、政府帮扶资金、扶贫资金等，通过入股或参股、跨村合作、村企合营等多种形式发展集体经济。在风险可控的前提下发展新型集体经济，可以鼓励经济实力较强的村集体尝试参与资本市场的投资和运营，以土地、物业和资金等资源，通过信托、合作、入股、投资基金等方式，参与城市开发、产业投资和基础设施建设，引导农村集体以资产管理向资本运营转变。有条件的地方可以以资本为纽带，通过集体资产管理体制变革，建立集体资本授权运营新机制。

二、进一步的讨论

农村集体经济发展是稳定和完善农村基本经营制度的重要内容，也是加快农村全面建成小康社会的重要保障。当前，中国农业农村发展发生重大变化，一方面，新型城镇化进程加速、生产要素流动加快、市场配置资源作用逐步加大；另一方面，资源环境约束趋紧、农业比较效益持续走低、国际竞争日趋激烈。面对新的发展形势，需要充分认识农村基本经营制度的长期性和适应性，在稳定基本经营制度关键内核的基础上，进一步发展壮大新型农村集体经济。

目前中国农村集体经济发展，不仅经营效率较低、市场竞争力偏弱、发展总体不足，而且经营机制落后、管理运作不规范，缺乏长效发展机制。从全国来看，集体经济薄弱村占大多数，有的村集体经济组织有一定经济实力，但也基本上以租赁物业为主，缺乏优良的经营性资产，没有形成稳定的收入来源。有的村集体经济组织采取了分家底的方式进行改制，兑现比例过高，导致集体资产大幅减少，影响了改制后新型农村集体经济组织的持续经营。此外，现阶段税费负担也成为影响地方和集体经济组织推行集体产权制度改革积极性的突出问题。

当前和今后一个时期，围绕建立一项适应社会主义市场经济体制、符合农业生产特点、充满生机和活力的农村基本经营制度，需要凝聚共识、统筹谋划、协同推进、毫不动摇地坚持集体所有制，着力解决农村集体经济在发展中面临的体制机制性约束，在改革的关键环节、重点领域取得突破，探索集体经济的有效实现形式与发展模式，促进新型农村集体经济发展壮大。

第十一章　农村集体产权制度
改革与农民增收

—— 以六盘水市的"三变"改革为例[①]

第一节　引　言

随着我国经济发展进入新常态，农村集体经济产权制度改革也进入了"深水区"。出于历史的原因，我国农村普遍存在农村集体资产产权归属不清晰、权责不明确、保护不严格等问题。因此，为了更好地保护农民权益，促进农民增收和集体经济发展，进行农村集体产权制度改革势在必行。2007年，在农业部出台的《关于稳步推进农村集体经济组织产权制度改革试点的指导意见》中便提出，要引导有条件的地方开展以股份合作为主要形式，以清产核资、资产量化、股权设置、股权界定、股权管理为主要内容的农村集体经济组织产权制度改革。而且在往年的中央一号文件中，关于推动农村集体经济产权制度改革的相关内容多次被提出（见表11-1）。由此可以看出，目前在我国推行农村集体产权制度改革具有十分重要的意义和作用。

表 11-1　中央有关农村集体产权制度改革的主要文件和内容

年份	文件名称	改革的内容
2008	《关于切实加强农业基础建设进一步促进农业发展农民增收的若干意见》	全面推进集体林权制度改革：在坚持集体林地所有权不变的前提下，将林地使用权和林木所有权落实到户
2009	《关于2009年促进农业稳定发展农民持续增收的若干意见》	全面推进集体林权制度改革：用5年左右时间基本完成明晰产权、承包到户的集体林权制度改革任务
2010	《关于加大统筹城乡发展力度进一步夯实农业农村发展基础的若干意见》	首次提出"鼓励有条件的地方开展农村集体产权制度改革试点"

---

① 执笔人：孔祥智、穆娜娜。

续表

年份	文件名称	改革的内容
2013	《关于加快发展现代农业进一步增强农村发展活力的若干意见》	建立归属清晰、权能完整、流转顺畅、保护严格的农村集体产权制度；健全农村集体经济组织资金资产资源管理制度，依法保障农民的土地承包经营权、宅基地使用权、集体收益分配权
2013	《党的十八届三中全会：中共中央关于全面深化改革若干重大问题的决定》	提出了保障农民集体经济组织成员权利，积极发展农民股份合作，赋予农民对集体资产股份占有、收益、有偿退出及抵押、担保、继承权的改革任务
2014	《关于全面深化农村改革加快推进农业现代化的若干意见》	重点提出了要"深化农村土地制度改革"
2015	《关于加大改革创新力度加快农业现代化建设的若干意见》	推进农村集体产权制度改革：探索农村集体所有制有效实现形式，创新农村集体经济运行机制

农村集体产权制度改革的目的和效果是多方面的。陈锡文曾表示，农村集体产权制度改革的目的：一是搞懂自己集体到底有多少"家当"；二是希望在经营这些资产的决策过程中能够公平公开、管理民主；三是经营成果能够公平分配[①]。有研究认为，新形势下推进农村集体产权制度改革：一是建立城乡要素平等交换关系的需要；二是增加农民财产性收入扩大内需的需要；三是加快城镇化进程的需要；四是巩固党在农村执政基础的需要[②]。陈雪原的研究则指出，深化集体产权制度改革有助于实现农民"带资进城"，加快农民市民化进程，完成农村社会结构转型的历史任务[③]，并且保护农民权益的关键在于深化农村集体产权改革[④]。

而关于农村集体产权制度改革对农民收入影响的研究也有很多。陈晓华在全国农村集体产权制度改革座谈会上就指出，推进农村集体产权制度改革的核心就是要增加农民的财产性收入，赋予农民更多的财产权利[⑤]。方桂堂通过对北京个案的研究分析表明，深化农村集体产权制度改革，能够增加农民财产性收入[⑥]。齐只森也认为改革农村集体产权制度是增加农民财产性收入的根本保障[⑦]。徐元明等同样认为，赋予农民农村集体土地的成员所有权，赋予农民住房的完整产权，实现农民财产的自

① 资料来源：http://finance.qq.com/a/20141202/000873.htm.

② 黄延信，余葵，师高康，王刚，黎阳，胡顺平，王安琪. 对农村集体产权制度改革若干问题的思考 [J]. 农业经济问题，2014（04）：8-14.

③ 陈雪原. 关于"双刘易斯二元模型"假说的理论与实证分析 [J]. 中国农村经济，2015（03）：34-43.

④ 许惠渊. 保护农民权益的关键在于深化农村集体产权改革——兼谈农村产权改革的具体形式 [J]. 开发研究，2005（01）：1-4.

⑤ 资料来源：http://news.163.com/15/0827/05/B20IME7500014AED.htm。

⑥ 方桂堂. 农民增收的多维路径及当下选择：北京个案 [J]. 改革，2014（03）：96-104.

⑦ 齐只森. 着力推进农村集体产权制度改革 [J]. 农业经济，2013（12）：79-80.

主流转和市场化交易，是增加农民财产性收入的关键举措①。荣庆娇等则运用联立方程计量经济学模型，测度与分析了集体林主体改革及配套改革对农户收入的影响，结果表明：实施集体林主体改革及配套改革后，样本农户的林业收入、以土地为基础的收入和非农收入均得到了不同程度的提高②。

可见，农村集体产权制度改革能够促进农民增收，尤其能够在较大程度上提高农民的财产性收入水平。截至 2014 年底，在我国 30 个省份完成产权制度改革的村就有 4.7 万个，累计股金分红 1335.1 亿元，当年股金分红 226.9 亿元，平均每个股东分红 364 元③。目前，我国农民的财产性收入在其总收入中占比不到 4%④，而且党的十八届三中全会也提出要"赋予农民更多财产权利"。由此来看，在农村开展集体产权制度改革对促进农民增收就更具有重要性和迫切性。然而在学术界有关农村集体产权制度改革促进农民增收的机制研究却很少。那么，农村集体产权制度改革是如何促进农民增收的呢？针对这一问题，本章以六盘水市的农村集体产权制度改革为契机，通过多案例研究的方法分析了农村集体产权制度改革促进农民收入增加的机制。

第二节　理论框架

我国农村居民的收入构成主要包括家庭经营性收入、财产性收入、工资性收入以及转移性收入。而农村集体产权制度改革主要是通过影响农民的财产性、工资性和家庭经营性收入促进了农民收入的增长。如刘俊杰等通过对农村土地产权制度改革的研究发现，改革对于农户收入的影响主要是通过农户家庭内部劳动力和土地要素的重新配置，提高其配置效率和生产效率，进而提高了农户的工资性和财产性收入水平⑤。刘祥琪的研究也表明：首先，农村集体产权股份化改革将提高农民的财产性收入；其次，解决集体经济组织的所有者缺位问题，保证农民增收；最后，集体产权股份化改革有利于实现土地、劳动力等要素的市场化配置，激发各种生产要素的潜在价值，实现农民增收的目的⑥。那么，产权明晰在实际中又是如何优化资源配

① 徐元明，徐志明，蒋金泉. 深化农村产权制度改革，赋予农民更多财产权利 [J]. 现代经济探讨，2015（09）：52-56.

② 荣庆娇，姚顺波，刘浩. 集体林主体改革及配套改革对农民收入及其结构的影响测度与分析 [J]. 农村经济，2015（01）：54-59.

③ 资料来源：http://www.moa.gov.cn/sjzz/jgs/jggz/201506/t20150629_4722593.htm。

④ 2014 年中国农村统计年鉴 [M]. 北京：中国统计出版社，2014.

⑤ 刘俊杰，张龙耀，王梦珺，许玉韫. 农村土地产权制度改革对农民收入的影响——来自山东枣庄的初步证据 [J]. 农业经济问题，2015（06）：51-58.

⑥ 刘祥琪. 农村集体产权制度股份化改革的障碍因素与对策分析 [J]. 农业经济，2014（09）：39-40.

置，提高农民收入的呢？为此，我们建立了如图 11-1 所示的逻辑框架以讨论农村集体产权制度改革促进农民增收的具体机制。

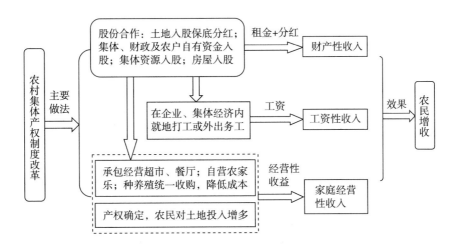

图 11-1　农村集体产权制度改革促进农民增收的逻辑框架

首先，集体产权制度改革提高了农民的财产性收入水平。农村集体产权制度改革使农村"三资"确权到户，农民的财产权利得到了保障。而在实际中，多数乡镇村级集体又依靠股份合作的方式鼓励农民以资金、土地等入股合作社或企业等集体经济，通过资源的优化配置，促进了农民增收。且多数学者也认为，农村集体经济组织实施股份制改革有利于促进农民增收和调整收入结构[1~4]。金智青等的研究也表明：农村集体经济组织产权制度改革通过明确股份与产权，促进了资本市场流转，增加了农民财产性收入[5]。在股份合作中：①农民通过以自己的土地入股集体经济、合作社或者企业等投资主体，在获得土地租金的基础之上，还可以享受部分股份分红，即"保底租金+分红"，增加了其财产性收入。②部分村集体还以荒山等集体资源入股，获得股份收益之后再在村委会和农民个人之间进行二次分配，也增加了农民的财产性收入。③资金入股，一般是指由村委会将集体经济积累和财政资金进行入股，然后再将分得的收益在村委会和农民个人之间进行二次分配。此外，农民还可以自有资金入股以获得分红，增加财产性收入。④房屋入股，尤其对于开展乡村

① 贾春梅，葛扬.农地股份合作制的农民增收效应研究——基于 1992—2009 年佛山四市（区）的实证分析［J］.南京师大学报（社会科学版），2012（01）：58-65.

② 桑静山.建立农村集体经济组织收益分配新机制——关于村级集体经济组织产权制度改革之我见［J］.上海农村经济，2011（06）：42-43.

③ 蒋占峰.农地产权制度变革与农民增收［J］.理论学刊，2004（09）：55-58.

④ 潘长胜.江苏农村社区股份合作制的实践与思考［J］.农业经济问题，2004（11）：43-46.

⑤ 金智青，钱小敏，关元妹.农村集体经济组织产权制度研究——以闵行区改革为例［J］.农业经济，2013（05）：12-14.

旅游或农业示范园区建设的集体经济而言，需要大量的房屋以便游客住宿。因此，一些长期在外务工的农民，为了不使房屋闲置则用来入股，经过集体翻修装饰后统一供园区经营使用，而农民也可以从园区的经营收益中获取部分股份分红。

其次，集体产权制度改革提高了农民的工资性收入水平。农村集体经济产权制度进行股份合作化改革之后，农民多数将土地入股或出租给了集体经济、合作社或企业。土地流转后，农民在获得更多租金收入的基础上拥有了工资性收入，促进了农民从第一产业向第二产业、第三产业转移①。金智青等以上海市闵行区为例，通过对其改革案例进行研究后也发现，农村集体经济组织产权制度改革促进了农村富余劳动力向非农产业和城镇转移，增加了农民的劳动收益②。在本章的逻辑框架下，我们认为农村集体产权制度改革下的劳动力转移主要有两种途径：一是就地转移，由于合作社以及企业等股份合作经济的发展需要大量的农业和非农业劳动力，因此很多从土地中解放出来的剩余劳动力便可以直接在本村及周边村实现转移就业。这部分劳动力一方面可以在集体经济的种养基地继续从事农业生产，另一方面也可以在集体经济的企业内打工，同时实现了产业的转移。二是外出务工，即农民在将土地流转之后，进入城市的二三产业打工，赚取工资。无论是以上哪种就业形式的转移，农民的工资性收入水平都可以得到大幅度的提高。

最后，集体产权制度改革提高了农民的家庭经营性收入水平。农民的家庭经营性收入是指农村住户以家庭为生产经营单位进行生产筹划和管理而获得的收入③。在集体产权制度改革的过程中，股份合作经济使农户得以通过经营餐厅、超市以及农家乐等提高自己的家庭经营性收入水平。例如，在以发展乡村休闲旅游观光为主的村集体或园区中，其一般会把园区内的餐厅、超市等承包给农户个体经营，集体从中赚取承包费并对入股农民进行分红。而对承包户来说，则增加了自己的家庭经营性收入。此外，有些仍然居住在旅游观光园区内，没有将房屋等设施拿来入股的农户，其通过经营家庭农家乐或超市，同样增加了自己的家庭经营性收入。另外，对于部分没有进行土地流转的农户，在股份合作经济的带动下，通过降低农业生产成本、增加生产要素投入以及提高农产品价格，也增加了自己的家庭经营性收入。原因主要有两点：一是对于村集体经济中从事种养殖加工的股份合作企业，会对农户的种养殖行为进行统一的技术管理，并统一提供生产资料，统一收购，从而降低了成本，提高了农户的收入水平；二是集体产权制度改革使农户的土地权益得到了保障，提高了其对土地进行投资的积极性，从而促进了土地产出和农民收入的增加。如荣庆娇等通过对集体林权主体改革的研究就曾表明，改革确定了林地权属和使用

① 陈伯君，邓立新，余梦秋，杜兴端. 成都农村土地产权制度改革与农民增收关系的实证分析［J］. 探索，2009（03）：93-98.

② 金智青，钱小敏，关元妹. 农村集体经济组织产权制度研究——以闵行区改革为例［J］. 农业经济，2013（05）：12-14.

③ 资料来源：http：//www.stats.gov.cn/tjsj/zbjs/201310/t20131029_449516.html。

时限，加之相关配套改革的实施，充分保障了农户长期享有林地的获益权，进而使农户对未来的收益有了稳定的预期，在此激励下，农户增加了林业生产的经营强度①。

第三节　案例分析

一、研究方法

案例研究的方法较为适用于研究"怎么样"和"为什么"的问题。而本章所要研究的正是这类问题：农村集体产权制度改革的现状和农民增收的情况怎么样，以及集体产权制度改革为什么会促进农民收入的增长。但根据研究中所使用案例数量的不同，一般可以将案例研究分为单案例研究和多案例研究。单案例研究通常不适用于系统构建新的理论框架②，而多案例研究则不仅适用于构建新的理论框架，还能够更好更全面地反映案例背景的不同方面，尤其是在多个案例同时指向同一结论的时候，案例研究的有效性将显著提高③。从多个案例中推导出的结论往往被认为更具说服力④，因此整个研究就常常被认为更能经得起推敲。因此，为了使研究结果更具有说服力和可信度，我们将采用多案例研究方法。

多案例研究可以被看作多个相关实验，其研究设计中的每个案例都要能用来服务于某一目的，而且每一个案例都要经过仔细挑选，挑选出来的案例能产生相同的结果或者由于可预知的原因而产生与前一研究不同的结果⑤。所以，我们选择的案例必须满足以下两点要求：第一，案例要能够服务于同一个目的，即每一个进行农村集体产权制度改革的股份合作经济体都能够对农民收入产生影响；第二，所选择的案例都能产生相同的结果，对本章研究来说，即每一个改革主体案例在股份合作经济中都能够促进农民增收。

二、案例来源与筛选

六盘水市辖钟山区、六枝特区、盘县、水城县四个县级行政区域，位于贵州省

① 荣庆娇，姚顺波，刘浩．集体林主体改革及配套改革对农民收入及其结构的影响测度与分析 ［J］．农村经济，2015（01）：54-59.

② 苏敬勤，王鹤春．第三方物流企业管理创新适配过程机制分析：多案例研究 ［J］．科学学与科学技术管理，2010（10）：69-77.

③ Eisenhardt K M. Better Stories and Better Constructs：The Case for Rigor and Comparative Logic ［J］．Academy of Management Review，1991（03）：620-627.

④ Herriott R E, Firestone W A. Multisite Qualitative Policy Research：Optimizing Description and Generalizability ［J］．Educational Researcher，1983（12）：14-19.

⑤ 罗伯特·K. 殷．案例研究设计与方法 ［M］．重庆：重庆大学出版社，2004.

西部,云贵高原东部一二级台地斜坡上。地处长江上游和珠江上游的分水岭,是20世纪60年代国家"三线建设"时期发展起来的以煤炭采掘工业为基础,冶金、电力、建材、矿山机械工业综合发展的能源型重工业城市,拥有"中国凉都"的美誉。近年来,六盘水市积极探索和推进农村资源变股权、资金变股金、农民变股民的"三变"改革,对于充分发挥统分结合的双层经营体制的优越性,推动农村规模化、组织化和市场化的发展产生了重要的作用。因此,我们以六盘水市的"三变"改革为契机,并采用多案例研究的方法对农村集体产权制度改革促进农民增收的机制进行分析。本章所用案例均来自笔者于2015年10月对六盘水市的调研(见表11-2)。

表11-2　六盘水"三变"改革的调研情况

编号	地点(名称)	改革的模式	增收的原因	收入(2014年)
1	六枝特区新华乡	支部+合作社+基地+农户	土地入股保底分红;基地的打工收入	人均年增收900余元
2	六枝特区堕却乡朗树根村	公司+村集体+农户	集体荒山入股分红	人均年增收14000元
		合作社+村集体+农户	财政扶贫资金入股分红	人均年增收1600元
3	六枝特区郎岱农业园区	园区+公司+农户	土地入股分红;财政、社会资金入股分红	人均年增收886.85元
4	盘县滑石乡哒啦仙谷	企业+园区+合作社+农户	土地入股分红;扶贫资金入股分红;农户自营实体经济收入;园区内的打工收入	人均年增收600元
5	盘县普古乡舍烹村	合作社+园区+基地+农户	土地入股保底分红;农民、财政资金入股分红;农户自营实体经济收入;园区内的打工收入	人均年增收3500元
6	盘县淤泥乡岩博村	村集体+企业+农户	土地折价入股分红;农户、扶贫资金入股分红;共同贷款入股分红;企业的打工收入	人均年收入12000元
7	水城县猕猴桃产业园区	园区+公司+农户	土地入股保底分红;基地的打工收入	人均年收入13230元
8	水城县勺米镇坡脚村	支部+合作社+企业+农户	土地入股分红;农户、财政资金入股分红;集体资源入股分红;合作社和公司的打工收入	人均年增收706元
9	钟山区大河镇周家寨社区	社区支部+合作社+农户	土地入股保底分红;财政资金入股分红	人均年收入5100元

编号	地点（名称）	改革的模式	增收的原因	收入（2014 年）
10	钟山区月照乡双洞村	村集体+微型企业+农户	土地入股保底分红；集体、财政资金入股分红；农家乐等基地的打工收入	人均年增收 2088 元

根据多案例研究方法的技术要求以及本章的研究目的，我们最终选择了六枝特区新华乡、盘县普故乡舍烹村、盘县淤泥乡岩博村、水城县勺米镇坡脚村、钟山区月照乡双洞村 5 个案例。而选择这 5 个案例的原因则主要有以下几个方面：

首先，我们选择的 5 个集体经济产权制度改革的案例对农民收入都有影响。并且，从表 11-2 中可以明显看出，农民在参与股份合作经济之后，其收入分别得到了不同程度的增加。如在六枝特区新华乡，农民通过土地入股和在基地打工，2014 年人均增收 900 余元。其次，以上 5 个案例基本包括了农民以土地、资金入股及促进农村剩余劳动力转移就业的内容，这将十分有助于我们对该研究的逻辑框架进行验证，实现本章的研究目的。最后，5 个案例分别来自六盘水的四个县级行政区域，从而可以在一定程度上避免区域政策、自然条件等方面的差异对研究结果可能会造成的影响。值得注意的一点是，我们选择了盘县的两个案例：舍烹村与岩博村。舍烹村与其他三县改革后的参股、入股模式基本一样。但是，岩博村在集体产权制度改革中引入了共同贷款入股这一创新模式，而且岩博村的村办集体企业在带动周边农户增加农业家庭经营性收入方面也有突出的贡献。因此，在满足本章研究需要的基础之上，我们增加了岩博村的改革案例以探索集体产权制度改革促进农民增收的新逻辑。同时也为了在同一县区内部进行对比分析以便更加准确地证明本章的理论框架。

三、农村集体产权制度改革的案例观察

（一）六枝特区新华乡的"三变"改革

六枝特区地处贵州省西部，是六盘水市的"东大门"。近年来，六枝特区通过实施"三变"（资源变股权、资金变股金、农民变股民）的农村集体产权制度改革，带动了农民增收致富。新华乡则位于六枝特区北部，当地气候尤其适合发展高山生态有机茶产业。在"三变"改革中，新华乡田坝村、新平村和王家冲村 3 个村的村"两委"，通过引入新华永兴种养殖农民专业合作社，构建了"支部+合作社+基地+农户"的新型农业经营模式。在这种经营模式下，村"两委"积极组织农户以土地经营权入股合作社以发展茶叶产业。而田坝村、新平村和王家冲村作为六枝特区新华高山生态茶叶产业园区的核心区，目前一共拥有茶叶基地 13800 亩，其中有 8000亩是农户以土地经营权入股的形式建设的。

（二）六盘水市盘县的"三变"改革

盘县地处滇、黔、桂三省接合部，是贵州省的"西大门"，并在六盘水市的"三变"改革中，取得了非常显著的成效。在本章中，我们将以盘县普古乡舍烹村和淤泥乡岩博村的集体产权制度改革为例，来说明"三变"改革对农民增收的影响。

1. 普古乡舍烹村

盘县普古乡舍烹村位于普古乡东部，该村在"三变"改革中采取的是"合作社+园区+基地+农户"的股份合作经济模式。2012年5月，舍烹村的乡村能人陶正学牵头成立了盘县普古银湖种植养殖农民专业合作社，并依托当地的资源优势建设了普古娘娘山生态农业示范园区。舍烹村是娘娘山园区的核心村，并于2015年被农业部评为"一村一品"示范村。目前，园区流转土地2.18万亩，种植刺梨11000亩，红心猕猴桃4200亩，红豆杉800亩，其他精品水果及蔬菜2300亩；景点则主要有娘娘山湿地、天山飞瀑、六车地缝、天生云桥以及凉山茗镇等。在股份合作方面，银湖合作社积极吸收农户、村集体以各种方式参与入股以促进园区的建设。自2012年8月园区开始建设至今，合作社已共计投资了5.8亿元。

2. 淤泥乡岩博村

盘县淤泥乡岩博村位于淤泥乡西北部，在村支部书记余留芬的带领下，岩博村形成了"村集体+企业+农户"的集体经济发展模式。岩博村一共拥有小锅酒厂、矸石砖厂、山庄、特种养殖场及岩博火腿加工厂5家村集体企业，且养殖场和火腿加工厂是由村集体与村民共同出资成立的特种养殖专业合作社领办。其中，小锅酒厂是岩博村集体经济中最重要且投资最大的企业，2015年3月正式建设完成并开始投入生产，预计当年的纯利润可达2000万元。养殖场主要进行鸡苗培育，共拥有8栋鸡舍，全部采用自动化的设施设备；火腿加工厂的产量较小，但火腿质量较好，并于2012年申请了地理标志产品。矸石砖厂现在则基本处于停产的状态，山庄效益同样不是很大。在股份合作方面，村集体积极鼓励农民以土地、资金等入股集体企业。同时，岩博村也通过集体林权抵押贷款以及整合财政扶贫资金来进行集体经济建设，并按股在村集体、企业与农民之间进行分红。目前，岩博村村集体一共流转了400亩土地，入股的有200亩，另外200亩则是集体以买断的方式流转而来。

（三）水城县勺米镇坡脚村的"三变"改革

水城县位于贵州省西部，素有贵州"高原明珠"、祖国"西南煤海"之称，其在六盘水的农村"三变"改革中也取得了比较显著的效果，促进了农民增收。其中，水城县勺米镇坡脚村的集体产权制度改革便是典型案例之一。坡脚村位于勺米镇东南部，该村的村"两委"通过成立民裕种养殖农民专业合作社，引进六盘水聚亨投资有限责任公司，构建了"支部+合作社+企业+农户"的集体经济发展模式。在这种模式下，村"两委"积极组织本村农户以土地、资金等入股合作社以发展茶叶种植产业，并按股份在社员和村集体之间进行分红。目前，合作社的茶叶基地已经投资360余万元，种植茶叶1956亩。此外，村集体还整合各项政府财政资金以及集体积累资金130多万元，建设了坡脚村"民裕农贸市场"和"林下养殖"项目，所得收益按股比在村集体、合作社社员及村贫困户之间进行分红。

（四）钟山区月照社区双洞村的"三变"改革

钟山区位于川、滇、黔、桂接合部，是贵阳、昆明两大城市的中心点。在六盘水的"三变"改革中，不仅钟山区的农村集体经济得到了极大发展，其农民收入也得到了显著提高。其中，位于钟山区月照社区东北部的双洞村便是从集体产权制度改革中获益的村庄之一。为了更好地整合资源以进行集体经济建设，双洞村组建了六盘水市钟山区银睿志农综合发展有限公司。公司注册资金为500万元，主要负责吸收农户的土地、资金以及房屋等入股，并同时整合集体资源、集体积累资金、政府财政资金和各种社会资金，进行水果、花卉种植项目以及其他各种乡村旅社（农家乐）的建设。目前，双洞村总共流转土地562亩，涉及农户418户。由此来看，我们可以将双洞村的"三变"改革总结为"村集体+微型企业+农户"的农旅一体化发展模式。

四、农村集体产权制度改革促进农民增收的机制分析

通过前文的介绍，我们对5个案例各自的集体经济发展模式、经营范围及其"三变"改革的具体操作形式有了一个基本的了解。下面我们将从财产性收入、工资性收入以及家庭经营性收入的角度分别研究集体产权制度改革对农民增收的影响。

（一）集体产权制度改革对财产性收入的影响机制

集体产权制度改革主要通过增加农民的租金收入和股份分红收益而促进了农民财产性收入的增加。在六盘水"三变"改革中，农民参与入股的方式有很多，包括土地经营权、自有房屋、自有资金、集体经济积累、财政资金以及集体资源等。通过入股变身为股东，农民获得集体经济的盈余收益，从而提高了自身的财产性收入。此外，部分村集体还对以土地经营权入股的农民支付保底租金。如六枝特区新华乡，村集体在引导农民以土地入股合作社的过程中，采取的就是"保底+分红"的收益分配方式。在合作社茶叶基地建设的前三年，农民可以在自己入股的土地里套种农作物，并由合作社按保底价收购，如果市场价高于保底价则按市场价收购；基地在三年之后便会产生效益，此时，村集体、农民和合作社再按照1:3:6的比例进行股份分红。预计在茶叶基地能够产生效益之后，人均增收可达900余元。

在盘县普古乡舍烹村，农民入股合作社的方式则更加多元化。对农民个体来说，其既可以用土地入股，也可以以现金入股。合作社的每股股金为20万元，如果农民自有资金不足，其可以选择几户合伙认购一股；也可以由合作社借钱给资金短缺的农户进行入股。通过土地入股的农户，合作社每年会在付给其土地流转费的基础之上，再按8:2的比例在合作社与农户之间进行盈余分红。此外，由于农民具有集体收益分配权，所以以村集体入股所得收益也可以算作本村农民收入的一部分。对舍烹村村集体来说，其主要利用集体资源和政府投入到本村的财政扶持资金来入股。如村集体已将本村银湖水面共 120 亩承包给园区用于游船、垂钓等旅游项目经营，合作社每年则按水面开发纯收益的 10% 提交给村集体，目前舍烹村已分得 2 万余元的收益；而财政资金入股为舍烹村村集体带来的收入预计也有近百万元。

与舍烹村类似，水城县勺米镇坡脚村的"三变"改革也采取了多种股份合作的方式。一方面，坡脚村村"两委"通过组织村民以土地入股到合作社，2014 年使本村村民获得了 46 万元的租金收入，受益农户有 116 户 430 人。另一方面，坡脚村村"两委"以合作社为投资主体，通过整合政府建设资金 15 万元、集体现金 8 万元以及村集体河沙坝 3.66 亩入股建设了"民裕农贸市场"，涉及村民 56 户 206 人，项目建成后，每年为 56 户村民增收 22 万元，人均增收 3929 元。此外，坡脚村还利用集体林地和财政资金 100 万元投资建设了林下养鸡场项目，收益则按照约 3:7 的比例在村集体和合作社成员之间进行分红。其中，村集体所得收益的 80% 归村集体所有，主要用于村公共事业建设、村民分红以及生产再投资；另外 20% 属于全村的贫困户所有，从而实现了精准扶贫，并提高了农民的财产性收入水平。

钟山区月照社区双洞村在"三变"改革中所采取的股份合作方式也是比较典型的。在促进农民及其他社会组织等参与双洞村村集体经济投资建设的过程中，银睿志农综合发展有限公司整合了村集体积累资金、财政扶贫资金以及政府征地费用集体提留资金等①共计约 400 万元用于水果、花卉种植及农家乐等项目建设，项目收益则在公司、村集体与农民之间进行分红，分红比例为 5:3:2，而且获得分红的农民多数是本村贫困户。双洞村的项目大都承包出去而并非由村集体经营，集体只收取承包费然后进行分红。如村集体户外运动基地每年可为双洞村带来 10 万元的承包费收入。此外，农民本身也可以用自己的房屋入股到公司，然后由公司对外承包，承包费用所得则按一定的比例在公司、集体和农民之间进行分成。土地入股在双洞村也比较普遍，入股农民每年可以在获得 600 元/亩租金的基础上再享受分红。

值得注意的是，在盘县淤泥乡岩博村的改革中，其不仅采取了在以上几家村集体经济中提到的入股方式，还创造了共同贷款入股的模式②。在岩博村，村委会利用集体林场以及企业进行抵押，获得贷款资金共计 1000 万元，然后将资金按 1 万~50 万元的不等份额分配给了农民，并要求农民必须将资金入股到村集体企业。贷款本金由企业偿还，利息由入股农民承担；而对于个别经济能力有限，无法偿还利息的农户，企业也会帮助偿还。此外，岩博村也整合利用国家扶贫资金近 300 万元，全部都投资入股到了村集体企业中。同时，农民还可以自有资金和土地入股从而获得股份分红。

（二）集体产权制度改革对工资性收入的影响机制

集体产权制度改革通过实行股份合作促进了农民转移就业及其工资性收入的增

---

① 双洞村总共被政府征用了有 140 亩土地，每亩地的征地费用总共是 4.45 万元，其中有 0.2 万元被村集体抽取充当集体积累。

② 岩博村对共同贷款入股的定义是村集体利用集体资源进行抵押贷款，贷款所得再按照不同的份额在农民之间进行分配并要求入股到集体经济，本金由村集体负担偿还，利息则由农民自己支付。

加。六盘水产权制度的"三变"改革使当地农民拥有了较多进行产业转移就业的机会，从而导致其工资性收入得到了大幅度提升。新华乡在茶叶基地建设中，便通过吸收入股农民参与基地管理，解决了当地 13008 名农民的就地转移就业问题，提高了其工资性收入水平。

同样地，在普古乡舍烹村，合作社通过将入股农民聘用为社里的固定员工，每月可以为其带来不低于 1500 元的固定工资收入。在勺米镇坡脚村，农民通过在合作社的茶叶基地务工也极大地提高了自己的收入水平，2014 年其务工总收入为 132 万元；此外，坡脚村的林下养殖场项目建成投产后，预计至少可以为 20 人提供转移就业的机会，并能够使其每年平均增加 2.8 万元以上的收入。双洞村的"三变"改革则不仅为本村农民提供了就地转移就业的机会，同时也促进了剩余劳动力进行外出打工。目前，双洞村的村民在本村农家乐打工的就有 35 人，月工资为 1500 元加提成；社区环卫工人有 3~5 人，也是本村农民；另外有 44 名农民在土地流转之后选择了外出打工。此外，也有相当一部分农民通过参与村集体的景区建设而赚取工资收入。对于既参与土地入股分红，又在农家乐等微型企业打工的农民，其人均年收入可达 2.5 万元。

岩博村由于村办企业较多，在解决农民转移就业问题，提高其工资性收入水平方面的贡献也尤为突出。如岩博酒厂的烤酒环节为本村近 200 名妇女提供了就业机会，且工资至少为 2000 元/月；养殖场则解决了 20 多名农民的就业问题，工资为 3500 元/月，另外根据鸡的成活率和产蛋率，还会有提成；在岩博火腿厂打工的农民较少，只有 6 人，工资为 3000 元/月。如果将岩博村的所有集体企业都考虑在内，其一共解决了本村和周边村寨 250 余人的转移就业问题，极大地提高了当地农民的工资性收入水平。

（三）集体产权制度改革对家庭经营性收入的影响机制

集体产权制度改革对农民家庭经营性收入的积极影响也是通过股份合作经济而间接产生的。"三变"改革中的各种股份合作经济模式，为农民创造了很多经营个体工商业经济的机会。同时也有一些村集体通过帮助从事农业生产的农民降低生产成本，提高产出，从而促进了其家庭经营性收入的增加。例如在双洞村，很多农民会利用村集体发展农家乐的机会，自己投资经营一些小生意（如练摊），而其针对的顾客则主要是来双洞村旅游的游客。通过这种方式，农户的家庭经营性收入在一定程度上得到了提高。

然而，"三变"改革能够促进农民家庭经营性收入增加的更为典型的案例是舍烹村和岩博村。在舍烹村的娘娘山生态农业示范园区，农民可以通过承包园区的餐厅、超市等进行经营来拓宽增收渠道。截至目前，舍烹村娘娘山园区已经开办农家乐 20 家、农家旅馆 12 家、农家超市 5 家，实现营业收入 50 万元，而其中的绝大部分都是由农户独自承包经营的。在岩博村，家庭经营性收入的增加则主要来自农业。岩博村特种养殖专业合作社通过统一发放种苗、种猪，统一提供技术指导，带动了本村和周边村寨的很多农户从事养猪业，合作社保价回收，从而保证了农民收入。此外，岩博酒厂还通过连接其上下游产业，为农民增收提供了可能。首先，酒的生产需要高粱做原料。根据岩博酒厂的生产力，其能够覆盖约 12 万亩高粱地，酒厂的高粱收购价要比市场价高出 0.3 元/斤，从而增加了高粱种植农户的农业经营收入。其次，酒厂在生产过程中产生的酒糟可以充当牲畜饲料且价格便宜。通过购买酒糟饲喂牲畜，养殖场的成本能够降低 1/3。最后，为了帮助本村农民的养殖场起步，酒厂在第一年会免费供给酒糟给养殖场，到养殖场发展的第二年才开始收费。岩博村集体股份合作经济的这些间接影响极大地提高了农民的家庭经营性收入水平。

五、小结

通过前文分析我们得知，农村集体产权制度改革在促进农民增收方面确实发挥了重要的作用。确权使农民的土地承包经营权、宅基地使用权以及集体收益分配权得到了保障；同时股份合作制的实行又将农民的各种权利得以盘活，促使其通过市场化入股的方式参与到集体经济建设中，从而拓宽了农民的增收渠道。在本章对六盘水"三变"改革的分析中，可以明显得出：首先，农民通过土地、资金以及集体资源入股促进了财产性收入的增加。其次，农民通过自营工商业或者继续从事农业促进了家庭经营性收入的增加。最后，农民通过转移就业促进了自身工资性收入的增加。在以上三种收入的综合作用下，农民的总收入水平得到了大幅度提高，如舍烹村，与当地普通农民相比，其人均年增收可达 3500 元（见表 11-3）。

表 11-3　农村集体产权制度改革促进农民增收的主要情况

地名	土地入股	资金入股	集体资源入股	自营经济	转移就业	增收效果
新华乡	人均增收900 余元	—	—	—	13008 人	人均年增收900 元
舍烹村	保底+分红	集体收入预计近百万元	集体收入2 万余元	共计收入50 万元	不低于1500 元/月	人均年增收3500 元
岩博村	按股分红		集体林场、企业贷款入股分红	养殖场和高粱种植	250 人；平均3000 元/月	人均年增收12000 元
坡脚村	人均收入1070 元	人均增收3929 元	收益按照3∶7 的比例分红	—	2014 年共计132 万元	人均年增收706 元
双洞村	600 元/亩+分红	收益按照5∶3∶2 的比例在公司、村集体、农民之间分红		练摊等小生意	35 人；1500元/月+提成	人均年增收2088 元

第四节 结论与政策启示

一、结论

通过本章对集体产权制度改革影响农民收入增加的机制的研究，我们主要得出以下三点结论：

首先，集体产权制度改革通过增加农民的租金收入和股份分红收益促进了农民财产性收入的增加。六盘水在农村集体产权制度改革中创新了"三变"的改革模式，引导村集体以集体资源、财政资金入股，农民则以自有资金和土地入股，并通过经营股份合作经济为入股农民进行分红，从而促进了其财产性收入的增加。在前文的案例分析中，我们可以发现，土地入股一般采取"保底+分红"的收益分配方式。此外，在盘县淤泥乡岩博村，村集体还创造了共同贷款入股的模式，不仅有益于解决资金短缺的问题，而且充分利用了农民对集体资源的收益分配权，扩大了农民增收的途径。

其次，集体产权制度改革通过为农民提供转移就业的机会而促进了其工资性收入的增加。六盘水通过实行"三变"改革，一方面建立了很多集体企业和农业示范园区，从而为农民创造了较多转移就业的机会，促进了其工资性收入的增加；另一方面，农民在将土地以入股的形式流转给集体经济进行经营管理之后，便流入城市的二三产业务工，赚取工资性收入。并且通过本章的案例研究，我们发现六盘水外出务工的农民数量并不多，多数农民选择就地在集体企业或园区内务工，工资收入在 1500~3000 元/月。

最后，集体产权制度改革通过为农民提供经营个体工商业的机会等而促进了其家庭经营性收入的增加。"三变"改革促使很多村集体建设了农业示范园区或农家乐以进行乡村旅游项目开发。许多农民便通过承包园区的餐厅、农家乐或者超市等增加了自己的经营性收入，如舍烹村娘娘山生态农业示范园；也有部分农民利用自有资金和房屋来经营农家乐，或者做一些小生意，如双洞村。此外，"三变"改革的间接效应也使继续从事种养殖业的农民提高了经营性收入水平。如岩博村，其通过酒厂连接了上下游产业，既帮助高粱种植户提高了农作物价格，又为牲畜养殖场降低了成本，从而促进了农民增收。

二、政策启示

集体产权制度改革对于促进农民增收确实发挥了重要的作用。因此，我们认为：

首先，政府应该在政策上继续推动农村集体产权制度改革，并将六盘水"三变"

改革的经验加以推广。同时要特别注意因地制宜地推行产权制度改革，根据不同地区地理自然条件、气候以及人文等方面的差异采取不同的改革模式。

其次，政府相关部门应该加大对产权制度改革的资金扶持力度。六盘水的"三变"改革是由财政部门、农业部门以及扶贫部门共同参与执行的，各部门之间既需要加强业务上的协调合作，同时更要融合资金以支持农村集体产权制度的改革进程，为农村集体经济的发展提供资金保障。

再次，集体产权制度的改革使村集体经济得到了极大的发展。但由于市场信息的不完善以及项目建设资金的短缺，很多集体经济只能依靠当地小微企业的投资来维持经营。因此，建议当地县级以上政府部门帮助乡镇村级集体进行招商引资，扩大农村集体经济的规模，促进农民增收。

最后，有关集体产权制度改革中的清产核资问题中，确权的必要前提是进行清产核资，这也是确权过程中最为复杂的一环。在现实中会遇到诸多障碍和纠纷。所以，建议主管产权制度改革的相关部门一定要对清产核资这一环节给予足够的重视，尤其要做好监管工作以确保农民的利益不受到损害。

附录："三变"改革与中国农村发展之路

始于20世纪70年代末期的改革，建立了以家庭承包经营为基础、统分结合的双层经营体制，极大地激发了作为微观经营主体的农民的活力和创造性。进入21世纪以后，农业税费改革和"多予、少取、放活"六字方针的实施，进一步解放了农业生产力。近年来，随着整个国家经济社会的转型，农业农村发展也正在进入一个新的阶段，处于又一个转折时期，这就是立足于土地流转的新型农业经营主体的形成，并逐渐成为我国商品农产品生产的主体和农业现代化的主体，成为解决小生产和大市场矛盾的"中国秘方"和从农业大国转变成农业强国的基础性工程。就在这样一个重大转折时期，贵州省六盘水市所进行的以"三变"为核心的农村改革试验就具有历史性意义。

一、"三变"的前提是产权明晰化

所谓"三变"，是指"资源变股权、资金变股金、农民变股民"。这里的"资源"是指村集体以集体所有的土地、森林、草地、荒山、滩涂、水域等自然资源性资产和房屋、建设用地（物）、基础设施等可经营性资产的使用权，通过合同或者协议的方式，投资入股企业、合作社、家庭农场等新型经营主体，享有股份权利。因此，这里的"资源"实质上是集体所有的资源和资产，也包括一部分资金。"资金"是指以各级财政投入到农村的发展类、扶持类资金等（补贴类、救济类、应急类资金除外），在不改变资金使用性质和用途的前提下，量化为村集体或农民持有的资金，通过合同或者协议的方式，投资入股各类新型经营主体。农民也可以自愿以自有耕地、林地的承包经营权、宅基地的使用权、资金、实物、技术等，通过合同或者协议的方式，投资入股经营主体。可见，六盘水的"三变"实际上是在市场化和农业现代化的大背景下，农村的各种资源价值量化以后投资到各类经营主体，通过经营主体的运作实现其价值最大化。

"三变"的前提是各类资源产权的明晰化。在实施"三变"地区，政府相关部门要明晰集体组织的权属，即所有权，包括集体土地、林地、荒山、池塘、房屋、场地、小型水利设施等，颁发所有权证。明晰农民的权属，即承包经营权。上述资源中，耕地、林地基本上按人口平均分配，以户为单元承包经营，并在确权的基础上颁发承包经营权证。对于荒山、池塘、房屋、场地等资源和资产，农民可以通过拍卖、承包、租赁等方式获得使用权，并由政府相关部门颁发使用权证。小型水利设施比较特殊，六盘水市通过拍卖、承包、租赁、股份合作、用水合作组织管理等多种管理方式，深化小型水利工程产权制度改革。对于获得小型水利设施使用权的农户或者用水合作组织颁发使用权证。

在明晰产权的基础上，六盘水市按照2014年中央一号文件的精神并将其扩大到所有农业农村资源，明晰所有权、稳定承包权、放活经营权，鼓励村集体和农户以所有或者承包的资源、资金、资产入股到新型农业经营主体，实现了欠发达地区现代农业发展的质的飞跃。

二、"三变"的核心是产权财富化

六盘水市的"三变"改革把确权后农村集体和农民手中的资源和资产用途，从原来仅利用一个途径拓展到投资入股，实现了产权的财富化，有效增加了村集体和农民的收入，具有极大的推广价值。

从村集体来看，六盘水地处贵州西部乌蒙山区，大部分村的集体积累很少，相当一部分甚至属于"空壳村"，村干部没有为村民服务的基本手段。"三变"改革后，村集体可以把以前利用不充分甚至闲置的耕地、林地、荒山、池塘、场地等资源入股到新型经营主体，使这些资源充分发挥作用，产生经济效益，按照协议，一部分经济效益归村集体所有，从而使参与改革的村摆脱了过去"等、靠、要"的状态，能够利用这些财力为农民提供公共服务，村干部的腰杆也"硬"了起来。自2014年以来，全市共有16.52万亩集体土地、8.21万亩"四荒地"、32.18万平方米水面、3450平方米房屋入股到各类新型经营主体。通过股权收益，新增村集体经济收入2477万元，消除"空壳村"157个，"空壳村"占比大幅下降。

例如，六盘水市盘县普古乡舍烹村在外经商致富的村民陶正学，2012年5月回到家乡，带领村民成立盘县普古银湖种植养殖农民专业合作社，并承包村内银湖水面，每年按水面开发10%的纯收益提交舍烹村集体。自水上乐园投入经营以来，舍烹村可分到的收益资金已达 2 万余元。再如，盘县淤泥乡岩博村在"三变"改革中，经村民会议集体讨论，多方筹资 22 万元赎回村集体对外承包的 1480 多亩林场，并以此为抵押申请贷款，先后筹资成立矸石砖厂、小锅酒厂、火腿加工厂、休闲山庄 4 家集体企业和 1 家特种养殖专业合作社，村集体按股参与收益分红。该村将 22 亩集体土地以每亩 3 万元的标准作价入股，与 36 户农民共同出资 2380 万元创办了特种养殖专业合作社，重点养殖绿壳蛋鸡、野猪、芙蓉香鸡等特殊品种，村集体出资占 2.8%，农户出资占 97.2%。目前，该村集体资产总额已达 5250 万元，其中集体林场市值已达 1500 多万元，2014 年集体分得红利 380 万元。

在"三变"改革中，受益最大的是农户。自 2014 年以来，全市共有 47213 户约 17.82 万人以承包土地经营权入股企业、合作社、家庭农场等经营主体，入股土地面积 20.25 万亩，入股农户收入大幅提升。例如，六枝特区堕却乡朗树根村拥有大量的荒山、草坡和林地资源，该村把部分荒山草坡经营权承包到户，鼓励农户入股当地的农业产业化龙头企业西藏圣核农业科技股份有限公司用以发展核桃产业，全村有 20 个农户将 2512 亩承包荒山草坡经营权入股该公司，按照协议，前 5 年（核桃基地建设期）每亩按 30 元支付农户等额现金分红；核桃产生经济效益后，除去项目生产成本，公司、村民和村集体按 7：2：1 的比例进行分红，每亩每年按 2000 元的纯利润来计算，将产生 503.6 万元的经济总效益，村集体每年可增加经济收益 50 万元以上，农户每年可增加经济收益 100 万元，每户年收入将增加 5 万元。

再如，水城县补那村农民以部分承包土地入股水城县长丰实业公司共建猕猴桃基地，公司按照 581 模式保底分红（即入股第 1~5 年每年按 500 元/亩分红，第 6~10 年每年按 800 元/亩分红，第 11 年以上每年按 1000 元/亩的标准付给农户红利），项目产生经济效益后，除去项目成本和土地保底分红后，所获利润的 90% 归公司、10% 归入股农户。2014 年公司派发入股农户红利 20 万元，大大提高了农民的收入。

"三变"之一是资金变股金，这里的资金也包括扶贫资金，这是六盘水市对新时期扶贫方式的大胆尝试。自 2014 年以来，全市共整合农业、林业等部门各类财政资金 2.74 亿元集中投入到企业、合作社、家庭农场等经营主体，使 56682 名贫困群众受益，30789 人实现脱贫，同时，也使村集体的收入大大增加。例如，盘县滑石乡岩脚村十一组村民把 2.4 万元扶贫资金入股成立光伏发电企业，在 76 个农户和村委会屋顶安装发电装置，由村委会负责管理，村委会屋顶发电装置产生的效益为村集体所有，其他农户屋顶发电装置产生的效益由村集体和农户按比例分成，并向低收入户倾斜。一般农户的收益分配，村集体占 20%，农民占 80%；低收入户的收益分配，村集体只占 10%，农户占 90%。岩脚村还尝试把财政定向投放到贫困户的帮扶资金转变为贫困户股金，投入到园区合作社中。2015 年，整合资金 200 万元，实现人均增收 600 元。财政资金变为股金，在不改变资金投入方向的前提下，能够保证资金产生效益的持续性，尤其是能够保证扶贫效果的持续性，是一个很有意义的探索。

三、"三变"推进了现代农业的发展

西部欠发达地区如何发展现代农业？这是我国在现代农业发展过程中必须重点探索的重大课题。西部地区，尤其是其中的欠发达地区，一缺资金，二缺人才，三缺现代观念，但农业资源十分丰富。如何充分利用西部地区的资源优势，变资源优势为经济优势？从一些地区发展的经验来看，西部地区特色农业发展必须以西部地区丰富的特殊农业资源为基础，以绿色和无公害农产品为发展方向，以农业产业化为拉动力，现代科学技术和传统农业技术有机结合，实现西部农业的跨越式发展。要利用现代化的物质手段和区域内独特的优势农业资源，开发和生产出品质优、价值高、市场竞争力强的农产品及其加工品，这样的农业可以称为特色型现代农业，是具有绿色或无公害特点的特殊农业类型。特色型现代农业以"特""优""名""精""新"等为基本特点，具有更强的市场竞争力和营利性。六盘水市在"三变"改革的基础上，大力发展各类新型农业经营主体，走出了一条具有六盘水特色的现代农业发展之路。

2007 年中央一号文件对现代农业的特征从六大方面进行了高度概括，用现代物质条件装备农业，用现代科学技术改造农业，用现代产业体系提升农业，用现代经营形式推进农业，用现代发展理念引领农业，用培养新型农民发展农业。如何从这六个方面推进现代农业的发展？2013 年中央一号文件提出了发展农业企业、农民合作社、家庭农场等新型经营主体的战略构想。从近两年的实践来看，新型农业经营主体建设的确是发展现代农业的必由之路。

从 30 多年来中国农村改革的历程来看，20 世纪 70 年代末 80 年代初启动的改革就是从土地制度开始的，当然仅是其中的土地使用制度。1984 年中央一号文件提出"土地承包期一般应在十五年以上"；1993 年中央十一号文件提出"在原定的耕地承包期到期之后，再延长三十年不变"，强化了农民对承包土地的使用权，并开启了第二轮承包的进程。直到 2008 年之前，我们都可以归纳为第一次土地制度改革。这一阶段的改革彻底解决了中国人的吃饭问题。

进入 21 世纪以后，中国经济发展整体上进入了工业化中期阶段，城乡统筹和以工补农、以城带乡的政策体系逐渐形成，中国农业从传统阶段向现代阶段转化的外部条件已经具备。在这样的大前提下，第一阶段土地制度改革所形成的农民对土地的使用权仍然处于不稳定状态，这使现代农业的发展缺乏必要的内在条件。正是这个原因，2007 年通过的《物权法》把土地承包经营权界定为用益物权，强调农民对于承包土地的财产权利。2008 年召开的党的十七届三中全会提出"赋予农民更加充分而有保障的土地承包经营权，现有土地承包关系要保持稳定并长久不变"的政策趋向。2014 年中央一号文件提出，"在落实农村土地集体所有权的基础上，稳定农户承包权、放活土地经营权"和"抓紧抓实农村土地承包经营权确权登记颁证工作"，不仅首次以中央文件的形式提出土地的所有权、承包权和经营权"三权分离"，

而且还要通过确权颁证工作确定下来。六盘水市下属的盘县正是农业部确定的 2014 年整体推进农村土地承包经营权确权登记颁证的试点县。六盘水市开展的"三变"改革也正是在这个基础上进行的。

六盘水市是一个典型的欠发达山区，山地面积占市总面积的 97%，4 个县（特区、区）中居住着 44 个少数民族。这里山高坡陡、居住分散、低收入人口多，但也有明显的优势，即小区气候明显、山地资源丰富、土壤未受到污染、生物多样性保持完好，适合发展具有山地特色的现代农业。

六盘水市进行的"三变"改革，正是对适合市情的特色型现代农业道路的探索。首先，"三变"改革为包括耕地在内的各种农业农村资源的流转提供了平台，使规模经营和各类新型经营主体的发育成为可能，这是现代农业发展的基础性条件。经营主体的发展，使现代农业发展所需要的物质条件、科学技术、产业体系、经营形式成为现实。其次，资金变股金不仅解决了财政支农资金（包括扶贫资金）的使用效率和持续性问题，而且在一定程度上解决了新型经营主体的流动资金不足且贷款难的问题，有利于新型经营主体的发展。最后，"三变"转变了农民的思想观念，有相当一部分农民开始摆脱千百年来形成的小农经济思想的束缚，或者转出土地自己外出打工，或者就地打工，或者把土地等农业生产资源投资入股，或者联合起来组建农民专业合作社。尤其可喜的是，一部分外出打工的青年农民开始返乡创业，大大增添了农业的活力。可以预料，在"三变"的推动下，一个新兴的职业农民阶层正在形成，而这正是现代农业发展的基础。

总之，六盘水市的"三变"改革，是在欠发达地区，自然资源丰富但资金短缺、经营主体短缺条件下所进行的制度创新，并以此为基础，吸引了外来投资者，激发了农民创业的积极性，发育了新型农业经营主体，逐渐改变了农民的思想观念，而这些，正是现代农业发展的本意所在。六盘水市"三变"改革的经验，不仅可以推广到条件相当的欠发达地区，其精髓也可以为发达地区所借鉴。

第十二章　村级集体经济何以发展壮大

——基于行动者网络理论的多案例研究①

第一节　引　言

发展壮大村级集体经济是新时期解决"三农"问题的重要举措，也是加快农业农村现代化、全面推进乡村振兴的重要抓手。自党的十九大以来，中共中央、国务院高度重视集体经济的发展。党的十九大报告提出，深化农村集体产权制度改革，保障农民财产权益，壮大集体经济。2021年中央一号文件明确指出，当年基本完成农村集体产权制度改革阶段性任务，发展壮大新型农村集体经济。2016年，中共中央、国务院印发的《关于稳步推进农村集体产权制度改革的意见》指出，创新农村集体经济运行机制，增强集体经济发展活力，多种形式发展集体经济，探索集体经济新的实现形式和运行机制。近年来，在各级各部门的通力配合下，我国村级集体经济发展取得显著成效。截至2020年9月，全国87.2%的村有集体经济组织，年经营收入5万元以上的占70%。中央、组织部、财政部、农业农村部于2018年联合印发《关于坚持和加强农村基层党组织领导扶持壮大村级集体经济的通知》，对发展壮大集体经济提出了要求，明确指出发挥基层党组织优势，组织各方力量，多渠道增加集体经济收入，明确2018~2022年在全国范围内扶持约10万个村发展壮大集体经济，目前已累计安排资金289亿元②。

关于发展壮大集体经济的研究主要集中于以下九个方面：一是关于发展集体经济存在的问题与对策建议的研究③④；二是关于推动集体经济发展的大学生村官⑤、

---

①　执笔人：魏广成、何欣玮、孔祥智。

②　关于政协十三届全国委员会第三次会议第2667号（农业水利类237号）提案答复的函［EB/OL］. ［2020-09-18］. http：//www. moa. gov. cn/govpublic/XZQYJ/202009/t20200918_ 6352317. htm？keywords=+2667.

③　黄延信. 发展农村集体经济的几个问题［J］. 农业经济问题，2015，36（07）：4-8.

④　谭秋成. 农村集体经济的特征、存在的问题及改革［J］. 北京大学学报（哲学社会科学版），2018，55（03）：94-103.

⑤　张洪振，任天驰，杨汭华. 大学生村官推动了村级集体经济发展吗？——基于中国第三次农业普查数据［J］. 中国农村观察，2020（06）：102-121.

政府引导及关键影响因素①②的有利条件与制约条件③的研究；三是关于发展壮大集体经济的典型模式与发展路径的研究④~⑥；四是关于以农村集体产权制度改革推动集体经济发展的研究⑦⑧；五是乡村振兴视角下发展壮大集体经济的研究⑨⑩；六是关于新中国成立70多年来集体经济发展的研究⑪⑫；七是关于发展壮大集体经济与脱贫攻坚的研究⑬⑭；八是关于"三变"改革对发展壮大集体经济作用的研究⑮⑯；九是关于集体经济组织新实现形式的探索，主要集中于党支部领办合作社的研究⑰⑱。综上所述，先前学者的研究主要集中于某一方面对发展壮大集体经济展开研究，但发展壮大集体经济需要统筹多种要素资源，属于一项典型的系统化过程，难以通过单一维度或方面的改进进而实现发展壮大集体经济的目标。因此，探究不同利益相关者在发展壮大集体经济过程中如何构建紧密的利益联结机制、实现有效协作，对提升集体经济效能、助力乡村振兴具有重要的现实意义。

① 郝亚光.政府引导：农村集体经济有效实现形式的外部条件［J］.东岳论丛，2015，36（03）：43-48.

② 张瑞涛，夏英.农村集体经济有效发展的关键影响因素分析——基于定性比较分析（QCA）方法［J］.中国农业资源与区划，2020，41（01）：138-145.

③ 李韬，陈丽红，杜晨玮，杜茜谊.农村集体经济壮大的障碍、成因与建议——以陕西省为例［J］.农业经济问题，2021（02）：54-64.

④ 苑鹏，刘同山.发展农村新型集体经济的路径和政策建议——基于我国部分村庄的调查［J］.毛泽东邓小平理论研究，2016（10）：23-28+91.

⑤ 高强，孔祥智.拓宽农村集体经济发展路径的探索与实践——基于四川彭州小鱼洞镇"联营联建"模式的案例分析［J］.东岳论丛，2020，41（09）：162-171+192.

⑥ 高强.农村集体经济发展的历史方位、典型模式与路径辨析［J］.经济纵横，2020（07）：42-51.

⑦ 孔祥智.产权制度改革与农村集体经济发展——基于"产权清晰+制度激励"理论框架的研究［J］.经济纵横，2020（07）：32-41+2.

⑧ 陈军亚.产权改革：集体经济有效实现形式的内生动力［J］.华中师范大学学报（人文社会科学版），2015，54（01）：9-14.

⑨ 夏柱智.农村集体经济发展与乡村振兴的重点［J］.南京农业大学学报（社会科学版），2021，21（02）：22-30.

⑩ 周娟.农村集体经济组织在乡村产业振兴中的作用机制研究——以"企业+农村集体经济组织+农户"模式为例［J］.农业经济问题，2020（11）：16-24.

⑪ 高强，孔祥智.新中国70年的农村产权制度：演进脉络与改革思路［J］.理论探索，2019（06）：99-107.

⑫ 高鸣，芦千文.中国农村集体经济：70年发展历程与启示［J］.中国农村经济，2019（10）：19-39.

⑬ 赵春雨.贫困地区土地流转与扶贫中集体经济组织发展——山西省余化乡扶贫实践探索［J］.农业经济问题，2017，38（08）：11-16.

⑭ 王景新，余勇亮.民族自治地区村级集体经济发展——广西农村调查报告［J］.农业经济问题，2013，34（02）：93-98+112.

⑮ 孔祥智，穆娜娜.农村集体产权制度改革对农民增收的影响研究——以六盘水市的"三变"改革为例［J］.新疆农垦经济，2016（06）：1-11.

⑯ 张应良，徐亚东.农村"三变"改革与集体经济增长：理论逻辑与实践启示［J］.农业经济问题，2019（05）：8-18.

⑰ 陈义媛.农村集体经济发展与村社再组织化——以烟台市"党支部领办合作社"为例［J］.求实，2020（06）：68-81+109-110.

⑱ 孔祥智.怎样认识党支部领办合作社——山东省平原县调研手记［J］.中国农民合作社，2020（07）：50.

目前，关于发展壮大集体经济的研究主要集中于公共池塘理论[①]、产权理论[②]等，鲜有学者从行动者网络理论的角度展开研究。先前学者的研究尽管在一定程度上解释了集体经济得以发展壮大的原因与要素，但并没有深入研究集体经济究竟是如何发展壮大的，而行动者网络理论以构建网状网络来分析多元行动者之间的互动关系，将人类与非人类的、物质与社会的不同利益相关者纳入网络中，能够较好地刻画集体经济发展过程中异质性主体相互作用的过程[③]，对集体经济发展壮大具有较强的解释力。从行动者网络理论的研究来看，现有的国内外研究主要集中于乡村旅游、乡村治理、乡村空间变化、返乡创业等方面，其中国外研究起步较早，主要集中于利益联结机制[④]、景观[⑤]等方面；国内的研究则相对较晚，主要集中于乡村旅游[⑥][⑦]、特色旅游[⑧]、空间变化[⑨]、返乡创业[⑩]与乡村治理[⑪]等方面，以乡村旅游为主。尽管茅亚平等从行动者理论出发探究如何推进集体经济发展、促进集体经济与乡村空间良性互动，但其具体分析了三类合作组织的发展机理，并没有通过案例研究的方法深入研究发展壮大集体经济的演化机制[⑫]。

综上所述，尽管前人对发展壮大集体经济展开了多方面的研究，但鲜有学者研究集体经济发展壮大的历程，也并没有分析集体经济发展过程中如何协调各方的利益关系。显然，发展壮大集体经济对拓宽农民增收渠道、巩固乡村振兴成果、加快农业农村现代化、全面推进乡村振兴具有重要意义。实践层面中有不少地区发展壮大集体经济取得了显著的成效，其背后的理论机制仍需进一步归纳总结。那么，探

①　程郁，万麒雄. 集体经济组织的内外治理机制——基于贵州省湄潭县3个村股份经济合作社的案例研究 [J]. 农业经济问题，2020（06）：43-52.

②　梁春梅，李晓楠. 农村集体产权制度改革的减贫机制研究 [J]. 理论学刊，2018（04）：55-61.

③　吴炆佳，解佳，孙九霞. 少数民族传统节事商品化：行动主体及微观权力运作 [J]. 经济地理，2019，39（05）：217-225.

④　Arnaboldi M，Spiller N. Actor Network Theory and Stakeholder Collaboration：The Case of Cultural District [J]. Tourism Management，2011，32（03）：641-654.

⑤　René V D D. Tourismscapes：An Actor-network Perspective [J]. Annals of Tourism Research，2007，34（04）：961-976.

⑥　王公为，赵忠伟. 行动者网络视域下乡村旅游扶贫模式与机制研究——以赤峰市雷营子村为例 [J]. 农业现代化研究，2021，42（01）：57-66.

⑦　张环宙，周永广，魏蕙雅，黄超超. 基于行动者网络理论的乡村旅游内生式发展的实证研究——以浙江浦江仙华山村为例 [J]. 旅游学刊，2008（02）：65-71.

⑧　谭华云，许春晓. 红色旅游区域利益共生空间格局及其形成机制——基于行动者网络（ANT）的分析视角 [J]. 学术论坛，2016，39（11）：68-73.

⑨　王鹏飞，王瑞璠. 行动者网络理论与农村空间商品化——以北京市麻峪房村乡村旅游为例 [J]. 地理学报，2017，72（08）：1408-1418.

⑩　盛春辉. 返乡入乡创业生态系统的构建与实施——基于行动者网络理论 [J]. 农业经济，2019（10）：113-115.

⑪　谢元，张鸿雁. 行动者网络理论视角下的乡村治理困境与路径研究——转译与公共性的生成 [J]. 南京社会科学，2018（03）：70-75.

⑫　茅亚平，李广斌，王勇. 农村合作经济与苏南乡村空间互动机制——以基于行动者网络理论的研究，以苏州为例 [J]. 城市发展研究，2016，23（06）：105-112+122.

究集体经济发展壮大背后的逻辑是什么？在集体经济发展壮大的过程中又是如何协调多方的利益关系，将异质性主体的不同利益诉求达成一致，最终构建紧密的利益联结机制的？因此，本章将基于行动者网络理论，选取昆山市淀山湖镇红星村、永新村、周庄镇祁浜村、张浦镇金华村为典型案例，分析四家集体经济组织发展壮大典型案例的行动者网络构成和转译的过程，探究集体经济发展壮大的机制，为发展壮大集体经济的研究提供新的视角，也为发展壮大集体经济、加快农业农村现代化、全面推进乡村振兴提供一定的参考和借鉴。

第二节　理论与案例分析

　　行动者网络理论是一种研究人类与非人类行动者相互作用并形成异质性网络的社会学分析方法，通过以核心行动者的运行历程为主线，展现多元化行动者的网络构建过程[①]。该理论也被称为转移社会学和异质构建论，是内生式发展的基础理论[②]。行动者网络理论最早用来分析社会与科学技术如何进行构建，后来以网状结构分析多元互动者之间的互动关系[③]，提供了一种建构研究范式[④]，对社会学研究起到了积极作用，后来逐渐应用到管理学等领域。从广义的概念来看，行动者网络指的是一项社会活动是由多种不同的"行动者"共同参与完成的，不同行动者在活动中为了实现利益而发挥不同的作用，进而形成紧密联结的网络体系。行动者网络理论包含两大原则：一是对称性，指的是行动者包括有生命的行动者也包括无生命的行动者，并认为两者处于同等重要的地位；二是异质性，指的是不同行动者在利益目标、作用方式等方面存在差异[⑤]。行动者网络理论是分析主体相互关系的、动态的、复杂的系统网络的重要理论，可将发展壮大集体经济视为动态网络问题展开研究。

　　行动者网络理论从具有异质性的行动者中挑选出核心行动者，并通过分析核心行动者的运行历程，展示以核心行动者为中心、多种行动者参与的网络构建过程。行动者网络理论主要包含行动者、网络和转译三个基本概念。其中，行动者指的是行动者网络构建过程中所有起作用的要素，包括个人、集体、组织人类行动者和土地、资本、

　　① Latour B, Reassembling. The Social：An Introduction to Actor-Network-Theory ［M］. New York：Oxford University Press, 2005.

　　② Enkins T N. Putting Postmodernity into Practice：Endogenous Development and the Role of Traditional Cultures in the Rural Development of Marginal Regions ［J］. Ecological Economics, 2000, 34（03）：301-314.

　　③⑤ 刘宣，王小依. 行动者网络理论在人文地理领域应用研究述评 ［J］. 地理科学进展, 2013, 32（07）：1139-1147.

　　④ 刘文旋. 从知识的建构到事实的建构——对布鲁诺·拉图尔"行动者网络理论"的一种考察 ［J］. 哲学研究, 2017（05）：118-125+128.

观念、制度等非人类行动者①；网络指的是各类行动者进行互动与交流过程中所形成的行动关系网②；转译指的是不同行动者在网络中是如何相互作用并如何连接成为网络的③。从行动者网络理论角度来看，集体经济发展壮大的过程是人类和非人类行动者构成行动者网络的建构过程，也是行动者网络不断发展与演化的过程。

行动者网络理论分析主要分为以下三个步骤：一是梳理行动者网络中所包含的人类和非人类行动主体。二是分析人类和非人类行动者转译过程。三是分析行动者网络的构建效果。其中转译过程为最重要的环节。转译过程分为五个环节：一是问题呈现，指的是核心行动者先通过指出其他行动者实现共同利益的具体路径，使多种行动者确定根据特定的目标达成网络联盟。二是强制通行点，指的是将网络中的问题进行转化，使异质性的行动者实现该行动的价值。三是利益赋予，指的是监管行动者对不同行动者的角色进行界定并分配任务，最终分享利益的过程。四是征召动员，指的是关键行动者号召其他行动者完成任务，使其他行动者融入行动网络中并转化为成员。五是异议，指的是不同行动者因目标的差异或利益不一致而产生分歧，需要通过不断转译排除。行动者网络的转译过程如图 12-1 所示。

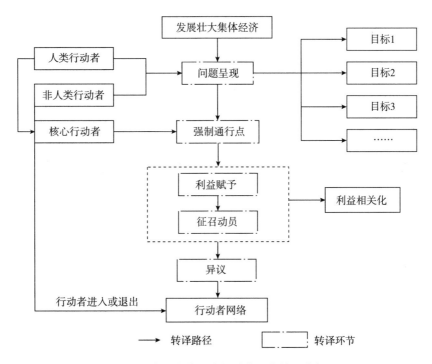

图 12-1 发展集体经济行动者网络的研究框架

① 刘锦英．行动者网络理论：创新网络研究的新视角［J］．科学管理研究，2013，31（03）：14-17.

② 李博，左停，苏武峥．行动者网络理论视角下基层农业技术推广机制探析——基于体制内与体制外推广主体的推广逻辑［J］．江苏农业科学，2016，44（11）：524-528.

③ 夏保华，张浩．行动者网络理论视角下民生技术发明机制研究——以袁隆平杂交水稻技术发明为例［J］．科技进步与对策，2014，31（15）：1-4.

第三节　案例分析

一、案例选取

本章选取多案例研究方法展开分析，理由有以下四点：一是案例研究方法适用于应用典型案例来分析探索性的问题①；二是多案例研究方法适用于研究无法对若干因素进行控制的事件②；三是该方法是一种经验性研究方法，能够解释"为什么"和"怎么样"的问题③；四是能够对问题进行反复论证，提高案例研究的有效性。

课题组于 2020 年 8 月赴江苏省昆山市淀山湖镇红星村与永新村、周庄镇祁浜村、张浦镇金华村展开实地调研。选取以上四个典型案例的原因有以下几点：一是典型案例自以集体经济组织开始盘活利用宅基地起，在短短数年的时间里经历了集体经济由弱变强的演化历程，符合本章研究的需要；二是典型案例均以集体经济组织为纽带有效联结农户、企业等多类主体，适合探究发展壮大集体经济的若干问题；三是典型案例均以盘活利用闲置宅基地为主营业务发展壮大集体经济，克服了异质性因素对本章研究的影响，有效控制了其他变量；四是典型案例均位于江苏省昆山市，其经济、文化、社会等因素基本相同，克服了地区异质性对本章研究的影响。

二、资料收集

遵循三角测量的原则，课题组通过多渠道获取资料，保证数据和资料的可靠性。本章收集的案例资料主要来源于三个方面：首先，半结构化访谈。课题组在调研期间组织成员对集体经济组织理事长、成员代表及成员等进行逐一访谈，对熟悉盘活利用闲置宅基地发展壮大集体经济的成员开展长达 1~2 小时的深度访谈，访谈结束后课题组成员将录音和记录稿转化成文字并进行编码处理，每位被采访者的访谈记录稿字数为 5000~15000 字，本次调研最终共获得 60000 字的访谈记录稿。其次，实地考察。课题组在实地调研期间，深入走访典型案例以盘活利用闲置宅基地发展壮大集体经济的项目，为本章研究提供了理性认识和进一步思考。最后，资料收集。一方面，课题组与昆山市农业农村局、各乡镇及集体经济组织开展座谈会期间，广泛收集以盘活利用闲置宅基地发展壮大集体经济的材料，以期对典型案例发展壮大

① Eisenhardt K M. Building Theories from Case Study Research［J］. Academy of Management Review, 1989, 14（4）：532-550.

②③ Yin R K. Case Study Research：Design and Methods［M］. London and Singapore：Sage, 2009.

集体经济的发展历程、所遇问题及创新点有全面的理解和把握。另一方面，课题组还广泛收集与典型案例相关的各类公开资料，包括知网、微信公众号、百度等相关文献和报道，为本章研究提供了信息支撑。

三、案例介绍

遵循复制法则，案例的选取可分为逐项复制和差别复制[①]。就四家典型案例来看，都顺利实现了以盘活利用闲置宅基地发展壮大集体经济的演化历程，且其演化路径存在一定的相似性，因此本章选取的四家典型案例采用逐项复制的方法。

一是淀山湖镇红星村。红星村占地面积 3.8 平方千米，全村总人口 4035 人，2001 年 9 月由红亮、东梅、榭麓三个行政村合并而成。淀山湖镇红星村地理位置邻近镇里的工业区，有着旺盛的"打工族"租房需求，"房东经济"较为持续稳定。红星村集体经济组织将盘活利用闲置宅基地与精准扶贫工作相结合，帮助低收入户发展"房东经济"，让低收入户在产业链和土地增值中分享更多收益，使闲置宅基地成为精准扶贫的有效载体，探索出一条帮扶低收入户"建得起房""还得起贷""脱得了贫"的"低保（边）户+银行+第三方"的以房提高收入的发展模式，完善了紧密的利益联结机制，发展壮大了集体经济，实现低收入户提高收入，详情如图 12-2 所示。

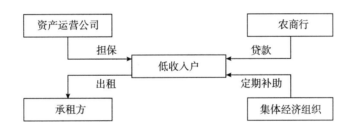

图 12-2 红星村以房提高收入案例

二是淀山湖镇永新村。永新村位于淀山湖镇南部，共 795 户，常住人口 4455 人，户籍人口 3083 人，2001 年由永义、永安、永生、永益四个行政村合并而成。永新村环境优美，交通便利，拥有"全国文明村""江苏最美乡村""江苏省特色田园乡村"等称号，乡村旅游蓬勃发展。但该村存在着农房闲置率居高不下的问题，为此集体经济组织于 2017 年成立了闲置农房合作社吸纳转出的闲置宅基地，并引入苏州田好田园公司投资经营，完善了保障各方权益的利益联结机制，探索出一条"合作社+农户+第三方"的发展模式。详情如图 12-3 所示。

---

① Yan A，B. Gray. Bargaining Power，Management Control and Performance in United States-China Joint Ventures：A Comparative Case Study ［J］. The Academy of Management Journal，1994，37（06）：1478-1517.

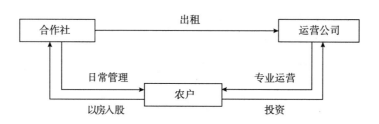

图 12-3 永新村以房入股案例运行机制

三是周庄镇祁浜村。祁浜村位于昆山市周庄镇的中西部，总人口 1985 人，共包含 25 个村民小组。祁浜村充分挖掘闲置宅基地资源，由江苏水乡同庄旅游共同出资，在周庄镇的指导下成立了水乡周庄服务有限公司，通过"旅游+N"模式带动更多企业参与，有效整合利用农村闲置宅基地"变身"民宿发展新载体，加大旅游基础设施投入，提升乡村旅游业态，合理构建"村集体、农户、国有资本"利益关联机制，推动乡村旅游转型发展，全力打造"香村·祁庄"乡村体验旅游品牌。详情如图 12-4 所示。

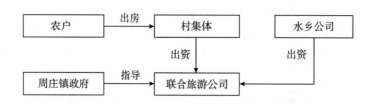

图 12-4 集中收储、联合运营案例运行机制

四是张浦镇金华村。金华村位于昆山市张浦镇北侧，户籍人口 4150 人，2001 年由原金华村、北村合并而成。金华村集体经济组织与上海民盟书画院合作，打造集创作、展览、交流、培训、住宿于一体的特色主题民宿项目，通过土地入股或联建联营等方式，引入工商资本投资经营。金华村集体经济组织还与田园东方集团合作，将村内连片的空闲宅基地打造成精品民宿，带动农民致富，逐步探索出一条通过村集体经济组织主导盘活利用农村闲置宅基地的发展模式。详情如图 12-5 所示。

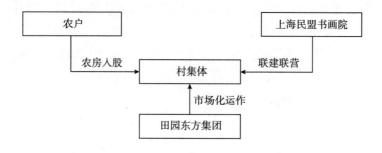

图 12-5 金华村集体经济组织主导案例运行机制

四、案例分析

行动者网络的分析路径主要分为三个步骤，首先确认网络中所涉及的行动主体，其次分析各个行动者的转译过程，最后分析网络的运行效果，其中最为重要的是行动者的转译过程。转译过程包括问题呈现、征召、利益赋予、动员及异议 5 个环节①，详情如表 12-1 所示。

表 12-1 典型案例发展壮大集体经济行动者网络组成

案例	类型	行动者
红星村	人类行动者	昆山市农业农村局、淀山湖镇政府、红星村集体经济组织、淀山湖镇农商行、淀山湖镇资产经营有限公司、集体经济组织成员、低收入户、租房者
	非人类行动者	政策、闲置宅基地、工商资本、集体资产、出租房、乡村环境
永新村	人类行动者	昆山市农业农村局、淀山湖镇政府、永新村集体经济组织、苏州田好田园公司、永新村闲置农房合作社、集体经济组织成员、游客
	非人类行动者	政策、闲置宅基地、乡村旅游资源、工商资本、集体资产、旅游基础设施
祁浜村	人类行动者	昆山市农业农村局、周庄镇政府、祁浜村集体经济组织、江苏水乡同庄旅游公司、水乡周庄服务有限公司、集体经济组织成员、游客
	非人类行动者	政策、闲置宅基地、国有资本、工商资本、集体资产、民宿、"香村祁庄"品牌、旅游基础设施
金华村	人类行动者	昆山市农业农村局、张浦镇政府、金华村集体经济组织、上海民盟书画院、田园东方集团、集体经济组织成员、租房者
	非人类行动者	政策、闲置宅基地、工商资本、集体资产、精品民宿、特色民宿项目、旅游基础设施

资料来源：根据调研资料整理。

（一）行动者网络的构建主体

四家典型案例的行动者网络由人类行动者和非人类行动者组成。其中，人类行动者包括昆山市农业农村局、淀山湖镇周庄镇张浦镇政府、红星村永新村祁浜村金华村集体经济组织、淀山湖镇农商行、淀山湖镇资产经营有限公司、永新村闲置农房合作社、苏州田好田园公司、江苏水乡同庄旅游公司、水乡周庄服务有限公司、上海民盟书画院、田园东方集团、游客、集体经济组织成员与低收入户等。非人类行动者包括工商资本、集体资产、乡村环境、闲置宅基地、旅游资源、基础设施等。这些人类行动者与非人类行动者的强制通行点是认可集体经济，并致力于促进集体经济发展，进而使得行动者获得利益。

---

① Hardy C A，Williams S P. Egovernment Policy and Practice：Atheoretical and Empirical Exploration of Publice-procurement［J］. Government Information Quarterly，2008，25（2）：155-180.

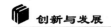

（二）行动者转译

发展壮大集体经济，充分发挥集体经济组织的作用，有助于形成承上启下的发展动力，但集体经济组织该如何在发展壮大集体经济中发挥作用，如何构建紧密的利益联盟，是发展壮大集体经济需要思考的问题。行动者网络理论的转译过程是核心行动者与非核心的异质性行动者达成一致的目标，形成紧密的网络联盟①。其中的关键点为转译，转译过程描述了行动者网络形成的过程，也体现了维系整个网络运作的动态机制②。

1. 问题呈现

集体经济涉及的异质性行动者所面临的障碍和目标都不尽相同，如何统筹异质性行动者的不同目标是发展壮大集体经济的重要问题。问题呈现是集体经济利益联盟中转译的初始环节，需要明确异质性行动者所遇到的问题障碍与目标追求，通过核心行动者找到利益联盟中异质性行动者实现目标的强制通行点。

在实现目标的过程中，异质性行动者面临的问题障碍各不相同。从四家典型案例来看，在人类行动者中，政府主要面临发展壮大集体经济难、提高收入任务重、试验任务有待推进、产业发展滞后等问题；集体经济组织则面临着经济实力弱、宅基地闲置、缺乏工商资本投资、旅游资源未能有效利用、缺乏统一规划、缺乏产业等突出问题；资本下乡的旅游公司与社会团体面临着缺乏投资保障、统一流转宅基地难、缺乏田园创作室等问题；银行面临着信息不对称导致的高风险问题；集体经济组织成员面临着宅基地闲置、收入低、自主经营的民宿效益差与不规范、缺乏工作与创业机会等问题；低收入户面临着提高收入难、缺少提高收入长效机制的问题；租房者面临着租不到好房子的问题；附近的游客则面临着想要去近郊旅游但无处可去的问题。在非人类行动者中，宅基地普遍面临着闲置浪费、不规范、安全隐患多、设施与装修陈旧等问题；村庄基础设施面临着治安差、环境差的问题；人文与旅游资源面临着配套基础设施建设差、品牌未能发掘、资源未能有效利用与整合、资源特色未能突出的问题；工商资本与贷款面临着缺乏保障的问题。

2. 强制通行点

为了解决异质性行动者的不同问题、实现异质性行动者的不同目标，需要基于利益诉求找到实现总体目标的强制通行点。发展壮大集体经济的通行点是提高成员与低收入户收入、构建紧密的利益联盟。在行动者网络理论中，解决障碍与实现目标必须通过强制通行点加以实现，进而构建行动者网络。强制通行点是异质性行动者构建成为稳定利益联盟的重要条件③。

---

① 赵强. 城市治理动力机制：行动者网络理论视角 [J]. 行政论坛，2011，18 (01)：74-77.

② 陈培培，张敏. 从美丽乡村到都市居民消费空间——行动者网络理论与大世凹村的社会空间重构 [J]. 地理研究，2015，34 (08)：1435-1446.

③ 邹明妍，周铁军，潘崟. 基于行动者网络理论的乡村建设动力机制 [J]. 规划师，2019，35 (16)：62-67.

淀山湖镇红星村在以房东经济发展集体经济前，在人类行动者中，昆山市农业农村局、淀山湖镇政府致力于推进盘活利用闲置宅基地发展壮大集体经济、以房东经济构建提高收入长效机制。淀山湖镇资产经营有限公司由镇政府成立，旨在为农户贷款提供担保、保障银行的利益。淀山湖镇农商行的目标在于提高向农户发放贷款的保障。集体经济组织致力于保障农户长久提高收入、盘活利用闲置宅基地、发展壮大集体经济等任务。集体经济组织成员和低收入户的目标在于提高收入和长久提高收入。在非人类行动者中，宅基地旨在盘活利用、统一规划，村庄基础设施致力于保障治安、优化环境，贷款则致力于寻找有保障的担保物和担保主体。存在的问题与不同的目标迫使行动者亟须找到强制通行点，进而实现异质性行动者的利益诉求。因此，盘活利用闲置宅基地、发展壮大集体经济、带动成员增收和低收入户提高收入，对异质性行动者实现目标具有重要作用，成为构建红星村行动者网络的强制通行点。如图12-6所示。

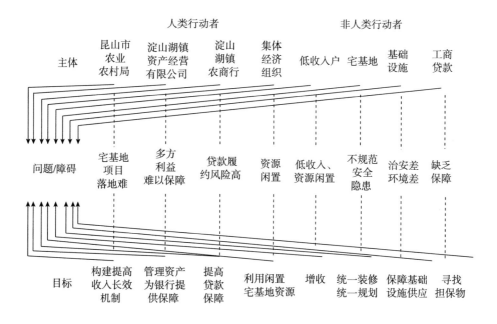

图12-6　淀山湖镇红星村典型案例的问题呈现和强制通行点

淀山湖镇永新村在以盘活利用宅基地发展壮大集体经济前，在人类行动者中，昆山市农业农村局和淀山湖镇政府致力于盘活利用闲置宅基地，充分利用旅游资源，开展乡村旅游，发展壮大集体经济。苏州田好田园公司致力于形成有保障的投资、达成稳定的合作关系。集体经济组织致力于盘活利用闲置宅基地资源，统一乡村旅游项目规划，发展壮大集体经济。集体经济组织成员则致力于让渡宅基地经营权，提高收入。在非人类行动者中，宅基地旨在盘活利用、统一装修，旅游资源旨在得到充分利用。多种行动者目标的异质性迫使行动者找到强制通行点，因此，盘活利用闲置宅基地，利用当地旅游资源，开展乡村旅游，发展壮大集体经济成为构建永新村行动者网络的强制通行点。如图 12-7 所示。

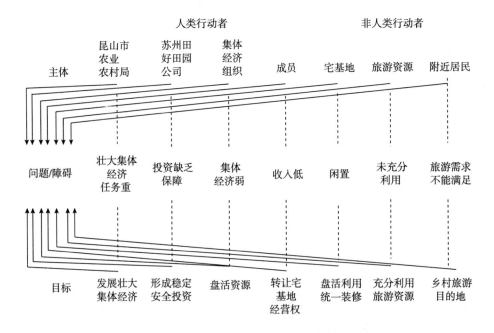

图 12-7　淀山湖镇永新村典型案例的问题呈现和强制通行点

周庄镇祁浜村在以盘活利用闲置宅基地发展壮大集体经济前，在人类行动者中，昆山市农业农村局和周庄镇政府致力于盘活利用闲置宅基地，开展乡村旅游，发展壮大集体经济。江苏水乡旅游公司则致力于建立乡村旅游项目，充分发掘当地旅游资源和市场，以获得更多的利润，以国有资本保障农户利益。集体经济组织致力于通过招商引资盘活利用宅基地，发展壮大集体经济。旅游租赁公司致力于投资有潜力的乡村旅游项目，提供专业加运营，以获得更多的利润。集体经济组织成员致力于盘活利用闲置宅基地，提高自营民宿的规范性，提高收入。在非人类行动者中，宅基地的目标在于盘活利用与统一规范。旅游资源的目标在于促进旅游基础设施建设，开发特色品牌，有效整合资源。多种行动者目标的异质性迫使核心行动者遭到强制通行点，因此利用旅游资源，盘活利用闲置宅基地，开展乡村旅游，发展壮大集体经济成为构建祁浜村行动者网络的强制通行点。如图 12-8 所示。

张浦镇金华村在以盘活利用闲置宅基地发展壮大集体经济前，在人类行动者中，昆山市农业农村局和张浦镇政府致力于盘活利用闲置宅基地，建设省级特色田园乡村，发展壮大集体经济。上海民盟书画院则致力于对接文旅融合项目。田园东方集团致力于向可靠的乡村旅游项目投资，提供专业化运营，以获得更多的利润。集体经济组织致力于通过盘活利用闲置宅基地，发掘人文与旅游资源，发展壮大集体经济。集体经济组织成员致力于盘活宅基地，增加就业创业，提高收入。在非人类行

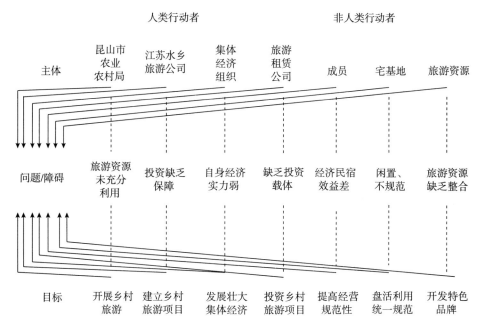

图 12-8　周庄镇祁浜村典型案例的问题呈现和强制通行点

动者中，宅基地的目标在于盘活利用与突出特色。人文与旅游资源的目标在于通过文旅融合得到充分利用。多种行动者目标的异质性迫使核心行动者遭到强制通行点，因此充分利用人文与旅游资源，盘活利用闲置宅基地，开展乡村旅游，发展壮大集体经济成为构建金华村行动者网络的强制通行点。如图 12-9 所示。

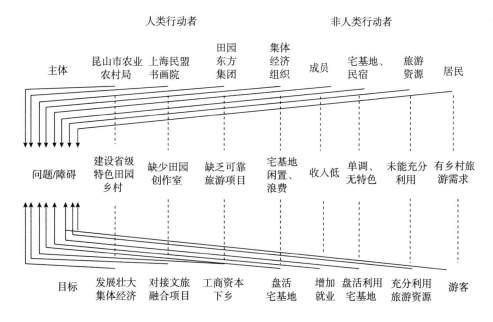

图 12-9　张浦镇金华村典型案例的问题呈现和强制通行点

3. 利益赋予

在利益赋予阶段，关键行动者需要通过利益共享充分调动异质性行动者的积极性，进一步明确行动者的角色，保证各行动者达到稳定关系。在集体经济发展的过程中，不同行动者有不同的利益目标，当不同行动者的目标发生分歧时可能会产生冲突，进而导致行动者网络的不稳定。利益赋予阶段也需要通过强制通行点，将不同行动者的利益诉求一致化，进而形成紧密的网络联盟。政府、集体经济组织、旅游公司、成员等不同行动者通过政策引导、资源配置、资金投入等方式界定集体经济发展过程中各利益联盟的新角色，使其在发展集体经济中发挥积极作用。发展壮大集体经济转译环节的利益赋予如图 12-10 所示。

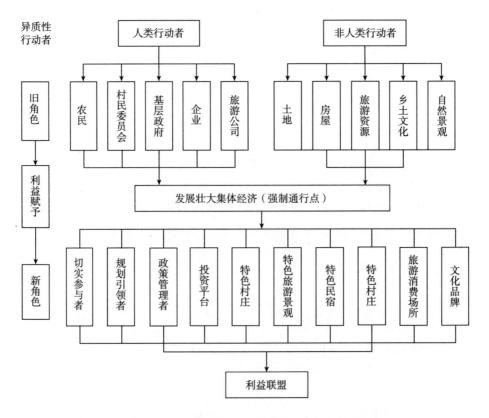

图 12-10　发展壮大集体经济转译环节的利益赋予

淀山湖镇红星村为了解决红星村贫困人口多、集体经济弱、宅基地闲置等突出问题，昆山市农业农村局与淀山湖镇政府统筹银行、建管所、镇资产经营公司等多部门加入到红星村发展壮大集体经济中来。为充分调动各方行动者积极性，以集体经济组织为核心行动者，构建了包含银行、资产经营公司、低收入户在内的紧密利益联结机制，构建了帮扶低收入户"建得起房""还得起贷"的行动者利益联盟。其中，由淀山湖镇政府成立的镇资产经营公司作为担保，鼓励本地农商行向农村生活困难群体（低保户等）发放低息贷款，用于支持其建房。一方面，在村集体、镇建管所的见证下，低保（边）户、银行、镇资产经营公司签订三方贷款合同。具体操作上，低保（边）户建房及简装费用约 50 万元，镇财政补助低保（边）户 7.6 万元（3.8 万元/人×2 人，低保（边）户为 2.5 万元/人），加上自有资金，约需贷款 35 万元。另一方面，房屋建成后，低保（边）户只享有部分住房空间使用权，其余住房空间交由第三方市场化经营，村集体积极帮助低保（边）户发展"房东经济"。建成的农房一般有 10 个房间，市场租赁价为 500 元/月/间，去除农户自住的 2 间，8 个房间的租赁收入约 5 万元/年，因此 6~9 年可还清贷款。加入到该项目中的低收入户年增收 5 万余元，构建了提高收入长效机制。实现以盘活利用闲置宅基地发展壮大集体经济，成功探索出一条"以房增收"的发展道路。红星村发展壮大集体经济的行动者网络与作用机制如图 12-11 所示。

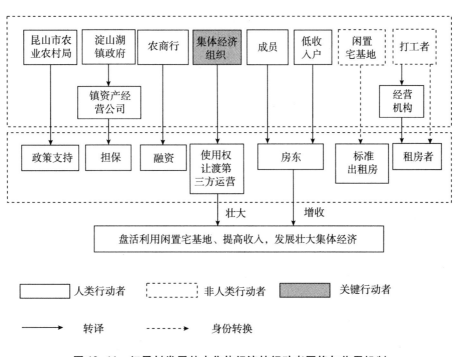

图 12-11 红星村发展壮大集体经济的行动者网络与作用机制

淀山湖镇永新村为解决宅基地闲置、旅游资源利用不充分、集体经济弱等问题，昆山市农业农村局与淀山湖镇政府为永新村提供乡村旅游专项资金支持与项目对接，组织集体经济组织参加乡村旅游学习与培训，为集体经济组织发展壮大提供了要素支撑。在该阶段，集体经济组织是核心行动者，成立了六如农房农业观光专业合作社，吸纳成员的闲置宅基地入股合作社，并以合作社的名义与苏州田好田园公司签订 15 年期限租赁经营合同，由苏州田好田园公司按照 100 万元/幢的标准出资，将入股的农房统一打造成高端民宿，租期届满后，项目投入的不可拆卸的附属物归农户所有，且农户具有其他可拆卸附属物的优先购买权，以此解决了宅基地分散、工商资本缺乏保障、集体经济组织缺乏专业化经验等问题。集体经济组织成员也通过转出宅基地提高了收入。永新村探索出一种"合作社+农户+第三方"的以盘活利用宅基地发展壮大集体经济的模式。永新村发展壮大集体经济的行动者网络与作用机制如图 12-12 所示。

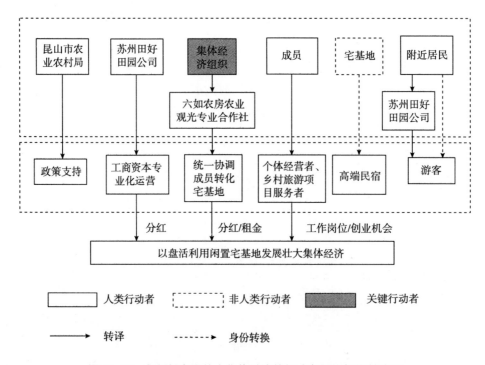

图 12-12　永新村发展壮大集体经济的行动者网络与作用机制

周庄镇祁浜村为解决集体经济弱、成员收入低、经营不规范、缺乏投资等问题，昆山市农业农村局与周庄镇政府为祁浜村发展乡村旅游提供政策支持，以祁浜村为重点开展盘活利用闲置宅基地试点任务，帮助其对接江苏水乡旅游公司等国有资本参与到乡村旅游项目中来，使旅游基础设施得到提升。在该阶段，集体经济组织属核心行动者，其统筹利用农户闲置宅基地，并与江苏水乡旅游公司、嘉禾旅游租赁公司联合成立周庄水乡旅游公司，以国有资本保障农户权益、保障项目持续运行，以民营企业提供专业化运营、市场拓展、统一规划激发市场活力。周庄水乡旅游公司通过发挥市场化机制的作用，带动更多主体参与，打造出"香村·祁庄"乡村体验旅游品牌，构建出一套"村集体+农户+国有资本+社会资本"的利益联结机制。集体经济组织成员则通过转变为个体经营者或乡村旅游服务者增加了收入。祁浜村发展壮大集体经济的行动者网络与作用机制如图 12-13 所示。

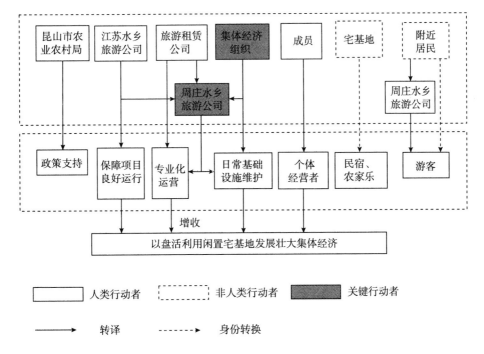

图 12-13 祁浜村发展壮大集体经济的行动者网络与作用机制

　　张浦镇金华村为解决集体经济薄弱、宅基地闲置、人文与旅游资源不充分等问题，昆山市农业农村局和张浦镇政府将金华村确定为建设省级特色田园乡村、盘活利用闲置宅基地试点单位，为其以盘活利用闲置宅基地开展乡村旅游、发展壮大集体经济提供政策支持，对接上海民盟书画院、田园东方集团合作开展乡村旅游项目，推动集体经济发展。在该阶段，集体经济组织属核心行动者，通过吸纳农户分散的闲置宅基地，统一起来与上海民盟书画院和田园东方公司合作经营。集体经济组织与上海民盟书画院合作，自主投资在其中一部分宅基地上开发建设，房屋建成后租赁给上海民盟书画院开办菁华宿院。金华村还与田园东方集团合作，由田园东方集团进行特色设计、市场拓展和专业化运营，将村内连片的空闲宅基地打造成精品民宿，带动集体经济发展。集体经济组织成员则通过就业或创业变成乡村旅游参与者提高收入。经过数年探索，金华村逐步探索出一种通过村集体主导盘活利用农村闲置宅基地的典型模式，打造集创作、展览、交流、培训、住宿于一体的特色主题民宿项目。金华村发展壮大集体经济的行动者网络与作用机制如图 12-14 所示。

　　4. 征召动员

　　征召动员能够充分调动广大参与者的积极性，使异质性参与者广泛地参与集体经济发展。征召与动员环节与行动者的利益紧密相关，其前提是利益相关化。完成

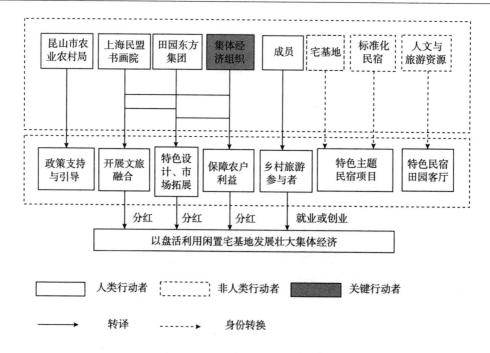

图 12-14 金华村发展壮大集体经济的行动者网络与作用机制

征召和动员，发展集体经济网络才算构建完成①。行动者网络需要征召和动员的对象既包括人类行动者，也包括非人类行动者。核心行动者的任务是向异质性行动者赋予任务和利益，使其成为利益联盟的成员②。征召动员环节中，关键行动者的目标决定了行动者网络的方向。本章研究案例的关键行动者为集体经济组织，其决定了村级集体经济发展壮大的方向。

在淀山湖镇红星村案例中，在项目开展初期，集体经济组织在积极统筹推进该项工作，但低收入户与银行仍存在着较多的畏难情绪。低收入户由于缺乏对该项目的理解，低收入户对由集体经济组织统一装修与出租存在怀疑，认为这是变相收回宅基地的一种方式，此外对统一出租的营利性也存在质疑，为此工作一度难以开展。由于低收入户缺乏可抵押物，银行尽管有服务"三农"的任务要求，但在对低收入户投放无抵押贷款上仍然是慎之又慎。为解决该问题，集体经济组织首先发展村委会家族一家低收入户开展盘活利用宅基地发展"房东经济"，以期发挥示范效应。该低收入户当年增收 3.9 万元，到了第二年全部低收入户、低边户均加入到该项目中来。为消除银行的顾虑，集体经济组织积极筹措淀山湖镇政府的帮助，淀山湖镇政

① Callon M. Some Elements of A Sociology of Translation: Domestication of the Scallops and the Fishermen of Saint Brieuc Bay [A]. Law, John (Ed.). Power, Action and Belief: A New Sociology of Knowledge [C]. Boston: Routledge, 1986.

② 王小君. 行动者网络理论视角下陇东传统文化继承发展研究 [J]. 兰州文理学院学报（社会科学版），2016（01）：53-56.

府成立镇资产经营公司，由其向低收入户提供担保，银行向低收入户发放贷款，用于支持其建房，最终将异质性行动者动员起来，实现征召与动员。

在淀山湖镇永新村案例中，该村休闲旅游资源禀赋优异，乡村旅游产业蓬勃发展，闲置宅基地较多，以盘活利用闲置宅基地开展乡村旅游、发展壮大集体经济具有得天独厚的优势。但往年部分村民自主开展民宿与农家乐经营，由于缺乏规模效应与专业化运营，最终均以失败告终。之前的失败案例导致征召动员成员流转宅基地或开展民宿经营时仍然存在诸多困难。大多数集体经济组织成员对农家乐、民宿等乡村旅游项目仍然不认可，对发展乡村旅游能不能挣钱存在着很大的质疑。为解决上述问题，集体经济组织与田好田园公司签订宅基地流转合同，为成员提供5万元/年的保底租金来保障农户的收益，以解决成员的后顾之忧。项目经过两年运营后，成员逐渐认识到乡村旅游项目的可行性和营利性，越来越多的成员加入到乡村旅游项目中来，实现征召与动员。在该案例中，集体经济组织作为核心行动者，将异质性行动者动员起来。

在周庄镇祁浜村案例中，集体经济组织与农户、旅游公司对接过程中发现，两者均存在着较大的畏难情绪。在旅游公司方面，由于对宅基地投资较高，资产专用性较强，旅游公司倾向于流转租期较长的宅基地，对租期较短且缺乏保障的宅基地投资存在着畏难情绪。而农户则认为转出宅基地的租期较长，实质上意味着退出了宅基地，难以预测多年后是否还需要宅基地，并且对多年后宅基地租金问题也有疑虑，认为多年后租金仍然保持不变不合理。为解决农户与旅游公司的上述问题，集体经济组织广泛征求多方行动者的意见与建议，然后制定农户与旅游公司的宅基地流转合同：房屋租赁最短周期为10年，前5年的年租金标准为5万元/幢，5年后租金上涨8%~10%，解决了成员与旅游公司的后顾之忧，共有15幢闲置宅基地加入到项目中，实现征召与动员。

在张浦镇金华村案例中，集体经济组织在项目初期流转4幢闲置宅基地建立标准化民宿，但出于缺乏经验等原因，项目蒙受亏损，导致成员对项目产生诸多质疑。下一步，集体经济组织转变思路，通过与旅游公司等合作发展乡村旅游。但前期亏损的实例给成员带来了负面影响，成员普遍认为盘活利用闲置宅基地发展乡村旅游不可持续，甚至有成员提到在亏损后连租金都无法保障。为打消农户的疑虑，集体经济组织首先在已流转的4幢宅基地与上海民盟书画院开展文旅融合项目，开展当年便扭亏为盈，获得净收益6万余元，极大地发挥了示范效应。成员对以盘活利用宅基地开展乡村旅游的认可度逐步提高，越来越多的成员将宅基地流转到集体经济组织经营乡村旅游项目，实现征召与动员。该案例中，集体经济组织作为核心行动者，在项目初期并未将异质性行动者加入到行动者网络中来，导致项目举步维艰；在将多个异质性行动者加入到行动者网络中后，项目得以顺利开展。

5. 异议

集体经济发展所包含的异质性行动者数量众多、身份不尽相同，其利益诉求也存在较大的差异。确保利益赋予的均衡性是利益联盟保持稳定的重要条件，利益联盟中异质性行动者关于利益分配的异议有助于推动行动者网络更新，更好地协调各方利益[①]。在异议环节，充分的协商与沟通是保证利益联盟关系长久稳定的必要条件。

在淀山湖镇红星村案例中，在项目开展初期，投资装修的出租房由低收入户自行出租，房租租金也由低收入户自行收取，低收入户再自行偿还贷款。多方行动者对该模式存在着较大争议。出于认知水平和能力的原因，低收入户对贷款不认可，质疑自己出租房屋的资金还要有大部分交给银行。银行则担心低收入户贷款是否能够正常履约，自行出租是否存在"阴阳合同"。为解决上述问题，集体经济组织调整安排，由集体经济组织开展房屋出租，低收入户的银行卡由集体经济组织代管，定期向银行偿还贷款，集体经济组织提取10%的运营管理费后，将余款打给低收入户，以此解决多方的争议与顾虑，稳定了行动者网络，实现了行动者网络的更新与优化。

在淀山湖镇永新村案例中，在项目开展初期，集体经济组织仅为宅基地与旅游公司流转宅基地提供对接服务，而并未参与到项目中来，集体经济组织也并未得到发展。在"农户+第三方"的模式中，农户囿于缺乏市场谈判地位，苦于房屋租金低的问题。旅游公司存在宅基地流转缺乏长期保障、农户履约意识差、宅基地分散、统一规划难度大等问题。为解决项目初期遇到的诸多问题，集体经济组织成立了六如农房农业观光专业合作社，该合作社致力于统一接收农户转出的宅基地，并以合作社的名义与旅游公司进行沟通。此外，合作社还制定了较为完善的三方合同，充分保障了农户与旅游公司的利益，集体经济组织也通过开展物业服务获得了收入，形成了公司、合作社、农户三方稳定的利益联结机制：田好田园公司通过经营民宿获取利润；合作社向田好田园公司收取一定比例费用用于卫生、物业等开支；农户获得5万元/年的保底租金，并以每三年10%的幅度上调保底租金，预期田好田园公司收回投资成本后（签订合同第13年），公司将拿出上年度盈利的30%给农民二次分红。通过成立合作社与旅游公司签订三方合同，构建了紧密的利益联盟，实现了行动者网络的更新与优化。

在周庄镇祁浜村案例中，在项目开展初期，集体经济组织通过吸纳农户与旅游公司，构建农户"出房出人力"、旅游公司"出钱出技术"、集体经济组织统筹协调的模式。但在实际运营过程中暴露出不少问题。在农户方面，尽管旅游公司提供指导，但实质上仍然是分户经营的状态，民宿标准不统一、不规范的问题频现，顾客经常出现投诉问题。而旅游公司的资金实力并不是非常雄厚，项目开展半年后资金陷入"瓶颈"期，捉襟见肘，后来便出现与农户争夺利益的问题，该项目一度引起农户与旅游公司的不少争议。为解决上述问题，集体经济组织吸纳国有资本加入到

---

① 邹明妍，周铁军，潘崟. 基于行动者网络理论的乡村建设动力机制［J］. 规划师，2019，35（16）：62-67.

该项目中来，由国有资本、村集体、社会资本按照6:2:2的出资比例成立周庄水乡旅游公司，村集体负责向农户收储闲置农房，国有资本负责旅游运营管理，所得利润分别按相应比例向村集体、国有资本分红。在该案例中，异质性行动者由于目标的差异产生分歧，集体经济组织作为核心行动者，协调异质性行动者的利益诉求，稳定了行动者网络。

在张浦镇金华村案例中，集体经济组织通过与上海民盟书画院对接文旅融合项目、与田园东方集团开展投资与合作，在以盘活利用闲置宅基地开展乡村旅游、发展壮大集体经济方面取得了显著成效，此外还有不少农户将闲置宅基地自主经营民宿，发展乡村旅游。但由于集体经济组织和旅游公司缺乏对自营民宿的管理，自主开办的民宿单调、无特色、品质差、安保设施不到位、存在安全隐患等问题逐渐凸显出来，引起自营民宿陷入低质低价竞争的困境，导致游客体验不佳，满意度降低。此外，园内还出现摆小摊等乱象，部分成员出售的小吃存在着食品质量问题。为解决上述问题，在集体经济组织的统筹下，由田园东方集团负责对自营民宿与园内经营者的民宿风格、安保设施、产品价格、食品安全等方面开展监督和管理，所遇问题由集体经济组织负责协调解决。这种做法保证了服务的质量，解决了低质低价竞争的问题，有效增加了乡村旅游项目的盈利能力。

（三）行动者网络运行效果

在昆山市农业农村局和各乡镇政府支持下，以四家集体经济组织为核心的行动者网络致力于通过盘活利用闲置宅基地开展"房东经济"与乡村旅游，以此壮大集体经济，带动成员增收与农户减贫。

在淀山湖镇红星村案例中，集体经济组织作为核心行动者，盘活利用闲置宅基地与精准扶贫工作相结合，让低收入户分享更多土地增值收益，使闲置宅基地成为了提高收入的有效载体。截止到2020年底，红星村开展盘活利用闲置宅基地发展房东经济项目已盘活宅基地25处，集体经济组织增收12.5万元，帮助低收入户与农户共增收100万余元。

在淀山湖镇永新村案例中，集体经济组织作为核心行动者，将闲置宅基地入股合作社，成功探索出一种"合作社+农户+第三方（公司）"的集体经济发展模式。将闲置宅基地流转到集体经济组织的成员年均增收约5万元，其中，部分是整体闲置的农房，租金约5.3万元/年；有些是部分闲置的农房，尚保留2间房用于房主居住或储物，租金约4.7万元/年。2020年，永新村共有11处宅基地流转到田园公司统一运营，集体经济组织通过该项目盈利约46万元，带动成员就业创业增收266万余元。

在周庄镇祁浜村案例中，集体经济组织作为核心行动者，积极引入国有、工商资本盘活利用闲置宅基地开展乡村旅游，成功探索出一种"农户+集体经济组织+国有资本+工商资本"的集中收储、联合运营模式。2020年，该项目共流转15处闲置宅基地，用以改造成8幢民宿及接待中心、餐厅、会议室等配套设施，并租用了鱼塘 15 亩、桃园 30 亩用以打造农耕体验项目，年盈利能力超过 80 万元，集体经济增收 25 万余元。在项目的示范带动作用下，村里还有 7 户村民将自家房屋自发改造成民宿客栈，拓宽了当地村民的就业渠道，农户通过在香村从事餐饮、农事展示等工作，年家庭收入将增加 5 万元以上，共带动成员就业创业增收 108 万余元，极大地提高了村民的获得感和幸福感。

在张浦镇金华村案例中，金华村通过对集中连片的闲置宅基地及农房进行动迁、安置，继而对闲置宅基地统筹再利用，通过土地入股或联建联营的方式，引入工商资本投资经营，构建"村集体+工商资本"的动迁闲置、集体主导的集体经济发展模式。截止到 2020 年底，共有 18 处宅基地加入到该项目中来，年盈利能力达 150 万余元，集体经济组织增收 63 万余元，带动成员就业创业增收 90 万余元。

（四）案例小结

通过深入分析淀山湖镇红星村和永新村、周庄镇祁浜村、张浦镇金华村的四个具有典型特征的集体经济组织，结合行动者网络理论的概念，尝试归纳出集体经济发展壮大的演化模型。在四个典型案例中，集体经济组织作为联结内部的农户与外部工商资本、对接上级政府与银行等支持、制定盈余分配方案、通过民主方式解决不同主体存在争议的枢纽，充当核心行动者的角色。在问题呈现阶段，异质性行动者存在多重目标，难以形成紧密的利益联结机制。因此，核心行动者通过强制通行点，制定多主体的盈余分配办法，实现利益赋予，使异质性行动者的目标达成一致，实现利益相关化。进一步地，集体经济组织通过征召与动员，发展壮大集体经济。另外，对于行动者网络形成过程中产生的异议，核心行动者通过民主协商的方式加以解决，最终形成紧密的行动者网络。

第四节　结论与建议

一、主要结论

（一）多主体协同推进是集体经济发展的必要条件

昆山市农业农村局、各镇政府、集体经济组织、旅游公司、成员、低收入户、承租方、游客等人类行动者，闲置宅基地、旅游资源、人文资源、基础设施等非人类行动者在发展壮大集体经济行动者网络中均扮演了重要的角色。发展壮大集体经济是一项系统性工程，包括如何处理异质性行动者的互动关系、构建行动者网络的动力机制等。以集体经济组织为核心，统筹多方异质性行动者利益目标，构建紧密的利益联盟，是集体经济发展壮大的重要条件，单靠核心行动者难以实现集体经济发展。

（二）集体经济组织是集体经济发展的核心领导力量

集体经济组织在行动者网络中扮演着核心行动者的角色。四个典型案例的集体经济组织发展"房东经济"或乡村旅游，均以集体经济组织为纽带，接受上级政府的政策支持，盘活成员的闲置宅基地，与旅游公司等主体开展合作。因此，扶持集体经济组织对发展壮大集体经济至关重要。

（三）异质性行动者发挥比较优势是集体经济发展的助推器

尽管集体经济组织在行动者网络中扮演着核心行动者的角色，但异质性行动者的比较优势对集体经济发展仍十分重要。昆山市农业农村局提供政策支持与指导，保障各方利益；银行能够解决融资难题；旅游公司提供专业化运营、统一规划、拓展市场；成员提供劳动力并通过创业丰富乡村旅游内涵。因此，有效发挥异质性行动者的比较优势，是推动集体经济发展的重要内容。

（四）政策支持是集体经济发展的重要保障

乡村旅游作为一种新产业新业态，集体经济组织与成员对其认知存在着一定的疑惑，并且在操作规范方面也存在漏洞。为充分保障各方行动者的利益，昆山市陆续出台了一系列闲置宅基地和农房盘活利用的支持政策、制度体系和操作规程，如《关于利用空置宅基地推进村集体项目建设协调纪要》《昆山市农村集体产权流转交易管理办法（试行）》等，从多方面构建起坚实的制度保障，严密监控防止集体资产流失，切实保障各方的合法权益。

二、政策建议

（一）构建行动者网络中的紧密利益联盟

一是建立紧密的利益联结机制。通过完善股份分红、利润返还、就业带动、服务带动等利益联结机制，让成员特别是低收入成员成为集体经济发展的参与者和受益者。二是发展各类农业产业化联合体。促进企业、集体经济组织、合作社、成员紧密合作，拓展集体经济组织与成员的增收渠道。三是完善第三方履约机制。简化诉讼程序，降低诉讼成本，建立良好的市场秩序，有效规避交易双方可能出现的机会主义与道德风险，充分保障农户与企业的切身利益。

（二）发挥集体经济组织的核心行动者作用

一是发挥基层党组织的引领作用。加强基层党组织建设，探索党组织成员、村干部带领实施"村社一体、合股联营"改革，整合惠农支农资金为村集体项目的实施提供信贷优惠和补助，为村级集体经济发展创建组织基础。二是统筹协调各方异质性行动者的差异化利益诉求。以集体经济组织为核心行动者，通过民主协商等方式妥善管控分歧，充分调动异质性行动者的积极性，构建紧密的利益联盟。三是赋予集体经济组织更多的自主权。集体经济组织是发展壮大集体经济的核心行动者，应给予集体经济组织在产业经营、土地利用、合作入股等方面更多的自主权，充分将农户带到集体经济发展中去，使集体经济组织便捷地参与市场化，实现有效助农增收。四是完善民主管理制度。创新农村集体经济运行管理机制，适应社会主义市场经济要求，借鉴现代法人治理机制，形成科学完善的治理机制。

（三）引入异质性行动者，完善行动者网络

一是积极筹措金融机构的支持。以金融机构的引入破解集体经济发展缺乏资金的突出问题，完善惠农利民金融产品与服务，提高农村金融承载能力和农民金融服务可得性，以金融助力集体经济发展。二是充分发挥市场化力量的作用。鼓励集体经济组织与企业、新型经营主体、社会团体等组织开展合作，充分激发集体经济组织市场活力。三是注重破除产业发展障碍与堵点。上级政府应切实做好集体经济发展帮扶工作，对集体经济组织在用地、信贷、融资等方面存在的困境，要制定切实可行的措施加以辅助解决。

（四）以政策支持保障行动者网络稳定性

一是出台新产业新业态定向扶持政策。强化资产补贴政策，优化并落实土地政策，将财政扶持与考核机制相结合实现"以奖代补"，形成支持政策的正向激励效应，实现村级集体经济的自我可持续发展。二是制定集体经济组织税收优惠政策。通过直接减免或先征后返等方式，切实减轻集体经济发展的税收负担。三是建立健全集体经济组织会计准则。明确财务管理制度依据，出台加强集体资产管理的指导意见，巩固完善农村集体产权制度改革的成果，充分保障集体经济组织成员的各项权益。

第十三章 欠发达地区如何发展农村集体经济

——以四川省内江市市中区为例①

第一节 问题提出

壮大农村集体经济，探索新型的农村集体经济发展机制，是进一步深化农村改革的必然要求，也是推进贫困地区农业发展的必由之路。在2020年中央农村工作会议上，习近平同志强调，深化农村改革，加快推进农村重点领域和关键环节改革，激发农村资源要素活力，完善农业支持保护制度，尊重基层和群众创造，推动改革不断取得新突破。2021年中央一号文件提出，2021年应"基本完成农村集体产权制度改革阶段性任务，发展壮大新型农村集体经济"。但是，目前我国农村集体经济发展基础较为薄弱，大部分地区存在着村集体经济发展动力不足、发展形式单一等问题，甚至出现村集体没有收入的"空壳村"等现象②。

关于农村集体经济发展的模式，学者多通过案例和理论分析进行了相关研究。有研究认为应通过建立现代产权制度和实行"政企分离"，实现农村集体经济公司化发展③。王志刚等以分配方式的不同将我国农村集体经济组织的模式分为了按交易量返还的合作制，按股分红的公司制以及结合按劳分配和按股分红的社区股份合作制④。孔祥智和高强指出，自改革开放以来，我国农村集体经济发展主要包括将土地和劳动力贡献内部化的工业化模式、能人带动的三产融合模式、盘活村集体"三资"

---

① 执笔人：李琦、孔祥智。

② 孔祥智．产权制度改革与农村集体经济发展——基于"产权清晰+制度激励"理论框架的研究［J］．经济纵横，2020（07）：32-41+2.

③ 崔建中，宋旭超，刘家顺．农村集体经济组织公司化改造模式构建研究［J］．农村经济，2013（05）：22-26.

④ 王志刚，樊林峰，丁孟．农村集体经济组织改革模式探析——来自鲁东地区的案例调查［J］．江汉论坛，2014（12）：24-27.

入股模式①。进一步地，关于欠发达地区的农村集体经济发展问题，相关研究多结合提高收入等方向对集体经济发展方式展开分析。李天姿等指出欠发达地区适合发展集体与家庭、私营等个体经济的混合经济，并且应结合有效的管理方式与基层党建②。李思经等提出转变发展观念，盘活村集体闲置资源，开展入股经营以培育经济增长点是贫困村提升能力、实现脱贫的重要路径③。丁忠兵总结了村集体经济组织以扶贫资源入股农民专业合作社，以获取分红收益的协同发展模式④。许汉泽和徐明强也认为引导低收入户加入产业合作组织，发展特色产业是再造集体经济的有效模式⑤。但是，也有学者提出农村集体经济组织成长和发展需要当地具备较为成熟的工业化和城市化程度⑥，而欠发达地区城镇化发展面临着紧张的人地关系、人才流失、生态资源危机以及发展路径依赖等"瓶颈"⑦，其经济发展水平和工业化城市化水平较低⑧。诸培新等认为欠发达地区村集体建立土地股份合作社仍存在着农户增收效果不明显、参与程度低的问题，甚至可能导致收入和生活水平下降的结果⑨。朱罗敬和桂胜通过对欠发达地区农村产业经济发展中城乡产业互补、低收入户"捆绑"以及村民自主选择的发展路径进行分析，发现在治理人才、政策保障、土地流转等方面仍存在集体经济发展的限制因素⑩。

欠发达农村地区集体经济的发展对农村市场化和基本公共服务体系的完善具有促进作用⑪，同时对于完善乡村社会治理、推动国家治理能力现代化也具有重要意义⑫，有利于实现小农户与现代农业的有机衔接。实践表明，在经济欠发达地区，也

① 孔祥智，高强．改革开放以来我国农村集体经济的变迁与当前亟需解决的问题［J］．理论探索，2017（01）：116-122.

② 李天姿，王宏波，杨建科．新型集体经济在欠发达地区农村现代化建设中的作用［J］．理论月刊，2017（03）：135-140.

③ 李思经，张永勋，钟钰，刘明月．党建扶贫机制、模式及挑战研究［J］．农业经济问题，2020（01）：76-85.

④ 丁忠兵．农村集体经济组织与农民专业合作社协同扶贫模式创新：重庆例证［J］．改革，2020（05）：150-159.

⑤ 许汉泽，徐明强．再造新集体经济：从"产业扶贫"到"产业兴旺"的路径探索——对 H 县"三个一"产业扶贫模式的考察［J］．南京农业大学学报（社会科学版），2020（04）：78-90.

⑥ 杨一介．我们需要什么样的农村集体经济组织？［J］．中国农村观察，2015（05）：11-18+30.

⑦ 林小如，黄亚平，李海东．中部欠发达山区县域城镇化的问题及其解决方略——以麻城市为例［J］．城市问题，2014（02）：49-55.

⑧ 周玉翠，万克勇，邓祖涛，何天祥．经济发达地区和欠发达地区人口城市化空间结构比较研究——以江苏和湖南为例［J］．经济地理，2015，35（02）：77-83.

⑨ 诸培新，仲天泽，钦国华．经济欠发达地区土地股份合作社发展研究——以江苏省宿迁市为例［J］．中国农业资源与区划，2015，36（07）：103-108+168.

⑩ 朱罗敬，桂胜．欠发达地区农村经济发展路径选择的三重逻辑——基于中部 A 省 Y 县 J 村和 H 村的经验调查［J］．湖北社会科学，2019（01）：46-55.

⑪ 王宏波，李天姿，金栋昌．论新型集体经济在欠发达地区农村市场化中的作用［J］．西安交通大学学报（社会科学版），2017，37（04）：70-76.

⑫ 杨建科，李昱静，李天姿．新型集体经济与欠发达地区农村社会治理创新——基于陕西王家砭与贵州塘约社会治理实践比较［J］．北京工业大学学报（社会科学版），2020，20（06）：22-28.

可通过构建组织经营体系、采取灵活经营机制，吸引社会资本投资，推进集体资产保值增值，使农民真正受益①。四川省内江市市中区通过确权赋能、完善经营以及健全分配机制等途径，实现了农村集体经济的有效运营，在探索欠发达地区农村集体经济新的运行机制方面进行了有益探索。那么，欠发达地区发展农村集体经济面临哪些现实需求，应如何破解以上困境，探索出农村集体经济新的实现形式？通过案例进行总结，提炼发展的共性特征，探讨欠发达地区农村集体经济发展的有效路径对解决以上问题具有重要意义。

第二节　现实需求

欠发达地区农村集体经济发展实践中还面临不少困难和问题，这些制约因素导致了欠发达地区集体资产资源无法实现其经济属性，不能转换为经营性收入，自身"造血"功能较差。四川省内江市市中区农村集体经济基础较为薄弱。截至 2019 年 10 月，市中区农村集体经济收入 1 万元以下的村有 113 个，占总村数的 73.86%，其中 33 个村是完全没有集体收入的"空壳村"。集体经济收入为 1 万~20 万元的村有 36 个，而收入在 20 万元以上的村仅有 4 个。这主要源于欠发达地区农村集体经济实力和服务能力较弱，其农村集体经济发展面临着以下共同性的困境。

一、产权制度不明晰

欠发达地区仍存在集体资产边界、产权主体、成员资格等方面界定不清晰等问题，这可能导致"搭便车"等行为的产生，影响农村集体资源资产进入市场交易，也可能损害农民的集体收益分配权。农村集体资产形成时间跨度大，来源渠道多，大多存在着历史遗留问题和矛盾，并且农村集体资产范围、边界和权能较难完整确认，可能引发集体资产权属纠纷。村集体经济组织是农村集体资产财产权的所有者和维护者，而现实中集体所有权大多由村"两委"代替行使，集体经济组织发挥其经济职能的权利被弱化甚至虚置②。这也容易造成村干部侵占集体资产，集体资产流失或流转不畅等问题。现有法律对于农村集体经济组织的成员如何界定并没有明确的说法。目前成员资格认定多受当地乡规民约、传统观念和历史习惯等因素的影响，成员归属与划分的标准较为模糊，易发生产权归属不清的问题。

① 孔祥智，片知恩．新中国 70 年合作经济的发展［J］．华南师范大学学报（社会科学版），2019（06）：28-37+191．

② 张应良，徐亚东．农村"三变"改革与集体经济增长：理论逻辑与实践启示［J］．农业经济问题，2019（05）：8-18．

二、管理机制不健全

欠发达地区仍缺乏科学有效的农村集体经济管理机制，主要体现在其财务管理和利益分配机制仍不健全、农村财务管理不规范。欠发达地区多数村庄的村集体资产管理和财务会计管理制度仍较为薄弱，其监督机制也有待完善。农村财务管理面临着会计原始凭证填写不规范、不完整、不真实，财会人员专业素质不过硬，缺乏财务管理人才，财务决策机制不健全，无法真正实现村民财务决策权，村级财务公开内容不完整、缺失反馈渠道、程序不合理以及农民群众监督渠道不畅通，民主监督参与积极性不高，上级政府监管不到位等问题。管理制度上存在漏洞可能造成村级小微权力运行的不规范，容易导致集体资产的流失。管理主体不明确、工作效率不高是农村财务管理体系不健全的重要原因。一方面，虽然村集体资产属于乡财政所的管理范围，但是随着村集体经济的丰富和发展，乡财政所的管理能力有限，并且管理程序较为繁琐，影响了村集体经济的运行效率。另一方面，村集体经济组织与村"两委"之间权责不明晰、资产管理范围不明确等问题也影响了村集体资产的利用。

利益分配机制不健全。一方面，由于资产产权不清晰等突出问题，农民不能真正从集体经济发展中受益。农民最初呈原子化状态分布，获取收益权是其参与集体经济发展的根本动力。但是，无法获取收益可能导致不能有效组织农民参与集体经营活动和管理事务，农民主体性得不到体现，集体经济组织发展也缺乏内生动力。另一方面，村干部的贡献很难被量化并在收益分配中得以体现。村干部队伍的积极性和创造性是农村集体经济发展的重要带动力量。但是，由于农民本身对"精英俘获"等的排斥意识以及相关制度的缺乏、集体收入分配时往往忽略了村干部对集体经济发展的推动作用，进而导致村干部懒政、农村集体经济发展缓慢等后果。

三、要素缺乏有效配置

欠发达地区城乡二元经济结构较为明显，农村缺乏优质生产要素，并且现有要素很难得到有效的市场化配置。一是资本所占份额较低。一方面源于农村自身的经济实力较为薄弱，另一方面主要由于欠发达地区农业对外来资本的吸引力较低或外来资本有进入的需求，但缺乏进入的途径。这将导致村集体经济发展缺乏启动资金，并且在基础设施等方面的投资较为薄弱，如道路、水利设施修建不完善，进而可能影响农业种植、物流等环节，造成欠发达地区经济发展的动力不足。二是需要高素质的人力资源。欠发达地区农村人力资本投资较差，农民大多缺乏基础教育，文化程度普遍不高，并且老龄化问题严重。管理团队，即村干部也面临着管理能力不足、创新意识不强等问题，缺乏发展新思路，"等、靠、要"的思想严重；经营团队，如带头能人的培育困难较大，这主要源于善于经营的能人大多会选择外出务工或经商，欠发达地区农村很难提供有保障的创业环境，能人返乡创业将面临较大的经营风险。三是土地的闲置和撂荒问题严重。欠发达地区青中年劳动力外出打工现象较为普遍。随着劳动力向城市转移，由于留守妇女和老人无力经营土地等情况，导致土地的闲置和撂荒。同时，欠发达地区缺乏统一规范的流转市场，无法有效对接土地流转信息，以盘活土地资源作为资产抵押贷款也面临着重重阻力。

四、产业发展相对滞后

欠发达地区农村产业发展质量层次不高，发展水平较为滞后。一方面，产业融合程度低。欠发达地区农业多以传统的种养业为主，农业生产方式较为传统，机械化程度较低，对于特色农产品精深加工、观光旅游等新业态的发展不足。农村集体经济组织的营利性较低，其经营性收入大多来源于林地、"四荒地"等租金收入以及农地反租倒包等收入。虽然部分欠发达地区开展了乡镇企业建设，但其仍处于规模小、实力弱的状态。欠发达地区农村农业产业业态总体上处于低端水平，产业链发展不健全，收入渠道较为狭窄，这也造成了农村集体经济的发展空间有限。另一方面，产业组织化程度低。由于资金、人才等方面的限制，以及欠发达地区小农经济色彩较为浓厚，新型农业经营主体和农业社会化服务组织等产业化组织培育难度较大，面对市场竞争压力无法对村集体经济起到有效的带动作用。欠发达地区农村的合作意识薄弱，农村集体经济组织多以单个行政村或自然村为基本单位组成，各个村庄之间也易形成各自为营、单打独斗的局面。在发展基础较差的情况下，农村集体经济更可能受到投资和经营管理能力不足的制约。

第三节　案例分析

市中区位于四川省内江市西南部，下辖 6 个街道办事处，11 个乡镇，153 个行政村（2020 年村级建制调整后为 85 个行政村），总人口 44.71 万人，其中农村人口 22.32 万人；土地总面积为 3.86 万公顷，其中耕地面积为 2.22 万公顷。2020 年市中区实现地区生产总值（GDP）156.68 亿元，同比增长 3.3%；城镇居民人均可支配收入达 38834 元，同比增长 6.2%；农村居民人均可支配收入达 18396 元，同比增长 9.0%。市中区近三年的农村集体经济发展情况如表 13-1 所示，自 2018 年承担农业农村部的农村集体产权制度改革试点任务以来，市中区集体经济收入水平和农村人均可支配收入不断提升，截至 2020 年 11 月，农村集体经济收入已达 1230 万元；"空壳村"的问题得以解决，村级建制调整后的 85 个行政村均产生了集体经济收入，当地农村集体经济不断发展壮大。

表13-1　2018～2020年市中区农村集体经济发展情况

集体经济发展情况	2018 年	2019 年	2020 年（截至 11 月）
集体经济收入（万元）	417	1064	1230
有集体经济收入的村数（个）	85	147	85
农村人均可支配收入（元）	15320	16881	18396

资料来源：根据课题组调研资料整理。

市中区集体产权制度改革的完成，使市中区农村集体产权界定更加清晰，为集体经济的发展打好了基础。市中区积极探索利益分配方式，形成了完善的激励机制。市中区也为农村集体经济组织的生产经营提供了配套的公共服务，提升了组织运营效率。产业结构优化是经济发展的实质[①]，农村产业结构优化是农村集体经济发展的根本动力。产业结构优化包含产业结构合理化和产业结构高级化两方面要义。产业结构合理化即农业产业发展过程中对各生产要素进行合理配置，提高各生产要素的利用效率。产业结构高级化即高技术化、高资本密集化、高附加值化的动态发展过程。市中区农村集体经济发展引导人才、土地、资金等各项要素资源向农业部门集聚，并且通过吸引各类农业经营主体参与合作，因地制宜地形成多种有效组织形式，实现了更高效的要素资源配置，并且促进了当地产业结构的优化升级。

一、产权清晰形成了农村集体经济发展的基础条件

明晰的产权是市场有效的基本前提。产权制度是对财产权利的界定、归属、占有、使用、处置以及保护的一系列安排，而农村产权制度改革的核心是实现农民边界明晰、具有排他性的财产权能[②]。确权到人的农村集体产权制度改革对提高集体经济组织的运行效率、推动集体经济发展具有重要意义[③]。市中区全面完成了集体资产的分类登记，按照"初始取得、法定取得、申请取得"三种方式确认了村级集体经济组织成员，并对集体资产股份进行了量化，对农村集体经济组织进行了登记赋码。农村集体产权制度改革工作的完成，使集体资产边界更为明晰，权责更为明确，一方面实现了集体资产量化到人，有利于形成规范的村集体财务管理制度，保障村集体经济组织成员的利益，另一方面更有利于建立与市场经济相匹配的农村集体资产管理运营制度，实现村集体资产的市场化运作，为探索农村集体经济新的实现形式和运行机制打下了制度基础，推进农村集体资产管理效率的进一步提升。

---

① Alwyn Young. The Tyranny of Numbers：Confronting the Statistical Realities of the East Asian Growth Experience [J]. The Quarterly Journal of Economics，1995，110（03）：641-680.

② 张应良，徐亚东. 农村"三变"改革与集体经济增长：理论逻辑与实践启示 [J]. 农业经济问题，2019（05）：8-18.

③ 孔祥智. 产权制度改革与农村集体经济发展——基于"产权清晰+制度激励"理论框架的研究 [J]. 经济纵横，2020（07）：32-41+2.

第一是全面清产核资，分类有序推进。市中区在清产核资工作中核定经营性资产 0.52 亿元，非经营性资产 9.26 亿元，农用地、建设用地、"四荒地"等资源性资产 45.59 万亩，这与分类有序推进的政策要求和有效发挥各类财产功能的现实需要相契合①。而对于集体资产的所有权主体，市中区明确了 12 个镇 156 个村级（含 3 个撤村建居社区）资产 3.97 亿元，1393 个组级资产 5.80 亿元，并且将相关数据纳入全国农村集体资产监督管理平台。

第二是确认成员身份，实现确权赋能。为明晰成员边界，保障成员利益，市中区通过"初始取得、法定取得、申请取得"三种方式，共确认村级集体经济组织成员 27.9 万人，组级集体经济组织成员 27.9 万人，并在村和组两级组织都编制了成员名册，建立了集体资产台账。在成员权得以确定的基础上，市中区对村组的股权进行了量化。在村级股权设置上分为成员股和集体股，153 个村量化股权 28.85 万股，其中设置成员股 27.9 万股，有 7 个村设置集体股 0.95 万股。在组级股权设置上全部为成员股，对 1393 个组量化股权 27.9 万股。为进一步赋予股份权能，市中区出台了《内江市市中区农村集体资产股份管理办法（试行）》，对农村集体资产股份占有、收益、继承、退出、抵押担保等权能实现方面的内容作出了具体规定。

第三是确立主体地位，提升运作效率。为确定集体经济组织市场主体地位，市中区制定了《市中区农村集体经济组织登记赋码工作方案》，推进了农村集体经济组织登记赋码工作，为进一步发挥集体经济组织在管理集体资产、开发集体资源、发展集体经济、服务集体成员等方面的功能作用提供了基础。对集体经济组织的市场主体地位确立的同时，也确立了其集体资产所有权行使的主体地位。

二、制度激励为农村集体经济发展提供内生动力

各投入要素获得合理的剩余索取权等激励，是合作社可持续发展的重要保证②。农村集体经济组织的发展也应如此，其利益分配应该兼顾公平与效率，既要保障农民成员的利益，也要对具有突出贡献的要素给予相应的剩余索取权等回报激励。带头能人缺乏、带动能力不足等现象是农村集体资产运营的一大阻碍，其根源在于激励机制不够健全③。市中区通过创新采用"五股"分配模式提供了这一问题的有效解决方案。该模式的创新点在于设置了管理股。这一规定肯定了村干部为集体经济所做出的贡献，并给予其实质的股份分红回报，形成了制度激励机制，对发挥村干部带领村集体经济发展的积极性具有重要作用，也是其他地区可根据自身发展条件复制推广的盈余分配机制。

① 姜红利. 分类推进是实现农民集体所有权的基本理念［J］. 农业经济问题，2019（07）：29-36.

② 周振，孔祥智. 盈余分配方式对农民合作社经营绩效的影响——以黑龙江省克山县仁发农机合作社为例［J］. 中国农村观察，2015（05）：19-30.

③ 夏英，钟桂荔，曲颂，郭君平. 我国农村集体产权制度改革试点：做法、成效及推进对策［J］. 农业经济问题，2018（04）：36-42.

根据《四川省农村集体经济组织示范章程（试行）》，市中区各农村集体经济组织可按照 15%、5% 和 10% 的比例提取公积金、公益金和管理费后，向集体经济组织成员进行收益分配。分配比例应由各村根据实际情况，经由成员同意后实施，利益分配模式较为灵活。市中区创新提出了村集体收益的"五股"分配模式，主要适用于开展自主经营的村集体。"五股"即管理股、发展股、公益股、人头股以及土地股五种股权。其中，管理股为集体经济组织管理人员所有，原则上不超过 30%；发展股为村集体所有，用于支持村集体后续生产发展；公益股用于低收入户分红或公益设施建设等项目；人头股依据成员权的确立向所有集体成员分红；土地股用于向退出土地承包权或将土地流转给村集体开展经营性业务的农户提供分红。目前市中区已经有 25 家集体经济组织采用"五股"分配模式。

以上述采用自主经营的几个村为例。永安镇下元村项目运营所取得的收益，采取"五股"分配模式予以分配。其中，设置管理股 30%，用于管理团队及运营团队报酬；设置人头股 25%，平均分配给全村集体经济成员；设置扶贫股 20%，平均分配给全村建档立卡低收入户（此部分股份 2020 年后转为公益股）；设置发展股 20%，作为村集体发展基金；设置土地股 5%，用于为项目流转土地的村民。2019 年，下元村人头股分红 1.43 万元，管理股分红 1.71 万元，扶贫股分红 1.14 万元，发展股分红 1.14 万元，土地股分红 0.29 万元。永安镇漏棚湾村的村集体经济股份合作社经营所取得的收益中，70% 作为村集体经济收入，由村民委员会通过规定程序，用于扩大再生产；30% 作为村集体经济股份合作社管理股分红，经理事会和监事会成员共同讨论，将管理股份所取得的分红按照贡献大小决定分配份额。乌鸡冲村的村集体经济股份合作社设立管理股 25%，补贴管理团队成员，其余 75% 作为村集体经济收入，由村民委员会通过规定程序，用于村级公益事业。

三、建立服务平台有利于加强农村集体经济发展保障

市中区为保障村集体收益来源的规范性和稳定性，通过与农合联、扶贫超市的合作，多渠道向农村集体经济组织提供统一销售等服务，逐步完善社会化服务体系，满足村集体产业化经营的需求。

（一）农合联：完善农村财务管理体系

欠发达地区村庄仍面临着村集体资产管理和财务会计管理监督等制度薄弱的困境。为防止集体资产被侵蚀、农民权益受损害，并且防止集体经济被少数人控制，市中区通过委托第三方平台——农合联代理记账的方式来解决以上问题。

内江市市中区农村合作经济组织联合会（以下简称区农合联）成立于 2016 年 9 月，主要由全区农业龙头企业、农业大户、涉农企事业单位构成。截至 2020 年 10 月，区农合联成立了内江市市中区联华会计服务有限公司、内江市禾贵农产品销售有限公司、内江市田园味种植专业合作社联合社三个实体企业。区农合联通过生产、供销、信用、消费四个方面合作关系的建设，搭建"线上+线下"平台，促进农产品产销对

接。目前区农合联已经吸纳了 361 家会员，其中集体经济股份合作社 129 家。区农合联采取统一加工、统一包装、统一销售、统一配送的服务方式，为村集体销售肉禽、蔬菜等农副产品 320 万元。区农合联也为村集体经济组织提供代理记账服务，主要包括核定税种、财务筹划、纳税申报、代理记账、税务核算、汇算清缴、工商年检等内容，帮助村集体经济组织规范其财务管理，也有利于避免村级财务上的一些不合规操作。

（二）扶贫超市：建立"农超对接"销售渠道

长期以来，出于产销信息不对称、流通渠道单一、组织化和产业化程度较低、品牌意识不强等原因，农产品区域性、季节性、结构性销售难题一直存在。同时，由于缺少合适的中介组织，也存在着两头压价的现象，生产者获得的销售价格低，而消费者面临着较高的蔬菜水果等农产品价格。为此，部分学者认为发展农产品线下直销超市即"农超对接"模式是一条重要的解决路径。

在政府政策引导下，内江鑫隆国有资产经营有限公司全资子公司内江鑫喜劳务派遣有限公司成立了鑫喜实业公司，并由该公司投资兴办了扶贫爱心超市——甜城乡邻。扶贫农产品超市在扶持壮大村级集体经济期间，特别是在未完成消除"空壳村""薄弱村"任务前，不以追求经济效益为经营目标，而以追求扶贫效益和社会效益为主。扶贫农产品综合超市原则上优先采购来源于村集体经济组织的货源，并且鼓励区内其他专业合作社积极与村集体经济组织合作，向扶贫农产品综合超市供货。在价格上，超市对"空壳村"和"薄弱村"设立 2~3 年扶持期，采购价格比市场批发价高 10%~20%。扶贫农产品超市发展了电子商务业务，由内江鑫隆国有资产经营有限公司结合智慧小区改造开发网销 App，扶贫农产品综合超市将销售产品简易包装成可供在网销售的规格，统一标准、统一定价、统一配送、统一结算，打造同城配送网络，并通过线上直播等方式，拓展网销市场。自 2020 年 6 月营业以来，超市里 50% 的农副产品来自全区各个村集体经济组织，有效解决了销售难题，极大地促进了村集体经济发展。

四、产业结构合理化：资源要素流向农业

农业生产经营的有效开展需要各类生产要素的有机组合。市中区探索农村集体经济新的实现形式过程中，充分利用了土地、资金、人才等要素，其多种经营方式的实现依赖于对各要素的盘活利用，激发了各类生产要素潜能，为进一步实现要素的优化组合进而推进集体资产保值增值打下基础。

市中区通过开展"三块地"改革，奠定了特色农业产业发展的基础。一是推动农户土地承包经营权的退出。市中区以"三换模式"，即土地承包经营权退出换现金、换股份、换保障，来引导农民退出土地承包经营权。最终市中区累计退出 6000余亩土地，主要用于发展藤椒、雷竹、柑橘等特色产业。二是对于宅基地"三权分置"工作的开展，市中区在巩固所有权地位的基础上，探索了资格权自愿有偿退出，鼓励通过使用权入股、联营、转让等方式，盘活闲置农房和宅基地，用于发展民宿、

农旅等产业，增加农民财产性收入。截至 2020 年，农户自愿有偿退出 37 宗闲置农房和宅基地，整理腾退宅基地 30.5 亩，闲置农房以 15 年流转期限出租 17 户（共5708 平方米），年租金约 6.28 万元，村集体可增收 4.5 万元。三是对于农村集体建设用地的合理利用，市中区探索出了"作价联营"方式，构建起了集体经济长效增收机制。朝阳镇黄桷桥村将 11.54 亩经营性建设用地 40 年的使用权作价 290.16 万元，入股竹苑水乡农旅项目，集体经济预计年增收 12 万元。

市中区在财政补助上也给予了村集体经济发展较大的支持。2017 年，市中区获得省财政厅扶持村集体经济发展试点资金 1000 万元，用于扶持 10 个试点村村级集体经济发展；2019 年市中区确定了凌家镇乌鸡冲村、靖民镇高梯村、史家镇牛桥村、永安镇漏棚湾村、龚家镇桐梓村、全安镇洪坝村 6 个村，给予每个村 100 万元财政专项资金用于当地产业发展，其中，中央资金 50 万元，省级 30 万元，市级 10 万元，区级 10 万元。2020 年，市中区进一步增加了财政支持力度，扩大了财政支持范围，重点扶持永安镇金马村、大堰村、糖房坳村、红牌坊村、多向湾村、鹿子村、柏杨村、新桥村 8 个村，鼓励采取"抱团发展"方式，每村一次性补助 100 万元，用于发展壮大村级集体经济。

在人力资本的利用上，市中区采用了"派""引""育"相结合的方式，以赋予村集体经济新的发展活力。"派"即统筹选派村党组织第一书记驻村工作，市中区共选派 76 位第一书记，其中 6 个扶持村的第一书记主要任务即发展壮大村级集体经济。"引"即对科技人员、返乡创业者的引进。2017 年《内江市市中区深化农业科技体制改革试点激励科技人员创新创业实施方案》鼓励全区涉农单位和镇街，开展科技成果转化收益、科技人员兼职取酬、保留人事关系离岗转化科技成果和领办创办科技型企业改革，增强农业科技人员活力，加强对现代农业发展的支撑。而对返乡创业者，市中区致力于打造建设平台，为创业者营造良好的创业环境，以发挥返乡创业者对农村产业的带动作用。"育"即对本地管理经营者的培育。以下元村为例，该村通过开办农民夜校、实施农村家庭能人培训、致富能手评选等方式展开当地新农人培训，并且将骨干人员纳入村"两委"后备干部培养计划，进行重点培养，以培训新型集体经济发展所需人才。

五、产业结构高级化：实现农业产业化经营

为形成长效的农村集体经济发展机制，应在产权明晰和要素盘活的基础上，立足自身发展状况和特色产业，探索合适的经营方式，以实现农村集体经济的持续增长。市中区以当地资源特色为基础，引入市场机制，进行产业发展和经营方式的设计，提高了村集体土地、房产、设施等资源的市场价值，增加了村集体和农民的财产性收入。

（一）自主经营

村"两委"领导能力较强的村集体，主要开展村集体自主经营，即村集体结合自身产业发展需要，发挥村干部带头能力，成立公司开展生产、服务、加工、销售、

旅游等方面工作，以获取经营性收入。如永安镇下元村组建了以村干部为主的管理运营团队，由村集体出资新建养殖场，并且在村内流转约100亩土地种植雷竹，形成种养一体生态循环模式。2019年下元村集体经济收入达20万元。凌家镇乌鸡冲村建设了自营的粮油加工厂，主要从事稻谷收购、稻米加工、储备、包装及销售、粮油加工销售等业务，产品销售渠道主要为周边市场和农产品综合超市。

（二）租赁经营

对于基础设施建设完备的村集体，主要依托闲置的校舍、办公用房、村办企业厂房等集体房产，水库、塘堰、小型集中供水设施等集体设施以及财政"补改投"形成的集体资产，在进行改造后租赁给其他市场经营主体，村集体担任物业管理者，以获取租金收入。如永安镇尚腾新村集体经济组织将商业一条街出租给汉安公司发展民宿产业，租金收入达13万元/年；靖民镇长安村通过寿溪河旅游基础设施建设项目的实施，修建了6000平方米的停车场，并将原村小学校装修改造为游客接待中心，把停车场和游客接待中心租赁给开发公司，实现村集体年收益12万元。

（三）入股联营

对于获取产业扶持基金的村集体，以财政"补"改"投"的资金参股农民专业合作社或企业等主体，或与其他村集体进行股份合作，开展联合多元化经营，发展内江黑猪养殖、大棚蔬菜种植、乡村旅游等产业，以获取股份分红。

在与其他市场主体的联合经营上，朝阳镇下坝桥村集体注册成立了集体经济股份合作社，全村农户将700亩土地承包经营权退还村集体并折价为集体经济股份合作社的股份。合作社将120亩土地、前3年的土地租金以及部分资产折价入股雷丰果业公司，由该公司经营发展柑橘产业，项目生产优先聘用本村村民。在与其他村进行合作的方式上，多采用两个或多个村集体经济组织统筹资金，联合发展特色产业的模式。永安镇大堰村与相邻7个村开展产业联建，统筹整合扶持资金800万元，发展内江黑猪养殖和大棚蔬菜种植，投产初期预计每个村集体经济累计收入达8万元以上，到2022年，每个村集体经济累计收入预计达20万元以上，如表13-2所示。

表13-2　市中区农村集体经济典型模式及产业发展情况

经营方式	试点村	经营主体	产业发展情况	产业属性
自主经营	永安镇下元村	村集体	养殖场、雷竹	特色种养业
	凌家镇乌鸡冲村	村集体	粮油加工厂	加工业
租赁经营	永安镇尚腾新村	汉安公司	民宿产业	旅游业
	靖民镇长安村	旅游开发公司	休闲旅游	旅游业
入股联营	朝阳镇下坝桥村	雷丰果业公司	柑橘	特色种植
	永安镇大堰村	与相邻村共8个村集体	内江黑猪养殖大棚蔬菜种植	特色种养业

资料来源：根据课题组调研资料整理。

第四节　政策建议

新形势下农村集体经济发展需要农业转型升级，实现农业现代化。市中区探索出了以实现产权明晰、制度激励、完善服务、产业结构优化为发展路线的欠发达地区农村集体经济多元化的实现方式，正是这一发展趋势的典型代表，作出了重要的理论贡献。虽然我国大部分地区农村集体经济发展取得了明显成效，但欠发达地区农村集体经济发展落后等问题仍十分突出。针对深化农村集体产权制度改革面临的任务及可能遇到的问题，立足市中区集体经济发展取得的经验，就如何探索农村集体所有制有效实现形式，更好、更创新地形成农村集体经济运行机制，调动农民参与现代农业建设的积极性提出以下几点建议。

一、深化农村集体产权制度改革

为探索创新农村集体经济有效实现形式，应建立起归属清晰、权能完整的农村集体产权制度。一方面，应开展全面的集体资产清产核资，摸清集体家底，避免集体资产流失现象发生，这是进一步推进农村集体产权制度改革的前提。另一方面，应实现集体资产所有权确权，清产核资后将农村集体资产所有权确权到农村集体经济组织成员集体，由农村集体经济组织代表集体行使所有权。加强对农村集体采取管理制度体系建设，对财务管理混乱的村集体，上级政府应进行整顿，通过修订完善财务会计制度，加强财会队伍建设，引入第三方农村集体资产监督管理平台，防止腐败行为的发生，避免对村集体和成员利益造成损害。按照尊重历史、兼顾现实、程序规范、群众认可的原则，统筹考虑农民户籍、土地承包、对集体的历史贡献等多方面因素，对农村集体经济组织成员的身份进行确认，协调好各方利益。

二、推广集体股份分配机制创新

股份分红是发挥集体经济作用，增强集体成员身份认同的有效途径，完善收益分配制度设计对协调各方利益关系、提高参与积极性具有重要作用。集体收益分配方案应经村民大会或村民代表大会讨论通过，明确公积金、公益金提取比例，并向集体成员公开。同时应完善内部管理制度，健全约束机制，接受集体成员的监督，应确保农民集体资产股份收益分配权落到实处。根据市中区发展经验，应在尊重村集体经济组织成员意愿的前提下，探索建立开放性的集体股份的动态调整机制，设置多种类型股份，探索员工持股、期股期权、股权激励等多种激励方式，保障农民集体资产股份权利的同时，确保农村集体经济组织管理人员可以获得与贡献相匹配的报酬，推动组织内部治理结构和激励机制的完善。

三、盘活利用各类农业生产要素

应引导要素流向农业，推进要素的市场化配置。一是充分利用集体所有的"四荒地"、果园、闲置房屋等资源，发展现代农业项目，促进集体资源向集资资产转变，以良好的生态环境和人文历史资源为依托，推进乡村旅游等项目的开发，同时积极引导农民进行土地流转或土地入股，形成土地规模化经营；二是加大对村集体经济的资金支持，缓解村集体所面临的资金及信贷不足的困境，为村集体经济提供发展动力，推广市中区"补"改"投"模式，让财政支农资金更具生命力和发展活力；三是始终将人才作为集体经济发展的关键，充分发挥村"两委"的领头带动作用，强化人才外引内育，继续推广第一书记制度，加强现有农村工作人员培训，建立完善分层分类培训体系，打造一支"懂农业、爱农村、善经营"的新型农村集体经营人才队伍。

四、鼓励探索多种经营方式结合

在政策上应鼓励村集体探索集体经济发展的多种有效途径。一方面，应积极引进市场主体开展联合经营，加强农村集体经济组织与新型经营主体的合作与联合，推动发展当地加工、旅游等产业，延伸产业链，促进集体资产保值增值。发挥各村集体之间的合作精神，通过邻村之间的合作或采取"飞地模式"整合各村资源，壮大整体的农村集体经济实力。另一方面，鼓励农村集体经济组织积极发展新业态，以自主开发、入股合作等方式，发展休闲农业、物业租赁等新产业，以推动传统农业转型升级，开辟农村集体经济发展新路径。同时发挥区域优势，打造特色农业，提高农业综合生产能力，培育多元化产业，推动农产品向高附加值型转变，积极打造适合各地农业现状的发展模式。

五、搭建公共服务平台

为进一步推进农村集体经济的发展，需要向农村集体经济组织提供配套的农业社会化服务，探索社会化服务供给的有效模式。首先，应培育和引进龙头企业等新型农业经营主体和农业社会化服务组织，提升服务质量，强化服务能力，增加服务品种，拓宽服务范围。其次，应构建公益性与经营性相结合的社会化服务体系，以生产性服务推动村集体经济组织产业化的发展，以公益性服务向村集体经济组织提供基本保障。最后，应进一步推进农村集体经济组织的市场化。目前，村集体经济组织仍面临着贷款难、招商引资难的困境。这主要源于组织市场化程度较低，其他市场主体对村集体经济组织的认可度和合作意向仍较低。这需要村集体进一步的市场化改革，即遵循市场发展的基本规律，通过成立公司或入股公司等方式，深化与其他主体在金融等方面的合作，以形成一个长效的发展机制。

中篇　产权改革

第十四章　农村产权制度改革及其效应

——基于六市、县（区、旗）的调研[①]

2016 年 12 月 26 日中共中央、国务院发布《关于稳步推进农村集体产权制度改革的意见》，各地都在有条件的地区部署开展农村集体产权制度改革工作。这次改革的意义不亚于 20 世纪 70 年代末、80 年代初开启的农村经营体制改革。那么，改革的效果究竟如何？2018 年 5~8 月，中国人民大学农业与农村发展学院、中国社会科学院农村发展研究所、安徽师范大学经济管理学院、农业农村部农村经济研究中心等单位组成了联合调研组，对南京市、上海市闵行区、山东省东平县、山东省青岛市黄岛区、内蒙古自治区阿荣旗、浙江省海盐县六市、县、区、旗进行了调研，得到了大量第一手资料。现报告如下：

一、农村集体产权制度改革的整体效果评价

总体来看，六市、县、区、旗在改革推进过程中，坚持从实际出发，结合自身情况积极探索、勇于创新，基本完成了初期的改革任务。

浙省海盐县于 2015 年底对所辖的 104 个行政村（社区）100%完成了股份制改造。股份合作制改革红利释放，截至 2017 年，海盐县已累计分红 2948.67 万元。2017 年底，海盐县 104 个股份经济合作社拥有集体资产总额 15.06 亿元，其中经营性净资产总额 5.07 亿元，较 2014 年增长 15.8%，量化资产 4.84 亿元，村均 461 万元，拥有股东 301841 人。2014 年海盐县经常性收入 50 万元以下的村占 38%，截至 2017 年 100%实现 50 万元以上转化，100 万元以上有 43 个村（社区），最高的村可达 453.93 万元。

南京市农村集体产权股份合作制改革工作也已经取得明显成效，如期达到了集体发展、农民增收、管理规范的改革目标。具体而言，到 2017 年底，南京市村组级农村集体资产清产核资已全部完成；659 个村完成了人口界定和股份量化；407 个村实行股份分红；45 个村完成股权固化改革；8 个村开展村社分设改革；组建农村集体资产股份联合社 4 家；农村产权交易市场在全省率先实现区镇两级全覆盖。

上海闵行区的改革取得了明显成效。一是全面落实了集体资产股份占有权、收益权。全区累计完成 142 个村集体经济组织改革，组建新集体经济组织 138 个，约

[①] 执笔人：孔祥智、赵昶。

有 30 万余集体经济组织成员成为股民，持有集体资产股份 86 亿余元。50% 以上新型集体经济组织实施了分红，人均分红 4501 元。二是有条件开展股权有偿退出、继承。全区 6 个镇 17 个村有 2291 人实施了股权有偿退出，退出金额 7938 万元。30 个村有 360 人实施了股权转让，转让金额 3335 万元。30 个村有 6494 人开展股权继承（多数为在世时赠与），涉及金额 31175 万元。三是慎重开展股权抵押、担保。已选择 1 个村完成了集体股抵押，股权抵押贷款 200 万元。

截至 2017 年底，青岛市黄岛区已有 950 个村居完成了改制任务，占全部村庄总量的 82%。

山东省东平县以土地资源和政策资金为要素，探索"土地资源份额化、扶持资金股份化"改革模式，激活内在资源和内部资产，盘活外部资金，创新了合作经营形式，构建了集体经济新架构，实现了农民集体合作共赢。截至 2018 年，共有 468 个村（居）启动实施了集体产权制度改革，其中完成清产核资 412 个、成员界定 386 个，241 个村成立了股份经济合作社。

截至 2018 年，内蒙古阿荣旗已全面完成了 148 个行政村农村集体产权制度改革任务，成立了 148 个村级股份经济合作社，排查人口 22.68 万人，界定成员 20.2 万人，配置股份 111.23 万股，发放股权证书 7.7 万本。

二、改革的具体做法

（一）成员资格界定

成员资格的合理界定是农村集体产权制度改革的过程中所难以回避的问题，其中的关键就是要保证有资格的成员得到认可，而没有达到资格要求的人员排除在外。各地依据自己的实际情况，综合考量户籍、土地承包关系、人员生活历史等方面来界定成员资格。

青岛市黄岛区对全区有共性的几类特殊人员的政策画出红线，如大学生村官、聘用制教师、部队干部自主择业人员。区农村集体产权制度改革工作领导小组办公室于 2016 年 10 月下发了《关于几类特殊身份人员成员资格界定的指导意见》。其中，规定大学生村官、聘用制教师、部队干部自主择业人员均属于国家财政供养人员，在进行成员资格界定时上述三类人员不属于人口股享受对象。此外，历次机关事业单位机构改革中的分流人员中，只要是财政承担工资福利、按事业单位投保标准缴纳社保费用的，也认定为财政供养人员，在进行成员资格界定时，不属于人口股享受对象。但财政不负担工资福利并自行缴纳社保费用（需提供 6 个月以上的证明材料）的自谋职业者，原则上可认定为非财政供养人员。除此之外，对一些小范围的个例问题，由村级民主决议敲定，特殊事项实行"一村一策"。

海盐县的成员资格界定主要有以下几个方面：一是本村全日制大中专毕业生户口间接回迁者按 80% 享受，随其迁入的配偶及子女按 30% 享受；二是嫁给本村社员，无争议的无土居民及知青子女回迁者按 80% 享受；三是有争议的婚嫁女配偶、子女及其他有争议人员按 30%享受；四是离婚后户口在人不在者按 20%享受；五是原已出嫁在外，现户口回迁者按 20%享受；六是顶替回迁者本人按 60%享受，随其迁入的配偶和子女按 30%享受；七是离婚后再婚户口迁入者，以二轮土地承包（1998 年 12 月 31 日）时间为界限，即二轮土地承包前迁入者全额享受，二轮土地承包后迁入者按 50%享受。

东平县成员资格的基本条件是，户籍在本村并且享有第二轮农村土地承包权，常年在本村（社区）居住、生产、生活的人员，以及与上述成员形成合法婚姻关系而婚入人员，合法生育、合法收养人员取得了本村户籍，并常年在本村居住、生产、生活的人员。进一步地，对于符合上述规定的成员，在校大中专学生以及毕业后未取得固定工作的，现役义务兵和符合国家有关规定的士官，正在服刑人员以及刑满释放后户口迁回本村的，离婚、丧偶的女性成员及其子女仍在本村居住、生产、生活的人员，仍然为其保留成员资格。以村（居）为单位建立成员名册，进行张榜公示、成员签字确认，并报乡镇备案。

闵行区成员界定时将主要有农龄的成员和无农龄的失地农民子女，以及婚嫁户口迁入本镇的婿媳（本市外人员以结婚登记证为准，城镇居民除外）作为集体经济组织成员。

阿荣旗具体采取"十二全享，八不享"的成员资格界定标准。"十二全享"即下列十二种情形之一人口为股权全额享受对象：一是农村集体资产产权改革基准日止在册的本村社员（农业户口）；二是正在服义务兵役的本村社员（已转为士官的人员暂保留人口股，待其退伍后，未享受部队或地方安置的予以配制）；三是全日制大中专院校就读的在校本村社员（就读时户籍迁入就读学校的）；四是原就读全日制大中专院校 1995 年后毕业（含 1995 年）因国家取消统一分配政策而自谋职业的本村社员（需在 2015 年 12 月 31 日前户口迁回本村）；五是正在劳教服刑的本村社员（股权证书由其委托人或股份经济合作社予以保留）；六是因小城镇综合改革中，户籍关系从本村迁入小城镇的原本村社员及因被征地而农转非的本村社员（包括因参加社会基本养老保险而农转非的原被征地农民）；七是与本村社员已办理结婚证书但户口尚未迁入的对象及子女（需将农业户口在 2015 年 12 月 31 日前迁回本村）；八是与本村社员离婚，户籍关系未迁出的人员及其依法判决随同子女；九是因离婚将户籍迁回的原本村出嫁人员，本人及其依法判决的随同子女；十是户籍关系未迁出的本村出国（境）人员；十一是办理过合法领养手续在册子女和 1992 年 4 月 1 日《收养法》实施前领养而未办理领养手续的在册子女；十二是经社员代表会议表决，同意给予股权的特殊人员。"八不享"为下列八种情形之一人口为股权不享受对象：一是劳动人事部门办理正式招工录用手续的行政、事业单位和国有企业及国有控股企业的现职工作人员及退离休人员（现任村党支部书记除外）；二是已享受国有企业及国有控股企业、事业单位社会养老保险等改革待遇的人员（现任村党支部书记除外）；三是已在部队提干的人员；四是与本村社员离婚，妇女重新嫁人的，户籍已迁出的妇女本人及其依法判决随母的子女；五是原迁入本村户口未入社的外来挂靠人员；六是户籍关系已迁出的本村出国（境）人员；七是违反计划生育政策尚未被依法处罚的人员；八是有关法律法规规定或经社员代表会议表决不给予股权的人员。

（二）资产清查

清产核资是顺利开展农村产权制度改革的基础和前提，通过调研，各区虽然做法不同，但都进行了彻底认真的清产核资。

海盐县出台集体资产产权制度改革操作规程，由各镇（街道）统一资产清查基准日和人口排摸截止年限，依据排摸结果由各村制定改革实施方案草案，确定资产量化范围、总额、对象以及成员界定办法，并按照全县统一的表式逐项盘点查实。除公益性资产和资源性资产外，最终将集体经营性净资产列入股份量化范围。海盐县通过清产核资，厘清了村级债权债务，摸清了集体的家底；通过资产量化，股份到人，从制度上改变了以往村集体资产处于"人人有份、人人无份"的虚无状态，确立了股东在村集体资产中的份额和收入预期。2015年底，海盐县所辖的104个行政村（社区）100%完成了股份制改造。股份合作制改革红利释放，截至2017年，海盐县已累计分红2948.67万元。

南京市清产核资的范围包括对集体经济组织所有的各类资产进行全面清理核实，并区分经营性资产、非经营性资产和资源性资产，分别登记造册。按照"谁投资、谁所有、谁受益"的原则进行农村集体"三资"权属界定。集体资产清产核资和产权界定的结果，由集体经济组织成员大会或成员代表大会予以确认，在镇街村务公开栏中张榜公布，上报区、镇（街）两级工作领导小组审核，报区、镇（街）农村集体资产管理部门备案。在农村集体"三资"账簿完备、产权归属清晰且无纠纷的基础上积极推行农村集体资产、资源统一编码，颁发农村集体资产产权证书，实行"一物一码一证"管理，并与不动产登记工作相衔接。

闵行区对于"特殊人群"（插队知青、婚嫁户口迁出本村、全家户口迁出本市、已故人员）的清产核资规定，股份由村集体经济组织赎回，客观公正地对集体资产作出公允评价。改革的集体资产范围包括集体所有的资源性资产、用于经营的经营性资产以及用于公益事业的非经营性资产。对于上述三类集体资产，在进行股份合作制改革中要实行分类指导。对于资源性资产，抓紧抓实土地承包经营权确权登记颁证工作，在充分尊重承包农户意愿的前提下，探索发展土地股份合作等多种形式。对于经营性资产，明晰集体产权归属，将资产折股量化到集体经济组织成员，发展农民股份合作，明确集体经济组织的市场主体地位，健全集体资产运营的管理、监督和收益分配机制。对于非经营性资产，探索集体统一运营管理的有效机制，更好地为集体经济组织成员及社区居民提供公益性服务，已经折股量化的，也由集体经济组织管理。

东平县的村集体资产总量小、增量小，因此成立了清产核资小组，对村内计提资产进行清查登记评估，张榜公示，召开村民（代表）会议确认，同时报乡镇审核。截至

2018年4月，东平县已经完成了412个村（居）的清产核资，占总村（居）的57.5%，共清理经营性资产14516万元、非经营性资产58969万元、土地资源126388亩。

（三）股权设置

六地在农村集体产权制度改革中股权设置方法有所不同。如海盐县、南京市、黄岛区、阿荣旗均不设集体股，但在个人股的设置上又有差别。闵行区允许集体股占有一定比例，东平县根据产权归属区分为集体配置股、个人自愿股、定向扶持股。具体情况如下：

南京市根据江苏省《关于积极推进农村社区股份合体制改革的意见》（苏办〔2005〕25号）精神，要求集体资产股份合作社的股权设置中，一般不设集体股，确需设立集体股的，集体股比例不宜过高。个人股股权或收益分配权设置的基本原则是按照集体资产的形成过程和现有资产的构成情况，因地制宜地合理确定。个人股或权益可设为人口基本股或权益，也可设为人口基本股或权益和劳动贡献股或权益，根据成员对集体经济发展贡献大小适当体现差距。其中劳动贡献股或权益可按照成员年满16周岁后在村工作的时间（农龄）计算，可从高级农业生产合作社成立至确定的统计日止，也可从第一轮或第二轮土地承包开始计算，具体时点由集体经济组织成员代表大会协商确定。

黄岛区设置单一股权，不设集体股，只设个人股。为了体现公平和贡献，个人股细分为人口福利股和劳动贡献股（农龄股），两者比例为6：4~8：2，农龄股计算时间为1956年1月1日至2004年12月31日，且年满16周岁，男女分别截至60周岁和55周岁。创新资产折股量化思路和方法。即"确份额不确金额"。用科学的方法计算出每个成员应享有的份额，每个成员份额相加，就是经济组织的总股份，集体有收益时，按照份额来分配，确保成员对集体资产未来增值收益的分配权利。

闵行区发布了《关于全面推进农村集体经济组织产权制度改革工作的指导意见》（闵委发〔2011〕36号），明确规定有限责任公司、社区股份合作社只设置个人股；村经济合作社可设置个人股和集体股，集体股一般控制在20%左右。以农龄为主要依据确定成员所占集体资产份额，与人头相结合，对知青农龄给予一次性买断。农龄从1956年算起，自正式参加镇、村、队集体经济组织及所属企业劳动之日起，至征地转居离开村、队，其劳动不在镇、村、队时结束。不满6个月的按0.5年计算，满6个月不满1年的按1年计算。农龄计算必须经过个人申报、核实、张榜公布、再核实、再公布等程序，由各镇制定实施细则，各村制定具体操作办法。特殊的是，在量化村级集体资产时将10%左右的集体净资产量化配送给占30%无农龄的成员子女，一方面是出于农龄计算日趋复杂的现实，另一方面是由于目前集体资产积累在很大程度上是资源性资产的积累，完全按农龄量化显失公平性。

东平县在股权设置上的最大特点是根据产权归属区分为集体配置股、个人自愿股、定向扶持股三类。为了发展壮大集体经济，办好公益事业，除了个人自愿加入的资源股以及定向扶持到户（人）的资金股外，集体配置的股份原则上可设置集体股和个人股，集体股一般不高于30%，个人股一般不低于70%，可以根据实际情况不设立集体股。具体从各村的实践来看，集体配置到个人的资产股、资金股，有的村按成员平均配置，也有的村按基本股和劳动贡献股配置。以调研的接山镇后口头村为例，2015年5月后口头村实施集体产权改革，将集体经营的679亩土地折股量化，平均分配给1125名集体成员，加上自愿入股的740亩家庭承包土地，成立了以土地资源为主的股份经济合作社。在资源股权设置上，实行A、B两类股，A股为集体配置股，即集体"四荒"地与村内"荒片"地；B股为个人自愿股，即由成员以家庭承包地自愿有偿加入，实行"租金保底+分红"，确保农民承包权保值增值。如彭集街道后围村，清理、清退、收回6个自然村荒片土地300多亩，平均量化股权后，成立土地股份合作社，统一经营苗木花卉，收入按股分红。再如接山镇后口头村实行A、B两类股，为方便统一规模经营，该村规定自愿入股的家庭承包地必须是整户土地入股，入股期限不低于5年。

（四）股权管理

在股权管理方面，各地采取的措施以"生不增，死不减"的静态管理模式为主，只有少数采取了动态管理模式。

海盐县、黄岛区、阿荣旗都对股权实行静态管理，确权到户、户内共享、社内流转、长久不变。以海盐县为例，明确股东对量化到人的股权享有收益分配权，赋予股权继承、赠与、转让和质押、担保的权能，实现了多权能的目标。同时，明确股权可以继承，允许在内部转让，但不得退股提现，实行"生不增，死不减"的静态管理。

东平县采取增（减）人不动股的相对静态管理方式，确保股份权益稳定性。改革初期，多数村民难以接受股权固化模式，为保障股份权益稳定性，东平县规定调整股权的期限不低于5年，调整股权时以"增（减）人不动股"为原则，不打乱重分股权，增减的股份从集体持有的股份中调剂，充分发挥集体股的"蓄水池"作用，保障股份权益稳定性。

闵行区七宝镇采取的是动态管理方式，即"生要增，死要退"。成员在持股期间，其股权原则上不得转让、不得退股。对改革基准日后新生和新增的人员，户籍在本村，符合本村规定，可以入股，是否配送及标准由各经济组织自行决定。同时，闵行区出台了《闵行区村集体经济组织股权管理暂行办法》（闵府发〔2016〕20号）、《闵行区村集体资产股权质押贷款实施办法（试行）》（闵农委〔2017〕82号）。为加强资产股权管理，闵行区健全农村集体资产信息化监管平台，将股权情况全部录入平台；建立农村集体经济组织管理系统，将集体经济组织、成员、股权、收益、分配、资产、土地等纳入平台，并制定配套的操作流程图以及退股协议书、申请书等规范性样本，促进股份权能保护走向制度化、规范化。

（五）股权流转与转让

各地的股权都允许转让，但对于转让范围的限定有所不同。一部分是限定在集体经济内部，另一部分是有条件的限定可以转给非集体成员。

南京市和闵行区都允许在集体成员内部进行转让。以闵行区为例，规定集体资产股份的有偿退出，严格限制在本集体经济组织范围内，可以转让给本集体经济组织成员，也可以由本集体经济组织赎回。转让给本集体经济组织成员的，对受让方占有的股权比例合理设置上限；由本集体经济组织赎回的，制定赎回条件、价格、赎回股份的处置等具体办法。收购资金可以从本集体经济组织的经营收益中列支，所收购的股份可以追加到集体股中或转让给其他成员，也可以用于核减相应的总股份数。

海盐县规定农村集体资产的产权可在县域范围内跨集体经济组织交易，在县、镇（街道）农村土地流转和产权交易服务中心进行。股权转让可以采用拍卖、招标、公开协商和国家法律、法规规定的其他方式进行；股权质押担保应取得股权所属股份经济合作社同意；股权继承应到股权所属股份经济合作社办理继承手续。

（六）建立健全产权交易平台

为进一步激活农村资产，围绕"确权、赋权、活权、保权"四个重要环节，调研发现，有的地方建立了健全的农村产权交易平台，促进了农村生产力要素的自由流动和优化配置。

如海盐县于2009年在全省率先建立了农村土地流转和产权交易服务中心，起初以农村土地流转交易为主，随着改革的深入，交易品种不断丰富，目前已发展到六大农村产权交易品种。同时，依托农村金融产品为农村集体产权股份合作制改革的"赋权、活权"提供帮助。海盐县先后推出了"农钻通""农宅通""农股通"产品，涉及农村承包土地的经营权抵押贷款、农村住宅抵押贷款、村级集体资产股权质押贷款。依托农村产权的抵押融资，实现了农民"三权"金融产品的全覆盖。此外，为了完善金融风险补偿机制，海盐县建立了3000万元的"深化农村综合改革风险补偿基金"，防范了风险，让银行吃了颗"定心丸"。

南京市建立了区镇两级农村产权交易市场实体平台和市、区、镇街三级联动的农村产权交易信息服务平台，引导农村各类产权进场规范交易，完善交易规则，拓展功能服务，提高农村资源要素配置水平。目前，南京市共建成7个区级和46个镇街农村产权交易市场，在全省率先实现区、镇两级全覆盖；累计交易金额约为25.4亿元，交易品种9个；完成了1.38亿元承包土地经营权抵押融资贷款；集体资产实现溢价约为8300万元，有效促进了集体资产保值增值和农民增收。

（七）依托产权制度改革发展农村集体经济

通过村集体产权股份合作制改革，村民股东掌握了集体经济家底，资产运营自主意识得到增强，有力地促进了土地全域整治和复垦，盘活了农村各类资源要素，走出了村集体经济发展的新路。比如，截至2017年底，海盐县104个股份经济合作社拥有集体资产总额15.06亿元，其中经营性净资产总额5.07亿元，较2014年增长15.8%；量化资产4.84亿元，村均461万元，拥有股东301841人。2014年海盐县经常性收入50万元以下的村占38%，至2017年100%实现收入50万元以上，100万元以上的村（社区）达43个，最高的村可达453.93万元。东平县在盘活土地资源的基础上，优化农业布局，引进项目促进产业融合，吸引农民入股，带动农民就业。集体经济的壮大保障了农民的股份收益和劳动收入，改变农民以往单一的收入模式。南京市创新集体经济发展路径，支持村集体资产股份合作社联合、抱团发展，在开发区、工业集中区、商业集聚区建设或购置综合楼、标准厂房等集体物业项目，形成规模集聚效应，促进集体经济转型升级。

三、改革的创新点

（一）高度城镇化地区的改革模式——浙江省海盐县

长期以来，如何实现经济发达地区、高度城镇化地区推行农村集体产权股份合作制改革一直是农村集体产权制度改革的重要难题。海盐县作为全国综合实力百强县，属于经济快速发展的地区，城乡居民收入比低于1.7∶1，处于快速城镇化发展区域。处于高度城镇化地区，具备较高的经济实力。以浙江省海盐县为代表的海盐模式有效地破解了这一难题。经济发达地区意味着农民收入具有较高水平，高度城镇化地区意味着大量农村劳动力转移到城市里或者是实现了就地城镇化，这些地区农村集体资产存量较高，亟须厘清如何改革、谁来改革、怎么改革以及为谁改革等问题。从适用条件来看，具备一定经济条件和政府能力的地区都有参照海盐改革经验实施改革的可能性。从适用范围来看，海盐模式不仅适用于经济发展水平较高、城镇化进程较快的地区，也适用于多项改革的地区，而经济体量较小、城镇化进程缓慢的地区不适于采用这种模式。

（二）经营性资产如何保值增值——江苏省南京市

南京市采取多元化的集体经济发展路径，支持村集体资产股份合作社联合、抱团发展，在开发区、工业集中区、商业集聚区建设或购置综合楼、标准厂房等集体物业项目，形成了规模集聚效应，促进了集体经济转型升级。积极推进村发展留用地政策落地，解决被拆迁村（社区）集体经济后续生存发展问题。创新经济薄弱村集体经济路径，统筹各级扶贫开发资金，统一建设或购置标准厂房、商业用房等物业，实施开发式扶贫。目前，南京市江宁、栖霞区有67个村已组建了4家社区集体资产股份联合社，资本金共约1.6亿元，通过在经济开发区购买优质资产（或股权）、承担实施相关配套项目等形式，每年以固定比例（8%～10%）获得稳定收益。同时，南京市建立了市、区、镇、村联网的农村集体财务资产信息监管系统，村级财务所有原始单据采用数码方式上传，账务处理实现自动化、网络化。所有村已全部实现集体财务网上做账。以区为单位公开招投标确定统一的银行，所有村在该银行开设基本账户，实施村集体资金账户统管工作。清理村集体多头开设的银行账户，每个村级组织只开设一个基本账户，实现"一村一账，独立建账"，村级所有资金进出必须通过基本账户。实施镇村双印鉴制度，村集体办理取款等业务，既需有村里的财务专用印章，还需有镇街农经部门的监管印章。全市有 274 个村实行村账自主管理，约占涉及农村的 39%。

（三）充分赋权活权——上海市闵行区

上海市闵行区围绕"赋予农民更多财产权利"的主题，通过开展赋予农民集体资产股权权能、深化农村集体产权股份合作制改革的内容，保障农民集体经济组织成员权利，实现农民集体资产股权权能的制度化、规范化。对于集体经济组织内部的占有权和收益权、有偿退出权和继承权都有十分清晰的界定。

（四）传统农区如何在改革中发展农村集体经济——山东省东平县

山东省东平县的经验对于经营性资产很少甚至没有，但土地资源多的地区如何进行改革有一定借鉴意义。改革前，东平县村级积累少、薄弱村多，全县农用土地面积有 112 万亩，家庭承包地 86 万亩，村集体四荒地 26 万亩，即使土地资源比较丰富，但是却面临着"一户四五亩，种地五六块"这样分散化经营的情况，土地产权不清晰、权责不明确、保护不严格、运营不流畅始终阻碍着东平县的土地有效经营。

通过对集体土地资源的整合，东平县探索出了土地股份合作的路子。对均分到户的家庭承包地进行土地确权，对集体"四荒地"等土地资源丰富的村进行资源股份合作制的改革，凡是集体经营的四荒类土地资源，人均面积在 0.5 亩以上的村，都对成员占有份额进行了明晰的记录。东平县在推行土地股份合作制改革的基础上，落实了集体所有权，促进了土地承包权、经营权的增值，实现了"土地租金+务工收入+合作分红"的三级收入，解决了土地细碎化经营对劳动力的束缚。通过访谈发现，原来农户之间的土地流转一般每亩地为 300~500 元，入股后每亩地保底收益在 700~1000 元，在一定程度上实现了土地承包权的财产性收益的翻倍。随着合作社集体经营收入的增加，农民作为股东每年每亩土地股获得了一定数额的分红收入，同时留守农村的劳动力也在合作社获得了务工收入。走访中发现，梯门镇西沟流村将集体 1000 亩荒山折股量化给村民后统一经营，引导农户自愿将零星分散的碎片薄地承包田 1000 亩入股，建立宝泉土地股份合作社。通过成立该土地股份合作社，一是盘活了土地。农户分散经营的土地实现了集中连片，为农业适度规模发展创造了条件，为城乡工商资本下乡搭建了平台；同时，通过发展高效经济果木，也提高了土地产值，每亩平均收益可由 700 元增至 1300 元。二是促进了增收。自 2015 年以来，村集体通过参与经营管理，年增收公益金、公积金 10 万元。农户从土地上不仅有"租金"收入，还参与盈利分红，农民到基地打工，还有"薪金"收入。

（五）各项改革联合推进——内蒙古自治区阿荣旗

阿荣旗地区的农村改革与其他地区不同，它的每项改革并不是独立的，而是多项改革共同推进。例如，在查巴奇乡猎民村，几个合作社同时推进，先进行土地制度的改革，土地进行确权颁证，在此基础上，推进了农村集体产权股份合作制改革。村里成立土地股份合作社，然后再成立股份经济合作社，各类资产确股到人，向全体股东发放股权证书，激发了村民参与村集体经济发展的热情，激发了农村发展活力，特别是土地确权成果已运用到了阿莫铁路征地、"两区"规划、乡村振兴规划和耕地轮作及公安部门建设警用地理信息系统工程上，全面提高了土地确权成果的转化利用率。在耕地轮作方面，2018 年 1 月，全旗 148 个村全部建立了土地承包经营权登记簿，完成了数据入库，建立了土地承包管理系统操作平台，通过市级核查和自治区验收，数据库成功汇交到农业部，成为全区第一批向农业部汇交的 3 个旗县之一，并将确权成果大面积应用到 140 万亩耕地轮作项目，全面提高了轮作精准度。例如，向阳峪镇松塔沟村开展粮豆轮作项目，与土地流转、成立土地股份合作社、土地确权颁证结合在一起，这也推进了农村集体产权股份合作制改革。不仅如此，阿荣旗地区还整合旗、乡（镇）两级的"三资"监管、土地流转领导小组办公室，建立了农村产权交易中心，对土地流转、抵押、拍卖等工作进行管理，并利用政策引导，撬动社会资本进入涉农领域，形成"政银担保村企"共同参与的新格局。重点采取"政府搭台+财政补助资金+财信担保+金融机构+新型经营主体"的方式，对承担耕地轮作任务的新型经营主体给予贷款支持，破解生产资金不足的难题，保障改革的顺利实施。阿荣旗地区的农村改革，提高了农村改革的系统性、整体性、协同性，最大限度地释放农村各项改革的综合效应，为加快推进农业现代化和社会主义新农村建设注入新动力，取得了非常明显的成效。

四、存在的问题与挑战

（一）部分村干部和农民参与的积极性不高，重视程度不够

部分远郊集体经营性资产规模较小的镇村领导，认为村集体资产少，改与不改都一样，思想上不够重视，行动上不够主动。同时，由于集体产权股份合作制改革的政策性较强，涉及广大农民群众切身利益调整，矛盾纠纷很多；不少村干部担心改革会失权、失利，怕乱、怕难、怕繁琐，缺乏积极性。"留守"农民参与改革的意识不强。由于农村多数有文化的年轻人外出务工，"留守"在村的群体整体文化水平偏低，服从心理、从众心理较强，民主参与、自治管理、自我保护意识不够。集体产权改革本来是全体成员的事，但在开展过程中多数成员的参与度不高，民主议事以及民主理财的意识和能力不强，有的地方改革往往由少数人决策，难以反映多数成员的意志。

（二）股权权能作用发挥不够

从权能完整的角度来看，农民获得的集体资产股权应该包括占有、收益、抵押、担保、转让、继承六项权能。对于这六项权能，法律规定各有不同，近年来各地的实践深浅有别。不同地区如何将权能有效实现是现阶段改革所面临非常重要的问题，现在所有农村集体产权股份合作制改革都已经遇到。目前，发达地区在进行股权改革过程中，转让、抵押两项权能实现存在一定问题，并且在将来也会涉及继承权权能实现的问题。比如，阿荣旗对于集体资产权能的规定中，并未涉及抵押、担保两项权能，也没有对有偿退出权和继承权进行详细说明。因此，需要对这些将来可能

出现、无法避开的问题，提前建章立制，做好未雨绸缪的准备工作。

（三）农村（股份）经济合作社的法律地位还没落到实处

农村（股份）经济合作社在农口部门归口登记注册后，还无法取得社会信用代码，不仅在经济活动中无法享有应有的地位，在具体工作中也面临着暂时无法办理银行开户、税务登记、资产抵押一些实际问题和困难。即使获得了社会信用代码，由于不在市场监管部门注册，不是真正意义上的工商企业，也无法行使市场主体职能，从而限制了农村集体经济组织的进一步发展。尤其像上海、南京这样的大城市郊区（甚至已经变成城区）的股份经济合作社，资产规模巨大，有的可达上亿元甚至数亿、数十亿元，股份经济合作社的"小衣服"很难穿在庞大的"身躯"上，需要换上更大的合适的"衣服"。

（四）缺乏长效经营机制

村集体在没有集体资产时不会涉及经营管理问题，有集体资产积累时就会涉及。对于大部分地区，现在还是原来农村班子，它在资产数额少时经营没有什么问题。但在南京、上海等地，有些村的资产达到几亿元，甚至十几亿元，村书记、村主任在日常经营管理中感到力不从心。村里政经不分，在未来极有可能出现干部权责不清、决策不民主、资产管理不透明等一系列问题。是否需要引进其他经济组织来与集体经济组织分工协作，以实现与现代市场经济的有机衔接。现在，已经有少数经济发达地区聘用职业经理人（CEO）来管理集体资产，是未来应该考虑的问题。

第十五章 浙江省海盐县农村集体产权股份合作制改革调研报告[①]

2018年5月24~27日，由中国人民大学农业与农村发展学院、安徽师范大学经济管理学院6名师生组成的调研组对浙江省海盐县农村集体产权股份合作制改革进行了调研。调研组与县农办、县农经局、县人力社保局、县国土资源局、县住建局、县农经局、县市场监管局、中国人民银行海盐支行、海盐农村商业银行股份有限公司就农村集体产权股份合作制改革工作的进展情况、具体做法、经验和困难进行了座谈；并走访了武原街道小曲社区、万好蔬菜农民专业合作社、三羊农业科技公司、德胜村、秦山两创中心（21村抱团发展项目）、万奥农庄，与镇街政府、村庄等相关负责人员以及社区股份经济合作社理事长及部分农户进行了交流；专门安排时间进行了资料查阅与信息确认工作。完成了一手资料的搜集，具体情况如表15-1所示。

表15-1 专家组调研工作情况

序号	时间	活动	内容
1		县政府座谈会	改革进展情况
2	2018年 5月25日	走访武原街道小曲社区	经营情况
3		走访万好蔬菜农民专业合作社	经营情况
4		走访三羊农业科技公司	经营情况
5		走访德胜村	改革进展情况
6	2018年 5月26日	走访秦山两创中心（21村抱团发展项目）	经营情况
7		走访万奥农庄	经营情况

一、改革进展及具体做法

海盐县勇于探索、大胆创新，注重从破解城乡二元体制机制、完善社会主义市场经济入手，在将农村改革引向深入的同时，通过"确权、赋能、同待遇"的农村产权改革路径，加速了城乡融合发展进程。

---

① 执笔人：黄斌。

（一）改革思路与制度设计

1. 改革思路

浙江省海盐县农村集体产权股份合作制改革的目标是进一步规范农村集体资产股权的管理，赋予农民更多的财产权利，推进农村集体资产股权有序流转，实现农民增收的可持续性。其改革思路体现在改革内容与具体目标的一致性，具体包括：一是在坚持土地集体所有的前提下，进一步规范各类村集体产权的所有权、使用权（承包权、经营权）归属和权能，将村集体资产量化到人（户），并进行确权颁证，理顺村经济合作社内部产权关系；二是明确集体经济组织功能，严格界定和厘清村民委员会、村股份经济合作社的职能，按照行政区划不变、社员身份不变、股份所有权不变的要求，进一步完善经济合作社经营机制、创新完善治理机制，保障集体经济组织成员权，建立新型股份合作制运营模式；三是在坚持农村土地集体所有、基本承包经营制度、土地用途不改变和依法、自愿、有偿使用的前提下，逐步建立县、镇（街道）、村（社区）三级产权交易平台和完善产权流转交易机制，保障社员的财产权或用益物权，并逐步探索开展宅基地使用权及农村房屋产权流转，探索建立土地承包权和宅基地的退出机制；四是因地制宜发展资产经营型、休闲旅游型、配套服务型、股份合作型、资源开发型"五型"村级集体经济，发展壮大村级集体经济；五是围绕让农民拥有一份薪金、一份股金、一份租金、一份社会保障金的"四金"目标，增加农民的财产性收入，并通过构建城乡统一的人力资源市场，组建村级劳务合作社，促进农民就近稳定就业。推进基本公共服务均等化，推进城乡居民同待遇，建立农民持续增收机制。

可以看出，五项改革任务与总体目标有较高的相关性，各项任务自身的措施与目标也具有一致性。改革的内容涵盖制度建设与机制建设，并紧紧围绕农村集体产权股份合作制改革面临的现实难题，在如何将村集体资产量化到人（户）、如何在保障集体经济组织成员权的基础上完善村经济股份合作社的内部治理机制、如何因地制宜地发展壮大村级集体经济、如何建立农民持续增收机制等现实问题上，改革的定位准确，思路清晰。

2. 改革的制度设计

为了顺利推进改革工作，海盐县构建了"1+X"的制度体系。所谓"1"指的是海盐县编制的《浙江省海盐县深化农村集体产权股份合作制改革试验方案》（以下简称《方案》），"X"指的是海盐县相继编制的其他与《方案》相配套的文件，如《海盐县人民政府办公室关于进一步规范农村集体资产产权交易管理的实施意见》《海盐县农村集体资产股权交易管理办法（试行）的通知》《海盐县村（社区）股份经济合作社深化改革若干注册登记暂行办法》《关于印发进一步推进村级集体经济发展壮大的意见的通知》《海盐县人民政府办公室关于开展集体土地范围内农村房屋登记工作的指导意见》《海盐县人民政府办公室关于印发海盐县集体土地范围内房屋登记实施细则试行通知》《海盐县集体土地范围内房屋登记工作实施方案》《关于印发海盐县"农股通"村（社区）股份经济合作社股权质押贷款管理办法（试行）的通知》《深化农村综合改革推进就地城镇化工作实施方案》等一系列文件。这些文件的颁布，对海盐县深化农村改革来说犹如一颗"定心丸"，为赋予农民更多的财产权利、实现农村集体资产股权的规范管理、农村集体资产股权有序流转和农民增收的可持续性指明了方向。

（二）主要做法

1. 扎实推进村集体股份合作制改革

海盐县成立了"深化农村集体产权股份合作制改革工作领导小组"，召开动员大会，围绕保障和维护村集体经济组织成员对集体经营性资产的收益分配权、优化村集体经济组织治理结构、规范村集体经济管理等，全面部署全域推进村集体股份合作制改革，全面完成了各项改革任务。

第一，明晰资产股权。根据详细的调查摸底情况，海盐县因地制宜、因村施策，把农民社会身份和经济身份相分离，将集体经营性资产折股量化确权到人，并实行按人表决、按股分配的"股份合作制"，有效提高了农民管理集体资产的主动性，加速了人员的流动。主要分三步：一是实施清产核资。出台集体资产产权制度改革操作规程，由各镇（街道）统一资产清查基准日和人口排摸截止年限，依据排摸结果由各村制定改革实施方案草案，确定资产量化范围、总额、对象以及成员界定办法，并按照全县统一的表式逐项盘点查实。除公益性资产和资源性资产外，最终将集体经营性净资产列入股份量化范围。二是明确股权设置。倘若设置集体股意味着改革不够彻底，仍需进一步股改，因此海盐县明确股权设置中不设置集体股。各村结合实际设置股权。一般以人口股为主，再结合实际增设"原始农户股""集体劳动补偿股""土地补偿股"等。同时，明确股权可以继承，允许在内部转让，但不得退股提现，实行"生不增，死不减"的静态管理。三是合理量化股份。资产量化按照区别对待、灵活设置原则，主要采用按人口折股量化到人、明晰到户，建立股东股权台账。对法律、法规明确规定的享受对象不进行表决直接给予享受。对已死亡但未及时办理户口注销、机关和企事业单位离退休人员等五种对象明确不予享受。对于其他特殊成员的量化比例由各村经民主讨论，自主决定。如海盐县武原镇小曲村实施产权制度改革期间经过七次修订，最终通过小曲股份合作社章程，将量化后的集体净资产折股设置人口股和土地补偿股。人口股、土地补偿股分别占集体净资产股权的70%和30%，并对特殊成员资格进行了决定：一是本村全日制大中专毕业生户口间接回迁者按80%享受，随其迁入的配偶及子女按30%享受；二是嫁给本村社员，无争议的无土居民及知青子女回迁者按80%享受；三是有争议的婚嫁女配偶、子女及其他有争议人员按30%享受；四是离婚后户在人不在者按20%享受；五是原已出嫁在外，现户口回迁者按20%享受；六是顶替回迁者本人按60%享受，随其迁入的配偶和子女按30%享受；七是离婚后再婚户口迁入者，以第二轮土地承包（1998年12月31日）时间为界限，即第二轮土地承包前迁入者全额享受，第二轮土地承包后迁入者按 50% 享受。此外，武原街道小曲股份经济合作社由武原街道原小曲村经济合作社根据社员代表大会讨论决定，将集体净资产折股量化改制而成，是以资产为纽带、股东为成员的综合性集体经济组织。

第二，优化治理结构。按照"社员相对稳定、股东允许流动、政经有效分开、议行合理分设"的原则，进一步建立完善村股份经济合作社的组织架构，优化村集体经济组织内部运作治理机制。一是建立村股份经济合作社。召开股东（代表）大会，讨论通过章程和管理制度，建立股东（代表）大会、董事会、监事会三个机构。董事会为常设执行机构和日常工作机构。监事会是常设监督机构。二是健全治理机制。健全股东（代表）大会制度，明确股东代表每届任期 3 年，股东（代表）大会每年至少召开 2 次会议。监事会成员与董事会成员不得交叉兼职。董事会以集体资产保值增值为目标，对本集体经济组织进行经营管理。三是明晰股份经济合作社与村民（代表）会议的关系。继续坚持和完善村民（代表）会议制度，负责本村的公共事务和公益事业，注重于农村基层社会管理服务。村股份经济合作社注重于转向资产运营，走"资本经营、股份合作、风险共担、收益共享"的发展壮大村级集体经济的道路。

第三，推进股权赋能。海盐县坚持围绕保障集体经济组织成员权这个核心，进一步理顺村股份经济合作社的产权关系和权能界限。按照农业部的有关要求，出台《海盐县农村集体资产股权交易管理办法（试行）》，明确股东对量化到人的股权享有收益分配权，赋予股权继承、赠与、转让和质押、担保的权能，实现了多权能的目标。农村集体资产产权可在县域范围内跨集体经济组织交易，在县、镇（街道）农村土地流转和产权交易服务中心进行。股权转让可以采用拍卖、招标、公开协商和国家法律、法规规定的其他方式进行，如秦山街道庆丰村原窑厂房屋通过多方竞价的方式以高出底价 2.8 万元的价格成交；股权质押担保应取得股权所属股份经济合作社同意；股权继承应到股权所属股份经济合作社办理继承手续。通过进一步明晰股权权能，为促进集体经济组织发展转型，实现集体经济保值增值与农民财产性收入同步增长创造了条件。

第四，完善监管机制。一是完善"三资"管理制度。出台《海盐县村级集体财务"双代理"工作规则》，全面推进村级财务"双代理"管理机制，即村集体的会计、出纳工作委托给镇（街道）农村"三资"代理服务中心代理，进一步统一操作规程。严格"三年一轮审"制度，开展村级财务收支审计巡察。二是完善招投标制度。出台了《关于进一步规范农村集体资产产权交易管理的实施意见》，凡涉及村（社区）集体经济组织所有的集体资产产权交易，原则上采取拍卖、招投标、竞价等方式公开交易。严禁为其他单位和个人提供经济担保，每年对资产进行清产核资。三是完善村务监督制度，在全面建立村务监督委员会的基础上，下设村务公开监督小组、财务监督小组等，对村各项财务收支、集体土地征用征收、工程项目招投标等村务公开内容和村民代表会议决议执行情况进行监督。

2. 建立健全产权流转交易机制

为进一步激活农村资产，围绕"确权、赋权、活权、保权"四个重要环节，建立健全农村产权交易平台，促进了农村生产力要素的自由流动和优化配置。

一方面，优化提升交易平台。一是丰富交易品种。2009 年，海盐县在全省率先建立了农村土地流转和产权交易服务中心，成立之初，中心以农村土地流转交易为主，随着改革的深入，交易品种不断丰富，目前有六大农村产权交易品种，主要包括：农村土地承包经营权流转、村集体资产（资源）经营权租赁、村集体资产所有权转让、农村土地整治增减挂钩节余指标交易、农村宅基地有偿选位权交易、村（社区）股份经济合作社个人股股权交易。二是加强三级平台网络建设。成立之初，交易平台在全县各镇（街道）建立了分中心，各村（社区）成立了服务站，形成县、镇、村三级农村产权交易平台全覆盖。2015 年，针对农村产权交易挂牌信息单点发布的情况，建成"海盐县农村产权交易挂牌信息联网发布系统"，实现县、镇、村三级联网时时更新发布，通过信息化手段实现了产权交易的公开、公平和信息共享。三是进一步规范交易行为。先后出台了《建立健全农村土地承包经营权流转机制的意见》《进一步规范农村集体资产产权交易管理的实施意见》《海盐县农村集体资产股权交易管理办法（试行）的通知》等政策文件，规范和促进农村产权流转交易。截至 2017 年底，农村产权交易累计成交 1422 宗，累计交易金额 30991.13 万元。通过农村产权交易平台公开交易，村级集体资产实现了保值增值。如秦山街道庆丰村原窑厂房屋交易底价为 5.2 万元，经多方竞价最终以 8 万元成交，高出底价 2.8 万元，高了 15.4%。

另一方面，推进农村金融创新。依托金融产品创新，进一步发挥金融资本在赋权、活权中的积极作用，切实提高农民的财产性收入。一是实现三权金融产品全覆盖。先后推出了农村承包土地的经营权抵押贷款、农村住宅抵押贷款、村级集体资产股权质押贷款等金融产品（如海盐农商银行开发的"农钻通""农宅通""农股通"产品）。不断推动农村产权的抵押融资，实现了农民"三权"金融产品的全覆盖。2017 年底，农村承包土地的经营权抵押贷款余额 3.13 亿元，农村住宅抵押贷款 186 笔，累计放贷 4880 万元。村级集体资产股权质押贷款授信 12 户，金额 75 万元。二是建立三权风险补偿基金。为完善金融风险补偿机制，探索并建立了 3000 万元的"深化农村综合改革风险补偿基金"（简称"三权"基金）。该基金的设立，给银行吃了颗"定心丸"。三是深化农地经营权抵押贷款探索。以 2015 年获得农地经营权抵押贷款为契机，探索形成了"确权先行、权能均享、标准引领、风险分担"的"海盐模式"。2017 年同比增长 193.4%，名列全省之首，得到了时任人行总行行长助理刘国强、副省长朱从玖等领导的肯定。2017 年底，全县对农村产权类涉农贷款累计发放达 10.9 亿元。

3. 促进集体经济保值增值

通过村集体产权股份合作制改革，村民股东掌握了集体经济家底，资产运营自主意识得到增强,有力地促进了土地全域整治和复垦,盘活了农村各类资源要素,走出了村集体经济发展的新路。

第一,优化资源整合。一是推进土地整治。通过实施土地整治,县增减挂钩指标交易平台流转交易,有效盘活集聚了建设用地资源,促进了一二三产业的融合。截至 2017 年底,共批准农村土地综合整治项目 83 个,整治建设用地 14389 亩。二是推动土地规模流转。通过土地整治复垦,耕地数量得到扩充,耕地散布向集中连片转变,加速了规模经营的形成。如百步镇得胜村通过土地整治,形成了近 4000 亩的连片农田,为现代农业发展提供了有利基础,引来了工商资本的投入。三是促进人口集聚。出台政策,引导农村人口向新市镇社区和新农村社区有序集聚,近三年共安排农民建房用地 2698 亩,累计搬迁农房 10680 户。

第二,深化多元合作。一是推行"强村联合体"模式。建立强村与弱村结对、企业与弱村结对、机关事业单位与弱村结对、弱村抱团发展等联合发展模式。全县共确定开发项目 10 个,涉及 41 个村,总投资 2.3 亿元。每年可为全县村集体经济增收 1590 万元,村均增收近 40 万元。武原街道南环村等三个村通过抱团发展,对内增资扩股的方式筹集资金,建设了综合农贸市场,年均增收 330 万元。二是开展"飞地造血"工程。2017 年全县首个县级跨镇的抱团项目启动实施,经济薄弱或地理位置偏远的村,以闲置集体建设用地指标折价参股抱团,解决了薄弱村项目启动建设出资或融资难问题。通过"飞地造血",突破了集体经济实力较弱村的发展"瓶颈",实现项目建成后的即期收益。该项目建设的"秦山街道两创中心",规划投资 7500 万元,参与抱团村 21 个,建成运营可实现 10% 保底分红。三是参与市场竞争。结合临港产业发展,积极鼓励和支持村级集体资产以入股、合作、租赁等形式充分参与市场竞争,在政策上给予一定的奖励。如秦山街道秦兴村与浙江钱江物流有限公司合作建造物流仓储,每年为村集体增收 44 万元。

第三,发展美丽乡村。根据各村地域、产业、经济发展程度的不同,引导各村走资产经营型、休闲旅游型、股份合作型等多种形式发展新路子。一是融合发展乡村旅游业。充分利用绿水青山的环境优势,大力发展乡村旅游,精心打造了"湖光山色·五味线""丰山溢水·乡愁线""田野牧歌·农耕线""杉色染醉·水乡线"四条美丽乡村精品线,规划美丽乡村基础版 56 个,升级版 6 个,自 2013 年以来已累计吸引游客 150 万余人。二是积极发展影视民宿产业。依托澉浦镇打造影视小镇,利用独特的自然风貌,探索发展特色民宿,推进紫金山村、文溪坞两个民宿群建设配套服务设施,发动村民改建民宿、组织村民为剧组提供劳务,在增加了村民收入的同时,也壮大了集体经济。

第四,加强政策扶持。一是创新工作机制。选调基层工作经验丰富的科局级以上领导干部,兼任村"第一书记",做好提升村级集体经济的扶持和服务工作。目前全县村(社区)"第一书记"已实现了全覆盖。二是加大补助力度。县财政对参与县级抱团项目建设的村集体给予补助,重点扶持村补助 100 万元,一般扶持村补助

40万元。深化农村综合改革示范县项目，开展扶持村级集体经济发展改革项目，自2012年以来累计投资近1.5亿元。三是减轻经济负担。在鼓励村级集体经济发展的同时，县财政每年给予重点扶持村3万元的运转经费补助，镇（街道）财政按1∶1配套，并对重点扶持村的创收项目给予用地政策扶持。

4. 持续推动农民增收致富

始终围绕农民钱袋子鼓起来的目标，千方百计开拓增收新途径、新渠道，农民收入得到持续增加。

一是加快现代农业"接二连三"。推动土地适度规模经营，2017年新增土地流转面积1.26万亩，累计流转21.46万亩，土地流转率达67%。积极培育现代农业生产经营主体，全县共催生了942个规模农业经营主体，总量约占嘉兴市的1/4。其中县级以上农业龙头企业54家（其中，国家级1家，省级4家）；农民专业合作社291家；发展家庭农场597家。推进农业生产工厂化和农业就业职业化，2017年家庭农场的经营服务总收入4297万元，家庭农场人均收入为全县农民人均收入的3倍。大力发展现代精品农业，形成了葡萄、蔬菜、生猪、湖羊等一批主导产业。构建了"基地+合作社+农场（户）+龙头企业"的联合经营模式，通过"保底收益+按股分红"，密切了龙头企业与农民之间的利益联结，打造了"青莲样本""万好模式"，带动了周边2万余亩的农业生产经营。同时，借助美丽乡村建设，大力发展农家乐经营，2017年全县农家乐经营收入44018万元，连续多年保持了10%以上的增长势头，有力推动了农民经营性收入持续增长。

二是增强农民就业能力。加强人力社保基层经办服务平台建设，建立起集人才工作、劳动就业、社会保障、劳动关系等服务于一体的镇（街道）、村（社区）两级人力社保所，为全县9个镇（街道）104个村（社区）配备180名专兼职人力社保协管员。加强城乡失业人员再就业培训、农村劳动力转移就业培训、企业在岗职工技能提升培训，着力提高农民就业能力和岗位技能，助推农民从低层次就业向高层次就业转化。2017年培育1000名农村实用技术人才和300名新型职业农民。在全市率先组建并最早实现农村劳务合作社的全覆盖，已有社员16290人，开展劳务合作1.94万人次，实现劳务收入5177万元，个人最高月收入可达3000元。为全县劳务合作社社员统一参加团体人身意外伤害保险，由县财政补贴每人每年95元保费。

三是推进基本公共服务均等化。在农村交通、医疗保障、基础教育等方面加速城乡融合。推行城乡公交一票制，实现村村通公交；巩固分级诊疗制度，实现城乡"15分钟卫生服务圈"全覆盖；实行城乡学校硬软件资源配置统一，降低农民在出行、医疗、教育等方面的成本。提升农民社会保障水平，建立县域统一并与职工基本养老保险无缝接轨的征地养老保险办法，被征地农民基本生活保障实现应保尽保，城乡职工基本养老保险实现全员参保，城乡居民社会养老保险实现全覆盖。职工基本医疗保险和城乡居民基本医疗保险实现了管理机构整合，建立了城乡一体的基本医疗保障管理服务体系。城乡居民合作医疗参保率逐年提高，企业职工基本医疗保险参保登记实现本地户籍全覆盖，城乡居民基本医疗保险参保率达99.58%。

综上所述，海盐县承担的5项改革任务进展情况可以认为海盐县农村集体产权股份合作制改革工作进展顺利，圆满完成了各项改革任务，达到了预期目标。具体来说，扎实推进村集体股份合作制改革完成海盐县承担5项改革任务中的理顺村经济合作社内部产权关系和建立新型股份合作制运营模式两项任务。建立健全产权流转交易机制的改革任务也圆满完成。促进集体经济保值增值完成了发展壮大村级集体经济这项任务。持续推动农民增收致富完成了建立农民持续增收机制这项任务。

二、改革效果评价

海盐县农村集体产权股份合作制改革的整体成效主要体现在以下几个方面：

（一）实现股权设置明晰化和村集体收入增加

海盐县通过清产核资，厘清了村级债权债务，摸清了集体的家底；通过资产量化，股份到人，从制度上改变了以往村集体资产处于"人人有份、人人无份"的虚无状态，确立了股东在村集体资产中的份额和收入预期。2015年底，海盐县所辖的104个行政村（社区）100%完成了股份制改造。股份合作制改革红利释放，截至2017年海盐县已累计分红2948.67万元。2017年底，海盐县104个股份经济合作社拥有集体资产总额15.06亿元，其中经营性净资产总额5.07亿元，量化资产4.84亿元，村均461万元，拥有股东301841人。2014年海盐县经常性收入50万元以下的村占38%，截至2017年100%实现50万元以上转化，100万元以上有43个村（社区），最高的村可达453.93万元。

（二）加快城乡一体化进程

海盐县民营经济发展迅速，2017年海盐县三次产业比重为4.4∶58.6∶37.0，二三产业从业人员比重达84%。但是在转移就业的同时，村集体经济的份额、承包地、农房等这些产权牢牢地束缚住了农民。海盐县以农村产权制度改革为突破口，摆脱了农民对农村产权的依赖。同时设计了"1+9+51+192"的"县城+新市镇+新社区+美丽乡村"的城乡建设布局，加速了农民的市民化进程，目前已有累计2.2万户农户搬进了城乡一体化新社区。

（三）实现农村环境更加宜居

近五年来，全县累计创建8个市级美丽乡村先进镇、完成47个村（社区）自然保留点的美丽乡村建设，创建2个省级美丽乡村示范镇、10个市级以上精品村，获评"浙江省美丽乡村创建先进县"，成为全省首批三个"全国美丽乡村建设标准化试点县"之一。"南北湖·五味村"荣获2015年度浙江旅游总评榜之"年度最受欢迎乡村旅游目的地"，紫金山村获评"中国乡村旅游模范村"。

（四）实现农业产业更加兴旺

全县建成百亩粮食功能区340个，千亩粮食功能区36个（武原华星、秦山落塘、西塘桥永宁等），累计建成17.12万亩。建成湖山、凤凰现代农业综合区2个，其中元通凤凰农业产业集聚区 2016 年被列入省级现代农业产业集聚区，累计投入项目资金 2.3 亿元。先后建成了全省最大的红地球葡萄基地、华东地区最大的设施芦荟种植基地等。全力打造全产业链发展，完成猪肉美食 O2O 体验馆、农产品精深加工等项目，生猪产业链被认定为全省首批全产业链。

（五）农民生活更加富裕

2017 年，全县城乡居民人均可支配收入分别达 54633 元和 32177 元。农村居民人均可支配收入较 2014 年的 25101 元增长 28.2%，年均增长 8.6%。城乡居民收入比从 2014 年的 1.74∶1 缩小到 2017 年的 1.69∶1。全面推进镇（街道）"两创"中心建设，促进农民就地就近非农就业创业、致富增收，2017 年底全县农村居民的工资性收入占总收入的比重达 65%，年增幅 6% 以上。

三、改革的创新点与政策含义

农村集体产权股份合作制改革旨在进一步规范农村集体资产股权的管理，赋予农民更多的财产权利，推进农村集体资产股权有序流转，实现农民增收的可持续性，解决农村集体资产折股量化范围界定、农村集体经济组织成员资格不清晰、集体资产管理组织如何有效管理等问题，进而确保农村集体产权股份合作制改革真正实现做到壮大农村集体经济、增加农民财产性收入、建立城乡要素平等交换关系等目标。海盐县的做法具有一定的创新价值。

（一）主要创新点

一是允许农村集体资产产权在县域范围内跨集体经济组织交易。海盐县作为高度城镇化地区，2017 年全县生产总值为 460.1 亿元，农村居民人均可支配收入达 32177 元，城乡居民收入比稳定在 1.69∶1 以内，是全国推动城乡融合发展的典型地区。基于此，海盐县充分考虑到自身区位优势，结合新型城镇化的发展方向，允许农村集体资产产权在县域范围内跨集体经济组织交易，具体在县、镇（街道）农村土地流转和产权交易服务中心进行。高度城镇化地区的许多村庄都会面临撤村建居、村庄合并、易地搬迁等现实问题，这些现实问题的出现会造成农村集体资产产权交易的不清晰，倘若完全是在本集体内进行交易，难以追随城镇化发展的进程。海盐县的做法属于重大创新，是高度城镇化地区农村集体资产产权交易的一个范本。

二是农村产权交易品种的多元化。随着农村集体产权股份合作制改革的深入推进，海盐县的农村产权交易品种不断丰富，主要包括以下六项：农村土地承包经营权流转、村集体资产（资源）经营权租赁、村集体资产所有权转让、农村土地整治增减挂钩节余指标交易、农村宅基地有偿选位权交易、村（社区）股份经济合作社个人股股权交易。在村集体资产交易方面：如秦山街道庆丰村原窑厂房屋交易底价为 5.2 万元，经多方竞价最终以 8 万元成交，高出底价 2.8 万元。在土地承包经营权流转方面：如百步镇得胜村通过土地整治，形成了近 4000 亩的连片农田，为现代农业发展提供了有利基础，引来工商资本的投入；武原街道南环村等三个村通过抱团发展，对内增资扩股的方式筹集资金，建设了综合农贸市场，年均增收330万元。在农村宅基地有偿选位权交易方面：出于农村的习惯风俗等原因，对房屋建造有位置、方向等的考虑和要求，海盐县在江渭村通过有偿选位公开竞拍的方式确定宅基地位置，体现公平公正，也为村集体经济带来一定收益。在土地整治节余指标交易方面：如2016年海盐县沈荡镇100.02亩城乡建设用地增减挂钩节余指标进行公开挂牌竞价交易，嘉兴经济技术开发区投资发展集团有限责任公司以8501.3万元竞得。

三是通过农村金融创新深化赋权与活权。海盐县深入推进农村金融创新，依托农村金融产品为农村集体产权股份合作制改革的"赋权、活权"提供帮助。海盐县先后推出了"农钻通""农宅通""农股通"产品，涉及农村承包土地的经营权抵押贷款、农村住宅抵押贷款、村级集体资产股权质押贷款。依托农村产权的抵押融资，实现了农民"三权"金融产品的全覆盖。此外，为了完善金融风险补偿机制，海盐县建立了3000万元的"深化农村综合改革风险补偿基金"，防范了风险，让银行吃了颗"定心丸"。

（二）海盐县改革的意义、适用条件和政策建议

1. 改革的意义

长期以来，如何实现经济发达地区、高度城镇化地区推行农村集体产权股份合作制改革一直是农村集体产权制度改革的重要难题。以浙江省海盐县为代表的海盐模式有效地破解了这一难题。经济发达地区意味着农民收入具有较高的水平，高度城镇化地区意味着大量农村劳动力转移到城市里或者是实现了就地城镇化，这些地区农村集体资产存量较高，亟须厘清如何改革、谁来改革、怎么改革以及为谁改革等问题。海盐县农村集体产权股份合作制改革对推动全局改革具有借鉴意义。通过对海盐县改革工作的调研，可以得出如下结论：

一是明晰了如何改革。海盐县在大力发展就地城镇化的大背景下，以规范农村集体资产股权的管理，赋予农民更多的财产权利，推进农村集体资产股权有序流转，实现农民增收的可持续性，发展壮大农村集体经济，建立城乡要素平等交换关系的目标，回答了如何改革这一难题。

二是明晰了谁来改革。海盐县通过建立深化农村集体产权股份合作制改革工作领导小组，以县委书记、县长为组长，副县长任副组长，结合综合协调组、股改深化组、确权颁证组、产权交易组和金融服务组五个工作组，充分发挥自身作用，充分发挥各工作组的特点，狠抓改革，回答了谁来改革的难题。

三是明晰了怎么改革。海盐县通过扎实推进村集体股份合作制改革、建立健全产权流转交易机制、依托优化资源整合和深化多元合作实现村集体资产保值增值，通过发展现代农业、增强就业能力和推行基本公共服务均等化，完成了农村集体产权股份合作制改革的五项任务，回答了怎么改革。

四是明晰了为谁改革。海盐县在农村集体产权股份合作制改革过程中，在资产

量化过程中合理界定了享受股份量化的人员。资产量化过程中按照区别对待、灵活设置原则，主要采用按人口折股量化到人、明晰到户，建立股东股权台账，对法律、法规明确规定的享受对象不进行表决直接给予享受，保障了可以享受股份量化人员的合法利益。此外，海盐县对已死亡但未及时办理户口注销、机关和企事业单位离退休人员等5种对象明确不予享受。

2. 适用条件

海盐县通过改革，建立并逐步完善了农村集体产权股份合作制改革，发展壮大了农村集体经济、增加农民财产性收入、建立城乡要素平等交换关系。其成功的原因，一是海盐县作为全国综合实力百强县，处于高度城镇化地区，具体较高的经济实力。二是海盐县政府统筹能力强，有能力整合各部门人员和资源。三是海盐县农村集体产权制度改革具有较强的改革基础，在多项改革的大背景下，抢抓机遇，走在了改革的前沿。

因而，从适用条件来看，具备一定经济条件和政府能力的地区都有参照海盐县改革经验实施改革的可能性。从适用范围来看，海盐模式不仅适用于经济发展水平较高、城镇化进程较快的地区，也适用于多项改革的地区，而经济体量较小，城镇化进程缓慢的地区不适于采用这种模式。

3. 政策建议

海盐县改革成果的推广应注意借鉴农村集体产权股份合作制改革过程中的因地制宜、统筹布局、扎实推进、目标清晰，有效地调动了改革中各类主体的积极性，保证了管护效果。

具体而言，一是因地制宜规划改革蓝图。海盐县作为经济快速发展的地区，城乡居民收入比低于1.7∶1，处于快速城镇化发展区域。因地制宜地制定农村集体产权股份合作制改革的蓝图，显得尤为重要。因此，在经济发展水平较高、城镇化进程较快的地区，参照海盐改革的模板，因地制宜规划改革蓝图。二是统筹布局实现点面结合。海盐县统筹布局，点面结合。海盐县统筹农村集体产权交易平台布局，在全县各镇（街道）建立了分中心，各村（社区）成立了服务站，形成了县、镇、村三级农村产权交易平台全覆盖，做到了点面结合。同时建成了"海盐县农村产权交易挂牌信息联网发布系统"，实现县、镇、村三级联网时时更新发布，通过信息化手段实现了产权交易的公开、公平和信息共享。因此，在农村集体产权股份合作制改革过程中，以点带面，统筹布局农村产权交易，真正实现农村产权交易"看得见、管得着"。三是扎实推进保障改革顺利进行。海盐县成立各级班子，狠抓改革，通过党政一把手抓农村改革的思路，强化各级干部的责任意识，扎实推进了海盐县农村集体产权股份合作制改革过程中的各项工作，保障了改革的顺利进行。因此，在农村集体产权股份合作制改革过程中，需要强化领导意识，明确各级部门的责任意识，真正实现"改革千难万难，一把手肯抓肯干就不难"。四是改革任务和目标清晰是改革高效的关键。海盐县农村集体产权股份合作制改革目标明确，旨在赋予农民更多的财产权利、发展壮大农村集体经济、推进农村集体资产股权有序流转，实现农民增收的可持续性。明晰改革任务和目标，海盐县稳扎稳打，针对每一项改革目标都制定了切合实际的工作流程，取得了成效。因此，在农村集体产权股份合作制改革过程中，明晰改革的任务和目标，是高效完成改革各项任务、改革顺利推进的重要保障。

四、存在的主要问题

（一）村集体经济组织的法人地位问题

法律地位不明给村集体经济组织开展经营活动、参与市场竞争带来很多困扰和不便。在浙江，根据《关于全面开展村经济合作社股份合作制改革的意见》（浙政办发〔2014〕101号）文件的有关规定，要简化登记管理，股份经济合作社按照《浙江省村经济合作社组织条例》的规定，执行村经济合作社工商注册登记管理办法。根据《关于村股份经济合作社工商登记的指导意见》（浙工商企〔2016〕11号），村集体经济组织完成股份合作制改造后，登记类型为非公司企业法人，经济性质核定为"村经济合作社"。2017年10月1日起施行的《中华人民共和国民法总则》新增"特别法人"类别，农村集体经济组织有了法人资格。但"特别法人"的权利、义务和责任没有明确的界定，特别法人制度有待继续完善。建议加快对农村集体经济组织的设立、登记等相关内容做出明确规定。

（二）农村集体经营性建设用地入市问题

海盐县地处江浙沿海地区，乡镇民营经济较为发达，农村集体经营性建设用地交易需求旺盛。近年来，海盐县不断深化农村综合配套改革，探索并逐步走出了一条人口不需要大规模向大城市迁移，即可实现四化同步、破解"三农"问题的新路径，被新华社评价为"就地城镇化"的海盐样本。但是，在不断发展镇（街道）产业布局推动农村人口就近就业，给远离中心县城的村带来发展机遇的同时，村集体经营性建设用地入市受到法律制约。按照《土地管理法》第六十三条规定，农村集体经营性建设用地若想进入市场就只有通过政府征地的形式，也可能会出现违法使用集体经营性建设用地现象。同时，海盐较早探索了宅基地"三权分置"改革，目前60%多的农房已进行了颁证，农村住宅抵押贷款186笔，在风险防范上也积累了一些经验。建议逐步扩大集体经营性建设用地入市、宅基地制度改革等范围。

（三）农村集体经济增收受税收政策影响

农村股份经济合作社既具有营利性又具有公益性。根据《企业所得税法》的有关规定，农村股份经济合作社也需要纳税，各种税负和必要的公益开支常常造成资金短缺从而制约其发展。例如，海盐县元通街道新兴社区在经营性资产出租后，上缴税务部门税费有7项，分别是增值税、企业所得税、城市维护建设税、房产税、印花税、城镇土地使用税、交易附加费。税费总额约占收入的17.7%，其中土地使用税为4元/平方米。建议出台针对农村股份经济合作社税收的减免优惠政策。

五、关于进一步改革的建议

（一）进一步丰富完善改革内容

进一步完善六项农村产权交易品种中村集体资产所有权转让和村（社区）股份经济合作社个人股股权交易两项农村产权交易品种的实践探索，深入探索农村集体资产产权可在县域范围内跨集体经济组织交易在实践中的合理性和可操作性，总结改革实践过程中出现的问题和应对措施，不断丰富农村集体产权股份合作制改革的内容。

（二）大力探索多项农村综合配套改革

实践证明，农村集体经营性建设用地改革能够有效地满足海盐县乡镇民营经济发展旺盛的要求。随着海盐县就地城镇化的快速发展，60%多的农房已进行了颁证，农村住宅抵押贷款186笔，农村宅基地的改革也迫在眉睫。农村集体经营性建设用地和农村宅基地制度改革既符合海盐农村集体产权股份合作制改革的目标，也是农村综合改革进入深水区亟须解决的问题。因此，在下一步改革中，应不断探索农村集体经营性建设用地入市、宅基地制度改革等方面的内容。

（三）建议完善相关法律法规和优惠政策体系

一是完善相关法律法规。自2017年10月1日起施行的《中华人民共和国民法总则》新增"特别法人"类别，农村集体经济组织有了法人资格。但"特别法人"的权利、义务和责任没有明确的界定，特别法人制度有待继续完善。建议加快对农村集体经济组织的设立、登记等相关内容做出明确规定。

二是明确优惠政策。农村股份经济合作社既具有营利性又具有公益性。根据《企业所得税法》的有关规定，农村股份经济合作社也需要纳税，各种税负和必要的公益开支常常造成资金短缺从而制约其发展。例如，海盐县元通街道新兴社区在经营性资产出租后，需上缴增值税、企业所得税等各项税费达7项，合计约占收入的17.7%。建议出台针对农村股份经济合作社税收的减免优惠政策。

第十六章　山东省青岛市黄岛区农村集体产权股份合作制改革调研报告①

2018 年 5 月，由中国人民大学农业与农村发展学院、中国社会科学院农村发展研究所等单位的 7 名师生组成的调研组对山东省青岛市黄岛区农村集体产权股份合作制改革进行了调研。专家组与青岛市市委市政府主管领导、有关市（区）农工办负责人、部分镇街经管站站长等就"农村集体产权股份合作制改革"进行了座谈，走访了青岛市黄岛区珠海街道郝家石桥村经济合作社，收集了调研所需的第一手资料。

一、改革进展评价及经验总结

（一）组织实施情况

青岛市黄岛区的农村集体产权股份合作制改革，坚持和完善农村基本经营制度，依法保障农民集体经济组织成员权利，积极发展农民股份合作。青岛市黄岛区将现行的集体资产共同共有改为成员按份共有，赋予农民对集体资产股份占有、收益、有偿退出及抵押、担保、继承权，建立了归属清晰、权责明确、利益共享、保护严格、流转规范、监管有力的农村集体经济组织产权制度，有效增加了农民财产性收入，发展壮大了农村集体经济，促进了农村社会的和谐稳定。

1. 改革工作的定位与改革思路

（1）改革的定位。

青岛市黄岛区农村集体产权股份合作制改革具有一定的基础和需求。黄岛区作为国家批复的第九个经济新区，享有各项政策先行先试的优势，可以最大限度地释放农业、农村经济发展活力，加快改革开放步伐。此外，黄岛区属于青岛市的近郊区，近年来区域经济发展还不平衡，呈现出"东快西慢"的格局，农村集体经济发展也呈现出不同的发展阶段，既有经济发达的城中村，也有纳入产业功能区（园）规划的村庄，还有传统农业村。通过开展不同类型村庄的产权制度改革，可为全国农村集体产权改革提供示范经验。青岛市黄岛区在发展过程中，也面临着新的发展需求。

1）新区发展，呼唤新机制。根据国务院批复的西海岸发展规划，全区共划分为

---

① 执笔人：张效榕。

前湾保税港区、青岛经济技术开发区、董家口循环经济区、中德生态园、灵山湾影视文化产业区、古镇口海洋科技创新区、西海岸国际旅游度假区、青岛（胶南）新技术产业开发试验区、青岛西海岸现代农业示范区九大功能区。随着规划的组织实施，黄岛区将进入城乡大开发、大发展、大融合的新阶段，推进农村集体产权改革，是健全城乡发展一体化体制机制，优化城乡土地、劳动力、资本等资源配置，实现新区跨越式发展的现实需要。

2）新模式，需要新改革。黄岛区村庄从发展区位和经济发展水平上，主要分为三种类型：一是城中村，约 150 个。主要特点是这部分村大多已完成城市化改造，集体经济发达，集体所有的资源已经变成可以量化的资产，农民早已离开土地，人员流动性较大。二是功能区中村，约 400 个。主要特点是这部分村属于经济功能区项目开发的范围，已经或者准备开发建设，集体土地已经变成建设储备用地，农民随时准备搬迁，实现人口城镇化、居住社区化。三是传统农业村，约 600 个。主要特点是这部分村地处偏远的纯农业区，农民主要依靠第一产业，资源多、资产少。近几年，黄岛区围绕城中村产权制度改革进行了一些探索，取得了一些成效。但是对功能区中村、传统农业村如何推进产权制度改革，激活农村资产、资源活力，发展壮大集体经济，赋予农民更多财产权利，保护农民的收益分配权，是新区改革发展中亟须解决的问题。

3）新探索，需要新环境。针对已完成改革的村庄，普遍存在的改革成本高、政策不配套、环境不宽松、运营管理难等突出问题，探索改制后新的集体经济组织与现行村集体经济运行机制的融合问题，探索在城中村、功能区中村、传统农业村合理设置股权问题，探索改革过程中税收、费用增加的问题，探索改制后新的集体经济组织经营管理人才缺乏、经营范围狭窄、风险防范意识弱、监管机制不健全等问题。要解决这些难题，迫切需要完善政策支持，健全配套机制，优化发展环境，激发改革动力。

（2）目标任务。

黄岛区根据规划定位、全区农村经济发展现状和城乡一体化的发展趋势，将全区的村（居）划分为城中村、功能区中村、传统农业村三种类型。

改革的目标任务是：自 2014 年开始，在三种类型的村庄中选择部分群众基础好、村（社区）"两委"班子坚强有力、经营性资产规模较大的村（社区）率先改革，拟完成 29 个村庄的改制任务；自 2015 年开始，按照数量服从质量、条件成熟一批完成一批的原则，逐步推进，力争到 2018 年，全区基本完成所有农村集体经济组织产权制度改革。

农村集体产权制度改革主要在以下方面进行探索创新：

第一，积极探索三种产权制度改革新模式。针对城中村，探索规范成员资格界定、集体资产产权变更、法人治理结构的有效途径。针对功能区中村，开展确权、确股、确利、不确地的改革，探索开展农民土地承包经营权和集体资产股份"绑定"

改革。针对传统农业村，将村委会管理的集体资产移交给股份合作社，确认并固化成员权益，实现"政企分离"，待条件成熟时，参照城中村、功能区中村产权制度改革模式进行股份制改革。探索在城中村、功能区中村、传统农业村怎样合理设置股权、以全面兼顾集体经济组织成员（人头股）、村"两委"干部（贡献股）和集体公益事业（集体股）的利益。

第二，积极探索改制后集体经济组织治理机制创新。探索改制后新的集体经济组织按照现代企业制度组建的法人治理结构与现行村集体经济运行机制的融合问题，探索加强公司内部控制制度，建立信息公开和披露制度，加大民主监督力度，发展壮大集体经济，保障成员收益分配权益。

第三，积极探索政策创新。探索在集体资产股份改革后，按照现代企业制度运营所面临的税收成本增加等问题，如何出台新的支持政策，以优化和发展壮大村集体经济的良好环境；探索针对改革过程中因清产、评估、核资、颁证等产生的各项费用问题，如何出台财政奖补政策，有效解决村集体沉重的债务负担。

总体来看，青岛市黄岛区改革的定位准确，改革思路清晰，具有针对性。

2. 改革工作组织领导与运行管理

青岛市黄岛区自开展农村改革工作以来，着力健全农村改革组织领导机制和农村改革分线推进机制。建立区、镇（街道）、村（居）三级农村集体经济组织产权制度改革机构。成立区级农村集体经济组织产权制度改革领导小组，由区委、区政府分管领导任组长、副组长，区委农工委、区发改局、区财政局、区审计局、区监察局、区金融办、区国土分局、区工商局以及各镇（街道）政府（办事处）为成员单位。负责全区农村集体经济组织产权制度改革工作方案的制定，归口业务工作的实施。领导小组下设办公室，具体负责改革工作的统筹、协调、推进。各镇（街道）政府（办事处），成立相应领导机构和工作机构，负责改革工作实施。各村（居）要建立集体经济组织产权制度改革工作小组，负责拟订村（居）改革实施方案和纠纷调解处置预案，并组织实施。其中，区直主管部门负责改革工作的实施方案制定、业务培训、监督检查。镇（街道）负责辖区内村（居）改革方案审批、村（居）产权制度改革小组培训、矛盾纠纷排查和调解，是产权制度改革的第一责任人。村（居）具体负责实施，负责前期摸底调查、政策宣传发动、清产核资、成员界定、股权配置、成立组织及收益分配等工作。

（二）改革任务的效果

1. 制度体系建设与实施

（1）健全工作机制。

分别于2014年和2018年制定出台了全区《农村集体经济组织产权制度改革的实施意见》和《关于进一步深化农村集体产权制度改革的意见》，成立了由区主要领导同志挂帅的区农村集体产权制度改革工作领导小组，建立了区级有关职能部门参加的联席会议工作机制，构建了区级为指导主体、镇街为责任主体、村级为工作主

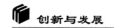

体的工作机构体系。

（2）制定工作流程。

研究出台了30余个改制工作指导意见，逐步探索并完善固化了"三段九步"工作法，即将改制过程分为前期准备、工作实施、成立组织三个阶段，以及组成改制班子、形成改制决议、人口摸排、清产核资、界定成员、折股量化、注册登记等九个步骤。在工作推进中，按照工作步骤，设计出工作流程配档表，严格按照规定的程序推进。凡是需要通过法定程序确定的政策、方案、章程，都充分征求群众意见、接受群众监督，使群众参与改革的全过程，通过规范操作来确保民主公正，确保取信于民。

（3）严格工作要求。

根据青岛市黄岛区的特点，把发展壮大集体经济作为出发点，以明晰产权、成立组织、建章立制、固化成员、明确份额为基本目标，按照先易后难、分类推进的工作原则开展。

2. 改革的整体效果

（1）农村治理形成了新型架构。

一是按照现代企业制度，指导农村集体经济组织，构建内部管理和运行机制，健全成员（代表）大会、理事会和监事会等制度，完善集体经济组织的经营运行机制、民主监督机制和收益分配机制。二是建立了上级部门、村党支部对集体经济组织的监管机制，确保集体经济属性不变。三是建立了三套基层组织的融合机制，明确各自职能，提倡村党组织负责人按程序兼任集体经济组织负责人，三套机构的管理层实现一套人马、互相交叉任职；有需要或条件许可的地方，可探索建立村民委员会事务和集体经济组织事务分离、收入分账管理的机制。

（2）股民民主权利得到了充分保障。

农民成为股东后，集体资产的经营情况与自身利益密切相关，会更加关心集体经济组织经营管理，合作社的重大事项均需经过民主表决程序，保障了股民的知情权、决策权、监督权；在决策机制上，通过建立董（理）事会、监事会、股东（社员）大会，使决策机制更加科学和完善，经营者的决策行为也更加民主和慎重，基层组织依法治理水平不断提升。青岛市黄岛区农村集体产权制度改革工作领导小组办公室制定了《关于农村经济合作社设立程序的指导意见》，并制定了经济合作社章程模板。

（3）城乡生产要素实现了相互交流。

通过改制，全区完成改制村累计量化农村集体资产171亿元，成立合作组织以后，有了经营发展的主体地位，激活了"沉睡"的资源，把集体资产、资源调动起来，可以投资、融资、参股、注册新的企业，最大限度地参与到市场经济运行当中，实现集体资产的保值增值。农民可以将量化的股权转让、继承，从更大范围、更高层次、更多渠道上实现了土地、资本、人口等生产要素的合理流动，为统筹城乡发展，推进农民向市民、农村向城市、村庄向社区转变奠定了坚实基础。

（4）农民群众得到了更多实惠。

截止到目前，青岛市黄岛区量化农村集体资产171亿元，确认社员（股东）资格67万人。改制村已累计发放红利约4000万元，其中2017年分红1000万元。农民通过分红的形式，享受集体经济发展带来的红利，有了固定而且稳定的收入来源，成为有股金、薪金、租金、医保金、养老金的"五金"农民。

3. 产权制度改革新模式

（1）传统农业村产权制度改革新模式。

针对传统农业村，青岛市黄岛区将村委会管理的集体资产移交给股份合作社，确认并固化成员权益，实现"政企分离"，待条件成熟时，参照城中村、功能区中村产权制度改革模式进行股份制改革。青岛市黄岛区传统农业村以大宗农作物为主要收入来源。传统农业村集体经济发展缓慢，部分村庄在集体经济方面存在"空壳村"的现象。因而，加强传统农业村的发展，带动农民增收，需要对村庄集体经济进行改革。青岛市黄岛区的传统农业村采取了建立村合作经济组织，通过整合土地资源进行规模经营，从而达到集体经济健康发展的目标。

如黄岛区宝山镇中山前村是典型纯农业村，经营性资产少，有大量山林、土地资源，集体收入以土地发包为主。该村在集体经济改制前，村集体收入较少，无法开展集体性活动。2015年，该村开始对集体经济改制，在改制时成立了农村经济合作社，拥有土地681亩，其中山林154亩；界定成员266人，折股10863股。黄岛区宝山镇中山前村通过村经济合作社对收回的耕地、荒山、荒沟统一进行管理经营，促进了该村农业经济的发展。第一，中山前村积极寻求订单农业，与青岛康福莱公司合作，种植地瓜。第二，该村对收回的耕地公开出租种植地瓜，对本村低收入户优先，地价每亩只收200元，直接增加低收入户的收入。第三，该村立足本村实际，利用上级帮扶资金，在耕地上建起1500平方米的太阳能光伏发电项目，年发电量近15万千瓦时，每年可为村经济合作社增加收入15多万元。整体而言，中山前村通过改制，将原有荒弃耕地、林地加以整合，通过经济合作社与外界企业沟通，加强了谈判能力，增加了村民与集体的收入。

（2）产业功能区（园）中村产权制度改革新模式。

针对功能区中村，青岛市黄岛区开展确权、确股、确利、不确地的改革，探索开展农民土地承包经营权和集体资产股份"绑定"改革。功能区中的村庄由于城市发展需要，将原有的耕地转换为建设用地，村民集中上楼，因而功能区中的村庄集体经济无法通过土地整治的方式发展。如青岛市黄岛区薛家泊子社区已于2004年7月实行了村改居，2013年底社区拆迁改造已经完成，现在社区已经没有农田，原来依靠种地的生活模式已经不存在了，社区居民就业也已经城市化，已经不再有农村、农业、农民的概念。

如黄岛区辛安街道办事处薛家泊子社区地处黄岛区北部，现有居民511户，人口 1847 人，所辖居民楼 27 栋，社区建筑面积 134519 万平方米。目前社区有网点房 12400 平方米，商业超市 8850 平方米，社区有企业 28 家，餐饮、商业、服务业 36 家，2015 年社区实现完成经济总收入 3.8 亿元；集体经济纯收入 1285 万元；集体净资产 3.55 亿元；居民人均纯收入 24260 元。薛家泊子社区集体在经济改制中，遵循公正、平等的原则对所在社区居民进行人员资格认定。此外，薛家泊子社区集体在经济改制后，成立了薛家泊子社区农村经济组织合作社，并严格按照合作社章程要求进行经营。在每一会计年度结束后，公司委托会计师事务所对合作社经营情况进行审计。经济合作社经营性净收入按以下比例进行分配：提取公积公益金不少于 40%；股东红利分配不超过 60%。此外，薛家泊子社区规定，经济合作社成员可以在本经济合作社内部转让股权，但不得退股提现；单个主体受让股权不得超过总股份的 5%。为保证经济合作社资产及成员股权安全，在相应法律法规出台之前，转让股权应经经济合作社理事会过半数通过，且只能转让给本社区居委会。

（3）城中村产权制度改革模式。

针对城中村，探索规范成员资格界定、集体资产产权变更、法人治理结构的有效途径。城中村不同于传统农业村以及功能区中村，这类村庄在发展的过程中，耕地逐渐变为工业用地，村中主导产业以写字楼租赁、工业及加工业企业场地租赁等为收入来源。随着项目占地和人员外出打工，村庄农田越来越少，原来依靠种地的生活模式逐步转变为外出就业模式。因此，通过实施改革，把资产量化到人，明晰产权关系，避免农村在向城市化过渡过程中集体资产被平调、流失的可能，解决农民对集体（土地）资产的依附关系，促进农村劳动力转移。青岛市黄岛区的城中村（城乡接合部村）在集体经济发展过程中，主要采取了集体资产改制的方式，量化资产，明晰成员资格。

如黄岛区珠海街道郝家石桥村位于城区内，属典型的城中村，共有 804 户，2804 人，村党委下设 6 个党支部，党员总数 160 人。该村 2016 年完成集体资产改制，共量化资产 3 亿元，界定社员 2721 人，村经济合作社总股本 91256.3 股。有各类工业企业 80 余家，商贸服务业企业 281 家落户该村，2016 年实现村集体经济收入 1200 万元，村经济收入主要来源为土地、房产租赁。改制后新成立的农村经济合作社有了经营发展的主体地位，对全村 3 亿元的集体资产进行经营管理，可以把集体资产、资源调动起来，投资、融资、参股、注册新的企业，最大限度地参与到市场经济运行当中，实现集体资产的保值增值。此外，改制完成后，农民的集体收益分配由按人头发放实物变成按股份发放红利，农民通过分红的形式，享受集体经济发展带来的红利，有了固定而且稳定的收入来源，成为有股金、薪金、租金、医保金、养老金的"五金"农民。

（4）集体经济发展新模式。

农村集体经济有了长足发展。青岛市黄岛区在近几年的改制过程中，抓住新机制带来的新机遇，激发新平台带来的新活力，大力探索"改制+"的发展路径，逐步形成了资源利用型、投资物业型、扶贫带动型、资产盘活型、产业带动型、物权利用型、新业态引领型、美丽乡村带动型八种特色发展模式，促进了集体经济转型发展。新区在集体经济发展过程中，利用资产改制的转型期，逐步形成了一些有特色的发展模式。

一是资源利用型。长江路街道台子沟社区是一个城郊村，有耕地354亩，第二轮土地延包时，家庭承包土地分配比较平均。在产权制度改革时，他们将农民家庭承包土地列入集体总股权，人口福利股、农龄股、土地股三者比例为4∶3∶3，以地权换股权，村集体全部回收承包土地，实现了土地集中流转。集体组织将流转的土地统一作为苗圃用地，大力发展花卉苗木产业。

二是投资物业型。珠海街道肖家庄是城郊村，随着城市发展和大项目的引进，集体土地基本被征用，属于典型的无地村。面对土地换来的巨额土地补偿款，该村没有分光吃净，而是把"老底"用在了扩大再生产上，除保证失地农民投保费用外，拿出大部分资金用于通用厂房建设增加集体收入。经多方论证考察，他们与青岛明月集团合作，投入资金近9000万元建设通用厂房、综合楼等约8万平方米，建成后全部租赁给青岛明月集团使用，年租赁收入730万元，实现了集体资产的保值增值。

三是扶贫带动型。2016年，新区出台《关于率先高标准完成农村精准脱贫任务的实施意见》，每个省定贫困村每年给予60万元扶贫补助资金，每个市定经济薄弱村每年给予50万元扶贫补助资金，专项用于产业发展和项目建设。为了保证扶贫项目的收益，减少投资风险，新区制定了《关于扶贫专项资金购买商业资产的实施意见》，规定自2016年开始连续三年，把扶持30个省定贫困村、35个市定经济薄弱村的扶贫专项资金全部用于购买黄岛发展有限公司商业资产，以青岛西海岸富民开发有限公司为主体进行资产的售后承租及经营，兜底保障8%的收益率；超过8%部分的收益，归村集体享有。

四是资产盘活型。宝山镇向阳村着力在转变发展方式、优化资源配置、盘活存量资产上狠下功夫，经民主表决和组织批准，先后拍卖废弃老中学房屋54间、村原有旧仓库15间，拍卖收回的逾期30亩河滩林地和其他机动地包权，收入120万元用于化解集体债务。2016年村集体收入结余20万元，一举扭转了入不敷出的局面。

五是产业带动型。藏南镇长阡沟村位于新区藏马山国际生态旅游度假区，他们依托古朴浓郁的民俗风情和得天独厚的自然景观，搭上生态旅游的"快车道"。村庄搬迁安置后，原有村庄旧址改建成藏马山民俗村，发展特色乡村民俗旅游。同时，引进青岛蓝墅湾有限公司、隆岳置业有限公司等，大力发展果品采摘，通过"农户+合作社+公司"模式拓宽农民增收渠道，实现农民园区内"上班"，人均月增收800元。此外，村里1800多亩农田、3000余亩山林全部实施了土地流转，变成了无地村，通过流转由"薄地"变成了"沃土"，村民收入有了很大提高，集体收入也从5.4万元猛增到1955万元。

六是物权利用型。长江路街道荒里社区改制后，成立了青岛昆仑山资产经营有限公司，拥有 1.35 万平方米通用工业厂房、1.28 万平方米商业网点。为了盘活集体资产的资本属性，发挥资产权能，他们将优质物业性资产打包抵押，取得农商行授信贷款 3000 万元，该公司利用贷款招商引资、筑巢引凤，先后引进大型超市 2 家，其他服务业企业 107 家，集体经济取得稳步健康发展。2016 年，社区集体经济纯收入达 1326 万元，集体净资产由改制时的 1.71 亿元增长到 3.53 亿元。

七是新业态引领型。宝山镇主动顺应"互联网＋"的发展趋势，积极探索"政府引导＋第三方运营＋传统农业园区转型＋农业创客参与"模式，促进了电子商务与传统农业融合发展。该镇建成农村电商公共服务中心和面积 2000 平方米的创业园区，整合益农信息社和农村淘宝服务站等电商基层末梢，建成了以尚庄村、大窝洛村为代表的 12 个村级电商服务站点，推销宝山镇特优农副产品，服务本地各类电商企业，促进农村青年创业。2016 年"双十一"期间，宝山苹果单日下单量 1362 单，当日销售额 73568 元；2017 年的蓝莓季，创业园区日均出货 1500 单，高峰期 5000 单以上，三个半月时间线上销售蓝莓近 15 万单，销售额近 1500 万元。

八是美丽乡村带动型。下发了《关于加快推进美丽乡村建设的意见》，区财政安排 10 亿元美丽乡村建设专项资金，对 100 个市级美丽乡村示范村进行升级改造。铁山街道后石沟村立足本村的自然风光、人文历史等因素，研究制定了"影视文化旅游＋扶贫"的产业发展路子，聘请山东影视中心对全村进行整体产业规划，先后投入 600 万元对村内外道路、水沟、活动广场等基础设施进行了改造，同时引进社会资金 1000 万元，打造了以明清四合院、谷仓、农家庭院、淘宝商店、大槐树等影视场景为主的影视一条街工程，使该村整体面貌发生了巨大的变化，成为远近闻名的影视村。目前，由中宣部定制的电视剧《孙光明下乡记》已确定来村拍摄，拉开了以文化旅游产业推动扶贫开发的序幕。2017 年，该村被评为山东省"美丽乡村"示范村和山东省"美丽宜居村庄"。

（三）改革任务完成情况总结

青岛市黄岛区的农村集体产权股份合作制改革任务完成情况如下：青岛市黄岛区共有 1156 个村居，累计有 1038 个村居启动了改制工作。截止到 2017 年底，已经有 950 个村居完成了改制任务，占全部村庄的 82%。通过改制，激活了沉睡已久的集体资产资源，保障了农民的集体经济收益分配权，大大加快了农村城市化的步伐。截止到 2017 年 10 月，全区改制村累计量化农村集体资产 171 亿元，确认股东（社员）67 万人。2016 年分红 940 万元，累计发放红利约 4000 万元。农民变成了股民，可以安心地进城工作、生活，从更大范围、更高层次、更多渠道上实现了城乡间土地、资本、人口等生产要素的合理流动。

综上所述，青岛市黄岛区农村集体产权股份合作制改革工作进展顺利，圆满完成了改革任务，达到了预期目标。黄岛区在改革过程中，通过探索城中村、传统农业村、功能区中村三种类型村落的产权制度完成了积极探索三种产权制度改革新模式的任务；通过探索集体经济发展新模式完成了发展壮大村级集体经济的任务；通过建立农村治理新型架构完成了建立集体经济组织治理机制的任务。

二、创新点与政策含义

（一）主要的改革创新点

1. 经营性资产、非经营性资产实行全部资产量化

青岛市黄岛区列入改制资产范围后，改制资产不再仅限于经营性资产，而是在已确权的家庭承包土地和宅基地之外，将所有属于集体的资产、资源、资金，全部纳入改制范围，确权移交给改制新成立的经济组织。随着黄岛区经济快速发展、城镇化水平不断提高，原本非经营性资产在未来一段时间内均有可能成为经营性资产，资产的状态发生转变，因而黄岛区对非经营性资产折股量化为股份，保障集体资产所有者的权益。

同时，黄岛区使用"确份额不确金额"的资产折股量化方法，用科学的方法计算出每个成员应享有的份额，每个成员份额相加，就是经济组织的总股份，集体有收益时，按照份额来分配，确保成员对集体资产未来增值收益的分配权利。其中，青岛市黄岛区农村集体产权制度改革工作领导小组办公室在 2015 年 10 月出台了《关于股权测算的指导意见》，文件中分别对集体资产股份金额化及股份份额化的计算方式进行了详细描述（见附录）。青岛市黄岛区通过这一做法，避免非经营性资产转变为经营性资产时资产权属不清、量化不清、分配不均等问题，同时实现集体资产的保值增值。

如黄岛长阡沟村的青岛市黄岛区藏南镇长阡沟村经济合作社，将本村除"三十年合同"承包地和村民宅基地以外的所有集体资产，按照成员所占份额进行折股量化，对集体资产行使所有权，负责管理、经营集体资产，建立资产台账，实现集体资产保值增值。

另外如黄岛区六汪镇下河山村，清产核资区分经营性和非经营性资产，村的经营性资产作为资产，但不进行现金或实物分配，全部量化为改制后的经济合作社的股权进行分配。村服务中心、健身器材、道路、绿化等非经营性资产，仍划归村委所有和管理。经资产评估，村所有者权益总额145.69万元，固定资产总额124.57万元，资产总额146.07万元。

2. 不设集体股，只设个人股，实施静态管理

为了体现公平和贡献，个人股细分为人口福利股和劳动贡献股（农龄股），两者比例为 6∶4～8∶2，农龄股计算时间为 1956 年 1 月 1 日至 2004 年 12 月 31 日，且年满 16 周岁，男女分别截止到 60 周岁和 55 周岁。股权实行静态管理，确权到户，户内共享、社内流转、长久不变。

如黄岛区泊里镇泊里河东村设置个人股不设集体股，本村集体经济组织产权制度改革后股权设置为个人股，个人股由人口股和农龄股构成，人口股与农龄股设置比例为 6∶4。此外，按照每个农龄年限为 1 股，本村农龄股总和除以农龄股占全部

资产比例，即为本村总股本。总股本减去农龄股总和即为人口股股本。此外，黄岛区王台镇王台东村，将农龄计算时间最早自 1956 年 1 月 1 日起至 2004 年 12 月 31 日止，不足 1 年的按 1 年计算（具体到每个成员，以每个成员实际落户时间起算），计算起始年为年满 16 周岁，男女农龄分别截止到 60 周岁和 55 周岁。农龄最长男不超过 44 年，女不超过 39 年。

如黄岛区辛安街道办事处薛家泊子社区将个人股划分为人口股和农龄股，比例为 7∶3。其中，单位人口股权额＝人口股权总额÷全体成员人口赋值总数；单位农龄股权额＝农龄股权总额÷全体成员有效农龄年限总数。

3. 多种改制模式

在改革初期，青岛市黄岛区农村集体产权股份合作制改革设计了有限责任公司、农村股份合作社、农村经济合作社三种集体经济组织形式。青岛市政府未明确集体经济组织登记的部门和类型，黄岛区针对资产体量较大的城中村设计了有限责任公司的改制模式，对既有资产又有资源的近郊村（产业园区村）设计了农村股份合作社的改制模式，对没有资产的传统农业村设计了农村经济合作社的改制模式。其中，有限责任公司、农村股份合作社为企业法人，在工商局登记；农村经济合作社在农业部门办理登记，既可以份额化也可以金额化登记。后者有法律地位但无法人地位（也可下设公司等企业法人），经营过程中可免交营业税、企业所得税，分红时能够免交个人所得税。中央 2016 年明确了成立的经济组织类型，青岛市黄岛区调整改制模式，鼓励改制村注册为农村经济合作社，不允许一步到位改成公司制。对经营性资产较多的集体经济组织，规定可以根据经营需要，由合作社出资或者控股，成立公司制企业进行企业化运营。

4. 严控成员资格界定标准

青岛市黄岛区农村集体产权股份合作制改革以户籍在村作为总开关，"依法确定常规成员，民主表决争议成员"为原则，将政策的严肃性和民主的灵活性有机结合，实现"低门槛、广覆盖"。同时，对全区有共性的几类特殊人员的政策画出红线，如大学生村官、聘用制教师、部队干部自主择业人员。青岛市黄岛区农村集体产权制度改革工作领导小组办公室于 2016 年 10 月下发了《关于几类特殊身份人员成员资格界定的指导意见》。其中，规定大学生村官、聘用制教师、部队干部自主择业人员均属于国家财政供养人员，在进行成员资格界定时上述三类人员不属于人口股享受对象。此外，历次机关事业单位机构改革中的分流人员中，只要是财政承担工资福利、按事业单位投保标准缴纳社保费用的，也认定为财政供养人员，在进行成员资格界定时，不属于人口股享受对象。但财政不负担工资福利并自行缴纳社保费用（需提供 6 个月以上的证明材料）的自谋职业者，原则上可认定为非财政供养人员。除此之外，对一些小范围的个例问题，由村级民主决议敲定，特殊事项实行"一村一策"。

如黄岛区辛安街道办事处薛家泊子社区的成员条件为：在本社区有安置住宅楼

房的原薛家泊子村村民以及因合法婚嫁、生育增加的人员，且 2015 年 9 月 1 日健在的具有薛家泊子社区户口的上述人员；在本社区有安置住宅楼房；在本社区有安置住宅楼房的原薛家泊子村村民，因服兵役户口迁出的现役义务兵、士官，全日制大中专学校在校学生。

如黄岛区长江路街道办事处荒里社区，所辖居民楼 20 栋。该社区随着社区拆迁改造，社区以外的人员因购房将户口迁入社区，成为了社区居民。这些人员和原居民融为一体，进而会要求享有集体资产的分配权，造成集体经济资产和原有居民利益的分散和流失。因此，荒里社区通过经济体制改革，明确经济体制改革后迁入户口的人员，不再参加资产分配，共有 1171 人参加集体资产分配。其中，该社区在成员中规定成员要求。第一类是具备在荒里社区有安置住宅楼房、有荒里社区户口、是村改居前的原荒里村村民以及村改居后因合法婚嫁或生育增加的人员、在 2012 年 7 月 31 日这一天仍健在这四个条件的人员。第二类是在本社区也要有安置住宅楼房，同时符合一定条件的人员，包括在 2012 年 7 月 31 日前已与荒里社区男性居民依法登记结婚的女方、在 2012 年 7 月 31 日前生育的应落未落户口的荒里社区孩子、在国家机关企事业单位工作的原荒里社区男性居民本人、因转地非户口迁入其他社区的原荒里社区居民（需在 2012 年 8 月 31 日前迁回本社区户口）等人员。第三类是在荒里社区有安置住宅楼房的原荒里村村民，因服兵役迁出户口的现役义务兵、士官。

5. 研究工作程序，规范改制工作步骤

通过工作实践，逐步探索并完善固化了"三段九步"工作法，三个阶段、九个步骤使改革过程规范，具体操作中能够确保民主公正，确保政府取信于民。"三段"即将改制过程分为前期准备、工作实施、成立组织三个阶段，"九步"即组成改制班子、形成改制决议、人口摸排、清产核资、界定成员、折股量化、注册登记等九个具体操作步骤。

6. 建立法律保障机制

在全区共挑选资质高、人员多的 18 家律师事务所和 20 多家会计师事务所参与，其中律师事务所负责改制全过程的工作方案设计、会议法律文书起草、法律法规和政策规定咨询等工作，会计师事务所主要承担资产清查、资产移交、折股量化等工作，全程依法依规开展改制工作。

7. 实施激励机制，调动工作积极性

设立财政专项补助资金，对改制完成的村（居）实行以奖代补，用以弥补改制过程中产生的中介费用等，对合作社注册登记、股权证印刷、权证内容打印等费用全部由财政负担。黄岛区政府 2015 年第 133 次专题会议专门对补助资金进行了安排。此外，为避免过户纳税，改制时可将部分的物业性资产不列入改制范围，仍在村委会名下。

8. 建立股权退出机制

青岛市黄岛区出台了《关于对已取得股权的社员（股东）户籍迁出并自愿放弃

股权问题的处理指导意见》，文件规定对于已经取得股份的集体经济组织社员（股东），因故需要户籍迁移，其本人或其股权证内全部成员准备自愿无偿放弃持有股份的，应视为股权（集体收益分配权）退出的一种形式。此外，明确规定为保证退出申请人和集体经济组织的权益，申请人要提交自愿无偿放弃股份的申请书，如属股权证内所有成员全部退出，应提供全部年满18周岁以上成员签字的申请书（18周岁以下成员由其法定监护人代签）。在表决、公示通过后，注销申请人的社员（股东）登记，收回并注销申请人的股权证。

（二）主要改革创新内容的适用条件和范围

青岛市黄岛区集体资产产权改革积极探索了三种产权制度改革新模式。城中村，探索规范成员资格界定、集体资产产权变更、法人治理结构的有效途径；功能区中村，探索开展农民土地承包经营权和集体资产股份"绑定"改革；传统农业村，参照城中村、功能区中村产权制度改革模式进行股份制改革。随着农村产权制度改革的推进，农村各类资产的数量、种类以及权属将逐步厘清，这就奠定了开展集体资产产权改革的基础。

从适用条件来看，青岛市黄岛区采取的改革措施具有一定的普适性，在相关改革内容中，硬件建设对国内大多数地区已经不是问题，软件的制度建设也不复杂，关键是专业人员的保障。从适用范围来看，农村产权种类多，范围广，具有盘活农村资产需求的地区都可以进行农村产权流转交易市场建设，通过提供交易服务让农村产权活起来。

（三）对改革成果的推广建议

1. 静态管理

青岛市黄岛区在集体资产产权改革中的静态管理机制，有效解决了动态管理中人员不断增加的情况下集体股份不断减少的问题，该做法对于全国农村集体资产产权改革具有一定的普适性。

2. "三段九步"工作法

"三段九步"规范了改制工作步骤。在工作推进中，按照工作步骤，设计出工作流程配档表，并严格按照规定的程序推进，从而确保改制顺利完成。同时，该工作法能够使群众参与改革的全过程，以规范的操作来确保民主公正。

3. 统一明确政策，做好成员资格界定

成员资格界定，是农村集体产权制度改革的难点和焦点。青岛市黄岛区在工作中，以户籍在村作为总开关，"依法确定常规成员，民主表决争议成员"为原则，将政策的严肃性和民主的灵活性有机结合，实现"低门槛、广覆盖"。除此之外，对一些小范围的个例问题，由村级民主决议敲定，特殊事项实行"一村一策"。

4. 坚持各级党组织对改制工作的领导

明确区、镇街、村三级书记抓改革的领导体制，在工作中，建立以村居党支部书记为核心的工作领导小组，全面负责集体资产改制工作。经济组织成立后，当选理事的党组织书记通过合法程序兼任理事长，确保上级党委和村级党组织在经济组织设立过程中的用人权、选人权。

5. 坚持用民主的方法推进改革

产权制度改革必须在民主参与、民主议事、民主决策的前提下，把依法、自主、公开、公正、透明、稳定精神贯穿于改革的全过程。改制的每一个环节、每一个步骤、每一个事项，都按规定程序广泛征求意见，集思广益起草方案并进行公示或公告，改制中需要召开领导小组会、村居"两委"会、村民代表会等大小会议近10次，13次张榜公示相关文件、决定，村居民代表先后4次入户做工作，赢得了农民群众的理解和支持，保证了改革的顺利推进。

6. 坚持把维护群众利益放在第一位

在成员资格界定工作中，既要尽可能地考虑并满足所有相关人的利益，又要承认差别、科学处理历史遗留问题，保证分配公平、合理。充分考虑由于婚嫁、生育、工作、外来落户等原因新增或特殊群体的利益，从而最大限度地维护各类群体的利益。另外，其将个人股细化为人口福利股和农龄股，区分年龄、贡献、保障等不同政策，既体现公平又体现贡献，从而有效平衡了各方的利益。

7. 发挥专业机构作用

引入中介机构服务改制工作，发挥第三方中立性、公平性的作用，广大群众对工作过程和工作结果更加信服。

三、存在的问题与风险

（一）农村经济合作社登记注册困难，法律地位还没落到实处

经济合作社在农口部门归口登记注册后，还无法取得社会信用代码，不仅在经济活动中无法享有应有的地位，在具体工作中也面临着暂时无法办理银行开户、税务登记、资产抵押的一些实际问题和困难。此外，改制后的集体经济组织还不是真正意义上的工商企业，集体经济的属性不变，影响村庄集体经济组织的发展。

（二）经济欠发达的农村改革积极性不高，纯农业村改制后群众的获得感不强

由于没有足够的经营性资产，加之受经营管理水平所限，纯农业村改制后发展壮大集体经济的路径不多、能力不足，在较长时间内不能分红，集体资产产权改革的动力不足。

（三）经济发达的农村改革后，治理经营机制有待健全

经济发达的农村，集体资产高，村民组建公司并进行经营管理。由于村民发展思路限制，缺乏对未来集体资产的市场经营的考虑，公司治理经营受到限制。此外，经济发达农村在村庄改制后，存在容易造成资产改到少数人手里，或者不利于资产增值的现象。而集体经济组织管理机制的不健全，容易导致后续管理者以民主表决的形式改变农村集体经济组织的基本制度框架，使集体经济发展受阻。

（四）公司制的集体经济组织改制，成本过高

虽然财政部、国家税务总局已下文免征因权利人名称变更登记、资产产权变更登记涉及的契税，免征签订产权转移书涉及的印花税，免收确权变更中的土地、房屋等不动产登记费等，但是土地增值税是最大的应税税种，纳税较多。青岛市黄岛区已完成的改制村居中，仅有4个村居采用有限公司改制模式，为避免过户纳税，改制时将部分的物业性资产暂时没有列入改制范围，仍在村委会名下。

四、关于下一步工作

在下一步工作中，青岛市黄岛区将深入贯彻落实党的十九大精神，按照中央、省市的新部署、新要求，加大工作力度，着力抓好改制后集体产权的权能利用，在股权退出、转让、继承、抵押、担保等方面继续探索，加快农村集体经济融入市场经济的步伐，促进集体资产的保值增值、促进农民增收。同时，继续深入推进中央批准新增的五项农村改革任务，为农村社会的和谐稳定发展筑牢基础。

加大力度推进确权颁证工作。加大攻坚克难的力度，对推进困难的村居，摸清详细情况，了解存在的问题，针对问题提出解决办法，加快按程序启动，确保能确权的均确权到户。扎实开展"确权确股不确地"工作。对于符合"确权确股不确地"的村（居），根据不同类型采取两种方式确权。对没有或基本没有耕地的村（居），与正在开展的产权制度改革相结合，在村集体产权制度改革时，将包括耕地在内的资源性资产纳入村集体改制范围，将资产确股量化到村集体经济组织成员；对因项目占地导致承包地四至不清的村（居），按照调查摸底、确认地块、量化面积、登记确认、权证发放的工作程序，完成确权并颁发土地承包经营权证。

继续推进集体经济组织产权制度改革。在法律法规框架下，坚持公开公平公正与因地制宜、"一村一策"相结合，充分尊重群众的创造和选择。进一步规范改革工作流程，逐步形成完善的政策支撑体系，降低改制成本，正确引导村居改制工作开展，激发改制后新成立集体经济组织"造血"功能，在已完成工作的基础上，逐步扩大改革范围。

附录：关于股权测算的指导意见

一、股份实行金额化的

假如某村为城中村，已无任何资源，清产核资后纳入改制的资产为3000万元。人口股与农龄股设置为8∶2，经测算人口股加权为1000份，农龄股为15000年。

计算步骤为：

1. 按照 8：2 的比例，计算人口股可以分配的资产为 3000×0.8＝2400 万元，每单位人头可以分配的资产是 2400÷1000＝2.4 万元。

2. 农龄股可以分配的资产为 3000×0.2＝600 万元，每年农龄可以分配的资产是：6000000÷15000＝400 元。

3. 假设某农民，持有全额人口股，农龄年限 20 年，其应分得的股份为 1×2.4＝2.4 万元，20×400＝0.8 万元，二者相加为 3.2 万元。

二、股份实行份额化的

假如某村为纯农业村，无任何经营性资产，全部为自然资源。人口股与农龄股的比例为 7：3，全村总人口为 360 人，经界定，全村享受人口股加权总和为 350 份；农龄股总年限为 7000 年。

计算步骤为：

1. 先倒推计算出应该设置的总股本，再算出人口股。该村总股本为：7000÷0.3＝23333 股。人口股为 23333－7000＝16333 股。

2. 推算人口股换算系数。系数为 16333÷350＝46.67。（注：为了取整数，可做技术处理，如在人口总股本加上 117 股，即（16333＋117）÷350＝47 股，此时总股本为 23450 股；或人口总股本减去 233 股，即（16333－233）÷350＝46 股，此时总股本为 23100 股。）

3. 计算个人股份，假设某人全额享有人口股，农龄股年限为 22 年，则其占有总股份为：

1×47＋22＝69 股，此时全村总股本为 23450 股；人口福利股与农龄股比例为：16450：7000＝7.01：2.99。

1×46＋22＝68 股，此时全村总股本为 23100 股；人口福利股与农龄股比例为：16100：7000＝6.96：3.03。

第十七章 山东省东平县农村集体产权 股份合作制改革调研报告[①]

2018 年 5 月 11~12 日，由中国人民大学农业与农村发展学院、中国社会科学院农村发展研究所、北京化工大学行政管理学院的 7 名师生组成的调研组对山东省东平县农村集体产权股份合作制改革进行了调研。调研组与山东省农业厅、泰安市农业局等部门的相关领导及相关委、办、局负责人、部分镇街经管站站长等就"农村集体产权制度改革"进行了座谈，考察了 7 个村庄的产权制度改革情况，走访了解了几个经营主体的土地利用及经营情况，收集了调研所需的第一手资料，具体情况如表 17-1 所示。

表 17-1 东平改革区调研活动汇总

序号	时间	活动	内容
1		县农村改革展览馆	改革的背景
2	2018 年 5 月 11 日上午	走访彭集街道马流泽村	以产权制度改革发展集体经济
3		走访后围村	合理配置股权推进集体产权制度改革
4		走访老湖镇凤凰社区	以集体产权制度改革创新社区治理机制
5		走访梯门镇西沟流村	乡贤入股合作共赢
6	2018 年 5 月 11 日下午	走访接山镇后口头村	土地股份合作增收增效
7		走访夏谢五村	扶贫资金入股增加收入
8		走访朝阳庄村	产权制度改革破解易地搬迁难题
9		召开座谈会	集体产权制度改革任务汇报
10	2018 年 5 月 12 日上午	走访老湖镇瑞清土地股份合作社	土地股份合作社
11		走访银山镇后银山村	集体产权制度改革
12		走访耿山口村	黄河滩区迁建、社区治理
13		走访南堂子村	移民社区建设
14	2018 年 5 月 12 日下午	深入访谈后口头村炬祥土地股份合作社、南堂子村乡村旅游建设情况	细化案例资料

---

① 执笔人：赵昶。

一、改革任务进展评价及经验总结

（一）改革任务组织实施情况

1. 改革工作的定位与改革思路

随着各级强化支农惠农，不断加大对农村基础设施的投入，形成了大量集体资产，而集体资产资源存在着权属不明、利益分配不公、民主监管不力的情况，导致集体资产的利用率低，流失严重，农民的利益得不到有效保障。通过改革，旨在解决农村集体产权权属不明、管理难的问题，积极探索农村集体产权保值增值新路径、寻求现代集体经济转型发展的新形式。

山东省东平县于 2014 年 11 月 20 日确定了农村集体产权股份合作制改革的任务，对自身定位清晰，思路明确。长期以来，村集体"三资"主体不清、权责不明，致使农民主体权益缺位，村集体资源潜力未能充分挖掘，资产效能未能得到充分发挥，资金未得到合理利用，出现了集体资产流失的现象，村集体经济难以持续发展壮大，基于这种现实，自改革推进以来，东平县利用 3~4 年的时间完成了全县农村集体产权制度改革实验任务，基本建立了"归属清晰、权能完整、流转顺畅、保护严格"的农村集体产权制度体系，实现了农村生产要素合理流动、科学配置，为全省乃至全国农村集体产权股份合作制改革探索出了可复制、可推广的新路子。

东平县境内库区、滩区、山区、老区"四区"叠加，东平湖库区移民、黄河滩图区移民、易地扶贫搬迁人口达 39 万人，是传统农业大县、移民大县、全省扶贫工作重点县。在推进集体经济发展的工作中，立足农村实际，把握改革要素，针对农村集体经济"空壳村"多、村级班子服务能力弱、农业生产效益低、农民增收迟缓的难题，因地制宜地分类开展农村集体产权制度改革，探索形成了集体经济发展的有效实现形式。

东平县集体产权制度改革的方向是坚持一个核心、四项原则，确保两个增收两条红线不动摇。"一个核心"即坚持以"还权赋能"为核心，明晰所有权、放活经营权、落实处置权、保障收益权，推进农村资产权属明晰化、配置机制市场化、产权要素资本化、管理监督规范化。"四项原则"即坚持政府主导、群众主体，统筹推进、市场取向，试点先行、分类指导，封闭运行、风险可控。"两个增收两条红线"，即通过农村产权股份合作改革，增加农民收入和集体收入，确保农民利益不受损、集体资产不流失。

2. 改革工作组织领导与运行管理

东平县自开展农村集体产权制度改革的工作以来，着力健全改革的组织领导机制和产权制度改革的规范机制，同时整合各项资源，多举措统筹推进改革工作的进行。

一是建立三级书记担纲的管理体制，强化改革的领导力度。在县、乡、村三级分别成立由书记担任组长的改革工作领导小组，形成三级书记负总责、抓改革的局面。各个领导小组下设综合协调、政策指导、实施推进、工作保障、宣传推广五个工作小组，领导小组办公室设在县农业局，负责日常工作。各个乡镇（街道）成立了相应的领导机构和工作机构，为农村集体产权股份合作制改革工作提供了有力的组织保障。自2015年3月10日以来，东平县每季度召开一次交流调度会，每半年召开一次推进会，确保改革工作顺利推进。

二是明确各级领导小组的工作责任，细化改革的具体任务。农村集体产权股份合作制的改革工作在县委、县政府统一领导下实施，各乡镇（街道）是责任主体，各村（居）是实施主体。具体来看，县农工办负责对全县农村集体产权股份合作制改革工作进行督导检验，加强政策研究与指导；县农业局全面负责改革工作，加强组织协调和业务指导，制定实施细则和操作办法；县财政局负责整合全县涉农惠农项目、资金，加大财政支持力度；县金融办、人行负责协调各个涉农、金融机构，创新金融产品、提供金融服务；县发改局负责指导和协调相关政策项目的落实；县民政局负责重点村政经分设的业务指导；县物价局负责指导各村的资产评估工作；县公安局负责为改革村提供户籍档案、进行户口清查，协助维护改革村社会稳定；县国土资源局负责各村土地资源的权属界定、争议处理，在调整城乡用地规划和用地指标及土地出让金使用等方面给予政策倾斜；保险部门则负责探索扩大农业政策保险范围的路径，积极推进保险产品创新，化解改革的风险。

三是加大财力、智力多方面的扶持力度，确保改革的后方支持。一方面，强化财政资金支持，县财政部门安排财政专项资金用于支持改革工作的进行。另一方面，强化智力支持，与中国社会科学院、中国人民大学、山东农业大学、华中师范大学、河海大学等高等院校进行合作，借助这些高等院校在理论研究、政策建议等方面的优势，为东平县农村集体产权改革提供理论指导和智力支撑。

四是强化监督领导，同时做好宣传总结工作。县农村改革领导小组定期督查指导，及时解决改革中出现的新情况和新问题，同时各乡镇（街道）把改革中遇到的困难和问题及时上报，主动加强与上级领导的联系沟通，形成上下联动、协同推进的工作局面。在严格检查督导的同时，加大总结宣传力度，利用多种方式进行广泛宣传，激发广大基层人民群众自觉支持改革的意识、参与改革工作的热情，从而在全社会营造浓厚的改革氛围。

可以看出，东平县主要领导和负责人对改革的深度介入是保证改革进展的关键条件。通过加强各级组织领导的协调配合，强化全程监督与后期宣传工作，促进了农村集体产权股份合作制的稳步推进。

（二）改革任务进展情况

1. 总体进展情况

东平县在做好土地股份合作的基础上，深入推进扶持资金股份化改革、集体置业股份合作改革、成方连片精准扶贫体制改革、农村金融融资增信等多个改革事项。县委、县政府出台了相关文件，对全县推进农村改革、做好集体产权股份合作制改革提出了明确要求，对农村集体产权制度改革工作进行广泛宣传动员。同时出台了《关于加快推进农村金融改革的实施意见》（东发〔2015〕6 号），推进金融改革配套进行。在总结改革成果的基础上，研究制定了《关于深入推进农村集体产权制度改革的实施意见》《东平县农村集体经济组织管理办法（试行）》《东平县农村集体经济组织成员资格认定指导意见》《东平县农村集体经济组织登记管理暂行办法》《东平县农村股份经济合作社股权证书管理办法》，对改革的基本程序、清产核资、成员界定、股权设置以及经济合作社登记管理等方面作出了制度性规范，做到改革工作有章可循、有规可依。

在制定好有规可依的工作规范的同时，东平县组织开展业务培训，学习和考察先进地区的经验做法，以开阔思路。各乡镇（街道）还成立专门的领导小组、工作队伍，实行改制的村成立工作班子，及时召开村民代表会议，广泛地听取人民群众的意见。目前已进行彻底的清产核资，对土地资源实行了份额化，初步推动了股权的保值增值，对于扶持资金实现了股份化，借力产业化来促进提高收入，对于移民迁居实现了社区化，通过社区股权实现了社区发展。

2. 关键环节进展情况

（1）清产核资与成员界定。

清产核资是顺利开展农村产权制度改革的基础和前提，通过调研，大部分村（居）都进行了彻底认真的清产核资。东平县村集体资产总量小、增量小，因此成立了清产核资小组，对村内计提资产进行清查登记评估，张榜公示，召开村民（代表）会议确认，同时报乡镇审核。截止到 2018 年 4 月，东平县已经完成了 412 个村（居）的清产核资，占村（居）总数的 55%，共清理经营性资产 14516 万元、非经营性资产 58969 万元、土地资源 126388 亩。

通过对部分村子的实地考察以及资料审阅，东平县各村（居）在做好清产核资的同时，同步开展了成员资格认定。成员资格的基本条件是，户籍在本村并且享有第二轮农村土地承包权、常年在本村（社区）居住、生产、生活的人员，以及与上述成员形成合法婚姻关系而婚入人员，合法生育、合法收养人员，取得了本村户籍，并常年在本村居住、生产、生活的人员。对于符合上述规定的成员，在校大中专学生以及毕业后未取得固定工作的，现役义务兵和符合国家有关规定的士官，正在服刑人员以及刑满释放后户口迁回本村的，离婚、丧偶的女性成员及其子女仍在本村居住、生产、生活的人员，仍然为其保留成员资格。以村（居）为单位建立成员名册，进行张榜公示、成员签字确认，并报乡镇备案。截止到 2018 年 4 月，东平县共有 386 个村（居）完成了成员资格认定工作，占村（居）总数的 59%，共界定集体成员 326787 人。以彭集街道后围村为例来看，他们的做法是先确定原始成员，再确定新增成员。原始成员须具备两个条件：一是有本村户籍；二是有第二轮土地承包经营权。新增成员的主要依据是，与原始成员形成合法婚姻、合法生育人员，并取得了本村户籍。面对现实状况，根据村规民约，同时对"空挂户"人员、已在党政机关企事业单位获得固定工作且工作单位给予交纳养老保险金的人员等作出了不确定为本社成员的规定。全村 1860 人中，共确定成员股东 1745 人。

（2）折股量化与股份配置。

在清产核资的基础上，东平县依据产权区分定股，分类核定股权类型，合理确定折股量化的资产范围与折股量化的方式。村集体土地资源有两大类，一类是按人头均分到户的家庭承包土地，另一类是不宜家庭承包经营的集体"四荒"地、村内"荒片"等。对均分到户的家庭承包土地，首先进行了确权登记颁证，确保农民的土地承包权益，东平县 95% 的有地村完成了土地确权登记任务。在此基础上，还合理引导集体"四荒"等土地资源丰富的村开展资源股份合作制改革，明晰了集体成员对集体土地资源占有的份额。在发展集体土地规模经营项目基础上，引导农户以家庭承包地自愿入股，建立了以土地股份合作经营为主的经济合作社。在资源股权设置上，实行 A、B 两类股，A 股为集体配置股，即集体"四荒"地与村内"荒片"地；B 股为个人自愿股，即由成员以家庭承包地自愿有偿加入，实行"租金保底+分红"，确保农民承包权保值增值。如彭集街道后围村，清理、清退、收回 6 个自然村荒片土地 300 多亩，平均量化股权后，成立土地股份合作社，统一经营苗木花卉，收入按股分红。

在股权设置上的最大特点是根据产权归属区分为集体配置股、个人自愿股、定向扶持股。为了发展壮大集体经济，办好公益事业，除了个人自愿加入的资源股以及定向扶持到户（人）的资金股外，集体配置的股份原则上可设置集体股和个人股，集体股一般不高于 30%，个人股一般不低于 70%，可以根据实际情况不设立集体股。具体从各村的实践来看，集体配置到个人的资产、资金股，有的村按成员平均配置，也有的村按基本股和劳动贡献股配置到个人。以走访的接山镇后口头村为例，2015 年 5 月后口头村实施集体产权改革，将集体经营的 679 亩土地折股量化，平均分配给 1125 名集体成员，加上自愿入股的 740 亩家庭承包土地，成立了以土地资源为主的股份经济合作社。后口头村实行 A、B 两类股，为方便统一规模经营，该村规定，自愿入股的家庭承包地必须是整户土地入股，入股期限不低于 5 年。

可以看出，每个村（居）都有自己具体的折股量化办法和股权设置比例，但是都是经过集体成员（代表）会议民主讨论所决定的。同时，为了保持股权稳定，东平县实行按人定股、确权到户，采取"股权固化"的模式，也就是说，集体配置到户（人）的股权原则上不随人口的增减而调整，农村集体经济组织成员家庭今后的新增人口，通过分享家庭内拥有的集体资产权益的办法，按章程获得集体资产份额和集体成员身份。

（3）成立新型集体经济组织。

在做好清产核资、成员认定、股权设置的基础上，召开村（代表）会议，研究制定集体经济组织章程，根据集体资产数量和类型，各村（居）成立了股份经济合作社或经济合作社，选举出了相应的理事会、监事会。在集体经济组织登记备案上，东平县在 2016 年前实行工商注册制，根据《山东省工商行政管理局〈农村经济（社区）股份合作社办理工商登记有关问题意见〉》，县工商行政管理局、县农业局联合印发了《东平县农村股份经济合作社登记管理试行办法》，村集体股份经济合作社到工商部门办理注册登记，但取得的营业执照仍为"农民专业合作社"类型，其村域集体经济组织性质难以认定；2017 年 11 月，东平县委、县政府两办印发了《东平县集体经济组织登记管理暂行办法》，规定农村集体经济组织由县农业局负责登记备案，发放组织登记证书，从根本上解决了集体经济组织性质认定问题。截止到 2017 年底，东平县共有 241 个村登记成立了股份经济合作社，发放股权证书 65598 户。

在调研的过程中发现，东平县土地股份合作的经营模式大体形成了三种：一是合作经营型。土地股份合作社引入外部资金、技术和管理，将土地股份合作社打造为新型农业经营主体，合作发展。接山镇后口头村炬祥土地股份合作社以土地和劳务的形式，经营大户以资金和苗木形式进行合作经营，双方按 5∶5 收益分成，实现了农民集体双增收。二是内股外租型。土地股份合作社把土地整体对外租赁，稳定获取租赁收入。梯门镇西沟流村宝泉土地股份合作社将 1400 亩土地对外租赁给灵泉农场，将分散的山岭薄地连片发展樱桃、石榴、核桃等高效优质林果规模种植，提高了土地产值，每亩平均收益由 700 元提高到 1300 元。三是产业经营型。成立土地股份合作社，自主培育产业。彭集街道安村，由土地股份合作社牵头，发展起了粉皮加工、生态养殖、有机蔬菜、中药材种植四大产业，村集体由 2015 年的负债变成 2018 年收入过千万元，农民人均纯收入 2018 年有望突破 5 万元。

（三）改革任务的整体效果

1. 通过实行土地资源份额化，促进了股权保值增值

改革前，东平县村级积累少、薄弱村多，全县农用土地面积有 112 万亩，家庭承包地 86 万亩，村集体四荒地 26 万亩，即使土地资源比较丰富，但是却面临着"一户四五亩，种地五六块"这样分散化经营的情况，土地产权不清晰、权责不明确、保护不严格、运营不流畅始终阻碍着东平县的土地有效经营。

通过对集体土地资源的整合，东平县探索出了土地股份合作的路子。对均分到户的家庭承包地进行土地确权，对集体"四荒"类土地资源丰富的村进行资源股份合作制的改革，凡是集体经营的"四荒"类土地资源，人均面积在 0.5 亩以上的村，都对成员占有份额进行了明晰的记录。东平县在推行土地股份合作制改革的基础上，落实了集体所有权，促进了土地承包权、经营权的增值，实现了"土地租金+务工收入+合作分红"的三级收入，解决了土地细碎化经营对劳动力的束缚。通过访谈发现，原来农户之间的土地流转一般每亩地为 300～500 元，入股后每亩地保底收益为 700～1000 元，在一定程度上实现了土地承包权的财产性收益的翻倍。随着合作社集体经营收入的增加，农民作为股东每年每亩土地股获得了一定数额的分红收入，同时留守农村的劳动力也在合作社获得了务工收入。在走访中发现，梯门镇西沟流村将集体 1000 亩荒山折股量化给村民后统一经营，引导农户自愿将零星分散的碎片薄

地承包田 1000 亩入股，建立了宝泉土地股份合作社。通过成立该土地股份合作社，一是盘活了土地。农户分散经营的土地实现了集中连片，为农业适度规模发展创造了条件，为城乡工商资本下乡搭建了平台；同时，通过发展高效经济果木，也提高了土地产值，每亩平均收益由 700 元增至 1300 元。二是促进了增收。自 2015 年以来，村集体通过参与经营管理，年增收公益金、公积金 10 万元。农户从土地上不仅有租金收入，还参与盈利分红，农民到基地打工，还有薪金收入，同时，合作社需要常年务工人员 40 多人，年人均务工收入 13000 元；果实采摘季节需要务工人员 400 多人，年人均务工收入 3000 多元。三是促进了美丽乡村的建设。西沟流村昔日的荒山薄岭变成了如今的"金山银山花果山"，成为了新的生态文明村和美好的生活家园。

2. 通过实行扶贫资金股份化，促进移民村脱贫

东平县是全国第二、全省第一移民大县，库区移民达 25 万人，每年承接财政扶持资金 3 亿多元，政策性资金往往采用"分散使用，平均到户"的使用方式。通过这次改革将扶持资金股份化，对那些集体承接政策性扶持资金人均 1000 元以上的村，集中形成股份合作制的经营项目，通过调研发现主要通过以下三种形式进行：

一是自主经营型的项目，对班子强、有产业的村，建设种、养特色园区，并自主经营。比如彭集街道马流泽村股份经济合作社，利用集体经济增收项目扶持资金 90 万元自主发展草莓采摘园，2017 年集体收入 30 多万元，合作社成员每人分红 160 元。二是合作经营型的项目，对经营能力不足的村，引入工商资本参股，发展经营主体。比如，接山镇夏谢五村共 317 户，1355 人，其中低收入户 146 户，500 人，村集体无收入，是省级低收入村。该村利用 45 亩闲置的土地，引进外来投资者建设生态养鸡场。将上级的 160 万元帮扶资金入股经营。按照集体土地 10%、扶贫资金 35%、外来投资者 55% 的比例组建"泰安市创富农业开发有限公司"，饲养"雪山"牌草鸡。专项帮扶资金股归全体低收入户共有，按低收入人口平均分红，低收入群众在享受资金入股分红的同时还可以在养鸡场务工取得收入。三是租赁经营型的项目，对无资源无条件的村，异地置股或置业，借力发展。老湖镇 2017 年整合帮扶资金 605 万元，建设了水利帮扶产业园项目、富硒产业园项目、电商项目，通过租赁经营的方式，收取收益资金 55 万元，用于低收入户分红和村级帮扶公益事业，带动建档立卡低收入户 331 户，793 人，人均增收 650 元。

3. 通过社区股权的确立，实现了迁居社区化

东平县在 2015 年就开始实施黄河滩区易地搬迁工程，利用移民迁居的机会，将社区建设与产权股份改革同步推进。一方面，进行整体搬迁，撤村并居，成立社区配套组织，管理社会事务。另一方面，对原村集体资产进行了彻底的清产核资，股权量化，组建了社区股份经济合作社，促使村民变成了股民，移民也搬进了社区，相关产业则搬进了园区。村民的住房条件得到了改善，就业也得到了保障，为整体提高收入做出了一些贡献。

在此次座谈中了解到，接山镇朝阳庄村共有 270 户，970 人，土地总面积 6400 亩，由于交通封闭，2015 年以前 80% 的村民处于省级低收入线以下，是远近闻名的省级低收入村。通过积极开展招商引资，将旧村落和 3800 亩荒山整体租赁给普世南山集团，发展了高端养殖和乡村旅游业，同时引导农户将 2000 亩家庭承包地入股组建集体经济合作社，将 3000 万元租金折股量化给了每一位成员。通过国家易地搬迁项目，发挥资源优势招商引资，将集体资源变现并实施股份合作制改革，利用现代经营管理模式发展乡村旅游产业经济，既解决了村民的居住困难，又一劳永逸地解决了村民的生产生计问题，从根本上促进了村民致富，受到了全体村民强烈拥护和赞成。昔日的穷乡僻壤将会变成"山峦起伏林木茂，沟壑纵横景色秀"的美丽乡村。

4. 通过推动政经分离，实现了资产运营管理增收

东平县对班子强、区位条件好、有一定产业基础的村，在进行清产核资、成员界定后成立股份经济合作社，明晰集体资产权属，完善运营管理机制，激发集体经济发展活力。此次调研中走访的彭集街道后围村位于城郊，交通便利，又毗邻大型企业瑞星集团，通过发展物业出租和运输业，村集体有了一定积累。之前，集体资产由村"两委"经营，政经不分，权责不明，村年收入 100 多万元，管理费用高达 31 万元，向村民发放福利 20 多万元，村民获得感较低。针对这一问题，后围村开展了集体资产股份合作制改革，分类推进集体资产资源股权量化，成立股份经济合作社，推动政经分离。一方面，将集体资产 874.3 万元折股量化，集体持股 30%，集体经济组织成员股东 1745 人持股 70%，集体资产改由合作社经营，精减管理人员，节省了开支。另一方面，将长期乱占、乱用的 310 亩闲置荒地按每人 7 股量化给成员，收归集体并由合作社统一经营，用于发展苗木花卉产业，年增收 10 万元。在此基础上，改"大锅饭"式的福利制度为按股分红制度，户均分红 450 元，体现了集体收入分配的公平性，增强了村民对集体经济的关注度和发展集体经济的劲头。

5. 通过引进社会资本，促进了美丽乡村的建设

东平县发挥财政资金撬动作用，吸引工商资本发展乡村旅游，对自然景观、村庄形态有一定开发价值的村进行旅游业建设。此次走访的南堂子村是电视剧《新水浒传》的主要取景地。为了发展乡村旅游业，自 2014 年以来，南堂子村采取"固定土地股、变动户口股"的模式，成立了土地股份合作社，利用银行贷款对村庄进行旅游开发。为了激发各方的积极性，南堂子村设计出了兼顾土地、户口和劳动贡献的收益分配机制：土地股每年 1000 元/亩的"保底收益+年终分红"；户口股随人口变动而变化，并仅参与年终分红；管理人员的收益直接与当年合作社盈余情况挂钩。合作社优先安排本村村民就业。截至 2017 年底，南堂子村的门票和鲜果采摘收入已经从几年前的 10 万元快速增加至 500 万元，合作社的年盈余达 50 万元，带动了本村及周边 4000 多人就业。

（四）改革工作的经验总结

一是以推动农村产业转型为着力点。东平县农村经营性资产少，现阶段靠资产

运营增收的潜力有限，因此挖掘土地资源潜力是发展壮大集体经济最直接、最现实的途径。从实践来看，发展传统种养业难以实现村集体经济的长足发展，走访的各村在发展壮大集体经济的过程中，无不是在向产业要效益。因此改革的关键是要以市场为导向，在产权制度改革的过程中，一方面规模化土地经营，另一方面也要转变生产方式，促进改革地区产业结构的升级调整，由以第一产业为主向一二三产业融合发展转变，培育壮大新产业、新业态，推动农业结构调整。

二是以改革创新体制机制为切入点。东平县在发展壮大农村集体经济过程中，着力推进集体产权制度改革。借着改革的机会创新了自身的体制机制，一方面通过明晰产权、量化股权，防止少数人侵占多数人利益，提高了农民主人翁意识，提升了农民自身的积极性；另一方面通过建立土地股份合作社，提高了农民的组织化水平，为产业发展提供了支撑。就目前情况来看，改革对产业发展的支撑作用是显著的，但同时是否需要设置集体股、如何完善股份权能、如何理顺经济组织与自治组织的关系等，还有待深入探讨。

三是以农民共享改革发展成果为落脚点。农民是农村改革发展的主体。农民能否公平享有村集体经济发展壮大带来的红利，既是农村各项事业顺利推进的前提，也是检验改革发展是否成功的试金石。一方面是保证土地基本收益。不论是农户土地，还是村集体土地，入股土地每亩1000元左右的固定租金，作为保本收益，并且视具体情况适当浮动。另一方面是按股分红。收益剩余部分，根据股权和契约分配，让群众和村集体充分享受土地增值效益。不难看出，在东平县发展壮大农村集体经济过程中，兼顾了村集体和农民的利益，通过创造就业、按股分红、改善住房等方式，实现和保障了农民财产。

二、创新点与政策含义

（一）主要的改革创新点

1. 创设合股共营，实现多方共赢

（1）建立农村集体经济新主体。

通过集体经济股份合作社合股经营，找到了个人与集体的利益结合点，提升了村民参与集体发展的积极性，从而带动了村庄各项事业的发展。

（2）探索农民增收新路子。

东平县在盘活土地资源的基础上，优化农业布局，引进项目促进产业融合，吸引农民入股，带动农民就业。集体经济的壮大保障了农民的股份收益和劳动收入，改变了农民以往单一的收入模式。

（3）引领基层治理新发展。

东平县充分发挥能人带头作用，形成了以村庄能人为中心辐射普通村民的"同心圆"治理模式，带动广大群众参与到集体发展中，落实村民的选举权，用好村民的决策权，保障村民的管理权，强化村民的监督权，落实了村庄基层治理的"四权"

同步。

2. 巧用惠农政策，壮大集体经济

（1）拓宽集体资金来源渠道。

东平县通过整合政策扶持性资金，实行入股集体经济合作社发展产业项目，为集体经济发展开辟新的融资之道，改变了以往村级运作经费不足的困境。

（2）形成产业支撑发展模式。

集体经济组织以资源、资金和资产为依托，通过引入项目，形成企业驻地发展租赁经济、土地流转入股外来企业获取分红、自主发展经营性产业的三种模式，实现由"借鸡生蛋"到"保鸡下蛋"的转变。

（3）建立长效帮扶机制。

村集体将精准帮扶到户的财政补助资金作为低收入户的股金，变一次性发放为长期性投资，投放到合作社或其他经济组织形成股权，低收入户按股份比例分享收益，实现持续增收。

3. 依托产权改革，撬动综合改革

（1）深化对权能改革的认识。

东平县干部群众认识到产权改革不仅仅是一场农经领域内的改革，更是全县综合改革的关键环节，将产权改革贯穿综合改革的始终。

（2）建立集体资产管护机制。

东平县推行政经分离使基层组织各归其位，合作社下设的理事会对集体资产进行经营管理，监事会对理事会的财务开支和"三资"管理进行监督管护。

（3）规划基层治理的路线图。

自主探索社区建设、农村养老、农村殡葬等社会服务方面改革，让改革成果惠及全体村民，形成一种"产权改革—经济发展—社会建设—共享发展"的模式。

（二）改革创新内容的适用条件和范围

1. 合股共赢集体经济经营模式的适用条件和范围

对于无经营性资产或资产较少的村庄，采取加入土地股份合作社的方式，通过置换等方式将零散的土地整合连片，年中享受股份分红。股份经济合作社依托土地股份合作社开展合股经营，不仅探索出了土地"三权分置"的有效形式，也拓展了集体经济的发展路径。比如接山镇后口头村炬祥土地股份合作社，成立了以土地资源为主的股份经济合作社，实行A、B两类股，自愿入股的家庭承包地必须是整户土地入股，实现了村民集体双增收。

2. 政策性资金股份化运作的适用条件和范围

对于集体资产不足但承接国家专项扶持资金的村庄，通过将政策资金整合，将政策资金变为股金，采取股份化运作。在发展集体经济的同时，本质上并未改变资金原始用途，且能更好地实现政策目标。比如接山镇夏谢五村共317户，1355人，其中低收入户146户，500人，村集体无收入，是省级低收入村，利用45亩闲置的土地，将上级的 160 万元帮扶资金入股经营，引进外来投资者建设了生态养鸡场。

3. 产改牵引型综合改革的适用条件和范围

对于已通过产权改革壮大集体经济的村庄，在产权改革的基础上，通过市场联动、社会参与、技术助推和乡土支撑，激发综合改革活力，促进农业经济、农村社会和农民权益的全面提升。比如发展乡村旅游业的南堂子村，南堂子村是电视剧《新水浒传》的主要取景地，自 2014 年以来，南堂子村采取"固定土地股、变动户口股"的模式，成立了土地股份合作社。截至 2017 年底，门票和采摘收入已经增加至 500 万元，合作社的年盈余达 50 万元，带动了本村及周边 4000 多人就业。

（三）改革创新内容对推动全局改革的意义

改革是推动发展的动力，产权改革则是新形势下深化农村综合改革的一条主线。扎实推进农村集体产权制度改革，建立新型集体经济组织，构建新型农村治理机制，对新时代实施乡村振兴战略具有重要意义。

1. 发展多元产业支撑，奠定产业兴旺基础

东平县在探索多种产业经营模式的同时，立足自身有利条件，发挥"筑巢引凤"作用，引导和推动更多的资本、技术、人才等要素向农业、农村流动，调动广大农民的积极性、创造性。通过产权制度改革一方面实现了集体经济的发展，另一方面也作为一种新动能，创造了新型养老经验。通过打造多元联合经营的产业发展模式，提高农民收入，实现产业富民，为产业兴旺奠定了坚实的经济基础。

2. 践行绿色发展理念，打造生态宜居家园

东平县在产权改革中紧扣"既要金山银山，也要绿水青山"的宗旨，坚持以绿色引领美丽乡村建设。在充分尊重自然条件和群众意愿的前提下，大力发展集休闲度假、旅游观光于一体的生态农业产业，在保留农业产业本来面貌的基础上，提高了农业产业化水平，形成了生态与经济的良性循环，体现了生态宜居的绿色发展理念。

3. 弘扬优秀传统文化，推进乡风文明建设

在产权制度改革实现村民与集体同步增收的前提下，村民在享受村庄为其提供更好的公共服务的同时，应当履行的义务也相应增加。依靠村规民约的规制及优良家风家训的传承，形成了农村养老、农村殡葬、农村公益事业管护等经验，提升了农民综合素质，为建设文明家风、民风、乡风营造了和谐安定的社会环境。

4. 优化基层组织结构，保障乡村有效治理

完善的治理结构是实现治理有效的政治保障。东平县探索政经分离以完善村级组织建设；建立产权交易所以提升公共服务能力；优化党建模式以加强移民社区治理；协同政府、社会组织、基层群众以强化公共事务管理；出台系列创新政策以巩固和扩大产权改革成果，促成了"组织健全、服务完善、管理有序、互动共治、规则完备"的基层治理新格局。

5. 探索利益分配机制，展望生活富裕目标

东平县在产权制度改革过程中找到了农民与集体的利益联结点，建立了一套适用于自身的利益分配机制，助推"脱贫—增收—致富"目标的实现，让农民在改革中有更多的"获得感"，看到生活富裕的美好前景。

总体来看，与其他地区相比，东平县属于传统的农区，总体经济水平一般，集体经济组织实力较为薄弱，土地收益占其农民收入比重较高。对于土地细碎化严重的传统农区如何通过产权制度改革进而发展壮大集体经济，东平县的做法有一定的借鉴意义。通过建立土地股份合作社，将欠发达地区的帮扶资金变股金入股，增加了农民收入和集体收入，在壮大集体经济的同时促进了扶贫工作的推进，探索了传统农区土地规模化经营的新路径，为类似地区的农村集体产权制度改革提供了改革样本和经验借鉴。

三、存在问题与风险

（一）"留守"农民参与改革的意识不强

由于农村多数有文化的年轻人外出务工，"留守"在村的群体整体文化水平偏低，服从心理、从众心理较强，民主参与、自治管理、自我保护意识不够。集体产权改革本来是全体成员的事，但在开展过程中多数成员的参与度不高，民主议事以及民主理财的意识和能力不强，有的地方改革往往由少数人决策，难以反映多数成员的意志。

（二）存在折股泛化问题

2016年中央37号文件明确指出，公益性资产不宜折股量化。对非经营性资产，重点是探索集体统一经营管理的有效机制，更好地为集体经济组织成员提供公益性服务。但部分村在资产量化环节，因未明确集体资产折股量化范围，存在将公益性资产泛化折股的现象。

（三）财政支农资金分配方式模糊

东平县能集合财政支农资金，通过将其股份化发挥其杠杆作用，促进帮扶工作的进行。但是财政支农的项目资金集合后分配到农民专业合作社是如何落实的，具体环节涉及的如何做账、如何折股量化、如何分配仍是未来工作中需要明确的重点。

（四）股权权能作用发挥不够

东平县大多数村采取定期调整股权模式，没有对股权永久性固化到户，一方面增加了成员对集体资产收益的不确定性，另一方面亦让股权的有偿退出、流转继承、抵押担保等权能改革探索难以为继。

（五）风险防控措施有待加强

东平县的土地股份合作社是保底分红的，这是东平县改革的创新之处，现在来看有保底分红确实能对农民积极性的提升有很大效果，但在合作社面临亏损时是否还需保底分红的问题需要进一步明确。除此之外，成员与合作社风险共担的机制可

能更有利于合作社的长远发展，未来也可以作为关注的方向。另外，帮扶基金入股本身也面临着极大的风险，也需要有后续的方法来保证低收入农民的收益。

（六）农村治理机制有待完善

股份合作对村民参与和村务公开提出了更高要求，集体产权股份合作制改革必须与村庄治理架构升级同步进行。成立经济合作社以后，村委会不再直接管理经营集体资产，职能发生重大转变，随着农村小城镇化、社区化发展，农民居住结构也发生了变化，撤村并村、改村建居，村务公职化、社会化相应提上日程。股改后，如何发挥"理事会、监事会、股东代表会"的作用，将经济管理职能从村委会管理服务职能中剥离出来，实现村庄治理"政经分离"、基层党组织如何加强对集体经济组织的领导、乡镇政府、村委会如何对集体经济组织进行监管，如何经营集体资产、确保增值等，这些都是未来东平县需要解决的问题。

第十八章　上海市闵行区农村集体产权股份合作制改革调研报告[①]

2018 年 5 月 24~25 日，由中国人民大学农业与农村发展学院、山西大学经济管理学院、安徽师范大学经济学院的 6 位师生组成的调研组对上海市闵行区农村集体产权股份合作制改革进行了调研。一是部门访谈。走访了闵行区及其下属七宝镇的相关部门、村社干部、村民代表、企业代表、合作组织代表等多个利益主体，对关键信息人进行深入访谈，收集并整理大量一手资料。开展典型案例调查。二是文献收集与整理。对闵行区农业集体资产改革与管理的相关政策汇编、制度安排及总结材料，项目点基本情况、其他相关资料（如申报材料等）、报刊网络报道等进行整理分析。三是现场观察。深入镇、村等进行实地观察与了解。四是召开座谈会。在闵行区和七宝镇分别召开了相关领导和部门参加的区级、镇级座谈会，围绕改革的进展、成效、问题、风险、政策需求等内容进行深入调研和讨论。具体情况如表 18-1 所示。

表 18-1　上海市闵行区调研活动汇总

序号	时间	活动	内容
1	2018 年 5 月 24 日下午	与区政府领导、区农工办、地区负责人等相关领导座谈	改革进展情况 经营情况
2			
3			
4	2018 年 5 月 25 日上午	走访七宝镇，收集相关资料	改革实施情况 经营情况
5		与镇领导、村领导、农民代表及区农工办等相关人员进行座谈	
6			

一、改革任务进展评价及经验总结

（一）改革任务组织进展情况

闵行区是上海市城市化进程最快的地区之一，常住人口近 228 万人。其中，户籍人口 109 万人（农业人口 5.6 万人）。随着城市化不断推进，闵行区农村集体资产

---

① 执笔人：何妮。

不断增长，2017年农村集体资产积累已达1321亿元，约占全市的20%。总净资产286亿元，其中镇级净资产112亿元，村级净资产168亿元，组级净资产6亿元。经过努力，闵行区改革取得了明显成效。一是全面落实了集体资产股份占有权、收益权。全区累计完成142个村集体经济组织改革，组建新集体经济组织138个，约有30万余集体经济组织成员成为股民，持有集体资产股份86亿余元。50%以上新型集体经济组织实施了分红，人均分红4501元。二是有条件开展股权有偿退出、继承。全区6个镇17个村有2291人实施了股权有偿退出，退出金额7938万元。30个村有360人实施了股权转让，转让金额3335万元。30个村有6494人开展股权继承（多数为在世时赠与），涉及金额31175万元。三是慎重开展股权抵押、担保。已选择1个村完成了集体股抵押改革，股权抵押贷款200万元。

同时，研究出台了《闵行区村集体经济组织股权管理暂行办法》（闵府发〔2016〕20号）、《闵行区村集体资产股权质押贷款实施办法（试行）》（闵农〔2017〕82号），明确制度安排，将农民对集体资产股份占有、收益、有偿退出及抵押担保、继承等权能落到实处。加强改革后续管理，设计开发了"农村集体经济组织管理服务平台"，对农村集体经济组织、成员、股权、收益分配、惠农服务等实施信息化监管，做到可追溯、可审计，争取在管理创新方面继续走在全市前列。

（二）改革任务组织实施情况

1. 保障农村集体经济组织成员权利

（1）确认农村集体经济组织成员身份。

成员界定时主要将有农龄的成员和无农龄的失地农民子女，以及婚嫁户口迁入本镇的婿媳（本市外人员以结婚登记证为准，城镇居民除外）作为集体经济组织成员。以区委、区政府、区委办公室、区政府办公室名义出台确认成员身份的指导性文件。2011年，区委、区政府根据《上海市撤制村、队集体资产处置暂行办法》（沪府办〔1996〕34号），印发了《关于全面推进农村集体经济组织产权制度改革工作的指导意见》《闵行区村级集体经济组织产权制度改革实施规则》（闵委发〔2011〕36号）。文件明确集体经济组织成员身份界定和农龄统计按照《上海市撤制村、队集体资产处置暂行办法》（沪府办〔1996〕34号）执行，规定集体经济组织成员身份界定自1956年1月1日至召开本村集体经济组织产权制度改革第一次成员代表会议，并形成同意改革决议期间，户口在村、劳动在册的村民为集体经济组织成员。并要求各街镇（含莘庄工业区）制定村集体经济组织成员身份界定和农龄统计实施细则。

开展成员身份确认的村占全区总村数的100%。闵行区在开展成员身份确认时明确将统计调查基准日统一为统计调查年份上年度的12月31日。成员界定和农龄统计方法原则上参照市政府《上海市撤制村、队集体资产处置暂行办法》（沪府办〔1996〕34号）执行。考虑到农业合作化至今时间跨度大、人员增减频繁、结构复杂，加上有些村人口规模大等实际情况，要求基层尊重历史、尊重实际，坚持实事求是；采取多种方式，做好深入细致的核查工作，确保准确无误；履行好民主程序，成员界定和农龄统计工作方案要经成员（代表）会议讨论通过，统计结果在村务公开栏张榜公布，无异议后由成员本人签字确认。2012 年，闵行区全面完成了各村集体经济组织成员身份确认和农龄统计工作，并将相关信息全部录入上海市"三资"信息化监管平台。

（2）建立健全集体经济组织成员登记备案制度。

编制集体经济组织成员名册的村占全区总村数的 100%。成员身份确认和农龄统计数据是撤制村、队集体资产处置的依据，也是成员享受集体资产收益的根本依据。根据《上海市撤制村、队集体资产处置暂行办法》（沪府办〔1996〕34 号）规定，闵行区、镇、村、生产组（队）都非常重视这项工作，全部建立健全了集体经济组织成员登记备案制度，制定了成员与成员农龄的统计名册，并全部录入市、区、镇、村统一的"三资"监管平台。

区、镇两级均已建立集体经济组织成员登记备案制度。已经完成改革的村集体经济组织根据《闵行区村级集体经济组织产权制度改革实施规则》（闵委发〔2011〕36 号）规定，制定股东名册，向全体股东发放股权证书。

成员名册全部纳入农村集体资产信息化监管平台归档管理。按照《关于加强闵行区农村集体经济组织产权制度改革档案管理的实施意见》（闵委办〔2013〕1 号）规定，闵行区将成员名册、农龄统计等改革档案材料一式四份，区档案局、区农委、镇政府、村集体经济组织各留一份，放入区档案馆的，要求实行永久保存。

（3）依法保障集体经济组织成员权利。

开展土地承包确权登记颁证工作。根据《闵行区农村土地承包经营权确权登记实施办法》（闵委办发〔2013〕54 号）要求，闵行区 7 个涉农街镇，农村土地承包经营权确权登记共 63 个村，494 个村民小组，2.09 万户承包农户，发放权证 2.09 万本，承包人数 4.22 万人，承包土地面积 4.91 万亩。

区、镇两级指导改革村落实好农民对集体经济活动的民主管理权利。《闵行区村级集体经济组织产权制度改革实施规则》（闵委发〔2011〕36 号）明确规定改革后的村集体经济组织必须严格按章程运行管理。建立"股东（成员）代表大会、董（理）事会、监事会"制度，制定议事规则和管理制度，规范财务管理。改革后集体经济组织的发展规划、年度工作计划、财务预决算、分配方案、项目投资等一切法律法规规定属于村集体经济组织股东（成员）讨论决定的事项，必须提请村集体经济组织股东（成员）代表大会讨论决定。按照这一规定，闵行区各改革村建立健全了集体经济组织的"三会四权"治理机制，建立成员代表会议、理事会、监事会等现代法人治理结构，赋予成员知情权、表决权、收益权和监督权，彻底改变了农村集体经济组织运营由少数人说了算的局面。

2. 积极发展农民股份合作

（1）开展清产核资。

集体资产通过清产核资，全部进行资产评估。"特殊人群"（插队知青、婚嫁户口迁出本村、全家户口迁出本市、已故人员）的股份由村集体经济组织赎回，客观公正地对集体资产作出一个公允评价。

以区委区政府、农村集体资产股份权能改革领导小组或办公室名义出台清产核资指导性文件或工作方案。《关于全面推进农村集体经济组织产权制度改革工作的指导意见》（闵委发〔2011〕36 号）明确规定全区各村全面完成集体经济组织成员身份界定和农龄统计以及清产核资工作。区成立农村集体经济组织产权制度改革清产核资工作机构，负责清产核资工作的指导、协调、服务。镇（新虹街道）成立农村集体经济组织产权制度改革清产核资工作小组，负责镇（新虹街道）、村集体经济组织产权制度改革中清产核资工作。村派相关人员参与清产核资工作。

为使清产核资工作更有操作性，闵行区根据《关于本区村级集体经济组织清产核资工作方案》（闵农委〔2011〕86 号）规定，清产核资工作始终坚持实事求是原则。在资产清理过程中，闵行区对涉及坏账、不良资产核销等，明确由具有资质的中介机构，如会计师事务所、律师事务所等进行鉴证并出具鉴证意见，交镇集体资产管理部门审核后，由村集体经济组织成员（代表）会议讨论通过后处理。在此基础上，全面编制完成村级集体经济组织清产核资报表。

完成清产核资的村占全区总村数的 100%。经过努力，全区各村完成清产核资的村占全区总村数的 100%，并形成常规工作，每年都开展一次清产核资工作。2017 年农村集体资产积累已达 1321 亿元，约占全市的 20%。总净资产 286 亿元，其中镇级净资产 112 亿元、村级净资产 168 亿元、组级净资产 6 亿元。

（2）折股量化。

将经营性资产折股量化到成员的村集体经济组织占全区应改村的 98.6%。近年来闵行区对撤村改制的，明确将经营性资产折股量化到成员；对未撤村改制的，明确将集体经济组织的净资产按农龄量化，一个农龄折一个份额。虹桥镇、七宝镇的镇级改革将镇级经营性资产折股量化到村，非经营性资产按国有资产管理办法保全管理。目前全区将经营性资产折股量化到成员的村集体经济组织 142 个，占全区 144 个应改村的 98.6%，量化集体净资产 86 亿元。

（3）股权设置与管理。

区级制定集体股权设置与管理办法。一是在股权设置方面，《关于全面推进农村集体经济组织产权制度改革工作的指导意见》（闵委发〔2011〕36 号）明确规定社区股份合作社、村经济合作社设置个人股；有限责任公司设置个人股、集体股，集体股一般控制在 20% 左右，此外各镇各村可根据实际情况和群众意愿探索其他股份设置。如沪星村集体资产以农龄为主与人头相结合量化后，经集体经济组织成员（代表）会议表决，按人头平均入股。这样做使新的集体经济组织成员同股同利，均等享受集体资产收益，同时又充分顾及了失地农民无农龄子女的权利和利益，成员入股率达 98% 以上。

二是在股权管理方面，闵行区出台了《闵行区村集体经济组织股权管理暂行办法》（闵府发〔2016〕20号）、《闵行区村集体资产股权质押贷款实施办法（试行）》（闵农委〔2017〕82号）。为加强资产股权管理，闵行区健全农村集体资产信息化监管平台，将股权情况全部录入平台；建立农村集体经济组织管理系统，将集体经济组织、成员、股权、收益、分配、资产、土地等纳入平台，并制定配套的操作流程图，以及退股协议书、申请书等规范性样本，促进股份权能保护走向制度化、规范化。

（4）建立新型农民股份合作组织。

根据不同的适用范围将集体经济组织改制为三种形式：公司制企业、社区股份合作社、村经济合作社。一是公司制企业。对一些集体资产体量较大、收益较好的村集体经济组织，改制后成立了以集体成员为股东的公司。二是社区股份合作社。主要是撤村改制的，因为《公司法》规定股东人数不超过50人，而撤制村的集体经济组织成员都在1000人以上。为保护成员权益，创新了工商登记方式，参照农民专业合作社向工商部门登记，取得法人资格。三是村经济合作社。针对公司制改革成本高、税费负担重等问题，创设经济合作社这一经济主体，由区政府发放登记证明书，并领取组织机构代码证开设银行账户、建立会计制度，开展经营管理。目前，闵行区已完成改革的村集体经济组织为142个，建立138个村集体经济组织。其中，村经济合作社109个，公司制企业12个，社区股份合作社11个，土地经济合作社6个。

根据《闵行区村级集体经济组织产权制度改革实施规则》（闵委发〔2011〕36号）规定，改革组建有限责任公司和社区股份合作社的，由区政府审批，在工商部门登记。根据《上海市农村集体资产监督管理条例》规定，改革设立村经济合作社的，由区农委颁发统一印制的登记证书并赋予18位统一社会信用代码。同时，根据《闵行区村（组）财务收支管理暂行规定》（闵府办发〔2016〕9号）的要求，村委会与村（组）集体经济组织实行分账管理。目前，已经完成不撤村改革的村经济合作社，全部完成政经分设，确保村委会与村集体经济组织实施组织机构、组织职能、组织资产、财务收支、财务核算的"五分离"。

3. 赋予农民对集体资产股份权能

（1）占有权和收益权。

目前，闵行区行政建制村有128个，应改革的村集体经济组织为144个。现已完成改革的村集体经济组织有142个，且全部发放了股权证书，建立股权台账，集体资产股权登记、变更、交易纳入农村集体资产信息化监管平台，进行实时监管。闵行区股权台账有两种方式：一种是制定股权管理制度，成立股权管理工作小组，建立股权台账，实行股权信息化台账管理，例如七宝镇九星村、梅陇镇陇西村；另一种是在集体经济组织章程里明确股权管理规定，制定股权台账，纳入市、区、镇、村四级统一的"三资"信息化平台，开展股权台账的实时监管。以梅陇镇陇西村为例，该村制定股权管理制度，建立村级股权管理信息化平台，股民可在查询机上查询。目前，闵行区正在开发建设"农村集体经济组织管理服务平台"，主要内容包括：一是集体经济组织监管系统，主要对集体经济组织、成员、股权、收益、分配、资产、土地等进行可审计、可追溯的全生命周期精细化管理；二是集体经济组织内部管理系统，实现内部办公、预决算管理、会议通知、档案文件、内控管理等日常工作的电子化、信息化；三是集体经济组织综合服务平台，主要包括信息公开、社会化服务、微信平台等子系统开发；四是应用支撑平台建设，主要包括身份认证、短信收发、数据交换等功能模块开发；五是基础信息库建立，其中涉及股权监管系统主要包括股权初始登记、变更、交易等。

区镇两级全部建立健全集体资产收益分配制度，《关于加强和完善镇对村级集体经济组织"三资"监管工作的指导意见（试行）》（闵委办发〔2015〕10号）明确了效益决定分配的原则。一是村级集体经济组织要建立"以丰补歉"机制，确定合理的分配比例，村与村之间不得进行相互攀比，严禁举债分配。二是留足集体经济组织发展资金。村级集体经济组织的年终收益分配，需按规定提取相应比例的公积金、公益金和任意公积金。未提足公积金、公益金的（各占实收资本的50%以上，具体比例由各镇确定），年终红利分配不得超过10%。三是做好审核把关工作。村级集体经济组织年终分配要根据生产经营情况制定分配方案，分配方案要报镇集资委备案通过。目前，改革后每年可以实施有效分配的村集体经济组织在50%左右，2017年有56个新集体经济组织实施了分配，分配总额5.60亿元，人均分配4501元。

（2）有偿退出权和继承权。

《闵行区村集体经济组织股权管理暂行办法》（闵府发〔2016〕20号）第四章明确了股权有偿退出及转让，规定经上一级集资委批准，按规定程序修改村集体经济组织章程后，可实行股权有偿退出。股权有偿退出程序：本人提出申请，经成员代表会议讨论通过，由集体经济组织按上年度末审计的账面净资产计退。退出主要有以下几种情况：一是正常退出，例如出国定居。二是从之前设置的风险责任股中退出，当时干部带头入股，后续经济持续发展收入较高，考虑村民与干部之间有不公平意见，于是将其全部退出。三是针对知青，认可其劳动贡献，以一次性结清方式逐步将知青清退。四是因大病、火灾、车祸或其他不可预见灾难等特殊情况退出股权的成员享有回购权，回购价格按上年度末审计的账面净资产回购。五是一种特殊的退出方式——转让，规定不能超过集体经济组织的边界，且规定了一个5倍的上限。即受让人继承的股份加上自己的和转让过来的股权不能超过平均人数的5倍，防止一股独大。目前，有6个镇17个村2291人开展股权有偿退出，退出金额7938万元。

闵府发〔2016〕20号第六章明确了股权继承规则。一是法定继承人为本集体经济组织成员的，按照法定顺序继承股权。二是法定继承人为非本集体经济组织成员的，被继承人所持股权原则上由本集体经济组织回购或转让给集体经济组织其他成员。如继承的权属受限。无法定继承人的，被继承人所持股权归集体经济组织所有。重点改革的是非成员的继承问题，随着城市化的推进，许多村镇已经完全不具有"三农"形态，例如虹桥镇。对于后代非成员政策引导其退出，但通过摸底发现大部分村民希望继承，也是允许继承，但明确其权限受限。目前，全区有 30 个村 6494人开展股权继承，涉及金额 31175 万元。

（3）抵押权和担保权。

《闵行区村集体经济组织股权管理暂行办法》（闵府发〔2016〕20 号）对股权抵押和担保给予明确规定。一是审慎开展股权抵押、担保，经批准后方可实施。二是经上一级集资委批准，按规定程序修改村集体经济组织章程，明确"股权可抵押和担保"，并规定"成员之间不得以股权相互担保""集体资金不得出借给成员个人"。三是具有完全民事行为能力、年龄在 18 周岁以上成员有急需融资需求的（个人创业等），可向指定的金融机构申请股权抵押贷款。村集体经济组织因厂房或商铺装修维护等有融资需求的，可向指定的金融机构申请股权抵押贷款。四是规定了股权抵押贷款办理程序。

2017 年，出台了《闵行区村集体资产股权质押贷款实施办法（试行）》（闵农委〔2017〕82 号），对借款人资质、贷款金额、违约处理等方面提出严格的要求。目前，七宝镇的沪星村探索开展了集体股权抵押改革。沪星村改革成立了村经济合作社，资本金 4.6 亿元，其中村委会持有集体股约 1.84 亿元，有发展生产急需资金的融资需求。经过召开沪星村成员代表大会表决同意、镇农经站审核，沪星村以集体股为抵押，向区村镇银行申请了 200 万元贷款用于发展生产。经银行审批，签订借款合同，落实相关手续后发放贷款。沪星村贷款 200 万元，贷款年利率 4.75%，期限 1 年。鉴于股权抵押是开创性的全新工作，因此在违约管理方面，政策对抵押股权总数作出了不得超过本集体经济组织股权总数 20%的上限规定，并明确了质权人处理抵押股权的条件、范围以及纠纷处理方式，确保风险可控。

4. 加强集体资产运营管理

（1）加强制度保障。

研究出台了《关于加强和完善镇对村级集体经济组织"三资"监管工作的指导意见（试行）》（闵委办发〔2015〕10 号）、《关于加强和规范村（组）集体资产管理的指导意见》（闵委办发〔2015〕29 号）、《闵行区人民政府办公室关于转发闵行区村（组）财务收支管理暂行规定的通知》（闵府办发〔2016〕9 号）等一系列政策文件，进一步规范了集体资产运营管理活动。考虑到农村集体经济组织产权制度改革的复杂性，依据《关于闵行区开展镇级集体经济组织产权制度改革工作的指导意见》（闵委发〔2014〕21 号）规定，镇属非经营性资产不参与改革，参照国有资产的管理方式进行保全管理。各镇可根据实际探索创新。例如虹桥镇的镇级集体资产改革，经界定属于镇级经营性集体资产的 8.88 亿元，参与镇级资产改革；属于镇级非经营性集体资产的 1.9 亿元，如环卫所、水务站等公益性单位，不参与镇级资产改革，参照国有资产的管理方式进行保全管理。七宝镇的镇级集体资产改革，清产核资后净资产 14.91 亿元，可量化经营性净资产为 12.85 亿元。集体非经营性资产为 2.06 亿元和资源性资产不纳入镇级资产改革，参照国有资产的管理方式进行保全管理。

（2）加强监督管理。

《上海市农村集体资产监督管理条例》实施后，闵行区进一步将集体资产民主监督管理贯穿产权改革及经营管理的全过程，确保集体成员对改革的知情权、参与权、表达权和监督权。凡是法律、法规、制度规定应由成员（代表）会议讨论决定的经济事项必须依法办理；凡是与成员群众切身利益密切相关的经济事项，应经村领导班子集体研究，实行集体决策。成员（代表）会议讨论决定的经济事项应向镇政府业务主管部门备案。重大经济决策要做到会前广泛征求意见，会后及时公布；对决定事项的实施情况要及时公布，接受群众监督。目前，各改革村已经建立健全集体经济组织的"三会四权"治理机制，建立成员代表会议、理事会、监事会等现代法人治理结构，赋予成员知情权、表决权、收益权和监督权。实行成员代表会议决策，监事会全过程监管。

目前，区、镇两级全部开展农村集体财务审计。闵委办发〔2015〕10 号要求健全审计监督制度。发挥审计监督作用，体制内审计和社会审计相结合，加强对村级集体"三资"的专项审计、定期审计和管理层的任期审计，着力关注经济行为在决策、执行过程中的制度执行情况，及时发现问题，督促整改。村集体经济组织主要领导离任必须进行离任审计。加大村集体经济组织主要领导任期内审计频度，确保 2~3 年轮审一次。

（三）保障措施

1. 加强组织领导

区级成立以区委区政府主要领导为组长的领导小组。为全面推进农村改革工作，协调解决改革中出现的重大问题，闵行区成立了农村集体经济组织产权制度改革领导小组（以下简称区改革领导小组），由区委书记任组长，区长任常务副组长，区有关部门和各镇（新虹街道、莘庄工业区）工作部门主要领导为成员。并规定领导小组成员及其办公室人员的职务如有变动，由其接任领导自然替补。区级领导小组设立专门办公室。闵行区改革领导小组下设办公室，办公室主任由区委常委、副区长担任，区农委主任任常务副主任，副主任由区政府研究室、区集资委主任兼任。成员由区政府研究室、区发改委、区农委、区集资委、区财政局有关人员组成。办公室设在区农委。

2. 加强队伍建设

区、镇两级建立农村经营管理机构。《关于闵行区农业委员会所属事业单位机构编制调整的通知》（闵编〔2012〕73 号）规定，区农业委员会下属区农村经营管理站负责落实本区农村基本经营制度的指导工作。稳定完善农村土地承包关系，促进农地"三权分置"改革，调处土地承包经营纠纷；建立健全农村集体资产监管措施，巩固发展统一经营管理制度；指导农村集体经济组织产权制度改革等职能。同时，各镇成立镇农村经营管理站负责对应的工作职责。区、镇两级全部安排集体资产管理专职人员，区、镇农村经营管理站有机构、有人员，全体职工分别负责集体资产管理具体的工作。目前，区农村经营管理站有员工19名，各镇农经机构从业人员108人。

3. 加强财政扶持

闵行区、各镇都设立财政专项资金，资金来源为改革后农村集体经济组织上缴的税收形成的区得增量部分，时间定为5年。对开展产权制度改革的，区对村给予10万~20万元的奖励。《闵行区农村集体经济组织产权制度改革财政专项资金使用管理暂行办法》（闵府办发〔2012〕13号）规定对开展改革的村，根据村集体经济组织资产规模、人员状况、改革难易程度及相关因素综合考虑划为三档，区、镇分别给予10万元、15万元、20万元的工作支持与奖励。专项资金主要用于改革过程中宣传发动、召开座谈会、成员（代表）大会、成员身份界定与农龄统计、清产核资或资产评估、培训、学习交流、政策咨询及其他有关工作经费以及村集体经济发展。自2012年开始考评奖励，5年来共发放区、镇两级专项资金4650万元，考评了8镇、2街道、1个工业区共142家，确保了改革的顺利实施。

4. 加强监督检查

一是建立对由街镇党政主要领导任改革工作领导组长的绩效考核制度。区委、区政府每年把农村产权制度改革、农村集体资产监管等作为年度重点工作，纳入对街镇党政主要领导的年度绩效考核内容，确保改革顺利推进。二是建立对村集体经济组织改革工作的考核制度。闵行区研究制定了《闵行区农村集体经济组织产权制度改革工作考评办法》，对完成改革的村集体经济组织实施考评。组建由区农委、区集资委、区府研究室、发改委、民政局、财政局、监察局、档案局8个单位参加的考评小组，对完成改革的村集体经济组织按组织领导、操作程序、改革创新、难易程度、群众满意度5个方面进行百分制考评，评出一二三等奖，以此作为考核改革质量和财政支持经费划拨的依据。三是建立改革工作指导检查制度。由区农委调整充实工作人员12人，组成改革指导、资产监管、综合管理、联络统计4个组，对全区11个街镇实施分片指导和分组负责，责任到人，包干到镇。各镇抽调人员到村实行包干责任制。区对已完成改革的村级组织检查监督其运行情况，在红利分配上采取调控措施，以促进集体经济持续发展。区委区政府建立重点工作督查督办制度，有力推进农村集体资产监管和农村改革各项工作。

（四）改革的整体效果及经验总结

1. 改革的整体效果

（1）制度成效。

改革后，一是明晰每个村民在集体经济组织中的产权份额，集体资产由村民共同共有变为村民按份共有，产权制度发生了根本变化；二是由单一的按劳分配变为按劳分配与按股分红相结合，分配制度发生了根本变化；三是农民群众成为集体经济的投资主体、决策主体和受益主体，治理结构发生了根本变化。例如改革以前，条件好的镇村会经常发些实物或现金福利给农民。

（2）经济成效。

农村集体经济总量增长。通过改革，一方面，村集体经济组织建立起现代企业制度，形成与市场经济相适应的运行机制，为村级经济发展创造了良好的体制环境；另一方面，农民在集体经济组织中的资产产权得以明晰，可以更好地行使当家作主的权利，积极性和创造性得到充分调动，农民收入水平提高。改革明晰了产权，改变了集体资产看似"人人有份"、实际上"人人无份"的状态，真正做到"资产变股权、农民当股东"，农民开始享有分红，财产性收入持续增加，初步建立起农民长效增收机制。

（3）社会成效。

农村社会和谐稳定。通过改革，农村集体经济组织建立了"三会四权"的制衡机制，集体资产实行村财镇管，把权力关进制度的"笼子"。对涉及成员切身利益的如投资、经营、收益分配等重大事项都由成员代表会议讨论决定，改变了原来由少数干部掌控和随意支配集体资产、监督缺位的状况，有效地遏制因资产处置不公、收益分配不平等问题引发的反映现象，党群矛盾、干群矛盾得到有效化解。

示范引导效应明显。闵行区农村改革工作得到了中央农办、农业部、国务院发展研究中心等部门领导的好评。国内多家媒体如《人民日报》《解放日报》《农民日报》等先后介绍了上海闵行区农村改革工作，在宣传的同时也对改革工作进行了有力的监督。改革示范效应明显，近4年共接待区内外交流团队64批、646人次。

2. 改革的经验总结

（1）党委书记作为第一负责人是推进改革的核心。

这项改革涉及数以万计的组织成员的切身利益，事关农村未来经济社会发展的大局，区委领导非常重视。2003年，闵行区就成立了农村集体经济组织产权制度改革领导小组；2011年进行了调整完善，组长由原来的区分管领导调整为区委书记担任，成员由原来10个部门的副职调整为21个部门的正职，镇、村也建立健全了相应的工作机构。全区自上而下形成了党政主要领导亲自挂帅、各相关职能部门全面参与的改革氛围。实践证明，党委书记亲自推进农村改革，有利于统一思想认识，形成工作合力，整体谋划各项工作。

（2）尊重农民意愿是推进改革的关键。

农民群众是集体经济组织的投资主体、经营管理主体和受益主体，是集体资产的主人。推进农村集体经济组织产权制度改革，是对现行农村集体经济制度的重大变革和原有利益格局的重新调整，可能成为历史和现实各种矛盾集中的焦点。因此，在改革中必须充分尊重农民意愿，把改革的决策权不折不扣地交给农民群众。凡是涉及农民群众切身利益的问题，都要严格履行民主程序。确定成员身份、农龄核实、资产处置、股权设置等必须经成员大会或成员代表会议讨论通过；对没有现行法律、法规和政策依据的问题，必须提交成员（代表）大会讨论通过后方能实施。尽最大努力做到取信于民、还权于民，赢得广大群众的理解和支持，才能确保改革工作的顺利推进和成功。

（3）公开、公正、公平是推进改革的保证。

这项改革涉及利益以及利益调整，一定要坚持公开、公正、公平，要在阳光下改革。改革进行时要公开透明。改制工作要实行全过程公开，接受群众监督，成员代表要全程参与。如农龄核实实行"三榜公布"，资产清查成员全程参与，集体资金、资产和资源全部纳入市、区"三资"监管信息平台，村民可通过农民"一点通"触摸屏查询。闵行区明确实行"一村一策"，不搞统一行动，其本质是让农民当家作主，真正做到公开、公平、公正。

（4）分类推进是推进改革的方法。

从实践来看，由于各镇、村之间差异较大：有撤制村、城中村，也有农业村；有经济强村，也有经济薄弱村；失地农民多，农民利益和农村稳定矛盾突出。因此，不改革不行，"一刀切"也不行，大家要根据各自的情况，因地制宜，分类推进。闵行区的改革：一是先村后镇，村级改革完成了再稳妥推进镇级改革；二是先城市化地区后农业地区，对农业地区一些资产量小、收益低、负资产村要先扶持其发展，为改革创造条件；三是先经营性资产后非经营性资产，比如资源性的承包地，主要通过确权登记颁证予以解决，公益性资产进行保全管理，能带来效益的经营性资产优先股权量化；四是股份权能改革，全面推进股份的占有权、收益权改革，有条件地推进股份的有偿退出与继承，审慎推进股份的抵押担保。

二、创新点与政策含义

（一）主要的改革创新点

1. 以农龄为依据

闵行区以农龄为主要依据确定成员所占集体资产份额，对知青农龄给予一次性买断。农龄从1956年算起，自正式参加镇、村、队集体经济组织及所属企业劳动之日起，至征地转居离开村、队结业，劳动不在镇、村、队时结束。不满6个月的按0.5年计算，满6个月不满1年的按1年计算。农龄计算必须经过个人申报、核实、张榜公布、再核实、再公布等程序，由各镇制定实施细则，各村制定具体操作办法。

2. 有条件地赋予农民对集体资产股份的有偿退出权、继承权

对于有偿退出权，建立股东对集体资产股份有偿退出机制，明确集体资产股份有偿退出的范围、条件和程序。集体资产股份有偿退出，严格限制在本集体经济组织范围内，可以转让给本集体经济组织成员，也可以由本集体经济组织赎回。转让给本集体经济组织成员的，对受让方占有的股权比例合理设置上限；由本集体经济

组织赎回的，制定赎回条件、价格、赎回股份的处置等具体办法。收购资金可以从本集体经济组织的经营收益中列支，所收购的股份可以追加到集体股中或转让给其他成员，也可以用于核减相应的总股份数。

对于继承权，重点探索具备法定继承人资格但不是集体经济组织成员的人员继承集体资产的规则，以及继承人与集体的关系和对农村集体经济组织社区性的影响。

3. 慎重赋予农民对集体资产股份的抵押、担保权

在农民有需求和集体经济组织章程允许的情况下，在深入调研、充分协商的基础上，探索农民以其所持集体资产股份向金融机构申请抵押、担保贷款的具体办法以及可能面临的风险和制度障碍，提出完善相关法律政策的建议。

4. 加强集体资产管理

制定出台加强农村集体资金、资产、资源"三资"监督管理的政策文件。一是制定加强农村集体资产监督管理工作意见，建立农村集体资产监督管理委员会。二是制定镇集体资金和财政资金分账管理办法，厘清镇政府管理职能和集体经济运行职能。三是出台规范农村集体资产租赁和处置行为的办法，保证集体资产租赁和处置行为得到农民群众的有效监督。四是制定加强农村集体"三资"审计监督的实施意见，将审计结果与被审计领导干部考核、任免、奖惩和后续管理相结合。五是制定加强农村集体经济组织对外担保、出借资金和对外投资行为监管办法，加强权证管理。

5. 减免20%红利税

农民从新集体经济组织中获得股份红利应视作内部收益分配，不予征收个人所得税或先征后返。或将分红所得计入工资薪金，由个人按照超过3500元部分再按规定缴纳个人所得税。探索红利税中地方所得部分返还农村集体经济组织，用于发展集体经济。

（二）主要改革创新内容的适用条件和范围

人民群众是创造历史的真正英雄，作为城市化进程较快的地区，闵行区凭着敢为人先的精神，村集体经济组织产权制度改革工作在上海起步最早，各项制度条例基本完善。闵行区以维护好、实现好和发展好农民利益为改革目标，着重在明晰产权、创新组织形式、保护成员利益、赋予股份权能等方面探索创新。在改革推进中，形成一套具有闵行区特色的可复制、可推广的经验和制度安排，为上海市乃至全国农村集体资产改革的发展创造了经验。

（三）对改革成果的推广建议

明确思路。改革应切实解决现实问题，简单的、不动根本性利益格局的小打小闹而所谓的"改革"，只会流于形式，意义不大。创新改革形式应该因地制宜、分类指导，在推进改革时不可搞"一刀切"。农民做主，资产决定权在百姓手中，政府引导其规范，但不能替他们做决定。

规范操作。改革推进中每一个环节都必须得到老百姓的认可，绝不能仓促行事或在某些环节上走过场。各项事务按照政策与程序严格执行，保证农民的知情权、

参与权。对村组加强调查研究，梳理改革思路，制定改革方案。加强政策解读，让基层干部群众了解改革精神和政策要求。

加强保障。为确保改革质量，应在政策、财政、监管等方面给予保障。政策引导改革规范，为改革保驾护航；财政扶持不仅体现在改革推进中，也体现在改革之后，做到"扶上马，送一程"；健全监管机制。建立健全农村集体"三资"监管组织体系和各项管理制度，保障改革真正有效。

（四）改革创新内容对全局改革意义

1. 实现了公平与效益

闵行区的改革不是局部性的"小打小闹"，而是在全区所有涉农街镇比较系统、全面地铺开，并对镇、村两级集体经济组织进行改制。通过确权到人、颁证到户，切实赋予农民对集体资产所有权，彻底改变"人人所有、人人无份"的集体资产所有权虚置状态。为确保集体经济组织和成员的基本利益，闵行区以农龄为主要依据确定成员所占集体资产份额，对知青农龄给予一次性买断，涉及新增、死亡等人员份额采取户内调整，以户为单位发放成员证，实行人户结合。目前已发放成员证98728户。通过开展股权有偿退出逐步理顺产权利益关系，进一步解放和发展社会生产力，有效推动更深层次的改革。目前已有2291人实施了股权有偿退出，退出金额7938万元。

2. 推动了民主与法治

一方面，深化民主。从清产核资、资产量化、建章立制，到重大项目投资、收益分配、股权抵押等须经成员民主讨论决策，确保成员的知情权、监督权。另一方面，完善法治。通过研究制定"股权管理办法""股权质押实施办法"，明确了股权占有、收益、有偿退出及抵押、担保、继承等方面的要求和规定，有利于激活农村各类生产要素，进一步推进城乡要素平等交换与合理配置，切实维护好、实现好和发展好农民利益。

3. 深化了共享与和谐

闵行区的改革，切切实实增进了农民群众的福祉，提高了农民群众的获得感。2017年，全区村级集体经济组织总计分配了5.60亿元，人均4501元。同时，通过完善股权6项权能，特别是所有干部岗位股和村民受让股全部退出后，有效缓解了干群矛盾，将改革红利更多落到百姓身上，让老百姓更有获得感。改革村入股率由改革初期的70%提高到现在的90%以上，入股率提高一分稳定就增加一分，改革村无一例集访，实现了农村社会和谐稳定。

三、存在的问题及相关建议

（一）存在的问题

1. 如何做好负债村改革

闵行区村级经济各村差异较大、发展极不平衡。在改革开放初期，有的村到外地投资失败，有的村大办村办企业，由于经营管理不善等导致企业严重亏损，这些村的负资产达 1 亿~2 亿元。这些负资产目前难以进行集体经济组织产权制度改革，需要采取多种措施逐步化解，不断改善，创造条件，稳步推进。

2. 股权抵押尚待探索

在现有条件下，开展农村集体资产股权抵押仍存在现实需求较弱、集体经济组织边界等问题。一方面，基于风险控制的考虑，银行对农村集体股权估值采取了较为谨慎的态度，致使股权估值不高，贷款额度有限，农民个人开展股权抵押的意愿不强烈。另一方面，允许股权进行抵押，在激活股权权能的同时，也带来了集体经济组织的边界问题。一旦出资人无法履行债务，集体资产股权就有了外流的风险，集体经济组织的边界就有被打破的风险。全国个别地区在开展股权抵押时，一般采取集体经济组织优先回购、地方政府设立偿债风险基金等方式，以保证发生债务违约时，集体资产股权不会外流，维持集体经济组织稳定。但这类措施只是将集体资产股权外流的风险尽可能降到了最低，并未从根本上消除。一旦超过其能力范围，集体经济组织边界仍有被打破的可能，这将引发一系列的后续问题。

3. 税收问题

在个人所得税方面，集体产权制度改革前，集体给成员以福利等形式分配集体收益，不需要缴纳个人所得税，但改革后，公司或社区股份合作社派发股份红利则需要缴纳 20%的个人所得税。农民反应强烈，不少镇村基层干部和群众以此为理由，不愿开展集体产权制度改革。

在集体税收方面，农村集体经济大多以物业出租为主，要缴纳营业税、企业所得税、房产税、土地使用税、教育费附加税、地方教育税等 7 种税费，若改革后全部按章纳税，综合税率达 36%。例如虹桥村单房产税这一项支出，每年就要大约 500 万元，税收负担较重。

（二）相关建议

一是鉴于推进农村集体资产股份权能改革是一项复杂的系统工程，目前国家层面缺乏相应法律法规支撑，建议国家层面尽早研究，尽快出台《中华人民共和国农村集体经济组织法》。二是在改革中发现，农村集体资产股权抵押担保方面，缺乏相应法律法规支撑，建议国家加大这方面研究，补充修改完善《中华人民共和国担保法》《中华人民共和国商业银行法》等相关法律法规。三是完全不收税是不现实的，不考虑集体成员的特殊性照单全收也是不合理的。鉴于农村集体经济组织承担着公共服务职能，给予相应的税收优惠政策以减少集体经济组织的负担。

四、下一步工作

继续推进村级改革，对于不具备改革条件的村，先扶持其发展，待条件具备了再进行改革；继续推进镇级改革，目前已经完成了两家，第三家还在摸底中；下一步加强管理服务，提高服务质量，提高管理和服务需要长期追踪下去。包括成员的死亡、退出、继承、抵押担保的审批、审核，还有集体经济组织的登记变更、注销等，继续推进管理服务平台建设等。

　　闵行区作为城镇化高速发展的地区，农村集体产权制度改革具有自己的特点。作为大城市郊区的典型代表，资产多，人口变动大，情况较复杂，闵行区在产权制度改革中做了很好的探索。需要进一步探讨的问题有：①当前这些地区很多村庄即将消失，消失的那些村庄该怎么办？对于闵行区而言，村消失了，集体成员的资格也将不复存在，这些集体资产该如何运行，现有的股东和其之间有何关系？到2035年，城市化率要达到75%，在城乡融合、城镇化的这一大背景下，如何进行产权制度改革？这应该是这些地区下一步需要继续探索的问题。②在六项权能方面，尤其是抵押方面，对比福建地区林权制度改革，林权的抵押经历了十年左右的发展，当地和人民银行签订了协议，调查中特别关注了有没有不还的现象？这是最根本的。不还之后，银行拿这些资产怎么办？调查发现没有这种现象，这从侧面反映了这个制度本身是无效的。有些地方改革了农村土地经营权，农民住房抵押也是如此。在集体产权制度方面，尤其像闵行区这些资产量大的地方，将来能不能探索一条制度真正实行抵押。集体经济组织在权力方面应该与那些上市公司是一致的，否则就存在歧视。③在关于立法问题方面，尤其对于这些大城市郊区，拥有这么多资产，相关法律是亟须制定的。借鉴农民专业合作社立法的经验，立法需要明确集体经济组织的法人地位，是需要解决的现实问题。

五、简评

　　综上所述，结合闵行区进行的改革任务进展情况，可以认为，上海市闵行区农村集体产权改革工作进展顺利。不仅是圆满完成，达到预期效果，更是探索走在了全国前列，为其他地区的农业集体产权改革提供了有效的经验。即赋予农民对集体资产股权更多权能，在占有、收益、有偿退出及转让、继承、抵押和担保等方面积极探索，深化农村集体产权股份合作制改革，保障农民集体经济组织成员权利。既助力了集体经济有效增长及保值，又推动了农村社会和谐稳定。

第十九章　江苏省南京市农村集体产权股份合作制改革调研报告[①]

2018 年 5 月 23 日，由中国人民大学农业与农村发展学院、山西大学经济管理学院、安徽师范大学经济学院的 6 位师生组成的调研组对江苏省南京市农村集体产权股份合作制改革进行了调研。调研组与南京市市委市政府主管领导以及区、镇街的相关负责人等就农村集体产权股份合作制改革进行了座谈；走访了 1 家区级农村产权交易中心和 1 家镇级农村产权交易中心；考察了 2 个社区的产权制度改革情况；走访了 1 家社区股份合作社和 1 家专业合作社的经营情况。具体情况如表 19-1 所示。

表 19-1　南京调研活动汇总

序号	时间	活动	内容
1	2018 年 5 月 23 日上午	走访高淳区桠溪镇农村产权交易中心	改革进展情况
2		走访高淳区东坝镇和睦涧村社区股份合作社	经营情况
3		走访高淳区淳和水稻专业合作社	经营情况
4	2018 年 5 月 23 日下午	走访溧水区农村产权交易所	改革进展情况
5		走访溧水区永阳街道工农兵社区	集体产权制度改革
6		走访江宁区东山街道泥塘社区	集体产权制度改革

一、改革任务进展评价及经验总结

（一）改革任务组织实施情况

1. 改革工作的定位与改革思路

自 2014 年以来，南京市的改革思路紧扣改革主题，根据深化清产核资、确权登记、股权设置、权益量化、村社分设、推进农村产权流转交易、发展新型集体经济等任务展开改革工作。同时，排定时间节点，明确责任分工，实施"挂图作战"。按照该思路展开改革工作，全市农村集体产权股份合作制改革工作已经取得明显成效，如期达到了集体发展、农民增收、管理规范的改革目标。具体而言，到 2017 年底，

[①]　执笔人：孔祥智、黄斌。

南京市村组级农村集体资产清产核资已全部完成；659 个村完成了人口界定和股份量化；407 个村实行了股份分红；45 个村完成了股权固化改革；8 个村开展了村社分设改革；组建农村集体资产股份联合社 4 家；农村产权交易市场在全省率先实现区镇两级全覆盖。

南京市国家级农村集体产权股份合作制改革工作得到了农业部和省的充分肯定。2018 年 2 月，南京市的"农村集体资产股份合作制改革"和"农村产权流转交易市场建设"两项改革工作顺利入选成果转化清单。总的来看，南京市改革定位精确、改革思路清晰、改革成果显著。

2. 改革工作组织领导与运行管理

南京市大力着手组建改革工作组的组织领导，既包括市级层面，也包括区级层面甚至镇级层面。农村集体产权股份合作制改革工作领导小组组长由市长担任，市委副书记、市政府副市长任副组长，市委、市政府分管秘书长，市委农工委、市发改委、市民政局、市财政局、市国土局、市工商局、市金融办、市政务办、市国税局、市地税局主要负责同志和市委组织部、市委宣传部、市编办、市住建委、市公安局、市审计局、市规划局、市农委、市水利局、市法制办、人民银行南京分行营管部、紫金农商行分管负责同志为小组成员的主要来源。工作组组织审定改革实施方案和配套政策，负责研究、协调解决改革任务推进中的重大问题，开展风险评估，统筹推进全市农村集体产权股份合作制改革。领导小组办公室设在市委农工委。

各郊区党委、政府是各区改革任务承担的责任主体和实施主体，负责辖区改革工作的组织领导。各区要成立改革区工作领导小组，具体组织推进各区农村集体产权股份合作制改革工作，制定改革相关政策制度，协调解决本区农村集体产权股份合作制改革中的重点问题、突出难题。镇街主要负责人要亲自挂帅，组织实施农村集体产权股份合作制改革工作。

（二）改革任务进展情况

1. 清产核资

清产核资的对象包括镇（街）、村（居）、组集体经济组织，或由镇政府（街道办事处）、村民委员会（社区居委会）、村民小组代行集体资产管理职能的镇（街）、村（居）、组。清产核资的范围包括对集体经济组织所有的各类资产进行全面清理核实，并区分经营性资产、非经营性资产和资源性资产，分别登记造册。经营性资产主要包括标准厂房、门面房、打工楼、出租房、机械设备等，以及集体所有的货币资金、有价证券、应收款项、存货、对外投资、无形资产、资本、公积公益金等其他资产。非经营性资产主要包括各级财政扶持、集体和农民一事一议等方式筹建的办公楼、道路、农桥、小型水利基础设施、公厕、体育健身设施、休闲文化广场等。资源性资产主要包括集体土地、山林、水面、"四荒"等。在清产核资过程中，要以村（居）为主，按镇（街）、村（居）、组级资产逐级清核，上一级不得以任何理由平调或挪用下一级组织的资产。清产核资工作可充分利用全市百村（社区）经济运行情况审计调查成果。

2. 确权登记

由区和镇街农经、国土等相关部门及村监督委员会等组成专门的清产核资、确权登记工作小组，结合土地承包经营权确权登记颁证成果和深化小型水利工程管理体制改革产权登记工作，按照不动产登记工作要求及有关农村集体资产管理文件精神，对镇（街）、村（居）、组集体所有的各类资金资产资源在全面清理核实搞清家底的基础上，依法界定权属。对有账无物的资产要查明原因，按照规定程序申报处理；对有物无账的资产要合理评估价值，及时纳入账内核算；对账面价值和实际价值背离较大的主要资产进行价值重估。按照"谁投资、谁所有、谁受益"的原则进行农村集体"三资"权属界定。集体资产清产核资和产权界定的结果，由集体经济组织成员大会或成员代表大会予以确认，在镇街村务公开栏中张榜公布，上报区、镇（街）两级工作领导小组审核，报区、镇（街）农村集体资产管理部门备案。在农村集体"三资"账簿完备、产权归属清晰且无纠纷的基础上积极推行农村集体资产、资源统一编码，颁发农村集体资产产权证书，实行"一物一码一证"管理，并与不动产登记工作相衔接。

3. 成员界定

南京市各村在成员界定过程中，以协调平衡各方利益为原则，通过循环反复的成员代表大会民主讨论的形式来确定适合本村的集体成员界定具体办法，并且会议讨论过程中主要考虑以下情况：①本村户籍。②土地承包经营权关系。③正常婚姻、嫁娶、生育情况。④合法收养。⑤政府组织安排移民。⑥在读大中专学生、现役士兵的成员资格保留。在流程操作中，溧水区工农兵社区形成的一套"五核对、三公示、一签字"的"531工作法"成为了南京市村成员界定清晰的典范，确保了成员界定的严谨性。具体而言，工农兵社区有三个成员界定原则：一是依据1982年前后第一轮土地承包时分到或应分到土地的人员；二是依据原工农兵村委会、东郊村委会、板桥村委会各队征地撤队时，公安部门核准的《国家建设征用土地"农转非"人员，一河两路征地"农转非"人员，购买"小城镇"户口人员花名册》（以下简称《花名册》）上的人口和原工农兵村委会、东郊村委会、板桥村委会、曹家村委会各队农业户口人员在第二轮土地承包中分到或应分到承包土地，履行义务的人员（含已被征地"农转非"的失地农民）；三是2017年6月30日前，户口是工农兵社区居委会世居户或具有世居户资格的人员。

4. 股权设置

对经营性资产，重点是明晰产权归属，将其净资产以股权或收益分配权形式，按份额折股量化到本集体经济组织成员，发展多种形式的股份合作，其中，对集体所有的货币资金、有价证券等其他资产，重点是搞实、搞准，做到账表、账账、账证、账据、账实五相符。对资源性资产，重点是盘清、搞活、通过农村产权流转交易市场公开交易，实行效益最大化。对非经营性资产，重点探索有利于提高公共服务能力的集中统一运营管理有效机制，更好地服务农民群众。有条件的地方，可试行对集体所有的土地、山林、水面、"四荒"等资源性资产以股权或收益分配权形式折股量化。如漆桥镇荆溪村是高淳区的远郊村，缺乏经营性资产，但村集体却拥有旱竹园、茶园等产生收益的资源性资产。为此，荆溪村依据实际投入费用（包括人工、种苗、肥料、农药等）核算成本，并折算成等额资产，最终将170.11亩旱园竹、140.02亩茶园折股量化为311万元。根据江苏省《关于积极推进农村社区股份合体制改革的意见》（苏办〔2005〕25号）文件精神，集体资产股份合作社的股权设置中，一般不设集体股，确需设立集体股的，集体股比例不宜过高，一般不超过40%。如东坝镇和睦涧村为发展集体经济提供资金保障，在股权设置上仍保留集体股，比例是40%，而工农兵社区等部分村已取消集体股设置。

此外，个人股股权或收益分配权设置的基本原则是按照集体资产的形成过程和现有资产的构成情况，因地制宜地合理确定。个人股或权益一般而言主要可设为人口基本股或权益，如泥塘社区把个人股分为集体资产积累股和人口股，前者是指在1983年分到土地，在2016年9月15日现有的人员，后者是指2016年9月15日现有人员且符合章程具体规定享受条件的人员。同时，根据成员对集体经济发展贡献大小适当体现差距，也可同时设为人口基本股或权益和劳动贡献股或权益。比如工农兵社区的劳动积累股则是为了奖励1982年前便生活在当地、为村落做出了贡献的"老村民"。劳动贡献股或权益可按照成员年满16周岁后在村工作的时间（农龄）计算，可从高级农业生产合作社成立至确定的统计日止，也可从第一轮或第二轮土地承包开始计算，具体时点由集体经济组织成员代表大会协商确定。

5. 权益量化

股权或收益分配权量化时间原则上为实行集体股份合作制改革、撤村建居时。股权或收益分配权量化对象为集体经济组织成员。集体经济组织成员资格界定根据户籍关系、土地承包、长期居住以及义务履行等情况综合考虑，由村集体经济组织成员（代表）大会讨论确定后，可由区或镇统一成员界定类型，也可实行"一村一策"。股权或收益分配权量化除法律法规和现行政策有明确规定外，要提交集体经济组织成员大会或成员代表大会民主讨论，经2/3以上集体经济组织成员或成员代表讨论通过，并向全体成员公开公示后方可实施。集体资产股权或收益分配权量化到户后，要及时向股民颁发证书，作为参与管理决策、享有收益分配的凭证，切实落实集体资产收益分配权。

股份收益权量化主要有两种依据：一种是依据集体经营性资产所产生的收益；另一种是依据资源性资产所产生的收益。依据经营性资产进行折股量化已经较为成熟，而依据资源性资产折股量化仍然在进一步探索之中，目前已形成两大依据：依据投入成本来折算成等额资产，如荆溪村；依据实际收益来折算资产，如桠溪镇村。在具体量化过程中，南京市主要以人为单位量化、以户为单位进行分红。集体资产股权或收益分配权可在集体经济组织内部继承、转让。"撤制村""城中村""城郊村"等城镇化程度较高的村（居）原则上实行权益固化到户，以户为单位"增人不增股、减人不减股"。其他地区的村也可按照"量化到人、固化到户"的方式探索权益固化改革。

6. 组建股份合作社

积极推进以村级为主的农村集体资产股份合作社改革。在此基础上，对于具备一定规模集体资产和稳定收益的组，可以成立组级集体股份合作社；也可以按照局部试点、风险可控的要求，探索建立镇（街）级集体资产股份合作社。各级股份合作社应分别制定相应的合作组织章程，建立股东大会或股东代表大会、董事会（理事会）、监事会，建立健全集体经济组织治理结构。进一步制定完善农村集体资产股份合作社注册登记办法，简化相关手续；建立镇（街）、村（居）、组级集体股份合作社的，按照有关规定在工商管理部门注册登记为合作社法人。除了村级、镇级股份合作社，村级之间抱团联合组成的农村股份合作联社也在兴起。如江宁区通过选取 60 个村建立 3 家社区集体资产股份联合社的方式，统筹各级帮扶开发资金使用，将原薄弱村帮扶专项资金 1 亿元、2016～2020 年的每年直补资金 2200 万元、2017～2021 年的每年帮扶资金 2000 万元投向园区，用于联社购置园区资产或委托经营通过在经济开发区购买优质资产（股权）、承担实施相关配套项目等形式，并每年以固定比例（8%～10%）获得稳定收益，使经济薄弱村、欠发达村能稳定提高集体收入，更好地带动集体成员实现提高收入。

7. 发展新型集体经济

各级资产股份合作社可通过盘活存量资产、回购优质资产、扩大对外投资等经营方式实现集体资产保值增值。支持村集体资产股份合作社联合、抱团发展，由镇街牵头组织实施，集中若干村的集体留用地和财力，采取"统一规划、统一建设、统一出租、产权独立、按股分红、收益归社"的方式，在开发区、工业集中区、商业集聚区建设或购置综合楼、标准厂房等集体物业项目，形成规模集聚效应、促进集体经济转型升级，支持村集体经济组织将闲置、低效建设用地，通过土地综合整治置换到镇街以上工业园区集中建设，提高资源利用效率。允许农村集体经济组织在符合规划、土地用途管制的前提下，使用整治建新指标有序对集体建设用地自主建设利用（商品住宅除外）。有序推行村发展留用地、经营性物业等实物安置，土地被征收的村可按不超过农用地征收面积 2%的比例（总面积不超过 100 亩）预留发展用地，由村级集体经济组织按村民自治原则，依法选择自主开发、以地换房、货币化处置等开发模式，经镇街审核、区政府批准后实施。规范农村集体土地上项目建设审批，加快完善农村地区集体建设项目立项、规划、建设、用地、环保等审批流程。农村集体资产股份合作社实施法人登记后，建设或购置的综合楼、集贸市场、标准厂房、住宿楼、商业用房、公租房、仓储物流设施等集体物业项目出租收入和农村集体土地流转收入，对其涉及税收在政策许可的范围内予以减免，不能减免的在市权范围内给予奖励、补助。在促进集体经济发展的同时，要认真落实《关于进一步加强农村集体资金资产资源监督管理的意见》（宁政发〔2014〕194号）要求，进一步加强和规范农村"三资"管理；建立全市统一的"市、区、街镇、村居四级联网"的农村财务和资产管理信息化系统，实行网上做账，重要资产处置实现网上运行。建立一个模式、一套制度、一个系统的集体资产管理新模式。逐步完善与"阳光村居"系统的衔接，加快实现农村集体"三资"信息在"阳光村居"网上公开。积极推行"四议两公开"民主管理工作法，农村集体"三资"管理的重大事项，由村党支部提议、支委会和村委会联席会议商议、全体党员大会审议、村民或村民代表会议决议，决议公开，实施结果公开。

8. 村社分设

"撤制村""城中村""城郊村"应本着先易后难的原则，积极推动实行"村社分设"；经济发展水平较高、工业化城镇化程度较高的地区，选择有条件的村开展"村社分设"改革。主要做到村社职能分开、人员分开、财务分开，形成在村（居）党组织的领导下、村（居）委会自治管理与农村社区集体资产股份合作社自主经营的新格局。村（居）、社分设后，村（居）委会负责社会服务、管理和公益事业；农村社区集体资产股份合作组织承担经济功能，主要负责集体资产经营、管理，充分遵循民主程序，严格执行财经纪律，确保集体资产保值增值。村（居）、社分设后，在一定时期内可由村（居）党组织主要负责人兼任社区资产股份合作社主要负责人，在股份合作社实现规范运行后，具备一定条件时，可再通过培养、选拔、选举等方式产生股份合作社主要负责人。村社分设后，合作社必须办理工商注册登记，实行独立建账、单独核算，落实一社一账户，其收益按规定提取一定比例的公积公益金，再按同股同利的原则进行股份分红，并逐步提高社员分红比重，形成社员财产性收入长效增收机制。合作社财务预决算和收益分配方案等，必须提交集体经济组织成员（代表）大会讨论通过。

9. 制定农村集体经济组织规章

制定完善南京市农村集体经济组织的有关规章制度，进一步明确农村集体经济组织含义、主体地位、性质、成员资格、组织机构、集体经济组织及成员的职责和义务、农村集体资产的经营管理和处置程序、相关扶持政策等内容，加强对违反农村集体经济组织规章制度的监督与责任追究，保障农村集体经济组织及其成员合法权益。

10. 推进农村产权流转交易

按照《关于加快推进我市农村产权流转交易市场建设的实施意见》（宁委办发〔2015〕19号）文件要求，推动全市农村产权流转交易市场建设，实现市、区、镇街三级市场的有效联动。将农村承包土地经营权、农村集体经营性资产的所有权或使用权、农村集体经济组织养殖水面经营权、林权等纳入市场交易在条件成熟后再逐步扩大交易范围。按照国家统一部署，在国家有关部门出台具体方案的基础上，审慎推进农民住房财产权抵押贷款改革工作，在省政府出台指导意见的基础上，选择权属明确，抵质押登记单位明晰的成熟区域，探索开展土地承包经营权质押贷款改革工作。高淳、溧水、六合等区配合人民银行相关区支行等单位，开展农村承包土地经营权抵押贷款登记服务改革，成功办理抵押贷款业务 1.38 亿元，涉及农村承包地 2.8 万亩。

（三）改革任务的整体效果

1. 全面清产核资，做到账证、账实相符

建立健全集体资产登记、保管、使用、处置等制度，开发集账内资产与账外资产一体、市区镇村组一体、基于地理信息"一张图"的农村集体资产管理信息系统，健全完善集体"三资"监管。目前，南京市已完成 700 个村、9690 多个组集体资产清产核资工作，集体资产总额 205.8 亿元，负债 71.1 亿元，净资产 134.7 亿元。

2. 成员身份界定清晰

依据有关法律法规，坚持从户籍关系、土地承包、长期居住以及义务履行等方面考虑，通过集体成员代表大会民主协调讨论形成集体成员界定具体办法，协调平衡各方利益，以镇街为单位，"一村一策"为主要形式。目前，南京市 47 个重点村已全部完成成员界定工作，全市共有约 206 万集体成员。

3. 集体收益分配有依有据

股权设置以个人股为主，股种称为人口股；对于集体成员、资产形成复杂的村，还设立土地股、积累股等。是否设置集体股由本集体经济组织成员民主讨论决定。目前，全市共折股量化集体经营性净资产约 36 亿元。2017 年全市社区股份合作社实现现金分红和福利分配约 5 亿元，比 2014 年农村改革任务实施前增加了 1.9 亿元。一些远郊村（社）可按集体资源型资产纳入折股量化范围。高淳区漆桥镇荆溪村引入了"投入成本法"计算其资产净值，对早竹园、茶园等产生收益的资源性资产以实际投入费用（包括人工、种苗、肥料、农药等）核算成本，折算成等额资产，最终将 170.11 亩早园竹、140.02 亩茶园折股量化为 311 万元。桠溪镇瑶宕村采用"实际收益法"，以茶叶等资源性实际收益折算净资产，其中原有老茶园（五年以上）年净收益 3000 元/亩，新建茶园（五年以下）年净收益 2000 元/亩，最后折算成资产 24 万元。

4. 推行股权固化，深化权能改革

认真落实集体组织成员对集体资产占有权、收益权，拓展延伸股权固化改革内容，探索在家庭成员内部开展集体资产股权继承权改革。目前，全市 47 个开展股份权能改革的重点村中有 45 个实行股权固化；有 23 个改革重点村完成了股权继承权改革。江宁区东山街道泥塘社区在章程中明确了固化后的股权按照继承法规定的第一顺序继承人之间进行继承，但继承人须是本合作社股民。南京市已形成农村集体资产股权"量化到人、固化到户、户内继承、社内流转"的管理改革模式，有效保障了农民集体收益分配权。

5. 成功开展"村社分设"改革

在镇街经济实力较强、城乡基本公共服务均等发展水平较好的地区，选择有条件的村开展"村社分设"改革，探索村社职能分开、人员分开、财务分开，构建在村（居）党组织的领导下、村（居）委会自治管理与农村社区集体资产股份合作社自主经营的新格局。目前，南京市已在栖霞区外沙村、江宁区荆刘社区、浦口区新合社区等 8 个重点村（社区）开展改革工作，初步取得了预期成效。部分村由村（居）党组织主要负责人在一定时期内兼任农村社区股份合作社主要负责人。通过明确区分村集体经济组织的公共服务职能和农村社区股份合作社的经济职能，股份合作社在发展过程中才不会出现与村集体产权不清、职能重叠等导致工作效率低下的问题。而浦口区新合社区已通过民主选举产生了合作社董事长，属于懂经济的能人带领集体成员致富。

6. 拓宽产权交易平台

南京市建立了区、镇两级农村产权交易市场实体平台和市、区、镇街三级联动的农村产权交易信息服务平台，引导农村各类产权进场规范交易，完善交易规则，拓展功能服务，提高农村资源要素配置水平。目前，南京市共建成 7 个区级和 46 个镇街农村产权交易市场，在全省率先实现区、镇两级全覆盖；累计交易金额约 25.4 亿元，交易品种 9 个；完成 1.38 亿元承包土地经营权抵押融资贷款改革；集体资产实现溢价约 8300 万元，有效促进了集体资产保值增值和农民增收。

7. 建立统一的集体财务会计科目体系

南京市建立了市、区、镇、村联网的农村集体财务资产信息监管系统，村级财务所有原始单据采用数码方式上传，账务处理实现自动化、网络化。所有村已全部实现集体财务网上做账。以区为单位公开招投标确定统一的银行，所有村在该银行开设基本账户，实施村集体资金账户统管工作。清理村集体多头开设的银行账户，每个村级组织只开设一个基本账户，实现"一村一账户、独立建账"，村级所有资金进出必须通过基本账户。实施镇村双印鉴制度，村集体办理取款等业务，既需有村里的财务专用印章，还需有镇街农经部门的监管印章。全市有 274 个村实行村账自主管理，约占涉及农村的 39%。

8. 集体经济发展路径多元化

创新集体经济发展路径，支持村集体资产股份合作社联合、抱团发展，在开发区、工业集中区、商业集聚区建设或购置综合楼、标准厂房等集体物业项目，形成规模集聚效应，促进集体经济转型升级。积极推进村发展留用地政策落地，解决被拆迁村（社区）集体经济后续生存发展问题。创新经济薄弱村集体经济路径，统筹各级帮扶开发资金，统一建设或购置标准厂房、商业用房等物业，实施开发式帮扶。目前，南京市江宁、栖霞区已有 67 个村组建了 4 家社区集体资产股份联合社，资本金共约 1.6 亿元，通过在经济开发区购买优质资产（或股权）、承担实施相关配套项目等形式，每年以固定比例（8%~10%）获得稳定收益。

（四）改革工作的经验总结

关于农村集体产权股份合作制改革的工作开展，南京市主要从建立组织领导体系、完善政策制度设计、健全工作推进机制、加强业务培训宣传这四方面着手：

一是建立组织领导体系。成立了由市长任组长、分管副书记和副市长任副组长的农村集体产权股份合作制改革工作领导小组，明确了郊区党委、政府是改革的责任主体和实施主体，并要求相关镇街主要负责人亲自挂帅实施。各郊区也分别成立了农村集体产权股份合作制改革工作领导小组。各相关重点村成立了农村集体资产清产核资和集体产权股份合作制改革工作组，为深化农村集体产权股份合作制改革提供了组织保障。近三年，市政府主要领导、市委分管领导先后3次参加全国农村改革培训、会议。

二是完善政策制度设计。以农业部等联合批复的《南京市农村集体产权股份合作制改革试验方案》（农政发〔2014〕5号）作为总依据，先后以市委市政府名义制定出台了《关于进一步加强农村集体资金资产资源监督管理的意见》（宁政发〔2014〕194号）、《南京市农村集体产权股份合作制改革试验推进工作方案》（宁委办发〔2015〕55号）、《关于加快推进南京市农村产权流转交易市场建设的实施意见》（宁委办发〔2015〕19号）、《关于深入开展征地留用地工作促进农村集体经济发展的实施意见》（宁委办发〔2017〕87号）4个文件；以部门名义出台了《南京市农村集体经济组织资产清产核资工作方案》（宁委农组办〔2015〕3号）、《关于明确南京市农村集体产权股份合作制改革会计处理的通知》（宁委农〔2015〕72号）、《关于明确农村社区股份合作社社员分红及福利考核有关事项的通知》（宁委农〔2016〕36号）、《关于转发〈江苏省农委省委农工办关于农村集体资产资源流转全部进场交易的通知〉的通知》（宁农经〔2017〕7号）4个业务指导意见，形成了"1+4+4"系列文件，建立起了相对完善的改革政策制度体系。各郊区也分别出台了集体产权制度改革方案、清产核资方案等制度，实现了市、区改革的配套联动。

三是健全工作推进机制。每年将农村集体产权股份合作制改革任务纳入市、区政府农口工作责任状和全市镇街分类考核指标体系，坚持实施"挂图作战"、月报制度、通报制度，强化日常工作推进。针对改革中遇到的难题，市委市政府先后两次组织召开现场推进会，分析研究推进举措，破解改革难题。加强部门之间的分工合作，明确部门具体负责内容，组织开展联合督查指导，推动国土、税务、民政等部门制定业务工作专项落实方案，完善改革具体推进举措，健全改革任务推进机制。

四是加强业务培训宣传。先后举办了6次由郊区农工委、镇街和重点村（社区）干部参加的全市农村集体资产清产核资、农村集体产权股份合作制改革、农村产权交易市场建设专题培训班，详细讲解集体产权股份合作制改革等政策业务。两次组织郊区、镇街和重点村干部赴苏州、上海等地区考察交流，借鉴学习外地改革先进经验，提高基层干部股改的思想认识与业务水平。委托江苏省社科院开展南京市农村集体产权股份合作制改革专题研究，引进借助科研院所"外脑"理论素养和专业知识。加强改革工作的宣传教育与成效推广，累计印发了农村集体产权股份制改革政策文件汇编资料、外地改革经验参阅材料 4000 册；在全国农村改革简报、省市农村改革工作动态简报、《农民日报》、《南京日报》、南京电视台等平台，发表改革做法、经验成果 15 篇，增强了干群改革意识，营造了改革良好舆论氛围。

二、创新点与政策含义

南京市围绕如何规范农村集体资产股权的管理，推进农村集体资产股权有序流转，实现农民增收的可持续性，进而解决农村集体资产折股量化范围界定、农村集体经济组织成员资格不清晰、集体资产管理等问题进行了一系列创新性的探索。

（一）主要的改革创新点

第一，建立了区级市场、镇街公共资源交易站、镇级市场三种产权交易模式，更好地发挥了市场在配置资源过程中的决定性作用。南京市通过构建成熟的市场交易模式，能够反过来加快农村产权制度改革的步伐。结合郊区实际，南京因地制宜地建立了三种模式：一是以镇级市场交易为主的高淳模式。高淳区根据交易时间段集中、参与竞价的农民多等特点，选择以镇农村产权交易中心为主要交易平台。二是以镇街公共资源交易站为载体的六合模式。所有集体资产资源交易、政府采购和小型工程发包，都须经村民议事、"两委"会决议后逐级审批，进行资产评估、造价预算或市场询价。三是以区级市场交易为主的溧水模式。前期各类农村产权在区级农村产权交易所进行交易，在业务流程相对规范后，再由区级授权一定交易额以下农村产权由各镇农村产权交易中心进行交易。

第二，创新成员界定工作方法。南京市溧水区工农兵社区形成了一套"五核对、三公示、一签字"的"531 工作法"。"五核对"即分别对第一轮土地承包人员、第二轮土地承包人员、二轮承包以后到股改截止时点的人员信息与户籍信息进行三次核对；各村组老干部、老党员等对第一轮、第二轮土地承包人员与现有人口进行第四次核对；集体成员名单张榜公示，对漏登、错登人员信息进行第五次核对。"三公示"即所有成员信息按自然村进行张榜公示，按户签字确认后进行二次公示，以户为单位将股权分配情况进行第三次公示。"一签字"即农户对集体成员等信息进行签字确认。

第三，实施"村账村管"模式，提高村级资产监管效能。通过实施"村账村管"模式，不仅可以有效解决镇级部门由于代管村账而监督力度不足的情况，而且还能提升村级财务人员的业务素质，进一步保障村集体的资金所有权、使用权、审批权。如高淳区在账户清理过程中，共归还村级往年被镇级平调的资金 1.13 亿元，村均 85 万元。

南京市建立了区级市场、镇街公共资源交易站、镇级市场三种产权交易模式，能更好地发挥市场在配置资源过程中的作用，加强要素、资源在不同区域之间的流动，从而提高要素配置的效率。同时，南京市作为江苏省省会城市、经济发达城市，人才资源丰厚、科技实力雄厚，为建立现代化产权交易和财务管理网络管理平台打下了坚实的基础，同时人员之间的流动也提升了村级财务人员的资产监管水平，为"村账村管"模式提供了实践基础。南京市由于城市化水平高，成员界定、股份量化在实践中往往存在诸多困难，因此各重点村只能通过多次会议讨论，形成适宜本村的行动方案，最终形成富有创新意义的"531 工作法"，在情形最为复杂的工农兵社区形成，为其他村庄提供了宝贵的经验借鉴。

（二）主要改革创新内容的适用条件和范围

南京市通过改革，发展壮大了农村集体经济，推动城乡要素之间的平等交换，逐步完善了农村集体产权股份合作制改革，并取得了较为显著的改革成效。其成功的原因主要是南京市政府对于改革任务的重视，成立了职能明晰、分工明确的改革工作小组，将改革任务落实到基层，用分类考核指标体系推进日常工作，并通过设计出有效的地方政策制度，逐步明确改革思路，推广基层改革经验。另外，南京市的改革村落既涉及远郊村、经济欠发达村，也涉及成员界定问题复杂的"城中村"。因此，南京市的改革经验来源广泛，但可推广经验仍主要适用于发达村，而欠发达村的发展道路因还有不成熟的地方暂不适宜推广。

具体而言，在经验推广过程中主要注意两点：一方面，村经济发展水平、城镇化程度要达到发达村的水准，当地政府要根据当地实际情况制定出明确标准，如南京市的要求是总资产亿元以上或净资产 5000 万元以上、总收入 1000 万元以上或经营性收入 500 万元以上的村，或在"城郊村"等城镇化程度较高的村。另一方面，对于资源性资产较多的村，尤其要注意领导班子是否具备了充分的改革意识。对于意识观念根深蒂固难以改变的，应发挥村里老党员老干部的作用，打消畏难情绪。

（三）对改革成果的推广建议

一是思想认识要到位。各级党委、政府必须高度重视农村集体产权股份合作制改革工作，在思想上、行动上真正支持改革，才能使改革工作获得强大的制度和政策支持。要下大力气通过宣传发动、业务培训，让广大基层干群了解改革的意义，特别是对老百姓的好处、对农村"三资"管理的益处，让基层干群真正支持改革、拥护改革，主动融入改革。

二是基础工作要扎实。农村集体产权股份合作制改革中的集体资产清产核资、集体成员界定是后续所有改革工作的基础。要扎实做好农村集体资产清产核资，全面摸清村级集体经济组织"家底"，充分履行民主程序，让老百姓清楚属于村集体的全部资产资源情况，保护农民权益。要合理界定集体组织成员，充分考虑各类情况，鼓励支持村集体内部民主讨论协商确定成员界定规则，在改革第一阶段就尽量化解最有可能引发改革矛盾纷争的问题。

三是改革推进要因地制宜。农村集体产权股份合作制改革不能搞"一刀切"，要根据不同地区的资源禀赋和现实条件，突出不同的重点改革任务，选择不同的改革路径。比如对于城镇化程度较高、外来人口较多的地区，针对人员流动性较大的特点，可探索实行股权固化改革。对于经济实力特别强、城乡基本公共服务均等发展水平较高，有需要且条件许可的地方，可探索开展村社分设改革。对于远郊农村地区缺乏集体经营性资产且有条件的地方，可探索将产生经营效益的土地、山林等集体资源性资产折股量化到集体成员。

四是改革深化要有政策支撑。在改革推进工作中，南京市出台了一系列政策制度文件，在资金、技术、人员上有效地保障了改革的顺利推进。但也碰到一些深层次的政策问题无法进行突破，主要包括农村集体经济组织税收优惠问题、集体房屋等资产拆迁补偿标准低的问题、村社分设后的财务会计科目设置和适用会计制度问题、农村集体经济组织依法取得法人资格的具体路径问题，建议在国家或省级层面出台相关指导性政策加以解决。

（四）改革创新内容对全国改革意义

随着城市化进程的加快，农村集体资产产权不明晰、集体成员界定不清等问题逐步显现，农村集体产权股份合作制改革尤为必要。通过这几年的改革，南京市村集体资产清产核资已经全部完成，股份权能内容逐渐丰富，产权交易市场也实现了区、镇两级全覆盖，极大地激发了农村地区的产权交易活力，推动城乡要素交易的平等，既焕发了村集体"三资"的经济活力，实现价值增值，又拓宽了农民增收的渠道，推动了乡村振兴的进程。

三、存在问题

（一）部分领导重视不够，基层干部顾虑较多

部分远郊集体经营性资产规模较小的镇村领导，认为村集体资产少、改与不改都一样，思想上不够重视，行动上不够主动。同时，由于集体产权股份合作制改革的政策性较强，涉及广大农民群众切身利益调整，矛盾纠纷很多；不少村干部担心改革会失权、失利，怕乱、怕难、怕繁琐，缺乏积极性。

（二）改革工作量较大，基层农经力量不足

农村集体产权股份合作制改革涉及宣传发动、清产核资、成员界定、股权设置、权益量化、制定章程、召开代表大会等多个环节，有的社区统计仅召开各类代表会议就达 30 余次，工作量巨大。再加上基层镇街农经队伍普遍存在的人员少、年龄老化、知识老化等问题，并承担美丽乡村、帮扶开发、农经发展等诸多管理职能，镇村改革推进难度较大。

（三）体制机构不顺，部门协调较难

目前南京市农村集体"三资"监管和股改工作分属于不同部门，市农委负责"三资"监管，农工委负责集体资产股权改革。但股改涉及"三资"监管诸多事项，农工委无法作为业务主管部门制定出台相关文件制度规定来解决问题，股改推进协调难度大。

四、下一步工作

2017年，南京市国家级农村改革任务获得了农业部等14个国家部委批复。任务主题是深化农村集体产权制度改革，改革期限为2018~2019年。下一步，南京市将结合贯彻党中央国务院、江苏省委省政府关于深化农村集体产权制度改革的最新部署要求，加快推动落实南京市国家级农村改革任务，进一步深入推进集体成员界定、资产量化、股权设置、收益分配等改革工作，扩大开展集体资产股权固化、继承权能改革、村社分设等改革。以高淳区为重点，实施农村产权交易市场标准化建设工作。同时，协调指导浦口区积极推进全国农村集体产权制度改革工作，力争形成一批可推广、可复制的改革经验成果。

南京市表示将认真贯彻党的十九大有关农村产权制度改革的部署要求，立足南京实际和新形势发展需要，坚持"背靠政府、面向市场"基本原则，坚持为农服务宗旨，加快转变农村产权交易市场发展方式，不断拓展延伸交易品种和服务范围，强化交易体系标准化、规范化建设，健全完善监督管理体系，着力打造品种齐全、功能完善、交易规范、管理科学的农村产权交易市场体系。未来的改革工作应该以党的十九大报告提出的"城乡融合发展"为出发点，着眼于城市郊区，尤其是那些将要消失村落在改革过程中所遇到的问题，进一步探索出差异化的改革举措。同时，南京市应继续保持敢为人先的改革魄力，探索股权固化后如何长期稳定维持的问题，避免股权固化带来的潜在产权纠纷。南京市下一步还要处理好城市化进程加快与集体经济发展之间存在的矛盾。随着城镇化率不断提高，"城中村""城郊村"甚至会逐步走向消亡，在这种情况下，南京市能否通过聘用经理层来管理集体资产也是未来需要深入探讨的。

第二十章 内蒙古自治区阿荣旗农村集体产权股份合作制改革调研报告[①]

2018 年 8 月 6~7 日，由中国人民大学农业与农村发展学院、安徽师范大学经济管理学院 6 名师生组成的调研组对内蒙古自治区阿荣旗农村集体产权股份合作制改革进行了调研。调研组与内蒙古自治区农业厅相关主管领导、阿荣旗国家农村改革相关负责人、有关市（区）经管局负责人、部分镇街经管站站长等就"农村集体产权制度改革"进行了座谈，考察了 5 个村庄的产权制度改革情况。具体情况如表 20-1 所示。

表 20-1 阿荣旗调研活动汇总

序号	时间	活动	内容
1	2018 年 8 月 6 日下午	六合镇东山屯村调研	改革进展情况
2		向阳峪镇松塔沟村调研	改革进展情况
3	2018 年 8 月 7 日上午	查巴奇乡猎民村、民族村、河西村调研	改革进展情况
4	2018 年 8 月 7 日下午	旗农村改革办公室调研	改革进展情况

一、改革任务进展评价及经验总结

（一）改革任务组织实施情况

1. 改革工作的定位与改革思路

阿荣旗农村集体产权股份合作制改革的工作定位是在严格遵从指导思想、认真坚持改革项目的基本原则的基础上，努力实现改革工作目标。指导思想是认真贯彻落实中央、自治区、市有关加强农村集体产权股份合作制工作的要求，进一步加强村集体产权管理，通过不断探索规范村集体产权的管理机制和服务方式，切实加强对集体资金、资产、资源交易监督，确保集体资产保值增值，促进农民增收、农村和谐稳定，从源头上遏制农村基层腐败现象，为推进农村基层党风廉政建设、加快新农村建设步伐、构建农村和谐社会提供有力保障。

[①] 执笔人：蒋承祚。

　　阿荣旗改革坚持的基本原则：一是坚持村民自愿、民主决策原则。充分保障农民群众的知情权、决策权、参与权和监督权，尊重农民群众的选择，不搞"一刀切"。二是坚持"三个不变"、依法依规原则。严格区分土地资源和"非地"资产，农村产权股份制改革限于经营性的"非地"资产，耕地、林地等土地资源不得作为改革内容，依法依规遵从土地集体所有和农户承包经营等权属不变、非经审批土地用途不变、耕地数量和质量不变"三个不变"的原则。三是坚持因地制宜、分类指导原则。根据阿荣旗的实际情况，确定向阳峪镇松塔沟村为改革示范村率先推行，在此基础上按照各村实际情况继续平稳有序推进农村集体产权股份制改革工作。

　　阿荣旗在严格遵从指导思想、认真坚持改革项目的基本原则的基础之上，改革工作目标是实现"资产变股权、村民当股东"，组建村集体经济组织（村股份经济合作社），建立现代农村集体经济产权制度，实现资产所有股份化、收益分配分红化、股权流动规范化、监督约束法制化。

　　阿荣旗农村集体产权股份合作制改革的思路体现在改革内容与工作目标的一致性方面，具体包括：一是深化农村集体产权股份合作制改革，实行政经分开，建立健全村集体经济组织，理顺农村基层组织运行机制，是加快城乡统筹综合改革的客观要求。二是实行资地分开，对农村集体产权进行股份制改革，将非地资产量化到户，组建村集体经济组织（村股份经济合作社），实现农村土地承包经营权流转规模化，市场配置城乡发展要素，是加快城乡统筹综合改革的现实途径。三是实行农民户籍与村集体经济组织（村股份经济合作社）资产权益分开，确保农民社员正当合法权益，消除农民进城镇落户的后顾之忧，促进户籍制度改革，是加快城乡统筹综合改革的有效措施。

　　阿荣旗改革旨在严格遵从指导思想、认真坚持改革项目的基本原则基础上，努力实现改革工作目标，改革思路体现出改革内容与工作目标有较高的相关性。阿荣旗改革定位精确、改革思路清晰。

　　2. 改革工作组织领导与运行管理

　　农村集体产权股份制改革工作在旗领导小组的领导下开展工作，各乡镇党政主要负责人作为第一责任人，加强领导，精心组织，确保农村集体产权合作制改革工作有序推进。充分发挥村党支部的领导核心作用，正确处理村党支部、村委会、村民主理财小组三者之间的关系，确保改革积极稳妥地实施。旗乡（镇）农村经营管理部门切实履行职责，深入开展调查研究，及时做好指导、协调、管理和监督工作。在具体工作中加强对清产核资、成员及产权界定、股份量化等重要环节的指导和监管，加强业务培训，严肃财经纪律，防止任何单位或个人利用改革之机低价变卖、转移财产、挥霍浪费等造成集体资产的流失。财政部门安排专项经费和工作经费，为推进农村集体产权合作制改革提供有力的保障，并依据改革工作进度和质量实行以奖代补。其他各有关部门（单位）根据农村集体产权股份合作制改革的需要，深入开展调查研究，依照职责提出现行政策的调整意见和实施细则，保障改革顺利推进。对改革过程遇到的特殊问题，由旗领导小组开专题会议从有利于改革、有利于农民的原则出发，予以妥善研究加以解决。

农村集体产权股份制改革是一项涉及面广泛、任务重大的系统工程，事关农民群众切身利益，事关城乡一体化顺利推进。因此，阿荣旗农村集体产权股份制改革运作过程采取如下保障措施：

一是强化领导，成立工作领导小组。为加强阿荣旗农村集体产权股份合作制改革工作，成立农村集体产权合作制改革工作领导小组。由旗主要领导任组长，相关涉农部门负责人为组员。领导小组办公室设在旗农牧业局，领导小组成员负责集体产权股份合作制的建立、协调、督促落实等相关具体工作；成员单位结合部门职能，各司其职，各负其责，形成工作合力，共同推进。与此同时，各乡镇在旗农村集体产权股份合作制改革工作领导小组办公室的指导下，相应成立乡镇"农村集体产权股份合作制改革工作领导小组"和村级"农村集体产权股份合作制改革工作领导小组"。

二是做好宣传发动工作。把握全局，切实做好宣传发动工作。充分利用有线电视、宣传栏、横幅标语、发放宣传资料等形式进行宣传发动，阐明农村集体产权股份合作制改革工作的必要性和重要性，充分调动广大干部群众参与的积极性、主动性，营造良好的工作氛围。

三是选定重点村。经过慎重考虑、反复对比，选定阿荣旗向阳峪镇松塔沟村为农村集体产权股份合作制改革重点村。向阳峪镇党政主要负责人作为第一责任人，要加强领导，精心组织，确保农村集体资产产权制度改革工作有序推进。要充分发挥村党支部的领导核心作用，正确处理村党支部、村委会、村民主理财小组三者之间的关系，确保改革积极稳妥地实施。

（二）改革的主要做法

截至目前，阿荣旗已全面完成了148个行政村农村集体产权制度改革任务，成立了148个村级股份经济合作社，排查人口22.68万人，界定成员20.2万人，配置股份111.23万股，发放股权证书7.7万本。

在组织实施环节，阿荣旗农村改革具体通过选举组织、土地确权、人口排摸、清产核资、拟订方案、成员身份界定、配置股权、设立村股份经济合作社来落实任务目标。

1. 选举组织

各村召开村民（代表）大会研讨改革有关事项，形成决议并经2/3村民（代表）通过后，成立由村党组织、村民委员会、村务监督委员会及村民代表等组成的村集体产权股份合作制改革工作组，一般由10~20人组成，可根据需要设立若干小组，工作组成员名单经领导小组办公室审核后张榜公布。

2. 土地确权

按照《阿荣旗土地确权登记颁证试点工作方案》的要求，将全旗148个行政村的387万亩土地确权到户，建立土地承包管理信息系统及数据库。在全区率先完成了土地承包经营权确权登记颁证工作，实测面积423万亩，建立了土地承包管理信息平台，顺利通过了自治区验收和农业部数据汇交，实现了"确实权、颁铁证、赋新能"。阿荣旗对171万亩基本草牧场进行确权，明晰了土地、草场承包权属，彻底解决了多年来承包面积不准、四至不清的"顽症"；对全旗70万亩"五荒"（荒山、荒地、荒沟、荒滩、荒水）资源性资产，晰产权、促治理，发展林、果、蚕、草、药等富民产业；明晰了62.3万亩集体林地产权，落实了经营主体，发放林权证1.34万本，实现了"山定权、树定根"，被评为全国集体林权制度改革先进集体。

3. 人口排摸

排摸办法以村历年人口情况登记记录为基础，以户为单位编制人口情况底稿，经核对无误后由户主签字确认。人口排摸情况经村民代表大会审议通过后，报旗领导小组办公室备案，在村务公开栏中公布。目前，阿荣旗共排查成员22.68万人。

4. 清产核资

清产核资工作按照国家农业部、财政部《乡（镇）村集体经济组织清产核资办法》和农业部《农村集体资产清产核资资产所有权界定暂行办法》有关规定，依法确定本村集体经济组织所有的各种资产，充分利用"三资"清理登记成果，对村集体经济组织所有经营性资产、公益性资产和资源性资产进行登记造册，妥善处理债权债务，明确集体资产的权属关系。清产核资结果张榜公布，接受群众监督。本次农村集体资产产权制度改革量化的资产一般为经营性净资产，资源性资产和公益性资产可暂不量化。在2012年"三资"清理登记工作的基础上进行清产核资，截止到2016年6月30日，摸清了全旗农村资产家底，148个村资产2.7亿元，负债1.15亿元，所有者权益1.55亿元。

5. 拟订方案

按"资产量化、股权固化、分配细化、操作易化"的原则，依据法律、法规和有关政策，拟定股权享受对象、股种设置等实施方案（草案）。实施方案（草案）广泛征求群众意见，力求做到公平公正。实施方案（草案）提交旗领导小组办公室核准后交村民（代表）大会表决，经2/3村民（代表）通过后张榜公布。

6. 成员身份界定

参照外地经验，结合阿荣旗农村的实际情况，旗农村集体产权股份合作制改革领导小组办公室制定了《阿荣旗农村集体经济组织成员身份界定的指导意见》，因村施策，尊重农民意愿，有法依法、无法依民，不搞"一刀切"。对户籍在村的居民，均可享受配股（除公务员、事业人员、国企职工编制外）；对现役军人、在校大学生、服刑人员都进行登记，预留份额，作为户口返回增补；对没有法律规定和政策要求的问题，召开村民代表会议表决，按照少数服从多数原则确定，充分保障了农民群众的知情权、参与权、决策权和监督权。特别是对个别转为公务员和事业编制但还在原村任职的村书记，界定为集体经济组织成员，参与股权配置，激发农村干部工作活力。截至目前，全旗界定成员 20.2 万人。

从调研情况来看，例如向阳峪镇松塔沟村，在遵循"依据法律、尊重历史、实事求是、公平合理"原则的基础上，保障农村集体经济组织成员的合法权益。松塔沟村以 2014 年 12 月 31 日 24 时为股权界定基准日，基准日前死亡的和基准日后出生的人员不享受股东资格。具体采取"十二全享，八不享"的界定标准。"十二全享"指下列十二种情形之一人口为股权全额享受对象：一是农村集体资产产权改革基准日止在册的本村社员（农业户口）；二是正在服义务兵役的本村社员（已转为士官的人员暂保留人口股，待其退伍后，未享受部队或地方安置的予以配制）；三是全日制大中专院校就读的在校本村社员（就读时户籍迁入就读学校的）；四是原就读全日制大中专院校 1995 年（含 1995 年）后毕业，因国家取消统一分配政策而自谋职业的本村社员（需在 2015 年 12 月 31 日前将户口迁回本村）；五是正在劳教服刑的本村社员（股权证书由其委托人或股份经济合作社予以保留）；六是因小城镇综合改革中，户籍关系从本村迁入小城镇的原本村社员及因被征地而农转非的本村社员（包括因参加社会基本养老保险而农转非的原被征地农民）；七是与本村社员已办理结婚证书但户口尚未迁入的对象及子女（需在 2015 年 12 月 31 日前将农业户口迁回本村）；八是与本村社员离婚，户籍关系未迁出的人员及其依法判决随同子女；九是因离婚将户籍迁回的原本村出嫁人员，本人及其依法判决的随同子女；十是户籍关系未迁出的本村出国（境）人员；十一是办理过合法领养手续在册子女和 1992 年 4 月 1 日《收养法》实施前领养而未办理领养手续的在册子女；十二是经社员代表会议表决，同意给予股权的特殊人员。"八不享"指下列八种情形之一人口为股权不享受对象：一是劳动人事部门办理正式招工录用手续的行政、事业单位和国有企业及国有控股企业的现职工作人员及退离休人员（现任村党支部书记除外）；二是已享受国有企业及国有控股企业、事业单位社会养老保险等改革待遇的人员（现任村党支部书记除外）；三是已在部队提干的人员；四是与本村社员离婚，妇女重新嫁人的，户籍已迁出的妇女本人及其依法判决随母的子女；五是原迁入本村户口未入社的外来挂靠人员；六是户籍关系已迁出的本村出国（境）人员；七是违反计划生育政策尚未被依法处罚的人员；八是有关法律法规规定或经社员代表会议表决不给予股权的人员。截止日期为 2014 年 12 月 31 日 24 时，经村民代表大会讨论通过，松塔沟村分为四个组来进行成员界定，分别是：一组 78 户，218 人；二组 83 户，194 人；三组 101 户，257 人；四组 58 户，148 人。总计 320 户，817 人。

7. 配置股权

按照有关规定，村改制工作组在拟订改制方案时，考虑到不同群体的利益，在充分征求群众意见基础上，依法合理界定享受股份的成员后，确定了折股量化的计算办法。股份量化原则上应以村在册人口为综合计算依据，充分考虑户籍不在册的现役义务兵、初级士官、在读大中专学生、服刑人员，以及符合法规、政策和章程规定的其他人员利益。量化股权可以人口、土地、劳力等为基本要素，区分社员类别，确定合理的计算比例，界定各户股权，设置股份数量。原则上不设集体股，量化资产股权可直接设置到人，确定改制基准日后，可实行"生不增，死不减"静态管理。考虑到改革过程中存在着不可预计因素，可量化资产不得同时全部分光或配置完，可提取村集体净资产总额 10% 左右比例作为改制风险金，用于妥善解决改革中不可预计的问题和改革后的遗留问题，产权制度改革工作完毕，改制风险金如有剩余，按原定量化方案全部量化。目前，全旗 148 个村共配置股份 111.23 万股，发放股权证书 7.7 万本。

从调研情况来看，例如向阳峪镇松塔沟村，股权设置为单一形式的人口股，不设集体股。人口股股权份额占总股本的 100%，计 572.9 万元。本村股权管理实行"生不增，死不减"的静态管理。在考虑户籍的基础上，充分体现各组股民对集体经济组织的贡献，因为村集体资产主要是在一组、二组提供的耕地上形成的，故按照一组、二组每个股民是三组、四组每个股民的两倍数量进行配置，一组、二组每个股民 10 股，三组、四组每个股民 5 股，配股 6145 股，每股 932.3 元。

8. 设立村股份经济合作社

集体资产折股量化到人的股权、股份明细确定后，召开股东（代表）大会，讨论通过《股份经济合作社章程》（以下简称《章程》），选举产生董事会、监事会，宣告成立股份经济合作社。股份经济合作社由阿荣旗人民政府制作了牌匾，刻制了公章，颁发了《阿荣旗农村集体经济组织认定书》，并在旗农经总站进行登记，填写了《阿荣旗农村集体经济组织登记表》。股份经济合作社填制股东股权证，向全体股东发放股权证书，作为股东占有集体资产股份、参与管理决策、享有收益分配的有效凭证。截至 2018 年 6 月，全旗已经成立了 148 个村级股份经济合作社，发放股权证书 7.7 万本。

阿荣旗积极发展农民股份合作，赋予农民对集体资产股份占有、收益、有偿退出和继承权。根据不同权能分类实施，建立健全农村集体资产股权台账管理制度，制定经成员认可并符合国家财务会计制度的收益分配制度，明确收益分配范围，规范收益分配顺序，确定收益分配比例，对收益分配中集体公积金、公益金的提取比例、性质、用途等作出具体规定。有条件地开展赋予农民对集体资产股份有偿退出权、继承权改革，尊重集体成员意愿，明确条件、程序。村股份经济合作社成员已取得的集体资产股权按照本社《章程》的有关规定退出，现阶段允许在本集体经济组织内转让或由本集体经济组织赎回。转让给本集体经济组织其他成员的，对受让方占有的集体资产股权设置合理的比重上限，在比重上限范围内可以有偿转让，不得转让给本集体经济组织以外的个人或单位。本集体经济组织赎回集体资产股权的，由村股份经济合作社成员自愿提出申请，并按本合作社《章程》规定的赎回条件、收购价格、收购股份处置程序办理手续。对于继承权，在尊重本集体经济组织成员意愿的基础上制定具体办法，原则上本集体经济组织内的符合继承条件的继承权人继承，探索具备法定继承人资格但不是村股份经济合作社成员的人员继承集体资产股份的规则，以及继承人与集体的关系和对农村集体经济组织社区性的影响。

从调研情况来看，以查巴奇乡猎民村为例，按照《查巴奇乡猎民村农村集体产权股份合作制改革实施方案》的规定，猎民村股份经济合作社制定了收益分配制度赋予股民占有、收益权，同时赋予进行继承、转让和赠与权，但不得退股提现，但是在继承、转让和赠与方面，猎民村还未制定具体方案予以实施。不仅如此，猎民村在建立股份经济合作社的基础上，还同时成立了土地股份合作社。具体情况如下。

猎民村的股份合作社收益分配制度是在实行股份合作社改革后，在年终分配时应兼顾国家、合作社和股东三者的关系，编制财务决算，搞好收益分配（土地征用款和上级专项拨款不列入分配）；社员福利、医疗保险及救助、经营性支出均在收益分配前列支；经营性净收入原则上按比例进行分配，即提取公积公益金和福利费不少于30%，股东红利分配不超过70%。分配方案由董事会提出，报乡政府审核后，由股东代表大会讨论通过后执行。截止到2017年底，猎民村股份经济合作社每股分红16.7元，人均分红100元，总计分红2.1万元。

2016年4月，查巴奇乡猎民村在对村集体资产进行股份量化的同时，全村103户农民以11070亩承包地入股成立了查巴奇乡猎民村土地股份专业合作社，由土地股份专业合作社统一经营入股的土地，该社以7.5亩土地为一股，共计1476股，每股按1450元分得土地出租费用，然后进行二次分红。农户与土地股份专业合作社签订了土地入股协议书，通过了《土地股份专业合作社章程》，初步建立了自主经营、独立核算、自负盈亏、民主管理、按股分红的农村土地股份专业合作社。

综上所述，从阿荣旗承担的改革任务与目标实现情况来看，可以认为阿荣旗农村集体产权股份合作制改革工作进展较为顺利，达成了预期目标。具体来说，阿荣旗通过改革，实现了"资产变股权、村民当股东"，组建了村集体经济组织（村股份经济合作社），理顺了农村基层组织运行机制，建立了现代农村集体经济产权制度，实现了"四化"中的资产所有股份化、收益分配股红化。

（三）改革任务的整体效果

改革争在朝夕，落实难在方寸。改革的目的是不断激发农村活力、增加集体经济效益、逐步释放改革红利。阿荣旗紧紧围绕乡村振兴战略，突出产业兴旺，以土地确权颁证为基础，以产权制度改革为突破，以村股份经济合作社为载体，整合农村资源要素，聚力村集体经济发展，推动改革向纵深发展，实现了"资源变资产、资产变股权、农民变股东"的"三变"目标，取得了"改革见活力，集体见效益，农民见红利"的"三见"效果，彻底解决了农村集体经济无法做大做强、脱贫攻坚产业发展没有平台支撑的矛盾。

具体而言，阿荣旗农村集体产权股份合作制改革的整体成效主要体现在以下几个方面：

1. 激发农业发展活力

设立村股份经济合作社，各类资产确股到人，向全体股东发放股权证书，激发了村民参与村集体经济发展的热情，激发了农村发展活力，特别是土地确权成果已运用到了阿莫铁路征地、"两区"规划、乡村振兴规划和耕地轮作及公安部门建设警用地理信息系统工程上，全面提高了土地确权成果的转化利用率。在耕地轮作方面，2018年1月，全旗148个村全部建立了土地承包经营权登记簿，完成了数据入库，建立了土地承包管理系统操作平台，通过市级核查和自治区验收，数据库成功汇交到农业部，成为全区第一批向农业部汇交的3个旗县之一，并将确权成果大面积应用到140万亩耕地轮作项目，全面提高了轮作精准度。在社会资本方面，成立了全旗农村产权交易中心，对土地流转、抵押、拍卖等工作进行管理，并利用政策引导，撬动社会资本进入涉农领域，形成了"政银担保村企"共同参与的新格局。重点采取"政府搭台+财政补助资金+财信担保+金融机构+新型经营主体"的方式，对承担耕地轮作任务的新型经营主体给予贷款支持，破解了生产资金不足难题。目前，中国银行、邮政储蓄银行、中国农业银行、信用合作社等金融机构发放轮作贷款4.2亿元、土地经营权抵押贷款7.2亿元，拉动社会资本投资21亿元，激发了农业农村发展活力。

2. 发展壮大集体经济

2017年，旗财政向147个行政村每村投入10万元，共1470万元，重点用于发展壮大村集体经济，彻底消灭了"空壳村"。2018年，实施整建制140万亩耕地轮作的56家新型经营主体自愿每年每亩向村集体上交管理费5元，连续3年，总计2100万元，用于支持村集体经济做大做强。以帮扶农牧场建设为抓手，2018年计划投资3.1亿元，首批建设帮扶农场5个，并将该资金纳入村集体经济管理台账，每年在村集体收益中提取30%作为村集体经济积累，计入村集体经济组织台账，用于发展壮大村集体经济。

3. 农民生活更加富裕

股份合作社助力农民增收，2017年，松塔沟村、富吉村和猎民村共发放分红资金18.5万元，惠及股民3027人。2018年，借助土地确权成果，全旗规范流转土地270万亩，成为全自治区规模化流转面积最大的旗县，其中耕地轮作整建制推进140万亩，占耕地总面积的30%。据测算，轮作任务区土地流转价格高出农民自行流转100元/亩，促农增收1.4亿元，减少农户贷款利息支出4000万元。140万亩轮作任务区规模效益为6.42亿元，其中减少生产资料投入2.8亿元，节本0.42亿元，增产增收1.4亿元。

（四）改革工作的经验总结

阿荣旗农村集体产权股份合作制改革工作的经验主要是领导重视、干群参与、严格程序。具体内容如下：

1. 领导重视是关键

阿荣旗委、政府把农村改革作为主要工作进行安排部署，主要领导多次召开调度会，调度改革的进展情况、研究解决存在的问题，同时将"大引领"工作机制落实到改革中,各级引领员全力参与引领乡镇改革工作,为改革工作顺利开展提供了组织保障。成立了以旗委、政府主要领导为组长的旗农村改革领导小组,镇、村两级分别成立了领导组织,配备了专职人员,构建了旗、乡、村三级全覆盖的改革组织领导体系。多次组织业务人员,先后赴贵州六盘水等地进行学习考察,并参加各类改革培训班,确保工作顺利推进。

2. 干群参与是基础

改革刚开始,村"两委"干部思想上想不通、怕麻烦、有抵触和畏难情绪,经旗农村改革领导小组成员及各级引领员多次耐心解释和宣传,村干部想开了,农民想明白了,村组干部全力支持,农民也积极参与,工作开展也顺利了。阿荣旗政府印发股改知识问答 2000 本、《致广大农民朋友的一封信》8 万份、股改联系卡 1000 张、喷绘宣传标语 300 条,营造了良好的改革氛围。按照先易后难的原则,在向阳峪镇松塔沟村举行了挂牌、发证仪式,制定了《阿荣旗农村集体经济组织成员身份界定的指导意见》。

3. 严格程序是保障

坚持有法依法、无法依民的原则,严格按照批复的实施方案和规定要求执行,使百姓更认可、更信服,确保了改革顺利进行。制定出台了《阿荣旗农村集体资产运营管理制度(试行)》《阿荣旗农村集体资产收益分配办法》《阿荣旗农村集体非经营性资产统一运营管理办法(试行)》等相关制度,为村级股份经济合作社的经营管理提供了制度保障。

二、创新点与政策含义

阿荣旗农村集体产权股份合作制改革旨在实现"资产变股权、村民当股东",组建村集体经济组织(村股份经济合作社),建立现代农村集体经济产权制度,实现资产所有股份化、收益分配股红化。通过改革,阿荣旗彻底解决了农村集体经济无法做大做强、提高收入产业发展没有平台支撑的矛盾,进而不断激发农村活力、增加集体经济效益、逐步释放改革红利。阿荣旗改革具有一定的创新价值。

(一)主要的改革创新点

1. 各项改革共同推进

阿荣旗地区的农村改革与其他地区不同,它的每项改革并不是独立的,而是多项改革共同推进。例如,在查巴奇乡猎民村,几个合作社同时推进,先进行土地制度的改革,土地进行确权颁证,在此基础上,推进了农村集体产权股份合作制改革。村里成立土地股份合作社,然后再成立股份经济合作社,一切水到渠成。例如,向阳峪镇松塔沟村开展粮豆轮作项目,与土地流转、成立土地股份合作社、土地确权颁证结合在一起,这也推进了农村集体产权股份合作制改革。不仅如此,阿荣旗地区还整合旗、乡(镇)两级的"三资"监管、土地流转领导小组办公室,建立了农村产权交易中心,保障改革的顺利实施。阿荣旗地区的农村改革,提高了农村改革的系统性、整体性、协同性，最大限度地释放农村各项改革的综合效应，为加快推进农业现代化和社会主义新农村建设注入新动力，取得了非常明显的成效。

2. 改革推动农村集体经济的发展

农村集体产权股份合作制改革最初旨在把发达地区特别是大城市郊区的产权落实到人，但并没有想过通过这项改革来推进农村集体经济发展。从这次调研来看，阿荣旗通过农村集体产权股份合作制改革，把产权真正量化到每一位符合规定的村民手中，也推动发展壮大了农村集体经济。

2015年，全旗只有25个村有经营性资产，占行政村总数的16.9%。2017年，旗本级财政向147个行政村每村投入10万元，共1470万元，重点用于发展壮大村集体经济，彻底消灭了"空壳村"。而且，阿荣旗积极探索推动村集体经济多元化发展模式，包括土地经营模式、盘活集体资产模式、开发集体资源模式、领办合作社模式、实体兴村模式、服务创收模式、电商联盟模式、其他发展模式，因村制宜、分类指导、突出重点、多措并举来发展农村集体经济。例如，查巴奇乡的河西村不仅采取领办合作社（正喜肉牛养殖专业合作社）模式来提供服务、出售青贮饲料，而且运用土地经营模式，积极引导农民向种植大户、养殖大户进行土地流转，实现种植、养殖产业发展"两不误、两促进"。逐步形成了"肉牛养殖专业化、耕地资源集约化、饲料供应规模化"的循环经济链条，推进了集体经济的持续发展。

总体来看，阿荣旗在改革的基础上，根据地区实际情况，重点构建了多元化集体经济发展模式，重点推进了帮扶农场建设，最终实现了增强村集体经济实力的目标，发展成效显著。

3. 改革与提高收入相结合

阿荣旗把农村集体产权制度改革与提高收入、农村集体经济发展结合在一起，为全国提供了非常好的创造性经验。具体内容如下：

一是帮扶资金入股参与分红。阿荣旗多次组织业务人员，先后赴贵州六盘水等地进行学习考察，重点学习了六盘水的"三变"，即资源变资产、资金变股金、农民变股民。在此基础上，低收入户把自身拥有的资源折价、帮扶资金变作股金，入股到合作社、企业中，然后从中参加分红。任务完成之前，利息红利属于低收入农民，完成以后，这些属于村集体组织。二是重点筹建帮扶农牧场。2018年，阿荣旗把建设帮扶农牧场作为产业帮扶的重点，在音河乡、向阳峪镇、霍尔奇镇和亚东镇4个乡镇，建设5个帮扶农牧场，辐射带动全旗建档立卡低收入户1.2万户，由金融部门为每个建档立卡低收入户提供5万元贷款支持，贷款为免担保、免抵押、免利息、统一偿还方式，并享受2018~2020年的财政全额贴息政策支持，年可养殖优质能繁母牛总量达1.2万头，年可出栏育肥牛达1万头，实现户均1头基础母牛目标。

4. 改革强调民主主体地位

阿荣旗改革奉行"有规依规，无规依民"，强调农民在改革中的主体地位。改革的主体是农民，政府若要推动改革，就需要把这个权力交给农民。具体表现如下：

一是很多县在政府规定下，集体股设置只有"设""不设"两种办法，阿荣旗则不同，当地政府给予各村充分的自主选择权，村里可以根据实际情况，在征求村民意愿后，选择"全设""部分设""不设"集体股。二是相较于其他很多县复杂的股权设置，阿荣旗整体股权设置比较简单，就是设置人口股，对于农民来说，设置越简单越清楚，越复杂越不满意。三是相较于其他很多县股份分配为1股/人，阿荣旗各村根据实际情况在分配中有5股/人、10股/人的情况。例如向阳峪镇松塔沟村，在考虑户籍的基础上，充分体现各组股民对集体经济组织的贡献，因为村集体资产主要是在一组、二组提供的耕地上形成的，故按照一组、二组每个股民是三组、四组每个股民的两倍数量进行配置，一组、二组每个股民10股，三组、四组每个股民5股。每个成员股份数量多了，未来在涉及股份的转让与继承时，可以有多种实现的可能性，方式更加灵活。

（二）主要改革创新内容的适用条件和范围

阿荣旗通过改革，建立健全了村集体经济组织，理顺了农村基层组织运行机制；组建了村集体经济组织（村股份经济合作社），实现了农村土地承包经营权流转规模化，市场配置城乡发展要素；实行了农民户籍与村集体经济组织（村股份经济合作社）资产权益分开，确保了农民社员正当合法权益，消除了农民进城镇落户的后顾之忧，促进了户籍制度改革。总之，农村集体产权股份合作制改革是加快城乡统筹综合改革的有效措施。其成功离不开领导的重视、干群的参与、严格的程序。

阿荣旗作为经济欠发达地区，虽然经济发展水平落后于其他地区，但在集体产权制度改革的推进方面，取得了农村集体产权制度改革的创造性经验。农村集体产权制改革最初的动因是发达地区，尤其是大城市郊区、已经纳入城市化的村庄、近郊区。起初，根本没想到在集体资产匮乏的欠发达地区进行集体经济改革。但是现在看来，经济欠发达地区也有改革的需求。所以说，阿荣旗的改革是成功的，取得了可以向经济欠发达地区推广的经验，甚至在全国进行推广可复制的经验。

（三）对改革成果的推广建议

1. 确定工作重点任务

深化土地制度改革，抓实土地承包经营权确权登记颁证工作，慎重稳妥地开展集体建设用地、农民宅基地管理制度改革，加强旗县、乡镇两级农村经营管理机构队伍建设，树立农经机构的权威，加强村集体财务管理。

2. 建立成员身份界定机制

农村集体经济组织成员身份界定涉及广大农民的切身利益，应在坚持尊重历史、权利义务对等、标准一致、程序公开原则的前提下，统筹考虑户籍关系、农村土地承包经营权状况、对村集体积累作出的贡献以及有关法律政策规定等条件的基础上，由农村集体经济组织全体成员民主决定。

3. 出台《农村集体经济组织法》

建议对现行的《农村土地承包法》《村民委员会组织法》进行适当修改，出台专门的《农村集体经济组织法》。

（四）改革创新内容对推动全国改革的意义

阿荣旗的改革创新内容主要包括各项改革共同推进，改革推动农村集体经济的发展，改革与提高收入相结合，改革强调民主主体地位。通过创新性的改革，阿荣旗彻底解决了农村集体经济无法做大做强、提高收入产业发展没有平台支撑的矛盾，进而不断激发农村活力、增加集体经济效益、逐步释放改革红利。阿荣旗作为经济欠发达地区，虽然经济发展水平落后于其他地区，但在集体产权制度改革的推进方面，取得了农村集体产权制度改革的创造性经验。所以说，阿荣旗三年来的改革是成功的，取得了可以向经济欠发达地区推广的经验，甚至在全国进行推广可复制的经验。

三、存在的问题与风险

（一）农村集体经济法人地位未明确界定

《民法典》将农村集体经济组织列为特殊法人。所谓特殊法人，就需要有相应的法律来界定这个法人的地位，但是还未有法律明确其法人地位。集体经济组织成立后，如果没有法人的主体资格，那么在对资产的管理方面，就仍然没有法律效力。现在是改革先行阶段，股权改革涉及的范围比较小，但是将来每个村都要涉及这一改革，这将是很大的工作量。不及时明确法人地位，不取得合法营业资格和组织机构代码，会严重影响集体经济的正常运营，甚至会造成改革实施过程一片混乱。

（二）权能实现制度不健全

从权能完整的角度讲，农民获得的集体资产股权，应该包括占有、收益、抵押、担保、转让、继承六项权能。对于这六项权能，法律规定各有不同，近年来各地的实践深浅有别。从阿荣旗走访的4个村调研情况来看，东山屯村、松塔沟村、猎民村与民族村的股权改革实施方案明确规定实行"生不增，死不减"的静态管理。股权均可以继承、转让和赠与，但不得退股提现。目前，阿荣旗对于集体资产权能的规定中，并未涉及抵押、担保两项权能，也没有对有偿退出权和继承权进行详细说明。可以说，不同地区如何将权能有效实现是现阶段改革所面临的非常重要的问题，现在所有农村集体产权股份合作制改革都已经遇到。目前，发达地区在进行股权改革过程中，转让、抵押两项权能实现存在一定问题，并且在将来也会涉及继承权权能实现的问题。阿荣旗地区需要重视这一问题。

（三）经营缺乏长效治理机制

村集体在没有集体资产时不会涉及经营管理问题，有集体资产的积累时就会涉及。对于大部分地区，现在还是原来农村班子，它在资产数额少时经营没有什么问题。但是现在在南京、上海等地，有些村的资产达到几亿元甚至十几亿元，村书记、村主任在日常经营管理中感到力不从心。村里政经不分，在未来极有可能出现干部权责不清、决策不民主、资产管理不透明等一系列问题。阿荣旗成立股份经济合作社作为集体经济最重要的发展模式之一，它在逐步发展壮大的过程中，极有可能面临上述问题。阿荣旗政府需要认真思考是否需要引进其他经济组织来与集体经济组织分工协作，以实现与现代市场经济的有机衔接。现在，已经有少数经济发达地区聘用职业经理人（CEO）来管理集体资产。未来，阿荣旗政府或许可以借鉴这一做法。

四、关于下一步工作

经过多年改革，阿荣旗政府深刻感受到，推进农村改革向纵深发展仍然任重道远，只有对标中央，坚决贯彻落实国家的战略部署，全面加大改革力度，坚持数年，必见更大成效。基于此，阿荣旗下一步工作包括以下几个方面：

一是慎重开展赋予农民对集体资产股份抵押权、担保权改革。为进一步完善集体资产股份权能改革，实现权能完整，拟在有经营性资产的村慎重开展赋予农民对集体资产股份抵押权、担保权改革。

二是探索村党支部、村委会、村股份经济合作社、村务监督委员会成员换届程序、任职资格、交叉任职条件。需要法律对村股份经济合作社的经营管理人员的任职资格、换届程序进行规定，为相关法律、法规的修改和《农村集体经济组织法》的出台进行有益的探索。

三是探索在经济欠发达地区如何定位村民委员会、村集体经济组织的职能。在经济欠发达地区，实现政经分离尚不成熟。要明确哪些事务由村民委员会负责，哪些业务由村股份经济合作社负责。

四是进一步推进产业帮扶。主要包括以下几个方面：组织产业帮扶组成员单位进一步细化产业扶贫工作方案，收集相关内业资料；积极开展"菜单式"帮扶监测和验收工作；强力推进帮扶农牧场建设，并做好与畜禽粪污资源化利用、粮改饲、金融支农等项目有机结合，确保低收入户养殖零风险，稳定增加低收入户收入。

第二十一章　江苏省南京市深化农村集体产权制度改革调研报告[①]

2018年8月28~31日，中国人民大学农业与农村发展学院调研组对江苏省南京市农村集体产权制度改革进行了调研。调研组先后到南京市江宁区、南京市江宁区麒麟街道东流社区、南京市江宁区东山街道骆村社区、南京市江宁区秣陵街道胜太社区、南京市浦口区、南京市浦口区桥林街道周营村、南京市浦口区江浦街道同心社区进行了实地调研。联合江苏省农业农村厅、江苏省农村合作经济经营管理站、南京市农业农村局的领导，就"深化农村集体产权制度改革"任务完成情况进行了座谈，与调研单位所在的党委政府负责同志、有关部门负责同志、从事具体工作同志等开展座谈，听取了调研市县区面上工作汇报，对实际工作的开展情况进行深入了解。同时，调研组与村干部、农民群众等开展座谈，听取了村干部的工作汇报和农民群众的发言，了解了改革工作中的真实情况、工作经验和存在的问题。收集了包括改革工作方案、政策文件、统计报表、总结材料、宣传材料等在内的市级、县区、村级第一手文献资料。具体情况如表21-1所示。

表21-1　南京市实地调研工作行程安排

序号	时间	地点	内容
1	2008年8月28日下午	抵达南京市	
2	2008年8月29日上午	江宁区麒麟街道	江宁区区级改革情况座谈
3		江宁区麒麟街道东流社区	观看村社分账系统操作演示
4	2008年8月29日下午	江宁区东山街道骆村社区	实地调研、座谈交流、翻阅材料
		江宁区秣陵街道胜太社区	实地调研、座谈交流、翻阅材料
5	2008年8月30日上午	浦口区桥林街道周营村	实地调研、座谈交流、翻阅材料
6	2008年8月30日下午	浦口区江浦街道同心社区	实地调研、座谈交流、翻阅材料
7	2008年8月31日上午	南京市农村产权交易市场	实地调研、座谈交流、翻阅材料
8	2008年8月31日上午	南京市农业科技大厦	听取政改处汇报改革任务进展情况 听取合作处汇报农村产权交易市场工作情况 听取经管站汇报农村集体财务管理情况

---

① 执笔人：孔祥智、张怡铭。

一、改革进展评价

自 2017 年以来，南京市在全面贯彻《中共中央　国务院关于稳步推进农村集体产权制度改革的意见》（中发〔2016〕37 号）和《中共江苏省委、江苏省人民政府关于深化农村集体产权制度改革的实施意见》（苏发〔2017〕32 号）精神的基础上，全市各级领导高度重视，因地制宜地组织了深化集体产权制度改革工作，既发挥了自身优势，又形成了地区特色，按时、保质、保量地完成了改革任务。

（一）改革任务组织实施情况

南京市委市政府高度重视此次深化农村集体产权制度改革先行区工作，将此作为市领导牵头改革事项，市委副书记亲自挂帅推进。为了妥善推进改革工作，南京市在市级层面下发了一系列相关政策文件（见表 21-2），稳步有序地组织实施了各项改革。

表 21-2　南京市深化农村集体产权制度改革的文件

序号	文件名称	发布时间	主要内容
1	《关于深化农村集体产权制度改革的实施意见》	2018 年 8 月 11 日	围绕农村改革"确权、赋能、搞活"的总体思路，根据集体资产不同类型和不同地区的现实条件确定改革任务，坚持先易后难、先改革后推广，坚持问题导向、分类实施，不搞"一刀切"，着力在关键环节和重点领域取得创新突破。明确总体要求和各项具体要求
2	《关于全面开展农村集体资产清产核资工作的通知》	2018 年 5 月 29 日	要求以 2017 年 12 月 31 日为农村集体资产清查统一登记时点，从 2018 年 4 月开始，2018 年 11 月底基本完成。明确清查对象、清查范围、重点任务、方法步骤和保障措施，以附件形式给出《农村集体资产清产核资办法》
3	《南京市镇街农村集体资产清产核资工作指导意见》	2018 年 6 月 1 日	要求以江宁区秣陵街道为改革单位，各区结合工作要求，选择具有代表性和必要的覆盖面，而且基础工作扎实、业务人员力量强的镇街，作为一级改革单位
4	《关于做好镇街农村集体资产清产核资资产权界定工作的通知》	2018 年 8 月 10 日	要求涉农镇（街道）以明晰集体资产产权为重点，推进集体资金和财政资金分账管理，对于清产核资对象、产权界定原则、产权界定程序进行了具体的要求
5	《关于盘活农村集体土地促进乡村振兴的若干政策措施》	2019 年 7 月 30 日	出台 15 条深化农村集体土地改革的政策，包括：①推进城乡规划融合编制。②推进"多规合一"的实用性村庄规划编制。③逐步推进集体经营性建设用地入市。④全面落实征地留用地政策。⑤探索点状供地模式。⑥用好存量集体建设土地。⑦推进集体租赁住房改革。⑧加快推进房地一体的宅基地使用权确权登记颁证。⑨稳慎推进宅基地"三权分置"改革。⑩积极探索宅基地有偿退出机制。⑪促进农村土地资产和金融资源有机衔接。⑫实施耕地质量提升行动。⑬规范设施农业用地管理。⑭完善农村承包地"三权分置"制度。⑮提高机体土地复合利用水平

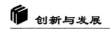

序号	文件名称	发布时间	主要内容
6	《关于做好全市农村集体经济组织登记证和农村股份经济合作社股份证书发放管理工作的通知》	2019年8月5日	稳步推进农村集体经济组织登记证和农村股份经济合作社股份证书发放管理工作,力争2019年,90%的村完成农村集体经营性资产股份合作制改革,农村集体经济组织登记证发放完成率60%,股份证书发放准备工作基本到位;2020年,基本完成各项工作
7	《关于稳步推进村级集体经济组织与村民委员会分账管理改革的指导意见》	2020年6月16日	从2020年起,力争用2~3年的时间,通过账户分社、资产分管、核算分立,全面实现村级集体经济组织与村民委员会会计核算分账管理。主要内容包括事务分离、人员分开、账户分设、资产分管、核算分立、账务明晰、平台统建、创新发展八个部分
8	《关于农村集体经济组织资格界定的指导意见》	2020年7月6日	对于南京市尚未进行成员身份界定工作的集体经济组织,提出了详细的界定办法指导意见,包括何种农村居民应当确认为本集体经济组织成员,何种人员不予确认,以及具体工作程序等。但不作为追溯以往权力的依据
9	《关于加强和规范农村集体产权制度改革档案管理工作的通知》	2020年7月8日	文件要求做好农村集体产权制度改革档案管理工作,要以建立健全农村集体产权制度改革档案工作机制为基础,以规范管理农村集体产权制度改革档案为目标,管好用好农村集体产权制度改革档案
10	《关于农村集体资产折股量化、股权设置和股权管理指导意见》	2020年7月8日	提出了资产折股量化对象、范围、量化方式、量化计算办法。并且提出股权设置原则上以成员股为主,可设置人口股、土地股、贡献股、资金股、岗位股等股权种类
11	《关于农村集体资产股份有偿退出、继承和抵押担保贷款指导意见》	2020年7月20日	以明晰农村集体权权归属、赋予农民更多财产权利为重点,深化农村产权制度改革,进行股份有偿退出、继承和抵押贷款担保探索。对于集体资产股份有偿退出问题,提出内部转让的条件、内部转让程序、集体赎回的条件、集体赎回的程序;对于集体资产股份继承问题,提出继承的条件和程序、被继承人的权利和义务;对于集体资产股份抵押担保贷款问题,给出方式及流程的指导

　　2018年5月16日,中共南京市委、南京市人民政府下发的《关于推进乡村振兴战略的实施意见》(宁委发〔2018〕23号)要求统筹落实国家级农村改革先行区拓展任务,提出了南京市农村集体产权制度改革的总体思路——"确权、赋能、搞活",构建归属清晰、权能完整、流转顺畅、保护严格的治理体系;并要求农村集体经济组织法人化,使之成为自主经营、独立核算、自负盈亏的市场主体。在此基础上,2018年8月11日,中共南京市委、南京市人民政府印发了《关于深化农村集体产权制度改革的实施意见》(宁委发〔2018〕30号)(以下简称《实施意见》),给出了改革的总体要求和各项具体要求。

　　按照南京市《实施意见》的具体要求,针对各项改革环节,南京市还下发了《关于全面开展农村集体资产清产核资工作的通知》《南京市镇街农村集体资产清产核资工作指导意见》《关于做好镇街农村集体资产清产核资产权界定工作的通知》《关于盘活农村集体土地促进乡村振兴的若干政策措施》《关于做好全市农村集体经济组织登记证和农村股份经济合作社股份证书发放管理工作的通知》《关于稳步推进村级集体经济组织与村民委员会分账管理改革的指导意见》《关于农村集体经济组织成员资格界定的指导意见》《关于加强和规范农村集体产权制度改革档案管理工作的通知》《关于农村集体资产折股量化、股权设置和股权管理指导意见》《关于农村集体资产股份有偿退出、继承和抵押担保贷款指导意见》等政策文件。

各改革区按照南京市各政策文件的要求，根据自身实际，也制定了有关指导意见。例如，浦口区下发了《浦口区农村集体产权制度改革操作程序》《浦口区村级集体经济组织成员身份界定指导意见》《浦口区农村集体股份经济合作社示范章程》《浦口区农村集体资产股份有偿退出和继承管理暂行办法》等。村级单位也经过讨论制定了相应的工作方案，例如浦口区桥林街道周营村制定了经全体村民会议讨论通过的《周营村农村集体产权制度改革工作方案》。

（二）改革进展情况及整体效果

截至 2020 年 6 月 30 日，南京市 690 个村社，除武家嘴村外均完成了改革任务，完成率达 99.9%。根据 37 号文件的有关要求，南京市深化农村集体产权制度改革任务全面整合了以下六方面的内容：

第一，全面开展农村集体资产清产核资。南京市 2018 年 5 月 29 日出台的《关于全面开展农村集体资产清产核资工作的通知》要求，以 2017 年 12 月 31 日为农村集体资产清查统一登记时点，从 2018 年 4 月开始，到 2018 年 11 月底基本完成。截至 2020 年 6 月 30 日，南京市 690 个村（社区），除武家嘴村外，累计清核资源性资产 671.6 万亩，经营性资产 83.8 亿元，非经营性资产 207.3 亿元，其中，镇级资产 42.2 亿元，村级资产 242.2 亿元，组级资产 6.7 亿元。

第二，全面确认农村集体经济组织成员身份。《实施意见》指出，按照尊重历史、兼顾现实、程序规范、资格唯一、群众认可、公开透明的原则，综合考虑户籍关系、第一轮或第二轮农村土地承包关系、对集体积累的贡献、生产生活情况等因素，实行"一镇一策"或"一村一策"。截至 2020 年 6 月 30 日，南京市共界定集体经济组织成员 239.24 万人，包括成员股东 239.17 万人、集体股东 681 人。其中组级成员 2964 人、村级成员 238.94 万人。

第三，推进经营性资产股份合作制改革。《实施意见》要求 2018 年全市 40% 的村（社区）完成农村集体经营性资产股份合作制改革，2019 年全市 80% 的村（社区）完成农村集体经营性资产股份合作制改革，2020 年，全市基本完成农村集体经营性资产股份合作制改革。截至 2020 年 6 月 30 日，共量化集体经营性资产（股本总额）58.15 亿元，其中，量化成员股本金 45.66 亿元、量化集体股本金 12.49 亿元；组级量化集体经营性资产（股本总额）6210 元，村级量化集体经营性资产（股本总额）57.53 亿元。人均分红及福利分配约 300 元。

第四，发挥农村集体经济组织功能作用和赋予农民集体资产股份权能。2019 年 8 月 5 日，南京市农业农村局发布了《关于做好全市农村集体经济组织登记证和农村股份经济合作社股份证书发放管理工作的通知》。截至 2020 年 10 月底，南京市所有村社已完成农村集体经营性资产股份合作制改革和登记赋码工作，"两证"发放工作尚在进行当中。

第五，多种形式发展农村集体经济。《实施意见》提出，要引导支持农村集体经济组织根据区位条件、资源禀赋及经济社会发展状况，积极开辟资产租赁、企业股份、农业开发、生产服务、联合发展等多种发展路径，推进农村产业融合，拓宽集体经济发展渠道。2019 年 7 月 30 日，南京市农业农村局和南京市规划和自然资源局联合发布的《关于盘活农村集体土地促进乡村振兴的若干政策措施》也为进一步发展壮大集体经济打通了途径，提出了包括集体经营性建设用地入市、留用地政策等在内的十五项举措。截止到 2019 年底，全市村集体经营性收入超过 50 万元的村社有 674 个，占比达 97.5%。

第六，全面加强农村集体资产财务管理。2020 年 6 月 16 日，南京市发布的《关于稳步推进村级集体经济组织与村民委员会分账管理改革的指导意见》指出，从 2020 年起，力争用 2~3 年时间，通过账户分设、资产分管、核算分立，全面实现村级集体经济组织与村民委员会会计核算分账管理，主要内容包括事务分离、人员分开、账户分设、资产分管、核算分立、账务明晰、平台统建、创新发展八个部分。选取了麒麟街道的八个村（社区）作为改革先行单位。截止到 2020 年 10 月底，该项工作尚在推进过程当中。

南京市的改革工作总体上形成了清晰界定、充分赋能、审慎搞活的改革效果，高质量、严要求地完成了此次改革。在坚持农村集体所有制和农村基本经营制度的基础上，清晰地界定了集体资产与集体成员的边界，充分赋予了农村集体经济组织法人资格及其成员股份权能，审慎搞活了农村集体经济，起到了维护农民集体资产权益、增加农民收入、助力乡村振兴的重要作用。

二、创新点与政策含义

南京市在深化农村集体产权制度改革过程中，实施了一系列特色鲜明、含金量高、差异化强的创新举措，为高质量完成改革任务起到了关键性作用，也为农村集体产权制度改革的进一步推开起到了示范性和引领性作用。最具亮点的改革创新点主要集中在五个部分：第一，以信息化推动农村集体资产财务管理，形成公开化、规范化、智能化的财务管理制度；第二，以信息化的产权交易市场搞活集体经济，促进集体资产的市场化、流动化和高效化；第三，以信息化的村社分账工作制度实现政事分开，提高集体经济发展的积极性、主动性和创造性；第四，以股权创新提高公平性、公正性；第五，以物业经济带动集体经济发展。

（一）以信息化推动农村集体资产财务管理

为了满足农村改革工作实践过程中产生的实际需求，改善数据依靠人工汇总、层层上报的低时效性和低准确性，降低农村工作人力资本门槛、提高各项工作效率、实现治理能力现代化，南京市以农村集体资产财务管理信息化为抓手，通过搭建农村集体资产监管综合平台，创新改革方式，实现农村集体有关信息的公开化、规范化、智能化。

农村集体资产监管综合平台为区、镇、村三级农村集体网上做账、清产核资以及产权交易三个区块的业务提供信息化支撑。农村集体资产监管综合平台的基础数据也正是来源于财务网上做账、清产核资数据录入以及农村产权交易流转市场的交易记录三个部分，这三个部分的基础数据形成了南京市信息化工作的基础数据库。实现了纵向上市、区、镇、村一体，横向上与其他平台互联互通、数据共享。在基础数据库的基础上，通过对基础数据加工以及开放接口等方式，形成了四个子平台，分别是工作子平台、监督子平台、公开子平台以及大数据分析子平台（见图21-1）。子平台通过电脑端的综合平台门户网站或移动端的"南京 E 阳光"手机 App 与用户进行交互连接，用户通过电脑或手机输入以及输出信息。各子平台在夯实基础功能、获得大量黏性用户以后，根据用户的实际需求，可以不断开发和加入新功能，形成了各具创新点的子平台。

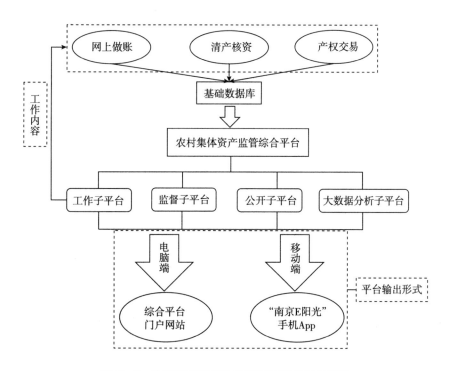

图 21-1　南京市农村集体资产监管综合平台架构

1. 工作子平台

通过建立统一的工作子平台，推动了各区、镇、村建立和落实一系列统一的农村财务管理制度，包括"一村一账户制度"、"村账镇代理制度"、网上做账制度、网上审核制度、线上支付制度、非现金结算制度、财务公开制度等，均通过工作子平台实现了信息化。值得一提的是，"村银直联"是工作子平台的一项重要手段，南京市联合紫金农商行，实现村务与银行业务的直接对接。

例如，通过"村银直联"实现"一村一账户制度"。建立"村银直联"的统一工作子平台前，部分村（社区）不具备独立的银行账户，也有部分村多头开户。建立"村银直联"的统一工作子平台后，可以通过平台清理农村不规范及多开设账户，恢复村级被取消的独立账户，全面落实"一村一账户制度"。实施"村银直联"不仅可以通过网上支付实现方便快捷的收支业务，而且能够网上查询资金使用明细，为建立线上财务审批、审核、公开等制度提供了条件。

再如，通过"村银直联"与"村务卡"相结合，在工作子平台上实现公务日常支出与报销的非现金结算。在村级日常开支上，改变过去使用"备用金"和现金的支付方式，村级公务日常支出和报销均须使用村务卡，实现了日常开支的公开化和规范化。截止到2019年底，南京市全市登记备案村务卡1355张，村务卡支出总金额2215.2万元，基本杜绝了坐收坐支、虚报冒领等违纪违规行为。

2. 监督子平台

监督子平台通过预警机制实现动态监控。监督子平台建立了强大的预警机制，包括资金、资产、合同、风险和管理五大类17项预警项目，按触发预设条件由轻及重分为黄色、橙色、红色三级预警。每级预警均设有相应的处置预案，分别为：黄色预警交由农经系统内部处置、橙色预警交由上级部门督查处置、红色预警交由纪检监察部门处置。预警不仅针对常规的财务非规范行为，更针对村民反映的腐败等违规问题，比如违规报销开支、暗箱操作发包资产资源、非规范签订合同、不严格执行合同、负债风险过高等。截止到2019年底，南京市全市农村财务行为共触发预警10740条，办结9330条。预警和处置形成闭环，促进了监督水平不断提高。

3. 公开子平台

公开子平台主要通过综合平台与"南京E阳光"手机App实现政务公开。为了满足外出务工人员及时地、随时地了解村级资产财务情况的需求，南京市将全市农村"三资"相关应公开数据，通过综合平台门户网站和"南京E阳光"手机App实现电脑端和移动端的双重公开。在电脑端方面，村民进入综合平台门户网站，登录"三资"监管综合平台（监督子平台），可以直接查询本村的收入明细、支出明细、资金流水等，实现了村级资金管理使用全程留痕、可追可溯。在移动端方面，南京市开发的"南京E阳光"手机App具有更多公开和互动功能，通过"发布、抓取、导入、链接、互动"等多路径获取相关数据。使用"南京E阳光"手机App后，首先，村民能够随时随地查看村务发布、村情动态，就关心的问题发起线上提问，实行干群互动、村民互动；其次，村民能够随时随地查看本村集体资产、资源和产权交易情况、集体收入情况、收益分配情况以及每一笔财务收支的原始票据；最后，村民能够随时随地查询自己家庭承包地面积、地块和位置，家庭在村股份经济合作社的股份及分红，家庭与集体经济组织发生的各项收入和支出等。截止到 2020 年 5 月，南京市 80% 以上农户下载使用了"南京 E 阳光"手机 App，注册用户达 79 万人，登录达 179 万人次，极大地提高了村务公开的及时性、监督的互动性、治理的有效性。

4. 大数据分析子平台

大数据分析子平台具有很强的云计算能力，能够将全市所有村（社区）集体整合的基础数据进行定量分析，全面反映各村资产财务的运行质量、风险状况、预警处置等情况。例如，对村集体收入可根据选项实现按年、按月自动排序，也可以按同期、定基、环比等自动排序；对村集体经济收入构成、村级经济达标状况、资产负债构成、负债率等指标能够自动快速形成模型分析；对触发预警的频率、分布和处置情况等按地域和类型能自动快速归总比较。

大数据分析平台的必要性和优越性在于，能够把分散、静态数据背景下的简单基础分析和粗放监管，变为集成、共享和动态数据环境下的科学系统分析和科学监管，有效避免了过去资产财务数据靠人工汇总、层层上报，缺乏时效性和准确性，上级部门难以追本溯源、实时监控、即时分析、定向指导的弊端，极大地推动了农村集体资产财务精准化管理。

5. 政策含义

信息化是未来政务、服务、管理、经营发展的必经之路，随着现代化进程的加速，信息化的实现既具备必要性也具备可能性。但是，对于当前农村集体来说，这一创新项目的推广仍然具有一定的适用条件，信息化适用于经济实力较强的地区。对于经济实力较强的地区来说，建立信息化的综合平台可以说是一项早实施、早享受、早发展、早轻松的事业。原因在于：第一，信息化的建设是一条必由之路，无论是否主动试图改革，信息化变迁仍旧通过点滴融入到了各方各面，其成本是无法避免的。第二，信息化平台建成之后，可以减少大量的机械工作，并且避免人工产生的高误差性、低时效性和不可追溯性。第三，信息化平台具有很强的成长性，能够伴随不断增长的实际需求逐步增加其功能，其边际报酬可以说是递增的，而边际成本却是递减的。但是，何时进行信息化平台的建设则要因地制宜地决策，目前随着信息化的发展，各项信息化设施的成本仍在不断降低的过程中，更加适用于当前资金宽裕的地区。一方面，信息化综合平台需要投入大量的资金搭建，也需要改革人事任命，吸纳更多的信息技术人才；另一方面，平台的维护和成长也需要大量的人力、物力。因此，要因地制宜地发展信息化建设在集体产权制度改革中的作用。

（二）以产权交易市场搞活农村集体经济

自 2014 年以来，南京市按照中央、省、市的部署和要求，积极建设农村产权交易市场。2014 年 3 月，南京市首个农村产权交易市场——高淳区阳江镇农村产权交易中心挂牌成立；2015 年按照市委市政府的统一部署，在全市全面推进农村产权交易市场建设工作，截止到 2020 年 8 月底，已建成江宁区、浦口区、六合区、溧水区、高淳区、栖霞区、江北新区、雨花台区 8 个区级和 46 个镇街农村产权流转交易中心，在全省率先实现郊区、镇街全覆盖。在平台建设过程中，南京市形成了具有创新性的工作经验。

1. 创新组织体系，实现规范化运营

一方面，建立三级组织架构。南京市采取"三级市场（市、区、镇街）、两级交易（区、镇街）"的组织架构（见图 21-2）。明确区、镇建立农村产权交易有形市场，市级建立提供政策和信息发布、数据统计、情况分析、交易行为监管的网络信息服务平台。在区级层面建立"农村产权流转交易中心"，在镇（街道）级层面建立"农村产权流转交易服务中心"。

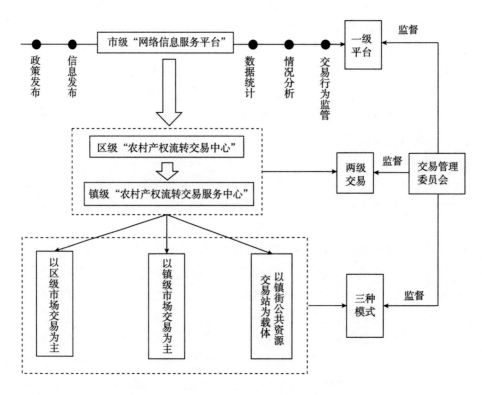

图 21-2 南京市农村产权交易中心架构及功能

另一方面，明确了交易市场事业单位性质。按照政府主导、服务"三农"的公益性、非营利性的服务机构定位，明确区、镇两级农村产权交易市场都是经各级政府批准设立的事业单位，镇街农村产权交易中心实行与镇街农经站合署办公。截止到 2020 年 8 月底，全市大部分区、镇村产权交易中心基本上实行与农经系统合署办公；全市各级市场共有 130 多名专职或兼职工作人员。

2. 创新业务流程，实现信息化运营

一方面，建立信息化业务平台。在建设农村产权交易市场的基础上，南京市创新建立信息化的产权交易市场，以信息化服务平台推动交易业务流程的规范化发展。使用前面提到的农村集体资产监管综合平台，建立"南京农村产权流转交易信息服务平台"，实现市、区、镇街三级交易数据信息实时更新、同步联动。"南京农村产权流转交易信息服务平台"具备信息发布、交易管理、统计查询、抵押融资、预警监管五大功能板块，并与南京市"南京 E 阳光"手机 App 进行数据对接，实现了与农村集体"三资"监管系统的信息推送共享。

另一方面，统一业务流程。按照公开、公正、规范的要求，采用全省统一设计的流转交易流程，在"产权登记—公告发布—报名管理—交易竞价—缴款退款—合同管理—鉴证管理"等交易环节，均明确了交易各方的权利义务、职责，实现了交易各环节的全流程管理。同时，结合农业农村产权交易金额小、交易频繁特点，开通小额集体资产绿色通道，适当简化交易流程，压缩交易时间和程序，方便基层镇村集体产权进场交易，促进农村集体资产流转"应进必进"。

3. 创新运行模式，实现公开化运营

一方面，做到"应进必进"，避免暗箱操作。2015 年南京市下发的《关于加快推进我市农村产权流转交易市场建设的实施意见》（宁委办发〔2015〕19 号）要求，建立农村集体资产流转交易"应进必进"机制，明确规定农村集体资产资源流转交易必须全部进入市场公开交易，防止暗箱操作。同时借助"南京 E 阳光"监管系统建设，创新农村集体资产流转交易监管方式，打通与农村集体"三资"系统之间的数据互联共享通道，推进农村集体资产流转交易"应进必进"信息化、智能化监管。

另一方面，建立监督机制，公平、公正、公开运营。各区成立交易管理委员会，负责本辖区内交易市场运行的指导和监管工作。同时结合本地实际，各区都出台了农村产权交易管理办法和交易规则，对农村产权交易必须遵守的原则、交易方式及程序、交易行为及监管、争议处理及责任追究等事项做出明确规定，为各类农村产权规范交易提供制度保障。市农业农村局作为全市农村产权交易市场的管理部门，主要负责全市农村产权交易市场的信息发布、统计分析、业务指导、技术培训等工作。

南京市的农村产权交易市场通过大力创新，形成了较好的运行效果，促进了集体资产交易价格的市场化、交易的公开化和规范化，对促进农村集体资产保值增值和农民增收的作用十分明显。截止到 2020 年 8 月底，全市累计成交项目总数 15801 个，交易金额 60.37 亿元（其中，2015 年成交 5.19 亿元、2016 年 4.95 亿元、2017 年 9.31 亿元、2018 年 15.61 亿元、2019 年 14.36 亿元、2020 年 1~8 月 10.23 亿元）。2020 年 1~8 月，农村产权交易市场已成交项目数 2960 个，交易金额 10.23 亿元。通过平台交易的项目平均溢价率达 2.6%；累计给村集体和农户增收减支 1.5 亿元，其中农村集体资产项目溢价率 3.7%，小型水利设施项目溢价率 10.8%。

4. 政策含义

目前，农村产权交易市场成为许多地区推动农村集体产权制度改革的重要抓手，南京市根据自身实际在建立产权交易市场的基础上进行了大量创新，形成了很好的改革成效。

一方面，创新点中适用范围较广的有三个方面。一是建立市、区、镇三级交易市场，由市级提供平台并进行监督，各区、镇根据所含业务量以区级或镇级交易市场为主要业务中心，这样做的好处是能够灵活地开展业务，节省交易成本，在业务量大的镇以镇为中心，在业务量小的镇则统一纳入区级产权交易中心。二是建立统一的业务流程，统一业务流程对于业务人员培训、业务的统筹开展以及监督管理提供了极大的方便，但许多地区在改革探索过程中，形成了并不统一的业务流程，提高了交易和监督的成本。三是成立交易管理委员会，对交易的开展进行指导和监管，交易委员会还可制定交易管理办法和交易规则，专人专责，减小其他部门的工作压力，也使产权交易工作能够快速开展。

另一方面，创新点中具有一定适用条件的有三个方面。一是对于交易市场事业单位性质的确立，在这方面各地区可以根据自身实际情况灵活开展。二是信息化平台的应用，这也是南京市产权交易市场建设成果中最关键的部分之一，由于搭建了信息化的交易平台，使统一交易流程、做到应进必进成为可能。从顶层设计上极大地规避了违规现象的发生，使所有交易可追溯、可监督。但很显然的是，这只适用于具备信息化能力的地区，而信息化能力如上所述则有赖于较好的经济基础，以支持信息化平台的建设和维护。三是将所有的集体经营性资产纳入产权交易市场当中，这也是一项要求极高的工作，既要求将所有集体资产录入到统一的平台，也要求平台可以容纳所有的交易数据处理，其适用条件和信息化平台应用是相同的。

（三）以村社分账工作制度实现政事分开

为了实现政事分开，建立职责明晰、稳定协调的基层组织管理体制，建立产权清晰、管理科学的农村集体资产运营管理机制，建立体系健全、科学高效的村级财务核算和监督机制，建立保障全面、合理统筹的农村公共服务各级财政分担机制，南京市创新推动了村社分账工作，将村级集体经济组织与村民委员会账务进行分开管理。村社分账的最终目标是村民委员会和村级集体经济组织各司其职，职责清晰。村民委员会负责社会管理和公共服务，整合管理资源，创新管理手段，为居民提供更优质的服务；村级集体经济组织行使集体资产的经验管理权，使村级集体经济组织逐步法人化、专业化、市场化，维护集体经济组织及其成员的合法权益，确保集体资产保值增值，做大做强集体经济，促进集体经济多种形式发展和农民持续增收。为此，南京市下发了《关于稳步推进村级集体经济组织与村民委员会分账管理改革的指导意见》和《南京市关于村及财务村社分账的实施办法》。南京市要求用三年时间完成村社分账工作，第一年开展先行改革，第二年整体推进，第三年完善提升。目前南京市选取江宁区麒麟街道作为村社分账工作的改革单位，下设 8 个村（社区）。

村社分账主要涵盖五个部分（见图 21-3），包括事务分离、人员分开、账户分设、资产分管以及核算分立。第一，事务分离。要求村民委员会和村级集体经济组织根据各自职能要求，厘清职责分工、民主议事决策及开支审批权限，确保按照各自职责高效、有序、规范运转。第二，人员分开。村民委员会和村级集体经济组织依照有关法律政策规定，分别推选产生村民代表和"三会"成员代表，推行村党组织书记通过法定程序担任村民委员会主任和村级集体经济组织负责人。另外，股份经济合作社配备专职人员，开办初期不少于 2 人，分别是社长（经理）和会计，会计由街道组织人事部门统一安排招聘，由股份经济合作社联社培训及业务指导，费用由各合作社承担；社长（经理）由理事会决定聘任与解聘，负责合作社日常管理工作，优先聘用本集体经济组织内具有经营才能者。第三，账户分设。以 2020 年 1 月 1 日会计科目余额表为基数，此后的各项往来以及货币资金、各级财政补助资金均按实际性质和用途分别转至村、社账户管理和使用。第四，资产分管。将归属集体经济组织的所有资产、资源列出清单进行移交，完成集体资产产权变更，包括房产证、土地证在内的各项权证。第五，核算分立。村民委员会会计账套与村级集体经济组织会计账套分开，村民委员会会计账套对公共服务管理费用和社会公益开支进行核算，村级集体经济组织会计账套对集体资产经营管理活动中发生的资产、负债及所有者权益变更进行独立核算。

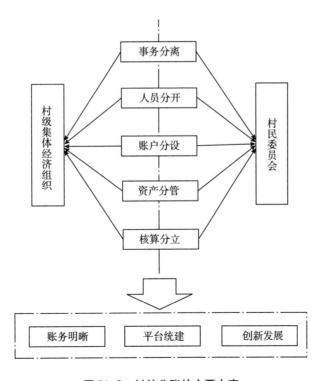

图 21-3 村社分账的主要内容

尽管南京市的村社分账开展基于信息化的数据平台，但是其在政事分开过程中所制定的改革思路，包括事务分离、人员分开、账户分设、资产分管、核算分立五个部分的主要内容，却具有很强的可复制性和可推广性。这一改革内容将为未来的集体经济发展起到基础性作用，为改革的顺利推进、集体经济的快速发展铺平道路。

（四）以股权创新提高公平公正性

在南京市改革任务推进过程中，形成了一系列富有智慧的创新方法。例如，在实地调研过程中走访的南京市浦口区桥林街道周营村，周营村是此次调研走访过程中为数不多的农民还承包有土地的村级改革单位。村中农户几乎都委托合作社通过当地农村产权交易平台，将承包地流转出去，年租金收入约 700 元/亩、保护耕地补贴 450 元/亩；除此之外，农户还可以到附近的桥林工业园区打工，获得工资性收入。针对涉农村社相较于城镇化社区问题的复杂性，周营村创新股权设置，以保证公平性和公正性、确保集体成员各方满意。

第一，设立岗位股，但不给予其分配权。周营集体股份经济合作社以"遵循历史、兼顾现实、程序规范、群众认可"为原则进行股民资格界定。该社设立 20% 的集体股、80% 的成员股，其中，成员股分为岗位股和人口股。赋予跨村担任村党组织书记、副书记，村委会主任、副主任、会计等职务的村干部成员身份，设置岗位股，现有岗位 1 股，享有在职村股份合作社的选举权和被选举权，但不享受股份分红，人在权在、人走权消。分配 20% 的集体股，为村社分账的平稳过渡打好基础。在该社的股份设置中，分配给村集体 20% 的集体股，用于缓解村社分账后村"两委"提供公共服务时的资金压力，平稳度过改革的过渡期。

第二，设立人口股，但无须满足年龄要求。人口股享有的基本原则是，截止到 2016 年 8 月 31 日，在 1995 年第二轮土地承包到户时分得土地的世居户及直系亲属，包括正常婚姻嫁娶、生育子女等，户口在本村的人员，承认该社章程的取得人口股股权，即承认为该社社员，每人 1 股，无须满足年龄要求，成年人和未成年人均可享有 1 股人口股。

第三，对特殊人群进行特别规定。对因集体统一迁出的小城镇户口性质的人员、因征地未安置或安置现已下岗人员，对迁出户口的大中专在读学生或现服义务兵役人员，均承认其社员身份并分得 1 股人口股，并享有分配权，其中对迁出户口已经在外就业的大中专学生或义务兵，不再分配股权。对在押人员，分得人口股，但收益分配要待刑满释放后次年开始发放。

第四，对重组家庭，约束受益人数。对重组且符合计划生育规定的家庭，只可以照顾婚入方子女 1 人参加股权分配，并且应在 18 周岁以下。另外，若是原婚迁迁入人员（非世居）重组家庭的，该人员及其子女享有股权分配，但重组家庭中又婚迁迁入的人员及其跟随人员、重组后所生子女，不享有股权分配。

第五，动静结合、每调必严的股权管理方式。实行 5 年一固化的股权管理模式，确权到人、发证到户、户内共享。5 年后若需要变动股权，需要经过 1/10 以上有选举权的社员联名提出书面申请并签字确认，经成员代表大会决议微调方案并公示。

这一系列创新的股权设置方式，能够在很大程度上起到保护成员权益的作用，并且能够在问题产生之前化解潜在矛盾、规避风险，具有很强的可推广性。

（五）以物业经济带动集体经济发展

南京市由于涉农村社较少，大多村社已经实现城镇化发展，且许多村社已纳入征地拆迁规划当中，在发展集体经济方面，以物业带动集体发展成了南京市的典型做法。例如调研过程中实地走访的麒麟街道。

首先，麒麟街道为了正常行使投资职能，发展壮大集体经济，探索成立了南京麒麟产业开发建设有限公司。其次，在公司成立初期，将街道以及各村社区征地拆迁补偿资金纳入统一购置经营性资产，统一经营管理。最后，通过购买房产、门面房，大力发展物业经济，有效提高了资金使用率，同时能减小投资风险，确保了集体资产保值增值，将资金变资产、资产变收益，有效增加了集体资产。

麒麟街道目前正在实施两个资产购置项目，一是南京共享大厦商业用房购置项目，位于南京青龙地铁小镇，购置面积9134.32平方米，资产价值16742万元，预期年收益400万元。二是麒麟紫荆城商业用房购置项目，位于麒麟集镇，购置面积7783平方米，资产价值14348万元，现房交付，目前已着手落实公开招租等相关事宜，预期年收益400万元。另外，麒麟街道泉水社区，由于资金实力雄厚，也通过购买物业发展集体经济。泉水社区共购买麒麟科创园富力城水街坊商铺10间，共计1142.43平方米，资产价值3300多万元，现价值5700多万元，出租后每年为社区带来50多万元的经营收入。麒麟街道建南社区购买麒麟科创园核心区富力城商铺12家，面积1300多平方米，资产价值3600多万元，现价值6500万元，已经通过江苏省农村产权交易平台公开出租，首年收益租金28.77万元。

以物业经济带动集体经济发展的发展思路，适用于已经城镇化的地区，在确保风险可控的情况下，由于房地产行业带来的经济效益巨大，在具备投资实力的情况下可以考虑这种发展思路。

三、存在的问题与可能的风险

南京市的改革工作形成了较好的成效，但是在一些细节上仍然存在一定的问题和风险。

（一）股权继承方案与成员资格界定方案不衔接问题

以上述提到的周营村为例，成员资格界定方案要求截止到2016年8月31日，在1995年第二轮土地承包到户时分得土地的世居户及直系亲属，包括正常婚姻嫁娶、生育子女等，户口在本村的人员，承认该社章程的取得人口股股权，每人1股。该成员资格界定方案似乎并不存在问题，但是该村还设置了股权继承方案。股权继承方案要求股权按照继承法规定的第一顺位继承人进行继承，继承人必须是该社持股股民；继承以家庭内部协商为主，若出现协商矛盾，则暂停发放该户股金，达成协议后再补发；若户内家庭人员已没有持该社股权的继承人，则该社收回股权，该户自然消失。两个方案都是合理的，然而结合在一起则有矛盾之处。以世居户家庭为例，在成员资格确定日之后出生的人并没有分得股权，如果股权方案一直固化没有调整，该户的新生人口无法通过户内继承取得股权，只可通过章程规定的股权转让程序取得股权。而股权流转方案要求股权继承人必须是该社持股股民，这就出现了家庭内部无法继承的矛盾。

（二）成员退股方面风险防控措施的缺失问题

部分村允许成员抽资退股，但是缺乏极端情况下的风险防控措施。例如周营村规定，允许成员抽资退股，成员抽资退股由退股人提出书面申请，经理事会审核后，提交成员代表大会商议决定。赎回资金列入该社的经营支出，赎回股份可以转让其他社员、核减该社总股份或增加集体股。但是，农村集体经济组织的资产并不全部以现金形式存在，大部分经营性资产都是以固定资产的形式存在，但是所有的经营性资产又都在经营性资产股份合作制改革过程中量化给了集体成员。以极端情况为例，如果所有成员都要求抽资退股，所涉及的赎回资金将无处可寻，也无法计入经营支出。这种对风险防控的缺失问题，尽管在目前集体经济蓬勃发展的过程中尚未显现，当集体经济组织给成员带来的利益逐渐减小甚至为负的情况下，则会改变目前的平静状况，因此，应该及早设置风险防控机制，避免极端情况的发生。

（三）风险防控措施的无效性问题

很多地区为了防止股权流转后产生的"一股独大"问题都设置了相应的风险防控措施，南京市也不例外。例如在周营村规定"每户持股总数不得超过该集体经济组织成员平均持股额的5倍，防止'一股独大'"。但是在极特殊情况下，该规定依旧可能出现"一股独大"的现象。例如，如果该集体经济组织最后只剩下9名成员，一共持有9股，所有成员都只持有相等的1股，而某成员流转了5股，仍旧可以造成"一股独大"的情况，这样的风险防控措施可以说是基本无效的。相对于5倍这样的绝对值，以持股比例作为上限界定标准更加合理，如持股总数不得超过本集体所有股权的49%等。

（四）村社分账造成过渡不平缓问题

南京市的村社分账工作将为集体经济发展打下良好的基础，使集体经济未来的发展规避许多因账目混淆产生的风险问题。但是在实际应用过程中，却存在着无法平稳过渡的问题，亟待进一步完善改革方案。实行村社分账、分离后，股份合作社扣除的经营性支出，计提的公积金、公益金可以用于该社日常成本、亏损的覆盖。然而对于村集体来说，在财政资金没有能力一步到位的情况下，将会导致村集体缺乏可用资金，导致账目混乱问题由于拆借情况的继续存在，或是导致降低公共服务质量，甚至无力负担公共服务，如果不配置一定比例的集体股分红，则难以平稳度过改革的过渡期。

（五）土地股的公平性问题

在浦口区的一些村设置了"土地股"，土地股是指在第二轮土地承包到改革时点之间，获得了土地并且户籍在本村的村民，将会在人口股的基础上进一步享有土地股。但是对于没有获得第二轮土地承包的村民来说，没有土地承包权已经是一种损失，进一步增加的土地股将会加深这种不公平性。土地股的这种不公平性将会为潜在的风险埋下一定的隐患。

四、下一步工作方向

在农村集体产权制度的进一步深化改革过程中，除了上述提到的五个方面的问题以外，还有以下几个方面的内容需要加强关注。

（一）改革内容方面，处理好福利分配与分红之间的关系

在改革内容方面，需要调整和探索的一个问题是福利分配和分红之间的关系问题。特别是在南京市这样一个城镇化发展迅速的城市，许多农村地区已经通过拆迁征地转变为"小集体大社区"的居民生存现状。原本存在的福利分配制度，如养老保险、孩子上学等福利，或是一些集体将物业费补贴作为福利，在成立了股份合作社以后，如何将福利分配与集体经济组织分红合理衔接，处理好两者之间的关系，将是需要进一步调整和探索的问题。

（二）改革方向方面，需要聚焦的重点问题

南京市已经高质量地推进了深化集体产权制度改革工作，在下一步的改革过程中，有以下几个方面需要进一步关注。

一是股份经济合作社的破产问题。股份经济合作社作为自主经营、独立核算、自负盈亏的独立法人，特别是南京市在改革前期于工商注册的部分股份经济合作社，相较于普通的农民专业合作社来说，其真正的区别仅在于农民专业合作社的成员只是不固定的一部分人，而股份经济合作社的成员则是固定的集体全部成员。既然要求股份经济合作社自主经营、独立核算、自负盈亏，那么允许股份经济合作社亏损到什么程度，能否破产以及破产债务如何处理等问题，值得进一步探索。

二是股份经济合作社资产的去向问题。如前所述，南京市的部分地区允许成员抽资退股。那么股份经济合作社作为自主经营、独立核算、自负盈亏的特殊法人，既然集体的经营性资产已经通过股份合作制改革全部量化给了集体成员，能否全部成员一致抽资退股，或是能否允许一部分股份经济合作社在全部成员一致同意的情况下，将集体资产在成员内部进行分割，停止集体经济组织的统一运营，甚至提出破产的要求。对于该问题的探索将有助于在未来集体经济发展过程中规避风险，对于正在进行的农村集体经济组织立法工作具有重要意义。

三是公共服务与集体股的设置问题。当前设置集体股是因为集体经济组织还具备公共服务的职能，但是在村社分账以后，集体经济组织的公共服务职能将会被村民委员会取代，那么集体股是否还有存在的必要，如果无须存在，以何种方式合理

撤销集体股，将是下一步改革工作需要关注的重要内容。

（三）外部保障方面，需要上级提供政策支持

在需要外部保障的问题方面，主要集中在股份经济合作社作为特殊法人的市场地位方面。在南京市股份合作社实际运营的过程中，与其他省份普遍出现的问题一样，尽管在农业部进行了登记赋码，农村集体经济股份合作社具备了法人地位，但是在实际的业务开展过程中，由于缺乏工商注册，一方面会出现无法开具发票的问题，导致业务无法顺利进行；另一方面仍然需要与其他企业一样缴纳所得税和增值税。这一问题的出现，将会增大城乡收入差距，不利于集体经济组织的健康发展。

但是南京市并未出台有关税费减免的政策，这是由于法律法规和政策并没有以"实施细则"赋予改革单位以相应的改革权限，而仅是提出了改革要求。尽管《中共中央　国务院关于稳步推进农村集体产权制度改革的意见》中明确要求改革单位"加大政策支持力度。清理废除各种阻碍农村集体经济发展的不合理规定，营造有利于推进农村集体产权制度改革的政策环境。研究制定支持农村集体产权制度改革的税收政策"。但是先行改革身份的赋予仅是给予了单位改革的任务，但没有明确其可以突破现有的哪些法律法规，也就是说没有给予改革单位完成任务路径和突破口。

为了解决这一问题，建议农业农村部明确允许先行改革单位可以突破相关领域的政策和体制，并列出可以突破的内容和范围的具体清单，加强中央有关部门与各改革单位之间的沟通交流，对于基层的创新和突破进行及时总结和肯定。农业农村部要明确赋予先行改革单位的"试错权"，充分肯定试错的重大意义。

五、调研案例

（一）案例一：江苏省南京市江宁区骆村社区农村集体产权制度改革①

为探索赋予农民更多财产权利，明晰产权归属，完善各项权能，激活农村各类生产要素潜能，建立符合市场经济要求的农村集体经济运营新机制；针对农村集体资产产权归属不清晰、权责不明确、保护不严格等日益突出的问题，江苏省南京市骆村社区作为农村集体产权制度改革社区，在 2017 年开始进行改革推进工作。事实上，从 2005 年开始，骆村社区便开始进行了农村集体产权制度改革的初步探索；2017 年，骆村社区作为股份制股权固化改革社区，按照相关工作要求和流程，相关改革内容方面在原来的基础上进一步延续、深化、完善和规范。截至 2017 年 12 月底，整个骆村社区农村集体产权股份合作制改革推进工作已全面完成。

1. 基本情况

骆村社区地处江宁区政府所在地东山老城区以南，面积约 2.67 平方千米。辖区内有省（部）级单位 1 家，市、区级机关单位 4 家，大中小学校 7 所，工矿企业 32 家，房地产开发公司 3 家，银行 5 家，卫生院 2 家，药房 13 家，农贸市场 1 个，三

① 执笔人：杨习斌。

产服务、工商个体、私营户约 450 家，现有常住人口 3 万余人，其中集体经济组织成员（世居人口）2900 多人。

骆村经济股份合作社成立于 2005 年 12 月，2013 年进行了工商注册登记，现有户数 893 户，股民 2590 人。2017 年底，股民个人股数为 3640 股，股金分红总额 190 万元，每股 520 元，人均 660 元。合作社运作四届（2005～2017 年）累计股金分红 1800 多万元。目前股份合作社经济收入以标房和办公楼宇（骆村大厦）租赁收入为主，主要经营性资产有标房 60000 平方米，办公楼宇（骆村大厦）18000 平方米以及部分门面房，总资产为 3.1 亿元，经营性资产 1.6 亿元，经营性年稳定性收入为 2587 万元。

2. 创新经验与典型做法

清产核资，把工作做实。按照市、区农工委的要求，骆村社区在 2016 年 8 月正式启动了清产核资工作，并成立了清产核资领导小组。组成人员包括社区主要负责人、社区财务人员以及其他工作人员等，配合由区农工委指定的会计师事务所全程参与社区清产核资工作。按照方案要求，对社区的所有账面、账外资产进行盘点核查，实物进行登记造册，往来款项进行逐一梳理和清查。对能找到债权和债务方的由事务所统一发函确认。对往来款项年代久远无法找到当事人和单位的情况，通过找一些社区老同志、老干部座谈的形式进行核查了解后，聘请专业律师事务所出具律师意见书，经公示无异议后作核销处理。骆村社区于 2016 年 10 月召开了全体股民代表大会，对清查结果和债权、债务核销以及资产核增、核减情况在会上确认通过。经此次清查，核增资产 3044 万元（主要是城建集团拆迁补偿款），债务核销 174 万元，资产损毁、报废核销（主要是被拆迁没有账务处理的拆迁老人过渡房）290 万元，债权核销 123 万元。通过清产核资，社区资产增加了 2452 万元，净资产由原来的 1.68 亿元增加到 1.94 亿元。

身份界定，把工作做稳。在每户股权核对过程中，骆村社区改革领导小组对股民反映的股份制改革工作中的问题和矛盾进行了集中梳理，主要归集为五大类，约 150 人：第一，征地撤队之前因户口是城市居民不享受人口股的部分居民；第二，被收养、抱养多年，一直在本村居住生活没有享受人口股的世居居民认可的子女；第三，不符合计划生育的世居居民子女；第四，回原籍、抵职人员享受人口股半股情况；第五，夫妻双方为行政事业编制人员子女（提出本人可以不享受，但子女不应该连带）。根据股份制改革成果最大化惠民的指导思想，自 2017 年 8 月以来，骆村社区多次召开股份经济合作社董事会扩大会以及骆村居民组工作人员会议，讨论以上五类人员问题，并多次邀请老干部、老党员以及街道农经站指导人员和律师事务所法律顾问商讨以上五类人员问题解决办法，并针对股份制章程逐条讨论研究。经过多次会议讨论研究，骆村社区针对以上五种在其他改革区域也常见的共性问题提出初步的骆村解决方案：第一，为适应形势发展，对股份制章程中股民界定部分条款进行初步修改，提交股民代表大会讨论表决；第二，根据市区农工委股份制改革提出的发展成果普惠原则，初步同意以上五类世居户人员享受人口股（具体标准根据股份制章程股民界定相关条款规定）；第三，召开董事会、监事会、民监会人员以及工作人员会议和股民代表会，专题讨论以上五类人员的相关问题，与会人员达成共识；第四，召开股民代表大会通过以上"五类"人员享受股份人口股提议，明确股民界定范围和条件，初步通过股份制章程讨论稿，同时再次向全体股民合作社股民明确界定范围、条件和时间节点，新增股民应在时间节点之前将材料报送到工作组；第五，截止时间之后，对新增股民报送材料根据界定条件进行逐户审核汇总，公告出新增股民具体人数和特殊情况；第六，召开股份制工作组会议进行逐户通报过堂，并对一些不符合条件范围人员和疑难问题人员提出问题进行再次讨论，形成骆村社区股份经济合作社的确定意见。

股权设置，把财产性收入提升。在股权设置比例上，为进一步提高股民持股份额和分红标准，增加农民财产性收入，骆村社区有针对性地进行了一系列改革举措。比如，骆村社区将集体经营性净资产折股量化给集体成员，集体股由原来的40%降低为30%；个人股由原来的60%提高为70%。个人股又被分为土地股和人口股。以1982年10月为时间节点，在1982年10月之前分到土地的，且在2017年10月20日仍为骆村社区世居人口身份的，享有土地股；以2017年10月20日为时间节点，在2017年10月20日之前所有符合享受条件的，享有人口股。骆村社区此次股份制改革共设置股权5190股，每股本金30800元，其中集体占1557股，个人占3633股。按照《骆村社区股份经济合作社章程》，骆村社区最终确定享受股份的户数为893户，享有股权的股民为2590人。

3. 主要成效

南京市是国家级农村集体资产股份合作制改革先行区，骆村社区则是全市第二批股份合作制改革社区之一。开展村级集体资产的股份合作制改革，目的是理顺村级集体经济分配关系，明晰和保障村级集体资产的产权主体及其成员的主人翁地位，促进集体经济发展壮大、集体资产保值增值、集体经济组织成员收入持续增长。

4. 下一步工作的思考

从2005年开始，至2017年股份固化改革之前，骆村社区实际上已经利用工业厂房等的出租盈利给该社区居民进行了集体经济盈利的分红，2005年的分红金额为300元/股/年，2017年的分红金额为520元/股/年，年增幅为18.3元/股/年，而骆村社区的集体经济增收却远不止于此。据了解，全苏南地区的农村集体经济分红大多增幅不大，但是年年都有，这种行为是政府主导的，为了降低农民因分红波动产生的潜在不稳定性。与此同时，虽然社区集体经济总量不低，但是由于担心投资失败造成的集体经济损失，各集体经济发展大多只局限于房屋租赁的"瓦片经济"。

（二）案例二：江苏省南京市浦口区同心社区农村集体产权制度改革[①]

同心社区位于江苏省南京市浦口区江浦街道东南角，东邻总部大道，南接浦滨路，西靠城南河，北至龙华路，相邻国家级江北新区；在 2017 年 7 月江北新区区划调整以后，与火药洲社区合并；辖区面积 3.2 平方千米，共有成型小区 8 个、零散小区 4 个、商住两用公寓 4 个、中小学各 1 所、幼儿园 4 所，现有居民 19300 户，常住人口约 5 万人，其中集体经济组织成员（世居人口）2320 人。为适应社会主义市场经济发展的需要，严格贯彻落实《南京市深化农村产权制度改革实施方案》等文件精神，于 2016 年 9 月如期开展农村集体产权制度改革工作。

1. 基本情况

科学应变，探索土地被完全征用后的农村集体经济发展新形式。同心社区的集体土地已经全部被征用，原有村集体也基本实现城镇化。村集体收入来源主要有两种：一种是村集体两处门面房的租金收入，合计约 40 万元/年；另一种是与其他各平台（所有权归属其他平台）合作的安置房物业收入，合计约 760 万元/年，基本覆盖村集体支出。在这样的背景下，农村就业方式发生了显著变化，不少农民进厂做工、进城经商，那么村集体资产该怎样经营管理呢？村集体的收益该如何分配呢？同心社区保障集体成员权益、完善市场要素配置、激活集体经济活力，推行农村集体产权制度改革工作也就因此具有了必要性和迫切性。成立了改革工作领导小组，先后制定了《同心社区农村集体资产股份制改革工作宣传方案》《同心社区农村集体资产股份制改革工作方案》《关于同心社区集体资产股份制改革实施意见》《同心社区集体经济股份合作社章程》等政策制度，逐步推进改革工作的开展。

2. 创新经验与典型做法

切实清产核资，摸得清家底。聘请第三方会计师事务所，对该社区的集体经营性资产、非经营性资产、资源性资产进行全面实测实查、核增核减，召开同心社区关于清产核资固定资产核增与核减村民代表大会，并将清产核资报告予以公示。核增资产 172 万元，核销债务 48 万元，资产损毁、报废核销 9 万元，债权核销 45 万元，现有净资产原值 267 万元。

明晰成员界定，弄得清身份。截至 2016 年 5 月 31 日，赋予股民资格的情况有：1995 年第二轮土地承包时分到土地的世居人员及其子女（包括合法收养的子女），属于正常婚姻、男女嫁娶、生育子女，且户口在册的；世居户子女迁出户口的，且为大中专在读生或现役军人（不含军官）的；户口在本社区内迁移的；因拆迁户口迁入安置区、迁入该街道城市社区、迁入该街道涉农社区（在涉农社区未分得土地的人员）及购买商品房，且迁出户口时间必须是该户在本组拆迁时间后迁出的人员；世居户离婚后，各自重组家庭，如一方在 1995 年第二轮土地承包时分到土地的人员及其子女；其他特殊情况参考有关政策，由股份制领导小组研究决定。不赋予股民

[①] 执笔人：杨睿。

资格的情况有：公务员和参公的机关工作人员、事业编、国企、央企的；非婚生子女、非法收养子女；挂靠在本社区的外来人员；已故人员；原婚迁迁入人员（非世居）因离婚重组家庭的，重组家庭中又婚迁迁入人员及其跟随人员，包括双方生育子女；户口在本社但1995年第二轮土地承包未分土地的离婚人员；五保户（保吃、保穿、保住、保医、保葬，孤儿为保教）；其他特殊情况参考有关政策，由股份制改革领导小组研究决定。最终确定该社享受股权的股民为2320人。

规范股权设置，分得清权责。该社设置40%集体股和60%个人股，折股量化到人的集体资产股权只作为享受集体经济收益分配的依据，股东只享受分红权，资产所有权仍属于股份合作社集体所有。设置个人股权2320股，股民1人1股，根据清产核资集体资产原值总值计算得每股股本金689.65元。以2016年5月31日作为固化股权的时间节点，以户为单位，实行"生不增，死不减"的静态股权管理模式，5年一固化。固化后的股权可以继承，但不能赠与、转让、买卖、抵债和提现。继承的范围和条件是：第一，《继承法》按照规定的第一顺序继承人继承；第二，继承人必须是该社持股股民（持两股世居户家庭子女因考进行政事业编制和该次认定股份时未达到年龄的可以继承）；第三，以家庭户内协商为主，如果有协商冲突的，则暂时停止股利分配，待达成协议后再发放分红；第四，对没有持股继承人的家庭，合作社收回股权，户内股权自然消失。严格遵循股权平等、同股同利的原则，该社每年兑现一次股利分配，股东凭股权证书领取股利，股权证书仅限领取红利时作为凭证使用，不得作为他用。

3. 主要成效

实现集体土地被完全征用的农村集体经济发展模式的新探索，切实确保集体成员权益、充分调动集体成员积极性、加强增进集体成员民主意识。通过清产核资，清晰集体资产总量，奠定了从以往居民"看不见、摸不着集体资产"的局面向"集体资产共有、人人有份"的局面转变的基础。成立股份经济合作社，确定了集体经济股份分配制度和方法，保障了集体经济组织成员的集体资产收益权。有效解决了弱势群体利益得不到保护，一次性划分集体资产带来的少数居民经营不善、坐吃山空等问题。

4. 下一步工作的思考

土地被完全征用的农村集体经济进一步发展的新模式探索尚浅。一是在股权管理方面。全部城镇化以后，集体成员流动性增强，矛盾纠纷也就因此增加，在动态性增强的背景下，集体成员该如何界定与管理？二是在集体经济发展方面。全部土地已经征用，农村居民基本实现社区居民生活，现依靠集体所有店铺出租、与平台合作收取物业费获得集体收入。在综合考虑集体所处的新自然人文禀赋环境下，集体经济的发展该走向何方？

（三）案例三：江苏省南京市江宁区胜太社区农村集体产权制度改革①

为了进一步理顺集体经济产权关系，依据国家的法律、法规及相关政策，在深

---

① 执笔人：杨习斌。

入研究、细致分析、紧密结合本社区的经济发展、居民收入等具体情况的基础上，2008 年，胜太社区进行了第一次农村集体产权制度改革；2018 年，胜太社区被确定为国家级农村改革先行区拓展任务改革村，承担农村集体产权制度改革任务。自推进改革工作以来，胜太社区围绕农村改革"确权、赋能、搞活"的总体思路，通过清产核资、资产量化、成员资格认定、股权设置、股权固化、赋予股份权能、注册登记等重点改制环节，逐步构建起"产权清晰、权责明确、经营高效、管理民主、监督到位"的农村集体产权制度，使家底更清晰、居务更明朗、居民更放心。

1. 基本情况

江苏省南京市江宁区秣陵街道胜太社区位于秣陵街道东北角，三面临河，东至秦淮河，南至牛首河，西至双龙大道，北至秦淮新河，占地面积约 3 平方千米，现有户籍人口 27294 人。胜太社区总面积约 4.3 平方千米，1992 年江宁开发区开发前共有耕地 3878 亩，自然村 16 个。2007 年 4 月，胜太社区与龙池社区合并成立新的胜太社区，开发后原下辖的 16 个自然村村庄全部拆迁，土地全部平整，原村民集中住在胜利新寓、龙池新寓、胜利新村 3 个复建小区。根据清产核资的数据，合理界定经营性资产，最终确定社区经营性资产为 4702.08 万元。根据经营性资产数据设置股权数为 7996 股，每股本金 5881 元，股权设立根据有关政策规定，分为集体股 20%，计 1599 股，个人股 80%，计 6397 股。

2. 创新经验与典型做法

专门领导，组织保障。为了确保深化农村集体产权制度改革工作的顺利推进，胜太社区有针对性地成立了由书记任组长，主任任副组长的农村集体产权制度改革领导小组，小组下设办公室，全面指导社区的改制工作。胜太社区也成立了由两委成员、村务监督委员会成员、老干部、楼栋长、党群代表等为成员的 30 人的产权制度改革工作小组，配合领导小组实施各项股改工作。

三方监督，依法审核。从深化改革开始，胜太社区委托第三方会计师事务所和测绘公司，配合社区完成清产核资任务，并聘请专业律师全程参与改制的所有环节，主要负责会议法律文书起草、法律法规和政策规定咨询等工作，为改制工作提供了技术和法律保障，全程依法依规开展。

多维宣传，告知到位。农村集体产权制度改革是新生事物，改制涉及群众的切身利益，波及历史因素较多，极易引发矛盾。因此，做好政策宣传，营造积极正面的舆论氛围尤为重要。一是做好骨干培训，社区召开农村集体产权制度改革专项动员和培训会议 4 次，开展集中学习 3 次，让工作人员、楼栋长、党群代表详细了解工作的内容、程序和注意事项等，统一党员干部群众思想；二是印发《致全体居民的一封信》，楼栋长把信发放到每家每户，让农村集体产权制度改革政策进楼栋入门户；三是通过宣传栏、电子大屏、展板等宣传载体，宣传深化农村集体产权制度改革的目的及意义、政策规定和方法步骤等，并在居民小区出入口和人口密集地，通过悬挂横幅、张贴小标语等形式进行深入宣传，让深化农村集体产权制度改革的相关内容知晓到人，宣传到位。

规范程序，公开透明。在实施深化农村集体产权制度改革过程中，必须充分尊重民意，落实改革程序民主性，才能稳定大局。在推选代表、方案制定等工作中，胜太社区股份经济合作社召开楼栋长、老干部、党员代表、群众代表参加的意见征求会4次，反复修改、形成方案，最后提交居民代表大会表决通过。在确定股民时，楼栋长及工作人员深入摸排，上门核实、收集资料、签字确认，合理采纳股民提供的意见及建议，确定的股民名单及时张榜公布。重大事项上，如资产量化、成员资格认定、股权设置，全部由居民代表投票表决，2/3以上同意方可通过。

常态监督，严肃纪律。胜太社区在深化改革开始便成立了由社区党委班子及民监会成员组成的督查组，全程对社区深化农村集体产权制度改革工作进行监督。监督组对督查发现的问题，及时给予指导，不能当场解决的，提交领导工作小组研究，确保各项工作落到实处。同时加强对工作过程中的矛盾纠纷排查调处工作，制定纠纷调解处置预案，努力把矛盾化解在基层，解决在萌芽状态，确保社区和谐稳定。社区严肃工作纪律，党员干部特别是两委干部要以身作则，坚决杜绝借以深化农村集体产权制度改革工作之机为本人和亲友谋取私利。

3. 主要成效

胜太社区农村集体产权制度改革经历了清产核资、资产量化、成员资格认定、股权设置、股权固化、注册登记等程序，依法改制、尊重民意、化解矛盾、健全管理机制，于2018年11月全面完成深化改革工作，并在12月20日前发放深化改革后的第一次股金分红款，按照400元/股，共计255.74万元。深化农村集体产权制度，理顺了村级集体经济分配关系，明晰和保障村级集体资产的产权主体及其成员的主人翁地位，不仅使集体资产保值增值，加快发展壮大了农村集体经济，还提高了股民的财产性收入，使其更加具有获得感和幸福感。

4. 下一步工作的思考

增加农民财产性收入，是提高农民收入、实现乡村振兴的关键环节。如何在确保农村集体资产保值增值、农民利益不受损的基础上，盘活集体经济，使之与市场经济产生良性互动，是下一步胜太社区乃至很多发达地区村集体股份经济合作社要重点思考的课题。清产核资后，胜太社区股份经济合作社确定其社区经营性资产为4702.08万元。而这些经营性资产，在街道乃至更上级政府部门的主导下，并不能灵活地进入市场。这是因为上级领导担心投资失败造成的集体经济损失，各集体经济发展大多只局限于房屋租赁的"瓦片经济"，或是躺在银行账目上吃利息。事实上，如果能进一步明晰村民股权，并为其赋能，放开村民股权交易，那么，在产权明晰的基础上，原本属于村集体经济的经营性资产可能会产生更多的经营性收入，进一步提高股民的财产性收入。

（四）案例四：江苏省南京市浦口区周营村农村集体产权制度改革①

周营村位于江苏省南京市浦口区桥林街道东南，东至长江，西邻林浦村、乌江社区，北接茶棚村、南驿村，辖区面积约 5.77 平方千米，其中耕地面积 5115.92 亩，全部承包到户；共有 20 个村民小组，831 户，2788 人，党总支共有党员 94 人，村"两委"工作人员 6 人。为进一步优化城乡要素配置，迸发农村集体经济活力，增进集体成员生活的幸福感、满足感和获得感，周营村在上级部门的指导下，于 2018 年 1 月开始如期推进农村集体产权制度改革，成立周营集体股份经济合作社。

1. 基本情况

逐步摸索，进展顺利。截至 2020 年 8 月调研时，周营村已经完成清产核资、成员资格界定、成立村集体经济组织、资产量化、登记赋码和股权证书打印等工作。村集体经济组织资产为经营性资产，截至 2016 年 8 月 31 日，清产核资量化资产原值合计 3921953.97 元；截至 2023 年 4 月 17 日，分设 20%集体股 706 股，80%成员股 2824 股，合计 3530 股，每股 1111.03 元。

依托文化，多产发展。当前合作社主要收入来源为店铺出租租金，约 20 万元/年。村中农户几乎都委托合作社通过当地农村产权交易平台，将承包地流转出去，年租金收入约 700 元/亩、保护耕地补贴 450 元/亩；除此之外，农户还可以到附近的桥林工业园区打工，获得工资性收入。在此基础上，合作社近年来还积极依托当地灵山文化，发展乡村文旅产业，修建灵山记忆乡史馆，真正做到了依托乡村原有肌理，发展壮大集体经济。

2. 创新经验与典型做法

充分准备，建立健全改革工作的制度组织保障。在中共江苏省省委、江苏省人民政府《关于深化农村集体产权制度改革的实施意见》、中共南京市委办公厅、南京市人民政府办公厅关于印发《南京市农村集体产权股份合作制改革推进方案》、南京市浦口区农村集体产权制度改革领导小组办公室《浦口区农村集体产权制度改革操作程序》等政策的指导下，结合村情实际，周营村成立了改革专项工作领导小组、农村集体产权制度改革办公室，经全体村民会议讨论通过了《周营村农村集体产权制度改革工作方案》。

加强宣传，调动激发全民参与的积极性和主动性。借助宣传单、村内广播、入户宣讲等方式，向广大村民积极宣传农村集体产权制度改革的内容、程序和原因。在初始登记前，各村民小组分别召开村民代表会议，让村民充分了解农村集体产权制度改革的意义和目的。

实测实查，清查核实农村集体的全部各类资产。聘请第三方会计师事务所实测实查、清产核资，对村级、小组级呆死账、个人死亡、单位撤销以及 15 年以上等多种无法收回的账目，经村民代表大会共同决议核销账目；对部分年代久远、已无法

① 执笔人：杨睿。

使用的资产，经过村民代表大会共同决议核减账目。

成员界定，确立确保经济组织的股民成员资格。周营集体股份经济合作社以"遵循历史、兼顾现实、程序规范、群众认可"为原则进行股民资格界定。该社设立20%集体股、80%成员股，其中，成员股分为岗位股和人口股。赋予跨村担任村党组织书记、副书记，村委会主任、副主任、会计等职务的村干部成员身份，设置岗位股，现有岗位股1股，享有在职村股份合作社的选举权和被选举权，但不享受股份分红，人在权在、人走权消。人口股享有的基本原则是，截至2016年8月31日，在1995年第二轮土地承包到户时分得土地的世居户及直系亲属，包括正常婚姻嫁娶、生育子女等，户口在本村的人员，承认该社章程的取得人口股股权，每人1股，承认为该社社员。除此之外，对因集体统一迁出的小城镇户口性质的人员、因征地未安置或安置现已下岗人员，对迁出户口的大中专在读学生或现服义务兵役人员，均承认其社员身份并分得1股人口股，其中对迁出户口已经在外就业的大中专学生或义务兵，不再分配股权。对在押人员，分得人口股，但收益分配要待刑满释放后次年开始发放。对重组且符合计划生育规定的家庭，只可以照顾婚入方子女1人（18周岁以下）参加股权分配，其中，若是原婚迁迁入人员（非世居）重组家庭的，该人员及其子女享有股权分配，但重组家庭中又婚迁迁入的人员及其跟随人员、重组后所生子女，不享有股权分配。

赋码发证，奠定保障农村集体的要素流动基础。2019年底，该社已经领取集体经济组织登记证，陆续做好各平台数据对接工作。以户为单位向成员出具股权证书，若有关内容发生变更，应在一个月内在该社理事会办理变更手续。2020年7月底，该社已经完成证书打印工作并于8月陆续发放。

3. 主要成效

分配20%的集体股，为村社分账、分离的平稳过渡打好基础。在该社的股份设置中，分配给村集体20%的集体股份，用于缓解村社分账后村"两委"提供公共服务时的资金压力，平稳度过改革的过渡期。实行村社分账、分离后，股份合作社扣除的经营性支出，计提的公积金、公益金可以用于该社日常成本、亏损的覆盖；然而对于村集体来说，在财政资金没有能力一步到位的情况下，如果不配置一定比例的集体股分红，则会继续导致账目混乱或降低公共服务质量，甚至无力负担公共服务，难以度过改革的过渡期。

4. 问题建议

章程制定的规范性不足。2018年4月27日，周营集体股份经济合作社全体成员会议通过了《桥林街道周营集体股份经济合作社章程》，对股权设置与管理、成员权利与义务、组织架构、资产管理运营、财务管理等做出了详细规定。但一些特殊成员的情况不足以作为条目写入章程，章程小部分用语不够规范，容易引起歧义。上级指导部门可以统一下发股份合作社指导章程范例，供各村参考；并配备专业指导人员，适时提出修改建议与意见。

第二十二章 江苏省南京市完善集体资产股份权能改革调研报告[①]

2018年8月28~31日，中国人民大学农业与农村发展学院调研组对江苏省南京市完善集体资产股份权能改革进行了调研。调研组与调研市、县（区）政府、县（区）农业农村局等有关部门就集体资产股份权能改革工作进展状况、具体做法、经验做法、存在困难等方面进行了座谈；并进行了实地走访，与镇街干部、村社干部以及部分村民代表进行了深入访谈。为确保座谈会能够提升调研效率，调研组将座谈会分为三个环节：第一个环节，调研组听取汇报工作，交流工作中的创新点、不足与下一步改革方向。第二个环节，调研组全体成员对台账资料、材料进行认真查看。在审查材料期间，调研组全体成员将就汇报期间未充分了解到的内容进行更为翔实的询问、交流，并收集所有相关的调研材料。第三个环节，调研组全体成员与村社干部以及村民代表就农村集体产权制度改革主题进行深入交谈，这不仅可以丰富调研报告的素材来源，也可以将汇报内容、台账资料等与村民代表观点形成交叉验证的关系，提升现场调研工作的科学性与准确性。具体情况如表22-1所示。

表 22-1 南京市实地调研工作行程安排

序号	时间	地点	内容
1	2008年8月28日下午	抵达南京市	
2	2008年8月29日上午	江宁区麒麟街道	江宁区区级改革情况座谈
3		江宁区麒麟街道东流社区	观看村社分账系统操作演示
4	2008年8月29日下午	江宁区东山街道骆村社区	实地调研改革实验情况
		江宁区秣陵街道胜太社区	实地调研改革实验情况
5	2008年8月30日上午	浦口区桥林街道周营村	实地调研改革实验情况
6	2008年8月30日下午	浦口区江浦街道同心社区	实地调研改革实验情况
7	2008年8月31日上午	南京市农村产权交易市场	实地调研改革实验情况
8	2008年8月31日上午	南京市农业科技大厦	南京市市级改革情况座谈

---

① 执笔人：孔祥智、黄斌。

一、改革任务进展评价

随着城乡一体化深入发展，农村集体产权制度改革过程中存在一些集体资产归属不明、经营收益不清、分配不公开、成员的集体收益分配权缺乏保障等突出问题，需要着力完善集体资产股份权能改革，科学界定持股成员、确保股份权益量化、科学设置与管理股权、有效利用产权交易平台、充分发挥股份经济合作社组织功能、发展好股份合作制集体经济。

（一）改革实验任务实施情况

1. 持股成员身份科学界定

科学界定成员，保障股民合法权益。南京市各改革村在成员界定过程中，通过循环反复的成员代表大会民主讨论的形式来确定适合本村的成员界定具体办法，并且会议讨论过程中主要考虑以下几类情形：本村（社区）户籍；第一轮土地承包或第二轮土地承包经营权关系；正常婚姻、嫁娶、生育情况；合法收养；政府组织安排移民；在读大中专学生、现役士兵。南京市各改革村以"尊重历史、兼顾现实、程序规范、群众认可"为原则，推行"一村一策"，引导基层开展集体成员身份界定工作。以民主协商讨论为主的界定方式，不仅能够符合大多数人的利益需求，还能兼顾好弱势群体的利益诉求，以寻求农民群众公认的"最大公约数"，为股份权能改革的后续工作奠定坚实基础，把握改革的"第一道关"。截至 2020 年 6 月，随着成员界定工作的稳妥推进，全市界定集体经济组织成员数量已经达到近 240 万人。

2. 推进股份权益量化

推进股份权益量化，为集体收益分配提供依据。全面推进集体资产股份权能改革，南京市各改革村将集体资产（特别是经营性资产）以股份或份额形式量化到集体成员，作为集体成员参与集体收益分配的基本依据。经营性资产作为可产生经营效益的集体资产，是收益分配的主要来源，对其产权归属的明晰是股份权益量化工作的重点。通过股份或份额的形式将股权量化到集体经济组织成员，大力发展各种形式的股份合作。以股份权益量化为依据，集体成员可以按确定比例共享股份合作发展所产生的集体成果。对资源性资产，重点是盘清、搞活，通过农村产权流转交易市场公开交易，实行效益最大化。有别于经营性资产，非经营性资产的主要功能是服务农民群众，其重点在于探索建立有效的运营管理机制，确保资产功能充分发挥，不减少、不流失。南京市在股权量化过程中，主要以人为单位量化、以户为单位进行分红，具体量化规定除了以法律法规和现行政策为依据之外，还需要提交集体经济组织成员大会或成员代表大会民主讨论，经 2/3 以上集体经济组织成员或成员代表讨论通过，并向全体成员公开公示后方可实施。总体而言，南京市各改革村股份权益量化的依据是以经营性资产折股量化为主，而少数村集体探索对土地、山林、水面、"四荒"等资源性资产折股量化，以弥补经营性资产缺乏的现实困境，比如漆桥镇荆溪村。村集体经济组织再依据资产运营所产生的收益按折股量化的比例进行分配。截至 2020 年 6 月，全市 691 个村社集体经营性资产量化完成率达 99.9%，共量化集体经营性资产约 57 亿元。

3. 股份权能合理设置与固化管理

完善农村集体资产股份权能，充分保障集体成员权益。在股份权能设置方面，南京市各改革村集体资产股权设置以人口股为主，对成员、资产情况复杂的村，还设立土地股、集体资产积累股等，集体股比重一般不超过 20%。全面建立股权登记制度，健全收益分配机制，赋予农民对集体资产股份的占有、收益、有偿退出及抵押、担保、继承等权能，真正让农民成为改革的受益者。全市 691 个村社，除 1 个村（武家嘴村）尚在改革推进中，其他涉农村（社区）均已完成改革任务，完成率达 99.9%。比如，江宁区骆村社区将集体经营性净资产折股量化给集体成员后，为提高集体成员持股份额和分红标准，适当调低了集体股比例，将集体股由原来的 60% 降低为 30%，个人股由原来的 40% 提高为 70%。在个人股中，分为土地股和人口股，享受土地股的是在 1983 年分到土地，在 2017 年 10 月 20 日现有的人员。人口股是在 2017 年 10 月 20 日现有人员且符合享受条件的人员。此次股改共设置股权 5200 股，每股本金 54615 元，其中集体占 1560 股，个人占 3640 股。对照条件，最终确定享受股份的户数为 893 户，享有股权的股民为 2590 人。

在股份权能管理方面，引导各区因地制宜推进，分类有序施策，结合实际情况打造产权制度改革特色亮点。对于撤制村、城郊村等城镇化程度高、外来人口多的村（社区），着力推进股权固化改革，推动股权管理由定期动态调整转变为静态固化管理。此外，南京市此次改革工作在实现集体资产股份占有、收益、继承权能的基础上，还探索股权有偿退出的路径。江宁区泥塘社区率先探索形成了"量化到人、固化到户、户内继承、社内流转"的股权改革与管理模式，浦口区探索了"股权有偿退出"权能改革任务。比如，江宁区为切实加强农村集体资产股份管理，规范农村集体资产股份有偿退出行为，保障农村集体经济组织及其成员合法权益，下发《江宁区农村集体资产股份有偿退出暂行办法》，规定农村集体资产股权持有人可自愿将所持有的集体资产股权有偿让渡给本集体经济组织其他成员或者本集体经济组织。现阶段，农村集体资产股份有偿退出的方式主要有内部转让和集体赎回两类。其中，对于因特殊情况由集体赎回的股权，成员可享有回购权，赎回价格由股份经济合作社确定，但不得低于原集体赎回价格。需要说明的是，村集体经济组织实施股权有偿退出需要经过街道集体资产主管部门批准方可启动。浦口区也制定了《浦口区农村集体资产股份有偿退出和继承管理暂行办法》，对有偿退出和继承股份权能的条件与程序进行了规范。

4. 建设产权交易平台

建设农村产权流转交易市场，规范集体资产交易，能够保障股权收益分配的来源看得见、摸得着，以公开、公正的平台保障集体成员股份权益。推动农村产权流转交易公开、公正、规范运行，是提高农村要素配置效率、促进集体资产保值增值、维护集体经济组织成员合法权益的基础性工作。以互联网技术为依托，以建设"三农"综合服务平台为导向，实现市、区、镇街三级交易数据信息实时更新、同步联动。南京农村产权流转交易信息服务平台具备信息发布、交易管理、统计查询、抵押融资、预警监管五大功能板块，与南京市农村三资管理 E 阳光信息平台进行数据对接，实现了与农村集体"三资"监管系统的信息推送共享。借助"阳光惠民"监管系统建设，创新农村集体资产流转交易监管方式，打通与农村集体"三资"系统之间的数据互联共享通道，推进农村集体资产流转交易"应进必进"信息化、智能化监管。

通过充分发挥好产权交易平台的规范化功能，农村集体资产不仅能实现保值增值，也能促进经过资产折股量化的集体成员实现稳定增收。截止到 2020 年 8 月底，全市累计成交项目总数 15801 个，交易金额 60.37 亿元（其中，2015 年成交 5.19 亿元、2016 年 4.95 亿元、2017 年 9.31 亿元、2018 年 15.61 亿元、2019 年 14.36 亿元、2020 年 1~8 月 10.23 亿元）。1~8 月，农村产权交易市场已成交项目数 2960个，交易金额 10.23 亿元。通过平台交易的项目平均溢价率达 2.6%；累计给村集体和农户增收减支 1.5 亿元，其中农村集体资产项目溢价率 3.7%，小型水利设施项目溢价率 10.8%。

5. 强化股份经济合作社组织功能

股份经济合作社是集体资产运营的组织载体，强化股份经济合作社功能，能够提升资产运营效率，增加持股成员收益。南京市积极推进以村级为主的农村集体资产股份经济合作社改革，特别地，对于具备一定规模集体资产和稳定收益的组，可以成立组级集体股份经济合作社。此外，南京市按照局部改革、风险可控的要求，还探索建立了镇（街）级集体资产股份经济合作社，形成以村级为主体，镇级、组级并存的股份经济合作社组织体系。同时，南京市全面强化各级股份经济合作社应分别制定相应合作组织章程，建立股东大会或股东代表大会、董事会（理事会）、监事会，建立健全集体经济组织治理结构。为进一步明确股份经济合作社在集体资产运营方面的主体地位，南京市既加快"两证发放"，明确股份经济合作社的组织身份，也探索推进村社分账，理顺股份经济合作社的经济治理功能。

在"两证发放"方面，南京市力争做到工作进度处在全省领先地位。积极开展农村集体经济组织登记赋码，全市 689 家村级集体经济组织完成登记赋码，登记率达 99.9%，领取相应组织登记证书。引导完成登记赋码的农村集体经济组织适时办理银行开户，部分村集体经济组织已在银行开立新的账户。加快系统信息录入和股份证书发放，选择栖霞区、溧水区作为系统信息录入县，全市录入并审核通过集体经济组织 688 家，信息录入及审核通过进度全省领先。江宁区入选全国农村集体产权制度改革典型案例。

在村社分账探索方面，南京市以市农业农村局、民政局、财政局名义出台《关于开展村级集体经济组织与村民委员会分账管理的指导意见》，按照"一年开展改革、两年整体推进、三年完善提升"的部署，整市推进村级集体经济组织与村民委员会分账管理改革。围绕事务分离、人员分开、账户分设、资产分管、核算分立、账务明晰、平台统建、创新发展8个方面，逐步建立职责明晰、稳定协调的基层组织管理体制。在实际操作过程中，经济发展水平较高、工业化城镇化程度较高的地区，选择有条件的村开展"村社分设"改革。主要做到村社职能分开、人员分开、财务分开，形成在村（居）党组织的领导下、村（居）委会自治管理与农村社区集体资产股份经济合作社自主经营的新格局村（居）、社分设后，村（居）委会负责社会服务、管理和公益事业；农村社区集体资产股份合作组织承担经济功能、主要负责集体资产经营、管理，充分遵循民主程序，严格执行财经纪律，确保集体资产保值增值。村（居）、社分设后，在一定时期内可由村（居）党组织主要负责人兼任社区资产股份经济合作社主要负责人，在股份经济合作社实现规范运行后，具备一定条件时，可再通过培养、选拔、选举等方式产生股份经济合作社主要负责人。村社分设后，合作社必须办理工商注册登记，实行独立建账、单独核算，落实一社一账户，其收益按规定提取一定比例的公积公益金，再按同股同利的原则进行股份分红，并逐步提高社员分红比重，形成社员财产性收入长效增收机制。

6. 发展新型集体经济

发展新型集体经济，新在"股份合作"，形成集体成员边界清晰、集体产权关系明确的股份合作经济。发展新型集体经济，能够夯实集体资产股份权能改革的物质基础，强化由成员共享改革成果。为促进新型集体经济发展壮大，南京市把实现好、维护好、发展好广大农民的根本利益作为改革的出发点和落脚点，通过采取镇村联合、村村联合、万企联万村等方式，吸引工商资本、民间资本积极参与，引导集体经济组织建设购买置换物业资产、领办村级综合社、入股各类收益稳定风险可控的经营实体。

比如，江宁区着力发展新型集体经济，东山街道章村社区建成3.6万平方米的总部大楼，社区资产总额6.9亿元，实现总收入5127万元，走稳了楼宇经济道路。黄龙岘依托区国资平台，全力打造美丽乡村，大力发展"美丽经济"，探索了村企共建发展模式，为农村改革发展提供了重要的物质基础。总体而言，江宁区在新型集体经济发展方面展开了积极探索，其举措主要体现在以下几方面：一是出台留用地政策。支持征地拆迁地区集体经济组织通过货币化补偿、留地安置、置换经营性物业（股权）三种方式落实村级留用地政策，用于发展集体经济。二是支持联合抱团发展。引导集体经济实力不强的村改变"单打独斗"经营方式，支持成立股份经济合作联社，采取联合抱团、异地发展等方式发展集体经济。江宁区有60个村组建了3家集体资产股份联合社，资本金共2.9亿元，通过购买优质资产（股权）、承担实施配套项目，每年获得8%~10%的稳定收益。三是激发内生发展动力。改变过去村集体直接办厂方式，采取以街道（社区）为单位，集中规划建设或购置经营性物业资产增加稳定收入。对经济薄弱村、欠发达村，市、区财政每年安排2200万元资金，用于奖补村集体建设的产业帮扶项目和基础设施等公益类项目，提升村级"造血"能力。四是强化公开交易。建成 1 个区级和 10 个街道农村产权交易市场，全部为事业单位，要求集体资产资源流转交易必须全部进入农村产权交易市场，做到"应进必进"。截止到 2019 年底，全区农村产权已累计交易 6774 宗，交易额达 18.73 亿元，累计为村集体增收减支 4560 多万元。

（二）改革任务的整体效果

1. 持股成员身份明晰

南京市各改革村以"尊重历史、兼顾现实、程序规范、群众认可"为原则，通过协调平衡各方利益推行以镇街为单位的"一村一策"，明晰了持股成员的身份。成员身份的明晰，能够界定集体资产的权属，改变过往集体资产总量模糊、权属模糊、管理模糊等问题，使集体成员能够"看得见、摸得着"集体资产。此外，成员身份的明晰促使集体资产产权模糊转变为"人人有份"，能够调动村民参与发展本村经济的积极性，促使集体成员积极参与对集体资产管理运营的决策。随着农民身份向股东身份转变，集体成员相比以往更为积极地参与村集体资产运营与集体经济发展的决策，由"不理会、不愿干"到"熟情况、主动干"，极大地提升了村集体经济发展决策的科学性和合理性，推进了集体经济的壮大和集体成员财产性收入的提升。

2. 稳固集体收益分配权能

股份权益量化能够实现集体资产"人人有份"，推进集体经济股份分配制度的建立。在集体资产通过经营产生收益之前，股份权益量化激发了集体成员助力集体资产通过运营获利的积极性；在效益显现之后，集体成员按照既定的收益分配比例由集体经济组织（股份经济合作社）进行分红。股份经济合作社按照《合作社章程》以及确定了的收益分配制度的核算方式和操作程序，从制度层面和组织层面保障集体经济组织成员的集体资产收益权。比如，浦口区同心社区年终分配方案由股份经济合作社根据年终经营结果，经股东代表大会讨论通过，可适当调整当年提留和股红分配比例。同心社区每年从净收益提取公积金、公益金，用于扩大再生产后，严格遵循股权平等、同股同利的原则，每年兑现一次收益分配，凭股权证书领取。股权证书仅能作为领取红利的凭证，不作其他功能使用。此外，集体收益分配制度的稳固拓宽了农民的财产性收入，为农民创建了一条稳定的增收渠道，促进农民收入持续提高。2019 年，全市股民人均分红及福利分配近 300 元。全市农村居民人均可支配收入达 27636 元，同比增长 9.4%，增幅位居全省第一。其中，人均财产净收入达 1351 元，同比增长 9.7%。因此，集体收益分配已经成为农民稳定增收的重要着力点。

3. 推行股权固化，深化拓宽权能

着力推进股权固化改革，推动股权管理由定期动态调整转变为静态固化管理，稳步地缓解了撤制村、城郊村等城镇化程度高、外来人口多的村（社区）在改革过程中所形成的利益关系矛盾，探索形成了"量化到人、固化到户、户内继承、社内流转"的静态股权管理模式。比如，浦口区同心社区以 2016 年 5 月 31 日为股权固化的时间节点，将个人股权量化到人，固化到户，以户为单位"生不增，死不减"，不再因家庭成员户籍、人口发生变化而调整股权，而量化给股民的经营性资产由集体统一经营、管理和分配，这样农民就可以实现"持股进城"，集体收益分配权不仅没有与土地承包经营权、宅基地使用权绑定在一块，也不会成为集体成员劳动力要素自由配置的阻碍，反而在一定程度上缓解了农民进城落户的担忧，推进了农民市民化进程。也有村集体采取过渡性质的静态管理模式。

在股份权能拓宽深化方面，南京市认真落实集体组织成员对集体资产占有权、收益权，拓展延伸股权固化改革内容，稳步探索在家庭成员内部开展集体资产股权有偿退出和继承改革。在股权固化的基础上，股份权能的拓宽也能稳步深入推进，避免因股权关系不稳定导致股权拓宽带来新的利益矛盾。随着股权关系的稳定，集体成员能够持股进城，不会受到集体成员股份关系不稳定性的约束。比如，浦口区同心社区在保障集体成员对集体资产的占有权、收益权的基础上，结合股权固化改革，提出了固化后的股权可以继承，赋予集体成员继承的权能。明晰了产权权能，规范了责、权、利关系，让农民变成股东，享有更多的财产权利，享受到更多改革红利，进而调动了他们管理、经营集体经济的积极性和主动性。浦口区周营村规定股权只能社内继承、流转，每户持股总数不得超过该集体经济组织成员平均持股额的 5 倍，防止股权"一股独大"现象的出现，避免集体成员利益受到侵犯。浦口区还探索了"股权有偿退出"权能改革任务，尽管改革时间较短，尚没有成员有偿退出股权，但这一举措不仅拓宽了股份权能，还强化了集体成员从市场交易层面对股权价值的认识，为以后股权有偿退出的交易行为奠定了坚实基础。

4. 以交易规范保障股份权益

南京市着力建设农村产权交易平台，是促进集体资产保值增值、集体经济收益增加的重要举措，以交易的规范化加强农村集体资产运作监管，保障集体成员的股份权益。规范农村集体资产交易，防止了集体资产流失，防止了内部少数人控制和外部资本侵占。南京市致力于创新打造"市区一体、村银直联、实时动态"的"三资"监管综合平台，以信息化带动"三资"监管制度化、公开化，初步实现了农村集体资产由"模糊管理"向"精准管理"的转变。在财务科目体系方面，南京市建立了市、区、镇、村联网的农村集体财务资产信息监管系统，村级财务所有原始单据采用数码方式上传，账务处理实现自动化、网络化。所有村已全部实现集体财务网上做账。每个村级组织只开设一个基本账户，实现"一村一账户、独立建账"，村级所有资金进出必须通过基本账户。

此外，南京还积极开展了"村社分设"探索，尤其在那些镇街经济实力较强、城乡基本公共服务均等发展水平较好的地区开展，有利于将财权、事权合理分解，规范集体资产运营方式，将集体资产经营管理中的重大事项交由股份经济合作社的股东代表大会决定，村干部在各种有效的监督之下只能将权力用来为股东服务，而无法以权谋私。通过明确区分村集体经济组织的公共服务职能和农村社区股份经济合作社的经济职能，股份经济合作社在发展过程中不会出现与村集体产权不清、职能重叠等导致工作效率低下的问题。比如，江宁区大里社区开展"村社分设"工作，做到居社职能分开、人员分开、财务分开，形成在社区党组织的领导下，社区居民委员会居民自治管理与社区股份经济合作社自主经营管理的新格局。"村社分设"后，居委会负责社会服务、管理和公益事业；社区股份合作组织承担经济功能，主要负责集体资产经营、管理，充分遵循民主程序，严格执行财经纪律，确保集体资产保值增值。"村社分设"后，在一定时期内可由社区党组织主要负责人兼任社区资产股份经济合作社主要负责人。在股份经济合作社实现规范运行后，可再通过引进、培养、选拔等方式产生股份经济合作社主要负责人，提升集体资产运作与交易的规范程度与效率。

5. 优化集体经济运营方式

发展新型集体经济，优化了集体经济的运营方式。一方面，集体经济发展不断壮大。完善集体资产股份权能改革，集体成员参与积极性大大提升，农村集体经济组织法人地位得到强化，能够充分利用内部成员优势与引入外部资本优势，大力发展资产租赁型、资源发包型、产业带动型、服务输出型、资本经营型等多种形式的集体经济。2019年全市村集体经济总收入近52亿元，村均总收入和经营性收入分别达746万元和360万元。另一方面，助力实现精准帮扶。南京市按照每个经济薄弱村每年60万元、欠发达村每年40万元标准，每年安排帮扶资金9400万元，专项用于扶持集体经济薄弱村（欠发达村）发展。全市经济薄弱村村均拥有标准厂房5000平方米，通过发展新型集体经济，实现村均租金分红收益达26万元，为提高收入发挥了重要作用。

二、创新点及政策含义

（一）主要的改革创新点

南京市"完善集体资产股份权能改革"任务进展顺利，取得了诸多成效。在改革过程中，部分改革创新点从实践中涌现出来，能够为其他地区改革提供新方法、新思路。

1. 创新股份权能拓宽路径

南京市在实现集体资产股份占有、收益权能的基础上，探索股权继承与有偿退出的路径，促使部分股份权能从"无"到"有"进行拓宽，既需要不破坏原有股份权能结构的稳定性，也需要兼顾已有集体成员与其他人员的利益诉求。

第一，股份权能拓宽因地制宜。对于时机不成熟的地区不能"一刀切"地进行股份权能拓宽。在调研过程中发现，尽管集体成员对于股份有偿退出权能拓宽并未呈现出太多的现实需求，但在实践中会对占有、收益、继承等已有权能的价值进行综合考虑，同时也能在紧急情况发生后充分发挥这一权能的社会保障功能。对于那些权能残缺的情况，如占有权能规则复杂、收益权能未落到实处等，股份权能的拓宽不仅现实意义不大，甚至造成股权关系的混乱，而这也是南京市对各改革区权能拓宽改革工作审慎推进的重要原因。

第二，股份权能拓宽分类推进。对于不同利益诉求的人群，要采取不同的股份权能拓宽方式，以平衡各方主体利益，形成稳固的利益关系。比如，江宁区将继承权划分为两种方式：第一种是只能继承股份的收益权；第二种是继承股份的表决、收益等完整权利。第一种情况主要适用于与集体经济组织关系较弱的群体，包括在城镇有稳定工作的群体，比如教师、公务员、国企正式职工等国家公职类人员以及其他社区集体经济组织成员或户口已迁出本社区的人员。这类人员只能继承集体资产股份的收益权，不得享受其余权利。第二种情况主要适用于在 2018 年股改时因未满章程规定年龄而没有确定为集体经济组织成员身份的继承人，且其基本身份未改变，仍能够继承集体资产股份的表决、收益等完整权利。

第三，股份权能拓宽设置底线。股权有偿退出是指农村集体资产股权持有人自愿将所持有的集体资产股权有偿让渡给本集体经济组织其他成员或者本集体经济组织。现阶段，农村集体资产股份有偿退出的方式主要有内部转让和集体赎回。然而，集体成员股权有偿退出行为的发生，既可能是长期性行为也可能是短期性的应急行为。为避免股权转让行为的发生破坏股权结构稳定性，南京市江宁区在探索过程中为有偿退出设立了底线和条件：一是股权有偿退出必须受到章程规定的约束；二是对于重大疾病、意外灾害等亟须现金支出或其他特殊情况，同样需要经过集体经济组织同意等程序，才能发生有偿退出交易行为；三是股权有偿退出既需要符合每户保留 1 股的下限要求，也需要符合所持股份不得超过股份经济合作社章程规定最高比例的上限要求；四是股权有偿退出的权能是有限的，不能享有表决权；五是农村集体经济组织流动资金占总资产 10% 以上，且近三年经营性收入年均增幅达 5% 以上时，方可开展集体赎回。

2. 高效利用国资投入，发展农村混合所有制经济

南京市溧水区在原有改革成果的基础上，进一步探索，创新实施"村集体资产投资入股+国资平台公司市场化经营"的发展新模式，实现村集体资产保值增值与国资平台公司高质量发展的"双赢"局面。其中，溧水区永阳街道围绕扶持涉农村社发展壮大村集体经济，创新以村集体资产入股国资平台公司，实现了多方受益、携手共赢。

第一，以市场化手段盘活闲置集体资产。通过摸排村集体资产，特别是闲置的资金，创新实施对外投资，使村集体经济组织成为充满活力的市场主体，也让沉睡的集体资产有了稳定的经济收益。村集体投资入股国资平台公司，由专业的企业负责资产运营，村集体只参与分红，实现股权与经营权分离，让专业机构做专业的事，保障了村集体收益，降低了集体资产损失风险。

第二，以合作共赢做强国资平台。通过深化村集体与国资平台公司的协作，探

索了集体经济与国有经济互促共赢发展道路，以村集体资金入股和资产优化整合，进一步推动国资平台公司实现能级提升，带动国有资产增值。特别是江苏永阳建发集团公司作为街道注资的国资公司，各村依据不同经济实力，按 100 万元/股的标准，确定 2500 万~5000 万元股权投资额度入股公司。此外，各村集体资产经过专业评定后，可作为投资转入永阳建发集团公司，其中经营性资产可委托公司统一对外出租，保障村级收益。通过委托代持股权投资方式入股永阳建发集团公司后，村集体可以按照同股、同权、同利原则享受到股东权益，参与公司分红。通过永阳建发集团公司实体化运营、市场化发展，带动村集体资产实现保值增值，并将收益通过股份经济合作社惠及村民。发展壮大和能级提升将推动实施更多的基础设施、民生事业等项目建设，带来更多就业岗位，产生更大社会发展效益，既有力推动街道发展，也为全区高质量发展作出贡献。

第三，以政策兜底保障群众利益。在改革实施中，永阳街道始终坚持党的领导，坚持以人民为中心的发展思想，坚决落实好村集体收益最低保障、发展资金及时调配等一系列"兜底"政策，绝不让村集体以及百姓的利益受到损害，让大家能够放下包袱、轻装上阵，也赢得更加广泛的支持，集聚更强大的发展合力。

3. 稳步探索股份经济组织退出机制

随着城市化进程的深入推进，部分村（社区）的集体资产规模日益缩小，集体经济组织可发挥的作用有限，集体长期没有可分配的集体资产经营效益。在这种情况下，股份合作经济组织如何退出是亟待解决的问题。比如，迈皋桥街道与玄武区、鼓楼区主城区接壤，随着城市化进程不断加快，城市建设迅速发展，近郊的农村集体经济组织面临集体土地全部被征收、集体物业全部被拆迁、集体组织成员全部进城市社保、集体经济组织没有生存和发展空间等新情况、新问题，本着从实际出发、因地制宜的"一村一策"原则，充分尊重集体经济组织成员意愿，切实解决股份经济合作社无法运行的矛盾，维护好成员合法权益和社会稳定，迈皋桥街道积极探索股份经济合作社退出。2012 年迈皋桥村与合班村社区合并为合班村社区，从 2016 年开始，因合班村社区城中村、危旧房改造项目实施拆迁，股份经济合作社经营性资产全部被拆迁，由于合作社厂房、门面房等物业无合法权证，拆迁补偿金额较少，且无发展空间，也无法继续经营，自 2016 年后无收益给社员分红，在这期间不断有合作社成员到社区、街道反映，希望组织退出的需求愈发强烈。在组织退出机制方面，迈皋桥街道在尊重成员意愿的基础上，先是严格清算资产，走好"第一步"，再制定合理的退出方案。尽管迈皋桥街道在 2018 年已经完成集体经济组织清算退出，但这一创新点也属于股份权能的"集体退出"，对于南京市改革任务后期的开展具有重要意义。

第一，充分尊重成员意愿。在报上级部门同意后，合作社于 2017 年 12 月 28 日组织召开了社员代表大会，经社员代表表决一致同意股份经济合作社根据《合作社章程》的有关规定进行清算，并把表决结果在社区进行张榜公示，接受全体社员监督。第二，严格清算规范操作。根据清算有关规定，经街道办事处工委研究决定，成立迈皋桥股份经济合作社退出清算小组，清算小组由街道分管领导任组长，街道资产办负责人、合班村社区书记、主任任副组长，财政所会计、合班村社区会计及部分股东代表为组员。清算小组聘请江苏天仁资产评估事务所有限公司对合作社资产进行估值、江苏瑞远会计师事务所有限公司对合作社财务进行清算审计。第三，合理制定清退方案。按照章程规定清算小组制定了合作社股权清退方案，世居人口应分配数为 41.72 万元，迁入人口应分配数为 18.14 万元，个人股合计分配 59.86 万元（不含集体配股），集体股分配 935.88 万元，集体股分配所得归合班村社区集体所有，用于原合作社成员集中安置小区的集体公共公益事业发展。2018 年 5 月 8 日，经过股份经济合作社董事会、监事会及成员代表大会表决一致通过审计、债权债务转移及股份退出方案，并把方案对外张榜公布。5 月 21 日股权清退完成，正式完成集体经济组织清算退出。

（二）主要改革创新内容的适用条件和范围

南京市通过集体资产股份权能改革，明晰了集体资产产权，拓宽了集体资产股份权能，保障了集体成员权益，壮大了农村集体经济，拓宽了集体成员财产性收入，为城乡要素高效合理配置创造了稳定的环境。在改革过程中，南京市集体经济发达村与集体经济薄弱村的改革创新路径存在明显差异，其中，成员界定问题较为复杂的村与界定难度较小的村在改革创新路径上同样存在差异。因此，改革创新内容的适用条件和范围因地而异，需要对集体经济基础、成员界定难度、主导产业基础等多重因素进行综合考虑。

（三）对改革成果的推广建议

总体而言，南京市完善集体资产股份权能改革在中期阶段已经取得较为显著的成效，对于其他地区改革工作的推进具备一定的可借鉴意义，在推广过程中需要做好以下几点工作：第一，强化顶层设计，健全政策体系。认真贯彻中央、省相关文件精神，出台了《中共南京市委南京市人民政府关于深化农村集体产权制度改革的实施意见》《南京市完善集体资产股份权能改革工作方案》《关于盘活农村集体土地促进乡村振兴的若干政策措施》《关于开展村级集体经济组织与村民委员会分账管理的指导意见》等系列文件，围绕组织成员身份认定、股份量化、股权设置与管理等改革关键环节提出指导意见，加强工作指导，为完善集体资产股份权能改革明确了方向。第二，严格工作推进监督考核机制。南京市委、市政府高度重视改革工作。各区成立了由区、镇街党委书记为组长的领导小组，建立改革领导体制和推进机制，致力于建立健全协调推进机制和督查考核机制，定期组织召开改革推进会、交流会，进而能够有序、有力、稳妥地推进改革工作，避免改革工作进行得不平衡、不充分，后者因缺乏监管而出现工作进度严重滞后的现象。第三，强化信息技术支撑，重视工作效率。依托省集体经济组织管理系统、市农村"三资"管理综合平台，大大提高工作效率。同时利用好 QQ 群、微信群等平台，实现改革工作具体问题的全天在线解决。

（四）改革创新内容对推动农村全局改革的意义

随着城市化进程的加快，农村集体资产属于谁，由谁来占有、经营、管理、监督，以及产生收益如何分配等一系列问题亟须得到明晰。为保障集体成员权益，稳步推进集体经济发展，农村集体股份权能改革尤为必要。通过改革，南京市村集体资产股份权能内容逐渐丰富，产权交易市场也实现了区、镇两级全覆盖，为集体资产交易活动提供了平台，确保集体经济发展路径公开、公正，充分考虑集体成员的利益诉求，激发集体资产运营活力，稳固集体收益分配权能，拓宽农民增收渠道。

三、存在的问题与可能的风险

南京市完善集体资产股份权能改革过程中，在实践中反映出了一些问题。需要说明的是，这些问题可能对各地都具有广泛的参考意义，而南京市的丰富改革举措能够使这些问题显现得更为全面，更深刻地反映出改革过程中所存在的症结，对下一步改革工作的开展具有重要的指导意义。

（一）集体收益分配制度设计有待优化

南京市各改革村集体收益分配未能处理好集体股与公积金和公益金之间的关系，收益分配的激励作用在制度设计上仍然具有优化空间。南京市各改革村集体收益分配依据主要包括三大板块：集体股、公积金和公益金、成员股（包括人口股、土地股、集体资产积累股等）。其中，集体股比重一般不超过20%，主要用于村集体的公共开支以及福利性支出；公积金和公益金主要用于福利性支出与股份经济合作社自身发展需要；成员股主要用于持股集体成员的分红。然而，集体股、公积金和公益金在实践过程中就其使用去向难以进行精确的区分，集体股对应的部分集体资产归属尚不清晰，而且设置公积公益金可以代替集体股发挥集体经济组织担负的社区公共事业发展功能，并且两者比例的确定由于各年度开支需要的差异而在各年存在变动。究其原因，一方面，南京市各改革村公共事业负担过重。比如骆村社区股份经济合作社2018年对老人生活补助、大病救助、困难补助、高考奖补等福利性开支达260万元，对环境整治等民生改善投资也超过800万元。在这种情况下，对于集体股以及公积金和公益金比例的限制，会约束村集体承担公共事业的能力范围，不仅不利于成员所享受公共服务质量的提升，甚至可能使村集体经济组织陷入负债状态，不利于集体经济组织功能的充分显现。因此，公共事业管理会影响集体股以及公积金和公益金比例的确定。另一方面，集体成员财产权意识逐步提升，不仅对收益分红有着较为强烈的需求，甚至对收益分红的"递增"存在预期，进而影响到成员股比例的确定。在收益分配制度设计过程中，特别是对于公共事业支出压力较大的地区，如何合理设置集体股、公积金和公益金、成员股之间的比例关系，仍然需要在实践过程中加以探索总结。

（二）股份经济合作社主体作用有待提升

股份经济合作社是集体资产运营的主体，其主体地位决定了其能发挥多大的功能作用。一方面，股份经济合作社组织功能的显现还有待强化，以匹配其作为运营集体资产的核心载体地位。对于南京市集体经济发达村，收入分配机制的调整涉及多方利益关系，股份经济合作社的章程制度是否适用于当地实际情况，是否有能力对收入分配机制进行有效调整，都是股份经济合作社难以开展的"硬骨头"工作。部分合作社干部可能存在畏难情绪，因组织实力薄弱等原因而被动应付。对于南京市集体经济欠发达村，由于缺乏集体资产，对组建和发挥股份经济合作社的作用持消极态度。因此，股份经济合作社的运营管理能力仍具有广阔提升空间，从社会认知层面强化股份经济合作社的法人地位。另一方面，股份经济合作社与其他类型合作社关系的处理，到底属于替代关系还是互补关系？目前来看，尽管两者性质存在根本区别，但在功能定位及作用上有什么差异与共性，是有待厘清的问题。如果处理不好两者的关系，不仅会造成一种机构过多过滥的印象，甚至加大综合运营成本，抑制股份经济合作社主体功能作用的发挥。

（三）基层农经队伍干部力量有待强化

各改革村镇完善集体资产股份权能改革涉及成员界定、股权设置、权益量化等多方面内容的制定，需要召开多次工作推进会以及成员代表大会等，才能将多个改革环节落到实处，决定了改革工作时间紧、任务重，对负责执行改革任务的基层工作队伍的工作能力提出较高要求。基层镇街改革工作队伍普遍人员较少，同时还要承担其他项改革任务，发挥其他方面的管理职能，使基层改革工作难度加大。一方面，改革工作队伍的整体素质有待提升，改革工作能力总体不强，影响农村集体产权制度改革工作的进度。另一方面，改革定力不足，缺乏群众工作经验。在集体经济发达村，基层干部可能由于利益关系过于复杂存在畏难情绪，未深入协调群众利益的工作之中；在集体经济欠发达村，基层干部可能由于对改革重要性认识不足，对待改革工作持消极态度。总体而言，改革工作的政策宣传工作不及时、不到位，导致基层干部和集体成员都对改革任务迫切性的认识严重不足，积极性不高。

四、下一步工作方向

南京市改革任务"完善集体资产股份权能改革"在中期阶段已经显现出明显成效，改革任务的顺利推行需要保住改革中的成果，结合改革工作创新点和存在问题与可能的风险，继续做好下一步改革工作。

（一）改革方向方面

以股份权能拓宽与保障为主要方向，继续深化集体资产股份权能改革。一方面，要进一步深化成员界定、股权设置、股权固化等改革举措，同时继续探索股权继承、有偿退出等权能拓宽的有效实现路径。另一方面，以集体收益分配为推力促进乡村治理，提升农村综合改革联动性。集体收益分配的对象、比例、条件对集体成员行为具有激励与约束作用，既能够激励集体成员积极参与到乡村治理的过程中，也能够约束集体成员不利于乡村治理的行为，比如以取消其收益分配权益作为约束性惩罚，需要充分发挥其改革推力，让集体资产股份权能改革深入到基层老百姓之中。

（二）改革内容方面

探索发展混合所有制形式的集体经济。通过创新股份合作形式，吸引外部资金支持、要素注入，大力发展新型集体经济，优化集体资产运营方式。鼓励统筹利用镇街、村集体经济组织资产资金、政府帮扶资金等，采取镇村联合、村村联合、村企联合、村社共建等方法联合经营，提高农村集体经济组织的市场竞争力和抗风险能力。

强化股份经济合作社主体地位。目前来看，股份经济合作社的主体地位还有较大的强化空间。一方面，要以"村社分设"改革工作为契机，将提供公共服务职能和村民自治功能交给村（社区）委会，把农村集体资产经营管理的经济职能交给社区股份经济合作社，建立起产权清晰、管理科学的农村集体资产运营管理机制，体系健全、科学有效的村级财务核算监督机制，保障全面、合理统筹的农村公共服务各级财政分担机制。另一方面，探索村集体综合社运营机制，整合村级内部合作社资产运营能力。综合社能够将土地股份合作社、农民专业合作社、村（社区）股份经济合作社等的经营服务内容进行重新整合，能够提升综合服务能力，强化股份经济合作社的核心竞争力，提高其在基层发挥功能作用的主体地位。

（三）工作推进方面

强化信息化治理能力。以新型信息化治理方式代替传统治理方式，在较大程度上能够打破长期以来基层队伍工作人员规模小、素质有限的困境。要大力推动全市农村产权交易市场标准化建设，健全农村集体资产资源流转"应进必进"机制，引导基层全面实行农村集体资产资源流转交易进入农村产权交易市场公开交易，提升集体资产运营管理过程中的信息化水平。此外，要创新利用好微信、QQ等信息工具，推动基层工作队伍形成互助互动交流群，及时迅速地解决改革工作中遇到的问题。

（四）外部保障方面

扎实做好两证发放工作，以此为契机开展改革"回头看"，梳理资产量化、股民确认等过程存在的问题并及时加以整改，及时为各区改革工作提供外部指导。此外，为提升集体经济分红水平，拓宽集体成员财产性收入，需要各区政府指导集体将经营性资产尽可能最大限度地量化到集体经济组织成员，克服改革畏难情绪，同时为国有资本、社会资本引入参与集体经济发展搭建平台，逐步降低不合理的制度性壁垒，为集体经济薄弱村提供必要的政策性优惠，不断提高全市集体经济分红水平。

五、调研案例

（一）案例一：江苏省南京市浦口区周营村集体资产股份权能改革①

周营村位于江苏省南京市浦口区桥林街道东南，东至长江，西邻林浦村、乌江社区，北接茶棚村、南驿村，辖区面积约 5.77 平方千米，其中耕地面积 5115.92

---

① 执笔人：杨睿。

亩，全部承包到户；共有 20 个村民小组，831 户，2788 人，党总支共有党员 94 人，村"两委"工作人员 6 人。为进一步优化城乡要素配置，进发农村集体经济活力，增进集体成员生活的幸福感、满足感和获得感，周营村在上级部门的指导下开展集体资产股份权能改革工作。

1. 基本情况

逐步摸索，进展顺利。截至 2020 年 8 月调研时，周营村已经完成清产核资、成员资格界定、成立村集体经济组织、资产量化、登记赋码和股权证书打印等工作。村集体经济组织资产为经营性资产，截至 2016 年 8 月 31 日，清产核资量化资产原值合计 3921953.97 元；截至 2023 年 4 月 17 日，分设 20%集体股 706 股，80%成员股 2824 股，合计 3530 股，每股 1111.03 元。

依托文化，多产发展。当前合作社主要收入来源为店铺出租租金，约 20 万元/年。村中农户几乎都委托合作社通过当地农村产权交易平台，将承包地流转出去，年租金收入约 700 元/亩、保护耕地补贴 450 元/亩；除此之外，农户还可以到附近的桥林工业园区打工，获得工资性收入。在此基础上，合作社近年来还积极依托当地灵山文化，发展乡村文旅产业，修建灵山记忆乡史馆，真正做到了依托乡村原有肌理，发展壮大集体经济。

2. 创新经验与典型做法

确立了改革的三大基本原则——增人不增股减人不减股、维护特殊群体权益和村集体资产全额量化，严格按照"建立组织制定计划，宣传发动调动积极性，清产核资摸清家底，股权设置量化对象，征求意见通过方案，股份量化公布清册，通过章程宣告成立，总结提高依法运作"的改革程序展开；以民主决策、公式公开、广鉴民意、广纳民策为推动改革工作的主要方法，开好改革动员大会、村民代表大会和股份经济合作社成立大会暨首届股东代表大会三个大会，坚持做到清产核资、股民确认、改革实施方案、社员代表名单、股权清册、股份经济合作社章程的"六个公示公开"。

股民成员身份界定，确立确保经济组织的股民成员资格。周营集体股份经济合作社以"遵循历史、兼顾现实、程序规范、群众认可"为原则进行股民资格界定。该社设立 20%集体股、80%成员股，其中，成员股分为岗位股和人口股。赋予跨村担任村党组织书记、副书记，村委会主任、副主任、会计等职务的村干部成员身份，设置岗位股，现有岗位股 1 股，享有在职村股份合作社的选举权和被选举权，但不享受股份分红，人在权在、人走权消。人口股享有的基本原则是，截至 2016 年 8 月 31 日，在 1995 年第二轮土地承包到户时分得土地的世居户及直系亲属，包括正常婚姻嫁娶、生育子女等，户口在本村的人员，承认该社章程的取得人口股股权，每人 1 股，承认为该社社员。除此之外，对因集体统一迁出的小城镇户口性质的人员、因征地未安置或安置现已下岗人员，对迁出户口的大中专在读学生或现服义务兵役人员，均承认其社员身份并分得 1 股人口股，其中对迁出户口已经在外就业的大中专学生或义务兵，不再分配股权。对在押人员，分得人口股，但收益分配要待刑满释放后次年开始发放。对重组且符合计划生育规定的家庭，只可以照顾婚入方子女 1 人（18 周岁以下）参加股权分配，其中，若是原婚迁迁入人员（非世居）重组家庭的，该人员及其子女享有股权分配，但重组家庭中又婚迁迁入的人员及其跟随人员、重组后所生子女，不享有股权分配。

规范股权，切实赋予经济组织的成员更多权能。该社将经营性资产净值量化给股民后，资产仍属集体所有，由集体统一经营管理，成员股权只享有分配权，不得退股提现，仅作为股金分红的计算依据。实行 5 年一固化的"生不增，死不减；进不增，出不减"的静态股权管理模式，确权到人、发证到户、户内共享。5 年后若需要变动股权，需要经过 1/10 以上有选举权的社员联名提出书面申请并签字确认，经成员代表大会决议微调方案并公示。股权按照继承法规定的第一顺序继承人进行继承，继承人必须是该社持股股民；继承以家庭内部协商为主，若出现协商矛盾，则暂停发放该户股金，达成协议后再补发；若户内家庭人员已没有持该社股权的继承人，则该社收回股权，该户自然消失。股权仅限在社内流转，股权出让人向理事会提出书面申请，经理事会审议通过后，转让双方签订《股权转让书》，经公证处公证后，在该社办理股权登记手续。每户持股总数不得超过该集体经济组织成员平均持股额的 5 倍，防止"一股独大"。

成员抽资退股由退股人提出书面申请，经理事会审核后，提交成员代表大会商议决定。赎回资金列入该社的经营支出，赎回股份可以转让其他社员、核减该社总股份或增加集体股。

3. 主要成效

确权赋能放活，逐步建立起适应农村生产力发展新要求的新型经济体制。明晰农村集体经济组织成员的资格，拓展、认可、放活农村集体经济组织成员的各项权能。如人口股股权享有条件、享有权利的界定；如在清产核资、确权登记基础上，对接省、市、县、乡（镇、街道）资产管理平台、农村产权交易平台，管理运营村集体资产、激活村集体经营性资产经济活力，流转农户承包地，降低农户承包地流转的交易成本，提升农户收益。周营村农户几乎全部通过农村产权交易平台将农地流转出去，年均租金收入 700 元/亩，耕地保护补贴 450 元/亩，释放出农业劳动力可就近到桥北工业园区务工，获得工资性收入。

分配 20% 的集体股，为村社分账、分离的平稳过渡打好基础。在该社的股份设置中，分配给村集体 20% 的集体股，用于缓解村社分账后村"两委"提供公共服务时的资金压力，平稳度过改革的过渡期。实行村社分账、分离后，股份合作社扣除的经营性支出，计提的公积金、公益金可以用于该社日常成本、亏损的覆盖；然而对于村集体来说，在财政资金没有能力一步到位的情况下，如果不配置一定比例的集体股分红，则会继续导致账目混乱或降低公共服务质量，甚至无力负担公共服务，难以度过改革的过渡期。

4. 问题建议

股权管理相关机制设置不够完善。一是在股权继承方面。规定继承人必须是本社持股股民，那么以世居户家庭为例，在成员资格确定日之后出生的人并没有分得股权，如果股权方案一直固化没有调整的话，该新生人口无法通过户内继承取得股权，只可通过章程规定的股权转让程序取得股权，增加了户内股权流动的交易成本。二是在股权转让方面。规定每户持股总数不得超过本集体经济组织成员平均持股额的 5 倍，在特殊情况下，该规定依旧可能出现"一股独大"现象，应以持股比例作为上限界定标准。三是在股权退出方面。当前对股权退出的赎回资金额度、赎回方式还没有详细的规定，要想进一步赋能放活农村要素，这值得进一步探索。

（二）案例二：江苏省南京市江宁区胜太社区集体资产股份权能改革①

为了进一步理顺集体经济产权关系，依据国家的法律、法规及相关政策，在深入研究、细致分析、紧密结合本社区的经济发展、居民收入等具体情况的基础上，早在 2008 年，胜太社区进行了第一次农村集体产权制度改革；自南京市 2019 年承担集体资产股份权能改革工作以来，胜太社区围绕农村改革"确权、赋能、搞活"的总体思路，通过清产核资、资产量化、成员资格认定、股权设置、股权固化、赋予股份权能、注册登记等重点环节，为集体资产股份权能改革进一步推进奠定基础，深化农村集体产权制度改革成果。

1. 基本情况

江苏省南京市江宁区秣陵街道胜太社区位于秣陵街道东北角，三面临河，东至秦淮河，南至牛首河，西至双龙大道，北至秦淮新河，占地面积约 3 平方千米，现有户籍人口 27294 人。胜太社区总面积约 4.3 平方千米，1992 年江宁开发区开发前共有耕地 3878 亩，自然村 16 个。2007 年 4 月，胜太社区与龙池社区合并成立新的胜太社区，开发后原下辖的 16 个自然村村庄全部拆迁，土地全部平整，原村民集中住在胜利新寓、龙池新寓、胜利新村 3 个复建小区。根据清产核资的数据，合理界定经营性资产，最终确定社区经营性资产为 4702.08 万元。根据经营性资产数据设置股权数为 7996 股，每股本金 5881 元，股权设立根据有关政策规定，分为集体股 20%，计 1599 股，个人股 80%，计 6397 股。

2. 创新经验与典型做法

抓住关键，保障权益。社区统筹推进深化改革工作，紧抓四个关键环节：一是全面清产核资。社区把资产清理作为顺利推进改制工作的前提，委托专业会计师事务所，对集体资产、资金、资源等各类资产进行全面清查登记，由测绘公司实地测绘。经本次清产核资调整后，资产总额 5300.59 万元、负债总额 106.87 万元、所有者权益总额 5193.72 万元。二是成员资格认定。结合社区实际，将政策的严肃性和民主的灵活性有机结合，努力实现"低门槛、广覆盖"。股民必须是本社区世居户人

---

① 执笔人：杨习斌。

口，2017 年 12 月 31 日已在胜太社区享受到股金分红的人员（去除外迁人员），且截止到 2018 年 8 月 31 日，户籍在本社区并符合 8 个条件的人员。同时对社区几类特殊人员的政策画出了红线，该给的必须给，不能给的不得擅自扩大范围，维护好群众的利益。三是股权量化。股权设置以成员股为主，股权设置与股权管理主要实行"量化到人、固化到户，户内可继承"。以户为单位"生不增，死不减"，2018 年 8 月 31 日之后不随人口增减变动而调整，固化后对死亡人员的股权由其继承人按国家法律继承。根据清产核资的数据，合理界定经营性资产，最终确定社区经营性资产为 4702.08 万元。根据经营性资产数据设置股权数为 7996 股，每股本金 5881 元，股权设立根据有关政策规定，分为集体股 20%，计 1599 股，个人股 80%，计 6397 股。四是健全合作社组织机构。由胜太社区股改工作组主持，全体股民民主推荐产生股民代表 97 人，选举产生理事会成员 5 人、监事会成员 3 人，完善集体资产管理业务机构，强化集体资产管理。

专门领导，组织保障。为了确保改革工作的顺利推进，胜太社区有针对性地成立了由书记任组长、主任任副组长的农村集体产权制度改革领导小组，小组下设办公室，全面指导社区的改革工作。胜太社区也成立了由"两委"成员、村务监督委员会成员、老干部、楼栋长、党群代表等为成员的 30 人的产权制度改革工作小组，配合领导小组实施各项股改工作。

三方监督，依法审核。深化改革开始，胜太社区委托第三方会计师事务所和测绘公司，配合社区完成清产核资任务，并聘请专业律师全程参与改制的所有环节，主要负责会议法律文书起草、法律法规和政策规定咨询等工作，为改制工作提供了技术和法律保障，全程依法依规开展。

3. 主要成效

胜太社区改革工作经历了清产核资、资产量化、成员资格认定、股权设置、股权固化、注册登记等程序，依法改制、尊重民意、化解矛盾、健全管理机制，全面深化改革工作取得了重要进展，并在 2018 年 12 月 20 日前发放深化改革后的第一次股金分红款，按照 400 元/股，共计 255.74 万元。胜太社区理顺了村级集体经济分配关系，明晰和保障村级集体资产的产权主体及其成员的主人翁地位，不仅使集体资产保值增值，加快发展壮大了农村集体经济，还提高了股民的财产性收入，使其更加具有获得感和幸福感。

4. 下一步工作的思考

增加农民财产性收入，提高农民收入，是实现乡村振兴的关键环节。如何在确保农村集体资产保值增值、农民利益不受损的基础上，同时还要盘活集体经济，使之与市场经济产生良性互动，是下一步胜太社区乃至很多发达地区村集体股份经济合作社要重点思考的课题。清产核资后，胜太社区股份经济合作社确定其社区经营性资产为 4702.08 万元。这些经营性资产在街道乃至更上级政府部门的主导下，并不能灵活地进入市场。这是因为上级领导担心投资失败造成的集体经济损失，各集体经济发展大多只局限于房屋租赁的"瓦片经济",或是躺在银行账目上吃利息。事实上,如果能进一步明晰村民股权,并为其赋能,放开村民股权交易,那么,在产权明晰的基础上,原本属于村集体经济的经营性资产可能会产生更多的经营性收入,进一步提高股民的财产性收入。

(三)案例三:江苏省南京市江宁区骆村社区集体资产股份权能改革①

为探索赋予农民更多财产权利,明晰产权归属,完善各项权能,激活农村各类生产要素潜能,建立符合市场经济要求的农村集体经济运营新机制;针对农村集体资产产权归属不清晰、权责不明确、保护不严格等日益突出的问题,早在2005年开始,骆村社区便开始进行了农村集体产权制度改革的初步探索;2017年,骆村社区作为股份制股权固化改革社区,按照相关工作要求和流程,相关的改革内容在原来的基础上进一步延续、深化、完善和规范。截至2017年12月底,整个骆村社区农村集体产权股份合作制改革推进工作已全面完成。之后,骆村社区股份权能改革工作基本稳固,集体资产股份权能改革工作进一步巩固了已有成果。

1. 基本情况

骆村社区地处江宁区政府所在地东山老城区以南,面积约2.67平方千米。辖区内有省(部)级单位1家,市、区级机关单位4家,大中小学校7所,工矿企业32家,房地产开发公司3家,银行5家,卫生院2家,药房13家,农贸市场1个,三产服务、工商个体、私营户约450家,现有常住人口3万余人,其中集体经济组织成员(世居人口)2900多人。

骆村经济股份合作社成立于2005年12月,2013年进行了工商注册登记,现有户数893户,股民2590人。2017年底,股民个人股数为3640股,股金分红总额190万元,每股520元,人均660元。合作社运作四届(2005~2017年)累计股金分红1800多万元。目前股份合作社经济收入以标房和办公楼宇(骆村大厦)租赁收入为主,主要经营性资产有标房60000平方米,办公楼宇(骆村大厦)18000平方米以及部分门面房,总资产为3.1亿元,经营性资产1.6亿元,经营性年稳定性收入为2587万元。

2. 创新经验与典型做法

宣传股改,把工作提前。骆村社区在成为股份制股权固化改革社区后,第一时间成立股份制改革领导小组和筹备小组,明确责任分工,具体落实股份制改革各项工作。2017年4~6月,骆村社区多次组织"两委"及居民组长召开股份制股权固化改革工作专项会议。全体领导小组和筹备小组工作成员深入学习股份制章程,并对章程进行了修改讨论,并提出股份制改革运作重点、难点问题,要求进一步摸清每一户股民情况,为7月初上门核实做好准备。同时,改革领导班子成员还分别找到一些老干部(老书记、老会计),老居民代表座谈,征询对股份合作社前几届运作发

---

① 执笔人:杨习斌。

展情况以及固化改革的一些看法和建议。6 月 30 日，骆村社区股份经济合作社召开股民代表大会，对 2018 年股份合作社换届和股份制固化改革进行工作动员和宣传，大会讨论通过了第五届《骆村股份经济合作社章程》初稿。

股权核对，把工作做细。7 月初，改革工作组对每个家庭户股民股权进行初步核对，并对每户股民进行股份制固化改革口头宣传，以 10 月 20 日为基准点，提前告知每户股民及时进行本届新增股民报送。通过各种方式（一封信、电子屏、宣传栏等）正式告知股民股份制改革及合作社换届选举事项，让股民进一步了解、支持股份制改革工作。同时，为确保每户股权不遗漏、不重复、无错登，做到每户股权清晰，分户到位，保证股民股权数额准确，7 月 17 日至 8 月 17 日，骆村社区安排工作人员，再次核对每户股民股权，做好股权分户，并要求每户居民户口簿复印件存档。

身份界定，把工作做稳。在每户股权核对过程中，骆村社区改革领导小组对股民反映的股份制改革工作中的问题和矛盾进行了集中梳理，主要归集为五大类，约 150 人：第一，征地撤队之前因户口是城市居民不享受人口股的部分居民；第二，被收养、抱养多年，一直在本村居住生活没有享受人口股的世居居民认可的子女；第三，不符合计划生育的世居居民子女；第四，回原籍、抵职人员享受人口股半股情况；第五，夫妻双方为行政事业编制人员子女（提出本人可以不享受，但子女不应该连带）。根据股份制改革成果最大化惠民的指导思想，自 2017 年 8 月以来，骆村社区多次召开股份经济合作社董事会扩大会以及骆村居民组工作人员会议，讨论以上五类人员问题，并多次邀请老干部、老党员以及街道农经站指导人员和律师事务所法律顾问商讨以上五类人员问题解决办法，并针对股份制章程逐条讨论研究。经过多次会议讨论研究，骆村社区针对以上五种在其他改革区域也常见的共性问题提出初步的骆村解决方案：第一，为适应形势发展，对股份制章程中股民界定部分条款进行初步修改，提交股民代表大会讨论表决；第二，根据市区农工委股份制改革提出的发展成果普惠原则，初步同意以上五类世居户人员享受人口股（具体标准根据股份制章程股民界定相关条款规定）；第三，召开董事会、监事会、民监会人员以及工作人员会议和股民代表会，专题讨论以上五类人员的相关问题，与会人员达成共识；第四，召开股民代表大会通过以上"五类"人员享受股份人口股提议，明确股民界定范围和条件，初步通过股份制章程讨论稿，同时再次向全体股民合作社股民明确界定范围、条件和时间节点，新增股民应在时间节点之前将材料报送到工作组；第五，截止时间之后，对新增股民报送材料根据界定条件进行逐户审核汇总，公告出新增股民具体人数和特殊情况；第六，召开股份制工作组会议进行逐户通报过堂，并对一些不符合条件范围人员和疑难问题人员提出问题进行再次讨论，形成骆村社区股份经济合作社的确定意见。

股权设置，把财产性收入提升。在股权设置比例上，为进一步提高股民持股份额和分红标准，增加农民财产性收入，骆村社区针对性地进行了一系列改革举措。比如，骆村社区将集体经营性净资产折股量化给集体成员，集体股由原来的 40% 降低为 30%；个人股由原来的 60% 提高为 70%。个人股又被分为土地股和人口股。以 1982 年 10 月为时间节点，在 1982 年 10 月之前分到土地的，且在 2017 年 10 月 20 日仍为骆村社区世居人口身份的，享有土地股；以 2017 年 10 月 20 日为时间节点，在 2017 年 10 月 20 日之前所有符合享受条件的，享有人口股。骆村社区此次股份制改革共设置股权 5190 股，每股本金 30800 元，其中集体占 1557 股，个人占 3633 股。按照《骆村社区股份经济合作社章程》，骆村社区最终确定享受股份的户数为 893 户，享有股权的股民为 2590 人。

3. 主要成效

理顺村级集体经济分配关系，明晰和保障村级集体资产的产权主体及其成员的主人翁地位，促进集体经济发展壮大、集体资产保值增值、集体经济组织成员收入持续增长。

4. 下一步工作的思考

股份合作制改革和集体资产股份权能改革之间如何有效衔接？从目前来看，骆村社区近年改革工作主要是对已有成果的巩固，确保改革成果不流失、可实施、可持续。需要思考的是，深化改革后，是否可以将集体经济进一步盘活，由社区股份经济合作社牵头成立投资公司，真正把集体经济放在市场上盘活运作，而不是躺在银行账户里吃利息？又是否可以召开全体股民大会，将集体经济分红按照一个大家都赞同的相应比例逐年分红？这种改革举措或许会更大地提升社区集体成员对集体经济的关注和主人翁感、使命感，真正做到从"不理会、不愿干"转变为"熟情况、主动干"，为壮大社区集体经济和农民财产性收入夯实基础。

（四）案例四：江苏省南京市浦口区同心社区集体资产股份权能改革[①]

同心社区位于江苏省南京市浦口区江浦街道东南角，东邻总部大道，南接浦滨路，西靠城南河，北至龙华路，相邻国家级江北新区；在 2017 年 7 月江北新区区划调整以后，与火药洲社区合并；辖区面积 3.2 平方千米，共有成型小区 8 个、零散小区 4 个、商住两用公寓 4 个、中小学各 1 所、幼儿园 4 所，现有居民 19300 户，常住人口约 5 万人，其中集体经济组织成员（世居人口）2320 人。为适应社会主义市场经济发展的需要，严格贯彻落实《关于第二批农村改革先行区和实验任务的批复》《南京市深化农村产权制度改革实施方案》等文件精神，于 2016 年 9 月如期开展农村集体产权制度改革工作。在南京市区层面指导下，集体资产股份权能改革工作展开，进一步深化农村集体产权制度改革成果。

1. 基本情况

科学应变，探索土地被完全征用后的农村集体经济发展新形式。同心社区的集体土地已经全部被征用，原有村集体也基本实现城镇化。村集体收入来源主要有两种：一种是村集体两处门面房的租金收入，合计约 40 万元/年，另一种是与其他各

---

① 执笔人：杨睿。

平台（所有权归属其他平台）合作的安置房物业收入，合计约760万元/年，基本覆盖村集体支出。在这样的背景下，农村就业方式发生了显著变化，不少农民进厂做工、进城经商，那么村集体资产该怎样经营管理呢？村集体的收益该如何分配呢？同心社区保障集体成员权益、完善市场要素配置、激活集体经济活力，推行农村集体产权制度改革工作也就因此具有了必要性和迫切性。成立了改革工作领导小组，先后制定了《同心社区农村集体资产股份制改革工作宣传方案》《同心社区农村集体资产股份制改革工作方案》《关于同心社区集体资产股份制改革实施意见》《同心社区集体经济股份合作社章程》等政策制度，逐步推进改革工作的开展。

2. 创新经验与典型做法

完善内部管理，放得活要素。该社赋予社内年满18周岁的股东选举权和被选举权，赋予社内全部股东对该社各项工作提出意见和建议、民主监督财务资产运行情况、针对该社工作人员违法违纪行为向上级反映或举报、享有股份红利分配的权利。股东代表大会是该社的最高权力机构，由村党总支部提名，经公开征求意见、上级组织审核同意、村民代表大会表决后产生，每届任期5年，可连选连任；每年至少召开一次，选举产生董事会、监事会，遇特殊情况或2/3以上股东代表提议，可以召开股东代表临时会议。严格执行财政部、农业部颁布的村级经济合作组织财务会计制度（试行），规范财务管理、收益分配制度。该社的可分配收益是指当年的各项收入，扣除各项经营性支出、扣缴各项税金后的净收益；提取一定比例的公积金、公益金，用于扩大生产、调节分配、以丰补歉。每股股利＝（合作社年净收入-提取公积金、公益金-应付福利费用）/全社区总股数。根据年终经营结果和发展需要，经股东代表大会讨论决定当年计提两金和股利分配的比例，编制年终分配方案，报街道党工委、办事处审批。

明晰股份持有成员界定，弄得清身份。截至2016年5月31日，赋予股民资格的情况有：1995年第二轮土地承包时分到土地的世居人员及其子女（包括合法收养的子女），属于正常婚姻、男女嫁娶、生育子女，且户口在册的；世居户子女迁出户口的，且为大中专在读生或现役军人（不含军官）的；户口在本社区内迁移的；因拆迁户口迁入安置区、迁入该街道城市社区、迁入该街道涉农社区（在涉农社区未分得土地的人员）及购买商品房，且迁出户口时间必须是该户在本组拆迁时间后迁出的人员；世居户离婚后，各自重组家庭，如一方在1995年第二轮土地承包时分到土地的人员及其子女；其他特殊情况参考有关政策，由股份制领导小组研究决定。不赋予股民资格的情况有：公务员和参公的机关工作人员、事业编、国企、央企的；非婚生子女、非法收养子女；挂靠在本社区的外来人员；已故人员；原婚迁迁入人员（非世居）因离婚重组家庭的，重组家庭中又婚迁迁入人员及其跟随人员，包括双方生育子女；户口在本社但1995年第二轮土地承包未分土地的离婚人员；五保户（保吃、保穿、保住、保医、保葬，孤儿为保教）；其他特殊情况参考有关政策，由股份制改革领导小组研究决定。最终确定该社享受股权的股民为2320人。

规范股权设置，分得清权责。该社设置 40% 集体股和 60% 个人股，折股量化到人的集体资产股权只作为享受集体经济收益分配的依据，股东只享受分红权，资产所有权仍属于股份合作社集体所有。设置个人股权 2320 股，股民 1 人 1 股，根据清产核资集体资产原值总值计算得每股股本金 689.65 元。以 2016 年 5 月 31 日作为固化股权的时间节点，以户为单位，实行"生不增，死不减"的静态股权管理模式，5 年一固化。固化后的股权可以继承，但不能赠与、转让、买卖、抵债和提现。继承的范围和条件是：第一，《继承法》规定的第一顺序继承人继承；第二，继承人必须是该社持股股民（持两股世居户家庭子女因考进行政事业编制和该次认定股份时未达到年龄的可以继承）；第三，以家庭户内协商为主，如果有协商冲突的，则暂时停止股利分配，待达成协议后再发放分红；第四，对没有持股继承人的家庭，合作社收回股权，户内股权自然消失。严格遵循股权平等、同股同利的原则，该社每年兑现一次股利分配，股东凭股权证书领取股利，股权证书仅限领取红利时作为凭证使用，不得作为他用。

3. 主要成效

农民变成股民，集体资产不再看不见、摸不着，真真正正和每位成员切实相关，每位成员均分得了自己的集体所有资产份额。这使集体成员变得比以往更加关注社区集体资产的维护和发展状况，充分调动了居民参与发展该社区经济的积极性，为社区经济发展建言献策，广大群众由"不理会、不愿干"转变为"熟情况、主动干"，为壮大社区集体经济和农民财产性收入夯实了基础。除此之外，通过改革工作的推进，集体成员的民主意识也得到进一步加强，建立了既相互配合又相互制约的民主管理体制，完善了农村集体资产管理使用的民主监督制约机制。成立股份经济合作社，确定了集体经济股份分配制度和方法，保障了集体经济组织成员的集体资产收益权。有效解决了弱势群体利益得不到保护，一次性划分集体资产带来的少数居民经营不善、坐吃山空等问题。

4. 下一步工作的思考

当前该社章程仅对股权设置、股权收益分配、股权动态固化管理和股权继承做了详细的规定，在动态性增强的背景下，股权退出、转让是否会有更加强烈的需求？高额的交易成本是否会导致更加强烈的长久静态股权固化管理需要？特别地，当前全部土地已经征用，农村居民基本实现社区居民生活，现依靠集体所有店铺出租、与平台合作收取物业费获得集体收入。在综合考虑集体所处的新自然人文禀赋环境下，集体经济的发展该走向何方？

第二十三章　安徽省金寨县农村综合产权交易市场建设改革调研报告[①]

2020 年 11 月 29~30 日，中国人民大学农业与农村发展学院调研组对安徽省金寨县农村综合产权交易市场建设改革进行了调研。调研组在金寨县县委常委的主持下同县农业农村局、公共资源交易监督管理局（农业综合产权交易中心）、财政局（金融办）、发改委、农业管理服务中心、不动产登记中心、县人行及金寨徽银村镇银行等有关部门领导和工作人员就"农村综合产权交易市场建设"进行了座谈，认真听取了改革任务成果汇报，收集了金寨县农村综合产权交易市场建设相关的制度安排、政策汇编及报告材料。调研组还实地调查了白塔畈镇农村产权交易所及县农村综合产权交易中心，对产权交易中心的建设情况和运营情况进行了深入了解；参观了两家新型农业经营主体——西楼生态旅游开发有限公司和金龙玉珠茶业有限公司，在同地方村干部、公司负责人、农民群众举行的座谈会上，听取了村干部有关产权交易的工作汇报及参与主体和农民代表的发言，掌握了改革工作开展的真实情况、成效经验及尚存问题。具体情况如表 23-1 所示。

表 23-1　金寨县实地调研工作行程安排

序号	时间	地点	内容
1	2020 年 11 月 29 日下午	抵达金寨县	
2	2020 年 11 月 30 日上午	白塔畈镇农村产权交易所	实地调研、翻阅材料
		金寨县农村综合产权交易中心	实地调研、翻阅材料
3	2020 年 11 月 30 日上午	金寨县政府会议室	金寨县改革情况座谈会
4	2020 年 11 月 30 日下午	西楼生态旅游开发有限公司	实地调研、翻阅材料
		金龙玉珠茶业有限公司	实地调研、翻阅材料并进行座谈交流

一、改革任务进展评价

没有自由、公平的交易市场，产权制度改革是没有意义的。从这个意义上讲，金寨农村综合产权交易市场建设改革既是一项新的任务，也是对原有改革的深化，

[①]　执笔人：纪元。

是过往各项改革的题中应有之义。因此，自 2017 年以来，金寨县各级领导高度重视，积极统筹落实改革任务，大力推动政策完善和机制创新。立足于自身实际，以农村综合产权交易市场建设为抓手，不断健全服务体系、规范交易行为、夯实服务平台、创新金融扶持，按时、高质、保量地完成了改革任务。

（一）改革任务组织实施情况

金寨县委、县政府高度重视此次农村综合产权交易市场建设任务，不断强化组织领导和制度保障，在农村"三块地"改革取得的成果基础上，搭建起完善的农村综合产权交易市场政策指导体系，稳步有序地推进改革工作。

在组织机构建设方面，金寨县成立了由县长牵头，农业农村局、林业局、自然资源局及其他相关职能部门领导为主要成员的农村综合产权交易监督管理委员会，负责全县农村综合产权交易的组织、协调、管理等工作。在县级层面，建设了全额拨款事业单位建制的金寨县农村综合产权交易中心，内设农村综合产权评估中心、交易中心和收储中心三个分中心。同时，22 个乡镇均成立了乡镇农村产权交易领导小组，依托乡镇为民服务中心建立了标准化的农村产权交易所，必要的硬件设施配备齐全，并明确专人常驻办公。按照"属地管理、分级受理"的原则，乡镇农村产权交易所主要负责审核进场的产权交易是否合法，上报村级收集的产权交易信息并在农村综合产权交易平台发布以及组织实施本区域各类产权交易工作；跨乡镇的农村产权流转交易则上报到县农村综合产权交易中心组织交易，实现县、乡分层级的农村流转交易服务。在 224 个行政村分别设立了农村产权流转交易服务代办点，确定了一名农村综合产权交易服务联络员，负责收集、整理、上报农村产权交易待流转信息，由此搭建起县、乡（镇）、村三级联动的农村综合产权交易线上线下平台，形成"1 中心、22 所、224 个代办点"的一体化服务体系。

制度建设方面，金寨县出台了《金寨县农村产权流转交易管理办法（试行）的通知》（金政办〔2015〕13 号），其中明晰了产权交易的管理机构、交易范围和交易程序，对各方交易行为进行了规范，并明确了产权交易过程中的监管和争议处理办法。在《金寨县推进农村产权流转交易市场建设实施意见（试行）》（金政办〔2015〕15 号）中指出，要建立"集农村产权流转交易信息发布、产权交易、法律咨询、资产评估、抵押融资等多功能为一体的为农服务综合平台"，明确了农村综合产权交易市场建设的目标任务、操作规程和管理模式，推动实现以科技手段为支撑、以产权交易促增值的农村"三资"管理新模式。《关于进一步规范农村综合产权流转交易工作实施意见的通知》（金政办秘〔2017〕260 号）中还规定，所有农村综合产权流转交易必须纳入县农村综合产权交易中心管理，并实行"统一信息发布、统一交易规则、统一组织交易、统一交易鉴证、统一监督管理"，进一步严格了交易程序，全面规范流转经营权证办理，同时加强了流转费用、交易保证金收支、农业经营主体财务等方面的管理，形成了完善的农村产权交易管理体系。

由于农村产权类别较多，权属关系复杂，承载功能多样，因此金寨县制定了具体的《金寨县集体资源资产集中交易目录》，并通过出台《金寨县农村"三权一诚"抵押贷款实施方案》（金政办〔2015〕14号）、《关于进一步规范农村土地承包经营权流转工作的实施意见》（金政办〔2015〕19号）、《金寨县农村宅基地流转办法（试行）》（金宅改组〔2016〕15号）、《关于进一步规范农村集体资产处置交易的通知》（金政办秘〔2019〕113号）等政策文件，对各类交易标的进行分类指导和综合管理，以引导农村集体资产的有序流转，保证各个交易环节公平透明。

（二）改革任务进展情况

在相关部门的密切配合下，金寨县全力推动农村综合产权交易市场的政策研究和机制创新，构建了"村申报、乡审核、县监督"的三级农村综合产权交易体系，明确了交易品种、交易流程、交易规则、网络竞价规则、档案管理等工作制度，形成了"提出交易申请、进行前置审核、发布流转信息、审查受让方资质、组织产权交易、签订交易合同、出具交易鉴证"的交易运行机制，探索了以交易鉴证书为载体的"交易前评估、交易中担保、交易后鉴证"金融服务体系。具体而言，金寨县农村综合产权交易市场建设内容可以划分为以下四个方面：

一是"软硬兼施"，完善制度建设和平台建设。金寨县围绕《金寨县农村产权流转交易管理办法（试行）的通知》（金政办〔2015〕13号）出台了一系列指导性文件，制定了农村综合产权交易指导价格，形成了完备的农村综合产权交易市场制度体系，为农村综合产权交易市场的顺利建设和平稳运行提供了坚实的制度保障，构成防范和化解产权市场交易风险的重要基础。金寨县搭建了农村综合产权交易的线上、线下双平台，线下由"1中心、22所、224个代办点"的服务体系构成，秉承方便群众的原则，依托县政务中心、乡镇为民服务大厅或乡镇政府公房建立了专门的办公场所，并按照《金寨县乡镇农村综合产权交易所标准化建设指导方案》（金金办〔2015〕45号）完善了内部设施，整合了农业、林业、自然资源、不动产登记等部门的产权交易业务，安排2~3名常驻工作人员集中办公，解决了产权交易活动无地可去的难题。与此同时，金寨县积极推进线上网络平台建设，综合利用农村产权确权颁证成果，统一交易流程和编码规则，开发了"金寨县农村综合产权交易中心"网站，搭建了信息资源查询系统、经营主体注册登记系统和电子竞价交易系统，完善了农村产权流转交易平台的信息网上备案、审核、竞价、公示等功能，形成了农村综合产权电子化交易体系。同时借助网络平台定期汇总、分析、公开农村产权交易信息，发布产权交易业务指南，为各类农村资源、资产的供求主体提供了统一的信息接口。自平台上线以来，共发布交易信息6539条，实现土地流转面积达17万亩，占总流转面积的81%，涉及1227家农业经营主体和45870户农户。公开、透明的网络平台交易保证了交易程序的规范性和数据的真实性，极大地提升了服务效率，并降低了各方交易成本。

二是"有的放矢"，明确交易内容和交易流程。金寨县明确农村产权流转交易的范围是"农村集体经济组织全体成员共同所有的资产资源及个人拥有的资产、产权"，并在已经开展的农村土地承包经营权、林地使用权、林木所有权、农村房屋所有权等交易品种的基础上，拓展到农村集体"四荒地"使用权、集体建设用地使用权、农业类知识产权、农村集体养殖水面承包经营权、农村集体经济组织股权、依法可以交易的农业生产设施设备使用权、占补平衡指标及农村土地综合整治腾出的集体建设用地挂钩指标等交易品种。同时，根据不同农村产权类别的特点，金寨县针对农村土地承包经营权、林权、村级集体资源性资产、集体经营性建设用地等分别制定了交易流程和规范性文本。遵循"村申报、乡审核、县监督"的原则，形成了规范化的"转出方提出交易申请、村委会进行前置审核、乡镇产权交易所发布流转信息、县农村综合产权交易中心以及涉农主管部门审查受让方资质、县农村综合产权交易中心组织产权交易和公示、双方签订交易合同、县农村综合产权交易中心出具交易鉴证书、凭产权交易鉴证书到产权主管部门办理权属变更登记"的交易程序。

三是"锦上添花"，创新金融产品和担保模式。其一，为拓宽农村经营主体融资渠道，金寨县农村综合产权交易中心与金寨农村商业银行、邮储银行、金寨徽银村镇银行以及金寨江淮村镇银行合作，有序推进农村土地承包经营权、林权、农村房屋所有权抵押融资，明确了抵押办理程序，按抵押贷款批次出具《农村产权抵押权证》，并不断加强农户诚信宣传教育，为农民以及各类新型农业经营主体构建了畅通便捷的融资渠道。目前贷款主要投向猕猴桃、茶叶、石斛种植和休闲农业，与农业产业主导方向紧密结合，形成了金融产品向优势产业集中、向规模经营集中的新格局。其二，为增强"两权"抵押贷款的市场活力，金寨县结合县域特色，深度探索创新以农村土地承包经营权加农产品预期收益权为主体抵押物的农村金融产品，开发了"助农贷""劝耕贷"等金融扶持项目，合理设定贷款条件、期限和利率，优化贷款审批和服务，并与政策性担保、保险等增信手段配合，创新"'两权'抵押+担保""'两权'抵押+保险""'两权'抵押+其他产权共同抵押"等多种形式的抵押贷款模式。同时，金寨县农村综合产权交易中心协助银行、担保机构制定了不良资产处置方案，按约定分担风险，保证银行的债权，充分调动金融机构参与开展"两权"抵押贷款的积极性。其三，为健全农村综合产权交易市场保障体系，金寨县不断完善农业担保保险保障机制。金寨县利达融资担保公司把"两权"审批贷款业务纳入担保范围，为县域金融机构开展的"两权"抵押贷款提供一般责任担保，并将担保费率由 1.5% 降至 1.2%。为扩大农业保险和农民住房保险范围，金寨县还充分发挥全国农业保险改革地区的政策优势，为"两权"融资提供了坚实的风险保障。目前，全县开办"两权"抵押贷款业务的金融机构共 10 家，实现了县域金融机构全覆盖，累计发放抵押贷款 2.84 亿元，其中农村承包土地经营权抵押贷款发放 128 笔 8794 万元、农民住房财产权抵押贷款发放 56 笔 2167.68 万元、林权抵押贷款发放 25 笔 1.47 亿元，支持新型农业经营主体数量达 2165 家，其中市级以上龙头企业 82 家。

四是"脚踏实地"，落实财政兜底和风险防控。为了加强"两权"抵押风险防控，金寨县建立了政府兜底的"资产收储+风险补偿基金"风险分担模式，其中县财政整合了1000万元作为"两权"抵押贷款不良资产的收储资金，县农业农村局整合了1000万元作为"两权"抵押贷款风险补偿基金，明确了最高不超过30%的风险补偿比例。截至目前，全县农村土地承包经营权抵押贷款尚未发生不良，农村住房财产权不良率为1.09%，远低于其他涉农信贷业务。借助线上产权流转交易平台，村集体闲置的办公楼、校舍等经营性资产通过公开网络竞价的方式进行了交易，推动了村级集体资源资产使用权的公开公正流转，有效防范了低价交易、暗箱操作等基层"微腐"风险。

（三）改革的整体效果

经过三年改革，全县实现各类农村综合产权交易981宗，交易额达7.41亿元，其中，开展农村土地承包经营权896宗、林木所有权7宗、养殖水面经营权1宗，且涵盖农村集体经营性建设用地入市和农村集体资产网络竞价交易87宗，交易额8111.69万元，综合溢价率达18.66%，充分激活了农村要素市场，为"资源变资产、资产变资本"提供了有效的市场化平台，解决了农村产权交易不明晰、不公开的问题，增加了农民财产性、工资性收入，也推动实现了"三权分置"下的农业规模经营。金寨县借农村综合产权交易市场建设之机，进一步巩固了农村集体产权制度改革成果，完善了农村集体资源资产的"三权分置"办法，是推动乡村振兴和基层党风廉政建设的重要保证。具体而言，取得的主要成效体现在以下三个方面：

1. 新型农业经营主体蓬勃兴起

一是新型农业经营主体数量逐年增多，连片经营规模不断壮大。金寨县通过鼓励引导农户将分散、闲置的抛荒田地自愿地有偿流转给市场带动能力明显的新型农业经营主体，包括村级集体经济组织、家庭农场、农民专业合作社、农业企业等，利用农村综合产权交易平台规范流转交易程序，建立了完善的土地流转的区域价格指导机制，实现了农村资源的集约经营，不断壮大了现代农业生产主体规模。目前，全县新型农业经营主体数量已达7165家，其中，家庭农场4167家，农民专业合作社2998家，市级以上龙头企业82家。二是品牌效应逐步显现，地方产品核心竞争力提升。金寨县因地制宜，充分发挥当地资源优势，坚持"两权"抵押贷款与农业产业主导方向相结合，大力推动油茶、猕猴桃、板栗、中药材等八大特色产业的发展，为金寨实施乡村振兴战略、实现经济社会发展赶超奠定了基础。金寨县还申请了农产品区域公用品牌"大别山的问候——源自金寨"，通过授权使用成功实现由"单一鲜果"到"多种产品"、由"单一种植"到"产业链延伸"的产业升级，带动发展冷藏、加工、出口企业100余家，价值增长率达44.44%。

2. 农村资源要素供给逐渐充裕

目前，金寨县已全面完成农村集体资产清产核资工作，对县内所有耕地等资源性资产，村办企业房屋、村集体光伏电站等经营性资产，村部、学校、医疗室等非经营性资产进行了全面清查、权属界定和登记造册，并落实了48万亩农村承包土地和 427 万亩集体林地的确权任务，分别发放确权登记证 13.41 万户和 14.8 万户，进一步促进了土地及林地流转。在前期农村集体产权制度改革过程中，金寨县采用"一次性核定资产、一次性确定股权、一次性分股到户"的办法，实行"股权不随人口增减变动而调整"的静态管理，只定"成员股"，不设"集体股"，将集体经营性资产以股份的形式全部量化到各村集体成员，落实农民对集体资产享有的财产权利。而农村综合产权交易市场的建设，正是为农民股份权能的实现提供了有效的渠道，充分激发了农村要素市场的活力，对促进农村集体资产保值增值和农民增收发挥着显著作用。

3. 农村综合产权交易日趋活跃

金寨县作为农村集体产权制度改革先行县，农村综合产权流转交易起步早、发展快、交易范围广泛、流转形式多样。目前，金寨县农村综合产权交易中心开展的业务涵盖了各类可交易的由农村集体经济组织全体成员共有的资产资源或农户个人拥有的资产、产权，因此资源要素的供给方主要是农户、个人及村集体成立的创富公司，受让方则包括种植大户、家庭农场、农民专业合作社、农业企业等农业经营主体，流转形式既有亲属、邻里、农户间的转让、互换，也有农户或村集体与农业种植大户、合作社、家庭农场、涉农企业间的出租、入股。随着服务体系的完善和市场建设的深化，金寨县农村综合产权交易范围不断扩大，为优化农村资源要素配置提供了关键渠道，同时也能保障农民利益，促进农民增收。

二、创新点与政策含义

在金寨县建设农村综合产权交易市场的过程中，实施了一系列特色鲜明、含金量高、作用效果显著的创新举措，为高质量完成改革任务提供了充分条件，也在全国各地建设农村综合产权交易市场的过程中起到了引领和示范作用。最亮眼的改革创新点主要集中在以下五个方面：

（一）建制度、搭平台，完善服务体系

金寨县出台了一套完整的农村综合产权交易市场制度，明确了产权交易的机构、范围和流程（见图 23-1），对交易行为、权证办理、操作规程、管理模式进行了严格的规范，形成了完善的农村产权交易管理体系。依托县公共资源交易中心和乡镇为民服务中心构建起"1 中心、22 所、224 个代办点"的县、乡、村三级联动市场组织体系，完善了集流转咨询、信息发布、资产评估、组织交易、产权鉴证、抵押融资为一体的"一站式"服务平台，有效破解了产权交易"无场去"难题。同时，金寨县坚持线上网络建设与线下交易场所建设同步推进，搭建了金寨农村综合产权网络交易平台，制定了网络交易管理和监督办法，形成了流转畅通、协同联动、监督有效的网络市场中心，进一步促进了农村综合产权的规范流转，有效破解了产权交易"看不到"难题。线上电子化交易平台的建设是农村综合产权交易市场建设的必由之路，为拓宽农村产权市场信息的发布渠道、扩大信息发布范围、提高市场主体参与度提供了充分条件，破解了农村产权交易中的场地、空间、时间、人员等要素的限制，在降低交易成本的同时也提高了交易工作效率，对每笔交易流程细节、合同内容、数量价格等信息及时公开，保证了交易程序规范和数据真实。

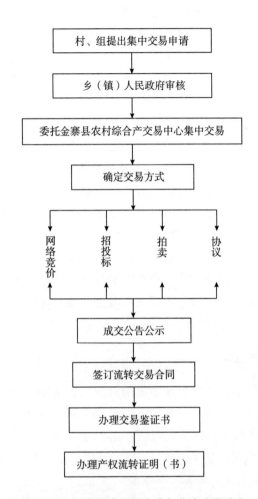

图 23-1　金寨县农村综合产权集中交易流程

（二）扩范围、合资源，激活要素市场

金寨县制定了《金寨县集体资源资产集中交易目录》，明确了集中交易品种和交易范围，将交易品种由传统的农村土地承包经营权、林地使用权、林木所有权、农村房屋所有权拓展到农村集体"四荒地"使用权、农业类知识产权、农村养殖水面经营权、农村集体经济组织股权等依法可以交易内容，释放出农村综合产权交易市场的发展活力。同时，结合全县农村集体资源资产清产核资工作，各乡镇对村级集体资源资产实行动态管理，定期收集、完善辖区内农村集体未处置闲置资产资料，按照"应进必进、及时处置"的原则及时组织进场交易，盘活了大量农村闲置资产资源，集聚农村产权交易"新动能"，激发了农村发展活力。在服务管理方面，整合了农业、林业、自然资源、不动产等涉农相关部门职能，实行联合审批、协同监管，避免了产权交易审批、监管等环节的各自为战、重复建设，减少了资源浪费。

（三）聚农民、拓渠道，成立创富公司

为了发展壮大集体经济，各村集体成立了创富公司，在土地流转等综合产权交易过程中发挥着聚集农民闲散资源的功能。首先由农民群众秉持自愿原则与创富公司签订了土地流转协议，实现了资源的整合集中，之后创富公司再将聚集的土地借助产权交易平台流转给信用好、资质佳、实力强的公司企业、家庭农场、合作社或种粮大户。一方面，创富公司通过聚集土地实现了规模化交易，拓宽了可流转、可交易的渠道，且能够降低农户直接与企业等规模经营主体对接的风险，保障了群体经济利益；另一方面，也促进了村集体经济增收，增强集体经济实力，以白塔畈镇为例，2019 年，创富公司汇聚了全村 75% 以上的土地，对外流转土地面积达 2.9 万亩，实现村集体经济增收 57.8 万元。

（四）破阻碍、促融资，创新金融产品

为破解农业经营主体融资难的问题，金寨县出台了《金寨县农村"三权一诚"抵押贷款实施方案》（金政办〔2015〕14 号），其中"三权"即农村居民财产权（包括交通工具、本人在集体土地上修建的房屋等财产权及宅基地使用权）、土地承包经营权和林权，"一诚"是指对农户加强诚信宣传教育、建立农村信用信息共享机制，逐步形成"农户+征信+信贷"的贷款模式，有效拓宽了农村融资渠道。金寨县紧密结合县域主导产业发展方向，探索创新以农村土地承包经营权加农产品预期收益权为主体抵押物的农村金融产品，开发了"助农贷""劝耕贷"等形式多样的助农贷款，促进了地方农业产业的发展。同时，金寨县农村综合产权交易中心与金寨农村商业银行、邮政储蓄银行、金寨徽银村镇银行以及金寨江淮村镇银行积极展开合作，推进农村土地承包经营权、林权、农村房屋所有权抵押融资，推出了"'两权'抵押+担保""'两权'抵押+保险""'两权'抵押+其他产权共同抵押"等多种形式的抵押融资模式，不断深化农村金融综合改革。

（五）控风险、防微腐，巩固改革成果

金寨县在农村综合产权交易市场成立以来，不断规范管理、优化服务、防控风险，形成了完善的综合产权交易保障体系。一是在管理风险方面，金寨县成立了专门的农村产权交易管理委员会，作为农村产权交易的监管机构，切实强化对全县农村产权交易行为的指导、监督和管理。同时明确了交易事项，严格规范《农村产权流转经营权证》办理，规定了必须进入交易中心进行交易的类型，确保集体资产资源不流失、农民利益不受损。为了规范资金管理，金寨县农村综合产权交易中心统一开设了农村产权流转交易资金乡镇管理专户，用于监管各乡镇集中存储、兑付的流转费用和交易保证金。二是在交易风险方面，通过农村产权流转交易信息的网上备案、审核、交易和公示，建立了公开化、市场化的交易机制，实现每笔交易流程细节、合同内容、数量价格等信息的及时公开，是交易程序规范和数据真实的有效保证，防止了低价交易、暗箱操作等不当交易行为，且从源头上规范了村级集体资产资源的使用和收益处置程序，促进了农村基层党风廉政建设。三是在金融风险方面，金寨县农村综合产权交易中心同金寨县利达融资担保公司合作，将"两权"审批贷款业务纳入了担保范围，为"两权"融资提供了风险保障。同时政府还与银行、担保机构约定共担风险，建立了"资产收储+风险补偿基金"的政府风险兜底机制，充分调动金融机构参与开展"两权"抵押贷款的积极性。

三、政策含义

整体而言，金寨县农村综合产权交易市场的建设思路具有很强的可复制性和可推广性，在前期农村集体产权制度改革摸清家底、股份量化、编码颁证、股权赋能的基础上，构建起完善的服务体系、管理制度和保障机制，充分体现了依法交易、全程监督的建设原则，公开、公平、公正的交易原则，以及程序严格、运作规范的管理原则。

金寨县形成的"1中心、22所、224个代办点"三级农村综合产权交易体系在全国各地都具有很强的适用性，主要依托现有的政务服务中心或乡镇为民服务中心作为线下服务场所，既节约了运行成本，又实现了服务平台在农村地区的广泛覆盖。而且建立的"村申报、乡审核、县监督"工作机制，各层级之间权责分明、密切配合，接受农村产权交易管理委员会的统一监管和指导，极大地提高了运作效率。所搭建的线上综合产权交易平台在全国具有很强的示范效应，但在目前经济发展较为落后、集体产权制度改革滞后的地区建设和运行可能较为吃力，因为电子化交易平台是搭建在完备的产权信息数据库基础之上的，其建设和维护也有赖于较好的经济基础。因此，虽然农村综合产权交易市场的高质量发展离不开电子化和信息化，但各地在建设过程中要结合发展实际情况规划建设进程，充分利用现有资源，"分阶段、逐步走"推进现代化农业建设。另外，创富公司是村集体"管好、搞活、壮大"集体资源资产的关键载体，是具有和其他主体平等交易地位的市场化主体，解决了原有村集体股份经济合作社在参与市场时的产权缺陷，因此，应该看到创富公司在农村综合产权交易市场上担当的重要角色，这一有益经验也值得在更大的范围内被推广和应用。

四、存在的问题与可能的风险

金寨县农村综合产权交易市场建设总体态势良好，探索形成了一系列极具指导、借鉴意义的创新经验，也取得了一定成效，但是在深化市场建设的过程中，还存在一些亟待加强和解决的问题。

（一）政策性和法律性障碍问题

目前，在国家层面尚未形成系统明确的农村综合产权交易制度，因此实践过程中存在一定的政策性限制。一方面，产权交易标的转入方受到明显的法律制约。党和国家不断强调农村宅基地及附属住宅是农民基本的生活资料，是"农民手中最后一块资产"。将这一重要资产转变成真正能为农民所灵活利用和实现的财产权离不开产权交易市场。但目前我国相关法律法规将农村宅基地使用权和农村房屋所有权的转入方限制在本村集体成员范围内，较为狭窄的交易面致使当前农村宅基地使用权和房屋所有权的交易数量较少，过于审慎的政策规定也使闲置宅基地并不能有效利用市场平台实现资源合理配置。另外，"两权"不良贷款处置主要依靠银行自主清收，难以通过转让或拍卖"两权"抵押物的方式实现清偿。主要原因是本村集体经济组织成员"不愿买"而本村集体经济组织以外人员"不能买"，交易对象受到了极大的限制。另一方面，抵押住房被处置后农民将无房可住。根据《农村宅基地管理办法》第九条规定"农村村民一户只能拥有一处宅基地"，第十四条第二款规定"出租、出卖或者以其他形式转让宅基地及其地上建筑物（缺房户合理调剂的除外），或者将住宅改作他用"，再申请宅基地时不予批准，这就意味着如果银行对欠款人员的抵押住房进行了处置，该户将面临无房可住的局面，增加了社会不安定因素，也加大了乡镇政府对其进行安置的工作负担。

（二）农村产权评估标准缺失

目前，国家主管部门尚未正式出台农村集体承包土地评估指导意见，农村综合产权交易市场缺乏专业的评估机构和评估人员，评估行业也没有专门针对农业的评估标准，造成目前产权价值评估存在一定的主观性。按照金寨县现行规定，"农村土地承包经营权抵押价值由县农业农村局组织人员按照'年土地平均净收益×租金支付期限+地上（含地下）附着物价值'进行评估"。由于土地附着物及农作物收益价值评估标准难以确定，因此这种评估方式的公允性不强，测算结果往往与银行内部估价相差较大。此外，农作物预期收益在很大程度上受到自然条件、生产经营项目等因素的影响，实际价值评估存在很大难度。

五、下一步工作方向

面对当前农村改革发展的新状态，进一步巩固集体产权制度改革成果、充分发挥农村综合产权交易市场建设的制度红利还需要在以下几个方面加强关注：

（一）在改革方向方面，需要聚焦的重点

金寨县下一步工作方向可以从以下三点入手：一是进一步鼓励和支持保险公司完善保险产品，创新农房保险、"两权"抵押贷款保险等保险品种，为农民提供全面的风险保障，尽可能避免产权交易带来的损失。二是鼓励基层人民银行充分发挥货币政策的引导作用，对"两权"抵押贷款的经办行在帮扶再贷款、再贴现等方面给予倾斜。三是引导各商业性银行拓宽"两权"抵押营销视野，结合地方主导产业发展方向筛选特色优质客户，并按照农业特色产品的生态周期，科学设定"两权"贷款期限。地方政府通过考核给予"两权"抵押贷款经办行一定的奖励，提高银行贷款的积极性，为农村综合产权交易市场注入金融"活水"。

（二）在外部保障方面，需要提供的有关支持

农村综合产权交易市场的高效运作既离不开内部管理，也离不开外部支持。第一，健全并完善农村产权价值评估体系，为产权变现提供参考标准。建议由农业农村主管部门联合人民银行、银保监会根据农业农村资源禀赋特点和经济发展情况，在充分考虑土地整治、土地附着物等衍生价值的基础上，规范评估范围以及定价标准，并出台指导性操作细则，引导农房和农地相关权的价值评估实践。同时要推动建立职业化、专业化的第三方产权价值评估机构，提高交易市场的资产评估服务水平。第二，完善相关法律法规，对含糊不清、尚未说明的权能内容进行明确。以承包合同方式流转的土地承包经营权，如何到金融机构进行抵押？农村宅基地使用权作为一种特殊的用益物权，使用期限如何？通过明确土地承包经营权和宅基地使用权的具体内涵，能够进一步保护债权人的合法权益，为资源合理流动奠定基础。第三，适度放宽对农村宅基地使用权和农村房屋所有权流转范围的限制。随着城镇化发展，可以考虑逐步放开农村闲置宅基地使用权和农村闲置房屋所有权的市场化流转，鼓励通过新业态、新项目盘活农村闲置宅基地，增加农民和村集体的财产性收入。

六、调研案例

（一）案例一：安徽省金寨县白塔畈镇农村产权交易所[①]

近年来，随着新型农业经济主体逐年壮大，农村承包土地经营权、集体林地经营权等集体资源流转市场日益活跃，为进一步促进农村综合产权交易市场健康发展，顺应农业新形势和当前农村改革发展需要，根据县委、县政府要求，白塔畈镇人民政府于2015年成立了农村综合产权交易所。白塔畈镇农村产权交易所是镇级综合性农村产权交易服务平台。

1. 基本情况

白塔畈镇位于金寨县东大门，毗邻县城，下辖11个村、1个街道，233个村民小组，共1.1万户，4.1万人。镇辖区总面积114平方千米，集山区、岗区、畈区为一体，为典型丘陵地带，被誉为"金寨粮仓""万亩油茶之乡""安徽光伏重镇"。

2. 创新经验与典型做法

（1）强化组织领导完善交易功能。

为加强镇域内农村综合产权交易行为的指导、监督和管理，白塔畈镇成立以镇长为组长，其他班子成员为副组长，镇农技、国土、林业、人社等部门单位负责人为成员的工作领导组，下设白塔畈镇农村产权交易所，负责收集上报农村产权信息、组织实施本区域内农村产权流转交易等工作。交易所由镇农技中心牵头，镇国土、林业等部门共同参与，交易内容涵盖了全镇辖区12个村（街）、233个村组范围内

---

① 执笔人：王谦。

的农村土地承包经营权、林权、农村房屋所有权、集体建设用地使用权、农村集体经济组织股权、农村土地综合整治腾出的集体建设用地挂钩指标、占补平衡指标交易、农村集体经营性建设用地入市等业务。按照县对农村产权交易所建设要求，秉承为人民服务原则，在政府办旁边专门腾出三间办公室作为农村产权交易办公场所，面积达 150 平方米；定制了标准的产权交易所门牌；购置了办公设施和自动化设备；交易工作流程、制作规范齐全，并上墙；安装了交易信息公开电子显示屏；抽调农技、国土、林业、人社等部门精兵强将，不断充实农村产权交易所人员力量。

（2）积极开展土地流转和宅改工作。

镇林业站组织开展油茶高效经济林产业帮扶基地建设，由 12 个村创富发展有限公司与相关农户签订《土地流转（租赁）合同》，实行统一经营，共流转土地 1527.1 亩，涉及农户 879 户。自 2015 年以来，7 家光伏企业开展光伏发电项目，共流转 1.7 万亩山场，农户直接获得流转费 1070 万余元。镇国土所参与实施农村宅基地改革，2016~2018 年，根据"一户一宅"政策共腾退 736 户，补偿金额达 7097 万元，退出宅基地后复垦新增耕地面积 552.55 亩；"一户多宅"共拆除 1105 户，补偿金额约 4310 万元，复垦后新增耕地面积 3058.37 亩。

（3）不断创新拓展产权交易业务。

根据白塔畈镇工作实际，2018 年白塔畈镇共有 6 宗集体经营性建设用地入市交易，其中协议出让 4 宗，出让面积 9.28 亩，入市收入 568.31 万元；挂牌出让 2 宗，入市收入 198 万元，合计出让土地 16.77 亩，收入 766.31 万元。2020 年，白塔畈镇 12 个村通过各自创富公司将部分农户土地集中起来，重新发包给 72 个种粮大户，共流转面积 28911.6 亩，实现了村集体经济增收 57.8 万元。

3. 主要成效

一是白塔畈镇农村产权交易所为产权交易提供了公开透明的平台，促进了土地规范化流转，通过宅基地改革和腾退，充分释放出政策红利，让群众在改革中获得实实在在的利益。二是白塔畈镇积极探索土地流转新模式，由村创富公司与群众签订土地流转协议，再将流转来的土地以村创富公司名义，在与农户签订流转价格的基础上加收一定费用，统一打包流转给信用好、有资质、有实力的公司企业和种粮大户。在一定程度上降低了农户直接与大户签订合同的风险，保障了群众经济利益，另外也增加了村集体经济收入。2019 年流转面积 2.9 万亩，实现了村集体经济增收 57.8 万元。三是自白塔畈镇农村产权交易所成立以来，共计经营权确权颁证 9497 户，进一步明晰了农户土地经营权属，维护了农户切身权益，为促进农村土地流转、减少农村土地纠纷奠定了基础。

4. 下一步工作的思考

（1）人员力量不充足，服务办理不到位。

白塔畈镇农村产权交易所的工作人员大多由镇农技、国土、林业、人社部门抽调的工作人员兼任，因其自身还有部门业务，在处理产权交易所的业务时难免精力有限。加之乡镇人员流动性大，新老交接工作不到位，致使新进的业务人员缺乏经验，在一定程度上阻碍了乡镇农村产权交易工作推进。因此，要选优配强，不断提高业务熟练度，并在人员配备上以正式在编在岗、年纪较轻的人员群体为主，减少流动性，确保产权交易工作得以正常开展和顺利推进。

（2）资源整合不全面，管理力度不到位。

白塔畈镇是农业大镇，近年来，随着年轻人群体向城市转移，剩余劳动力以60岁以上老人为主，致使很多农村山地、田地闲置荒废。白塔畈镇农村产权交易所自组建以来，在整合闲置资源方面力度不够，因此要进一步强化资源管理，在12个村全面开展摸排，将闲置田地、山地信息详细登记在册形成台账，为下一步利用产权交易中心这一平台整合资源、发挥经济效益奠定基础。

（二）案例二：安徽省金寨县西楼生态旅游开发有限公司产权交易①

1. 基本情况

金寨县西楼生态旅游开发有限公司是安徽省第一家通过集体土地入市的方式来获得经营土地的公司。2016年，公司以392万元竞得了全军乡熊家河村西楼组集体经营性建设用地19.55亩，用于投资乡村生态旅游项目建设——金寨兰花庄园一期项目，这也是安徽省第一宗农村集体经营性建设用地入市交易项目。2020年9月，已完工7900平方米的主体工程，计划于2020年底完成装修以及绿化亮化配套工程，并着手申报二期项目建设用地58亩。同时，还以农村土地经营权流转的方式流转了土地460亩，建设了230亩果蔬大棚，种植了西葫芦70亩，西瓜200亩，大棚西红柿、丝瓜、豇豆等农作物140亩。

金寨县西楼生态旅游开发有限公司现在已经发展成为集果蔬种植销售、花卉生产销售、乡村生态旅游项目投资开发于一体的新型农业龙头企业。公司现有固定资产6000万元，员工22人，年吸纳农村剩余劳动力就业200人。2019年公司果蔬营业收入400多万元，带动21户低收入户户均增收8000元。

2. 主要成效

第一，金寨县西楼生态旅游开发有限公司通过集体土地入市以及土地流转实现了连片的土地集中开发，形成产业化、集约化经营模式，拓宽了企业的发展空间。第二，公司将"农业产业+旅游"作为载体，以"三变"改革创新为手段，为乡村区域经济发展做出了积极的贡献，2019年熊家河村集体收入75万元，其中51万元来自西楼生态旅游开发有限公司。第三，通过集体经营性建设用地入市项目，19.55亩的土地被集体出售后可以再次返利给农户，将此返回款入股到公司可以保证群众获得企业经营分红，实现"失地不失利"。第四，通过企业开发和规划，农民以职工身份在园区参与土地管理和劳动，每年可增收4万多元。企业在盘活了农村土地的同时还带动了农民致富，提升了农业专业化技能水平。

---

① 执笔人：贵媛媛。

3. 下一步工作的思考

第一，集体经营性建设用地评估值不充分，银行等金融机构抵押融资获得率低，其他的融资渠道局限于眼前企业的效益，较高的成本影响企业进一步发展。对此，应该提高银行等金融机构的抵押融资获得率，不断降低融资成本。

第二，旅游产业与生态农业都是长远的投资项目，投资大但收效慢，占用了企业大量的流动资金。对此，从政府的角度出发要给予一定的资金支持和项目扶持，完善上市土地在交通、水利、电力等方面的基础设施建设，帮助乡村新产业、新业态茁壮发展。

（三）案例三：安徽省金寨县金龙玉珠茶业有限公司产权交易①

1. 基本情况

安徽省金寨县金龙玉珠茶业有限公司位于金寨县全军乡，成立于 2006 年 9 月，注册资金 5000 万元，下辖大团山茶、金寨县全军剑毫茶叶种植专业合作社、金寨县佳茗茶树繁育专业合作社、金寨金刚台茶厂、金寨县润达山茶油开发公司、水岸春天金龙玉珠茶馆及北京、上海、合肥、六安等 12 家金龙玉珠连锁店，是一家集茶树良种研发、无性系茶树良种繁育、名优茶生产制作、品牌销售、连锁经营于一体的大型专业化茶业公司。

全军乡共 6 个村，11000 余人，面积 108 平方千米，但绝大部分都是山地，耕地面积较小，因此地方主导产业是茶叶种植、中药材大棚种植以及旅游业。公司拥有 6850 亩高山生态茶园，其中核心基地大团山茶厂茶园面积达 1700 亩。1993 年至今，公司一直担负着提供高级领导会议用茶的政治任务，2004 年公司产品通过有机茶认证；2006 年公司被认定为六安市级农业产业化龙头企业；2008 年公司通过 ISO9001 国际质量管理体系认证；2009 年公司被评为安徽省农业产业化扶贫龙头企业；2010 年公司基地被农业部命名为全国园艺作物标准化（茶叶）种植示范基地，大团山茶厂被命名为农业部全国茶叶（有机茶）标准示范园；2016 年公司产品"金龙玉珠"被联合国维和部队遴选为会议用茶；2017 年公司被认定为省级农业产业化龙头企业；2018 年在安徽省股权托管交易中心农业板挂牌股份代码：710775；2018 年公司被评为安徽省专精特新企业。

自公司成立以来，始终以"振兴茶业、致富茶农"为宗旨，带动地方茶叶产业发展、助力提高收入。2017 年创建并独立实施了"爱心茶、扶贫茶"助力帮扶模式。金龙玉珠公司的茶树良种场园区风景如画，品种齐全，国家领导人曾到园区视察，受到中央、省、市、县各级领导的高度评价。

2. 创新经验与典型做法

茶厂自 2006 年以来陆续流转了 2000 多亩土地自己经营和管理，每亩租金按照当年 600 斤稻谷的市价支付。合作社也可以茶园入股，享受红利和二次返利。在制

---

① 执笔人：何欣玮。

茶原料方面，公司自己承包的土地产出的茶叶约占 1/3，从农民手中收购的茶叶约占 2/3。公司按高于市场价 10%的标准收购农民茶叶且严格把控品质，用价格倒逼农民提高茶叶质量，改变了地方传统的采摘和种植习惯，具有显著的产业带动效应，同时也促进了农民增收，农民凭借种茶每亩地可实现收入 7000~15000 元。

在经营效益方面，金寨县金龙玉珠茶业有限公司年产值 3200 多万元，盈利 300 万元左右。近年来，公司将业务拓宽至全产业链，承包了良种厂开始研究无性系茶树良种繁育。近期准备修建 7000 平方米的新加工车间，进一步带动了村民就业增收。

3. 产权交易情况

近年来，金龙玉珠公司通过竞拍集体土地入市和流转闲置荒芜土地来发展壮大企业规模、扩大茶叶鲜叶的生产量，并以此为依托带动地方茶叶产业的快速发展。2015 年，公司流转了全军乡全军村上郢、老庄、后明、塘湾、朱冲五组 199.64 亩农户闲置荒芜土地用于发展茶园，年租金 13.8638 万元；2017 年，两次流转全军村集体旱地 155 亩，年租金 19.3865 万元；2019 年，租赁村闲置旅游驿站一层（310 平方米），年租金 3 万元；2020 年，流转 258.4 亩闲置土地，年租金 19.38 万元，计划组建 3 个金龙玉珠现代农业科技扶贫农场，进行无性系良种茶树的繁育组培。2018 年底金龙玉珠公司以 984.806 万元价格竞拍得到 13287 亩（8858.7 平方米）集体入市土地，规划投资 1750 万元新建 3 栋生产厂房，投资 850 万元新建 5 个清洁化无尘车间，并购置 6 条连续化智能化茶叶加工生产线，每年可生产干茶 300 吨，消化 10000 亩茶园全年的鲜叶产量。

同时，通过企业扩张还安置了大量的低收入农户就业，2017~2019 年共为低收入户发放务工收入 27.85 万元；通过帮扶贷款为低收入户分红 5.96 万元；付给低收入户土地、茶园流转租金 22.95 万元。公司还吸收了村集体"三变"资金入股，每年年底定额分红，以 2019 年为例，村集体分红 9.07 万元，为集体经济健康发展做出了积极贡献。

（四）案例四：安徽省金寨县王华畜禽养殖专业合作社产权交易①

1. 基本情况

安徽省金寨县王华畜禽养殖专业合作社位于金寨县全军乡，成立于 2013 年，主要从事土鸡养殖及销售，以"合作社+农户"的生产方式运营。年产土鸡 3 万余只、土鸡蛋 10 万余枚，年产值由当初的 80 万元增至 220 万元，2015 年被评为市级示范合作社。合作社本着"服务农民，富裕农民"的宗旨，坚持做到与低收入户同发展、共致富，通过分红和提供产品等方式共帮助 30 户低收入户提高收入，其中针对家庭特别困难、发展生产难度大的农户，合作社每年提供 1000 元的帮扶资金。

合作社积极发展壮大特色种养业，建成"一村一品"特色产业基地。租赁了周

---

① 执笔人：何欣玮。

边田地 50 余亩，建设了高产值高效益的大棚种植草莓、西瓜等反季节水果蔬菜，发展采摘等旅游项目，带动周边农户实现共同富裕。2017 年 12 月，理事长又成立了金寨县全军乡王华畜禽种植专业合作社，从事养猪和高山生态蔬菜种植。初期目标为建设 20 亩钢架蔬菜种植大棚，远期计划在全军乡域内种植大棚蔬菜 5000 亩、露天蔬菜 5000 亩，带动农户 1000 户以上，做大做强全军蔬菜种植产业，开拓蔬菜销售渠道，打造高档蔬菜品牌。

2. 产权交易情况

2018 年 3 月 1 日，合作社在金寨县农村综合产权交易中心以协议转让的方式流转了全军乡沙河店楼岭组、王河组占万秀等 19 户共计 22.12 亩土地的土地经营权。该产权交易过程经由金寨县全军乡人民政府批准，流转价格为 500 元/亩/年，转出期限为 2018 年 3 月 1 日至 2038 年 2 月 28 日，共 20 年，成交金额共计 221200 元，按照一年一付的方式缴清。交易信息形成金寨县农村产权交易鉴证书，一式五份，交易双方各执一份，其余各份供交易双方到相关部门办理权属变更手续使用。

2018 年 3 月 10 日，合作社与低收入户施善昌（甲方）签订了林地流转合同，约定流转其在金寨县白塔畈乡的林地的使用权。流转价格为 300 元/亩/年，转出期限为 2018 年 3 月 10 日至 2042 年 2 月 10 日，共 25 年，按照一年一付每年 600 元的方式缴清。流转合同期满后，可由双方商定是否续签，若不续签，林地内未采伐森林、林木等资产归甲方所有，其在流转前已享受的补助、补偿等继续享受，流转后合作社另外争取的补助补偿等由甲方享受至合同终止。在流转经营期内，因国家建设征用、征收流转的林地，原承包方式属家庭承包的，林地补偿费和安置补偿费归甲方所有；原承包方式属其他承包的，林地补偿费归林地所有权单位所有。

（五）案例五：安徽省金寨县斑竹园镇斑竹园村老旧卫生室转让项目[①]

1. 基本情况

斑竹园镇斑竹园村老旧卫生室位于斑竹园村夏湾组，于 2010 年 6 月 22 日建成，有平房 1 栋，建筑面积共 96 平方米（有集体土地使用证），房屋面积 76.12 平方米（无房产证），资产原值 59738 元。2018 年新建卫生室后房屋闲置，为充分利用集体资产，2020 年斑竹园镇研究决定将斑竹园村老旧卫生室挂牌流转，通过产权交易中心面向社会公开交易。

2. 产权交易过程

最先由村委会讨论决定对老旧卫生室进行流转。斑竹园村于 2020 年 8 月 23 日在村部二楼会议室举办了村委会议，村"两委"和村民代表均到场参与。会议讨论了关于老旧卫生室流转土地的决议并在会上进行了表决，获得参与人员一致同意后村委向斑竹园镇人民政府提交了流转申请。斑竹园镇经研究决定批准交易。

本次流转方式为挂牌竞价，流转期限为长期。在正式挂牌竞拍前，斑竹园镇委

---

① 执笔人：王脉。

托了六安市鑫淼房地产评估咨询有限公司对将交易的卫生室进行了资产评估。经过综合测算，最终确定估价对象价值为 4.95 万元。挂牌土地为 96 平方米，评估价格为 1.44 万元，挂牌房屋 76.12 平方米，评估价格为 3.51 万元，通过金寨县农村综合产权交易中心的网络竞价平台开展。要求转入方需为该村集体经济组织成员，符合一户一宅建房条件。竞得本标的物后必须用于建设住房，而不可建设经营性用房或其他不符合村庄规划的用途。本次交易的公告期限为 7 个工作日（2020 年 9 月 18 日至 2020 年 9 月 27 日 17：00），自由报价期为 2020 年 9 月 28 日 9：00 至 2020 年 9 月 28 日 16：00，自由报价结束进入 180 秒的限时报价阶段。竞价地点为县公管局 15 楼第四开标室（电子竞价室），或意向转入方自行选择网络终端设备参与网络竞价，但由于网络异常或软硬件故障造成的竞价中断或竞价结果异常，由意向转入方自行承担。竞得人需在合同签订前一次性付清成交价款。项目以最高报价者确定为转入方；同等价格下，先出最高价的意向转入方享有优先竞得权；在竞价有效期内（竞价有效期：项目成交公示截止日期后 5 个工作日），若第一竞得人丧失其资格，由顺序第二竞拍人竞得，以此类推。公告期限内，需征集到两个或以上符合要求的意向转入方，若只征集到一个意向转入方，此项目网络竞价活动终止。

3. 产权交易情况

本次竞拍，共有苗某和陈某两位主体参与了竞价过程。每位参与主体均提供了农村产权交易申请书（试行）（转入方）、竞价申请书、自然人/法人代表身份证复印件、申请委托代理人委托书及身份证复印件、竞价保证金交纳凭证、承诺书、退还保证金声明函七份文件。最终陈某通过一次加价以 50500 元拍得老旧卫生室。竞价结束且无异议情况下，金寨县农村综合产权交易中心发布项目成交公示，成交公示截止后 3 个工作日内转入方可与转出方签订合同，并由产权交易中心出具交易鉴证书，凭此证书实现产权转移。

此次交易过程中的会议记录、权属证明、公告、委托书、申请书、竞价文件、资格审查、成交确认书、鉴证书、合同、资产评估报告等文件均有存档。

（六）案例六：安徽省金寨县桃园林场 2020 年度山核桃采收权交易项目[①]

1. 基本情况

安徽省金寨县桃园林场位于金寨县关庙乡仙桃村，为了实现集体资产资源保值增值，发展壮大集体经济，该村委托金寨县农村综合产权交易中心对 2020 年山核桃采收权按照依法依规程序公开竞拍，推动产权交易公开规范运行。

在交易过程中，第一坚持公开透明原则。桃园林场属于集体资产，而山核桃产业又属于仙桃村支柱产业，涉及全体村集体经济组织成员的共同利益，对林场的山核桃采收权实行竞拍，必须向全体村民公开、向社会公众公开，同时要做到广泛宣传，扩大群众知晓度、参与度，提高竞拍透明度、满意度。第二坚持程序合法原则。

---

① 执笔人：谢东东。

桃园林场山核桃资源丰富，经济效益较好，具有一定社会影响，桃园林场山核桃采收公开竞拍，必须要程序到位，合法合规。第三坚持合理增效原则。桃园林场山核桃采收公开竞拍既不能预期收益过高致使流拍，也不能预期收益过低导致集体资产受损，侵蚀集体经济组织和成员的共同利益。

2. 产权交易过程

第一步是仙桃村"两委"就桃园林场山核桃采收公开竞拍形成一致意见，起草《仙桃村桃园林场 2020 年山核桃采收竞拍实施方案（草案）》，草案提请村民代表大会审议，根据村民代表意见对草案进行修改，最终形成《仙桃村桃园林场 2020 年山核桃采收竞拍实施方案》（以下简称《方案》），在此基础上经村民代表大会推选，成立桃园林场山核桃临时管理小组（以下简称管理小组），管理小组共 15 人，由村"两委"成员 6 人和村民代表及党员代表 9 人共同组成。管理小组主要负责桃园林场山核桃资源底价议定，报名人员资格审查，山核桃采收公开竞拍监督，山核桃采收过程监督等工作。

第二步是在原有工作基础上，村民大会会议审议《方案》，通过后报请乡党委政府，经乡党委政府研究决定后，委托金寨县农村综合产权交易中心集中交易挂牌，并通过广播、微信、张贴公告等多种方式进行广泛宣传。

第三步是竞拍报名与资格审查。此次公开竞拍允许企业法人、家庭农场、农民专业合作社以及自然人进行报名。此外，同一主体不允许重复报名，与村有债务关系人员不得参与报名。管理小组对报名资格进行审查，不符合报名条件，一经查实，取消报名资格。竞拍者可以通过网上报名或者至金寨县政务服务中心 16 楼 1616 室现场报名。竞拍人在报名时需要缴纳竞拍保证金 3 万元，缴至金寨县农村综合产权交易中心指定账户。

第四步是委托竞拍。本次竞拍由仙桃村委员会委托金寨县农村综合产权交易中心通过网络平台公开竞拍，相关竞拍流程由金寨县农村综合产权交易中心全权负责。竞拍不设上限，每次竞拍竞价阶梯为 2000 元，在竞拍时限内，以最高竞拍价为最终价格，并由竞拍人竞得。竞价保证金由金寨县农村综合产权交易中心统一按规定程序无息退回。在竞拍环节中，低价议定较为重要，关乎整合竞拍环节的进展，桃园林场山核桃原有面积为 475 亩，经仙桃村临时管理小组现场勘查认证其中 2019 年受雪灾影响截枝 200 亩，幼林 50 亩，受高寒地带影响当年未挂果约为 75 亩，真正纯林挂果面积约为 150 亩，平均每亩约 20 株（共折合 3000 株），平均每株产干果 12 斤，总共产干果 3.6 万斤，经临时管理小组议定底价为 35 万元（底价依据前三年市场均价 25 元/斤，但是 2020 年受新冠肺炎疫情影响，下调 15%，并扣除人工费用、食宿开支，定价为 21.25 元）。底价议定后由金寨县农村综合产权交易中心组织竞拍交易。

第五步是履约交易。竞拍人竞标成功后需在两日内缴纳履约保证金 5 万元至指定账户，即金寨县关庙乡财政所。并凭借竞得证书与村"两委"签订《仙桃村桃园林场 2020 年山核桃采收竞拍合同》。若未按上述规定签订合同，缴纳款项，则视为违约，竞拍保证金和履约保证金视为违约金不予退还，顺序第二竞拍人竞得，以此类推。竞得人签订协议后，履约保证金转为采收期间山核桃管理费用，暂不支付。待山核桃采收结束，由管理小组对山核桃林木状况进行评估，若有损坏，据实赔付，扣除相关赔付费用后，剩余履约保证金一次性无息返还。

此外，在交易环节中还规定了一些事项。如在采收环节中，竞得人需提前进场并组织采收，签订协议后，采收期间，山核桃由竞得人进行管理。竞得人需为工人买人身意外险，采收期间发生的生产安全事故由竞得人承担。并且山核桃售卖存在一定市场风险，竞得人需自负盈亏。

3. 产权交易情况

金寨县关庙乡仙桃村 2020 年 8 月 26 日村民代表大会通过《金寨县关庙乡仙桃村桃园林场 2020 年山核桃采收权竞拍实施方案》，决定委托金寨县农村综合产权交易中心公开竞拍该山核桃采收项目。8 月 28 日，金寨县农村综合产权交易中心受关庙乡仙桃村村委会委托，公开发布《金寨县关庙乡仙桃村桃园林场 2020 年度山核桃采收权挂牌公告》，确定项目编号 JZNJ2020-I21001，公告期限为 5 个工作日，公告时间为 2020 年 8 月 28 日至 2020 年 9 月 3 日 17 时。确定网络竞价自由报价期为 9 月 4 日 9 时开始，至 9 月 4 日 16 时截止。自由报价结束进入限时报价，限时报价周期为 180 秒。确定竞拍地为县公管局 15 楼第四开标室，竞拍人也可以自行选择网络终端设备参与网络竞价，但是由于网络异常或者软硬件故障造成的竞价中断或竞价异常后果由竞拍方自行承担。此外，竞得人需要在签订协议前一次性付清成交款。

经 9 月 4 日竞拍，最终金寨县同创山核桃开发有限公司以 36 万元的竞拍价竞拍成功，金寨县农村综合产权交易中心当天发布《金寨县关庙乡仙桃村桃园林场 2020 年度山核桃采收权成交公示》，公示时间为 2020 年 9 月 4 日至 2020 年 9 月 8 日。成交公示截止后 3 个工作日内，同创山核桃开发有限公司须派专人携带单位介绍信（或公司授权书）和本人身份证至金寨县现代产业园区金梧桐创业园综合楼 1616 室领取交易鉴证书，且成交公示截止后 3 个工作日内签订合同。

（七）案例七：安徽省金寨县麻埠镇全山村小学校舍租赁项目①

1. 基本情况

全山村位于金寨县麻埠镇东南部，是典型的库区一线村，东临响洪甸水库，三面环山，具有丰富的林业资源。全村有 21 个村民小组，共有 548 户 2002 人，村占地面积 16788 亩，其中耕地面积 169 亩，山场面积 15600 亩，其中：毛竹 4500 亩，元竹 4000 亩，板栗 3000 亩，茶园 1000 亩。全山小学位于全山村村部对面，于 2015 年 11 月 10 日获得了金寨县城乡规划局颁发的《建设用地规划许可证》，共有闲置校舍两层 12 间，占地 750 平方米，建设规模 279 平方米。

---

① 执笔人：李琦。

2. 产权交易过程

金寨县麻埠镇全山村小学校舍租赁项目顺利完成主要包括以下几个步骤：

一是产权移交给村委会。金寨县麻埠镇全山村小学校舍因全县教育布局的调整而成为闲置资源，被纳入中央脱贫攻坚专项巡视"回头看"反馈问题整改清单，被登记为全县闲置集体资产。2020 年 4 月 26 日，麻埠镇召开党政联席会议，就全山小学等闲置公房的处理进行了研究讨论。县教育局已经将学校产权移交给当地政府。县政府决定将学校房屋及土地移交给所在全山村，并建议通过公开招租的形式盘活闲置资源，增加村集体经济收入。

二是召开村民代表大会。2020 年 5 月 11 日，全山村召开集体经济组织成员代表大会，就全山村小学闲置校舍的处置问题进行了讨论，决定委托金寨县农村综合产权交易中心采取网络竞价方式进行公开招租，获得了全体举手通过。

三是提交产权交易申请。全山村村民委员会向乡政府和金寨县农村综合产权交易中心提交农村综合产权集中交易委托书，并向金寨县农村综合产权交易中心提交《农村产权交易申请书》，申请书就本村委会的基本情况、校舍的位置、占地面积等基本性质进行了说明。

四是公开发布招租信息。按照"村申报、乡审核、县监督"的原则，金寨县农村综合产权交易中心对麻埠镇全山村小学校舍进行公开挂牌招租，招租公告规定了网络竞价自由报价期限和限时报价周期、竞价地点等内容，并且对竞拍标的基本情况进行了说明。公告显示该小学校舍流转期限为 10 年（每 5 年为一个周期，分为两个周期）。合同第一个周期到期后，乙方若继续租用，需提前一个月向甲方提出书面申请。第二个周期租金根据市场价格情况协商，同等承租条件下，乙方享有优先承租权。竞拍底价为 2 万元/年，履约保证金为 2 万元，竞价保证金为 0.4 万元。付款方式为一年一付，承租方在竞拍得到租赁权后一次付清当年的租金，先付款后租用，以后每期的租金在下一个使用期开始 20 日前向甲方支付。该公告通过金寨县农村综合产权交易中心网站发布，同步推送至六安市公共资源交易网、安徽省公共资源交易网、安徽省农村产权交易中心网站、金寨县政府网，拓宽了信息发布渠道，促使更多的市场主体参与小学校舍项目招租。

五是进行网络公开竞价。首先对转入方进行竞价资格审查，由转入方提交农村产权交易申请书、竞价申请书、法人单位的营业执照、自然人/法人代表身份证复印件、申请委托代理人委托书及身份证复印件、竞价保证金交纳凭证、承诺书以及退还保证金声明函等文件。通过审查后，由合格意向转入方自行选择网络终端设备，在规定时间内，按照预先约定的竞价规则进行连续多次竞争报价，最终"价高者得"。对该小学校舍招租项目进行竞价的主体为金寨蝙蝠洞茶叶专业合作社和合肥市御芽谷茶业有限公司。金寨蝙蝠洞茶叶专业合作社成立于 2012 年 12 月 6 日，位于金寨县麻埠镇鲜花岭街道，主要经营茶叶种植、加工、生产、销售、茶叶展览、会务服务以及茶园观光等业务。合肥市御芽谷茶业有限公司成立于 2015 年 1 月 4 日，位于合肥市包河区黄河路华夏茶博城，主要经营茶叶生产、加工、销售等业务。经过35轮网络限时竞价，最终合肥市御芽谷茶业有限公司以61000元/年的价格竞得该项目。

六是完成集体产权交易。全山村村民委员会与合肥市御芽谷茶业有限公司签订了《金寨县农村产权交易鉴证书》和《全山村东岭小学租赁协议》，确定租赁期限为10年，年租金为6.1万元，高出标的底价4.1万元，溢价率达205%。

3. 经验总结

从金寨县麻埠镇全山村小学校舍租赁项目的成功交易中可总结出以下几点经验：

（1）政府支持指导，产权责任明晰。

全山村小学校舍在全县教育布局调整后被闲置，继而被纳入中央脱贫攻坚专项巡视"回头看"反馈问题整改清单，之后开展了农村闲置集体产权交易。在这个过程中，小学校舍的产权经由麻埠镇人民政府从金寨县教育局转向全山村村民委员会，一方面政府高效率和无偿的产权转让工作极大地降低了项目的交易成本，另一方面各级政府签订了校舍产权移交表，做到了产权明晰，有据可循，避免之后在产权归属上出现冲突问题。

（2）网络竞价交易，过程公开透明。

本项目采取了网络竞价交易的方式，即以互联网为平台，由合格意向受让方自行选择网络终端设备，在规定时间内进行连续多次竞争报价，最终出价更高的一方可竞得项目。该项目充分利用了六安市公共资源交易网等网络平台，广泛发布项目信息，力争吸引更多的经营主体参与到项目竞价中。通过网络平台进行公开挂牌和竞价，一方面，有效避免了农村集体产权交易中可能存在的信息不对称问题，杜绝了可能存在的暗箱操作，有利于农村基层党风廉政建设；另一方面，通过对信息的扩散使项目竞争市场化，避免了竞争不充分而导致的低价交易问题，保障了村集体经济收益。

（3）盘活利用要素，壮大集体经济。

该项目的顺利开展既使合肥市御芽谷茶业有限公司获得了全山村小学校舍经营权，又使该公司可以利用麻埠镇"六安瓜片"原产地和主产区的品牌效应来推广公司茶叶产品，提高市场竞争力。而全山村获得了农村集体闲置资源变资产的收益，有利于村集体资产的保值增值，提高了村集体收入，并且利用这项收入进一步发展村集体经济。该村从租金收入中拿出1.5万元用于完善村基础设施，包括路灯维修、垃圾清运等，推动了农村人居环境整治工作和生态美好乡村建设。

第二十四章 广东省罗定市创新农村土地股份合作经营体制机制改革调研报告^①

2020 年 11 月 26~28 日，中国人民大学农业与农村发展学院调研组对广东省罗定市创新农村土地股份合作经营体制机制改革进行了调研。调研组在广东省云浮市农业农村局有关领导的主持下，会同罗定市农业农村局、罗定市龙湾镇镇政府、参与改革任务的农业企业与合作社等新型经营主体、村集体经济组织、入股农户等就"创新农村土地股份合作经营体制机制"改革任务开展详细而深入的座谈，认真听取改革任务成果汇报，收集到大量关于广东省罗定市创新农村土地股份合作经营体制机制的政策汇编、典型案例、产业发展情况及其他报告材料等。在调研期间，调研组实地调研了垌旺加工场、南药种苗组培中心、万亩南药基地核心区、横岗尾南药苗圃场、棠棣药食同源食品加工厂、榕木村南药种植示范基地、南充南药种植示范基地、罗定市百草源种养专业合作社等地，并对罗定市龙湾镇香莉种养专业合作社、罗定市文炫农业有限公司、罗定市龙湾镇至纯南药科技有限公司、罗定市百草源种养专业合作社等多个新型经营主体的董事长、经理、员工、理事长、社员等开展深入访谈。在同农业农村局有关领导、企业负责人、入股农民开办的座谈会上，专家组认真听取了农业农村局有关领导、合作社理事长、南药加工企业负责人、入股农户等关于创新农村土地股份合作经营体制机制改革任务的工作汇报，掌握了改革工作开展的真实情况、成效经验及尚存问题，保证了调研工作的准确性。实地调研工作行程安排如表 24-1 所示。

表 24-1 广东省云浮市实地调研工作行程安排

序号	时间	地点	内容
1	2020 年 11 月 26 日下午	抵达广东省云浮市	
2	2020 年 11 月 27 日上午	垌旺加工场	实地调研、收集资料及一对一访谈
		南药种苗组培中心	实地调研、收集资料及一对一访谈
		万亩南药基地核心区	实地调研、收集资料及一对一访谈
		横岗尾南药苗圃场	实地调研、收集资料及一对一访谈
		棠棣药食同源食品加工厂	实地调研、收集资料及一对一访谈

---

① 执笔人：魏广成、孔祥智。

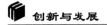

序号	时间	地点	内容
3	2020 年 11 月 27 日下午	南充南药种植示范基地	实地调研、收集资料及一对一访谈
		榕木村南药种植示范基地	实地调研、收集资料及一对一访谈
4	2020 年 11 月 28 日上午	股份成员工作座谈会	就创新农村土地股份合作经营体制机制改革任务与各类主体开展深入座谈
5	2020 年 11 月 28 日下午	政府（部门）工作座谈会	就创新农村土地股份合作经营体制机制改革任务与政府部门开展深入座谈

一、改革进展评价

龙湾镇地处罗定西边边缘，属边远山区，是典型的"八山一水一分田"地形，全镇总面积126.4平方千米，省道S352线贯通龙湾镇全境，距罗定城区53千米，辖11个村和1个居委。全镇地貌属罗定红盆西段低山、丘陵区，亚热带季风气候。全境属云开大山山脉，属高寒山区，镇内自然生态良好，无工业污染，全镇林地面积15.09万亩，山地面积占总面积的85.6%，镇内农户闲置林地较多，使林地资源无法得到有效开发。因此，推动农村土地流转和土地股份合作制改革、促农村闲置资源变资产势在必行。

（一）改革进展情况

广东省农业农村厅、云浮市农业农村局、罗定市农业农村局、龙湾镇镇委镇政府等各级各部门高度重视广东云浮创新农村土地股份合作经营体制机制改革任务，坚持政府引导、市场主导的方针，依托云浮市建设广东特色南药核心区的发展战略，以破解农村细碎化土地经营为目标，探索形成了"政府+龙头企业+经济社+合作社+农户"的土地股份合作经营机制以及"土地租金+保底分红+利润分成"的利益分配机制，探索出一条以南药产业推动乡村振兴的新路径。

1. 构建低收入户入股增收机制

龙湾镇建立低收入户"投资分红"的机制，把低收入户的利益联结起来，引导低收入户申请帮扶资金投资罗定市百草源合作社，保证低收入户每年获得投资金额10%的固定收益，投资合作的期限为5年或10年。2017年，龙湾镇有399户低收入户申请投资合作社，共投入945.2万元，每年收益约100万元。2018年，龙湾镇有431户有劳动力低收入户申请帮扶专项资金投资合作社，共投入1212.34万元，每年收益约为120万元。2019年，39户有劳动力低收入户申请帮扶专项资金投资罗定市禾泉旅游发展有限公司乡村旅游扶贫产业，共投入20万元，收益约为2万元。龙湾镇构建了涵盖农业龙头企业、合作社、农户的利益联结机制，充分激发各类市场主体发展南药林下经济的内生动力。

2. 创新金融帮扶贷款新模式

龙湾镇积极对接当地农村商业银行，创新金融信贷模式，为低收入户提供高质高效的金融服务，打造政府服务、银行放贷、合作社担保、低收入户获利的"政府+银行+合作社+低收入户"金融帮扶贷款新模式，通过设立政府性担保基金、扩大帮扶小额信贷资金规模，增强金融风险意识和防范能力，确保金融支持低收入户产业持续稳定发展。低收入户将申请到的小额信贷款项统一投入到罗定市百草源合作社，每年按投入资金的10%作为收益。罗定市百草源合作社获得投入资金，将进一步加快发展特色南药种植项目，并承担经营风险，负责偿还低收入户的银行贷款本金等其他费用，并承担贷款的经营风险。

3. 打造整镇南药产业集群

龙湾镇整镇推进南药种植，实施五项"造血"工程，整合全镇资源，统筹落实集体经济"造血"工程、环境整治"造血"工程、党员示范"造血"工程、低收入户"再造血"工程、拆旧复垦"造血"工程。五项"造血"工程充分发挥基层党组织带头作用、发挥党员先锋模范作用，整合党员、农民、低收入户等一切力量，利用现有土地资源如拆旧复垦用地、三清三拆闲置用地、群众房前屋后、村道两旁、广场庭院等，种植牛耳枫、走马胎、黄花倒水莲、南板蓝等南药，积极响应上级政府大力发展村级集体经济、人居环境整治、拆旧复垦等政策决策。种苗、肥料等投入品由"政策性扶持+镇政府兜底"，做到全镇种、村村种、户户种、处处种，打造全国典型的南药专业镇。2019年，龙湾镇被广东省农业农村厅认定为全省"一镇一业、一村一品"示范镇（南药），万亩南药基地所在的棠棣村被国家农业农村部认定为全国"一镇一业、一村一品"示范村。

4. 延长南药产业链，发展南药深加工

龙湾镇现已建成涵盖育种、种植、加工、开发、销售在内的全过程产业链，为南药产业发展壮大打下了坚实基础。首先，已组建6000平方米的大型南药组培中心、配套500亩大田育苗基地，年培育种苗达5000万株以上，以育种保障基地及周边农户的种苗需求。其次，建设龙湾南药加工场，配套1000立方米冷库，购置中药材切片加工设备，每年按药企的质量要求可初加工南药5000吨以上。再次，成立龙湾镇药食同源食品加工厂，占地面积15亩，厂房建筑面积3600平方米，建设有标准化厂房、办公楼、技术研发楼等，配套建设库与晾晒大棚。为罗定市首家获得SC认证的代用茶生产工厂，每年预计生产"龙湾一号""龙抬头""三花茶"等品牌代用茶250万包，实现了龙湾镇南药产业由一产到二产的拓展。最后，与中科院广西植物研究所、中科院华南植物园、中山大学药学院等科研机构开展广泛合作，研发以"茶、酒、汤"为主打的一系列南药产品。南药全产业链为农户在种苗、种植、管理、加工、销售等各项环节中提供服务，优先聘用低收入户劳动力，让低收入户参与到育种、种植、基础设施建设、加工、运输等南药产业链建设中去，以扶持低收入户增收。

5. 推动一二三产业融合发展

龙湾镇以资源为依托，以市场为导向，以"养生药谷、云上龙湾"为主题，以云浮药谷、特色南药旅游小镇的建设为目标，紧紧围绕龙湾镇万亩南药基地，整合镇内 3A 级龙湾生态旅游景区、风车山森林公园、大石新农村旅游精品村与在建的南药科普园等旅游资源，以农业体验为特色、以乡村风貌为载体，打造集生态观光、相貌展现、民俗体验、休闲农业、乡村旅游、康养度假等功能于一体的龙湾生态乡村康养度假旅游示范镇，推动一二三产业融合发展。

6. 产学研有效结合，打造技术优势

龙湾镇以中科院华南植物园和中科院广西植物研究所为技术依托，特邀中科院院士带领的中山大学药学院专家团队进驻龙湾，对深化南药产学研结合发挥了重要作用。龙湾镇与中科院广西植物研究所签订南药科技成果转化项目共计 36 项，为龙湾镇南药产业提供了集规划、育苗、种植、管理、加工、开发、品牌等环节于一体的综合技术服务。

（二）改革任务整体效果

自承担改革任务以来，云浮市农业农村局、罗定市农业农村局、龙湾镇镇委镇政府等各级各部门深入探索创新农村土地股份合作经营体制机制，依托南药特色优势产业，打造南药"抱团"发展模式，构建多方参与的紧密利益联结机制，以镇政府、村集体、种植户为主体，以科研院所、合作社、药企为载体，发展南药产业实体，开辟边远山区特色产业发展新路径。2019 年，全镇南药产值达 9971 万元，南药产值占农业总产值的 39.6%，南药产业现已成为名副其实的富民兴镇支柱产业。具体而言，龙湾镇探索创新农村土地股份合作经营体制机制取得的主要成效体现在以下几方面：

1. 南药产业集聚优势进一步增强

龙湾镇镇委、镇政府通过构筑"一基地+两个 100%"的南药产业格局，在发展南药产业、培育集聚优势等方面发挥了重要作用。2019 年，龙湾镇工农业总产值 29569 万元，其中工业总产值 4402 万元，农业总产值 25167 万元。南药产业收入 9971 万元，占全镇农业总产值比重达 39.6%。全镇南药种植面积达 4.36 万亩，村集体经济种植示范点 806 亩，参与农户 2 万多人。南药产业已成为龙湾镇农民发展致富的主导产业。

2. 规模化程度进一步提高

龙湾镇按照"市场+中介组织（以龙头企业、合作社为主）+农户"的基本形式，整镇推进南药产业，通过农业再生产过程中产前、产中、产后诸环节的有机衔接，优化配置生产要素，对区域内主导产业实行专业化生产、系列化加工、企业化管理，逐步实现种产供销、农工贸一体化经营，使农业逐渐步入自我积累、自我调节、自我发展的良性循环。通过土地入股整合土地资源，龙湾镇以"政府+科研+合作社+基地+市场+农户"的南药产业共建模式，以龙头农业与合作社带动，实行规模化种植，逐步形成集育苗、种植、加工、研发、市场于一体的全过程产业链。2019 年底，全镇种植益智、广藿香、黄花倒水莲、走马胎、牛耳枫、南板蓝等特色南药达 4 万多亩，南药种植规模化程度进一步提高。

3. 助农增收效果进一步凸显

龙湾镇的土地股份合作改革通过聚集土地要素助推南药产业发展，使南药产业发展与农户增收有效衔接，取得了明显成效。一方面，通过财政帮扶资金推动低收入户自种南药增加收入。两年内，龙湾镇投入帮扶统筹资金 86 万元，发放藿香苗 27.82 万株，紫苏苗 35 万株，动员有劳动能力的 117 户低收入户种植 153.9 亩藿香，动员有劳动能力的 102 户低收入户种植 128.8 亩紫苏。另一方面，通过参与合作社增加收入，龙湾镇统筹全镇 417 户有劳动能力的低收入户及小额金融贷款共 2926.83 万元资金入股合作社，每年按投资金额的 10% 作为"保底分红"。2019 年，全镇低收入户通过帮扶资金分红 292.83 万元。另外，劳动力还能通过参与雇工劳动增加收入，合作社吸纳全镇有劳动力低收入人口 65 人务工，人均收入增加 0.3 万元/年。2018 年全镇已有低收入人口 595 户、1524 人实现致富，有劳动力低收入户人均可支配收入达 10678 元。2019 年，全镇累计致富 736 户，合计 1965 人，致富率达 99.29%，有劳动力低收入户人均可支配收入达 14245 元，其中南药产业带动低收入户人均增收 3567 元。该镇的大石村和金充村两个相对低收入村人均可支配收入达 14316 元和 15520 元。截至目前，全镇建档立卡低收入人口 743 户 1979 人已全部达到"八有"标准，并按要求标识退出，相对低收入人口退出率达 100%。

4. 探索金融扶贫新模式进一步推进

龙湾镇创新金融信贷模式，为低收入户提供优质高效的金融服务，打造金融帮扶贷款新模式，以金融支持保障低收入户产业持续稳定发展。截至 2019 年底，龙湾镇通过金融小额信贷获得贷款投入合作社的低收入户共 290 户，投资 1109.09 万元。其中，9 户低收入户申请于 2017 年申请帮扶贷款，共投资 38 万元；117 户低收入户于 2018 年申请帮扶贷款，共投资 443.8 万元；164 户低收入户于 2019 年申请扶贫贷款，共投资 627.29 万元。三年合计获得帮扶贷款共 1109.09 万元，根据入股协议，目前已获得 49.7527 万元的现金收益。

二、创新点与政策含义

龙湾镇推进创新农村土地股份合作经营体制机制改革取得了显著的成效，总结出一批特色鲜明、可复制、可推广的创新举措，为高质量完成改革奠定了坚实的基础。具体而言，改革任务的创新点主要集中在以科学规划为导向、以土地入股促进规模经营、积极引导农户以土地入股合作社、构建紧密的利益联结机制、以土地入股壮大村集体经济、以示范带动助推南药产业发展六个方面。

（一）以科学规划为导向

云浮市农业农村局、罗定市农业农村局、龙湾镇镇委镇政府立足龙湾实际，科学规划构筑"一基地+两个 100%"的南药产业格局。其中，"一基地"即以经过境内的省道 S352 线段公路两旁长约 10 千米的山地为主，建设万亩南药种植基地；"两个100%"即以基地为带动，辐射带动100%的村居委和100%的低收入户通过土地流转、投资合作社、入社务工、种植南药等途径参与南药产业发展。通过政府引导，以罗定市百草源种养专业合作社与广东至纯南药科技有限公司作为龙头、纽带，依托科研院所支撑，农民土地承包经营权入股或土地租赁等形式，组织建设万亩南药种植基地，辐射带动全镇发展南药产业，致力将基地打造成一个集南药种植、科研、培育、观光、乡村休闲旅游、康养度假、医疗养老于一体的南药养生休闲度假旅游区。

（二）以土地入股促进规模经营

为做好农村土地股份合作制改革工作，提高南药产业集约化、专业化、组织化水平，全面促进南药产业提质增效、农民持续增收，龙湾镇结合产业振兴重点工作，科学规划"三个充分+两步走"的"3+2"方案，推动改革工作落地。通过云浮市农业农村局、罗定市农业农村局、龙湾镇政府、各村委会等多部门的共同努力，全镇共入股16800亩林地发展南药种植，以林下经济助农增收，发展特色优势产业。

（三）积极引导农户以土地入股合作社

充分发挥政府公信力的作用，引导农户以土地经营权入股罗定市百草源种养专业合作社。以政府为引导、以合作社为经营载体，围绕龙湾南药产业发展实际，促进土地入股合作社，建设南药种植示范基地，辐射带动全镇南药产业发展。在具体推进工作中，龙湾镇充分尊重农民的主体意愿，依法、自愿、有偿地以土地经营权入股合作社。切实发挥市场配置资源的决定性作用，探索形式多样、符合龙湾南药产业发展的入股模式。

（四）构建紧密的利益联结机制

自开展改革任务以来，龙湾镇逐渐探索出一条"政府+龙头企业+股份经济合作社+合作社+农户"的土地股份合作经营机制，推进农户土地入股，形成"土地租金+保底分红+利润分成"的分配机制，建立健全农村土地股份合作经营组织各项工作制度，推进农村土地股份合作经营组织规范运作，促进现代农业适度规模经营，提高农业集约化、专业化、组织化、社会化水平，全面促进农业提质增效、农民持续增收。

（五）以土地入股壮大村集体经济

龙湾镇政府根据云浮、罗定市委的要求，大力发展村级集体经济，要求全镇12个村（居）委都要集约50亩以上的土地用来种植南药，且要求入股到村集体经济组织的土地都享受土地入股的待遇，每年享受土地股份分红。在镇委、镇政府及各村（居）委的共同努力下，截止到2019年底，共6500亩林地入股到村级集体经济组织，通过村集体经济组织自营南药生产示范基地或入股到合作社发展南药产业。

（六）以示范带动助推南药产业发展

各村（居）委会积极探索土地租赁、先租后股、"保底收益+按股分红"等利益分配模式，集约土地建设村级集体经济南药种植示范点12个，种植特色南药品种22

种，积极融入"一基地+两个100%"的龙湾南药产业格局，辐射带动全镇南药种植业发展龙湾镇全镇现有南药种植示范基地1.6万亩，辐射带动农户分散种植3.6万亩，种植南药总面积突破5.2万亩，参与农户2万多人。种植品种涵盖益智、牛耳枫、走马胎、黄花倒水莲、金丝皇菊、广藿香、猫须草、肉桂、八角等多种南药。此外，榕木村党支部发展村级集体经济示范点成为全国最大的走马胎种植基地。

三、存在的问题与可能的风险

广东省云浮市在创新农村土地股份合作经营体制机制改革任务中取得了显著的成效，探索形成了一系列极具指导、借鉴意义的创新经验，但仍然存在一些亟待解决的问题。

（一）农民合作社的规模小且实力弱

目前，罗定市农民专业合作社整体存在着规模较小、实力较弱的问题。就改革情况来看，大部分土地均入股到罗定市百草源种养专业合作社，存在一定非系统性风险。从罗定市来看，规模与实力能够与罗定市百草源种养专业合作社媲美的却寥寥无几，因此不具备分散风险的条件。倘若未来计划进一步拓展土地股份合作范围，那么罗定市将难以找到符合条件的合作社承担改革任务。农民合作社的规模小且实力弱的原因主要体现在以下三个方面：一是合作社普遍面临着资金借贷约束，缺乏产业发展资金。二是管理水平不高，大多数合作社理事长多为乡村致富能手，其具有丰富的农业生产经营实践经验，但是并不具备管理经验，因此理事长管理水平不高是制约合作社发展的重要因素之一。三是缺乏人才，合作社扩大规模需要一定数量具有现代知识和理念的管理人才，但当前农村地区的合作社却表现出数量不足、管理水平低和管理方法落后的现象，因此缺乏人才是制约合作社发展的重要因素。

（二）农户入社意愿不强，参与率低

在改革任务中，龙湾镇及各村（居）委会干部普遍表示，广大农户入社意愿不强，对推进创新农村土地股份合作经营体制机制改革任务造成了一定的阻碍。究其原因，主要体现在以下三个方面：一是农户往往对合作社缺乏认知，对合作社认识和了解的片面性和局限性导致农户入社不积极；二是合作社的制度安排对农户缺乏吸引力，而且当前的盈余分配制度对农户也缺乏吸引力；三是本轮土地入股改革任务主要是以重点解决低收入农户提高收入为主要目标，但普通农户往往存在着排斥心理，这是下一步推进土地股份合作经营所亟待解决的问题。

（三）南药加工产业开发滞后

尽管龙湾镇已初步建成集育种、种植、加工、开发、销售于一体的全过程产业链，但大部分南药品种却仍然处于初加工阶段，参与改革的合作社与农业企业仅以南药产品初加工为主，产品附加值不高，缺乏高技术含量、高附加值的产品。因此，南药相关产品开发滞后俨然成为制约龙湾镇南药产业进一步发展的"瓶颈"因素。

四、下一步改革方向

通过探索"政府+龙头企业+经济社+合作社+农户"的土地股份合作经营机制，龙湾镇破解当前制约南药产业发展的障碍，多元化发展农业农村经济，做强乡村振兴经济新引擎，带动广大农民增收致富。

（一）以市场为导向做大做强龙湾南药品牌

首先，深入开展市场调研，找准市场定位，按市场需求制定可行的产业布局；其次，优化龙头企业结构，积极引入多样化的南药企业，并以南药农产品品牌和龙头企业引导产业链的延伸和优化，培育龙湾南药品牌，提高品牌的营运能力；再次，鼓励南药产业创新性研发，打造中高端南药产品，满足不同消费阶层的需求；最后，增加南药补贴以改善农业生产条件，以市场为导向扶持特色农产品向优势产区集中，促进资源的优化配置，实现南药产业高效集约发展。

（二）探索创新土地股份合作经营的新路径

按照"群众自愿、土地入股、集约经营、收益共享、利益保障"的原则，引导农户以土地经营权入股，成立土地股份合作社。入股土地可以由合作社统一经营，也可以通过租赁、股份合作等方式，吸引各类市场主体投资南药产业，发展多种形式的适度规模经营。同时，充分利用政府的政策资源优势、公共服务优势及社会公信力，发挥主导作用，按照农户自愿参加的原则，将本地区土地资源聚集起来，综合开发利用，以农业龙头企业带动开展培训、优化市场信息、资金支持、技术服务、物资配备等现代农业要素配置，形成更加紧密的产业化合作经营机制。

（三）多元化发展新型农业经营主体

培育农民专业合作社、农业龙头企业、家庭农场"三大新型经营主体"，创建现代农业园区、生产基地、专业镇村、农产品批发市场"四大建设载体"。推动农业生产由粗放型向集约型、农业经营由小型分散向适度规模、农业劳动者由传统农民向新型农民转变，全面推动南药产业向规模化、集约化、标准化、产业化方向发展。

（四）逐步完善南药生产服务保障体系

以健全农产品质量体系为核心，以农业科技推广体系为依托，利用现代农业信息技术，构建全方位的南药生产服务保障体系。一是要建立南药市场体系，加快建设一批具有影响力的南药批发交易市场，将罗定市及龙湾镇打造成为区域性南药销售中心和集散中心。二是完善南药生产信息技术，大力发展农村网络技术，加大现代农业信息服务建设力度，推进农业新型基础设施建设，提升南药产业智能化水平。三是健全南药质量安全标准体系，通过制定和完善农产品质量的认证标准和农产品的评价标准，把南药生产的各环节纳入标准化的管理轨道，实施农产品品牌战略，健全农产品质量安全检测制度，形成南药质量检验检测体系。四是完善南药科技推广体系，深化与高等院校、科研院所的合作，促进农科教、产学研深入对接，健全促进南药产业科技引进开发、成果转化的有效激励机制，鼓励科研人员从事南药开发与研究。五是推进南药科技示范场建设，切实发挥示范带动作用。

五、调研案例

（一）案例一：广东省罗定市文炫农业有限公司①

罗定市文炫农业有限公司作为罗定市百草源种养专业合作社的下属企业，不仅承担了合作社收获药材初加工的任务，在推进龙湾镇集体产权改革创新方面也发挥了重要作用。公司在保持药材加工生产的同时，还建立了南药种植基地与种苗培育基地，进行南药的规模化种植与培育，带动了龙湾镇南药产业发展，推动了龙湾南药品牌化进程。同时公司重视社会效益，主动向当地村民传授优质南药种植技术，优先保障当地村民就业，促进了当地农民的致富。

1. 基本情况

罗定市文炫农业有限公司成立于2015年7月，注册资金500万元，是一家以推进跑山猪（商标注册名：龙湾五脚猪）以及南药产业化、集约化、规模化种植与开发为主业的合作组织。2012年公司从海南五指山引进五脚猪进行繁养，成为罗定市特色优质畜禽品种，并建立五脚猪标准化生态养殖场，推广特色优质香猪。近年来，公司实行"合作社+公司+农户"发展模式，在龙湾镇永乐村、榕木村各建立了一个跑山猪养殖场，占地达400多亩，同时为养殖户提供养前栏舍选址规划设计，养中技术指导、养后销售渠道。

公司近年来财务状况良好，财务制度健全。截至2017年11月资产总额为341.22万元，实现营业收入214.57万元，实现净利润37.57万元。合作社财务管理规范，资源结构良好，经营稳健，无不良资产。

2. 推进创新工作的举措

公司的峒旺加工厂承担罗定市百草源种养专业合作社龙湾南药加工场的任务，每年按制药厂的质量要求可初加工5000吨药材。公司在永乐村、榕木村、棠棣、上赖、大石等村建立了南药种植基地350余亩，同时为了能给种植户提供优质优价统一的南药种苗与产品回收，建有种苗培育基地。已推广种植优质南药1500多亩。

罗定市文炫农业有限公司大力推动"一村一品，一镇一业"发展，为了能实现区域生态循环种养殖，公司给种植户提供优质优价统一的南药种苗与产品回收，其中广藿香干药材收购价为8元一市斤，种植户平均亩产3000斤，仅此一项每亩地可为农户带来24000余元收入。公司对从农户手中购买的干药材进一步晾晒烘干后，进行机器切片，机器除尘，最终以13元一市斤的价格卖出。若遇连阴雨天气，农户收获的广藿香难以晾晒，公司也会按折算价格统一进行收购，并在公司自建的透光热能晒棚进行晾晒烘干。公司依靠南药的加工解决了20多个劳动力的就业问题（工资为100元/天）。

---

① 执笔人：何欣玮。

公司自建有种苗组织培养育苗基地及综合办公楼。目前，公司启动开发的南药产品有广藿香、益智、牛耳枫、鸡血藤、十大功劳、黑老虎、甜茶、金花茶、金银花、猫须草等多个产品，有效地实现了区域生态循环种养殖。在南药销售方面，与海南省海口市制药厂、佛山市南海区一方药业、罗定制药有限公司、肇庆邦健药业有限公司、广州健泽药业有限公司、佛山中天中药饮片厂等国内多家药厂、购货客商建立了稳定的供求合作关系。在技术方面，得到了中科院华南植物研究所、中科院广西植物研究所、林业和农业等科研机构和政府部门的大力支持。

（二）案例二：广东省罗定市龙湾镇至纯南药科技有限公司①

广东至纯南药科技有限公司依托龙湾镇南药合作社成立，在罗定市南药产业的发展中发挥了重要作用。其下属的组培中心、苗圃场和加工厂组成了一条完整的产业链。同时至纯南药的企业主体和品牌建设也对产业发展起到了关键作用。

1. 基本情况

广东至纯南药科技有限公司成立于2018年7月23日，注册资金1000万元，位于广东省罗定市龙湾镇，公司总面积6000多平方米，累计投资500万元，现拥有1300平方米的植物组培室和1000平方米的GMP无菌操作车间和1000平方米综合大楼，以及一批高、中级技术员，年产各类组培苗达1000万株以上。

广东至纯南药科技有限公司主要从事林木、花卉、中药材等农林植物的组织培养技术研究及开发应用，以广藿香、黑老虎、黄花倒水莲、牛耳枫、土伏苓等重要南药药材为重点的药材种植资源圃。广东至纯南药科技有限公司在生产过程中紧抓质量，建立了质量保证体系（QA）与质量控制体系（QC）。制定了一系列的管理细则及操作规程，如原种采芽技术要求及操作规程、洗瓶操作规程、培养基分装操作规程、灭菌操作规程、扩繁材料接种操作规程、材料培养和质检操作规程、配药室管理细则、消毒车间管理细则、接种车间管理细则、培养车间管理细则，二级苗圃育苗技术要求与操作规程等。

2. 机构建设

为了打造区域特色品牌，完善全产业链一体化。至纯南药公司与多家科研院所、机构合作建设了三个下属设施。建成了南药产业从研发、生产到加工的全过程产业链。

（1）组培中心。

南药组培中心项目于2018年建成，借力中科院广西植物研究所、中科院华南植物园的组培技术，建设有1300平方米的植物组培室和1000平方米的GMP无菌操作车间和100平方米的综合大楼，配备有实验室、数字化物联网监控室、商务办公室等专业工作室。组培中心还以组培作物产品开发、繁育为核心，将南药种植推广到各市镇，全面配合指导南药种植发展，按现规模建设，组培中心年产各类组培苗合

---

① 执笔人：王脉。

计可达 100 万株以上。

南药繁育组培中心主要从事林木、花卉、中药材等农林植物的组织培养技术研究及开发应用，以广藿香、走马胎、金线莲、五指毛桃等重要南药药材为重点的药材种植资源圃，以科技创新为引领，以政策措施为引导，突出大宗和特色岭南中药材规范化生产基地建设。形成产业链完整、质量生产全程可控的中药材产业综合发展体系，筑牢有广东特色的中药材保护与发展的资源优势和产业基础，实现中药材生产规范化、规模化和产业化。

（2）苗圃场。

苗圃场于 2019 年建成，总占地面积 5000 平方米，配套全自动喷淋系统，苗圃场致力于南药苗木树种的开发，借力中科院广西植物研究所、中科院华南植物园等科研院所和广药集团白云山制药有限公司、仲恺农业工程职业技术学院等校企的技术力量，结合自身的经验，优化种植方式，培育了多种南药苗木。形成以常绿名贵树种、乡土珍稀苗木为主，中小规格用苗为辅的多品种、多规格的生产格局，主要引进培育了金花茶、银杏红豆杉、黄花倒水莲、匙羹藤、广藿香、益智、郁金、走马胎、牛耳枫、金线莲等多个品种，且积极整合周边苗圃场资源，全年不间断为全国合作社、各种植农户、园林绿化单位、企业、苗圃提供南药种苗、工程用苗和入圃小苗。

（3）加工厂。

加工厂于 2020 年 7 月 10 日正式领证落成，至纯南药生产车间为罗定市首家获得 SC 认证的代用茶生产工厂，至纯南药生产车间占地面积 15 亩，车间总建筑面积 3600 平方米，建设有标准化厂房、办公楼、技术研发楼等，配套 600 立方米冷库、500 平方米晾晒大棚，代用茶车间配备全自动定量三角茶包包装机、杀青机、高温烘炉、高速破碎机、高效混合机等；主要检测设备有智能恒温干燥箱、马弗炉、电子分析天平等。此外，汤料车间主要生产开发新型组合汤料。公司将食材的安全放在第一位，从原材料的产地对接、精挑细选到成品出品，每一道工序都经过严格把控，为顾客提供安全、健康、放心的食品。

3. 成立意义

至纯南药科技公司作为依托合作社成立的有限责任公司，承担了合作社机构本身未有的企业主体作用。（有限责任公司是指根据《中华人民共和国公司登记管理条例》规定登记注册，由五十个以下的股东出资设立，每个股东以其所认缴的出资额为限对公司承担有限责任，公司法人以其全部资产对公司债务承担全部责任的经济组织。）

2018 年 10 月 26 日，至纯南药科技有限公司承办了首届广东省南药战略发展科技创新论坛暨龙湾南药文化交流会在龙湾镇开幕。众多省内外专家共同研讨南药产业发展，为实现南药产业共建，推进"产学研"深度融合贡献力量，并以此促进广东南药产业持续加快发展，助推乡村振兴战略实施。至纯南药也借此机会打响了自已的品牌。

总之，至纯南药科技公司是龙湾镇"合作社+农户+基地"发展模式中不可或缺的一环。至纯南药的企业主体和打造的区域品牌都对整个产业链的建设完善发挥了巨大的作用。

（三）案例三：罗定市百草源种养专业合作社[①]

百草源种养专业合作社于2011年3月成立，注册资金5000万元。现已发展为龙湾镇规模最大的合作社。该合作社积极响应政府号召以中草药土地股份合作制改革推动农村土地流转，在促进当地农村闲置资源变资产的同时实现了发展集体经济与脱贫攻坚的有机结合。

1. 基本情况

罗定市百草源种养专业合作社位于罗定市龙湾镇，于2011年3月成立，注册资金5000万元，是一家以南药育种、种植、开发、加工、贸易为主业，同步实施乡村旅游战略的农民专业合作组织，也是罗定市目前加盟农户最多的专业合作社，目前共有社员648人，辐射带动周边农户800多户。2012年被认定为广东省省级示范社；2014年被评为国家农民合作社示范社。

合作社主要发展中药材种植，现自有基地10000多亩，种植品种包括广藿香、益智仁、肉桂、紫苏、广佛手、银杏、金花茶、黄花倒、水莲、皇菊、鸡血藤、金线莲、玉竹、五指毛桃、土茯苓、紫苏、玉桂、益智等二十多个品种。2016年，经当地政府公开招投标竞标成为佛山市南海区委、区政府现阶段帮扶罗定市产业扶贫产业脱贫重点合作实施单位。现合作社与南海区委、区政府以中科院华南植物园、中科院广西植物研究所、中山大学中医学院、华南农业大学、广东省中药研究院等研学单位为技术依托单位，共建的项目有罗定市龙湾镇万亩中药材种植基地、龙湾镇种苗组织培育中心、农产品初加工厂、中药材提取中心等多个项目。合作社现还处于建设发展阶段，2018年基地建设投资1000多万元，销售收入1700多万元，盈利30多万元。

近年来，合作社实行"合作社+基地+科研+市场+农户"的模式发展南药产业，不断深化育种、种植、加工、开发、贸易产业链，提升南药附加值。在技术科研力量方面，与中科院广西植物研究所和中科院华南植物园进行合作，提供技术支撑；在栽培管理方面，万亩南药种植基地实行GAP标准种植；在销售管理方面，与罗定制药、邦健药业、健泽药业、中天中药饮片厂等国内多家药厂及销售商建立稳定的供求合作关系，并得到了省内医药、林业和农业等科研机构和政府部门的大力支持。

目前，该合作社在垌旺、大石、棠棣、金充4个行政村及省道S352两旁统一集约1.3万亩山地建设龙湾镇产业精准扶贫暨养生万亩南药种植示范基地，已按照相关功能区域立体式种植南药品种面积达15000亩。为了能给种植户提供优质优价统

----

① 执笔人：王谦。

一的南药种苗与产品回收，建有占地面积 6000 平方米的大型南药组培中心、配套 800 亩大田种苗的 5 个育苗基地、2 个南药电商大楼、2 个南药加工场、3 个恒温恒湿阳光大棚等配套设施。

2. 发展思路

（1）实现南药产业和脱贫攻坚的有机结合。

龙湾镇坚持南药产业发展和提高收入政策有机结合，坚定不移地依托云浮市建设广东特色南药核心区的发展战略，坚持"输血"和"造血"政策双管齐下，坚持政府引导、市场主导，以南药产业助力脱贫攻坚。龙湾镇先后出台了南药种植《发展规划》及《实施方案》，根据本镇的土地资源、南药种植历史、市场需求等定位"整镇推进"南药帮扶产业发展的总体思路，实行整镇规划、分类实施"五大南药产业工程"，组织动员村集体、农户，尤其是低收入户参与道地特色南药产业发展。重点发展村级集体经济，重点扶持本地合作社，让农民和低收入户"抱团发展"，实现全镇有劳动能力低收入户入股合作社发展南药产业全覆盖，为低收入户实现产业增收找准了产业发展路径。2019 年，龙湾镇工农业总产值 29569 万元，其中工业总产值 4402 万元，农业总产值 25167 万元。南药主导产业收入 9971 万元，主导产业收入占农业经济总收入的比重为 39.6%。南药产业已成为龙湾镇农民发家致富的主导产业，百草源合作社作为当地最大的专业合作社，为农户在种苗、种植、管理、加工、销售等各项环节中提供服务，合作社优先聘用本地群众，让大家参与到育种、种植、基础设施建设、加工、运输等南药产业链建设中去，以此增加收入。此外，合作社先后引进多家科研机构为南药产业提供技术支撑，政府对就读于云浮开放大学南药种植业教育培训的低收入户给予 100% 学费补贴，全面提升低收入户的南药种植技能，让低收入户学着种、跟着种、放心种。

（2）推进当地土地股份合作经营机制改革。

百草源专业合作社积极响应龙湾镇的号召，以南药产业作为切入点，实行"政府+龙头企业+经济社+合作社+农户"的土地股份合作经营机制，即以土地租赁或直接入股、先租后股等多个合作方式，推进农户土地入股，农业龙头企业形成"土地租金+保底分红+利润分成"的分配机制将环境劣势转化为资源优势，将传统农业经济转化为绿色生态经济，同时与提高收入紧密结合，探索一条以种植特色南药助力乡村振兴的新道路。百草源专业合作社作为南药产业的实施载体积极承担建设任务，将土地流转给百草源专业合作社的低收入户获得田地每亩 600 元/年、林地每亩 25 元/年的租金收入，每户增加收入约 1100 元/年。

（四）案例四：罗定市龙湾镇香莉种养专业合作社[①]

1. 基本情况

罗定市龙湾镇香莉种养专业合作社成立于 2013 年 10 月。工商登记成员 154 户，

---

① 执笔人：贵媛媛。

其中117户户主为女性，以润晟苗圃场为带动企业。合作社主要负责种植、培育和销售，主要包括沉香、牛大力、益智、黄花梨等中药材以及农产品，罗定市龙湾镇香莉种养合作社拥有自有中药材种植基地500亩和南药育苗基地10亩。罗定市龙湾镇香莉种养专业合作社带动龙湾镇及周边300多农户进行了南药种植，种植面积达800多亩。建设有龙湾镇沉香种植示范基地、云浮市巾帼创业示范基地、广东省巾帼林。开设有企业网站和电子商务服务部，免费为成员运用网络平台推销农产品。

2. 增收途径

龙湾镇通过南药产业与精准扶贫相结合、同促进，2018年累计脱贫"摘帽"595户1524人，有劳动力贫困户人均可支配收入为10678元。2019年累计脱贫"摘帽"736户1965人，有劳动力贫困户人均可支配收入为14245元，完成脱贫任务99.29%。南药产业带动贫困户人均增收8900元。

一是通过自种南药增加收入。近年来，龙湾镇投入帮扶统筹资金47.24万元，发放广藿香苗、紫苏、猫须草、金丝皇菊等种植约150万株，动员有劳动能力低收入户209户种植广藿香、紫苏、猫须草、金丝皇菊等南药约380亩，户平均增收3698元。

二是通过土地流转增加收入。低收入户出租80亩自有田地、林地给合作社，由合作社作为南药产业的实施载体承担建设任务，低收入户获得每亩800元/年租金收入，每户每年增加收入200元。

三是通过投资合作社增加收入。统筹392户低收入户帮扶资金、小额金融贷款共计3475.63万投入合作社，每年按投资金额的10%作为投资收益获取"保底分红"，目前已发放三期收益，累计获得收益570.31万元，户均增加5000多元。

四是通过劳动增加收入。通过聘请周边低收入户参与日常管理，使低收入户既可以按股份参与合作社分红，又可从中获得劳务收入。2020年以来，全镇共计有劳动力低收入人口65人受合作社聘用，人均增收1.5万元/年。

3. 功能定位

龙湾镇在通过多种方式积极推动收入增加的同时，也发挥出了其多样的功能。不仅提高了收入，也进一步服务了成员，功能定位日益明确。

一是协作促进精准扶贫。罗定市龙湾镇香莉种养合作社积极参与精准扶贫工作，扶持贫困户发展经济、种植南药。合作社还与其他公司进行了资源整合，不断进行科技创新、发展南药产业，引入了康美药业、中树康药业等药企。香莉种养专业合作社还积极参与建设特色南药科普示范基地、罗定市青少年特色南药实验实践活动基地、罗定市南药一二三产业融合发展示范园等南药产业基地。

二是服务成员。合作社立足龙湾镇大石村，面向全市。以服务成员、谋求全体成员的共同利益为宗旨，以成员为主要服务对象。依法为成员提供农业生产资料的购买，农产品的销售、加工、运输、贮藏以及与农业生产经营有关的技术、信息等服务。主要业务范围包括五个方面：①种植、加工、销售，包括中药材、松树、杉树、桑树、茶树、水果、蔬菜、竹、藤、草。②养殖、销售,包括家禽、水产品。③开展与种养生产经营有关的技术培训、交流和信息咨询服务。④组织收购成员及同类生产者的产品。⑤组织采购、供应成员所需的种养生产资料。

4. 经验启示

龙湾镇香莉合作社在增收方面取得了显著成效,其功能定位也日益清晰,为其他合作社的发展提供了一定的经验启示。

一是政府引导是基础。龙湾镇香莉种养专业合作社有效整合当地资源,发展有规模、有特色、有效益的香莉产业,符合因地制宜、精准施策的帮扶原则,实现了可持续帮扶和经济发展"同频共振"。

二是帮助低收入户降低风险和推动低收入户主动参与是关键。发展特色农业诸如香莉产业,是一项风险和收益并存的系统工程。龙湾镇汇聚多方力量,整合多方资金,降低缺资金、缺市场、缺技术而带来的风险,最大限度地让低收入户主动参与到香莉产业发展中的各个环节,消除低收入户"等、靠、要"的思想,推动低收入户自力更生,做到帮扶又扶志。

三是合作社带动和完善机制有机结合是保障。龙湾镇通过发展南药产业,把合作社与低收入户、帮扶资金有机结合起来,结成利益共同体,以合作社为载体,推动低收入户与大市场对接,让低收入户变"单打独斗"为"抱团发展",取得最佳的经济效益。完善长效机制,合作社为低收入户做好产前、产中和产后服务,保障低收入户依靠香莉产业增收,巩固低收入户的收入。

第二十五章　广西壮族自治区玉林市农村产权流转交易市场建设调研报告①

　　2021 年 5 月 9~11 日，中国人民大学农业与农村发展学院调研组对广西壮族自治区玉林市农村产权流转交易市场建设进行了调研。调研组同广西壮族自治区玉林市农业农村局领导，就"农村产权流转交易市场建设"改革任务完成情况进行了座谈，与党委政府负责同志、有关部门负责同志、从事具体工作同志等开展座谈，听取了相关市县区工作汇报，对实际工作的开展情况进行了深入了解。调研组与农村产权交易中心的主要负责同志、参与企业与农户等开展座谈，听取了农村产权交易中心同志的工作汇报和其他主体的发言，深入了解了改革任务中的真实情况、工作经验和存在的问题。收集了包括改革工作方案、政策文件、统计报表、总结材料、宣传材料等在内的市级、县区级一手文献资料。具体情况如表 25-1 所示。

表 25-1　玉林市实地调研工作行程安排

序号	时间	地点	内容
1	2021 年 5 月 9 日下午	抵达玉林市	
2		玉林市农村产权交易中心	调研玉林市农村产权交易市场建设情况
3	2021 年 5 月 9 日下午	玉东新区"五彩田园"示范基地	实地调研"五彩田园"农村改革情况，参与规划展示馆、鹿塘社区等
4	2021 年 5 月 10 日上午	陆川县农村产权交易分中心	召开陆川县农村产权交易改革任务座谈会
5	2021 年 5 月 10 日下午	博白县博惠农机专业合作社	召开博白县农村产权交易改革任务座谈会
6	2021 年 5 月 11 日上午	兴业县丰浩农业科技有限公司	召开兴业县农村产权交易改革任务座谈会
7	2021 年 5 月 11 日下午	玉林市文化艺术中心会议室	召开玉林市农村改革工作座谈会
8	2021 年 5 月 11 日晚上	返回北京	

一、改革进展评价

　　自 2015 年以来，根据有关文件要求，玉林市各级领导高度重视，统筹推进农村改革任务，因地制宜地开展农村产权流转交易市场建设任务，在推进农村"六权"

---

① 执笔人：孔祥智、魏广成、何欣玮。

确权登记颁证、健全农村产权流转交易市场体系、探索农村产权流转交易方式和价格形成机制、创新农村产权流转交易范围和品种、拓展现代农村金融服务配套改革、建立农村产权流转交易风险防范机制等方面取得显著成效，按时保质保量地完成了改革任务。

（一）改革任务组织实施情况

1. 玉林市农村产权流转交易市场建设的制度设计

2014 年中央一号文件明确提出了"深化农村土地制度改革的重点，创新农村产权交易制度"的要求。2014 年 12 月，国务院办公厅出台了《关于引导农村产权流转交易市场健康发展的意见》（国办发〔2014〕71 号）指导性文件，为农村产权流转交易市场的发展提供了指导方针。2017 年 6 月，广西壮族自治区人民政府办公厅出台了《关于印发广西农村产权流转交易市场建设方案的通知》（桂政办发〔2017〕72 号），为培育和发展各级农村产权流转交易市场建设作出了具体安排。农村产权流转交易市场的健康发展，事关农村改革发展稳定大局，农村产权流转交易市场是激活农村生产要素、规范农村产权交易行为的重要举措，对于保障农民财产权益、优化农村资源配置、统筹城乡发展、推进农业现代化具有重要意义。玉林市推进农村产权流转交易市场建设的政策沿革如表 25-2 所示。

表 25-2　玉林市农村产权流转交易市场建设的政策文件

年份	文件名称	相关内容
2014	《国务院办公厅关于引导农村产权流转交易市场健康发展的意见》（国办发〔2014〕71 号）	农村产权流转交易市场是政府主导、服务"三农"的非营利性机构，可以是事业法人，也可以是企业法人
2014	《玉林市人民政府办公室关于印发玉林市农村产权交易管理暂行办法的通知》（玉政办发〔2014〕88 号）	农村集体产权依法转包、租赁、转让、入股、互换或者以其他方式交易的，应当在本市依法批准设立的农村产权交易服务机构进行；鼓励农村个人产权在农村产权交易服务机构进行交易
2014	《玉林市人民政府办公室关于印发玉林市农村土地承包经营权流转交易细则（试行）的通知》（玉政办发〔2014〕91 号）	本市行政区域内依法通过家庭承包方式取得的农村土地承包经营权，通过转包、出租、互换、转让或者其他方式流转交易的，应当在玉林市农村产权交易中心（以下简称农村产权交易中心）进行，但同一集体经济组织内部农户之间且流转期限在一年之内的流转交易除外
2014	《玉林市人民政府办公室关于印发玉林市农村林权交易细则（试行）的通知》（玉政办发〔2014〕128 号）	在行政区域内的农村林权交易应当进入玉林市农村产权交易中心进行
2014	《玉林市人民政府办公室关于印发玉林市农村小型水利工程产权交易细则（试行）的通知》（玉政办发〔2014〕93 号）	本市所辖农村小型水利工程权属依法转让、拍卖、出租、入股、抵押或其他方式流转交易的，必须在玉林市农村产权交易中心（以下简称农村产权交易中心）进行，并适用本细则

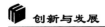

年份	文件名称	相关内容
2014	《玉林市人民政府办公室关于印发玉林市农村抵押质押贷款管理办法（试行）的通知》（玉政办发〔2014〕125号）	抵质押人办理农村产权抵押质押应同时具备以下条件：合法取得有关权属文书并经玉林市农村产权交易中心交易鉴证或备案登记
2015	《玉林市人民政府办公室关于印发玉林市农村产权抵质押融资风险补偿基金筹集与使用管理暂行办法的通知》（玉政办发〔2015〕95号）	本办法所指农村产权抵（质）押融资风险补偿基金（以下简称风险补偿基金）是由各级政府出资设立的，对金融机构因开展经市农村产权交易中心鉴证、县（市、区）主管部门抵押登记的农村产权抵押质押贷款产生的损失给予一定额度补偿的专项资金
2016	《玉林市关于加强农村产权流转交易市场四级服务机构建设的实施方案》（玉农改办发〔2016〕3号）	交易中心内部增设农村产权抵押登记部，为全市农村产权抵押登记提供信息对接、数据统计、权益保护等全方位服务
2017	《广西壮族自治区人民政府办公厅关于印发广西农村产权流转交易市场建设方案的通知》（桂政办发〔2017〕72号）	农村产权流转交易市场是为各类农村产权依法流转交易提供服务的平台，是政府主导、服务"三农"的非营利性服务机构，可以是事业法人，也可以是企业法人
2017	《中共玉林市委员会玉林市人民政府关于印发〈玉林市农村产权与金融服务总体方案〉的通知》（玉发〔2017〕8号）	完善为土地流转供求双方服务的信息服务和市、县、镇、村四级交易平台，规范交易行为，保障交易者权益，方便交易办理，促进土地规模化
2017	《玉林市人民政府办公室关于农村集体资产国有资产供销社资产等交易业务进入玉林市农村产权交易中心规范交易的通知》（玉政办发〔2017〕63号）	镇村两级农村集体资产交易业务引导进入市农村产权交易中心进行公开交易。供销合作社资产交易业务鼓励进入市农村产权交易中心进行公开交易、进入玉林市公共资源交易平台交易的市县两级行政事业单位国有资产处置业务，在同等条件下优先选择市农村产权交易中心作为组织交易的代理服务机构

资料来源：根据文件整理。

玉林市委市政府高起点、高规格、高标准全力推进玉林市农村产权交易中心建设。玉林市农村产权交易中心于2014年1月开始筹建，玉林市政府于2月批准设立，7月获得广西壮族自治区政府批复开业，9月正式开始运营。玉林市农村产权交易中心在丰富交易品种、创新交易模式、规范交易秩序、开发交易市场等方面取得了显著成效。

玉林市农村产权交易中心作为农村产权综合性交易服务机构，主要开展场所提供、信息发布、组织交易等业务，并提供政策信息咨询、交易策划鉴证、培训辅导、委托管理、产权融资等相关配套服务，组织架构如图25-1所示。

2. 玉林市推进农村产权流转交易市场建设的工作机制

玉林市委市政府高度重视农村产权流转交易市场建设改革任务，不断强化组织领导和制度保障，在农村土地制度改革取得成果的基础上，构建起完善的农村产权流转交易市场的政策体系，稳步推进改革任务。

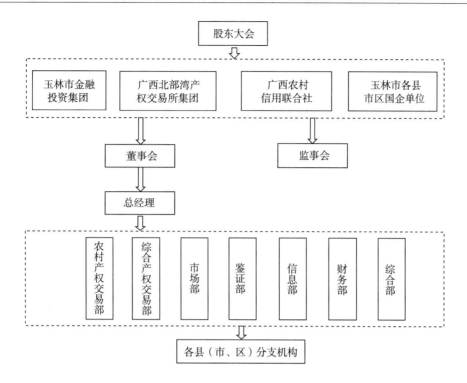

图 25-1　玉林市农村产权交易中心组织框架

（1）深入推进农村确权登记颁证工作。

在推进农村"六权"确权登记颁证方面，玉林市通过"确实权、颁铁证"，深入推进农村各类产权确权工作，让农民吃上了"定心丸"，为放活经营权打好基础。玉林市将确权登记颁证作为农村改革最基础的工作，把农村土地的产权界定为农村集体土地所有权、土地承包经营权、集体建设用地使用权、集体建设用地上房屋所有权、林权、小型水利工程产权"六权"，在广西率先全面开展农村"六权"确权登记颁证工作，以解决农村产权归属不清、权责不明、保护不严的问题。在总结玉东新区湘汉村确权改革经验的基础上，玉林市于 2014 年全面铺开农村"六权"确权工作，于 2019年基本完成了农村集体土地所有权、土地承包经营权、集体建设用地使用权、集体建设用地上房屋所有权、林权、小型水利工程产权"六权"确权登记颁证工作。截至2020 年底，玉林市将 255.9 万亩承包地确权给 106.66 万农户，并颁发土地承包经营权证书，颁证率高达 99.6%。玉林市将 6607 处小型水利工程列入确权范围，截至 2020 年底，已颁发工程权属证书 6577 处，发证率达 99%。集体建设用地方面房屋所有权、小型水利工程产权的确权颁证工作则按照"群众有意愿、市场有需要、确权出效益"的原则，逐步扩大确权覆盖面与发证率，目前该项工作正在有序推进。

（2）健全农村产权流转交易市场体系。

在健全农村产权流转交易市场体系方面，玉林市通过打造专业化、综合性农村产权交易服务平台，建立起覆盖全市、城乡统一的农村产权流转交易市场。

一是建设农村产权电子网络信息服务平台。不断完善农村产权交易信息服务平台，将县、镇、村三级统一接入市级平台协作联动，统一交易信息登记、汇总、上报、审核、发布、竞价交易，实现全市交易数据信息同步联动。自平台正式运营以来，产权交易中心通过信息平台共收集、汇总、审核265条农村产权交易信息。其中，有209条信息在农村产权交易中心网站发布，通过挂牌竞价等方式成交的项目达113个。此外，农村产权交易中心通过筛选、整合成立以来所接收、审核和处理的各类农地流转信息，创建了全市统一的农村土地流转信息数据中心，为全市的农业部门提供了准确数据参考，同时也为有关部门决策提供了有效数据支撑。截至目前，农村产权交易中心共录入600余条信息数据，覆盖全市范围内的111个乡镇（街道）。

二是健全农村产权流转交易市场体系。玉林市以市农村产权交易中心为核心，建立市、县（市、区）、镇（街道）、村（社区）四级农村产权流转交易平台，建成农村产权交易平台服务体系，为各类农村产权交易提供有效引导和精准服务。目前，玉林市各县（市、区）农村产权交易分中心已全部挂牌成立，66个镇（街道）的农村产权交易服务站和855个行政村（社区）的农村产权交易服务室也完成了挂牌，四级农村产权流转交易平台的建设有效推动了全市农村产权流转交易公开、公平、公正运行。

三是完善产权交易行为规范。玉林市组织各市（县、区）组成农村产权流转交易工作组，深入各镇、村的产权交易中心指导交易双方规范交易合同。各市（县、区）农村产权流转交易市场建设工作组安排各村村委专人负责协调农户流转土地，并以村民小组为单位选出组长代表，由各组的组长代表本组农户参加土地流转沟通事宜，组长再向农户传递沟通信息、协调各种关系、处理流转事宜、发放《授权委托书》，并最终由村委确认土地的权属信息。以玉林市博白县三用农业有限公司为例，该公司在短短一个月的时间里通过上述规范的交易方式同203位农户签订了土地流转交易合同，涉及耕地流转交易土地5077亩。玉林市农村产权交易中心成立至今，已累计为各类大型农村产权交易项目成立20余个专项工作组，深入全市辖区20多个镇、近100个行政村开展工作，累计完成1000余份产权交易合同。

四是完善农村产权交易中心机构设置。玉林市立足高起点，强化交易中心机构、人员队伍和基础设施建设，设农村产权交易部、综合产权交易部、鉴证部等7个部门，配备完善领导班子、管理人员和工作队伍，为玉林市农村产权流转交易市场建设提供人才支撑。

（3）完善农村产权流转交易机制。

在探索农村产权流转交易方式和价格形成机制方面，玉林市本着规范提升的原则，对不同种类的农村产权业务采取多种方式组织交易，并创建有示范性的农村产权价值评估指导标准体系。此外，玉林市还通过多种方式评估农村资产价值，采取协议、挂牌、招标、竞价、拍卖等多种方式参与农村产权流转交易，力求准确反映农村产权的真实价值。截至2020年底，玉林市农村产权交易中心共召开23场招标采购会，完成招标金额1178万元；举办128场储备粮轮换、林场活立木、八角生果等大宗农林产品销售网络竞价会，成功交易9.44万吨储备粮、2.17万亩活立木和326立方米杉木原条、49.2万斤八角，总成交额2.88亿元，实现国有资产与集体资产增值500万元。通过建立多方式评估农村资产价值的制度，公开透明地开展招标、网络竞价、拍卖等多项活动，并实现产权交易全程可追溯，有效防止了国有资产与集体资产流失。

（4）构建农村产权流转交易平台。

玉林市积极引导市辖区内各类涉农产权参与市场交易，激活农村"沉睡"资产，提高农村产权交易活跃度。截至2021年4月底，农村产权交易中心累计组织交易与鉴证流转土地57.08万亩，交易总额达35.89亿元，出具1021份鉴证书，完成13554份交易合同，服务对象覆盖了农业公司、合作社、家庭农场、自然人等多类新型农业经营主体；参与交易的村、生产队的集体土地流转土地达14.54万亩，交易总额达5.83亿元，完成2325份交易合同，出具435份鉴证书，集体土地流转面积占农村产权交易中心流转总面积的43.6%。在服务农村集体土地流转项目的过程中，严格执行集体土地承包（租赁）或流转合同签订和备案管理相关规定，流转行为经本集体经济组织成员（代表）会议2/3以上成员（代表）的同意，并按要求进行公示。针对各类农村集体土地流转制定了规范的合同模板，明确流转土地的类型、土地用途、租金价格、期限、支付条件、双方权利义务、违约责任、二次流转约定、土地经营权抵押贷款等条款，为农村集体土地流转签约提供有效借鉴。在促进土地规模流转过程中，玉林市注重保护农民财产利益，同时因地制宜地引导农民与经营主体创新合作模式，积极为交易参与主体提供全程的咨询、协调、指导等服务，实现流转交易双方合作共赢。

（5）以金融推动农村产权资本化。

在拓展现代农村金融服务配套改革方面，玉林市建立了多层次农村产权交易市场，创新农村产权抵押融资模式，畅通融资渠道，发挥金融支持"三农"的杠杆效应，促进农村产权实现资本化。

一是积极拓展金融配套服务。玉林市积极与评估公司等中介机构合作，拓展农村金融配套服务。在玉林市农村产权交易中心引进23家服务会员单位，提供涵盖拍卖、评估、审计、法律咨询、财务顾问、管理咨询在内的多项服务功能。玉林市农村产权交易中心通过拓展服务范围，为耕地、林地、水域滩涂、房屋、农产品等农村产权流转交易提供专业评估服务，确保了土地经营权估价的公平合理性，为农业经营主体实现农村产权抵押贷款奠定了坚实的基础。另外，玉林市还在市农村产权交易中心内部设立农村产权抵押登记服务站，负责制定全市农村产权抵押登记制度与细则，为全市农村产权抵押登记提供信息对接、数据统计、权益保护等全方位服务。

二是创新农村产权抵押融资模式。玉林市对原有的农村产权抵押融资模式再创新，推出"金地贷""农地微贷"等多种相关金融产品，推动金融机构进一步提升为农服务功能。参与的金融机构包括农信社、村镇银行等地方性商业银行机构以及农行、农发行、邮蓄银行等全国性银行机构在内的 16 家银行业金融机构。此外，玉林市还同担保机构、保险机构开展广泛合作，将附属土地经营权的多种物权，经合理评估定价重新组合，并引入农业担保与农业保险，提高了抵押物的评估值与抵押率，构建了分工明确的贷款风险分担机制。目前，玉林市农村产权交易中心提供的 9 种贷款产品主要分为针对农户个体提供的"流转前"抵押贷款模式和针对家庭农场、合作社、农业公司等农业新型经营主体提供的"流转后"两类抵押贷款模式，基本满足了各类贷款主体的不同需求。其中，水域养殖权抵押贷款、"信贷+农业"担保两种模式在全广西率先实现抵押登记并成功贷款。截至 2020 年底，玉林市全市经农村产权交易中心出具的《产权交易鉴证书》共实现土地经营权、林权、水域养殖权三大类及地上的养殖圈舍、农业生产设施设备等在内的 421 笔农村产权抵押贷款，覆盖 21.7 万亩抵押土地，累计发放 20.08 亿元贷款，涉及 407 余个农业项目，玉林市农村产权抵押贷款余额超过全广西总额的 50%。

三是创新农村集体经营性建设用地入市方式。玉林市在辖区北流市农地入市改革期间，创新推行了"政府+公司+村集体+银行"的农地入市运作模式，以"1+2+1"的合作模式有效解决项目资金"瓶颈"问题，构建起农地入市的"桥梁"。截至 2020 年底，玉林市辖区有 4 家银行机构发放 20.92 亿元农村集体经营性建设用地使用权抵押贷款，较上年同比增加 14.01 亿元，同比增速达 203.17%，平均抵押率约为 40%。2020 年，玉林市辖区银行机构向农地入市受让或承租企业新增授信额约 67.17 亿元，占总成交价款的 75.86%。截至 2021 年 4 月底，农发行北流市支行农地入市项目已累计获批 56.14 亿元，入市后预计可获得收益为 68.27 万元/亩，有效提高了村级集体经济收入，为后续产业振兴提供了用地保障。

（6）建立农村产权流转交易风险防范机制。

在建立农村产权流转交易风险防范机制方面，玉林市加强农村信用体系建设，严防农村产权交易风险，确保农村土地性质和用途不因流转随意变更。

一是积极推进农村信用信息系统建设。玉林市积极推动各县（市、区）建立以"政府主导、人行推动、多方参与、共同受益"为原则的农村信用信息系统。2020 年底，玉林市全辖各县（市）区均已建成农村信用信息系统，全市农户信息入库率达 92.44%。此外，玉林市还大力推进持农村信用四级联创工作。截至 2020 年底，玉林市累计创建 69.09 万信用户、747 个信用村、58 个信用镇，分别占总体的 58%、57%、57%，已达到自治区四级联创"三个 50% 以上"的目标要求。

二是建立农村产权交易监管平台。玉林市通过采用信息化手段，对全市范围内的农村集体产权交易开展全程监督。截至 2020 年底，玉林市农村产权交易中心已累计出台 39 项内部管理制度，制定各类农村产权交易服务指南、交易流程图和格式文本，还编撰了 14 类农村产权交易的"简明读本"，加强了工作的制度化、程序化与规范化。此外，玉林市还设立了全市农村产权交易市场诚信信息库，对进入交易中心的交易行为、融资行为进行信息采集，对经营者、贷款人的违约信息进行备案。

三是推动农村土地依法合规流转。玉林市积极引导经营者合理开发利用农村土地，完善社会资本通过流转取得土地经营权的资格审查、项目审核和风险防范制度，及时整改流转面积约 11 万亩、共 2947 份不规范的土地流转合同。通过严格监管农村土地用地，玉林市明确申请鉴证的租赁农地作为设施农用地、旅游用地等的审批备案手续，共协调 30 余处涉及土地流转的经营项目向所在地镇政府、农业、林业、国土部门申请办理审批备案，充分发挥了农村产权交易平台延伸监督管理作用。

（二）改革任务进展情况及整体效果

通过完善农村产权交易市场体系，玉林市构建了集政策宣传、信息发布、产权交易、法律咨询、资产评估、抵押融资等为一体的农村产权流转交易市场，积极引导、有序推进全市农村产权的流转交易，为全国农村改革提供"玉林经验""玉林方案"。

一是基本构建农村产权交易市场体系。编制《玉林市农村产权交易市场运行管理体系》，从农村产权交易市场所涉及的服务领域、服务内容和服务环节三个方面确定了农村产权流转交易服务标准体系，构建了玉林市农村产权流转交易服务标准体系基本框架，为提升农村产权流转交易市场的标准化、程序化、专业化、规范化提供了可靠保障，从而加快推进构建信息顺畅、运作高效、服务规范、监管有力的农村产权流转交易市场，创出有示范意义的农村产权流转交易市场运行管理的"玉林模式"，探索出了一条可复制、可推广的农村产权流转市场建设发展新路径。

二是持续推动信贷资源向"三农"领域倾斜。在玉林市委市政府的统筹下，玉林市银行机构的覆盖面不断扩大，信贷资源逐步向"三农"倾斜，让更多农户享受金融服务，推动金融改革服务向行政村延伸。截至 2020 年底，玉林市各乡村振兴示范村均设有村级金融综合服务平台，玉林市成立了 1305 个农村金融综合服务站，覆盖率达 100%；玉林市还成立了 1230 个"三农"金融服务室，覆盖率达 95%。同时，玉林市辖内 102 个"三农金融服务室"与"金融综合服务站"已升级为农村金融进村示范点，已实现乡镇全覆盖，同时配置有农村金融辅导员和金融机构流动业务员。此外，银行金融机构通过网站、手机 App 等方式在行政村一级的基础金融服务覆盖率达 100%。

三是提高农村产权抵押担保能力。随着确权颁证、搭建流转平台、探索建立评估体系、探索完善抵押登记程序、健全风险分担机制、培育新型市场主体等相关改革工作有序推进，农村各类资产要素抵押担保能力进一步提升。截至 2020 年底，玉林辖区银行机构农村产权抵押贷款余额 36.51 亿元，比年初增加 17.84 亿元，较年初增长 95.6%，惠及 5.95 万农民，其中农村承包土地经营权抵押贷款余额 8.12 亿元；农村集体经营性建设用地使用权抵押贷款余额 20.92 亿元；林权抵押贷款余额 7.42 亿元；小型水利工程产权抵押贷款余额 0.05 亿元。

四是有效带动农业农民增产增收。玉林市农村产权流转交易市场成立后，使分散在各家各户、各队各组的农村各类要素资源有效整合，加速流向农业龙头企业、合作社、家庭农场等农业新型经营主体，通过新型经营主体的示范带动作用，农业经营方式已经从传统粗放式的发展模式转向市场化导向、生态化种养、规模化经营、标准化生产、社会化服务模式转变，进一步加快了玉林市农业现代化的进程。以兴业县石塘岭村为例，以往村民种植两季水稻的亩产约为 1400 斤，按照市场的收购价格 1.3 元/斤计算，除去生产成本费用，每亩每年的纯收入仅为 800 元。玉林市圣达生态农业有限公司通过农村产权交易中心的协助，规范流转了石塘岭村 165 多户的 1000 多亩承包地，建成了粉蕉 5 号、沃柑种植和育苗基地。项目投产后，圣达公司优先聘请流转土地的农户负责基地责任区的日常管理，还根据生产的季节性需求临时聘请农民工，确保了农户"失地"但不失业。流转土地的农户除了得到每亩每年 1000 元的租金收入之外，还可通过参与兼职增收。据统计，截至 2020 年底，玉林市农村产权交易中心组织土地承包经营权、林地使用权、水域养殖权交易服务涉及流转面积超过 100 亩的规模经营项目共计 370 处，占农村产权交易中心总交易面积的 50.89%，覆盖 146 个镇、372 个行政村的 5 万多户农户。

五是改革成果转化引领农村改革向纵深推进。玉林农村产权交易市场建设、农村集体经营性建设用地入市、农村承包土地经营权抵押贷款 3 项改革成果，为全国新一轮农村改革提供了"玉林经验"。据统计，在改革创新中，玉林发布的土地承包经营权与林权的交易价格指数、编制印发的《玉林市农用地估价参考指引》2 项改革创新成果以及农村产权交易机构辅导企业上市的服务模式是全国首创，小水电经营权转让入场交易和以地换股 2 项交易业务为广西首创，水域养殖权抵押贷款、"抵押+农业担保"、"抵押+保证保险"、针对农户个体提供的"流转前"抵押贷款产品、针对经营业主提供的"流转后"抵押贷款模式、"农村产权交易平台+国有担保"模式的融资产品 6 种农村产权金融产品实现了广西首创。

二、创新点与政策含义

玉林市在推进农村产权流转交易市场建设的过程中，实施了一系列特色鲜明、作用效果显著的创新举措，为高质量完成改革任务奠定了坚实的基础，也在全国各地建设农村综合产权交易市场的过程中起到了引领和示范作用。

（一）成立玉林集体经济发展服务中心

为推动玉林市农村集体经济持续向好发展，巩固农村集体产权制度改革的成果，玉林市组织部牵头成立玉林市村级集体经济发展服务中心（以下简称服务中心）。服务中心依托玉林市农村产权交易中心，内设服务区、培训区、展示区等多个部门，并制定了职责分工明确的组织体系。服务中心的主要职责有：协调市集体经济办、农业农村局、发改委、财政局、林业局、水利局、自然资源局、扶贫办、金融办、司法局等部门，选取专业人才组建咨询顾问团，为村级集体经济项目提供政策法律咨询；根据村级集体经济项目需要，召集相关顾问对项目实施方案进行集中评审论证，形成意见反馈，为科学选准项目打下基础；负责为全市各类村级集体经济项目制定发展规划、指导项目立项、项目资金申请及策划项目宣传推广，组织开展村级集体经济项目推介和招商引资活动；完善全市村级集体经济发展项目库，对村级集体经济项目实行台账管理、动态管理、精细管理，分析项目库数据，及时把握各村级集体经济运行动态，及时发现村级集体经济的倾向性和趋势性问题，提高预判能力；全程指导与监督村级集体经济项目的申请、立项、实施、运营，将项目的民主议事、申报审批、方案计划、项目建设、财务管理、公示公开、检查验收等相关原始材料汇总归档，实行档案化管理；统筹村级集体经济项目的项目资金，管控资金风险，组织相关部门定期开展项目检查考核并建立报告制度，对资金使用绩效进行监测评价。服务中心成立后，通过促进和规范村级集体经济组织的土地流转、优化集体资产资源配置，有效激活了农村各类资产与要素的潜能，初步构建了集产权交易、产品展销、人员培训、农资供给、金融信贷、资金统筹、政策咨询、技术服务和宣传推广于一体的"一站式"村级集体经济服务综合平台。

（二）率先农村产权价值评估指导标准

玉林市在自治区层面率先形成了统一的农村产权价值评估指导标准，为全市农村产权准确估价提供参照标准。为破解农村产权定价难和私下交易不规范、无秩序等问题，玉林市通过委托专业评估机构编制、组织行业专家论证等方式，深入研讨并形成了《玉林市农用地估价参考指引》。经过不断深入细化设计与修改完善，现已正式向社会公布，形成了全市统一、规范、权威的农村产权价值评估标准，为农村产权合理定价提供权威参照系，保障农村产权顺利实现融资功能，更好地推动农业规模化经营与现代农业发展。在《玉林市农用地估价参考指引》指导下，结合土地租金与地上附着物及预期收益评估，广西富居农林发展有限公司流转的土地承包经营权价值得以"精准评估"，向金融机构申请的贷款额度从 100 万元提高到 300 万元，解决了公司面临的资金短缺问题，中央电视台财经频道《第一时间》栏目曾对此贷款项目进行了专题报道。

（三）创新发布农村产权交易价格指数

玉林市创新设计并发布了玉林市土地承包经营权、林权交易价格指数，引导农村产权合理规范流转。该指数作为研究农村产权价格动态变化的重要参考，既为政府部门观察、判断农业经济发展形势提供借鉴，又为农业投资者把握市场、掌握农村产权价格的变动提供依据。玉林市农村产权交易中心全力做好信息发布、市场分析和交易服务等工作，在网站专设农村产权价格指导板块，在固定时段对全市主要农村产权的平均成交价格、面积、交易总额等数据以列表和走势图进行动态显示，并发布对用户具有指导性意义的市场分析，直观地展示各类产权交易的发展走势，便于涉农用户把握市场大方向。

（四）探索农村产权交易和代理服务

在扎实开展土地承包经营权、林地使用权、水域养殖权交易服务的基础上，玉林市积极探索开展各类涉农产权交易和代理服务。玉林市开展了储备粮轮换处置、小型水利工程产权转让、林场活立木销售、八角生果与荔枝销售、"以地换股"等涉农交易业务，还提供了国有林场生产物资、劳务服务的采购招标、乡镇供销社经营项目建设招标、农村道路建设项目工程及监理招标等代理服务。2015年，陆川县集华农副产品贸易有限公司增资扩股项目在玉林市农村产权交易中心挂牌招商，当地农民陈桂红以1500亩农村土地经营权入股，开辟了"进场交易、以地换股"的农村产权流转新模式。农村产权交易和代理服务有力地激活了玉林市粮食农林产品的市场流通体系，为玉林传统优势农林产品提供了高效优质的市场交易模式。

（五）设立抵（质）押融资风险补偿基金

玉林市出台了《玉林市农村产权抵质押融资风险补偿基金筹集与使用管理暂行办法》，设定风险补偿基金500万元，提高金融机构开展农村产权抵（质）押融资工作的积极性。补偿基金筹集与使用管理的具体办法为：一方面，风险补偿基金在金融债权无法正常行使时开始发挥作用，通过农村产权交易中心挂牌交易方式处置抵押质押物偿还贷款，若挂牌交易的抵押物3个月内未流转，再按2∶8的比例由风险补偿基金和金融机构分别负担未偿还本金。另一方面，对于借款人不履行到期债务或因约定情形需要依法行使抵押权的，在保障农户承包权、优先受让权和土地持续生产能力的前提下，支持贷款人依法采取贷款重组、按序清偿、协议转让、交易平台挂牌再流转等多种方式处置抵押物，获得收益优先弥补金融机构发放贷款的权益。此外，玉林市还将保险机构纳入风险防范机制中，发展出"农村承包土地经营权+小额贷款保证保险"的模式。2017年11月3日，广西壮族自治区首笔"农村承包土地经营权+小额贷款保证保险"贷款90万元在玉林市正式落地，由政府、银行、保险多方构建的风险分担机制初步建立，标志着广西农村承包土地经营权抵押贷款的探索道路迈出崭新的一步。

（六）建立健全政银企联动的体制机制

玉林市积极与各金融机构合作，激活政银企联动机制，实现土地经营权流转后的资产化权能。玉林市还引导辖区各机构围绕农村产权改革，大力推进农权抵（质）押融资等产品和服务的创新，优化"三农"金融服务，强化新型农业经营主体信贷投入，支持农业适度规模发展。此外，玉林市农村产权交易中心还依托金融机构，广泛推广土地承包经营权抵押贷款"农承贷"，农村集体经营性建设用地抵押贷款"农集贷""农易贷"，农村自建房贷款"安居贷"等农村产权信贷产品。截至2021年3月底，玉林全市实现346户农村产权抵押贷款，贷款余额40.44亿元，比年初增加3.93亿元。通过举办农村产权融资项目对接会和政银企交流会等形式，将交易成果引导转化为示范性融资模式，促进金融机构广泛开展农村产权抵（质）押贷款业务。例如，玉林市在 2015 年 7 月 17 日成功举办广西银行业创新支持玉林农村改革启动仪式，期间玉林银行与 72 户涉农经营主体（含非农权抵押贷款项目）签订贷款意向项目，贷款额高达 28.8 亿元，目前已全部落实。玉林市在 2017 年还组织了 3 场农村产权对接会，达成融资意向金额约 8000 万元。

（七）政策含义

整体而言，玉林市农村产权流转交易市场建设具有很强的可复制性和可推广性。在前期确权的基础上，从政策保障体系、产权交易体系、市场建设体系、金融服务体系、监督管理体系五个方面构建了农村产权交易市场运行的基本框架，充分体现出依法交易、全程监督的建设原则，公开、公平、公正的交易原则以及程序严格、运作规范的管理原则。

玉林市形成的"五大体系"农村产权流转交易市场建设在全国各地都具有很强的适用性。集体经济发展服务中心、农村产权价值评估指导标准、农村产权交易价格指数、农村产权交易和代理服务、抵（质）押融资风险补偿基金、政银企联动的体制机制是玉林市在农村产权流转交易市场建设改革任务中的创新点，为有效发挥产权市场的优势奠定了坚实的基础，探索出具有较强示范意义的"玉林模式"，为广西乃至全国农村产权交易市场建设提供了可复制、可推广的经验。

三、存在的问题与可能的风险

玉林市农村产权流转交易市场建设总体态势良好，探索形成了一系列极具指导、借鉴意义的创新经验，也取得了显著的成效，但在推进农村产权市场建设的过程中仍存在一些亟待解决的问题。

（一）中介机构服务能力有待提升

为了实现农村产权的顺畅交易，对农村资产价值进行评估是必不可少的环节，以资产评估机构为代表的中介服务机构也应运而生。从玉林市改革的情况来看，一方面，评估机构相对来讲较为单一，市场化程度不足，使农村产权无法及时、有效地进行交易，降低了农村产权交易的效率；另一方面，中介服务机构多为营利性质的企业组织，在提供市场服务时需要取得相应的回报，但农村产权交易服务本身就具有投入高、回报少的性质，加之农民对收费性服务不甚了解，无疑延缓了农村产权交易的进程。在玉林市农村产权交易中心统筹下，如何充分发挥不同服务机构的作用、提供高效便捷的服务、建立中介服务体系等问题都有待商榷。

（二）政策法律层面存在制度性障碍

目前，在国家层面尚未形成系统明确的农村综合产权交易制度，因此，玉林市在推进农村产权流转交易实践过程中存在一定的制度性障碍。产权交易标的转入方明显受到法律的制约，目前我国相关法律法规将农村宅基地使用权和农村房屋所有权的转入方限制在本村集体成员范围内，较为狭窄的交易面致使当前农村宅基地使用权和房屋所有权的交易数量较少，过于审慎的政策规定也使闲置的宅基地不能有

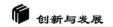

效利用市场平台实现要素合理配置。

（三）农村产权评估标准有待完善

目前，我国尚未正式出台农村集体承包土地评估指导意见，农村综合产权交易市场缺乏专业的评估机构和评估人员，评估行业也没有专门针对农业的评估标准，造成目前产权价值评估存在一定的主观性。由于土地附着物及农作物收益价值评估标准难以确定，使服务组织评估方式的公允性不强，进而导致评估结果往往与银行内部估价差异较大。此外，农作物的预期收益在很大程度上受到自然条件、生产经营项目等因素的影响，实际价值评估存在很大难度。

（四）融资难问题尚未根本解决

尽管玉林市农村产权交易中心通过多方面措施为农业新型经营主体提供了多元化的融资渠道，但在新型农业经营主体在融资方面仍处于劣势地位，大部分主体融资能力较差，尽管已经有部分主体通过农村产权流转交易中心获得贷款，但融资难的问题依然未能根本解决。融资"瓶颈"进一步导致新型农业经营主体无法贷到所需资金用于扩大再生产，在进入产权流转交易市场时也因为资金不足而无法成功实现交易，降低了农村产权参与市场交易的成交率。

（五）农户参与积极性亟待提高

首先，由于农村产权交易主体不明确，农民对产权交易的理解往往不到位，参与农村产权交易的意识较为淡薄。其次，玉林市也并未出台旨在提高农户参与积极性的政策，也尚未对农村产权交易活动进行明确的规定，使农村产权在流转交易中存在法律障碍，进而导致农民对产权交易缺乏热情，制约了农村产权流转交易市场的发展。最后，玉林市在产权交易过程中对农户权益保护不足。作为弱势群体，农民对参与农村产权流转交易市场存在后顾之忧，导致其参与产权交易的积极性进一步减弱。

（六）产权交易中心缺乏资金支持

《国务院办公厅关于引导农村产权流转交易市场健康发展的意见》规定，农村产权流转交易市场是政府主导、服务"三农"的非营利性机构，可以是事业法人，也可以是企业法人。农村产权流转交易机构无论是营利性质还是非营利性质都是由政府主导，无论是事业法人还是企业法人都坚持公益性为主。由于定位公益性质，使农村产权流转交易机构的盈利空间被压缩，进而导致农村产权流转交易中心的运营难以为继。

四、下一步工作方向

在持续推进农村产权交易流转市场建设的过程中，玉林市将着重在以下三方面加以突破，力求改革做出"新亮点"。

（一）探索农村金融服务新模式

探索开展基于农业订单和农业供应链的农村金融服务新模式，发展和推广订单农业，将订单标准化、规范化作为引导和推广订单农业的重要手段。由专业化农村产权交易平台统一作出制度设计，建立流程清晰、责权明确，相关部门和金融机构认可的订单。由农村产权交易平台实施订单的登记、监督和执行，增强信用度，并对订单双方进行履约跟踪和信用评级，对订单执行出现的问题及时进行处置。同时对具有稳定供应链的农业企业、农户以及供应链上下游进行联合授信、授信共享等，建立农业产业链的金融服务模式。在订单标准化、专业平台化的基础上推动新型农业经营主体的订单、存货、应收账款等信用融资，结合原有的土地经营权与农民住房财产权抵押贷款模式，逐步建立完善基于农业订单和农业供应链的农村金融服务新模式。

（二）探索建设大宗农产品交易中心

探索建设开放型的大宗农产品交易中心，融入面向东盟的枢纽型大宗商品现货交易市场体系。依托玉林市特色农产品优势，积极推动农产品的电子化销售，拓宽本地药材、百香果等特色产品的销售渠道。探索订单农业线上交易，建设规范、透明、开放的大宗农产品交易中心，融入面向东盟的枢纽型大宗商品现货交易市场体系。同时，根据面向东盟的跨境经济活动的需要，为交易商品、服务、权益过程中涉及的大宗商品交易资金提供保管交易资金、办理资金结算等服务。保障交易资金安全、提高资金运作效率，促进跨境农贸交易市场更加活跃。

（三）建设农村集体股权登记托管体系

探索建设农村集体股权登记托管体系，扶持涉农企业上市挂牌，助力乡村振兴。开发设立农村集体股权登记托管系统。以实现农村集体股权的合理流动，规范农村集体股权管理，推进农村股份合作。引导农户将量化股权入股现代化农业园区、农业合作社，在壮大农村集体经济的同时，让农户取得长期稳定收益，促进农户增收。建设好农业企业股权登记托管系统，辅导培育优质涉农企业进军资本市场。

五、调研案例

（一）案例一：土地承包经营权融资破题　全市首笔贷款花落仁东镇

玉林市西江鳖鱼养殖专业合作社是一个以养殖黄沙鳖、中华鳖、混养大口鲶鱼、塘角鱼等名优水产品种的农民合作组织。合作社实行"基地+专业合作社+农户"的经营模式，发展规模化养殖、标准化生产。合作社从创业期进入到发展期，需要在科研投入、扩大生产规模等方面投入大量资金。为了摆脱资金短缺的困境，合作社希望向银行贷款，却无法提供有效的抵押物。

2014 年 12 月，合作社在玉林市农村产权交易中心办理了《农村产权交易鉴证书》，并参加了中心与市金融办联合举办的第一届玉林市农村产权融资项目推介会。通过融资推介会，合作社了解到玉林市的农业贷款新政策以及市区农村信用合作联社推出的农村土地承包经营权抵押贷款业务，并向参会的银行机构提交了农村产权抵押贷款申请。玉林市农村信用合作联社仁东信用社的信贷人员很快受理了合作社的申请，并立即开展项目调查，对抵押物价值进行综合评估，确定了 100 万元贷款的授信额度。该合作社在玉林市农村产权交易中心的协助下，到相关部门办理土地承包经营权抵押登记，并最终成功获得 100 万元贷款，成为了玉林市农村金融改革的第一位受益者。

（二）案例二：开辟"绿色通道"盘活林业资源

玉林市泰林木业有限公司主要经营林木种植及林产品加工业务，为了提高生产效益，公司计划引进国外先进的木材加工生产线、但由于资金不足，公司一直未能启动计划。玉林市农村产权交易中心工作人员在为该公司 1200 多亩林地流转项目办理《农村产权交易鉴证书》时，了解到该公司存在资金需求，主动向该公司介绍了土地承包经营权抵押贷款政策及办理农村产权抵押贷款的金融机构。为了解决当前的资金短缺问题，该公司持《农村产权交易鉴证书》、土地流转合同等材料向市区农村信用合作联社茂林信用社提出了贷款申请。茂林信用社受理了该公司的申请，开展"林易贷"业务，以 1200 多亩林地经营权以及林木所有权作为贷款抵押物，向该公司发放了 200 万元的贷款，及时为该公司的生产活动提供了资金支持。

"林易贷"全称为林权抵押贷款，是指借款人或第三人以其依法有权处分的林权（即森林、林木的所有权以及林地的使用权）作抵押物向玉林市区联社申请办理的借款业务。随着林权抵押贷款业务的推出，使"沉睡"的林地资源变成了可抵押变现的资产，有效缓解了林产业发展的融资难题。

（三）案例三：创新农村产权抵押物评估　有效盘活农村资产

广西富居农林发展有限公司总经理蒋祖艳在拿到玉林市农村产权交易中心的《农村产权交易鉴证书》后，向银行申请土地承包经营权贷款。以土地租金作为价值评估的依据，银行对该公司租赁的 110 亩土地价值进行初步评估，只能对项目授信 200 万元的额度。这与该公司急需的 500 万元贷款还相去甚远。

玉林市农村产权交易中心与项目属地的玉林市区农村信用合作联社茂林信用社的客户经理沟通后，根据这个项目的实际情况，探讨出了一个关于土地租金结合地上附作物的评估新方法，即除了评估土地租金之外，承包地上能产生效益的附着物也可以作为贷款抵押。因为按租金来评估，110 亩土地面积的评估价值是比较低的，但该公司把农村土地流转过来是用作景观植物的种植，得到了较高的收益。突破常规束缚，玉林市农村产权交易中心充分发挥农业经营主体和金融机构之间的桥梁和纽带作用。该项目还被中央电视台财经频道《第一时间》栏目的专题报道，对加快全国农村要素市场发展，有效盘活农村资产要素起到了良好的示范作用。

（四）案例四：水域滩涂养殖权抵押贷款实现零突破

广西玉林市鑫坚种养集团是玉林市的重点龙头农业企业，该公司的养殖水产品质高、养殖技术先进，该公司曾接受过央视的《致富经》栏目采访。2015 年，该公司向金融机构申请水域养殖权的抵押贷款。一直以来，由于养殖水产评估存在现实困难，加之渔业养殖风险、市场风险都较大，贷款难问题普遍存在，对水产养殖业发展形成了严重制约，企业对融资方式创新的需求非常强烈。

　　为更好地扶持区域内水域滩涂养殖业生产发展，玉林市农村信用合作联社积极拓展业务范围，推进水域滩涂养殖权抵押融资业务发展。2015 年 9 月 30 日，在玉林市农村产权交易中心的引导下，该公司以 3600 多亩滩涂养殖权为抵押，成功获得了玉林市区农村信用合作联社福绵信用社 820 万元贷款。该项目融资成功破解了水产养殖业融资"瓶颈"，激活了水产养殖企业和专业户的沉淀资产，实现了融资潜能的最大化。

　　（五）案例五：创新土地流转模式　亿元助推农业示范区建设

　　广西两岸产业发展股份有限公司（以下简称两岸公司）是玉林市一家国有控股企业，隶属于玉林市玉东新区管理委员会，是海峡两岸（广西玉林）农业合作区科技产业园和玉林市"五彩田园"现代特色农业示范区的投融资主体单位。

　　目前，玉林市农村产权流转主要有两种方式，一种是农户和承租方直接签订协议，另一种是有实力的平台公司先行将农民的土地收储过来，前期支付资金，通过土地平整、完善基础设施后，再转租给农业企业。一般的农村产权抵押融资主要采取第一种方式，这种方式的特点是单笔融资规模不大、风险可控。

　　"五彩田园"项目建设规划面积涉及 1 万亩的土地流转。针对土地流转过程中农民普遍存在的对经营者不放心、怕收不到租金而不敢流转以及担心园区今后的招商引资计划等问题，两岸公司选择了第二种流转方式，即两岸公司以其政府出资、国有控股的企业背景，集中资金收储土地。两岸公司共收储 8 亩土地，其中有 3765 亩土地是经玉林市农村产权交易中心审核流转合同后直接收储；玉东新区农村工作局承租的 920 亩和海峡两岸（广西玉林）农业合作区管理委员会承租的 4165 亩的土地经玉林市农村产权交易中心的协调运作后实现二次转收储。项目涉及土地多为耕地，承租价格按照 1100 斤/亩/年晚稻购价计算，由两岸公司直接向农户支付。两岸公司在收储土地和土地平整、园区基础设施建设的过程中投入很大，若无资金支持，项目建设难以开展。为此，玉林市农村产权交易中心组织力量、多方动员，邀请玉林市玉东新区分管领导、两岸公司相关负责人、农业发展银行玉林分行领导多次召开协调会，提出以组合抵押和政府担保方式降低信贷风险等有效方法。在中心的不懈努力下，目前该项目已经通过了农发行总行准入、广西区行批复，农发行玉林分行给予两岸公司 1 亿元的贷款授信额度，其抵押物为 6304 亩土地承包经营权。该笔贷款的发放刷新了玉林市开展土地承包经营权贷款改革以来的最高纪录。该笔贷款为两岸公司支付农户租金、兴建园区各项配套设施提供了充足的资金保障。两岸公司将园区土地进行平整、通水、通电、修路、绿化、美化后，为农户营造了良好的农村居住环境，同时也有效提升了流转土地的价格。

　　（六）案例六：商业银行先行先试　解决农民融资难题

　　2015 年，玉林市玉州区城北街道罗竹村的水果种植户榻先静与本村的农户签订土地流转协议，取得 241 亩耕地的承包经营权用于种植番石榴。经审查，该流转项目交易程序合法、合规，玉林市农村产权交易中心为该项目出具了《农村产权交易鉴证书》。随后，榻先静向银行提出贷款申请，但由于没有成立企业或合作社，银行出于风险控制等方面考虑拒绝了贷款申请。

随着广西银行业深入推进农村改革支持项目，北部湾银行玉林分行抓住这一有利契机，率先在全区各地分支机构推出了农村产权担保贷款产品——"北部湾农地微贷"。这款信贷产品专门为微型农业企业、小规模种植户或农民个人量身定制，具有手续简单、担保灵活、放款快捷等特点。在知晓北部湾银行推出这一利好政策后，中心及时安排榻先静对接北部湾银行玉林分行办理"北部湾农地微贷"。2015年12月，榻先静顺利获得了30万元土地承包经营权抵押贷款。北部湾银行本着先行先试的精神，开创了地方性商业银行办理农村土地承包经营权抵押贷款业务的先河。

（七）案例七：指导交易见成效　促成万亩土地流转

兴业县惠香中药材种植专业合作社意向在兴业县承租连片耕地，项目涉及兴业县高峰镇的12个村。由于流转土地面积较大、涉及农户较多，中心项目组在下乡指导交易的过程中简化流程，明确产权信息，规范交易合同。

本次交易的主要做法是请村委指派专人负责组织、以村民小组为单位，各组的组长代表本组农户参加租赁土地沟通会议。组长向农户传递沟通信息、协调各种关系、处理土地流转事宜。为了确保村民小组组长获得有效授权，项目组安排农户与村民组长签订了《授权委托书》，委托书明确了组长的职责、农户信息、流转土地亩数等，并最终由村委确认土地的权属信息。

项目组依照规范合同模板为本次流转编写的《土地承包经营权流转合同》明晰了本次流转土地的类型、使用范围、价格、期限、支付期限、双方权利义务、违约责任等。另外，为便于合作社今后的灵活经营，合同还增加了土地二次流转约定、土地经营权抵押贷款约定等条款。

2015年3月，该合作社仅用了1个月时间就与3000多户农户签订了144份交易合同，涉及耕地流转交易土地10419.3亩。此次交易项目已经通过了中心鉴证部门审核，获得了《农村产权交易鉴证书》。目前，兴业县惠香中药材种植专业合作社在流转土地上种植的中药材已获得首次丰收，该合作社正计划利用土地经营权与地上种植物作为抵押，向银行申请农业组合融资，为生产基地引进新技术和品种。

（八）案例八：北流市西埌镇小型水利工程经营权溢价成交

据统计，玉林市总共建成了2.1万多处小型水利工程，其中以农村集体经济组织投入建设为主。长期以来，农村小型水利工程存在着重建轻管、产权不明晰、管理经费严重不足的问题，逐渐造成工程老化失修、资产闲置、效益衰减、安全问题突出的局面。北流市西埌镇东进桥发电站和大车发电站分别建于1993年和1980年，两电站均存在上述提到的各种问题，同时还欠下大笔债务，电站难以维持经营，甚至连职工工资都无法按时发放。该电站希望以经营权转让所得价款偿还债务，维持电站的正常运行，保证电站职工的基本收入，于是向玉林市农村产权交易中心提出了流转交易申请。

为盘活发电站工程资产，提高发电站的使用效益，玉林市农村产权交易中心选择通过市场化运作，以网络电子竞价方式出让小型水利工程经营管理权。经过材料收集、项目核实、依法审批程序后，北流市西垠镇东进桥发电站和大车发电站40年经营权转让项目于2015年11月23日在玉林市农村产权交易中心网站挂牌，同时在《玉林日报》刊登了为期7天的公告，公开面向社会广泛征集意向受让方。竞价信息公布后，共有20家意向受让方在规定时间报名，经过中心工作人员严格甄选后，最终确定13家通过资格审查。2015年12月2日，项目在玉林市农村产权交易中心通过互联网公开竞价方式组织交易，项目经过2轮竞价，最终以220万元成交，溢价15.79%，实现了农村集体资产的保值增值。

在本次交易中，玉林市农村产权交易中心严格按照农村集体产权转让的有关规定进行规范化操作，使用中国产权招价网电子操作系统平台，运用信息技术手段，以电子竞价方式公开竞价拍卖。交易全程网络操作，竞价数据、竞价过程和竞价结果由服务器后台系统自动生成，记录不可更改。玉林市金融办、水利局、北流西垠镇政府领导等监管方亲临现场对整个竞价环节进行了全程监控和监督，真正体现了公平、公正、透明的交易原则。

北流市西垠镇小型水利工程经营权流转项目，是玉林市首例进场规范交易的农村集体资产业务，项目以公开的公告方式、严谨的报名审核程序、精心的竞价组织、及时的资产权益交割和交易费用划转，杜绝了因村、社集体资产暗箱操作处理而引发的群众不满问题，以致诱发一些不稳定因素的产生，从而促进农村地区和谐稳定。

（九）案例九："以地换股"新探索　提高规模化经营程度

广西陆川县集华农副产品贸易有限公司是一家综合性农业开发企业，企业资金雄厚，拥有良好的管理经验和农产品销售渠道。自2014年公司成立以来，一直希望通过租赁连片土地以实现规模化经营，但由于与农户协调的工作需要花费大量的精力，因此公司扩大规模的步伐一直非常迟缓。针对广西陆川县集华农副产品贸易有限公司情况，玉林市农村产权交易中心经过调研和论证，建议采取"以股换地"的方式帮助该公司实现扩大生产规模的需求。

2015年5月，该公司委托玉林市农村产权交易中心挂牌发布增资扩股信息，向社会广泛征集有种植基地的企业或种植大户成为公司投资人。6月，在玉林市农村产权交易中心的牵线搭桥下，该公司成功与种植剑麻、经济林、水果的大户陈女士达成合作意向，并最终在玉林市农村产权交易中心指导下签订了增资扩股合同书。双方约定，陈女士以租赁期为30年的1437.347亩的土地经营权作价入股该公司，并获得50%的公司股份。通过此次合作，让该公司一下子拥有了大面积、长租约的农村土地可以利用，为将来实现规模化经营打下了坚实的基础；与此同时，陈女士也解决了资金紧张导致生产力不足的问题。

玉林市的土地流转率在全国处于领先水平，土地的流向主要以种植户、小型企业、合作社居多，相比以往的农户耕作，小规模化的经营在一定程度上提高了土地的生产效益。但目前玉林市的农业生产水平、农产品市场竞争力相对于国内一些发达地区还比较落后，种植户、小型涉农企业应对市场变化、抵御气候灾难等风险的能力不强。因此该公司与陈女士的合作新模式，是以共同经营土地为基础的股份合作，在保证农户租金和土地合法用途的前提下，双方优势资源互补，具有可复制、可推广的意义。在市政府大力支持农村经济，并鼓励创新农村土地流转模式以盘活农村资源的基础上，玉林市的涉农企业和种植户可以通过借鉴此案例的成功经验，在整合自身资源的同时，吸引外资。利用高新农业企业雄厚的资金、先进的生产技术和成熟的销售渠道，一方面解决独立经营时所遇到的管理经验缺乏、销售渠道有限、后续投入困难等难题，提高风险抵御能力；另一方面还可以学习高新农业企业先进的种养技术和科学的管理理念，提高生产效益。

（十）案例十：助力企业转型升级携手迈向资本市场

为大力支持玉林市全国农村改革任务，加快盘活农村资产，创办玉林市涉农企业品牌，提升玉林市涉农企业形象，让更多投资机构聚焦玉林农村市场，解决涉农企业融资渠道少、提升资信途径缺乏等问题，通过借力区域股权市场、股权众筹平台等多层次资本市场，打开玉林市涉农企业融资的新局面，玉林市农村产权交易中心于2015年10月30日与北部湾股权交易所合作，联合举办了玉林市农业企业挂牌上市与投融资专题讲座，玉林市农村产权交易中心邀请行业专家，深入分析当前的市场融资形势，解读产权交易相关政策，并就玉林市各农业企业如何拓宽融资渠道、建立多元化资本市场、解决企业融资难等问题进行科学分析。会后，玉林市农村产权交易中心与北部湾股权交易所达成合作协议，由交易中心负责玉林地区的企业培育、推荐挂牌等工作，此项工作得到了市农委、市金融办的充分肯定和大力支持。

部分参会企业在听取讲座之后，表现出对挂牌"新四板"浓厚的兴趣。玉林市农村产权交易中心对企业进行逐一回访，并对意向挂牌企业进行了一对一的培训。经过对资格条件的筛选，玉林市农村产权交易中心确定了玉林市武宁油茶种植有限公司、广西玉林市农友中草药种植有限公司、玉林市香啦啦绿色农业有限责任公司、广西兴业和丰商业有限公司、广西玉林市水鑫养殖有限公司这五家农业企业作为扶持培育的对象，开始分别指导企业填写申报表单、准备财务审计报表和公司章程等材料。2015年11月，中心将五家企业的挂牌申报材料提报广西北部湾股权交易所审核。

第二十六章　江苏省苏州市农民集体收益分配权退出改革调研报告[①]

2020 年 8 月 27~28 日，中国人民大学农业与农村发展学院调研组对江苏省苏州市农民集体收益分配权退出改革进行了调研。调研组联合江苏省农业农村厅、苏州市农业农村局的领导和工作人员就"农民集体收益分配权退出"改革任务完成情况进行了座谈，与吴中区区委区政府的分管领导、区农业农村局负责同志、乡镇工作人员等开展座谈，听取吴中区和该区先行改革的临湖镇相关工作汇报并展开讨论，对吴中区实际工作的开展情况进行深入了解。调研组收集了包括改革工作方案、政策文件、统计报表、总结材料、宣传材料等在内的市级、县区级一手文献资料。在临湖镇召开乡镇座谈的同时，专家组还与临湖镇部分村干部代表、村民代表开展访谈，了解了改革工作中的真实情况、工作经验和存在的问题，并实地调研了临湖镇灵湖村和黄墅村，如表 26-1 所示。

表 26-1　苏州吴中区调研活动汇总

序号	时间	活动	内容
1	2020 年 8 月 27 日上午	召开吴中区改革情况座谈会	了解改革进展情况，座谈讨论
2	2020 年 8 月 27 日下午	召开临湖镇情况座谈会	了解工作情况，座谈讨论
3	2020 年 8 月 27 日下午	访谈村干部代表、村民代表	了解实践情况
4	2020 年 8 月 27 日下午	走访临湖镇灵湖村	了解实践情况
5	2020 年 8 月 27 日下午	走访临湖镇黄墅村	了解实践情况

一、改革进展评价及经验总结

苏州吴中区勇于探索、大胆创新，注重从拓展农民集体资产股份权能入手，激活农民集体收益分配权的要素流动市场，构建了农民集体收益分配权退出的有效机制，在此基础上深化农村集体产权制度改革，加速了城乡融合发展进程，推动农村要素市场的全面发展，为农民生产生活创新金融服务供给途径。

[①]　执笔人：谢东东、孔祥智。

（一）改革任务组织实施情况

1. 改革工作的定位与改革思路

江苏省苏州市吴中区农民集体收益分配权退出改革工作，旨在激发农民集体收益分配权的市场活力，通过构建有效的集体收益分配权退出机制，赋予农民更多的财产权利，推动农村要素市场进一步发展，促进农村集体经济产权体系更加明晰完善。在此基础上，改革思路具体包括：一是明确集体经济组织成员身份认定办法，在相关法律法规的框架下，由村委会（或涉农社区居委会）明确经济组织成员身份认定办法，解决成员边界不清问题，编制成册报镇（街道）区两级备案；二是完善农村集体产权管理体系，在全面清产核资的基础上，实现农民集体资产股份信息化管理，推动建设产权交易中心，探索集体资产估值制度，拓展农村产权交易品种和范围；三是落实农民集体收益分配权的实现机制，在股权固化保障成员收益的基础上，以户为单位颁发股权证书，村级层面明确收益分配程序和比例；四是推动政经分开改革，探索农民的资产股东权利以及民主合作权利的有效实现机制（如股份分红、民主管理、民主选举、民主监督等）；五是探索农民对集体资产股份的收益分配权有偿退出机制，在条件成熟的村集体经济组织内部开展成员与成员之间、成员与集体之间的分配权内部流转、有偿退出，完善集体收益分配权流转、退出后续管理办法。

综上所述，五项具体改革任务围绕构建农民集体收益分配权退出机制这一总目标而展开。例如，如何对加强对集体资产经营管理从而增加集体经济组织收入、如何保障集体经济组织成员对集体资产收益分配的有偿退出权、如何探索农村基层政经分开改革，提升集体经济组织可分配盈余，改革的定位准确，思路清晰。

2. 改革工作组织领导与运行管理

第一，构建组织领导体系。吴中区委、区政府高度重视农村集体产权制度改革工作，建立了有力的组织领导部门推进改革，成立了改革工作领导小组，由区委、区政府主要领导担任组长，分管领导具体负责，相关部门共同参加统筹协调改革工作重大问题。领导小组成员由区委农办、农业局（林业局）、财政局、国土分局、组织部、发改委、民政局、金融办、工商分局、相关金融机构等单位的主要领导组成，按照部门职能，明确分工。改革工作领导小组下设办公室，具体负责改革工作的综合协调、政策制定、督促检查等工作，各个乡镇（街道）、村建立相应的工作机构和工作机制，根据总体部署，做好推进工作。

第二，完善改革制度设计。改革方案获国家农村改革工作联席会议批准后，为顺利推进改革工作，该区由区委、区政府分管领导牵头，组织相关部门先后制定了身份认定、清产核资、股权固化、有偿退出等实施细则，并陆续出台了《中共苏州市吴中区委办公室关于转发吴中区社区股份合作社股权有偿退出（转让）工作指导意见的通知》《关于开展农村集体"三资"管理专项治理的工作意见》《吴中区农村集体产权流转交易管理暂行办法》等一系列文件。这些文件的颁布，使深化农村集体产权制度改革、开展农民集体收益分配权退出改革实现了有章可循、有规可依，为拓展集体资产产权权能、落实农民集体收益分配权、赋予农民更多的财产权利、实现农村集体资产股权的规范管理指明了方向。

第三，健全风险估量与责任机制。吴中区鼓励和支持镇（街道）在明确的改革范围内大胆推进改革工作，同时要求每项举措也要做好风险估量和风险预案，积极稳妥推进改革，夯实工作基础，改革工作领导小组成员单位加强相关政策指导，明确各自职责，努力为吴中区开展改革创造良好环境。

（二）改革任务进展情况

1. 确认成员身份，开展登记备案

吴中区对于农村集体经济组织的股份合作制改革探索较早，2001 年，该区所辖的木渎镇诞生了江苏省第一家村级社区股份合作社，截至 2011 年，该区 128 个村（社区）集体经济组织全面完成股份化改造，全部组建村（社区）股份经济合作社。在本轮改革中，成员身份确认环节遵循"尊重历史、照顾现实、程序规范、群众认可"的原则，以户籍所在和是否获得第二轮土地承包权为主要依据，综合身份、姻亲等因素，在乡镇（街道）层面统一明确集体成员身份认定办法，确保镇域内基本统一，最大限度地将对村集体积累有过贡献的人员纳入认定范围，特别是尊重婚迁人员对集体归属的选择权。考虑到保障弱势群体权益，更大程度地让利于广大普通农民，该区的公务员、事业编制人员等财政供养对象不认定为集体经济组织成员，其他特殊人群身份确认由各村根据历史和群众认可情况提交社员代表大会最终确定。截至 2020 年 5 月，该区内开展成员身份确认的行政村达 100%。全区 128 个村（社区）的股份合作社在完成集体经济组织成员身份确认以后，相关工作部门将成员确认的原始资料以村为单位编制成册，全部进入吴中区档案馆永久保管，同时将所有成员名单报镇（街道）资产管理办公室和吴中区委农村工作办公室备案。

2. 实施股权固化，保障成员收益

在明确成员的基础上，该区积极开展股权固化工作，即以户为单位实施"增人不增股，减人不减股"。该区自 2001 年开始探索农村集体经济组织股份合作制改革，当时的股份化改造之后的股权动态管理，以 5 年为一周期进行调整，2015 年开始进行股权固化管理探索，通过股权固化保障农民拥有长久稳定的集体资产收益权利，不再因家庭成员户籍、人口发生变化而调整股权。截至 2017 年底，吴中区全体股份经济合作社全部完成股权固化工作，全区共计量化经营性净资产 62.69 亿元，实现股权份额量化到人，固化到户。考虑到经营性净资产规模随着集体经济发展处于变化状态，因而以户为单位发放的股权证书只记载户内集体经济组织成员所持股份数量。全区共发放股权证 124879 本，作为集体经济组织成员占有集体资产股份、参与管理决策、享有收益分配的有效凭证。在此基础上，该区以逐年提升集体经济组织分红水平为目标，完善符合国家财务会计制度的收益分配制度，明确收益分配范围、分配程序、分配比例。

3. 推进清产核资，健全产权交易

该区结合农村集体资产股份权能改革的国家级改革（2015~2017年）工作，对全区内所有集体经济组织开展清产核资工作。通过委托专业测绘机构，深入田间地头精准测绘辖区全貌图、资产分布图、宗地图等电子资料，全面完成253家镇级集体经济组织和509家村级集体经济组织的清产核资工作并"落地上图"，并将此纳入区级管理平台实施动态管理。在前期工作的基础上，2018年该区推进新一轮镇、村两级资产清查核实，在市集体资产管理系统中更新清产核资表格体系并实现软件模块升级，实行"进表、上图、入网"，共录入集体资产、资源15232宗，全区农村集体资产实现了全面监管，更是为集体产权交易提供了服务。2016年挂牌成立吴中区农村产权交易中心，之后通过对该区农村集体资产管理系统和苏州农村产权交易系统软件改进升级和功能完善工作，实现了该区管理系统和苏州市交易系统互联互通。自2017年6月1日起，该区所有的农村集体产权交易全部纳入平台统一对外发布交易信息、线上接受登记报名、线上组织电子竞价、线上缴纳保证金、结算项目资金。

4. 强化财务管理，规范资产监管

该区在本轮改革期间先后制定出台了《关于开展农村集体"三资"管理专项治理的工作意见》（吴农办发〔2017〕19号）、《吴中区农村集体产权流转交易管理暂行办法》（吴农资委发〔2017〕1号）、《关于开展农村集体"三资"管理"阳光行动"的指导意见》（吴农资委发〔2017〕2号）、《吴中区"村务卡"管理使用办法（试行）》（吴农资委发〔2017〕3号）等一系列文件。2017年，通过建立××村（社区）微信公众号、手机App等平台，实施农村集体"三资"管理"阳光行动"，保障农民知情权、参与权。农业农村部门会同区纪委（监察局）、审计、财政等部门，采取抽审等多种形式，对村级集体资产交易管理、村级财务收支、预决算和村级收益分配定期开展督查审计，全面加强农村财务资产管理审计监督。此外，在各镇逐步推开村级资金监管平台，依托与苏州银行合作开发村级集体资金监管系统，统一将村级集体资金来源、支出纳入平台全面监管，实现数据实时对接。2017年9月，全区行政村（含涉农社区）开始推广"村务卡"的使用，村务活动开支除少量必需的现金支付外，其余费用支出及资金付款实施非现金结算，严禁由村干部代领代发，统一由银行转账或打卡至收款人银行结算账户（或个人账户），提高资金管理使用的安全性和透明度。对于村干部先行垫支的小额办公费用和突发性村务支出，可直接支付至村干部的个人公务卡。2019年全区各个村级集体经济组织非现金结算全覆盖，初步实现资金往来留痕，极大地便利了交易查询和问责追溯，有力地震慑了农村集体经营性资产运营管理领域的腐败行为。

5. 指导有偿退出，部署先行先试

该区以"尊重农民意愿、稳慎改革先行"为导向，工作团队下沉到一线召开镇村干部、村民代表座谈会，就农民集体收益分配权退出的可行性、退出办法等问题广泛听取村民的意见和建议，采取先改革后扩展的方式，探索农民集体收益分配权退出改革路径。经过充分酝酿和准备，确定临湖镇作为乡镇，开展先行先试，并随后在该镇出台了《吴中区临湖镇农民集体收益分配权退出工作指导意见》等相关政策文件，对农民集体收益分配权退出工作作出了一系列部署。一方面明确了退出原则，一是依法原则，在法律框架下和社区股份合作社章程下进行；二是自愿原则，退出必须出于出让人自愿；三是公开原则，退出情况要公开公示，接受群众监督。另一方面明确了退出方式，采取集体收益分配权在本社区股份合作社成员之间内部转让以及退回集体经济组织由其集体回购两种方式进行，禁止向非本集体经济组织成员转让。在开展过程中，考虑到秉持尊重历史的原则，原先股权动态管理的时限为 5 年，因此本轮改革中明确了退出年限最高不超过 5 年。退出价格以上年度每股分红为依据，因而在集体收益分配权退出中，集体回购每股收益分配权的价格为上年度每股现金分红金额乘以退出年限。内部收益分配权的转让以集体回购价格为依据，并在双方协商的基础上达成。此外还设置了相关退出条件，诸如转让双方必须是具有完全民事行为能力的人，限制民事行为和无民事行为能力人按法律有关规定办理。出让人在出让农民集体收益分配权前，必须办理好养老保险等相关社会保障，董事会、监事会成员在任职期间不得退出等。

6. 完善基层治理，实施政经分开

吴中区在此次改革进程中开始尝试探索农村基层自治组织和农村集体经济组织政经分开，保障集体经济组织依法独立进行市场经济活动的自主权，同时也明确集体经济组织有责任为农村社区事业发展提供物质和经费支持。该区选择在镇级经济发达、村级经济实力雄厚且比较均衡的长桥街道推行政经分开，基层自治组织和集体经济组织实行"五个分开"。一是机构职能分开，促进集体经济组织走专业化市场化道路。二是人员选举分开，村委会主任与集体经济组织负责人（理事长）不能兼任。三是议事决策分开，两大组织根据自身机构职能厘清各自职责分工，明确各自决策程序与权限，规范议事决策运作。四是财务核算分开，基层自治组织与集体经济组织财务上分账管理、独立核算，行政管理费用与公共服务开支由村委会设立现金收支账核算，集体经济组织可以按照公司财务管理要求设立经营账，对经营活动中发生的资产、负债以及所有者权益独立核算。五是资产管理分开，在尊重历史和产权归属的前提下，将股权固化核定的经营性资产划归集体经济组织统一经营，将非经营性资产划归村委会统一管理。

7. 拓展产权权能，探索股份退出

在股权固化的基础上，该区为保障集体成员合法权益，赋予农民更多股份权能，拓宽财产性收入来源渠道，开始探索成员的集体资产股份有偿退出（转让），这也是贯彻落实党的十八届三中全会提出的"赋予农民对集体资产股份占有、收益、有偿退出"的改革要求。股份有偿退出是指农村集体资产股份持有人自愿将所持有的集体资产股份有偿让渡给本集体经济组织其他成员或者本集体经济组织，因而现阶段持有集体资产股份的成员只可以向集体经济组织内部成员转让或者由集体经济组织赎回。在此基础上，该区围绕有偿退出后的身份保留、流转受让方占有的股权比重上限等重点环节开展研究，制定出台了《吴中区社区股份合作社股权有偿退出（转让）指导意见》，对股份转让工作进行部署。

（三）改革任务整体效果

1. 推动集体经济发展，保障农民财产权利

该区通过采取帮带发展、抱团发展、跨区域发展等模式，不断增强集体经济组织经济实力。一方面深入推进强村带弱村实践，因地制宜地在城镇规划区、各类开发区等开发建设城镇综合体、科技创业园等经营性项目，并于临湖镇采莲村、前塘村、灵湖村成立众村集团公司开展联合抱团发展。另一方面支持具有经济实力又受限资源"瓶颈"的集体经济组织，努力开展跨区域收购项目载体，持续提高资产收益。近年来吴中高新区富民联社、木渎镇香溪社区等组织开展跨区域项目载体，为集体经济拓宽发展路径。总的来看，该区以承接农民集体收益分配权退出改革为契机，持续深化农村合作改革，注重政策助推，加快转型升级，构建起了农民与村集体更为紧密的利益联结机制，壮大集体经济发展。截止到2019年12月底，全区的镇村集体总资产达472亿元、经营性资产285亿元、村均稳定收入实现1362万元。全区村级集体经营性资产从2017年的106.5亿元提高到2019年的117亿元，对25个年收入稳定在350万元以下的"薄弱村"自2017年开始实施集体经济提升行动，2019年该区下辖所有村级可支配收入均达350万元或人均1000元，预期三年的目标提前两年完成。与此同时，该区在此次改革中，在尊重农民意愿、保护农民合法权益的基础上以赋予农民更多财产权利为重点，一方面，通过采用群众认可、程序规范的明确集体经济组织成员身份认定办法，健全登记备案机制，旨在解决长期以来集体经济组织成员边界不清的问题。截至2020年5月，全区128个行政村全部开展了成员身份确认，占全区总村数的100%，共认定集体经济组织成员47.3万人，较改革前增加3.9万人。另一方面，完善并落实了农民的集体收益分配权，在实施股权固化管理的同时，不断完善集体收益分配制度，逐年提升农村集体经济分红的覆盖面和分红水平。2017年全区全体股份经济合作社现金分红1.26亿元，首次实现了现金分红全覆盖，2018年现金分红总额达1.38亿元，2019年达1.50亿元，不断提高农民收入。

2. 建立分配权退出通道，激活股份内在权能

农民集体收益分配权退出旨在拓展农民拥有集体资产股份权能，发挥其市场功能，增加农民财产性收入，该区建立健全农民集体收益分配权退出机制，有利于增强农村集体收益分配权的自由流动性，这无疑是符合"归属清晰、权责明确、保护明确、流转顺畅"的现代产权制度要求。有偿退出具有处分权能的特性，赋予农民对集体资产股份有偿退出的权利是对股份权能的完善。由于集体资产收益分配权源于农民在集体经济组织内部的股份权能，推动集体收益分配权有偿退出实现了产权结构进一步细分，一方面可以满足集体经济组织内部因突发变故资金困难的成员退

出（转让）需求，另一方面也可以在拓展权能的基础上激活集体资产股份市场，挖掘集体经济内部各项资源的潜能，为农村要素市场培育以及城乡融合发展提供良好的环境。与此同时，该区主动拓展至发展农民在集体经济组织的股份退出（转让）。从改革工作成效来看，围绕着建立健全集体收益分配权退出机制，在临湖镇出台了相关政策文件，并对全镇 12 个村及成员进行政策解释和辅导，灵湖村、牛桥村和界路村共计 6 名成员因家庭发生重要变故，按照农民集体收益分配权退出基本原则及退出程序自愿办理了收益分配权退出手续，分别采取集体回购和集体经济组织成员之间受让两种退出方式，退出年限均选择 2 年，共计兑付 5400 元。

3. 加强集体资产监管，维护集体合法收益

该区在此次改革期间集体资产管理工作取得较大进展，监管水平显著提升。首先，摸清家底，根据该区清产核资统计，截止到 2018 年底，全区镇村集体经营性房屋面积 799.7 万平方米，村级集体经营性房屋面积 494 万平方米，村级集体经营性房屋出租率达 90.5%。其次，推动了村级集体资产管理规范化发展，2019 年开始探索开展村级资产委托镇级集中经营管理，由镇级统一开展村级集体资产租赁交易、租金收缴、维护修缮等工作，推动资产管理提质增效，引领村集体经济创新转型。截止到 2020 年，各镇（街道）集中经营管理实施意见全部制定下发，办公场所全部落实，镇（街道）集中经营管理办公室挂牌成立，128 个村集体资产经营管理权全面移交。再次，提升了村级财务规范管理水平，一方面推进会计核算规范化，改变原有村级财务由村财务中心代理记账转变为市场化第三方代理记账模式，全体行政村财务第三方代理记账实现"全覆盖"；另一方面扎实推进村集体资金监管平台建设，与银行合作开发村级集体资金监管系统，将该区内下辖所有村级集体资金的来源、支出全面纳入平台监管，实现数据实时对接，提升财务管理信息化水平。最后，全面清理资产发包出租合同，保障集体经济组织合法权益。自 2018 年 4 月开始由该区纪委监委和农业农村局联合对辖区内区镇、村集体资产发包出租合同进行全面清理，追缴集体资产租金欠款，2019 年 7 月开展农村集体资产拖欠租金"清零"行动，着力解决全区农村集体资产拖欠租金收缴行动，解决部分历史拖欠租金收缴困难以及长期挂账的问题，截至 2020 年 6 月底，已清缴长期拖欠的集体资产租金 3.6亿元，自 2018 年底以来的集体资产欠款已清缴 93%。

（四）改革工作经验总结

苏州市吴中区农民集体收益分配权退出改革工作的经验主要是注重制度创新先行、坚持尊重群众权益与意愿、注重统筹推进与政策衔接。

1. 制度创新先行，两措并举为改革提供不竭动力

该区着眼于建立健全农民集体收益分配权退出机制，将制度创新作为推进改革的不竭动力，在坚持集体所有制不变的前提下，突破已有的经验和模式局限，充分探索拓展集体资产产权权能，开辟并拓宽农民股份权能的转让渠道，提升农民集体收益分配权退出的管理服务水平，旨在激活集体资产股份流转市场，挖掘农村生产

要素潜能。与此同时，坚持一切从实际出发，经过充分的磋商，确定临湖镇作为先行先试镇，开展农民集体收益分配权退出改革，积极推进镇域经济发达、村级经济实力雄厚和发展较为均衡的长桥街道整镇开展政经分开，在先行先试的基础上，逐步再将改革向其他地区延伸，稳步推进深化农村集体产权制度改革。

2. 坚持尊重群众权益与意愿，民主公开为推进改革减轻阻力

该区以实施农民集体收益分配权退出为抓手深化集体产权制度改革，情况复杂，事关群众切身利益，牵扯面广、任务艰巨，必须贯彻以人民为中心的发展思想，充分发挥农民的主体作用，通过让广大农民群众在改革发展中得到更多实惠的方式妥善处理好各种利益关系。首先，要加强和改善党的领导，充分发挥党总揽全局、协调各方的领导核心作用，在结合本地实际的基础上树立系统性思维并有所侧重地推进改革。其次，要发扬民主，避免强迫推行的方式，尊重大多数农民群众的意愿和要求，强化民主协商在股权设置、权益分配、有序退出等制度设计中的重要作用。最后，要本着公开、公平、公正推进改革的原则并在每个工作环节中强化贯彻落实，听取群众意见和建议的同时更要广泛接受社会各界监督，保障集体经济组织成员知情权、参与权、监督权。

3. 注重统筹推进与政策衔接，系统谋划为深化改革提高成效

该区在改革方案编制以及改革实施的过程中，统筹组织相关部门，围绕身份认定、清产核资、股权固化、有偿退出等实施细则展开多部门协调。在集体资产监管上，由纪委监委牵头，联合农业农村局、财政局、审计局等部门开展对集体资产交易管理、村级财务收支内容采取区级抽审、镇级内审等方式定期开展督查审计工作，在此基础上与基层党风廉政建设、完善村民自治机制等系统谋划。在政经分开探索上，积极发挥组织部门对于基层党组织依法按章举行换届选举、基层党组织自身建设的业务指导与监督作用；积极发挥财政部门对于细化农村基本公共服务项目清单，制定村级行政管理和基本公共服务项目清单的协助作用以及对村级公共服务开支的经费保障；积极发挥民政部门对基层自治组织队伍建设、管理制度创新的推动、指导作用；由农经部门负责政经分开的实施意见和推进方案计划制定、目标任务分解、具体业务指导、进度督查落实等工作。

二、创新点与政策含义

农民集体收益分配权退出改革试验旨在通过拓展集体成员对集体资产收益分配权的有偿退出权能，建立"归属清晰、权责明确、保护严格、流转顺畅"的现代产权制度体系。此举在赋予集体成员更多财产性权利的同时，更健全了农村集体资产运营管理的市场机制，拓宽了集体经济发展渠道，合理分配集体资产经营管理收益，逐步实现了收益分配从被动享受的福利型向主动参与的市场型转变，为激活农村各资源要素奠定了良好的基础，吴中区的做法具有一定的创新价值。

（一）主要的创新点

1. 探索分配退出机制，创新有偿退出方式

该区自实施农民集体收益分配权退出以来，围绕党的十八届三中全会提出的保障农民集体经济组织成员权利，赋予农民对集体资产股份占有、收益、有偿退出及抵押、担保、继承权的要求，结合吴中区的实际情况，充分探索农民集体收益分配权退出机制，保障全体农民集体经济组织成员对集体资产股份收益的有偿退出权，选择乡镇开展先行先试。在退出过程中，按照依法自愿公开原则，创新退出方式，采取本社区股份合作社成员之间内部转让以及集体收益分配权退回给本村社区股份合作社并由村社区股份合作社对其进行回购两种途径，价格由上年度每股分红为依据，并在成员协商一致的基础上确定。在具体实践中，创新工作流程，由出让方向社区股份合作社提出书面申请，社区股份合作社进行审核并公示，做出同意转让或不同意转让的决定，审核通过后双方签订协议，社区股份合作社做收益权变更登记，并报镇级集体资产管理办公室、吴中区农业农村局备案。此外，该区以改革为契机，深化权能改革，探索股份退出。规定成员有偿退出（转让）所有股份后，虽然不再享受股份对应收益分配的权能，但是仍然保留社区股份合作社成员资格，因而仍然享有民主表决以及日后回购股份等相关权利。在受让人占股比例方面，为防止内部人控制，规定单个成员受让人持股数不得超过社区股份合作社总股份数的若干比例，该比例则由各个集体经济组织自行规定。在转让价格方面，参考年度收益分配情况，由转让双方协商一致确定。改革期间，对 6 名成员办理了收益分配权退出手续，分别采取集体回购和集体经济组织成员之间受让两种退出方式，退出年限均选择 2 年，共计兑付 5400 元。

2. 推进产权公开交易，促进资源优化配置

该区实施农村集体资产资源流转全部进入苏州吴中农村产权交易中心平台，包括村集体统一组织的工程建设项目招标、产业项目招商、集体资产使用权转让、土地经营权转让等内容。通过公开拍卖、招标、招租、发包等市场运作方式交易，既推动了产权公开交易，杜绝了场外交易、暗箱操作，规范了农村集体资产资源购置、处置行为；也促进了资源优化配置，构建了平台内部充分的竞价机制来提高集体资产市场竞争率，实现了集体资产保值增值。自平台运行以来，截至 2019 年底，吴中区农村产权交易中心累计成交 13475 笔，成交金额 15.4 亿元，在省内率先实现农村产权全程线上公开交易，实现集体资产保值增值。2019 年吴中区农交中心组织开展竞价会 302 场，长桥街道苏蠡花园 14 套住房以及车库在农交中心竞价转让，项目采取多次报价电子竞争方式，其中一场最高增值率超过 30%，14 场竞价会成交总额达 4750 万元，增值金额 883 万元，平均增值率达 23%，有力地提升了集体资产运营管理收益，促进集体经济组织成员增收。

3. 创新探索政经分开，提高组织分配盈余

长期以来，集体经济组织承担着大量农村社区公共服务开支，今后作为一个市

场主体，政经不分势必影响其健康发展。探索在基层党组织的统一领导下，实现集体经济组织与村民自治组织政经分开，进一步完善农村基层党组织领导的村民自治组织和集体经济组织运行机制，逐步建立职责明晰、稳定协调的基层组织管理体制和产权清晰、管理科学的农村集体资产运营管理机制，让更多的集体收益惠及集体成员。村级行政管理开支和基本公共服务支出可由镇（街道）根据自身财力情况制定合理的承担比例，剩余部分由集体经济组织承担，以便提供更高标准、更高质量的公共服务。在改革街道的 7 个涉农社区，财政承担村级公共服务开支比例达 30%，减少了村集体经济组织的相关开支，增加了可分配盈余，提高了成员集体收益分配水平。2017 年、2018 年、2019 年长桥街道财政分别拿出 800 万元、890 万元、990 万元承担改革涉农社区的村级部分公共开支和干部工资，有效提升了农民集体收益分配水平，2019 年每股分红提高到 1160 元。

（二）主要改革创新内容的适用条件和范围

吴中区在此次改革中构建了农民集体收益分配权退出的通道机制，深化了农村集体产权制度改革，在农村集体资产股份权能拓展领域做出了一系列卓有成效的探索工作，发展壮大了农村集体经济、增加农民财产性收入、完善农村要素市场。究其工作成效背后的缘由，一是吴中区地处经济发达、城市群密集的长江三角洲中心、江浙沪交汇处，处于经济社会发展水平高度发达地区，2019 年全区村级集体总资产达 185 亿元、村均集体稳定性收入达 1362 万元，同年该区经济总量达 1176 亿元，在《人民日报》公布的 2019 年中小城市高质量发展评价中，吴中区位列全国综合实力百强区第九。二是吴中区政府财政收入规模较大、政府统筹管理服务能力较强，有能力整合各部门人员和资源推进改革，全区一般公共预算收入 2017~2019 年分别达到 143.9 亿元、160.6 亿元、175.6 亿元。三是吴中区农村集体产权制度改革具有较强的改革基础，农村改革创新经验丰富，自 2001 年起率先成立了江苏首家社区股份合作社以来，农村改革蓬勃兴起，先后被列为"苏南社会主义农业现代化改革先行区"和承担苏州城乡一体化发展综合配套改革工作先导区的探索工作，2015 年被列为全国农村改革先行区、国家发改委城乡发展一体化综合改革，在本轮改革之前，就已经在农村集体资产权能拓展领域进行了许多卓有成效的探索工作。在之前积累大量经验的背景下，吴中区抢抓机遇，走在了本轮改革的前沿。

因而，从适用条件来看，具备一定经济条件和政府财政能力的地区都有参照吴中改革经验实施改革的可能性。从适用范围来看，吴中模式适用于经济发展水平较高、城镇化进程较快、城乡融合发展水平较高的经济发达地区。

（三）对改革成果的推广建议

吴中区改革成果的推广应注意强调在推进地区尊重历史因地制宜、改革目标规划清晰、相关部门统筹布局，才能有效调动改革中各类主体的积极性，深化农村集体产权制度改革，激发农业农村发展活力，具体内容如下所示。

1. 尊重历史因地制宜是稳妥推进改革的基础

苏州市吴中区作为经济社会发展高度发达的地区，深化农村改革更是走在了全国前列。在本次改革申报之时，2016 年吴中区人均 GDP 达 15.8 万元，是全国平均水平的 2.8 倍，一般公共预算收入 134.43 亿元，用于改善民生的城乡公共服务支出 79.47 亿元。而本次改革中开展的探索政经分开改革、提高经济组织可分配盈余就需要当地财政对农村集体经济组织公共服务进行大量投入，这对当地经济社会发展水平具有一定要求。因而在推广的过程中，因地制宜推进改革，将已有的经济社会发展优势发挥出来使之与深化农村集体产权制度改革相得益彰，显得尤为重要。在此过程中又要充分尊重当地农村改革进程和历史习惯，尊重集体经济组织成员的合法利益和现实诉求，真正在改革的全过程做到将改革成果由农民共享。经济社会发展程度较高的地区可以参照深化集体产权制度改革的"吴中样本"，结合自身条件与农村改革中的历史习惯因地制宜稳妥推进。

2. 目标设定规划清晰是改革快速突破的前提

吴中区农民集体收益分配权退出改革目标明确，旨在激发农民集体收益分配权的市场活力，通过构建有效的集体收益分配权退出通道和机制，赋予农民更多的财产权利，推动农村要素市场进一步发展，促进农村集体经济产权体系更加明晰完善。在明晰改革任务和目标的基础上，吴中区稳扎稳打，将目标分解细化，在主要工作环节制定了切合实际的工作流程，取得了相应成效，使改革能够快速突破。农民集体收益分配退出需要建立在已有的工作基础上，如明确集体经济组织成员身份、清产核资量化收益、确定成员收益分配比例等，这对于推广地区而言更是要明晰改革的任务和目标、将已有工作成果环环相扣，这是快速突破的前提。

3. 相关部门统筹布局是改革高效推动的关键

该区在改革工作领导小组的指导下将工作抓实抓细，通过党政主要领导任组长、分管领导具体负责抓农村改革的思路，强化各级干部的责任意识，组织农业农村局、财政局、国土局、组织部、发改委、民政局、金融办以及相关金融机构等单位按照部门职能、明确分工扎实推进吴中区农民集体收益分配权退出改革过程中的各项工作，如探索政经分开、全面加强集体资产监管、健全产权交易等，保障了改革的顺利进行。因此，在深化农村集体产权制度改革过程中，通过多部门合理分工群策群力是改革高效推动的关键。

（四）改革创新内容对全局改革的意义

尽管改革期间仅有 6 名集体成员办理了集体资产收益分配退出手续，但是构建了农民集体收益分配权的退出通道，赋予农民对集体资产股份的有偿退出权，这有助于破解农村要素市场化配置滞后于城乡融合发展进程的难题。如何拓展农村集体产权权能，完善农村要素市场，对于进一步完善统一开放竞争有序的市场体系、实现市场在资源配置中起决定性作用来说重要性不言而喻。吴中区建立农民集体收益分配权退出机制，赋予农民对集体资产股份的有偿退出权，有助于增强农村集体资

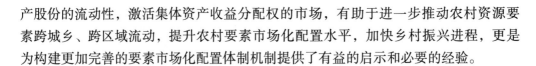

产股份的流动性，激活集体资产收益分配权的市场，有助于进一步推动农村资源要素跨城乡、跨区域流动，提升农村要素市场化配置水平，加快乡村振兴进程，更是为构建更加完善的要素市场化配置体制机制提供了有益的启示和必要的经验。

三、存在的问题与可能的风险

（一）收益分配有限抑制成员退出需求

尽管吴中区农村集体经济基础较好，但是发展较不均衡，村级集体经济稳定年收入分布在 100 万~1 亿元，并且该项收入中支付村级开支比重较高，经该区农业农村部门统计，2019 年村级集体经济组织经营性总收入达 13.3 亿元，但是用于经营性刚性支出 2 亿元、村级公共服务和行政管理开支（如村干部与工作人员工资、村民福利、其他公共服务开支）6.5 亿元，剩余 4.8 亿元还有集体经济发展投资产业开支，致使 2019 年该区股份分红 1.5 亿元，大约占据可分配盈余的 30%、总收入的11%，在村级层面集体收益分配的规模也呈现较大的差异，2019 年该区农民拥有的集体收益分配权所享的收益分配金额最高达 2200 元/股，最低的村每股仅有 35 元，全区平均达 312 元/股。从全区范围来看，农民集体收益分配金额占据家庭年收入比重最高也仅为 2%，分配金额数量较少，对于当地农民的生产生活几乎不构成影响，农民退出需求较弱。

（二）集体收益分配权市场发育程度较低

尽管该区已经完成了清产核资、股份量化、股权固化，但是集体经营性资产是全体经济组织成员共同所有且不可分割，集体成员股权证上仅记载所持股份数量，也即收益分配依据，由此农民集体收益分配权只是集体经济组织成员享有的集体资产经营收益的一项权能，收益分配的金额无论如何无法与量化经营性资产对应的价值相提并论，尽管建立了农民集体收益分配权的退出通道，但是该区村级集体经营性运营管理较为稳健，资产年度收益较为稳定，集体收益分配权流转的需求方流转意愿不大。并且诚如前文所述，集体收益分配金额也较为有限，即使集体经济组织成员遭遇生产生活变故，选择以拥有的集体收益分配权退出来应对也是稍显杯水车薪，不如直接通过亲友进行私下资金周转。此外，苏州吴中区经济社会发展高度发达，当地金融机构融资渠道较为充分、融资服务较为便捷，更致使集体收益分配权流转的供给方参与热情不足，从而供需两侧目前皆未能有效激活参与意愿。因此必须要注意的是，发达地区农村集体经济组织成员对集体资产运行收益的预期较好，根据与村民代表访谈记录，绝大多数成员对集体经济前景持肯定态度，内生退出需求除少数情况（如出国迁居等）外极其薄弱，农村集体收益分配权市场发展缺乏动力，集体收益分配权市场发育程度较低。

（三）集体经济组织配套政策改革滞后

目前吴中区乃至苏州市、江苏省或者放眼全国，农村集体经济组织仍然承担大量农村社会公共服务支出，而目前支持农村集体产权制度改革的税收政策配套改革较为滞后。据该区农业农村部反馈并与村干部组织访谈显示，尽管对于农村集体经济的市场主体给予了特别法人地位，但是作为特别法人的税费配套政策并未完全落实，当下该区农村集体经济组织纳税类别仍是企业，这相较于集体产权制度改革之前而言，税费负担明显加重。根据《企业所得税法》的有关规定，农村股份经济合作社也需要纳税，作为农村集体经济组织，已承担大量公共服务开支，税费执行政策上面如若不能有效减负，更加抑制了集体收益分配规模扩大和集体经济组织成员参与集体收益分配权退出的意愿提升，不利于农村集体产权制度改革的进一步深化与推广。

四、下一步工作方向

截至 2019 年 6 月，吴中区通过深化权能改革已经完成了农民集体收益分配权退出改革任务工作，初步建立了农民集体收益分配权退出机制，激活了相应领域要素市场。该区在推进城乡融合发展的体制机制上取得了较为丰富的改革成果，为其他具有相应条件的地区提供可借鉴、可复制的工作经验。展望未来，下一步可以进一步加强以下几方面的工作：

（一）改革方向与改革重点

在改革方向方面，一方面，深化现有实践中的深化农村集体资产股份权能改革的各项内容，在已经积累了大量农村产权制度改革的工作有益经验的基础上抓住机遇，进一步深入探索农村集体资产股份可在本区内部跨集体经济组织流转交易在实践中的合理性和可操作性，推动农村要素市场化配置水平进一步提高，总结改革实践过程中出现的问题和应对措施，不断丰富深化集体资产股份权能改革的内容。另一方面，在农村要素市场化配置水平提升的情况下，随着市场机制力量进一步增强，可以吸收现代企业治理理论，积极稳妥推进政经分开改革的实践探索，完善农村集体经济内部治理结构，探索集体经济运行发展的新机制，释放集体经济新的活力。

（二）改革内容与工作调整

针对本轮改革内容中，一方面，农民集体收益分配权退出为遭遇资金困难的集体经济组织成员提供一定金融服务；另一方面，农民的退出意愿受到有限的收益分配金额抑制的矛盾之处，可以在对退出原则、退出条件设置进一步完善的基础上试行退股份对应的资产价值金额，进一步提高农民参与深化农村集体产权制度改革的积极性，真正做到以农民为主体，改革发展成果由农民共享。

在具体的改革工作推进中，第一，科学估量深化农村集体产权制度改革过程中各项职责，建立和健全干部激励机制，调动一线干部的主动性与积极性，激发出农村改革的强大动力，有效保障改革工作顺利推进。第二，进一步建立并完善深化产权权能改革过程中的风险防控机制。要对改革进程中可能产生的风险保持高度警惕，尤其是考虑到农村集体经济在不同区域发展的不平衡、不充分这一特点，探索改革内外部风险预判和防范机制，做到防患于未然，稳妥推进，不搞"一刀切"。第三，进一步加强部门之间的联动，平衡各部门的利益，本着权责一致的原则保障改革顺利进行。第四，创新集体资产监管机制，进一步规范集体资产经营管理，落实民主理财，规范财务公开，防止和纠正发生在农村集体经营性资产经营管理领域的腐败行为，全面提升农村集体资产监管能力，以此为抓手完善乡村治理体系、提升乡村治理能力。

（三）外部保障与上级支持

第一，建议完善税费政策，加强对农村集体经济的扶持。农村股份经济合作社作为农村集体经济组织，一方面是农民集体所有权的代表，行使对农村集体资产的经营管理权并获得相应的集体经营性资产运营管理收益；另一方面也承担大量农村基本公共服务开支，农业的弱势性和农民的弱势地位决定了单纯依靠市场机制难以解决农村集体经济发展壮大的问题，必须对农村集体经济组织给予政策扶持，税费优惠就是重要的内容，为农村集体经济发展减负，切实提高农民财产性收入水平。

第二，建议扩大范围，完善推进改革的干部激励机制。吴中区具有较为丰富的农村集体产权制度改革实践经验，经济社会高度发达，干部队伍素质和能力较强，具有担负改革的能力，通过健全干部队伍的激励机制，促进更多的干部下沉一线，采取多种工作方式广泛宣传发动，扩大改革的范围，推进更多的改革实践，在此基础上，实践决定认识，是认识的来源，能够完善干部队伍对于深化集体资产股份权能改革的认知，让"吴中智慧""吴中方案"为全国农村集体产权制度改革作出新的更大贡献。

第二十七章　广东省农村集体产权制度改革和集体经济发展调研报告[①]

2019 年 12 月 20~25 日，中国人民大学农业与农村发展学院调研组对广东省农村集体产权制度改革和集体经济发展进行了调研。调研组与部分县（区）政府、县（区）农业农村局等有关部门就农村集体产权制度改革工作进展状况、具体做法、经验做法、存在困难等方面进行了座谈；并实地走访了 11 个村集体经济组织，与镇街干部、村社干部以及部分村民代表进行了深入访谈，完成了一手资料的搜集，具体情况如表 27-1 所示。

表 27-1　调研组调研工作情况

序号	时间	县（市、区）	活动内容
1	2019 年 12 月 21 日	四会市	四会市政府座谈会 走访城中街道仓岗社区 走访江谷镇黎寨村 走访江谷镇清平村
2	2019 年 12 月 22 日	博罗县	走访园洲镇刘屋村 走访麻陂镇艾埔村
3	2019 年 12 月 23 日	博罗县、惠城区	走访罗阳街道鸡麻地村 博罗县政府座谈会 惠州市政府座谈会 走访江北街道办事处三新村 走访江北街道办事处水北社区
4	2019 年 12 月 24 日	惠城区、惠阳区	惠城区政府座谈会 走访镇隆镇长龙村 走访镇隆镇楼下村 走访秋长街道白石村 惠阳区政府座谈会

一、实施农村集体产权制度改革

（一）总体情况

广东省 12 个先行改革单位共辖镇街 219 个，村（居）3378 个，村民小组 40552

[①] 执笔人：孔祥智、黄斌

个，村组两级共有集体经济组织 43046 个（其中经联社 4101 个，经济社 38945 个）涉及农村集体账面资产 1200.55 亿元，约占全省的 17.29%。目前，12 个先行改革单位共清查核实村组两级集体资产 1200.55 亿元，成员身份 563.23 万人，量化集体资产总额 883.87 亿元，并且均已按照批复的实施方案，基本完成了各项改革任务。其中，四会市整县推进工作顺利，全市有 124 个村（居）和 2268 个村民小组完成了农村集体产权制度改革工作，建立股份经济联合社（经济社）或经济联合社（合作社），完成率为 97.56%；惠州市整市推进工作成效显著，通过推广改革工作走在前列的博罗县的先进做法，加快了惠城区、惠阳区等周边市内区县的改革进程。目前，全市涉及农村集体产权制度改革的村（居）共 1092 个、村民小组 10054 个，已完成改革任务的集体经济组织数量达 9719 个，完成率为 87.2%。

广东省大力推进改革统筹工作，强化政策创设，为先行改革单位创造了良好的改革环境。中共广东省委、广东省人民政府出台了《关于稳步推进农村集体产权制度改革的实施意见》，统揽农村集体产权制度改革全局工作。中共广东省委全面深化改革委员会出台了《关于坚持和加强农村基层党组织领导扶持壮大集体经济的意见》、广东省人民政府办公厅出台了《关于加快推进农村承包土地经营权流转的意见》等系列配套政策文件，为各地加快盘活集体资源资产，发展多种形式的农业适度规模经营，多路径壮大集体经济，多渠道促进农民增收提供政策遵循。为确保基层干部准确理解改革工作，消除基层干部对改革的畏难情绪，广东还注重实操环节的具体业务指导。广东省农业农村厅组织编印了《广东省农村集体产权制度改革资料选编》《广东省农村集体产权制度改革参考资料》《广东省农村集体产权制度改革150 问》等供改革地区单位推进改革参考，有力推动了改革地区单位改革工作进展。广东省农村集体产权制度改革相关文件汇总如表 27-2 所示。

表 27-2　广东省农村集体产权制度改革相关文件汇总

文件名称	发布时间	主要内容
广东省人民政府《广东省农村集体经济组织管理规定》（粤府令第 109 号）	2006 年 8 月	规范农村集体经济组织管理，稳定和完善农村以家庭承包经营为基础、统分结合的双层经营体制，保障农村集体经济组织及其成员的合法权益
广东省第十二届人民代表大会常务委员会公告（第 62 号）《广东省农村集体资产管理条例》	2016 年 6 月	规范农村集体资产管理，保护集体资产所有者和经营者的合法权益，促进农村集体经济发展
中共广东省委、广东省人民政府《关于稳步推进农村集体产权制度改革的实施意见》	2018 年 1 月	以明晰农村集体产权归属、维护农村集体经济组织成员权利为目的，以推进集体经营性资产改为重点任务，以发展股份合作等多种形式的合作与联合为导向，坚持农村土地集体所有，坚持家庭承包经营基础性地位，坚持稳定土地承包关系，完善农村产权制度，建立符合市场经济要求的集体经济运行新机制

续表

文件名称	发布时间	主要内容
中共广东省委全面深化改革委员会《关于坚持和加强农村基层党组织领导扶持壮大集体经济的意见》的通知	2019 年 8 月	依法确立农村集体经济组织的特别法人地位，确保其依法代表集体行使所有权和作为农村集体资产的管理主体，充分发挥其在管理资产、开发资源、发展经济和服务成员等方面的功能作用
中共广东省委组织部、广东省财政厅、广东省农业农村厅联合《关于开展扶持村级集体经济工作壮大村级集体经济的通知》	2019 年 8 月	一是扶持范围及条件。根据各地市经济发展情况，实行分类分档，将比例分担的方式进行财政补助，各级财政补助每村的资金总额不低于 50 万元。二是实施路径及措施，包括健全工作机制、精准实施"头雁"工程、拓宽发展壮大渠道以及加强监督检查和绩效管理。三是加强组织领导，包括压实工作责任、精心制定方案与实时掌握动态
广东省人民政府办公厅《关于加快推进农村承包土地经营权流转的意见》	2019 年 9 月	一是加大各级财政奖补力度，全面推动土地规范有序流转。二是加强以土地为中心的联合与合作，全面深化土地股份合作制改革。三是创新体制机制，全域推进土地综合整治。四是强化先行改革示范，着力打造一批典型样板。五是加大项目倾斜支持力度，优先安排土地流转程度高的地区实施涉农项目。六是健全流转管理服务体系，推动农村产权流转管理服务平台全覆盖。七是支持新型经营主体承接流转土地，加快发展多种形式规模经营。八是发挥集体经济组织功能作用，鼓励开展土地统筹经营与托管服务。九是加强风险防范，切实维护土地流转秩序。十是强化责任落实，助推土地流转提质增效

（二）全面推进清产核资，健全集体资产长效运营机制

中共广东省委、广东省人民政府出台了《关于稳步推进农村集体产权制度改革的实施意见》（以下简称《实施意见》），规定全省清产核资工作的重点，"严格执行《农村集体资产清产核资办法》，认真对照《农村集体资产清产核资报表》，按照'缺什么补什么'的原则，查漏补缺，建章立制"，目前全省已全面开展并完成了新一轮清查核实工作，做到问题清、账目顺、权属明。清产核资前后，四会市资产总额从 257711.4 万元增加到 260225.2 万元，惠州市资产总额从 1639841 万元增加到 2084021 万元。在问题清、账目顺、权属明的基础上，农村集体资产运营过程将更为透明、可视化以及可追溯，有利于农村集体资产的长效运营。一是问题清。债务纠纷等历史遗留问题极不利于清产核资工作的开展。《惠城区农村集体产权制度改革工作实施方案》中明确了不良资产及债务核销处置办法，对于长期借出或者未按规定手续租赁转让的，要清理收回或者补办手续。二是账目顺。以信息化方式来管理账目，能够理顺资产账目登记遗漏、有误等问题，提高账目可追溯性。四会市经济联合社已经 100%建立会计委托代理服务制度，委托镇（街道）会计服务中心代理核算；2025 个村民小组实现了"组账村管"，完成率为 88%。此外，全省先行改革单位探索建立了县、镇、村三级互联互通的农村集体产权交易管理服务平台，惠州市

在此基础上还建立了市级服务平台，使农村集体资产管理更加规范有效。三是权属明。通过清查核实、查漏补缺，产权不清的资产权属界定逐步明晰。如惠阳区秋长街道白石村通过推动不同片区村小组经济合作社组建联合社，重点处理好不同小组之间权属关系不清的集体资产。

（三）有序开展成员界定，完善群众基本权益保障机制

《实施意见》明确指出，要"指导各地由点及面开展农村集体经济组织成员身份确认，改革单位探索农村集体经济组织成员身份确认的具体程序、范围、方式、标准和办法，建立健全农村集体经济组织成员登记备案机制"，以最大限度保障群众利益。一是改革单位因地制定指导意见。惠州市各县区根据当地实际情况相继出台了《农村集体经济组织成员身份界定指导意见》，按照"尊重历史、照顾现实、程序规范、群众认可"的原则开展成员身份界定工作。二是改革单位充分尊重群众意见。如四会市江谷镇黎寨村经济联合社把集体成员划分为自然成员和表决成员两类。其中，自然成员是指户口在册成员，表决成员是指那些户口不在册而不能直接认定成员资格，但经自然成员表决同意后可以进入集体成员名单的特殊人员，包括部分赴港工作生活的原始村民，以充分肯定户口不在册成员对集体的历史贡献。为区分两类成员的集体贡献，首先，联合社配置自然成员每人 1 份集体资产量化份额；其次，自然成员召开成员大会或成员户代表大会，2/3 以上参会人员表决通过表决成员集体资产量化分配方案，最终形成配置表决成员每人集体资产量化份额 0.2 份、0.3 份、0.4 份或 1 份，因成员社而异；最后，联合社按照各成员社所确认的、具备成员资格的集体成员总份额，将收益分配至各成员社，各成员社再依据当年经营状况和自身集体资产量化分配方案，按份额分配至自然成员和表决成员，充分保障群众基本财产权益。

（四）优化股权设置与股份量化方式，构建群众利益协调机制

《实施意见》对股份合作制改革与股份权能做出了规定，既要"指导各地将集体经营性资产以股份或份额的形式量化到本集体成员，确权到户，发展多种形式的股份合作制"，也要"加强示范，探索农村集体组织成员对所持有集体资产股份占有、收益、有偿退出及抵押、担保、继承权的更多有效实现形式"。广东省先行改革单位结合地区发展实际和改革实践，因地制宜，分类施策，妥善处理股份设置关系，积极探索股份量化优化方式。

在股权设置方面，多数不保留集体股，少数将集体股视为"机动股"，以化解改革启动期所遇到的股权纠纷。比如，四会市城中街道仓岗社区股份经济联合社为解决股份制改革期间可能出现的分红纠纷，防患于未然，"抛弃"集体股原有职能，预留 200 股集体股作为备用股，限期 2 年，起到化解分红纠纷的"机动股"作用，逾期后归集体所有。"集体股"将不再具备原来的职能，由公积金、公益金代替原有职能。在财政资金足够用于村"两委"提供公共产品和服务的基础上，村级集体经济组织有条件从该组织年度净收益中提取一定比例的公积金和公益金，用于经济组织

扩大再生产、弥补亏损和发展公益事业等，作为相对独立的经济主体运营。同时，联合社还预留了 30 万元长期储备金，以应对可能出现的紧急情况。

在股份量化方面，改革单位做出以下探索：一是以静态为主的股权管理模式。通过股份或份额形式将集体经营性资产量化到集体成员，确权到人（户），多数改革单位实行股权"固化到户、长久不变"的静态管理模式，以长期保障集体成员股份权益。调研单位中，四会市、惠城区江北办事处水北村采取股权固化模式。少数改革村也探索了几年一调的管理模式，比如博罗县园洲镇刘屋村股份经济合作联合社在成员大会表决的基础上出台了五年一调的股权管理模式。二是股份量化比例优化。水北社区由于已经完全撤村建居，很难根据户籍界定成员身份，因此只能按年限设置积累股后固化。具体而言，1990 年前享受集体分配的村民每人 5 股，1999 年 12 月 31 日迁入户口的村民每人 3 股，2000 年 1 月 1 日至配股界定日迁入户口的村民每人 2 股，个人最多可以享受 10 股。三是股权量化种类多元。基于对集体贡献差异化的考虑，部分改革通过新增股份类型来保障贡献突出的集体成员的权益。四会市城中街道仓岗社区股份经济联合社以人口股为基础股、年龄股为累加股、田亩股为附加股。其中，田亩股是基于成员对集体的历史农业方面贡献程度而配置的，按照村民当前承包地的面积及承包年份计算，承包年份越长、数量越多的成员，所得股份就越多。田亩股为内部登记派发，不列入股权证，股份持有人死亡后，该股份归集体经济社所有。四是股份权能完善。四会市农业农村局制定了《四会市农村集体资产股权质押贷款管理办法（试行）》，适用于四会市范围内实行股权静态管理模式的农村集体经济组织，其成员所持有的集体经济组织股份或份额可以作为抵押担保申请的贷款，贷款期限一般为 1 年，最长不超过 3 年，初步探索当地农村集体资产股权质押贷款管理。惠城区农村集体产权制度改革工作领导小组关于印发《惠城区农村集体经济组织股权管理试行办法（草案）》的通知，对股权占有、收益、退出、继承、监管的条件和程序进行明确，规范了股权交易行为。

为保障改革任务的顺利推进，改革单位在实施工作方面还重视领导组织、队伍组建、宣传培训、制度保障、经费保障。一是强化党建引领。改革单位建立党委或政府主要领导任组长的农村集体产权制度改革领导机构，抽调人员集中办公，不断健全完善领导体制和工作机制。博罗县明确县、镇、村三级书记抓改革的工作思路，明确责任主体，为改革工作深入推进创造良好环境。二是组建改革队伍。改革单位积极支持和指导有条件的地区推进村党组织书记、村主任、村级集体经济组织负责人"一肩挑"，着力构建各司其职、相互配合的治理体制和运行机制。此外，抽调熟悉农经工作的同志成为业务指导员，为村集体改革指引方向。三是重视宣传培训。改革单位及时召开动员会议，编印并下发宣传资料，充分利用各类媒介宣传形式，并组织面向基层的业务培训会议。四是完善制度保障。改革单位积极开展督查指导工作，及时做好档案资料收集。五是做好经费保障。改革单位安排专门工作经费，包括重点帮扶集体经济薄弱村，确保改革工作顺利推进。

二、壮大农村集体经济

（一）农村集体经济发展政策支持体系完善

中共广东省委全面深化改革委员会印发了《关于坚持和加强农村基层党组织领导扶持壮大集体经济的意见》，强化农村集体经济组织功能作用，明确表明"依法确立农村集体经济组织的特别法人地位，确保其依法代表集体行使所有权和作为农村集体资产的管理主体，充分发挥其在管理资产、开发资源、发展经济和服务成员等方面的功能作用"。一方面，改革地区积极推行村党组织书记通过法定程序担任村级集体经济组织负责人，基层党组织领导地位全面加强，切实强化了村（社区）党集体经济组织的发展能力。另一方面，改革地区积极推进农村集体经济组织登记赋码工作，逐步规范集体经济组织证书作为办理经营等业务的依据。通过改革，集体经济组织功能更加健全完善，开发集体资源，推动集体经济转型升级的能力明显提升。

为强化集体经济组织的集体资产经营管理主体地位，尤其推动薄弱村集体经济组织经济功能的显现，扶持并壮大集体经济，中共广东省委组织部、广东省财政厅、广东省农业农村厅联合发布了《关于开展扶持村级集体经济工作壮大村级集体经济的通知》，规定"根据各地市经济发展情况，实行分类分档，将比例分担的方式进行财政补助，各级财政补助每村的资金总额不低于50万元"。针对薄弱集体经济组织问题，中共四会市委组织部、四会市财政局、四会市农业农村局出台了《四会市2019年扶持村级集体经济改革壮大村级集体经济工作实施方案》，在全市范围内确立了第一批7个行政村先行改革，力争到2023年基本消除全市薄弱集体经济组织。

（二）农村集体经济发展实践形式多元化

《实施意见》还推动了集体经济发展路径的拓宽，明确表明"鼓励农村集体经济组织以自主开发、合资合作、出资入股等方式，盘活利用未承包到户的集体'四荒'地、果园、养殖水面以及生态环境、人文历史、各类房产设施、集体建设用地等资产资源，发展现代农业、休闲农业和乡村旅游、社区养老、物业租赁等项目"。比如，惠州市发展村集体经济的模式探索主要包括三个类型：一是盘活资源资产的资产经营型，通过依法改造、发包租赁、入股联营等方式盘活闲置或低效资产（如厂房、校舍），与企业合作的同时积极引导农民土地经营权的流转。比如，博罗县园洲镇刘屋村股份经济合作联合社通过厂房、商铺出租等方式，集体经济年收入达1300万元，村民每人每月享有500元的定额分红。二是依托特色产业的产业带动型，通过利用村集体经济组织自身土地、水面等自然资源优势发展高效生态农业、设施农业、特色农业，结合当地农业产业、自然风光、民俗风情、农耕文化等特色发展乡村休闲旅游业。比如，惠城区水口街道万卢村凭借紧邻东江河畔的有利观光条件，计划与海纳农业公司合作发展旅游观光农业，结合当地历史文物建筑的开发带动村集体对外出租商铺、投资民宿和饮食，增加村集体收益和村民分红。三是实行村组抱团的房产开发型，通过"村企合作"的模式在具有明显区位优势的村建设商场、商铺来发展物业经济，实现集体资产的保值增值。比如，水北社区通过统筹利用征地资金先后开发了江北丽日购物广场、江景商务酒店、水北农贸市场、粤东国际家具博览中心、亿嘉国际大酒店、玉州大酒店、三栋数码园和水北工业园区等项目，基本实现了工、商、贸并举的经济格局，为水北集体经济实现大跨越、大发展奠定坚实基础。此外，对于部分集体经济薄弱村，通过企业股份制改革赋予集体成员资产收益权，也是促进村集体经济壮大的重要方式。乳源县洛阳镇洛阳村经济联合社通过对该社电站进行股份制改革，村民每人入股 2200 元，入股总金额 172.92 万元用于还清电站的银行贷款，村民占电站 49% 的股份，全村 786 人成为股民，2018~2019 年，每人分红累计达 950 元。

（三）农村集体产权制度改革与农村集体经济发展经验总结

1. 完善服务配套体系，提升集体经济组织管理效率

广东省改革单位坚持目标导向，引导好、服务好、保护好农村集体产权制度改革工作的推进，重视引入专业团队承接改革任务，强化信息化管理方式融入，完善了服务配套体系，提升农村集体经济组管理效率。一是下派专业性强的业务指导服务团队。如博罗县从 18 个镇中各抽调一名熟悉农经工作、作风扎实、积极肯干的同志作为改革的业务指导员，各镇也在各村中建立一支业务操作员队伍，由各镇业务指导员指导各村操作员，建立覆盖县、镇、村的业务指导服务团队。在法律业务指导方面，惠阳区的司法局向村和小组下派村法治副主任，指导基层法律服务工作的具体开展。二是出资聘请第三方团队服务。如惠阳区秋长街道高澳小组同时聘请了法律服务团队与会计服务团队。其中，法律团队在小组开展章程讨论过程中提供法律援助，而会计师团队则提供清产核资、会计核算、利润分配、量化经营性资产、出具会计报告等专业服务，确保小组股改工作顺利开展。三是健全管理服务平台，促进集体产权规范有序流转。各改革单位大力推进整合现有各类农村集体资产管理、交易等平台资源，建立健全互联互通的农村产权管理服务平台。目前，惠州市、佛山市已经建立起市级服务平台，实现"市、县（区）、镇、村"四级联动，为农村集体经济组织要素自由流动创造了更加有力的信息供给。佛山市针对瑕疵资产交易容易出现监管盲区等问题，制定出台了《进一步推进农村集体资产"应上必上"平台公开交易管理的意见》，以"应上必上"为目标，明确强化瑕疵资产日常管理、优化资产交易流程、加大多方联动惩处力度等重要举措，佛山市禅城区还建立了农村数字云图系统，利用"互联网+"、云计算、大数据等信息化技术，促进农村集体资产"可视化"，实现"一张图管到底"。

2. 推进经济合作社再合作，打通集体资产盘活障碍

由于历史遗留问题等种种原因，部分农村集体资产存在产权不清的难题，产权纠纷的长期存在也使这部分农村集体资产未能得到有效盘活利用，不利于农村集体经济的长久发展。惠阳区秋长街道白石村以推进村小组经济合作社再合作的方式，有力化解了各村小组之间的产权纠纷。白石村目前有三块集体建设用地在划分归属

权问题上存在纠纷。为解决小组之间的纠纷，白石经济联合社专门在三块集体建设用地的所在片区组建成立三家经济联合社，分别为角塘经济联合社、塘井经济联合社以及白石洞经济联合社。三家经济联合社能够有效盘活各自片区内村小组交界地带的"争议"资产，有效推动农村集体经济稳步增长。在股权收益分配方面，三家经济联合社74%的股份由白石村的白石经济联合社所持有，剩余26%的股份按实际土地占有比例分配到26个小组。白石经济联合社通过推动村小组经济合作社走向再合作，能够对行政村与村小组之间产权不清的资产实现有效管理。

3. 引入新型农业经营主体，突破集体经济发展困境

在集体经济薄弱村，农村集体经济组织工作人员往往能力有限、市场信息掌握程度有限，难以有效盘活集体资产，未能探寻出集体经济有效增长路径。新型农业经营主体由于懂经营、擅管理，能够推动集体经济发展困境的突破，完善经营性资产增量转化方式。博罗县麻陂镇艾埔村属于集体经济薄弱村，而惠州市广博大种植专业合作联社（母社为首批国家级示范社）的进驻，为推进农村集体产权制度改革与集体经济壮大产生了显著成效。一是广博大联社通过承租的方式将"旧资产"转变为有价值的经营性资产，为村集体带来每年7万元的稳定收入；二是广博大联社以土地流转集中的方式实现农业规模经营，推动集体土地价值增值；三是广博大联社承担部分新型农业经营主体培训服务业务，为艾埔村经济联合社招商引资创造了有利条件；四是广博大联社探索与艾埔村经济联合社的业务合作模式为村集体成员提供稳定的销售平台服务，并通过提供"五统一"生产指导服务，逐步将艾埔村转为稳定的配送原料供应基地，拓宽集体经济增收渠道。比如，信宜市东镇街道北逻社通过引进两家企业，破解集体经济发展困境。具体而言，北逻社通过集体土地入股的方式引进企业开发建设葡萄庄园、大仁山旅游度假区，打造出四季花园、农耕文化馆、山道、客栈等休闲旅游项目，最终实现每亩每年2000元分红，为集体经济提供了稳定增收渠道。

4. 以累进制推进股份量化，兼顾集体经济发展公平与效率

为明晰集体成员贡献，处理好公平与效率之间的关系，部分改革单位推进累进制的股份量化方式，有力提高了集体成员对改革工作推进的综合满意程度。如惠城区水北社区由于已经完全撤村建居，无法根据户籍关系来界定成员身份，因此只能按年限设置积累股后固化，具体规定为：1990年前享受集体分配的村民每人5股，1999年12月31日迁入户口的村民每人3股，2000年1月1日至配股界定日迁入户口的村民每人2股，个人最多可以享受10股，按照"生不增，死不减；进不增，出不减"原则管理。四会市城中街道仓岗社区同样按照成员对村集体所做的贡献程度不同，并通过两类方式加以突出。一是拓宽股份类型。在人口股基础上，增设年龄股、田亩股，以明晰成员贡献时长、历史农业贡献程度等方面的综合贡献。其中，人口股是具备成员资格身份的基础股份，而年龄股是按照出生日期划分的成员累加股份，田亩股是按照村民当前承包地的亩数及承包年份计算，以突出成员对村集体

农业方面的历史贡献程度。二是区分配股比例。人口股每人 3 股；年龄股分为 5 档：1958 年之前（含 1958 年）出生，每人 5 股；1959 年（含）至 1968 年（含）出生，每人 4 股；1969 年（含）至 1983 年（含）出生，每人 3 股；1984 年（含）至 2000年（含）出生，每人 2 股；2001 年（含）至 2018 年 7 月 15 日（含）出生，每人 1股；田亩股按历史贡献长短分两类情况（0.9 亩为一轮承包时每口人的分地面积）：0.9 亩 9 年以上（含），每人 2 股；0.9 亩 9 年以下，每人 1 股。

三、现存主要问题与原因分析

（一）部分村民大会决议与现行法律相冲突

《中华人民共和国村民委员会组织法》第二十七条第二款规定：村民自治章程、村规民约以及村民会议或者村民代表会议的决定不得与宪法、法律、法规和国家的政策相抵触，不得有侵犯村民的人身权利、民主权利和合法财产权利的内容。然而，从实际情况来看，改革单位充分尊重民意通过村民大会做出的决议，可能会存在与现行法律相冲突的现象，这类矛盾集中体现在成员界定问题，尤其是一些富裕村的"外嫁女"问题。有些村的村民代表大会决议规定，无论"外嫁女"户籍是否迁出都一律取消集体经济组织成员资格，不再享受集体经济组织的福利和分红。随着村、组集体经济（尤其集体经济薄弱村）的发展壮大，"外嫁女"成员界定问题将逐步激化为矛盾，为农村集体产权制度改革的稳步推进埋下了巨大的潜在风险隐患。如惠阳区白石村高澳小组曾经出现村民和"外嫁女"之间的激烈矛盾。"外嫁女"坚决认为自身应该能够正常享受分红，但村民也丝毫不让步，强调村民代表大会决议所反映的民主意愿。在这一情况下，"外嫁女"选择采取法律手段，将小组集体告上法庭。然而，高澳小组自身缺乏专业法律知识，也未能得到法律服务团队的支持，无法上庭应诉。最终，高澳小组在诉讼案件中都败诉并进入执行阶段，组级经济合作社的集体账户也随之遭到法院冻结。高澳小组在败诉后，与街道股改小组、农业办、组织办、司法所、妇联及律师团队联合成立工作组，多次与"外嫁女"沟通协商，召开协调会议，听取"外嫁女"的诉求，调处分配纠纷，并尝试提出给予"外嫁女"50% 自然配股的方案，但"外嫁女"仍不能接受此方案。直到高澳小组设置了新增人员用现金购买股份也只能购买 50% 的门槛，确保"外嫁女"与新增人员平等，"外嫁女"才接受了这个方案，"外嫁女"问题才得到缓解。

（二）基层工作队伍力量薄弱

农村集体产权制度改革工作时间紧、任务重，负责执行改革任务的基层工作队伍需要具备较高的工作能力。但从改革单位来看，部分村集体尤其是集体经济薄弱村，经营性资产规模有限，工作环境艰苦，难以吸引熟悉农经工作的人才，无法弥补村集体原有工作队伍改革力量的不足。总体来看，基层工作队伍力量薄弱表现在三方面：一是人员构成不稳定，导致队伍组织松散。部分改革单位由于前期全区机构改革，临时抽调工作人员组建新的基层工作队伍，造成改革工作队伍的整体素质不高、能力不强，影响农村集体产权制度改革工作的进度。二是改革定力不足，缺乏群众工作经验。做好群众工作，需要坚持"从群众中来到群众中去"的工作方式，充分调动集体成员参与改革的积极性。但是，个别村小组对农村集体产权制度改革工作的政策宣传工作不及时、不到位，对改革任务迫切性的认识严重不足，积极性不高，导致基层干部即使曾外出参观学习和接受培训，也仍未向村民宣讲和落实好改革工作。三是缺乏专业资产管理团队。真正懂管理、懂经营、懂金融的专业人才是村集体经济组织在经营集体资产中所需要的，但村集体对于做好人才引进与人才储备工作的基础条件相对落后，无法组建起专门负责资产管理和推进市场化运作的专业经营管理团队。

（三）税收负担阻碍集体经济组织成长

农村集体经济组织改制为股份经济合作社需要承担较高的税费负担，在一定程度上抑制了村干部和农民推行产权制度改革的积极性，各种税负和必要的公益开支常常造成集体经济组织资金短缺从而制约其发展。税负重的现象已经在惠城区水北社区明显地体现出来。水北社区农村集体经济组织在改制前不用承担税费，但改制为股份经济合作社后需承担较高的税费负担，抑制了村干部和农民推行产权制度改革的积极性。根据目前的税赋规定，农村集体经济组织改制后需要承担三类税费。一是分红时的个人所得税，地方上称之为"红利税"。二是集体经济组织改制中更名需要缴纳资产额3%的契税和0.3%的交易费。三是以水北社区为例，改制后新成立的农村集体经济组织大多以物业出租为主，要缴纳营业税、企业所得税、房产税、土地使用税、教育费附加税、地方教育税等7种税费，改制后全部按章纳税，综合税率达36%。2018年水北社区集体经济分红2243万元，需缴纳税费高达1148万元。

四、深化改革的对策建议

（一）构建"三治融合"治理体系

自治是核心，法治是保障，德治是基础。改革单位充分尊重群众意见，探索出了适合当地实际情况的治理制度。相当一部分民主决议切实保障了群众的基本权益，但也有一部分决议尽管反映了民心所向，却可能与现行法律条文相冲突。由于基层治理法治相对缺位，村民大会决议可能为村集体经济组织的长期发展埋下法律隐患。一是建议地方政府完善基层法律服务体系，鼓励村集体构建起自治、法治、德治相结合的乡村治理体系。法治工作相对滞后极大地增加了村集体的综合治理成本，法律诉讼甚至会导致村集体经济组织不得不停止业务运作。具体来看，地方政府应为村集体经济组织配备好提供法律服务的工作人员，利用好微信等及时通信工具，建立起实时信息交流机制，推动法治意识融入到村民决策的过程之中。二是建议中央与地方相关部门加强对县、镇、村、小组各级法律服务专项配套资金投入力度，为村集体经济组织（尤其是薄弱村）与法治团队的对接提供"真金白银"的支持，推动基层法律服务体系与村民大会决议相衔接。

（二）推进自上而下的基层人才队伍体系建设

自上而下的基层人才队伍体系是改革任务落实到基层的重要保障。目前来看，基层人才队伍，尤其行政村、村小组队伍力量薄弱。一是建议农业农村部引导地方政府加强农经专业队伍体系建设，通过吸纳人手、开展培训建立起一支熟悉业务的专业农经队伍，并建立农经系统工作人员从业资格审查制度，保障农经队伍整体素质不下降。为避免农经系统工作人员外流，鼓励地方政府通过内部轮岗、异地交流等形式，促进农经系统人员内部流动，相互学习工作经验。二是建议农业农村部引导村集体经济组织建立职业经理人聘用制度，由职业经理人经营管理团队负责运营规模庞大的集体资产、推进市场化运作，运用多样化的金融工具实现集体资产的保值、增值。三是建议农业农村部出台鼓励新型农业经营主体参与壮大集体经济的支持政策。就调研单位来看，集体经济发达村与集体经济薄弱村都能通过引入新型农业经营主体，拓宽集体经济增长路径。新型农业经营主体的平台优势，能够为集体资产长效运营创造良好机遇。四是建议农业农村部研究出台村党组织书记担任集体经济组织负责人的操作指引，明确兼任条件、程序、任期等内容。在人才队伍规模有限的情况下，基层干部"一肩挑"能够协调好集体经济发展与村庄治理的关系，提升综合改革工作效率。

（三）完善配套税收优惠政策

农村集体资产股份改革后，村集体经济组织的集体资产运营将按照现代企业制度规定行事，其具体业务也将面临税收成本增加的问题。区别于现代企业，村集体经济组织除了发挥好市场经济职能，还需要承担村集体的公共服务职能。建议农业农村部联合相关部门出台村集体经济组织税收优惠政策，降低部分税种的税率，免去不必要税种的征收，为发展壮大村集体经济创造良好的政策环境。对于各镇（街道）、村（组）对于减免税费等优惠所形成的资产，建议地方政府自行探索完善配套的资产管理办法，明确具体的资产移交、折股量化办法，由集体成员共同分享改革成果。

第二十八章 广东省惠州市惠城区农村集体产权制度改革和集体经济发展调研报告①

2019 年 12 月 23~24 日，中国人民大学农业与农村发展学院调研组对广东省惠州市惠城区农村集体产权制度改革和集体经济发展进行了调研。调研组与区委、区政府及区农水局等有关部门就"农村集体产权制度改革"进行了座谈，实地走访了江北街道办事处三新村和水北社区两个集体经济组织（见表 28-1），与当地村社干部、村民代表进行了深入访谈，收集了惠城区农村集体产权制度改革及集体经济建设相关的制度安排、政策汇编及总结材料，完成了一手资料的搜集。

表 28-1　惠州市惠城区农村集体产权制度改革及集体经济发展调研活动汇总

序号	时间	活动	内容
1	2019 年 12 月 23 日下午	江北街道办事处三新村调研	改革进展及集体经济发展情况
2		江北街道办事处水北社区调研	
3	2019 年 12 月 24 日上午	与区委、区政府及区农水局等相关部门负责人进行了座谈	改革进展及集体经济发展情况

一、农村集体产权制度改革的实施和进展

（一）改革工作的组织实施

惠州市惠城区农村集体产权制度改革，坚持家庭承包经营基础性地位，明晰农村集体产权归属，依法保障集体经济组织成员的合法权益，稳步推进集体经营性资产改革。

1. 改革工作的指导思想与改革思路

惠城区农村集体产权制度改革严格遵从指导思想，认真坚持基本原则，自上到下建立了清晰的操作流程，明确了各部门职责分工，凝聚各方力量共同实现改革目标。

惠城区改革的指导思想是在认真贯彻落实中共中央、国务院关于农村集体产权

---

① 执笔人：纪元。

制度改革重大决策和省、市工作部署的基础上，明晰农村集体产权归属、推进集体经营性资产改革、维护农村集体经济组织成员权利，创新市场化背景下的集体经济运行机制，通过股份合作等多种形式增加农民财产性收入、发展壮大集体经济。

惠城区改革坚持民主决策、公开透明的基本原则。改革过程中尊重客观历史和农民意愿，通过召开社员（代表）会议把选择权交给农民、实现民主决策，保障农民的知情权、参与权、表达权、监督权，真正让农民成为改革的参与者和受益者。惠城区改革坚持依法依规、因地制宜的基本原则。在操作过程中坚持农民集体所有不动摇，防止集体资产流失；坚持保障农民权利，防止少数人控制和外部资本侵占；坚持因地制宜，根据不同的集体经济发展背景和规模差异，通过民主协商决策实现"一村一策"。惠城区坚持规范操作、稳步推进的基本原则。在执行过程中严格遵循有关法律、法规和政策规定，认真落实各项方针政策；先易后难，逐步推广成熟经验；鼓励各村探索和实践，注重防范风险和化解矛盾，确保农村基层的稳定。

在严格遵循基本原则的前提下，惠城区结合全区农村经济发展水平将改革工作划分为两个阶段：第一阶段是确定区内改革单位，探索改革路径。在城乡快速融合的过程中，江北街道三新村及其下属10个村民小组积累了雄厚的村集体资产，早在2003年就顺应民意开始了股改工作，为农村集体产权制度改革奠定了基础。随着世代变迁、人口增减等问题日益凸显，惠城区以三新村作为改革单位，进一步完善清产核资、成员认定、折股量化等相关配套办法和制度，及时反思出现的问题，总结成功经验。第二阶段是整体推进区内改革，推广成功经验。在此基础上，全面开展全区农村集体经济组织资产清产核资、成员身份确认工作，有序推进集体经营性资产股份合作制改革，做好股权配置、建章立制、发放权证等配套工作，实现构建归属清晰、权能完整、流转顺畅、保护严格的农村集体产权制度的改革目标。

惠城区改革思路清晰明确，体现在工作内容与改革目标的统一，具体包括成立领导机构、制定工作方案、开展清产核资、界定成员资格、折股量化资源资产、配置及管理股权等方面。根据改革基本原则，惠城区在工作过程中具体问题具体分析，因地制宜地推行不同的集体产权制度改革模式，注重发挥农村集体经济组织的功能和作用，切实保障农村集体经济组织合法权益，加强监管农村集体资产财务收支，规范引导农村产权流转和交易。

可以看出，惠城区改革定位精确、改革思路清晰，改革内容涵盖了农村集体产权管理制度建设与农村集体经济发展机制完善，注重实现民主、公开和公平，切实保障农村集体经济组织成员的合法权益，借农村集体产权制度改革之力为集体经济发展增添活力，也促进了基层群众自治水平的提升。

2. 改革工作的组织领导与运行管理

第一，强化组织领导。惠城区于2018年7月成立了专门的农村集体产权制度改革工作领导小组，以区委书记为组长，区委副书记、区长为常务副组长，分管副区长为副组长，明确了农业、财政、自然资源、组织部、宣传部等相关部门职责分工，各成员单位各司其职,密切配合;领导小组办公室设在区农业农村水利局,由局长任办公室主任。领导小组主要负责组织领导和统筹协调农村集体产权制度改革工作,研究制定全区稳步推进农村集体产权制度改革的工作机制和政策措施。镇(街道)级层面作为农村集体产权制度改革的责任主体和实施主体,成立了以党委书记担任组长的农村集体产权制度改革领导小组,并明确专人指导村级改革工作。村(组)级层面则成立以党总支书记为组长,"两委"干部和村务监督委员会为副组长及成员的农村集体产权制度改革工作小组。各级小组充分发挥自身作用,认真落实各项方针政策。在改革开始阶段,区委、区政府于 2018 年 7 月 27 日召开了全区集体产权制度改革动员会,组织各镇、街道及 144 个村(社区)主任参加会议学习;在改革推进阶段,区委、区政府主要领导及分管领导时刻把握进度、及时组织协调解决问题;在改革攻坚收尾阶段,区委、区政府于 2019 年 11 月召开了全区农村集体产权制度改革攻坚收尾工作推进视频会议,明确要求全区按时间节点完成农村集体产权制度改革工作。

第二,完善制度设计。2018 年 9 月 5 日,区农业局制定并印发了《惠城区开展农村集体资产清产核资工作实施方案》(惠城农字〔2018〕82 号),明确了清产核资的对象和范围,为后续改革工作奠定基础。2018 年 12 月,惠城区委员会办公室印发了《惠城区农村集体产权制度改革工作实施方案》(惠城办通〔2018〕200 号),稳步推进农村集体产权制度改革,明确了工作的指导思想、基本原则、目标任务、工作内容、方法步骤和保障措施。后续配套印发了《关于进一步做好农村集体资产监管工作的有关意见》和《镇(街道)农村集体资产管理制度(参考样板)》,指导各镇(街道)、村、村小组结合实际制定出集体经济组织的"农村集体资产管理制度",建立健全农村"三资"监管制度,进一步规范了农村集体资产管理和处置,避免集体资产流失,损害农民群众利益。此外,陆续印发了《惠城区农村集体经济组织成员身份界定指导意见》(惠城农产权办〔2019〕3 号)、《惠城区农村集体经济组织股权管理试行办法(草案)》(惠城农改字〔2019〕1 号)、《惠城区＿＿＿＿＿＿镇(街道)＿＿＿＿＿＿股份经济联合社(股份经济合作社)章程(样本)》(惠城农改字〔2019〕2 号)、《惠城区开展扶持村级集体经济 壮大村级集体经济的实施方案》(惠城组通〔2019〕53 号)等一系列文件,积极推进了农村集体产权制度改革,指导各镇(街道)、村(组)开展成员身份确认、股份量化、章程制定等工作,为发展壮大村级集体经济指明了方向。

第三,加强督促指导。一是建立了业务指导制度。惠城区农业农村水利局安排了 3 名专职工作人员、各镇(街道)指定了 2 名工作人员、各村各小组安排了 1 名村干部成立了业务指导员团队,具体负责清产核资、成员确认、资产资源量化、股权管理、建章立制、登记赋码等工作。建立业务指导员工作群,加强业务学习和培训,促进指导员间的学习交流。二是建立了工作督导制度。由惠城区农业农村水利局牵头,建立了产权制度改革工作半月例会和周报制度,了解各镇(街道)农村集体产权制度改革工作进展情况及存在问题，及时协调解决问题。同时，还成立了3个工作督导组，负责各镇（街道）、村（组）产权改革业务的督导工作。

第四，加大宣传培训。惠城区统一编印政策宣传资料，利用公开信、横幅、标语、小册子、海报等多种形式，加强产权制度改革工作政策宣传和思想引导，提高农民群众对产权制度改革工作的认识。面向广大群众印制发放宣传海报、《广东省农村集体产权制度改革问题解答 150 问》、动漫宣传折页（见图 28-1）等资料近 5000份，通俗易懂地解释了农村集体产权制度改革工作内容，凸显改革的必要性和重要性。此外，还印发了《给全区各镇街书记镇长（主任）的一封信》和《致全区农民朋友的一封信》等宣传资料，充分调动广大干部群众参与的积极性、主动性，为推动工作顺利进行营造了良好的氛围。面向各镇（街道）、村（组）人员，通过邀请专家授课、组织现场会等形式共开展了 100 多场农村集体资产清产核资和产权制度改革工作培训会，使镇（街道）、村（组）干部及农民群众深入地了解到改革的工作原则及方法步骤。

图 28-1　惠城区农村集体产权制度改革宣传折页

（二）改革工作的具体开展

惠城区辖区总面积 1157 平方千米，下辖芦洲、横沥、汝湖、马安、三栋 5 个镇和江北、江南、桥东、桥西、河南岸、龙丰、小金口、水口 8 个街道办。2018 年末，全区常住人口 121.3 万人，户籍人口 97.91 万人，其中乡村人口占比 20.55%。全区农村集体资产产权制度改革覆盖了 5 个镇和 8 个街道办，涉及 144 个经济联合社、1240 个经济合作社、5.77 万户农户，共计 26.2 万人。

1. 全面开展农村集体资产清产核资

开展农村集体资产清产核资是顺利推进农村集体产权制度改革的基础和前提。根据国家部委、广东省厅的要求，为明晰农村集体产权归属、维护农村集体经济组织成员权利，惠城区制定了详细的农村集体资产清产核资工作实施方案。

在执行过程中，惠城区严格按照程序步骤扎实开展清产核资工作。一是清查核实。在2015年完成的清产核资工作成果的基础上，以农村集体经济组织为单位全面清查核实集体各类资产，将集体资产按照资源性、经营性、非经营性分类登记填写《农村集体资产清产核资报表》，其中资源性资产清查与土地、林地、草原等不动产登记、自然资源确权登记工作相衔接。重点清查核实未承包到户的资源性资产和集体统一经营的经营性资产以及现金、债权债务等，查实存量、价值和使用情况，做到账证相符和账实相符。二是公示确认。所有清产核资结果均在村、组公开栏内进行三榜公示，每榜不少于五天，接受群众监督，认真调查核实群众反映的问题，及时纠正错误。三是建立台账。收集清产核资的第一手资料，村、组的清查核实报表、镇（街道）的汇总表、每榜公示照片等材料建立档案，按照资产类别建立台账。四是数据录入上报。各镇（街道）将公示确认后的清产核资报表录入"广东省农村集体三资管理服务平台"，逐层上报、逐层校验核对。五是完善资产管理制度。各镇（街道）以清查结果为依据，建立健全集体资产登记、保管、使用、处置等制度，完善年度资产清查制度和定期报告制度，及时记录增减变动情况。

根据不同集体资产的形成过程和历史沿革，为了有利于基层管理、维护农村社会稳定，清产核资工作实施方案中明确规定政府拨款、减免税费等形成的资产所有权属于农村集体经济组织成员集体。在《惠城区农村集体产权制度改革工作实施方案》（惠城办通〔2018〕200号）中还进一步明确了不良资产及债务核销处置办法，对于长期借出或者未按规定手续租赁转让的，要清理收回或者补办手续。

目前，惠城区13个镇（街道）1384个农村集体经济组织已经全面完成农村集体资产清产核资。经清产核资汇总，全区农村集体资产总额45.94亿元，其中村级集体资产22.6亿元，小组集体资产23.34亿元；集体资产总额中，经营性资产7.9亿元。集体土地132.87万亩，其中农用地81.68万亩。清产核资结果已全部录入广东省农村"三资"管理平台。

2. 全面确认农村集体经济组织成员身份

农村集体经济组织成员身份的界定是农村集体产权制度改革过程中最重要也是最困难的内容，要兼顾各类成员群体的利益，既要得到多数人认可，又要防止侵犯妇女等少数人合法权益。2019年5月，惠城区农村集体产权制度改革工作领导小组办公室印发了《惠城区农村集体经济组织成员身份界定指导意见》（惠城农产权办〔2019〕3号），总体工作思路是根据《广东省农村集体经济组织管理规定》的要求，遵循"依法依规、尊重历史、兼顾现实、程序规范、群众认可"的原则，统筹考虑户籍关系、农村土地承包关系、对集体积累的贡献等因素，协调平衡各方利益。各镇（街）、村（组）在此基础上结合实际制定了科学合理的确认农村集体经济组织成员身份的办法。对于法律、法规和有关政策文件没有明确规定的，则按照组织章程规定，社委会或者理事会审查和成员大会表决确认成员身份，并建立起集体经济组织成员登记备案制度。

截止到 2019 年 12 月 24 日，惠城区 93.8%的单位已经完成集体经济成员确认工作，其中村级完成率为 88.9%，小组完成率为 94.4%。

从调研情况来看，江北街道的三新村和水北社区的认定方式属于界定时间节点，在此之前户籍在村均可被认定为集体成员，"外嫁女"等特殊人群一视同仁。

如江北街道的三新村，2003 年就开展了股改工作，在 10 年固化期内成员及股份实行"生不增，死不减"。但人口的流动、家庭成员的增减在此期间也导致了较多的矛盾，因此在到期后进行了改革，修订了成员身份资格认定章程，重新颁布了《三新村股份经济合作联社股民资格及股权配置规定》（2014 年 11 月 13 日经股民户代表会表决通过）。此次修订对股民资格进行重新确认，对于在 2003 年登记在册以及 2010 年按《广东省农村集体经济组织管理规定》补充登记在册的股民，且户籍一直保留当地的股民，原享有 100%或 50%的分红权保持不变。对于 2003 年登记在册以及 2010 年按《广东省农村集体经济组织管理规定》补充登记在册而户籍不在本村的股民，如果 2014 年 12 月 31 日前迁回，则保留股民资格，享有 50%的股份分红权；2015 年 1 月 1 日以后迁回的则不再具有股民资格和分红权。三新村将以户口簿入户登记的日期为准，依照人口每年增减实行动态管理，在上一年认定的成员分享本年度分红。其成员身份界定特色之处，一是对于已享有股民资格但在应征入伍、读书期间变动户籍的村民，仍然具有股民资格并享有分红。该成员结婚、入伍被提拔后的情况也额外做出了具体规定。二是对于嫁入本村、确认股民资格后离婚或丧偶的女方，如果户籍保留本村则继续具有股民资格和分红权。而一旦日后与本村以外的男方结婚，则不论其户口保留或迁出，自办理结婚登记之日起，取消其股民资格和分红权。这一特殊规定既兼顾了妇女权益的保护，也防止集体资产被外人侵占。

而江北街道办事处水北社区在广泛征求村民意见的基础上，于 2018 年 12 月 20 日召开原村民代表大会确定根据 2008 年股份分配方案及股份制章程以"生不增，死不减"的模式执行。以 2007 年 1 月 10 日为基准日，户籍在水北的享受原集体分配的村民及其合法生育的子女均可配股，对于"外嫁女"及其子女也均按规定实行配股，极大地化解了社会矛盾，促进了社区的稳定和谐，保障了妇女权益。

3. 推进经营性资产股份合作制改革

惠城区积极探索农村集体产权制度改革模式，主要包括两种：一种是土地股份合作制改革模式，对于土地撂荒较多、劳动人口流失严重的村（组），在稳定承包权的前提下激活经营权，由经济合作社组织对承包地统一规划、统一管理、统一转包或出租；另一种是经营性资产股份合作制改革模式，将农村集体经营性资产以股份或者份额形式量化到本集体成员，作为其参加集体收益分配基本依据，发展多种形式的股份合作制。后者主要在有经营性资产的村（组），特别是城中村、城郊村以及经济发达村开展。

惠城区出台了《惠城区农村集体经济组织股权管理试行办法（草案）》（惠城农改字〔2019〕1号）指导各镇（街道）规范农村集体经济组织股权管理，建议股权设置以成员股为主，设置集体股及具体的股权量化、股份配置及管理等内容经集体经济组织成员（代表）大会民主讨论决定，逐步实现"资源变资产、资金变股金、农民变股民"。

从调研情况来看，各村（组）均成立了股份经济联合社（股份经济合作社），制定了详细的章程，设立了理事会（社委会）、监事会等执行与监督机构，建立了集体资产股权登记制度，以人为基数、以户为单位向集体经济组织成员发放了股权证书。

2003年，三新村成立了三新村股份经济合作联社，2018年顺应改革变更名称为三新股份合作经济联合社，其股东包括三新股份合作经济联合社（村级）及10个股份合作经济合作社（小组级），各小组只设置人口股，并对股份实行动态管理。截至2007年，股份合作联社清产核资后的净资产总值1亿元，其中村本部占62%，各股东合占38%。股份合作经济联合社的利润实行两次分配，第一次由股份合作联社将全年所得的利润向全体股东（即村小组合作社及村级联合社）分配，再由各股东分配到股民；在股份合作联社完成股东分配后，三新村村级投资的股金分配所得的利润提留15%作为三新村委会日常工作经费，其余向全体股民进行第二次分配。2017年村级股份社资产为2.1亿元，村级股份社净收入为661.75万元，年底股份分红493.65万元，人均获得分红7940元。10个村小组级资产总共1.5亿元，经营收入共1596.59万元。2017年村组经营总收入2332.84万元。

如水北社区，1990年由于江北新城区开发建设，其耕地全部被征用，较早地完成了撤村建居工作。随着集体经济实力的不断增强、集体收益的稳步提升，2005年，为解决股份分配等历史遗留问题，水北社区居委会成立了股份制工作领导小组。2008年水北社区成立了水北股份合作经济联合社，当年村民实现按股分配，由农村经济过渡到股份制经济管理体制，完成了股份制改革。水北社区股份有集体股和个人股，其中集体股为40%，用于集体经济可持续发展；个人股为60%，直接分红到个人，具体来讲，1990年前享受集体分配的村民每人5股，1990年1月1日至1999年12月31日户口在村的村民每人3股，2000年1月1日至配股界定日户口在村的村民每人2股，据此户籍迁入时间界限，共划定了10股、5股、2股三类不同的股份份额对村民进行分配。股份自2007年分配后固化，实行"生不增，死不减，进不增，出不减"原则。此外，水北社区将敬老与股份分红挂钩，一旦儿女不赡养老人，子女将不再享有老人的股份继承权。2018年股份社资产为7.1亿元，经营净收入为2659万元，年终提留350万元用作股份社的公益公积金，用于股份分红1468万元，人均获得分红5206元；商铺经营收益分配775万元，人均分配额2120元。

4. 赋予农民集体资产股份权能

《惠城区农村集体经济组织股权管理试行办法（草案）》中第三章指导农村集体经济组织建立健全集体资产收益分配制度，第四章和第五章分别明确了股权收益、股权有偿退出及转让和股权继承程序。规定股权有偿退出须由本人提出申请，经股东户主代表会议讨论通过，由集体经济组织按上年度末审计的账面净资产计退。个人股一般不得自行转让，确需转让的，由集体经济组织回购或转让给本集体经济组织其他成员，且集体经济组织具有优先回购权。另明确规定了股权转让的受让人总持股额不得超过受让时本集体经济组织成员平均持股额的 5 倍。就股权的继承而言，继承人应为集体经济组织内部成员，否则，被继承人所持股权原则上由本集体经济组织回购或转让给集体经济组织其他成员。

从调研情况来看，2018 年惠城区共 156 个村（组）实现了集体资产收益分红。各村（组）均以户为单位发放了股权证书，作为成员占有集体资产股权、参与管理决策、享有收益分配的有效凭证。根据实际情况各村（组）均制定了股权管理实施细则，其中水北社区明确规定个人股不能兑现、转让、赠与及抵押，但可以继承，且继承人必须是股权人的家庭成员或股权人户口在水北的直系亲属。

二、农村集体经济的巩固和发展

在前期推进农村集体产权制度改革的过程中，惠城区 90% 以上的单位已经顺利完成了清产核资、成员身份确认、经营性资产股改等工作，为更好地盘活利用集体资产、发展壮大集体经济扫平了障碍、奠定了基础。为发展壮大村级集体经济，有序推进乡村振兴，惠城区印发了《关于做好扶持村级集体经济壮大村级集体经济的通知》（惠市组传〔2019〕42 号）及《惠城区开展扶持村级集体经济　壮大村级集体经济的实施方案》（惠城组通〔2019〕53 号），因地制宜地发展壮大村级集体经济，集中力量打造一批产业路径明晰、发展前景良好、收入来源稳定、监管机制健全、经济实力较强的集体经济示范村，充分发挥辐射带动作用，目标是到 2023 年基本消除"空壳村"、薄弱村。

（一）多种形式发展村集体经济

根据惠城区出台的《惠城区开展扶持村级集体经济　壮大村级集体经济的实施方案》，中央和省、市三级财政将每年扶持一批行政村，每村支持 50 万元（其中中央财政补助 30 万元，省财政补助 15 万元，市财政补助 5 万元），补助资金将优先用于基础设施建设，尤其是统一部署的道路建设、农田水利工程和生态环境保护等重大项目。惠城区 2019 年所选定的 8 个村分别是小金口街道白石村、水口街道万卢村、三栋镇鹿颈村、上洞村、汝湖镇东亚村、马安镇马安村、新群村以及横沥镇翟村，对符合扶持政策的发展项目按照相关规定给予适当倾斜，大力支持 8 个村发展壮大村级集体经济。

以获取长效稳定收益为主要目标，结合各村自身优势，惠城区探索形成了三类发展村集体经济的模式：

一是盘活资源资产的"资产经营型"，村集体经济组织通过依法改造、发包租赁、入股联营等方式盘活闲置或低效资产（如厂房、校舍等），与企业合作的同时积极引导农民土地经营权的流转。此类型的村有：小金口街道白石村、汝湖镇东亚村、马安镇马安村。

以东亚村为例，其地理位置极为优越，地处汝湖镇政府附近，紧邻惠民大道，广惠高速公路汝湖出口也位于东亚村过沥小组内。东亚村下辖 8 个村民小组的土地资源已全部分配至全体村民手上，村、组集体无可用土地资源。东亚村现有集体资产包括：一栋 3000 平方米的厂房，每年租金约为 20 万元；四个商业档口，每年租金合计 3.5 万元；山林 150 亩，每年租金 7000 元，村级集体经济年收入总计约为 24 万元。由于目前汝湖镇及周边农贸市场比较缺乏，且农产品质量不高，因此东亚村村集体计划凭借良好的交通优势和优越的地理位置发展农贸市场业和高质量果蔬业，拟在张屋、深水、水苑三个村民小组整合约 32 万平方米土地建设商业档口，通过交易平台招标与企业实行股份制合作经营。

二是依托特色产业的"产业带动型"，在区域性主导产业规划的基础上，村集体经济组织通过利用集体土地、水面等自然资源优势发展高效生态农业、设施农业、特色农业；结合当地农业产业、自然风光、民俗风情、农耕文化等特色发展乡村休闲旅游业；推行"企业+合作社+农户"运营模式发展农村电商经济。此类型的村有：水口街道万卢村、三栋镇鹿颈村、上洞村、横沥镇翟村。

以位于水口街道中部的万卢村为例，原名东方红，民风淳朴，是一个具有悠久历史的革命老区，曾获评广东省生态示范村、广东省宜居村庄，并积极参与创建国家级生态示范村、名镇名村示范村等，现村集体经济以菜场管理、肉档出租为主，年收入 10 万元左右。万卢村总面积 4.5 平方千米，地势平整，水源丰富，土质肥沃，农业用地共 1800 多亩，其中凯联菜场承包 400 多亩种植蔬菜、玉米等农作物，另有散户承包 200 多亩用于种植淮山。2018 年，万卢村与海纳农业公司合作，将 750 多亩土地用于发展旅游观光农业。接下来，万卢村将充分利用紧邻东江河畔的有利观光条件，推广沿江绿道骑行、徒步等活动，并结合当地的历史文化底蕴开发古建筑物游览项目。同时，继续坚持发展旅游观光农业，展现社会主义新农村建设成果，带动村集体对外出租商铺、投资民宿业和餐饮业，增加村集体收益和村民分红。

三是实行抱团发展的"房产开发型"，对于城郊村、主干道沿线村等区位优势明显的村，通过"村企合作"的模式进行房地产开发，建设商业市场、沿街商铺发展物业经济，通过对外租赁房产实现集体资产的保值增值。此类型的村有：马安镇新群村。

新群村建于清朝乾隆年间（1795 年），位于马安镇西北部，东至惠州机场 8 千米，西去惠州市区 8 千米，南往澳头深水巷 50 千米，境内及周边道路网络发达，交通十分便利。全村辖区总面积 7.2 平方千米，其中林地约 3000 亩，耕地约 2850 亩，鱼塘约 250 亩。集体经济收入主要来源于收取鱼塘、土地发包租金，年收入约 27 万元。为进一步增加集体收入，新群村整合了村内可用土地资源，将 4600 平方米闲置土地于 2019 年 10 月出租，年租金 17 万元左右。新群村可用土地资源丰富，其中一块 15 万平方米的村集体回拨留用地由于之前一直缺乏合适的新农村建设项目而被闲置，最近计划通过招商引资，采用"村企合作"的模式进行房地产开发，预计将大幅增加村集体经济收入。

从调研情况来看，2018 年惠城区 463 个村（组）集体收入在 5 万元以上，其中 173 个村（组）达到了 50 万元。走访的三新村通过利用征地后未下分到村民的政府回拨地和征地款建设了三新工业区，成为如今集体收入的最主要来源。水北社区居委会则早在 2005 年借"城中村"改造这一契机，积极转变发展理念，探索市场规律，通过统筹利用征地资金先后开发了江北丽日购物广场、江景商务酒店、水北农贸市场、粤东国际家具博览中心、亿嘉国际大酒店、玉州大酒店、三栋数码园和水北工业园区等项目，基本实现了工、商、贸并举的经济格局，为水北集体经济实现大跨越、大发展奠定了坚实的基础。

（二）发挥农村集体经济组织功能作用

农村集体经济组织是集体资产管理的主体，是特殊的经济组织，现阶段可以称为经济合作社，也可以称为股份经济合作社。农村集体经济组织在同级组织领导下，接受各级政府、村委会的监督，依法享有独立进行经济活动的自主权，决定经营管理的重大事项，实行民主管理。

截止到 2019 年 12 月 20 日，惠城区共 1298 个单位完成了产权制度改革，其中 128 个村级单位，1170 个组级单位。据统计，35 个单位在农业农村部门完成了登记赋码。惠城区向各农村集体经济组织发放了组织登记证明书，农村集体经济组织可据此办理银行开户等相关手续。惠城区还制定了农村集体经济组织示范章程，即《惠城区_____镇（街道）_____股份经济联合社（股份经济合作社）章程（样本）》（惠城农改字〔2019〕2 号）供各镇（街道）、村（组）参考，以切实发挥好农村集体组织在管理集体资产、开发集体资源、发展集体经济、服务集体成员、协调利益纠纷等方面的功能作用。

三新村制定了详细的村民自治章程，明确了各村民组织的组成、职能、义务及责任，在管理村务和集体资产、维护社会秩序、加强社会保障、完善监督机制等方面都做出了具体规定，从根本上保障了基层自治的有效性，增强了村民的集体意识和集体行动力，调动了村民共同努力发展集体经济的积极性。《三新股份合作经济联合社章程》中还规定股份合作联社的社委会由同届村"两委"成员组成，监事会由村务监督委员会成员兼任，加强统一领导，充分发挥农村集体经济组织功能作用。就水北社区而言，将敬老与股份分红挂钩，这一举措极大地增强了对村民的行为约束力，杜绝了不赡养老人的现象。

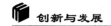

（三）全面加强农村集体资产财务管理

惠城区农村集体资产财务管理工作的重点包括加强农村财会队伍建设、加强农村集体经济组织审计监督、加强对集体财务管理混乱的集体经济组织整顿，出台了《关于进一步做好农村集体资产监管工作的有关意见》和《惠城区农村集体经济组织"三资"监督管理办法（试行）》，起草了《惠城区农村集体资产管理相关制度》作为模板下发到各镇（街道），其中涉及了资产管理制度、资产经营制度、资产清查制度、资产估值制度、固定资产管理制度、资产台账制度、资产承包租赁出让制度、合同管理制度、债权债务管理制度九项制度。各镇（街道）将以清查结果为依据，在模板基础上进一步细化，建立起年度资产清查制度和定期报告制度，及时记录增减变动情况。

在资产管理方面，惠城区各镇（街道）纪检监察、财政、国土、农业等主要部门负责人成立了农村集体资产监管委员会，负责农村集体"三资"监管代理工作的组织协调、日常监督和管理，组织开展对农村集体"三资"监管相关人员的培训等。在资产监管方面，惠城区要求必须由专人负责管理村集体的固定资产、产品物资。村集体资产进行承包、租赁、拍卖、出售转让、兼并、股份经营时，必须通知办事处纪工委、财政所、农业服务中心派人到场监督指导。同时区财政局、国土局、农业局等单位部门，每年至少两次到各镇（街道）进行业务督查。在规范农村产权流转和交易方面，惠城区充分发挥镇（街道）级公共资源交易中心的职能，设立了农村产权流转管理服务窗口，由专人负责产权交易业务受理和办理。结合农村集体产权要素特性、流转范围和交易需要，惠城区还建立了规范的交易规则、集体资产价值估值制度和农村产权交易信用评价体系，推动农村集体产权流转交易公开、公正、规范运行。此外，"三资"监督管理办法中明确规定，农村集体资产财务实行民主监督管理，对农村集体"三资"重大事项实行决策"四议、两公开"制度，即村党支部（党总支）会议提议、"村两委"商议、党员大会审议、村民会议（或者村民代表会议或村民户代表会议），做到决议公开、实施结果公开。村民民主理财由村务监督委员会负责。

在工作过程中各单位密切配合、明确责任，惠城区农业局具体负责农村集体资产的监督指导工作；财政局负责清理核实农村集体资金、完善农村集体财务管理制度，依法对农村集体经济组织资产、财务收支等情况进行定期审计；国土资源分局负责农村集体资源的监督管理和业务指导工作。各镇（街道）对辖区内农村集体"三资"工作负有统一管理监督责任，负责督促、帮助基层组织进一步完善农村集体"三资"台账和资源登记簿，健全合同管理、审查与备案管理制度，组织、协调开展农村集体经济审计工作等具体内容，严格防止集体资产流失。

三、农村集体产权制度改革和集体经济发展成效及经验总结

农村集体产权制度改革对于促进农业发展、带动农民增收和维护农村稳定具有重要的现实意义，为乡村振兴打下了坚实的基础。惠城区严格遵守基本原则、恪守改革底线、尊重农民意愿，稳步推进清产核资等基础工作。在界定好集体资产受益者的基础上，通过整合农村资源要素、积极探索经营性资产股份合作制改革模式，推动了集体经济的壮大和发展，实现了"资源变资产、资产变股权、农民变股东"，取得了"改革见活力、集体见效益、农民见红利"的良好效果。

（一）制度成效

一是厘清了集体资产规模、界定了成员资格，实现产权制度由村民共同共有到村民按份共有的变化；二是量化了资源资产、明晰了股份权属及份额，实现分配制度由单一的按劳分配到按劳分配与按股分红相结合的变化；三是提高了村民集体意识，转变了治理结构，实现了基层事务治理由村民漠不关心到集体参与、群策群力的变化；四是完善了农村集体产权管理制度体系，为农村集体资产登记、经营及管理提供了坚实的制度保障，严密监控防止集体资产流失，保障集体成员的利益。

（二）经济成效

就各村集体而言，一是清产核资、充分挖掘自身资源优势，对以前的不良资产、错账坏账严格按照规定处理，为集体经济发展增添活力；二是因地制宜、结合各村特色产业探索资源资产经营模式，推广改革经验、发挥辐射效应带动农村集体经济发展；三是结构转型、推动村集体经济组织建立起现代企业制度，形成了与市场经济接轨的运行机制和管理体制，参与市场的能力和水平不断提升。对村民而言，重点则是通过股份分红带来了源源不断的收入，基本建立起了长效增收机制。如水北社区，随着集体经济的快速发展，村民的股份分红逐年递增，由2007年每股分红250元到2018年每股分红770元。股份的社会保障性功能也极大地削弱了村民对于土地的依赖性，提高了村民的土地流转意愿，为集体实现统一经营奠定了基础。

（三）社会成效

一是自治。集体重大事项实行成员（代表）大会表决机制，改变了原有的村干部一手掌控、少数人做主、集体资产个人支配的状况，加强了村民对集体事务的关注和管理程度，真正地实现了基层自治。此外，农民在集体经济组织中的资产产权得以明晰，参与管理的积极性和创造性也得到充分调动。二是民主。村集体经济管理章程等的制定由成员（代表）大会民主商议讨论决定，充分尊重民意，注重公开、公平和公正，切实保障每位农民的知情权、参与权、表达权、监督权。三是稳定。通过改革理顺了干群关系、建立了有效治理结构和制度保障、搭建了产权改革与村务管理之间的桥梁，极大地解决了党群、干群矛盾，对于维护基层稳定、实现农村德治和法治的结合具有重要的意义，凸显出改革效果的长远延续性。

（四）经验总结

惠城区农村集体产权制度改革和集体经济发展的思路清晰、程序规范、成效显著，其经验具体包括以下四个方面：

1. 广泛宣传，协调干群共同参与

农村集体产权制度改革是对原有利益格局的重新调整，为了防止个人负面情绪发酵为群体性冲突事件，在改革开始阶段惠城区利用公开信、横幅、小册子、海报等多种形式加强宣传，深入了解群众看法，消除误解的同时提高了农民群众对产权制度改革工作的认识。同时，在开始阶段很多村"两委"干部在思想上出现了怕麻烦、有抵触等畏难情绪，因此改革领导小组成员召开动员会和培训会，积极疏导交流，帮助村干部转变思想、正确认识集体产权制度改革的重要性。

2. 民主决策，实行公开透明管理

商议过程尊重客观历史和农民意愿，保障农民的知情权、参与权、表达权、监督权，凡是涉及农民群众切身利益的问题，都严格履行民主程序，极大地减少了农村基层矛盾和纠纷；集体经济组织成员通过参与决策和管理，增加集体身份认同感的同时也增强了集体凝聚力。

3. 依法依规，因地制宜发挥村组特色

上到区委区政府，下到村小组，各级组织严格遵守有关法律文件和政策规定，认真执行改革政策；根据不同的集体经济历史背景和发展程度差异，赋权基层通过民主商议确定具体的章程和执行办法，减少民众对"一刀切"政策的不满；鼓励各村充分发挥自身优势，结合当地特色的资源条件和风俗文化，形式多样地探索集体经济发展路径。

4. 规范操作，脚踏实地稳步推进改革

惠城区通过自上到下推动、自下到上探索，不断完善制度保障，形成了系统的改革配套措施，并对相关材料做好了整理归档工作；通过自上到下监管、自下到上反馈，不断总结经验、破解难题，防范并及时化解基层风险，确保改革工作的顺利推进。

四、农村集体产权制度改革和集体经济发展创新点

推进农村集体产权制度改革的关键任务是妥善解决现实中农村集体资产产权不明晰、集体经济组织成员资格不清晰、集体资产管理不善等问题。集体产权制度改革是加快新旧动能转换、激发广大农村地区发展潜力的重要制度创新，也是维护农民合法权益、提高农村治理能力的有效途径，更是增强农村集体经济发展活力、带动农民增收致富的重要举措，惠城区的做法具有一定的创新价值。

（一）主要创新点

1. 成员身份认定人性化

惠城区创新的有益经验是通过界定时间节点，在此之前户籍在村均可被认定为集体成员，"外嫁女"等特殊人群一视同仁，极大地化解了社会矛盾，促进了社区的稳定和谐，保障了妇女权益。水北社区以 2007 年 1 月 10 日为基准日，户籍在水北的享受原集体分配的村民及其合法生育的子女均可配股，对于"外嫁女"及其子女也

均按规定实行配股。三新村还设置了缓冲期，对于之前属于村集体成员但是户口已经迁出的村民，如果在缓冲期内迁回则可以继续保留股民资格，并享有50%的股份分红权。

2. 股份管理形式特色化

惠城区层面负责出台股份管理指导意见，具体股权量化、股份配置及管理等内容尊重农民意愿，通过集体经济组织成员（代表）大会民主讨论决定，出现了诸多各具特色、契合民情的创新成果，充分体现了集体智慧。

水北社区由于已经完全撤村建居，很难根据户籍界定成员身份，因此只能按年限设置积累股后固化，允许股权的继承并对亲属范围做出了明确规定。1990年前享受集体分配的村民每人5股，1999年12月31日迁入户口的村民每人3股，2000年1月1日至配股界定日迁入户口的村民每人2股，个人最多可以享受10股，按照"生不增，死不减；进不增，出不减"原则管理。而三新村则根据民意，依照人口随年增减实行动态管理，上一年认定的成员分享本年度分红。各村（组）股权设置大多与基层治理相结合，推动了良好的乡村民风建设。

3. 集体经济发展路径多样化

惠城区制定了《惠城区开展扶持村级集体经济　壮大村级集体经济的实施方案》（惠城组通〔2019〕53号），对每个纳入市级扶持村级集体经济改革工作范围的村支持50万元，制定了详细措施指导各村开展工作，在总结经验的基础上，充分发挥辐射带动作用。

惠城区将当地农村集体经济的发展模式划分为三个类型，即资源资产经营型、特色产业带动型和房产开发型，各村基于自身优势积极融入市场，实现集体资产保值增值。如江北街道水北社区，区位条件优越，通过统筹利用征地资金开发了多个商铺、楼盘和工业区，引入现代企业管理模式，基本实现了工、商、贸并举的经济格局，为集体经济发展奠定了坚实的基础。再如惠城区水口街道的万卢村，是市级扶持村级集体经济先行改革村，凭借紧邻东江河畔的有利观光条件和当地历史文物建筑，引入社会资金开发旅游观光农业是增加村集体收益的重要方式。

此外，一些村（组）集体经济实力较为雄厚与村干部眼光长远的制度设计密切相关。在城镇化快速发展、征地现象普遍的20世纪末至21世纪初，很多村干部为了防止村民出现好吃懒做、好逸恶劳的恶习，选择将征地款不下发或不全部下发到村民，并以集体资产的形式建设了厂房和商铺，这一举措强化了成员的长期发展意识，也为今天的繁荣奠定了基础。

（二）创新内容的适用条件

惠城区通过改革明晰了农村集体资产的归属，理顺了农村基层组织运行机制，维护了农民合法权益，带动了农民增收。其成功的原因：一是惠城区处于高度城镇化地区，具有一定的集体经济基础，村委会（居委会）政治引领和服务功能较强；二是随着经济发展很多村（组）积累了规模庞大的集体资产，早在本次改革之前现实形势就已经倒逼很多村（组）开展股份化经营，因此村民对于集体产权制度改革的接受程度较高；三是各村（组）将民主原则落到实处，在不违反法律法规的前提下充分保障村民自主决策权，通过集体智慧和基层经验解决现实问题。因而，从适用条件来看，具备一定经济基础和组织管理能力的集体都可以参照惠城区的改革经验，具体的股权管理是固化或动态则需要根据实际确定。经济发展仍属于起步阶段，城镇化进程缓慢的地区不适于采用这种模式。

（三）创新成果的推广建议

推广惠城区的农村集体产权制度改革和集体经济发展的有益创新成果应确保落实以下几点：

明确思路。农村产权制度改革的主要目标是，通过对村集体所有的各类资产进行全面清产核资，健全台账管理制度，逐步构建归属清晰、权能完整、流转顺畅、保护严格的农村集体产权制度。因此应瞄准目标，创新形式，把实现好、维护好、发展好广大农民的根本利益作为改革的出发点和落脚点，确保改革由易到难、稳妥有序推进。在推进改革时要因地制宜、分类指导，杜绝"一刀切"。

坚持民主。农民既是改革的受益者，也是推进改革的主体，因此政府负责引导、规范改革路径的同时要把选择权交给农民，充分保障农民的参与权、表达权、监督权、决策权和知情权，充分调动农民参与集体事务管理的积极性。

加强保障。从清产核资到成员界定，到改革工作的实施，再到集体资产管理、股份量化、合作社章程制定，最后到集体经济的发展，都要出台相应的指导方案和意见，指派专业队伍负责执行和监管，为顺利推进各项工作提供坚实的制度保障。

规范操作。顺利完成农村集体产权制度改革和有效发展集体经济涉及的内容繁多，包括清产核资、成员确认、股权配置、资产管理和运营等多个环节，因此整个过程中每项操作都必须充分履行规定，对相关资料及时登记和归纳，确保改革经得住历史的检验。

五、现存问题及对策建议

惠城区农村集体产权制度改革和集体经济发展取得了显著的成效，但是在调研过程中还了解到，在农村地区仍有一些"拦路虎"阻碍着改革红利的释放，建立完善的村级集体经济发展长效机制道阻且长。

（一）历史遗留问题复杂

农村集体产权制度改革的工作主要在村组一级，有的村组历史遗留问题较多，例如"外嫁女"、外迁户、征地拆迁、分红等，导致成员身份确认困难。有的镇（街道）、村（组）干部对政策把握不准，遇到问题矛盾搁置处理或绕着走，影响和阻碍了产权制度改革工作进程。

（二）村民会议组织困难

农村集体产权制度改革过程中许多环节都需要召开村民（代表）大会商议表决，

但由于很多村（组）大部分村民外出务工，导致召开集体会议困难。此外，由于开会流程不规范，村民往往各抒己见，拖延了大量时间且难以形成统一意见，严重影响产权制度改革工作进展。

（三）制度结构与运行机制不成熟

随着城镇化的快速发展，人口流动愈发频繁，尤其是在村改居的社区有很多非原始村民大量涌入。但是，很多集体经济组织的党支部、居委会和经济联合社三者之间的制度结构设计与机制运行尚未成熟，社区大多长期实行政经合一管理，且由于股份经济联社仅能保障原村民的利益，导致非原村民无法深度参与社区的公共生活，各项社区权利也无法得到有效保障。

（四）集体经济税收负担重

农村集体经济组织改制为股份经济合作社需要承担较高的税费负担，在一定程度上抑制了村干部和农民推行产权制度改革的积极性，各种税赋和公益开支常常是造成集体经济组织资金短缺的根源，制约着集体经济的发展。根据目前的税收政策，以经营性资产出租为例，农村集体经济组织改制后需要承担的税费除了分红时的个人所得税之外，还需要缴纳营业税、企业所得税、房产税、土地使用税、教育费附加税、地方教育税等 7 种税费，综合税率达 36%。税负重的现象，已经在惠城区水北社区明显地体现出来。2018 年水北社区集体经济分红 2243 万元，共缴纳了 1148 万元的税费。

（五）基层专业人才匮乏

农业基层工作条件艰苦，薪酬普遍不高，也缺乏对专业人才的培养机制，很难吸引人才、更难留住人才。基层部门的工作任务繁重，但缺少人员编制、业务水平参差不齐，因此急需建立一支熟悉业务、人员力量充足的基层农业队伍。在村里往往是一群受教育水平较低的中年人管理着数额庞大的资产，他们市场意识较弱、发展思路守旧、很难应对快速变化的经济形势，相应地集体经济也极为缺乏市场竞争力。

（六）权能实现制度缺位

从权能完整的角度来讲，农民获得的集体资产股权，应该包括占有、收益、抵押、担保、转让、继承六项权能。在出台的《惠城区农村集体经济组织股权管理试行办法（草案）》中，大致规定了股份的占有权、收益权、有偿退出和转让权、继承权的管理。从惠城区调研情况来看，水北社区实行"生不增，死不减"的静态管理，明确了股份的继承权，但并不允许转让、赠与和抵押。而三新村随人口增减每年调整配股，实行动态管理，对股份的权能并没有做出具体界定。如何将权能有效实现是现阶段改革所面临的非常重要的问题，近年来，各地也展开了积极探索，目前惠城区缺乏对转让和抵押权的关注，可能未来将会在发展中遇到一系列现实问题。

在下一步工作中，惠城区将加快推进产权制度改革攻坚收尾，实行区领导包镇、街道，镇、街道领导包村包组，集中人员力量，采取有力措施，确保依时保质完成各项工作。但改革之事并非一朝一夕，为了得到长久的改革红利，还有很多配套工作需要完成，建议惠城区未来深化改革的重点应该包括以下几个方面：

一是加强基层人才队伍建设。通过吸纳人手、开展培训建立起一支熟悉业务、人员力量充足的专业农经队伍，保障农业农村各项工作有效推进。在村集体层面，通过聘请专业的经营管理团队负责运营规模庞大的集体资产、推进市场化运作，运用多样化的金融工具实现集体资产的保值增值。

二是慎重开展集体资产股份抵押权、担保权、转让权改革。为进一步完善集体资产股份权能改革、实现权能完整，在借鉴已有成功经验的基础上，在经营性资产雄厚的村（组）慎重开展集体资产股份抵押权、担保权、转让权改革，制定完善的制度规定并配以严密的监管措施。

三是完善村（组）制度结构和运行机制。协调党支部（党组织）、居委会（自治组织）和经济联合社（集体经济组织）三者之间的制度结构与运行机制，在坚持党组织领导地位的基础上，合理处理社区政治、行政和经济的相互关系，探索政经分离的实现形式。

四是完善配套税收优惠政策。农村集体资产股份改革后，按照现代企业制度运营均面临着税收成本增加等问题。目前绝大多数农村集体经济组织都承担着公共服务职能，因此应给予相应的税收优惠政策以减少集体经济组织的负担，为发展壮大村集体经济创造良好的政策环境。同时各镇（街道）、村（组）对于政府拨款、减免税费等形成的资产要制定明确具体的资产移交、折股量化办法，由集体共同分享改革成果。

第二十九章 广东省惠州市惠阳区 农村集体产权制度改革和集体 经济发展调研报告[①]

2019 年 12 月 24 日，中国人民大学农业与农村发展学院调研组对广东省惠州市惠阳区农村集体产权制度改革和集体经济发展进行了调研。调研组与惠阳区区委政府主管领导以及区、镇街的相关负责人等就农村集体产权制度改革与集体经济发展情况开展了 3 次座谈会；到镇隆镇长龙村和楼下村、秋长街道白石村开展实地调研，考察了 2 个镇（社区）3 个村的改革情况与集体经济发展情况，收集了大量的一手资料。

一、农村集体产权制度改革

围绕深入贯彻党中央、国务院和广东省委、省政府关于稳步推进农村集体产权制度改革的决策部署，建立归属清晰、权能完备、保护严格，符合市场经济要求的现代农业集体产权制度。惠阳区坚持以推进农村集体资产清产核资和产权制度改革为导向，基本完成改革各项任务。集体产权制度改革稳步推进，为集体经济发展注入了强大的活力。

（一）农村集体产权制度改革基本情况

1. 改革工作的定位与改革思路

惠阳区以明晰农村集体产权归属、维护农村集体经济组织成员权利为目的，以推进集体经营性资产改革为重点任务，以发展股份合作等多种形式的合作与联合为导向，建立符合市场经济要求的集体经济运行新机制。因此，惠阳区按照广东省、惠州市的工作部署，严把时间节点，分阶段、按步骤推进全区改革工作。2018 年 11 月底，惠阳区全面完成农村集体资产清产核资工作；2019 年，全面推进全区改革工作，10 月底全区农村集体产权制度改革任务全面完成。为确保农村集体产权制度改革工作的顺利完成，惠阳区将改革任务划分为以下四个阶段：

第一，动员部署阶段（2018 年 6~8 月）。惠阳区、镇（街）、村三级动员部署农村集体产权制度改革工作，制定出台实施方案，建立健全领导机构和工作机制。同时，广泛开展法规政策宣传和业务培训，营造良好改革氛围。

---

① 执笔人：魏广成。

第二，清产核资阶段（2018年9～11月）。以2017年12月31日为清产登记时点，以农村集体经济组织为单位全面开展农村集体资产清产核资和查漏补缺，确保平台数据、书面台账与实际情况三者相符。

第三，股份改革阶段（2019年1～8月）。依据清产核资结果，全面开展成员身份确认、建立健全农村集体经济组织、股权配置、建章立制、发放股权证等工作。

第四，检查验收阶段（2019年9～10月）。惠阳区、镇（街）整理完善本级开展改革工作的文档资料，督促村、组对改革文档资料进行全面整理归档，总结改革经验，形成完整系统的改革成果报告。

2. 改革工作组织领导与运行管理

惠阳区主要通过强化组织领导、落实部门责任、抓好宣传培训、加强督导检查等举措保障农村集体产权制度改革稳步推进。

第一，强化组织领导。惠阳区委、区政府成立由区委主要领导任组长，相关成员单位主要负责人为成员的区改革工作领导小组，领导小组下设办公室，设在区农业局，负责对改革工作进行组织、协调、督查。各镇、街道要充分认识农村集体产权制度改革的重要性，将此项工作作为全面深化农村改革的重要内容，切实摆上重要议事日程，成立由党委书记任组长的领导机构，做到主要领导亲自抓，分管领导具体抓，并明确责任人及按时限完成。

第二，落实部门责任。惠阳区农业局、区委农办负责做好改革涉及的法规政策宣传和业务培训、农村集体经营性资产和非经营性资产清产核资、经营性资产股份合作制改革和相关管理制度建设等工作；惠阳区财政局负责指导农村集体资金清产核资、指导加强农村集体资产财务管理和审计监督、落实改革经费等工作；惠阳区国土资源分局、惠阳区林业局负责指导农村集体资源性资产清产核资和相关管理制度建设等工作；惠阳区委组织部负责做好农村基层党组织建设工作；惠阳区委宣传部负责做好农村集体产权制度改革典型宣传和舆论引导工作；惠阳区信访局负责做好农村集体产权制度改革涉及的各种权益诉求纠纷调解处理等工作；惠阳区司法局负责做好农村集体产权制度改革涉及的法律咨询和解释等工作；惠阳区金融办负责落实各级促进农村集体经济发展的创新金融支持政策等有关工作；惠阳区税务局负责落实文件规定的各种税、费优惠政策；惠阳区档案局负责做好改革涉及的各种文件资料收集、整理、归档和管理工作。惠阳区发改委、民政、水务、海洋与渔业、畜牧、教育、法制、工商、妇联、体育、卫生和计生、文化广电新闻出版、住房和城乡规划建设、公共资源交易中心等有关部门也要按各自职责抓好改革任务落实，加强指导，形成推动合力。

第三，抓好宣传培训。充分发挥宣传媒体的作用，采取广播、电视、宣传小册子、印发宣传海报等多渠道多形式加强改革政策宣传和思想引导，提高农民群众对改革的认识，让广大农民群众关心改革、支持改革、参与改革，充分调动群众参与改革的热情和积极性，营造协同推进改革的良好氛围。结合改革工作需要，分级、分层次对镇街负责人、业务骨干进行培训，造就一支熟悉政策、掌握规程、精通业务、作风过硬的改革工作队伍。

第四，加强督导检查。加强对全区农村集体产权制度改革工作的检查督促和业务指导，掌握改革过程中的新情况、新问题，纠正弄虚作假、侵害集体经济组织及其成员权益等行为。建立情况定期通报制度，对作风不实、措施不当、违背政策引发群体性矛盾纠纷事件的，要严肃追究相关单位和责任人责任，确保惠阳区农村集体产权制度改革工作高效率、高质量完成。

（二）改革主要做法

惠阳区通过成立区、镇、村三级书记为组长的农村集体产权制度改革领导小组，强化对农村集体产权制度改革的领导工作。具体工作方面，惠阳区主要做了全面加强农村集体资产管理、稳步推进农村集体产权制度改革、积极探索农村集体经济有效实现形式三方面的工作。

1. 全面加强农村集体资产管理

第一，开展农村集体资产清产核资和查漏补缺。2017 年 12 月 31 日为资产清查登记时间节点。按照"缺什么、补什么"的要求，以农村集体经济组织为单位，对各类农村集体资产进行清产核资和清理核实，明确资产产权归属，按照资产类别实行台账管理，并将资产数据录入省级农村集体资产监督管理平台。健全完善资产登记、保管、使用、处置等制度，逐步实现农村集体资产管理信息化。

第二，加强农村集体资产监督管理。健全完善各镇、街道一级农村经营管理机构，配备专职工作人员，具体承担农村集体资产监督和管理、农村产权流转交易、农村土地承包及流转纠纷仲裁等管理服务职能。强化农村集体资产审计监督，严格执行责任追究制度。对集体资产管理混乱的村、组进行清理整顿，防止侵占集体资产的行为。

2. 稳步推进农村集体产权制度改革

第一，全面确认农村集体经济组织成员身份。根据《广东省农村集体经济组织管理规定》，按照尊重历史、兼顾现实、程序规范、群众认可的原则，统筹考虑户籍关系、农村土地承包关系、对集体积累贡献等因素，协调平衡各方利益，做好农村集体经济组织成员身份确认工作，解决成员身份边界不清问题。积极探索在群众民主协商基础上确认农村集体经济组织成员身份的程序、范围、方式、标准和办法，建立健全农村集体经济组织成员登记备案机制。成员身份确认既要得到多数人认可，又要防止多数人侵犯少数人合法权益，特别是要坚持男女平等的基本国策，切实保护妇女合法权益。改革完成后，农村集体经济组织成员家庭新增人口，提倡通过分享家庭内拥有的集体资产权益的办法，按章程获得集体资产份额和集体组织成员身份。

第二，合理确定改革模式。在完成清产核资、集体经济组织成员身份确认、成立农村集体经济组织等规定动作基础上，尊重群众意愿，实行灵活多样、分类施策的办法，积极探索改革模式。一是土地股份合作制改革模式。在土地撂荒较多、劳动人口流失严重的村、组，在稳定承包权的前提下，激活经营权，由经济合作社组织对承包地进行统一规划、统一管理、统一转包或出租。二是经营性资产股份合作制改革模式。将农村集体经营性资产以股份或者份额的形式量化到本集体成员，作为其参加集体收益分配基本依据，改革主要在经营性资产比较多的村、组进行，同时探索开展赋予农民集体资产股份占有、收益、有偿退出及抵押、担保继承等权能改革。

第三，依法保障农民集体资产股份权能。农村集体经营性资产股份合作制改革的股权分配对象界定、量化方式、配置比例和时间节点等重大事项，严格依照法规政策，实行民主决策。在股权设置时，应以成员股为主，是否设置集体股由本集体经济组织成员民主讨论决定。结合群众民主决议，股权管理提倡实行不随人口增减变动而调整股权的静态模式，具体方案由本集体经济组织成员代表大会民主讨论决定。要制定农村集体经济组织章程，成立股份经济合作社，选举产生理事会、监事会。建立集体资产股权登记制度，记载农村集体经济组织成员持有的集体资产股份信息，出具股权证书。健全集体收益分配制度，明确公积金、公益金提取比例，把农民集体资产股份收益分配权落到实处。探索农民对集体资产股份有偿退出的条件和程序，但农民持有的集体资产股份有偿退出不得突破本集体经济组织的范围，可以在本集体经济组织内部流转或者由本集体赎回。股权流转限定在本集体经济组织内部进行，可限定资金股的最高限额，防止工商资本侵占农户的利益。探索集体资产股份抵押、担保贷款和股份继承办法。

3. 积极探索农村集体经济有效实现形式

第一，明确农村集体经济组织功能。农村集体经济组织是集体资产管理的主体。由惠阳区人民政府向农村集体经济组织发放组织登记证书，进一步拓展和丰富集体经济组织在管理集体资产、开发集体资源、发展集体经济、服务集体成员等方面的功能作用，支持集体经济组织凭登记证书向有关部门办理银行开户等相关手续，依法开展经营管理活动。

第二，维护农村集体经济组织合法权益。严格保护集体资产所有权，防止被虚置。落实农村承包土地经营权流转不得改变土地集体所有性质，不得违反耕地保护制度等相关政策要求。以家庭承包方式承包的集体土地，采取转让、互换方式流转的，应在本集体经济组织内进行，且需经农村集体经济组织同意；采取出租或者其他方式流转经营权的，应报农村集体经济组织备案。

第三，引导农村产权规范流转和交易。建立健全区、镇（街道）农村产权交易中心，结合农村产权要素特性、流转范围和交易需要，制定分级交易标准、规则和流程，实行统一规范的业务受理、信息发布、交易签约、交易中止、合同鉴证、档案管理，推动农村产权流转交易公开、公正、规范运行。

第四，鼓励多种形式发展集体经济。鼓励农村集体经济组织按照依法、自愿、有偿的原则，探索承包经营、股份合作、租赁经营、托管经营等多种形式发展集体经济。对于以农业产业为主的地方，鼓励成立土地股份合作社，成员以土地入股，合作社统筹土地集中开发或通过公开招投标等方式发展农业项目或休闲农业，或通过入股、参股农业龙头企业和参与帮扶开发等方式发展集体经济。对于厂房、铺面等物业资产和集体建设用地较多的地方，鼓励实行合资合作、出租经营等方式发展集体经济。对于具有红色人文历史资源的地方，在符合统一规划开发的前提下，鼓励以合作、入股等方式发展乡村旅游。

（三）农村集体产权制度改革的整体效果

惠阳区农村集体产权制度改革工作的成效主要体现在以下几个方面：

1. 清产核资工作全面完成

2018 年，惠阳区清查了全区 1366 个农村集体经济组织，共清查核实资金 20.33 亿元，净资产 23.87 亿元，总资产 36.28 亿元，农村集体土地共 82.41 万亩，其中，农用地 69.77 万亩，建设用地 7.97 万亩，未利用地 4.68 万亩。通过清产核资全面摸清了农村集体经济组织的家底，有效管护好农村集体资产，提高了农村村民参与农村自治管理的积极性。

2. 农村集体经济组织成员界定工作取得重要进展

惠阳区产权办按照改革要求，印发了《惠阳区农村集体经济组织成员身份界定指导意见》，要求各村民小组（经济社）按照"依法依规、尊重历史、照顾现实、程序规范、群众认可"的原则，村民小组集体先出台成员身份确认意见，确保"依法、依规、依民"做好农村集体成员身份界定工作。

3. 农村集体经济组织成员身份确认基本完成

在积极探索在群众民主协商的基础上，按照"依法依规、尊重历史、照顾现实、程序规范、群众认可"的原则，制定印发惠阳区农村集体经济组织成员身份界定指导意见。改革事前强化宣传发动和摸底调查掌握民意，事中强化技术指导和沟通协调规范程序，事后强化核查监督和纠纷调处统一民愿，严格农村集体经济组织成员身份的确认范围、组织程序、界定方式和"三榜公示"，扎实稳步推进农村集体经济组织成员确认工作。截至 2019 年 12 月 23 日，惠阳区 1366 个农村集体经济组织已完成成员身份确认 1095 个，完成率为 80.16%。其中，经联社完成 102 个，完成率为 91.89%；经济社完成 993 个，完成率为 79.12%，确认成员 16.23 万人。

4. 稳妥推进农村集体经济组织股份合作制改革

惠阳区推进农村集体股份合作制改革遵循农村集体以往的分红做法、村民意愿，要求先易后难、先出台集体资产量化方案，再形成量化结果，并通过公示程序和成员代表大会进行表决确认。坚持统一标准严格要求，分类施策推进农村集体股份合作制改革，充分尊重经济组织原有的合理分配方案，根据村民意愿推进股份量化，建立股份制组织章程，健全组织架构选举产生理事会。截至 2019 年 12 月 23 日，全区已完成成员身份确认的 1095 个农村集体经济组织，完成股份量化 360 个，完成率为 32.88%；完成股份章程和组织架构 622 个，完成率为 56.8%。股份改革规范了农村集体利益分配细则和管理，集体和成员个人严格按照章程规定办事，充分保护好农村集体和成员股东个人权益。

5. 切实保障农民集体资产股份权能

依法保障股份合作制改革的农村集体组织与成员权益，统一赋码登记备案农村集体经济组织登记证，统一标准印制经济组织股权证书 7 万本。统一印制农村集体产权制度改革政策读本，借鉴学习全国各地改革模式先进经验，引导农村集体民主决议，结合群众意愿和民风民俗，灵活采取不随人口增减变动而调整的静态模式，或生增死减的动态模式，依法依规确认成员身份，把农民集体资产股份收益分配权落到实处。

6. 积极探索农村集体经济实现形式

健全完善农村集体资产监督管理与交易机制。一是早期开通建设了"掌上村务"，推进农村集体事务全民监管。二是制定印发实施了《惠阳区镇级公共资源交易管理办法》，推进农村集体工程建设项目和资源资产简易化规范交易和流转。三是在全省网上办事大厅的基础上，开通建设了农村公共服务平台，清产核资摸清的农村集体资金资源资产，全部纳入全省公共服务农村"三资"管理平台监督管理。四是建立了"组账村代、村账镇代"监管制度，强化村组集体资金监督管理和村务村账台账管理。五是强化农村"一事一议"监管，鼓励农村集体经济组织通过民主"一事一议"表决，以自主开发、合资合作、出租入股等方式，盘活利用农村资产资源发展现代农业、休闲农业和乡村旅游，发展壮大农村集体经济。

（四）改革经验总结

惠阳区集体产权制度改革的经验主要归纳为"六个强化，一个尊重"，具体内容如下：

1. 强化组织管理，夯实职责到位的工作机制

惠阳区、镇、村相继成立了以区委书记、镇委书记、村委书记为组长的农村集体产权制度改革领导组织机构，首先强化党对农村集体产权制度改革工作的领导。各级领导小组机构相继抽调专职或兼职人员成立区产权办、镇街产权工作团队，具体负责产权制度改革的工作落实。同时结合惠阳实际，制定印发了《惠阳区农村集体产权制度改革方案》和指导各镇各村制定了改革实施方案，将农村集体产权制度改革列为区委区政府年度重点改革事项，纳入年度捆绑式绩效考核与各镇街绩效工作挂钩，明确改革的时间节点和改革路线图，层层压实责任，确保改革工作落实到人。永湖镇还建立了约谈问责机制，对产改推进滞后的村委书记或挂点干部，由镇委书记或纪委书记进行约谈提醒。

2. 强化宣传发动，营造全民参与改革的良好氛围

惠阳区制定下发《致农民朋友的一封信》《广东省农村集体产权制度改革资料选编》《惠阳区农村集体产权制度改革漫画》《惠阳区农村集体经济组织成员身份界定

指导意见》等相关材料及相关横幅 10 多份，广泛宣传发动农村集体产权制度改革的目的意义、方式方法和程序要求，切实提高农民群众对改革的认识。秋长街道、镇隆镇通过掌上村务、微信公众号等多渠道宣传方式，使产权制度改革家喻户晓。镇隆镇、永湖镇建立了"下沉式"工作机制，工作人员充分结合村民的生产习惯，利用晚上时间以"走家串户拉家常"的形式，将产改政策宣传到每家每户，听取群众改革的意愿和诉求，让广大农民群众关心改革、支持改革、参与改革，充分调动群众参与，形成了从"要我改"到"我要改"的良好氛围。

3. 强化培训学习，增强提升指导改革的工作能力

惠阳区先后组织区产改办、各镇街分管领导及工作人员、各村组代表亲临浙江省、云南省、博罗县参加省、市培训学习 20 多场次，举办区、镇改革培训班推进会 40 多场次，宣讲上海市、东莞市、南海市等地的产改模式，培训镇村干部群众 3300 多人。同时提出了镇街互学互助、先进帮后进，你追我赶共同推进的工作机制。各镇街也自发组织亲临深圳市、南海等地参观学习，因地制宜地组合各镇街实际，制定符合各地实际群众接受的改革模式。通过借鉴学习先进地区先进经验先进做法，深化学习培训，学懂、弄通、悟透农村集体产权制度改革政策法规，促使了改革能够得到更好的推进落实。

4. 强化统筹协调，切实保障群众合法权益

惠阳区建立区财政局、区司信局、区自然资源局、区妇联等相关职能部门组织的日常协调机制，动员各村法制副主任（法律顾问）参与改革，形成工作合力，针对产权制度改革农村权益纠纷和成员身份确认等棘手问题，定期召开协调会议，统筹解决，切实保障群众合法权益。秋长街道办通过购买第三方服务的方式，聘请会计、律师专业团队，全面协助各村集体清查核实各类资产，摸清集体家底，统筹考虑历史原因和现实情况，依法为各村集体提供业务指导、成员身份界定、合理设置股权、制定章程、审核有关资料等专业服务，确保了产权制度改革扎实有效的推进。

5. 强化督查指导，扎实推进改革工作的落实

惠阳区委常委会、区政府常务会多次听取和研究部署农村集体产权制度改革工作，区领导多次召开会议或深入镇街实地调研和现场办公，推进改革工作落实。区产权办建立了"一周一督""一周一通报"制度，每周固定安排时间都深入各镇街、各村组调研指导、督查落实产权制度改革工作，积极同群众宣传解读产权制度改革政策法规，交流探讨产权制度改革模式，调解处理产权制度改革争议问题，指导规范产权制度改革台账资料整理，督查通报产权制度改革工作进度，形成《工作简报》和《进度报表》向区委、区政府主要领导报告，形成上下"一盘棋"，全面抓改革的良好工作局面。

6. 强化统一管理，积极发展壮大农村集体经济

惠阳区坚持从破解农村集体经济发展制约，解决群众权益纠纷问题，保障群众合法权益出发，统一实行农村集体经济股份合作制改革。严格要求具有经营性资产

的集体组织，积极探索适合各地实际的股份制模式，暂时没有经营性资产的集体组织，指导探索采取虚拟股份的方式实行改革。统一提倡农村集体组织股份章程理事会任期与村"两委"任期同步，村委会书记和村民小组长为首届集体组织理事长。统一全区按照股份经济组织的形式实行赋码登记，核发农村集体经济组织登记证，统一印制股份经济合作组织股权证，统一打印，统一备案归档。

7. 尊重民意民愿，分类施策确定改革模式

惠阳区率先在白石高澳村小组推进改革，统筹考虑农村户籍关系、农村土地承包关系、对集体积累的贡献等因素，按照有法依法、有规依规，无法无规依民的指导意见，充分尊重群众意愿，综合协调平衡各方利益，经过镇村干部、村民代表和第三方专业服务团队400余天的努力，40次村民户代表会议研究讨论，7次章程修改完善，终于探索出持股与非持股成员确认、"外嫁女"承诺不追索历史减半持股、集体资产拆股量化、村风民风、家风善治、确权到户、一户一证、户内共享，社内流动、生不增、死不减，广大群众普遍接受的改革模式。各地认真借鉴学习白石的先进经验，尊重民意民愿、民风良俗和原有的合理收益分配机制，按照先易后难，采取生增死减、集体资产配股量化或股份虚拟量化、分类资产分类改革等群众认可、灵活多样化的改革模式，扎实推进产权制度改革。

（五）创新点与政策含义

惠阳区农村集体产权制度改革工作旨在实现"资源变资产，资金变股金，农民变股东"，组建村集体经济组织，建立完善的农村集体经济产权制度。通过改革，惠阳区的改革工作取得了较好的成效，非常具有创新性，具有较强的借鉴意义。

1. 主要的改革创新点

通过对惠阳区镇隆镇长龙村、楼下村、秋长街道的白石村进行了实地调研，课题组总结了如下典型创新点：

一是为村和小组提供会计和法律服务。惠阳区秋长街道管委会聘请专业的会计团队和法律团队，为村和小组提供会计记账和法律咨询服务。此举既规范了村和小组集体经济的账务，又为村和小组处理特殊群体的成员身份认定问题提供法律保障。

二是新增人口购买股份。惠阳区秋长街道白石村是区里典型的改革示范村，该村实行新增人口有偿购买股份的政策，具体为：新增人口有权通过有偿购买的方式获得0.5股（正常为每人1股）；购买价格为上一股份量化周期（五年）总收益的50%；股份生效时间为下一轮周期（五年）开始的时间节点。

三是成立经济联合社妥善处理村内矛盾。由于种种原因，白石村目前有三块集体建设用地在划分归属权问题上存在纠纷。为解决小组之间的纠纷，白石村专门为三块集体建设用地成立了三个经济联合社，分别为角塘经济联合社、塘井经济联合社以及白石洞经济联合社。三家经济联合社的74%的股份由白石村的白石经济联合社所持有，剩余26%的股份按实际土地占有比例分配到26个小组。

四是"外嫁女"问题。镇隆镇长龙村要求"外嫁女"签署不享受集体收益承诺

书，因此长龙村不对"外嫁女"分配股份和收益。白石村对户口在本村的"外嫁女"分配 0.5 股，但存在一定的法律纠纷问题。另外，"外嫁女"的配偶及子女一律不分配股份。

五是入赘问题。对于入赘女婿成员身份界定问题，白石村仅允许二女户家庭的一个入赘女婿及其子女享受股份，且子女姓氏必须随本村女方。

2. 主要改革创新内容的适用条件和范围

通过集体产权制度改革，惠阳区发展壮大了农村集体经济，逐步完善了农村集体产权股份合作制改革，取得了较好的成效。课题组将惠阳区改革成功的原因总结为以下几点：一是通过强化组织管理、强化宣传发动、强化学习培训以及强化统筹协调的措施，为改革的实施打下了坚实的基础。二是坚持因地制宜、分类施策的原则推进改革。惠阳区改革村经济发展情况差距较大，既有经济发达村，也有经济欠发达村。因此，惠阳区提倡村委会和村小组自主制定具体的成员认定办法，为改革提供了内生动力。

课题组发现，惠阳区农村集体产权制度改革具有值得推广的经验。在具体经验推广过程中应注意以下几点：一是地方政府应制定多样化、灵活性的改革标准。课题组发现，惠阳区不同乡镇或街道的村经济发展差异较大，多样化、灵活性的政策有助于不同情况的村因地制宜地推进改革。二是对成果较为显著、做法值得推广的改革村进行广泛宣传，帮助其他改革村学习借鉴先进的改革经验。

3. 对改革成果的推广建议

通过调研，课题组将惠阳区农村集体产权制度改革可推广的经验总结为以下三点：

一是加强产权改革工作队伍建设。为确保改革任务顺利实施，惠阳区自始至终都十分注重农经队伍的建设。一方面，通过强化组织管理，形成了区、镇、村三级联动的农村集体产权制度改革领导组织机构。另一方面，加强学习培训力度，增强提升指导改革的工作能力。惠阳区多次通过组织产权制度改革办公室到外地学习，交流改革经验座谈会等方式加强产权改革工作队伍建设。

二是建立成员身份界定机制。农村集体经济组织成员身份界定涉及广大农民的切身利益，应在坚持尊重历史、权利义务对等、标准一致、程序公开原则的前提下，统筹考虑户籍关系、农村土地承包经营权状况、对村集体积累做出的贡献以及有关法律政策规定等条件的基础上，由农村集体经济组织全体成员民主决定。

三是统一提供专业化服务。课题组发现，大多数改革村（尤其是经济欠发达村）会计制度、法律制度不完善，这无疑为农村集体产权制度改革增加了障碍。而经济欠发达村往往没有足够的经济实力购买专业的会计和法律服务。因此，区（县）或镇（街道）为村和小组提供会计和法律服务将至关重要。此举既规范了村和小组集体经济的账务，又为村和小组处理特殊群体的成员身份认定问题提供了法律保障。

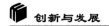

4. 改革创新内容对推动全局改革的意义

随着市场经济的发展，农村集体资产产权不明晰的问题逐渐凸显出来。为促进农村集体经济发展，更好地助力乡村振兴，集体产权制度改革将变得尤为重要。两年来，惠阳区实施集体产权制度改革取得了较好的成效。村集体资产清产核资已经全部完成，股份制改革正逐步推进。惠阳区农村集体产权制度改革取得重要成效，对于拓宽农民增收渠道，推动乡村振兴具有重要意义。

（六）改革中存在的问题与风险

1. 改革队伍的整体素质不高

农村集体产权制度改革工作主要是由惠阳区农水局承担落实工作，各镇街农口部门抓具体改革工作落实。特别是镇街一级的改革工作人员，因前期惠阳区机构改革或其他原因，人员有兼职其他工作，且对农村情况和改革工作不熟悉，临时抽调的人员业务更加不了解，熟悉改革工作需要一段时间，造成惠阳区改革工作队伍的整体素质不高、能力不强，严重影响惠阳区产权制度改革工作的进度和成效。

2. 基层领导干部改革能力有待提高

惠阳区各镇街、村组对农村集体产权制度改革工作的政策宣传和业务培训不及时、不到位，特别是个别村组一级对改革任务认识严重不足，积极性不高。惠阳区产权办多次组织基层干部外出参观学习和不同层级的多轮培训，但相关人员对农村产权改革的意义、要求和工作流程理解认识仍不够准确，有的未能向村民宣讲和落实改革工作。各种因素导致惠阳区农村集体产权制度改革工作整体推进较慢。

3. 法律法规与农村现实冲突明显

在农村成员界定中存在村规民约与法律法规相矛盾的问题，突出表现在一些富裕村的"外嫁女"问题上，有些村的村规民约已规定，无论"外嫁女"户籍是否迁出都一律取消集体经济组织成员资格，不再享受集体经济组织的福利和分红。随着村、组集体经济的发展壮大，惠阳区农村成员资格认定问题和利益分配问题引发农村矛盾和村民维权诉求今后将会更加复杂。

（七）关于下一步工作

实施农村集体产权制度改革工作两年来，惠阳区有关部门深刻感受到推进农村改革向纵深发展仍然任重道远。基于此，惠阳区下一步工作包括以下几个方面，确保高标准、高质量完成后续改革工作。

1. 加强农经队伍建设

惠阳区将把加强农经改革干部队伍的建设摆在首位，坚持引进与自我培养并重，尽快建设一支熟悉惠阳区农经改革工作的业务骨干队伍。同时，积极主动与上级部门沟通联系，邀请业务骨干到惠阳区指导改革工作，主动创造条件使惠阳区各级农经改革人员走出去参观学习先进经验与做法。

2. 抓好农村集体产权经济组织登记赋码工作

认真贯彻落实《广东省农业农村厅关于广东省农村集体经济组织登记赋码的实

施方案》，按照文件精神和要求，认真做好农村集体经济组织登记赋码工作，惠阳区农水局和各镇街要认真审核资料确保提供的村组集体经济组织登记赋码的申请材料有关信息准确有效，确保惠阳农村登记赋码工作的顺利推进。

3. 加强改革档案管理

农村产权改革工作完成后迅速安排专业人员到各镇街、村组开展归档指导工作。按照国家归档标准，做好改革相关资料的收集、分类、整理和归档等工作，确保高质量、高标准完成任务。

二、农村集体经济发展

近年来，惠阳区紧紧加快推进农村集体产权制度改革，使村集体经济的效率大大提高，农村经济保持了快速发展的良好势头。

（一）惠阳区发展集体经济的做法

一是依托资源性资产发展集体经济。即立足当地自然资源，依靠集体土地、山林、滩涂、水面、矿产等自然资源，通过开发拉动村级集体经济发展。如秋长街道新塘村，利用 200 亩预留地发展花卉苗木，利用四口当家塘发展休闲垂钓，增加集体经济收入；新圩镇新联村利用 400 亩山场和 200 亩塘坝对外发包，获取村级集体经济收入，取得了较好的经济效益。

二是盘活资产发展。一方面，通过盘活集体资产，找准市场需求点，开展资本运作，实现资产增值。如镇隆镇大光村，利用村集体资金盖商品房对外出租盘活集体经济，年租金收入近 20 万元，村留部分作为积累，剩余部分分给村民，实现了资产增值、农民增收。另一方面，引导村级经营实体对闲置或低效使用的办公用房、校舍、厂房、仓库以及机具设备、水利水电工程设施等集体财产，通过依法改造、发包租赁、入股联营等方式进行盘活，取得经营收入。

三是招商引资发展。明确主导产业，重点突破，通过招商引资，增加农民收入，增强集体经济实力。如新圩镇东风村，通过招商引资引进现代农业企业发展高效农业，流转土地近 4000 亩，村里按照每年收取企业土地 10 元/亩的流转服务费，增加了村集体经济收入，带动了农户致富。

四是依托龙头企业。村社集体以"订单"的形式参与龙头企业的生产经营。如镇隆镇的一些村集体，与广东温氏食品集团有限公司签订养殖的订单合同，村社负责养鸡，公司负责收购，村社集体从养鸡订单中获益匪浅。此外，还有部分村集体直接参股当地的农业龙头企业，以土地或厂房的形式入股成为农业龙头企业的股东，每年从龙头企业中获得分红，扩展了集体经济收入的来源。

五是增加土地收益。在土地利用规划确定的城镇用地范围外，经依法批准占用农村集体土地建设的非公益性项目，允许村级经营实体通过多种方式参与开发经营。村集体所有建设用地可采取自主经营、租赁、抵押、承包、作价入股等方式经营，增加资产收益。如镇隆镇黄镇村通过改造废弃小学、文化设施等非经营性用地，将土地流转给农业企业用以经营，集体经济年收入 15 万余元。

（二）惠阳区发展集体经济的下一步打算

惠阳区已于 2018 年完成了集体产权制度改革的清产核资工作。目前，股份合作制改革正在稳步推进。集体产权制度改革取得重大进展后，发展集体经济便成为了重要任务。惠阳区计划通过以下三种途径继续发展壮大集体经济：

一是强化基层组织建设。发展壮大村级集体经济，最根本的是要把村级领导班子建设好。要拓宽选人用人渠道，采取公开招聘、异村交流、下派任职等多种形式，选拔懂经济、会管理的复合型人才进入村级班子。要切实加强村党支部书记以及村"两委"成员的教育培训，增强他们带领群众致富的本领，使村级班子人员真正具备带领一方农民开拓创业、勤劳致富的能力。

二是加大对村级扶持的力度。惠阳区财政、农委、国土、工商、税务、金融等有关部门，应根据各自业务职能，制定切实可行的政策措施，加快村级集体经济发展，形成齐抓共管、齐帮共扶的强大合力。同时，各村和小组量力而行兴办公益事业，严防增加新的债务负担。

三是强化村级集体资产、资源管理。建立健全集体经济积累机制，实行集体经济收入分配比例和分配总量控制，防止分光吃光，积蓄村级集体经济发展后劲，尽快启动农村产权制度改革。

四是加强村级民主管理。要建立健全村级集体经济民主决策机制，规范和完善民主决策的内容、形式和程序，规范村级财务管理制度。加大村级债务清偿力度，通过增收还债、清欠还债、节支还债、降息减债、核销减债等手段减轻村级债务压力，集中精力发展和壮大村级集体经济，不断增强村级集体经济实力。

第三十章 广东省四会市农村集体产权制度改革和集体经济发展调研报告①

2018年5月24~27日，中国人民大学农业与农村发展学院调研组对广东省四会市农村集体产权制度改革和集体经济发展进行了调研。调研组与广东省农业农村厅、肇庆市农业农村局和四会市农业农村局的分管领导，部分镇、村工作人员代表等，就"四会市农村集体产权制度改革"情况进行了实地座谈；实地走访了四会市城中街道仓岗社区股份经济联合社、江谷镇黎寨村经济联合社以及江谷镇清平村经济联合社3处各具典型代表性的村级集体经济组织，与当地工作人员、干部、群众进行实地访谈，翻阅相关备案资料，并收集、整理、归纳、记录，完成了一手资料的搜集。

一、农村集体产权制度改革

总体而言，四会市农村集体产权制度改革工作采取了"大统一小调整"的推进方式，定位思路准确清晰，制度框架搭建相对齐全，组织领导、落实有序有力。

（一）定位思路——从"内部组织规范"到"外部市场完善"

1. "革故鼎新"，定位更加规范的农村集体产权制度体系建设

探索农村集体经济组织改革的历史悠久，具备改革基础性充分条件。早在20世纪90年代，广东省就开始了农村集体经济组织改革的探索；并在2006年前后，开始开展省内农村集体经济组织赋码工作，现有农村集体经济组织24万余个，约占全国的1/3。近30年的改革工作成果和经验积累使广东省建立了相对完善的农村集体产权制度体系：例如，1996年首次颁布、2016年最新修订的《广东省农村集体资产管理条例》，明确了农村集体资产的产权与法律责任，指导了农村集体资产经营与管理，部署了政府部门的指导监督任务；2006年首次颁布、2013年最新修订的《广东省农村集体经济组织管理规定》，明确了农村集体经济组织的内涵与职能，指导了农村集体经济组织的民主自治；结合新时代的发展要求，2018年颁布了《中共广东省委 广东省人民政府关于稳步推进农村集体产权制度改革的实施意见》。相对完善的省级层面制度体系建设和近30年的改革工作经验积累，不仅为四会市与时俱进的农村集体产权制度改革提供了充分的制度基础与依据，还提供了丰富的工作经验与做

---

① 执笔人：杨睿。

法借鉴；使四会市进一步开展农村集体产权制度改革夯实基础。

规范农村集体产权制度改革的发展要求，形成改革需求性必要条件。虽然在农村集体经济组织改革的探索道路上，四会市紧跟广东省的步伐，实现了一些改革成效；但是日新月异的经济社会发展，对其改革提出了更高的要求，农村集体经济组织的产权制度体系亟须进一步完善与规范。就四会市而言，有两处关键点亟须进一步完善与规范：成员确认与资产量化管理亟须进一步明晰，其法律市场主体地位亟须进一步规范；农村集体资产管理与运营的活力还需进一步迸发，农村集体经济发展的有效模式还需进一步探索。为突破以上关键点和整体规范农村集体产权制度体系，四会市于 2017 年被确立为"省级农村集体产权制度改革先行单位"，于 2018 年被确立为"国家级农村集体产权制度改革先行单位"，率先探索农村集体产权制度改革。

2. "由内到外"，建立更加完善的农村集体产权制度改革思路

从内部规范管理着手，夯实农村集体产权制度改革的根基。2018 年 3 月 7 日，在四会市被确立为省级改革单位以后，中共四会市委办公室、四会市人民政府办公室迅速响应、颁布出台《四会市农村集体产权制度改革方案》（以下简称《方案》）。该《方案》的重点在于，规范农村集体经济组织自身的管理与运营，提升农村集体经济组织参与市场运营、进行股东（成员）利益分配的能力与水平。在坚持党的领导、坚持正确的改革方向、坚持依法有序民主决策、坚持明晰的集体产权关系、坚持因地制宜的分类指导原则下，该《方案》界定了清产核资工作中需清查核实的三类资产——资源性资产、经营性资产和非经营性资产，重点进行经营性资产以股份或份额形式量化的确权工作，指导组织健全集体资产管理、运营、监督和收益分配机制。可见改革首先从农村集体经济组织内部管理完善入手，进行农村集体产权明晰和管理运营体系建立健全，为进一步改革奠定基础。

从外部激发活力推进，实现农村集体产权制度改革的实效。基于 2018 年颁布的《四会市农村集体产权制度改革方案》，在对全市 13 个镇（街道）、125 个经联社和 2327 个经济社开展改革的基础上，2019 年 2 月 3 日，在四会市被确立为国家级改革单位以后，中共四会市委、四会市人民政府颁布了《关于稳步推进农村集体产权制度改革的实施意见》（以下简称《意见》）。该《意见》的重点在于，完善农村集体经济组织作为市场主体运营的外部环境，保障农村集体经济组织及其成员的法律主体地位，逐步探索建立"产权归属清晰、权能完善、保护严格、流转顺畅"的农村集体产权制度，充分迸发农村集体经济的市场活力，使集体中的每一个成员都从中切实受益。

总体来说，四会市农村集体产权制度改革定位准确、思路清晰、循序渐进、逐一突破。

（二）组织领导——从"全市统筹指导"到"局部微调推进"

基于精准的改革定位和清晰的改革思路，四会市各级党委、政府迅速就农村集

体产权制度改革工作展开部署，首先，市级层面建立健全统筹协调、指导全市改革工作的组织支撑和政策保障。其次，在不断加强市级"一般化"指导、督查、宣传和培训工作的基础上，各镇（街道）直接承接改革工作，承上启下地组织领导改革具体实施推进。最后，在遵守国家现有法律、法规、条例的大前提下，在镇（街道）一级"适应性"调整的相关工作方案和专业人士指导的基础上，各村（组）集体经济组织充分发挥民主自治作用，制定本集体经济组织"特殊化"工作方案和治理章程，切实实施农村集体产权制度改革。

1. 从机构到制度，建立健全"全市统筹指导"体系

迅速成立相应市级领导机构，组织改革启程推进。在确立为广东省农村集体产权制度改革以后，四会市就第一时间成立了四会市农村集体产权制度改革工作领导小组，市委、市政府主要分管领导分别担任正组长、副组长，各市直相关部门主要负责人、镇（街道）党委（党工委）书记担任组员；下设办公室，负责日常工作；四会市农业农村局为四会市农村集体产权制度改革工作的牵头单位，具体工作由农财办、经管股共同负责。并且建立了"四会市农村集体产权制度改革部门间联席会议制度"；会议由15个部门组成，市农业农村局、市委农办牵头，原则上每季度召开1次全体会议，讨论并不断推进、完善农村集体产权制度改革工作。此外，为建立、完善、保障农村集体经济组织的市场运营，还专门成立了四会市农村金融改革发展工作领导小组（地点设在中国人民银行四会市支行），负责全市农村金融政策制定，统筹协调全市农村集体资产股权、农村土地承包经营权、农民住房财产权抵押贷款等涉及农村金融改革发展的重大事项。

逐步建立各项市级制度规范，指导改革工作实施（见表30-1）。在改革工作的整体部署方面，先后制定了《四会市农村集体产权制度改革方案》《关于稳步推进农村集体产权制度改革的实施意见》，为统筹协调全市改革工作建立健全制度依据。在改革工作的具体指导方面，逐步制定了《四会市农村集体产权制度改革清产核资工作方案》《四会市农村集体经济组织成员资格认定工作指导意见（试行）》等政策文件，在清产核资、成员确认和股权管理等方面，指导了下一级组织领导机构工作的具体开展；逐步配套制定了《四会市××镇××村××经济合作社集体产权制度改革实施方案》《四会市××镇××村经济联合社（或经济合作社）章程》《四会市××镇××村股份合作经济联合社（或股份合作经济社）章程》等政策文件模板，为下一级组织领导机构颁布实施因地制宜的对应政策提供了明晰的范式。

表30-1　四会市"农村集体产权制度改革"相关政策文件梳理

制度类别	相关政策文件举例
整体部署	《四会市农村集体产权制度改革方案》
	《关于稳步推进农村集体产权制度改革的实施意见》

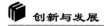

续表

制度类别		相关政策文件举例
具体指导内容	清产核资	《四会市农村集体产权制度改革清产核资工作方案》《四会市农业局关于进一步规范我市农村集体"三资"管理有关事项的通知》等
	成员确认	《四会市农村集体经济组织成员资格认定工作指导意见（试行）》《关于做好农村集体经济组织成员及股权证书打印工作的通知》《关于进一步加快村集体经济组织成员身份界定工作的通知》等
	资产量化	《四会市农村集体资产股权量化工作指导意见（试行）》《四会市农村集体经济合作（股份合作经济）组织成员及股权证管理办法》等
	市场运营	《四会市农村集体经济组织登记赋码工作实施方案》《四会市农村集体资产股权质押贷款管理办法（试行）》《四会市农村土地承包经营权抵押贷款管理办法（试行）》《关于支持农村集体产权制度改革有关税收政策的通知》等
	集体经济	《四会市 2019 年扶持村级集体经济　壮大村级集体经济工作实施方案》《四会市"一村一品、一镇一业"建设规划实施方案》《四会市农业产业扶持优惠政策》《四会市扶持发展现代特色农业"政银"合作农业贷款业务实施方案》等
	资产管理	《四会市农村集体资产资源管理服务平台建设实施方案》《四会市农村（社区）集体资产交易办法（试行）》《关于进一步加强农村会计委托代理服务工作实施方案》等
指导下一级制定政策文件的模板		《四会市××镇××村××经济合作社集体产权制度改革实施方案》《四会市农村集体经济组织成员（户内）登记表》《四会市××镇××村××经济合作社成员确认公式》《四会市××镇××村××经济合作社成员清册》《××股份合作社股权（经济社）户内成员股份（份额）》《四会市××镇××村经济联合社（或经济合作社）章程》《四会市××镇××村股份合作经济联合社（或股份合作经济社）章程》《××股份合作社（经济社）成员大会表决记录表》等

　　不断加强宣传培训工作，为推进改革提供人力资本支撑。2018 年 3 月 15 日，四会市召开了农村集体产权制度改革工作动员会，全面推进省级改革工作。全市印发《致农民朋友的一封信》等宣传资料 20 万份，进行新闻媒体报道 95 次，发动下乡宣传 36 场次；主要讲解"什么是农村集体产权制度改革""为什么要进行农村集体产权制度改革"以及"大家共同参与农村集体产权制度改革的需要"等内容。全市举办培训班 31 场次，其中市级培训班 5 场次，镇级培训班 26 场次；培训人员 2900 多人次。宣传与培训工作的大力开展，在提升各级农村集体产权制度改革工作人员的综合业务水平的同时，也提升了改革对象的人力资本水平，"双管齐下"推进改革的进程，提高改革的质量。

　　不断强化督导检查工作，为推进改革保驾护航。全市实行改革工作进展情况通报制度，各镇（街道）工作情况一周一报表通报。市农村集体产权制度改革工作小组，对各镇（街道）工作情况开展监督与指导工作；市委市政府根据改革进度情况，适时开展督查工作。2019 年 4 月，市政府办公室、市农业农村局成立 2 个督查组，对全市各镇（街道）开展了农村集体产权制度改革督查，并在全市通报相关情况，约谈进度排名落后镇的相关负责人。

2. 从接收到实施，建立健全"局部微调推进"实践

逐级承接改革工作，坚持"一村一策"。市级领导机构是第一责任主体，镇（街道）党（工）委、政府（办事处）是直接责任主体，村（组）集体经济组织是具体实施主体。对应市级领导机构和制度规范，结合各镇（街道）具体改革实情，各镇（街道）成立相应工作领导小组；各镇（街道）农业办公室安排1~2名专人负责改革工作，并保持工作人员岗位的固定性；制定并颁布相应镇级指导方案。在没有违反国家现有法律、法规、条例的大前提下，坚持实行"各处乡村各处例"原则，充分开展民主自治；各村（组）集体经济组织，依据镇级相关指导方案，结合自身实际情况，充分尊重成员大会决议，形成各村（组）集体经济组织改革试验方案和章程。

根据完成情况以奖代补，形成"正向激励"。在落实工作经费方面，四会市按照分级负担原则，积极统筹资金，确立市财政"以奖代补"形式：每完成一个村（居）集体经济组织产权制度改革工作，奖补助工作经费1000元。

总之，四会市农村集体产权制度改革按照"成立机构—制定方案—宣传培训—清产核资—成员确认—资产量化—制定章程—健全组织—发放权证—巩固完善"的工作流程，条理清晰、分工明确地组织领导推进。

（三）具体做法——从"因村施策"到"整体规范"

在改革指导思想和有序组织领导的带领下，四会市农村集体产权制度改革从"因村施策"到"整体规范"，逐步在全域、全工作流程推进。在明晰产权归属方面，区分了三类资产属性，界定了三类集体成员，区别了两种量化模式，进发了集体资产活力，增加了集体成员收益。在完善各项权能方面，规范组织机构建设，固化成员股权管理，完善财务管理制度，为权能有效发挥提供支撑与保障。

1. 明晰产权归属

区分三类资产属性，各司其职。在本轮清产核资中，清查核实范围包括农村集体经济组织所有的资金、资产和资源。依据《广东省农村集体资产管理条例》，四会市也将资产主要划分为三类，挖掘不同类别资产的不同属性，发挥各自比较优势。①资源性资产，包括法律规定本集体所有的耕地、森林、山岭、草场、荒地、滩涂等自然资源；采取自主经营或租赁、承包、入股等方式运营，推进农业适度规模经营。②经营性资产，包括本集体投资且用于经营的固定资产、投资企业所持有的有形资产或无形资产份额等；作为集体收益的关键源头，重点探索经营性资产的股份合作改革，盘活经营性资产，提升其市场运营和获得收益的水平与能力，保障其收益分配到每位成员的合理性。③非经营性资产，包括本集体投资且用于教育、科技、文化、卫生、体育等方面的资产；建立健全统一运行、管护非经营性资产的有效机制，更好地为集体经济组织成员提供公益性服务。

界定三类集体成员，民主决策。农村集体经济组织成员确认，以其在集体经济

组织所在地生产、生活并依法登记常住户口为基本确认依据，指导划分三类成员，在遵守相关法律、法规和条例的基础上，依据民主决策，结合该集体自身情况和资产量化方案（后文会详细进行该方面案例介绍）做出最终确认。①自然成员，包括该集体内原人民公社、生产大队、生产队且户口未迁出的成员及其子女（包括依法领养子女），与本集体成员合法结婚、迁入本集体户口且未在其他集体经济组织取得成员资格的配偶，政策性移民落户的人员等。②保留成员，包括全日制大中专在校生、服兵役人员、服刑人员等；各社依据实际情况明确保留成员资格条件与资产量化到该成员的股份（份额）。③表决成员，其他不能明确认定成员资格的人员，例如曾经隶属于该集体、但户口已经迁出的人员；各社依据实际情况明确表决成员资格条件与资产量化到该成员的股份（份额）。除此之外，还规定了"明确不属于农村集体经济组织成员"的类别。农村集体经济组织成员资格认定小组，在确定成员资格认定办法和认定基准日的基础上，提交已经明确确认集体成员身份的成员大会或成员户代表大会（一般是自然成员）决议，2/3以上参会人员表决通过后，颁布"成员确认"方案；并进行公示，初次公示期不得少于7天；若存在异议，则继续按照上述程序修订，直至形成最终方案，非初次公示的时间不得少于5天。各成员对最终方案没有异议后，填写、签字确认相应档案文件，各村集体经济组织将全过程梳理存档，并报镇政府备案。

区别两种量化模式，因村施策。①股份制量化。针对少数全部资产已经转变为经营性资产的农村集体经济组织，指导成立股份经济联合社（股份经济合作社），实行股份制量化。建议仅设置个人股而不设置集体股，个人股折股量化到人，可由人口股（基本股）和劳龄股组成，劳龄股是基于集体成员对集体所做的贡献程度而设置的，以开始实行第一轮和第二轮土地承包制度的时间节点来作为不同股份分配的划分依据，成员成为集体一分子的时间越早，所占股份越大；如设置集体股，则集体股比例不得超过总股额的30%。允许根据发展需要增设现金股，但是严禁强制成员现金入股行为，现金股不能超过总股份的49%。②份额制量化。针对除上述情况以外的其他农村集体经济组织，指导成立经济联合社（合作社），实行份额制量化。经济联合社的全部资产，按成员社成员份额拥有总量，量化到其成员社；成员社再将该社的全部资产，按份额共有量化到人，集体自然成员1人1份额，其他表决或保留成员所占份额，按照各集体依据民主决议而制定的该集体经济组织章程执行。

形成一套备案体系，有据可依。按照市级指导规范，农村集体产权制度改革的全流程均有完备的记录文档，各集体经济组织分门别类、梳理存档、整理成册，并报分管镇政府备案，为日后解决相关事宜提供充分的历史依据。农村集体经济组织在完成清产核资、成员确认后，将该组织数据录入"三资"管理平台，完成数字化存档备案管理。

2. 完善各项权能

规范组织机构建设，为各项权能充分发挥提供硬件支撑。针对股份制量化的农村集体经济组织，指导设立股东大会、股东代表大会、理事会（社委会）、监事会（民主理财监督小组）及其他根据需要加设的经营管理机构。①股东大会是该社最高权力机构，由年满 18 周岁、具有完全民事行为能力的全体股东组成；由理事会召集召开，一般每年不少于 1 次；1/2 以上具有选举权的股东参加，或 2/3 以上具有选举权的户代表参加，方可召开；实行 1 人（或 1 户）1 票制，1/2 以上到会人员表决通过，方可达成有效决议。②股东代表大会成员，由股东大会以无记名投票方式选举产生；由理事会召集召开，一般每年至少召开 2 次，分别在每年的 1 月和 7 月；本社 2/3 以上股东代表参加，方可召开；实行 1 人（或 1 户）1 票制，2/3 以上参会人员表决通过，方可达成有效决议。③理事会设理事长 1 名（其余根据自身情况设立），由股东大会或股东代表大会差额选举产生；理事会成员必须是本社股东；理事会会议由全体理事出席（特殊情况例外），方可召开；实行 1 人 1 票制和实名制，1/2 以上参会人员表决通过，方可达成有效决议，其中理事长具有最终决议权。④监事会设监事长 1 名（其余根据自身情况设立），由股东大会或股东代表大会选举产生；监事会会议可邀请理事会成员和部分股东参加；实行监事会会议 1 人 1 票制。该社 1/5 以上有选举权的股东或者 1/3 以上户代表联名，可以提出理事会和监事会罢免要求；理事会应当在收到罢免议案当天起 60 天内召开股东大会或股东代表大会进行表决。针对份额制量化的农村集体经济组织，指导设立成员大会、成员代表大会、理事会（社委会）、民主理财监督小组及其他根据需要加设的经营管理机构。各组织机构产生和运行方式，基本与对应的股份制量化农村集体经济组织机构一致。需要注意的是，一般只有自然成员（股东）才具备表决权和选举权。

固化成员股权管理，为各项权能充分发挥提供严格保障。在完成集体资产量化、以股份或份额形式确权后，指导采取"量化到人、确权（颁证）到户、户内共享、社内流转、长久不变"的静态股权管理办法；即在集体成员身份及其所享有的权益认定后，股份或份额不随人口增减变动而调整，但是可以依法继承，可以在该社内部转让。个人股一般不得自行转让，确实需要转让的，只能在集体经济组织内部进行，集体经济组织具有优先回购权；股权转让的受让人总持股额不得超过其受让时、社内股东平均持股额的 5 倍，超过 5 倍部分的股份，由上一级或本级集体经济组织，按受让上一年度末审计的账面净资产回购。同时，建立健全成员股权（份额）证书管理制度，以户（或人）为单位向其出具股权或份额证书，在整个肇庆市内统一赋码（该集体经济组织统一社会信用代码+5 位自编编码）、统一登记、统一管理。依据当地具体情况，四会市农业农村局统一印制"1 户 1 证制"《成员及股权证》，乡镇（街道）人民政府统一打印后，由发证单位的集体经济组织理事长签证并加盖公章，发放至各成员。该证记载成员信息（姓名、身份证号码、家庭住址），股权或份额初始登记、变更及收益分配等情况，是成员享有集体资产股份或份额、参与管理与决策、享受收益分配的有效凭证。

完善财务管理制度，为各项权能充分发挥提供工作路径。建立健全农村集体经济组织资产经营和管理制度，颁布了"三资"管理制度指导方案：在健全完善各项农村集体经济组织"三资"监管制度、财会人员岗位责任制度方面，在规范档案管理方面，在加强票据与银行存款账户管理方面做出指导。基于财政部颁布的《关于开展村级会计委托代理服务工作指导的意见》，还专门颁布了"会计委托代理服务"相关工作方案，逐步建立农村集体经济组织会计委托代理服务制度，并进行专业农村集体经济组织财会人员培训。基于财政部《村合作经济组织财务制度》《村集体经济组织会计制度》，指导各经济联合社（合作社）建立健全财务管理与收益分配机制：在财务管理方面，建立健全财务预算、决算、审批、委托代理和公开制度；在收益分配方面，按股份或份额分红、量入为出、同股（份额）同利，建议提取不少于当年收益的15%作为公积金，提取不少于当年收益的15%作为公益金，代替集体股职能，取消集体股设置，用于发展生产、转增资本、弥补上一年度亏损和集体公益事业等。

总体而言，四会市农村集体产权制度改革整体推进过程根基夯实、稳扎稳打，逐步配套完善了农村集体经济组织相关机制设计。

（四）典型案例——"股份制"量化与"份额制"量化

基于不断完善的制度体系建设和有序有力的组织领导，在实践过程中，四会市涌现出了各具特点的农村集体产权制度改革模式，提供了各有千秋的创新经验。本部分结合两个典型农村集体经济组织改革案例，一个是股份制量化的城中发达行政村集体经济组织——四会市城中街道仓岗社区股份经济联合社，另一个是份额制量化的、人口众多的欠发达行政村集体组织——四会市江谷镇黎寨村经济联合社，总结归纳了典型的创新经验做法（两个案例的综合对比见表30-2）。

表30-2　两种资产量化模式的典型改革案例比较

	四会市城中街道仓岗社区股份 经济联合社（股份制量化）	四会市江谷镇黎寨村 经济联合社（份额制量化）
清产 核资	（1）截止日期：2017年12月31日。 （2）资源性资产：集体土地183.628亩；其中，农用地10.15亩，建设用地173.478亩。 （3）经营性资产：总额242.98万元（不含应付款项）；其中，固定资产176.02万元，货币资金51.24万元，应收款项15.72万元，应付款项27.35万元。 （4）非经营性资产：总额93.14万元	（1）截止日期：2017年12月31日。 （2）资源性资产：集体土地287.5亩；其中，农用地250.3亩，建设用地37.2亩。 （3）经营性资产：总额228.41万元（不含负债）；其中，固定资产221.93万元，货币资金6.48万元，应收款项0万元，负债0.56万元。 （4）非经营性资产：总额135.72万元
资产 量化	成员社2个；直接将该社资产折股量化到人，自2019年1月1日起实施	成员社22个；一方面，该社资产按成员社内成员总份额量化到各成员社；另一方面，各成员社依据各自章程，将各自社内资产按份额量化到人

续表

	四会市城中街道仓岗社区股份 经济联合社（股份制量化）	四会市江谷镇黎寨村 经济联合社（份额制量化）
财务 管理	（1）实行会计委托代理制度，委托城中街道农村会计服务中心代理核算。 （2）5000 元以下开支，理事长签名审批方可；5000～10000 元开支，理事会讨论通过，监事会签名审批方可；10000 元以上开支，纳入年初预算开支计划，上报成员大会或成员代表会议讨论决定通过，监事会签名审批方可	（1）实行会计委托代理制度。 （2）3000 元以下开支，村主任签名审批，若为村主任经手的开支，还需由村副主任签名审批；3000～10000 元开支（不含），村"两委"通过，村主体审批，若为村主任经手的开支，还需由村副主任签名审批；10000～30000 元（不含），村"两委"和监委会成员通过，村主任审批；30000 元以上日常开支，村两委和监委会成员通过，村民代表大会通过，村主任审批；30000 元以上涉及民生、公益的单笔开支，村委会和监委会通过，村主任审批后，按照各成员社章程程序审批
收益 分配	（1）提取人民币 30 万元作为长期储备金，用于支付退还押金等应急处置。 （2）每年收益中提取 10%的公积金，用于扩大再生产、转增资本或弥补亏损等。 （3）每年收益中提取 10%的公益金，用于集体公益福利设施建设，包括兴建学校、幼儿园、福利院、道路交通和环卫绿化等设施。 （4）股金分红每年发放 2 次，当年 7 月预发每股 100 元，次年 1 月发放当年每股分红余额	（1）每年收益中提取 15%的公积金，用于扩大再生产、转增资本或弥补亏损等。 （2）每年收益中提取 15%的公益金，用于集体公益福利设施建设，包括兴建学校、幼儿园、福利院、道路交通和环卫绿化等设施。 （3）根据当年经营情况，由理事会（社委会）提出年度收益分配方案。本社成员按规定参加社会保障的个人负担费用及个人所得税，可由本社从其分红中代扣代缴
成员 确认	（1）成员资格界定日：2018 年 7 月 15 日。 （2）确认户口在册 485 人，成员资格 429 人，非成员资格 56 人。 （3）一些特殊成员确认办法：①本社"外嫁女"，未在嫁入方取得集体经济组织成员资格及享受福利的（须提供嫁入方乡镇政府（街道办事处）出具的证明），且户口仍在本村的，应认定其自然成员资格。②本社男性成员生育的子女（其母不是本社成员的），其母与本社男性成员正式结婚登记且户口迁入本社的，应认定其自然成员资格；其须提供正规医院开具的《出生证》证实男方子女且办理入户手续后，应认定其自然成员资格。③其他具有特殊情形的人员，根据村规民约，经已经明确资格的集体经济组织成员（代表）会议 2/3 以上讨论通过的，应认定其自然成员资格	（1）成员资格界定日：2018 年 8 月 31 日 24 时。 （2）确认户口在册人员总数 2860 人，其中，成员资格 2723 人，非成员资格 137 人；户口不在册成员 893 人。 （3）规定各成员社自然人成员认定只区分自然成员和表决成员。 （4）一些特殊成员确认办法：该社充分放权至各成员社，各成员社成员大会讨论决议出各自章程，依据章程确定各自成员社成员认定办法。其中，最具争议的就是户口迁出、但曾经对集体有过贡献的成员确认；各成员社按照 1:1、1:0.2、1:0.3 或 1:0.4 配置份额，即自然成员分得 1 份，表决成员分得 1 份、0.2 份、0.3 份或 0.4 份，一般表决成员只享有分红的权利，而没有选举权与表决权等其他权利

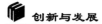

	四会市城中街道仓岗社区股份 经济联合社（股份制量化）	四会市江谷镇黎寨村 经济联合社（份额制量化）
成员 配股 （份额） 方案	（1）人口股：凡是有资格的成员均具备的基础股份，每人 3 股。 （2）年龄股：按照出生日期划分的成员累加股份，具体分配如下： 1958 年之前（含 1958 年）出生，每人 5 股； 1959 年（含）至 1968 年（含）出生，每人 4 股； 1969 年（含）至 1983 年（含）出生，每人 3 股； 1984 年（含）至 2000 年（含）出生，每人 2 股； 2001 年（含）至 2018 年 7 月 15 日（含）出生，每人 1 股。 （3）田亩股：基于成员对集体的历史贡献程度（农业方面），按照村民当前承包地的亩数及承包年份计算，该项不列入股权证，为内部登记派发，股份持有人死亡后，该股份归集体经济社所有，0.9 亩 9 年以上（含），每人 2 股；0.9 亩 9 年以下，每人 1 股。 （4）预留 200 股集体备用股，限期 2 年，逾期后归集体所有，用于解决纠纷	各成员社按照 1：1、1：0.2、1：0.3 或 1：0.4 配置份额，即自然成员分得 1 份，表决成员分得 1 份、0.2 份、0.3 份或 0.4 份，一般表决成员只享有分红的权利，而没有选举权与表决权等其他权利。如表 30-3 所示
成员 股权 （份额） 管理	（1）实行"生不增，死不减，可继承"的户内固化原则；配股到人，户内固化。 （2）经理事会同意、成员代表大会审核通过的本社成员股权可以在本社范围内流转、赠送。 （3）非本社成员可依法继承股权，凡办理依法继承的非本社成员只享有分红，没有选举权、参事权	实行"生不增，死不减，可继承"的户内固化原则；配份额到人，户内固化

案例 1：股份制量化的城中村发达模式——四会市城中街道仓岗社区股份经济联合社

户口所在地是关键成员界定因素，不区分三类成员。基于其股份制量化资产的特性，在《四会市城中街道仓岗社区股份经济联合社章程》中，该社不区分自然成员、表决成员和保留成员；只是详细界定了具备成员资格的条件和取消成员资格的条件。在对"外嫁女"等不明确成员身份的人员进行成员界定时，章程所规定的具备资格条件的成员，多是以"户口在本集体"为基础条件的。例如，对于"外嫁女"来说，户口需仍在本集体且没有取得其他集体经济组织成员资格及享受福利的（须提供嫁入方乡镇政府（街道办事处）出具的证明），应当认定其自然成员资格。

按对集体贡献程度折股量化到人，预留集体机动股。该集体虽然不区分成员种类，但是按照成员对村集体所做的贡献程度不同，折股量化到人的股份份额具有差异：①人口股为基础股，每个集体成员都具备 3 股。②年龄股为累加股，年龄越长的成员，由于对村集体所做的累计贡献越多，所得股份份额越多，到成员资格界定日前，共设置 5 档。③田亩股为附加股，基于成员对集体的农业方面历史贡献程度配置，按照村民当前承包地的亩数及承包年份计算，交公粮的时间越长、数量越多的成员，所得股份越多，用于感谢该部分成员为城镇化做出的贡献，该项不列入股权证，为内部登记派发，参与分红，股份持有人死亡后，该股份归集体经济社所有。除此之外，该集体为解决股份制改革期间可能出现的福利分红纠纷，防患于未然，"抛弃"集体股原有职能，预留 200 股集体股作为备用股，限期 2 年，用于纠纷解决，逾期后归集体所有。

公积金和公益金代替集体股的职能，设立长期储备金。虽然该社仍然设立"集体股"；但是"集体股"不再具备原来的职能。在财政资金足够用于村"两委"提供公共产品和服务的基础上，村级集体经济组织有条件从该组织年度净收益中提取一定比例的公积金和公益金，用于经济组织扩大再生产、弥补亏损和发展公益事业等，作为相对独立的经济主体运营。同时，该社为应对紧急情况，还预留了 30 万元长期储备金。

该模式的经验做法适用于经营性资产占据主导地位且绝对数量较大的、按股份制量化资产的较发达农村集体经济组织，借鉴推进农村集体产权制度改革。

案例 2：份额制量化的大规模欠发达模式——四会市江谷镇黎寨村经济联合社

联合社充分放权成员社，解决"人口规模大、统一难"问题。该社囊括了 22 个成员社，户口在册人员总数 2860 人（见表 30-3），需要界定的成员至少有七大类，这大大增加了联合社层面直接制定自然成员界定办法的难度。因此，四会市江谷镇黎寨村经济联合社充分放权至各成员社，在联合社章程的"大统一"下，各成员社依据自身情况进行"小调整"，决议制定该成员社章程。联合社按照各成员社所确认的、具备成员资格的集体成员总份额，将收益分配至各成员社；各成员社再依据当年经营状况和自身民主决议而制定的集体资产量化分配方案，按份额分配至自然成员和表决成员。

表 30-3　四会市江谷镇黎寨村经济联合社各成员社成员份额分配概况

	户口在册总人数	户口在册成员	户口在册非成员	户口不在册成员	现役军人	在校生	户口应迁而未迁入人员	集体农用地总面积	集体建设用地总面积	经营性资产	非经营性资产	份额比例
单位	人	人	人	人	人	人	人	亩	亩	万元	万元	—
上寨村	122	114	8	0	0	0	0	154.7	27.4	11.81	36.12	—
瓦窑村	256	244	12	0	0	0	0	435.6	53.5	2.94	71	—
西村	72	66	6	39	0	0	0	134.3	11.3	3.21	5.5	1：0.2
五一村	87	87	0	0	0	0	0	171.4	27.2	6.03	13.3	1：0.3
布侧村	68	62	6	23	0	0	0	57.3	13.5	1.82	1.45	1：0.3
井气口村	24	21	3	31	0	0	0	25.7	12.2	0.81	1.11	1：0.3
下二村	67	67	0	100	0	0	0	141.8	21.7	6.43	20.33	1：0.3

续表

	户口在册总人数	户口在册成员	户口在册非成员	户口不在册成员	现役军人	在校生	户口应迁而未迁入人员	集体农用地总面积	集体建设用地总面积	经营性资产	非经营性资产	份额比例
太平村	113	107	6	9	0	0	0	234.8	23.8	10.29	93.74	1:0.3
太平一村	140	131	9	21	0	0	0	188.3	23.5	1.72	83.62	1:0.3
太平二村	117	111	6	30	0	0	0	169.5	19.8	1.52	78.23	1:0.3
红星村	111	106	5	29	0	0	0	147.7	14.3	2.73	41.5	1:0.3
上增一村	135	130	5	41	0	0	0	206.6	29.5	1.86	18.12	1:0.3
上增二村	121	116	5	102	0	0	0	192	33.3	5.39	22.72	1:0.3
洋崀村	315	306	9	98	0	0	0	756.9	46.6	24.4	32.83	1:0.3
长江村	123	122	1	12	0	0	1	331.7	40.1	19.84	21.36	1:0.3
下增村	197	184	13	34	0	0	1	266.9	25.4	21.16	21.46	1:0.4
东约村	172	162	10	32	0	0	0	192.1	29.9	7.28	16.22	1:1
东正村	125	122	3	67	0	0	0	201.3	23.3	11.26	48.45	1:1
西约村	134	128	6	114	0	0	0	150.4	26.8	26.65	6.15	1:1
中一村	117	112	5	26	0	0	0	121.1	14.5	3.71	3.84	1:1
中二村	105	102	3	25	0	0	0	114.2	13.7	2.59	4.88	1:1
下一村	139	123	16	60	0	0	0	134.5	14.5	13.97	8.5	1:1
合计	2860	2723	137	893	0	0	2	4528.8	545.8	187.42	650.43	

注：户口在册成员即为自然成员，户口不在册成员即为表决成员。经营性资产＝货币资金＋经营性固定资产，非经营性资产＝非经营性固定资产。在成员资格界定日之前，1:1表示自然成员和表决成员每人均分得1份额；1:0.2表示自然成员分得1份额，表决成员分得0.2份额；1:0.3表示自然成员分得1份额，表决成员分得0.3份额；1:0.4表示自然成员分得1份额，表决成员分得0.4份额；该份额仅与资产量化分红有关。

　　成员确认结合资产量化，解决"户口迁出人员、界定难"问题。对于该社成员社来说，成员确认的关键难题在于户口迁出人员确认不明晰。基于此，该社成员社充分实行民主决策，将成员身份确认与资产量化到人"合二为一"。一方面，各成员社将成员资格认定划分为自然成员和表决成员两类；自然成员是指户口在册成员，表决成员是指户口不在册成员，以充分肯定户口不在册成员对集体的历史贡献。另一方面，为区分两类成员的集体贡献，自然成员自然配置每人1份集体资产量化份额；表决成员则由自然成员召开成员大会或成员户代表大会，2/3以上参会人员表决通过其集体资产量化分配方案，配置0.2份、0.3份、0.4份或1份集体资产量化份额，因成员社而异。

　　该模式的经验做法适用于资源性资产且农用地占据主导地位的、按份额制量化资产的欠发达农村集体经济组织，借鉴推进农村集体产权制度改革。

　　共同做法：固化股权、民主决策。固化股权，以户为单位推行民主决策，降低决策成本。四会市全市范围内的农村集体产权制度改革都推行固化股权，即农村集体经济组织经成员大会讨论决议后，确定成员资格界定日，在该界定日之前，落实量化集体成员资格及其享有的权益，以户为单位印制并发放股权证，以后每户股份或者份额不再随人口增减而变化，户内自主协调、可继承，股份可在社内流转。民主决策，在组织召开集体经济组织成员大会时，为解决全体成员召集齐全困难、全体成员达成 100% 共识困难，1/2 以上具有选举权的成员参加，或 2/3 以上具有选举权的户代表参加，方可召开成员大会，到会人员半数以上通过方有效；其中，关于成员确认的表决会议，需全体已经确认成员身份的成员或成员户代表参加，2/3 以上与会人员同意，方可生效。

二、发展壮大农村集体经济

农村集体产权制度改革是激发农村集体经济活力的重要手段，最终是为了挖掘农村集体经济发展的不竭源泉，实现农村集体经济的发展壮大。基于此，四会市在全面推动农村集体产权制度改革的基础上，积极带动、扶持农村集体经济的发展壮大。

（一）顺畅要素流转

要素的顺畅流转，是集体经济得以多元化发展壮大的基础。为集体经济的现代化发展"谋出路"，首先就要建立健全相关市场保障机制，顺畅集体经济组织内外的要素流转。

1. 确立市场主体地位

统一登记赋码集体经济组织，确认法律市场主体地位。基于农业农村部、中国人民银行、国家市场监督管理总局 2018 年联合印发的《关于开展农村集体经济组织登记赋码工作的通知》，在广东省内农村集体经济组织赋码工作的经验积累基础上，在上一级农村集体产权制度改革领导小组的指导下，四会市颁布了《四会市农村集体经济组织登记赋码工作实施方案》，详细规定了农村集体经济组织，申请登记证书并被赋统一社会信用代码的资格条件和工作流程，申请资料文件包括原县级人民政府批准其成立的文件、改革后乡（镇）人民政府批准其成立的文件、成员（股东）大会或经成员（股东）大会授权的成员（股东）代表大会决议、成员名册、组织章程、法定代表人的身份证原件及复印件、农村集体经济组织登记赋码申请表、农村集体经济组织基本信息登记表、组织章程等。成功获得登记证书和统一社会信用代码的农村集体经济组织，其市场主体地位将在全国范围内获得法律认可；基于章程指导意见等有关规定，其集体资产可纳入市（四会市）、镇、村 3 级资产交易中心交易。

2. 完善相关政策保障

进一步完善财政和税收政策，缓解启动成本高的难题。在财政政策方面，多元化扶持农村集体经济发展，支持符合条件的农村集体经济组织承担财政支农项目，扶持新型农业经营主体、农业社会化服务主体和集体经济组织创办的企业等。在税收政策方面，免征因权利人名称变更登记、资产产权变更登记而涉及的契税，免征签订产权转移书而涉及的印花税，免征因农村集体产权制度改革而导致的土地、房屋等确权变更的不动产登记费等。

进一步完善金融政策体系，挖掘要素内生流转动力。①颁布并实施《四会市农村集体资产股权质押贷款管理办法（实行）》，该贷款管理办法适用于四会市范围内、静态管理模式下的农村集体经济组织或其成员，以所持有的集体经济组织股份或份额作为抵押担保申请的贷款。贷款期限一般为1年，最长不超过3年；借款人申请贷款时，在质押物证明材料方面，除了提交农村集体经济组织股份证书等具有法律效力的权属证明以外，还需提交股权所属集体同意质押的证明材料。若借款人无法正常偿还，在借贷双方协商的基础上，贷款人可通过处置变现其他补充抵押物受偿，或向四会市农业农村局申请启动农村集体经济组织股权处置程序，包括协商处置、协商收购以及委托拍卖。②颁布并实施了《四会市农村土地承包经营权抵押贷款管理办法（实行）》，该贷款管理办法适用于在不改变土地所有权性质、不改变土地用途和不损害农民利益的前提下，以借款人持有的农村土地承包经营权作为抵押担保申请的贷款。借款人自有资金投入比例不得低于借款项目所需资金的40%，农村土地承包经营权剩余年限不少于5年；贷款额度原则上不超过资产确认价值（额度低于100万元（含）的，抵押物价值可由双方协商确认；高于100万元的，抵押物价值由具备资质的估值机构估价，贷款发放机构确认）的60%，贷款期限最长不超过3年。

（二）扶持集体经济

发展壮大集体经济的关键，还是要在健全要素流转机制的基础上，多元化集体经济发展方式，因村施策，挖掘集体经济内生发展的不竭源泉。

1. 扶持产业发展

"政银"合作，通过风险补偿和贴息贷款扶持特色农业发展。四会市政府和四会农商银行就扶持发展现代特色农业贷款业务，达成合作关系——"政银"合作农业贷款业务，首期合作农业贷款扶持资金总额为800万元。

（1）贷款对象。

在四会市从事现代特色农业的农民专业合作组织、农村集体经济组织、农业企业以及具有完全民事行为能力的农业专业户可以申请贷款。贷款需用于从事兰花种植、绿色苗木经营等现代特色种养业；贷款人资格审核权归镇政府（街道办事处），报四会市金融局、农业局备案，进行监管。

（2）风险补偿基金与运作资金。

四会市政府成立风险补偿基金（首期500万元），可以根据贷款规模进行增减，原则上每年年初余额不低于500万元；四会市农商银行向符合条件的客户发放贷款总规模，最高不得超过风险补偿基金的10倍（首期最高5000万元）。当贷款发生损失时，贷款本金损失由风险补偿基金承担80%，四会市农商银行承担20%，贷款利息损失由四会市农商银行全额承担。同时，四会市政府成立运作基金（首期300万元），用于符合条件的当地农民、农村经济组织和企业申请贴息贷款；政府贴息额度为利息的 70%，贴息周期为半年，仅限于按时还息的贷款。

（3）贷款额度。

借款人的贷款额度，按其种植规模核定，原则上不得超过项目总资金需求的 70%。无质押物贷款，由风险补偿基金担保；有质押物贷款，以房产抵押的，抵押物价值的 60% 作为贷款抵押部分，以纯土地抵押的，抵押物价值的 50% 作为贷款抵押部分，其余贷款由风险补偿基金担保。对于现代特色农业专业户来说，无质押贷款最高限额为 30 万元，有质押贷款最高限额为 200 万元；对于肇庆市或四会市农业龙头企业（经济组织）来说，无质押贷款最高限额为 40 万元，有质押贷款最高限额为 250 万元；对于国家级或省级农业龙头企业（经济组织）来说，无质押贷款最高限额为 50 万元，有质押贷款最高限额为 300 万元。

2. 改革探索

2019 年，中共四会市委组织部、四会市财政局、四会市农业农村局在广东省颁布的《关于开展扶持村级集体经济　壮大村级集体经济的通知》基础上，颁布了《四会市 2019 年扶持村级集体经济　壮大村级集体经济工作实施方案》。在全市范围内确立了第一批 7 个行政村先行改革（见表 30-4）。每个村扶持资金为 50 万元，其中，中央财政一次性补助资金为 30 万元，广东省补助资金为 15 万元，四会市补助资金为 5 万元；根据各村自然、人文禀赋，村党支部牵头规划、扶持、发展兰花、柑橘、葡萄、蕉芋、金线莲等特色农业项目，预计在 1~3 年内见收益，年收益率约10%。计划在总结第一批改革工作经验的基础上，后期按类别每年逐步扶持一定数量的村级集体经济组织，力争到 2023 年，基本消除全市薄弱集体经济组织。

表 30-4　四会市 2019 年扶持村级集体经济改革

行政村	基本情况	项目规划
石狗镇石狗村	位于镇中心，在籍村民 5000 人。集体土地 100 亩，其中，闲置土地 70 亩、鱼塘 30 亩；店铺 50 平方米。资产总额 168.8 万元；2018 年集体经营性收入 25.9 万元，纳入镇级统一管理	"公司+基地+农户" 兰花种植项目：种植面积 30 亩，总投入 120 万元，其中，财政扶持资金 50 万元，村集体投入 10 万元，肇庆雅兰芳农业科技公司投入 60 万元；预计年收益率 10%；村集体与公司按投入比例分配，年增收约 6 万元
石狗镇程村村	位于镇南部，在籍村民 3353 人。集体土地约 600 亩，其中，流转土地 300 亩、鱼塘约 200 亩。资产总额 230 万元；2018 年集体经营性收入 10.2 万元，纳入镇级统一管理	以兰花为主的农产品交易中心建设项目：总投入 100 万元，其中，财政扶持资金 50 万元，公司投入 50 万元；预计年收益率 10%，村集体与公司按投入比例分配，年增收约 5 万元
黄田镇燕崀村	位于镇西部，在籍村民 3561 人。集体土地 800 亩，其中，山林地 750 亩、鱼塘 10 亩、滩涂 40 亩。2018 年集体经营性收入 11.9 万元，纳入镇级统一管理	柑橘种植项目：前 2 年村集体负责落实项目用地和柑橘种植，第 3 年租赁给第三方经营，以 15 年为期限；种植面积 55 亩，总投入 80 万元，其中，财政扶持资金 50 万元，承包方投入 30 万元；预计年收益率 10%，村集体与承包方按投入比例分配，年增收约 5 万元

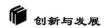

续表

行政村	基本情况	项目规划
黄田镇江头村	位于镇东部，在籍村民1676人。集体土地269亩，其中，山林地39亩、鱼塘100亩、流转土地130亩；村委会办公场所330平方米，江头小学旧址9000平方米。2018年集体经营性收入10万元，纳入镇级统一管理	柑橘种植项目：前2年村集体负责落实项目用地和柑橘种植，第3年租赁给第三方经营；种植面积55亩，总投入80万元，其中，财政扶持资金50万元，承包方投入30万元；预计年收益率10%，村集体与承包方按投入比例分配，年增收约5万元
贞山街道柑榄村	位于街道西部，在籍村民3840人。集体土地约200亩，其中，山林地80亩、鱼塘20亩、滩涂40亩、水田7亩、基础设施用地40亩。2018年集体经营性收入23万元，纳入镇级统一管理	"合作社+基地+农户"葡萄种植项目：种植面积50亩，总投入100万元，其中，财政扶持资金50万元，公司投入50万元；预计年收益率10%，村集体与公司按投入比例分配，年增收约5万元
迳口镇迎头村	位于镇中心，在籍村民2100人。集体土地2890亩，其中水田1311亩、鱼塘260亩、旱地1319亩；迎头中小学旧址4039平方米。2018年集体经营性收入15.1万元，纳入镇级统一管理	"合作社+基地+农户"柑橘种植项目：种植面积50亩，总投入86万元，其中，财政扶持资金50万元，合作社投入36万元；预计年收益率10%，村集体与合作社按投入比例分配，年增收约5万元
江谷镇马岗村	位于镇郊区，在籍村民3910人。集体土地1850亩，其中，林地1600亩、鱼塘250亩；村办公及活动场所400平方米，商铺6间、厂房2间。2018年集体经营性收入10万元，纳入镇级统一管理	蕉芋、金线莲种植项目：种植26亩，其中，蕉芋16亩、金线莲10亩；总投入60万元，其中，财政扶持资金50万元，村集体投入10万元；预计年收益率10%，村集体与合作社按投入比例分配，年增收约6万元

实施"头雁工程"，完善扶持村级集体经济改革工作机制保障。明确各级政府、各部门职责，将此项工作纳入"深入推进加强党的基层组织建设三年行动计划"中。向扶持改革村选派村党支部第一书记，充分发挥第一书记"头雁"作用，带领村"两委"用好扶持资金。加强资金监管和跟踪考核制度建设与工作实施，加强宣传引导。

三、改革任务的成效评价

四会市农村集体产权制度改革和集体经济发展基于组织领导有力、根基夯实、稳扎稳打地推进，成效初显。农村产权制度改革的组织领导体系、制度体系基本建成，农村集体经济组织成员权利得到了更充分的保障，农村集体经济组织要素流动自由性更强。

（一）农村集体经济产权制度改革组织领导与制度体系基本建成

"大统一小调整"推进改革，形成参考有力、调整灵活的指导实施体系。在组织领导方面，四会市市级成立改革领导小组，在全市范围内部署整体改革工作；各乡镇对应成立改革领导小组，并基于自身情况将整体部署工作具体化，分派1~2名专员指导各村切实开展改革工作。在政策文件和制度体系建设方面，参考省级制度体系建设标准，四会市颁布主要相关政策文件 30 余件；各乡镇（街道）参考市级相对完善的标准体系，对应颁布结合本镇（街道）实际情况的改革试验方案、章程范例等政策文件，指导各集体经济组织最终确立具体改革试验方案和章程。截止到 2019 年 10 月 25 日，全市有 124 个村（居）和 2268 个村民小组完成了农村集体产权制度改革工作，建立股份经济联合社（经济社）或经济联合社（合作社），完成率为 97.56%。无论是在组织领导方面，还是在制度体系建设方面，这样"大方向下统一部署，具体情况小调整"的改革工作推进模式，为农村集体产权制度改革工作，不仅提供了充实的政策依据，而且创造了充足的灵活调整空间，使改革进程更接近"帕累托最优"调整。

借助统一赋码工作再度审核，形成监督有力、反馈有效的指导实施体系。除了强有力的三级指导、监督工作体系的建设和不定期督查工作的开展以外，四会市借助农村集体经济组织统一赋码发证的申请材料审核过程，再度审核各农村集体经济组织产权制度改革完成情况并做出指导，指导各集体经济组织最终建立完善规范的制度体系和档案备案体系，并为其赋码发证。全市目前有 2245 个集体经济组织完成登记赋码并领取登记证书工作；其中，村级集体经济组织 116 个，小组级集体经济组织 2129 个，完成率为 91.5%。

（二）农村集体经济组织内部管理形成明晰规范

建立现代企业制度，为参与市场运营夯实组织建设基础。一方面，分别指导股份制量化资产和份额制量化资产的农村集体经济组织，成立股份经济联合社（经济社）和经济联合社（合作社）并建立章程；成立成员大会，并选举产生成员代表大会、理事长（会）和监事长（会），规范经济组织结构和民主选举、民主决策、民主管理、民主监督制度。截止到 2019 年 10 月 25 日，全市完成集体产权制度改革工作的 124 个村（居）和 2268 个村民小组全部建立了规范的组织章程。另一方面，建议取消集体股并建立规范的收益分配制度。集体股虽然具有扩大集体再生产、弥补亏损和公益事业支出等促进集体发展的功能，但也是众多纠纷产生的源头，设置比例难以统一，使用合理性难以保障。基于此，建议取消集体股，用提取一定比例的公积金和公益金来代替集体股职能，在解决集体资金需求的同时，消除一些纠纷根源。如仓岗社区股份经济联合社从当年收益中分别提取 10% 的公积金和 10% 的公益金，黎寨村经济联合社从当年收益中分别提取 15% 的公积金和 15% 的公益金，用于集体事业的发展，为集体成员购买医疗保险、提供教育养老等福利，维护集体厂房等。除此之外，仓岗社区还预留了 2 年有效期的 200 股集体股，用于协调纠纷矛盾，赋予了集体股新的职能。此外，全市经济联合社已经 100% 建立会计委托代理服务制度，委托镇（街道）会计服务中心代理核算；2025 个村民小组实现了"组账村管"，完成率为 88%。

争取政社资金分离，为经济主体参与市场运营建立保障。四会市建议实行政社分离，财政资金用于政府提供公共产品和服务，集体经济组织提取的公积金和公益金仅用于集体经济组织的发展，以更有力地发展壮大集体经济组织，使成员从中更多受益。这体现在其农村集体产权制度改革相关材料备案的整理上，凡是涉及农村集体经济组织相关事项的表决、会议记录、章程文件等，都需要加盖农村集体经济组织公章，而不是村"两委"公章；基于此，指导农村集体经济组织成员建立市场主体意识。较为发达的四会市城中街道仓岗社区股份经济联合社已经基本实现政社资金分离，农村集体经济组织提取的公积金、公益金和长期储备金由农村集体经济组织成员规划、决议、监督使用并用于集体经济组织。

（三）农村集体经济组织成员权利得到充分保障

在遵守法律法规条例的基础上，充分保障了集体成员民主自治权利。在成员确认、章程制定等环节中，充分尊重成员意见，保障了成员权利。在对不明确成员进行界定的过程中，由已经明晰了成员身份的成员开会讨论，2/3 以上的参会人员达成一致后方可通过决议；四会市江谷镇黎寨村经济联合社充分放权 22 个成员社，讨论决议出 22 套表决成员分配方案。在四会市城中街道仓岗社区股份经济联合社的章程表决会议上，该集体参加投票的成员共 318 名，收回有效选票 318 张，其中，同意选票 216 票，反对选票 81 票，弃权选票 21 票，赞成票占比 67.92%，通过了四会市城中街道仓岗社区股份积极联合社章程。目前，全市有 2392 个集体经济组织已经完成成员认定工作，完成率为 98.37%，认定成员 28.56 余万人；904 个集体经济组织已经完成成员信息录入工作，录入成员 78090 户 287544 人。

在成员确认与配股方案实施上，充分保障了集体成员按贡献分配收益的权利。目前，全市 124 个经济联社、2268 个经济社已经完成资产量化工作，完成率为 97.56%；其中，股份制量化的集体经济组织 3 个，份额制量化的集体经济组织 2389 个。在股份制量化的仓岗社区中，设置三类配股——人口股、年龄股和田亩股，年龄股衡量成员对集体所做的综合贡献，田亩股衡量成员对集体所做的农业方面贡献。在份额制量化的黎寨村，认可户口不在册成员的历史贡献，基于民主决策，分配自然成员的 20%、30%、40% 或 100% 份额给这些表决成员，用于其享有集体收益分配权利；同时，还认定了一些户口不在册乡贤的成员身份，这些乡贤并没有表决权和收益分配权，但是获得了集体归属感，志愿为家乡做贡献。像这样的、对户口不在册成员给予历史贡献认可的集体经济组织，在四会市江谷镇有 198 个，占该镇集体经济组织总数的 58.2%。

在股权或份额管理上实施固化，充分保障了集体成员收益分配的长久享有权。四会市指导各集体经济组织采取"生不增，死不减；进不增，出不减"的股份（份额）固化原则，实施"量化到人，确权到户，社内共享，长久不变"的静态管理办法。基于《关于做好农村集体经济组织成员及股权证书打印工作的通知》，通过对每户颁发股权证，详细列明户内成员股份（份额）享有情况及变更情况，固化成员户股份（份额），形成稳定预期，减少集体内部摩擦。

（四）农村集体经济组织要素流动实现更加自由

全面完成清产核资，分门别类发挥了各自比较优势。目前，全市全部集体经济组织已经完成清产核资工作和"三资"管理平台数据录入工作。全市共清查账面资产总额 257711.36 万元，其中经营性资产总额 160884.75 万元；核实资产总额 260225.24 万元，其中经营性核实资产总额 161971.36 万元；清查土地 135.52 万亩，其中农用地 126.81 万亩。划分了三类资产类别，像仓岗社区这样，经营性资产占据"半壁江山"的集体经济组织，充分激活经营性资产收益，通过出租厂房等获得集体收益；像黎寨村这样资源性资产占据主要地位的集体经济组织，充分激活农用地出租收益，通过集体发包土地，将 1 亩土地的租金从 800 元提升至 1000 元来获得集体收益，用于集体医疗保险购买等。

完善配套市场机制，缓解了信息不对称与不完全性。完善了农村集体资产股权质押和土地承包经营权质押贷款制度，为农村集体经济组织要素自由流动创造了更加有力的制度空间；完善了产权交易平台，为农村集体经济组织要素自由流动创造了更加有力的信息供给；完善了发展壮大村集体经济制度体系，迸发了农村集体经济组织经济活力。2018 年，四会市集体经济组织年度收益 5 万元以上的 66 个，占比 52.8%；年度收益 50 万元以上的 31 个，占比 24.8%。

四、存在的问题与风险

虽然四会市农村集体产权制度改革和集体经济发展初见成效，但是仍然存在着如下的风险和问题：

（一）部分集体资产区别性经营能力不足

清产核资工作明确区分了资产类型，部分集体资产区别性经营能力不足，集体经济发展成效不足。尽管在清产核资的过程中，农村集体经济组织清晰界定了三类资产类型，但在实际经营过程中，却界限模糊。对仓岗社区这样基本全部为经营性资产和非经营性资产的发达集体经济组织来说，资产经营能力相对较强，也确实通过改革进一步激活了集体资产的运营活力。但是对黎寨村这样资源性资产和经营性资产混合并存的欠发达集体经济组织来说，资源性资产的运营活力不强，经营性资产的活力难以激发，各类型资产区别经营能力不足，改革盘活集体资产的成效并不显著，集体经济发展成效不足。

（二）少数集体成员确认工作推进度不足

成员确认基本完成，少数集体推进困难。目前，四会市仍然有 1 个经联社和 59 个经济社尚未完成集体产权制度改革工作；有些集体仍然面临着较为困难的成员身份确认环节。一方面，有些不明确成员的确认确实存在困难；另一方面，这也和改革工作的经验总结、推广不够到位有关，一些好的做法、创新的经验难以得到正确借鉴。

（三）固化股权相关配套机制健全度不足

股权份额固化减少摩擦，后续配套机制不够完善。股权实施静态管理，确实减少了集体内矛盾和纠纷的出现。然而就股份制量化的发达农村集体经济组织而言，固化股权后的股份流转、继承细则不够明晰，遗留隐患；就份额制量化的欠发达农村经济组织而言，固化份额后的收益分配细则不够明晰，待集体经济组织更加富裕后，易出现矛盾纠纷，遗留隐患。

（四）部分第三方外包服务支撑力度不足

内部组织建设基本规范，法律、经营管理服务支撑不足。在农村集体产权制度改革工作的推进下，完成改革的农村集体经济组织都建立了相对较为规范的内部组织架构和管理机制。然而在实际经营管理过程中，无论发达还是欠发达的集体经济组织，在组织经营管理方面，在组织规章制度制定方面，都多多少少面临人力资本支撑不足问题。虽然部分组织有合作的法律机构向其提供法律服务，但法律服务涉及不够全面、针对性不强，民主自治的法律依据不够强；虽然部分发达集体组织有一定的经营管理能力，但资源配置仍为达到"帕累托最优"，民主自治的专业经营水平不够高。

五、深化改革的法律政策建议

针对四会市农村集体产权制度改革和集体经济发展的成效、不足和风险，本报告提出以下几点法律政策建议，针对关键突出问题，健全规章制度、强化指导：①健全资产经营管理指导性意见，除了指导资产种类的划分，还要指导划分后如何区别经营，进一步激活集体资产，探寻壮大集体经济的道路。②完善改革经验总结工作，对改革过程中出现的先进做法、典型经验，做到及时总结，并向还未完成改革的集体输送适用的经验做法和专业人员指导。③建立健全固化股权的后续配套机制指导性政策文件，对股权的流转、继承，对份额制下成员的收益分配细则做出指导，防患于未然。④建立健全法律服务支撑体系，为农村集体经济组织的运营管理提供规范化、标准化的法律外包服务。⑤建议实行集体经济组织职业经理人聘请制度，进一步提高集体经济组织的盈利能力，增强成员收益。

第三十一章 广东省博罗县农村集体产权制度改革和集体经济发展调研报告[①]

2019 年 12 月 22~23 日，中国人民大学农业与农村发展学院调研组对广东省博罗县农村集体产权制度改革和集体经济发展进行了调研。调研组与县（区）政府、县（区）农业农村局等有关部门就农村集体产权制度改革工作的进展、具体做法、经验、难点等方面进行了讨论；并走访了 3 个村集体经济组织，与镇街干部、村社区干部和部分村民代表进行了深入访谈。完成了一手资料的搜集，具体情况如表 31-1 所示。

表 31-1　惠州市博罗县农村集体产权制度改革和集体经济发展调研活动汇总

序号	时间	活动	内容
1	2019 年 12 月 22 日下午	园洲镇刘屋村调研	改革进展及集体经济发展情况
2		麻陂镇艾埔村调研	
3	2019 年 12 月 23 日上午	罗阳街道鸡麻地村调研	改革进展及集体经济发展情况
4		与县政府、县农业农村局等相关部门负责人进行了座谈	

一、农村集体产权制度改革

（一）重视前期宣传培训，动员全民积极参与

为做好思想动员工作，博罗县多次召开动员会议，通过多种形式做好宣传与培训工作，为后期改革工作的深入推进打下了坚实的基础。首先，博罗县及时召开全县改革工作动员会议，全面部署改革工作，专门邀请省农业农村厅有关领导亲临到会指导，县委县政府主要领导亲自参加会议并分别作重要讲话。会上印发了《博罗县农村集体产权制度改革方案》和《博罗县 2018 年农村集体产权制度改革工作要点》。在全县动员工作会议之后，全县各镇也先后召开了动员会，广泛发动群众，动员全民参与，让广大农民朋友深入了解此次改革的目的、意义和作用等。其次，博

---

① 执笔人：黄斌。

罗县印发《博罗县农村集体产权制度改革漫画》2万多册、《致农民朋友的一封信》2万多份，并以微信形式发布了《博罗县农村集体产权制度改革宣传片》，通俗易懂，加深了农民群众对于改革工作的理解与支持。同时，博罗县充分利用广播、电视、网络等媒体以及横幅、户外广告等形式加大宣传力度，营造改革的浓厚氛围，全县各镇共悬挂产权改革标语、横幅2000多条。再次，博罗县业务主管领导和熟悉农经工作的业务骨干定期到各镇开展业务培训和指导。据统计，自开展改革工作以来，全县共举办各类培训班120多期，培训镇、村、组干部19000人次。最后，博罗县组织业务指导员前往北京市、上海市闵行区、浙江省嘉兴市和江苏省苏州市参观学习，借鉴全国各地关于农村集体产权制度改革工作的先进经验；并学习山东省农村集体产权制度改革考核全省第一名的泰安市泉沟镇、龙廷镇等地的先进经验。除了积极学习地方经验之外，博罗县还与兄弟县区密切交流讨论产权改革工作的举措与进展，包括江门市、汕头市澄海区、南雄县等兄弟县区。

（二）扎实推进清产核资工作

全面清产核资正是此次改革中最为基础的工作。扎实做好清产核资工作，能够提升明晰集体资产产权关系，提升集体资产利用效率。农村集体产权制度改革就是要把村集体所有的各类资产进行清产核资，把集体家底搞清楚，并在这个基础上把集体资产折股量化到人，确权到户，增加农民财产性收入，让农民分享集体经济发展的成果，在改革中得到实实在在的好处。为此，博罗县制定了《博罗县开展清产核资工作方案》，印发了《博罗县农村集体资产清产核资报表》，全县343个村、2838个村小组同时开展了清产核资工作。同时，博罗县专门派出多名骨干指导人员赴各村组一线指导各村、组严格按照工作方案完成清产核资工作。通过清产核资，村集体摸清了家底，为农村股份制改革打下了坚实的基础，确保改革任务按时完成。据统计，全县343个村、2838个小组完成了清产核资工作（村级完成率为100%，小组完成率为99.4%），共清查核实货币资金8.32亿元、资产62.02亿元（其中固定资产37.36亿元）；盘盈资产2.58亿元；清理核实债权5.35亿元、债务9.67亿元，其中化解债务1548.57万元；清理核实经营性资产27.45亿元、非经营性资产28.46亿元。资源性资产（集体土地总面积）245.63万亩。其中农用地228.11万亩（含耕地64.95万亩、园地8.48万亩、林地136.72万亩、养殖水面8.06万亩）。未承包土地合计107.39万亩。其中未承包的耕地18.89万亩、园地3.54万亩、林地78.49万亩、养殖水面6.23万亩。

全县做好清产核资清查工作后，后续还做好公示确认资产、签名锁定资产、造册备案存档以及录入上传平台等工作。此外，资产量化是与清产核资工作相匹配的工作，即资产权属分配的问题。博罗县对不同类型的资产有着不同的量化要求：对经营性资产采取股份量化；对资源性资产采取确权颁证；对公益性资产采取管护服务。到调研期间为止，全县完成资源性资产耕地（面积71.34万亩）确权到户，占应确权面积的98.98%；发放经营权证书9.8万户，占应确权农户的96.11%。全县共量化集体资产总额 25 亿元，推动 44.55 万农村社区居民变股东，累计成立股份经济合作社 2363 个，股份经济合作联合社 277 个，健全了理事会、监事会机构，制定了改革组织章程。同时，博罗县对公益性资产加强了管护服务。通过此次产权制度改革工作的推进，清产核资理清历史遗留的债权、债务问题得以解决，并且进一步明确了个人在集体资产中的份额，消除了村民对于利用集体资产的疑虑，也避免了集体资产被侵占、遭流失等现象的发生。

（三）全面完成成员界定工作

全面完成成员界定工作，能够最大限度明晰成员权益边界，保障改革工作平稳推进。博罗县及时出台了《博罗县农村集体经济组织成员身份界定指导意见》，按照"尊重历史、照顾现实、程序规范、群众认可"的原则开展成员身份界定工作，要求各镇村也要结合本地的实际情况，进一步制定适合自己的界定办法，通过成立组织、制定办法、身份认定、公示表决、审核备案，完成博罗县的成员身份界定工作。同时全县参考学习山东省的经验，做到"有法依法、有规依规、无法无规依民"。目前，全县 343 个村、2838 个小组已全面完成集体经济组织成员身份界定工作（村级完成率为 100%，小组完成率为 99.4%），完成村民摸底 60.59 万人，确认成员 62.58 万人（全县完成确认率为 99.3%），有效地解决了全县 20 多个村的"外嫁女"权益保障问题、三峡移民与当地村民的利益分解问题、农村户籍大学生进入体制内工作的股民身份界定问题等。

成员界定过程中所触发的矛盾，尤其以"外嫁女"问题矛盾为多，而各地在充分尊重民意基础上妥善解决了这一问题，积累了不少经验。如石湾镇的渔村村的"外嫁女"分红问题一直存有争议，这次农村产权制度改革，对"外嫁女"的分红问题进行了多次反复磋商讨论，较好地解决了"外嫁女"分红争议问题，规定凡是当年上半年出嫁的只能享受半年的分红，而下半年出嫁的只能享受一年的分红，并且从第二年开始就不得再享受村里的分红了。又如罗阳街道明确了该镇的"外嫁女"只要是嫁出去的，无论户口是否迁出，都一律不得再享受村集体的分红。又如园洲镇刘屋村则规定如果"外嫁女"原来有股份则可以继续领取分红，但不能继续享受福利，5 年股份调整后将不再有股份。

（四）稳步推进股份合作制改革工作

股份合作制改革工作的稳步推进，能够为集体经济的壮大奠定坚实基础，为拓宽集体成员财产性收入创造良好环境。在股权设置方面，博罗县不提倡保留集体股。如果出于当地需求等原因而设置集体股的，个人股按要求不得低于总股数的 60%，一般不得低于 70%（即集体股一般要低于 30%）。对于不设置集体股的村，博罗县规定村集体可以提取公积金和公益金，但提取比例不得高于可分配盈余的 40%（一般是 20% 左右）。此外，集体股和公积金、公益金不能同时设置或提取。

在股权管理方面，博罗县做出了充分实践探索，多数村集体根据提倡实行不随人口增减变动而调整股权的静态管理模式，少数村集体根据具体情况采取了动静结合的管理模式，如园洲镇刘屋村则采取五年一调的股权管理模式，以化解改革期间可能出现的矛盾。博罗县在充分调研的基础上出台了《博罗县农村集体经济组织股权管理试行办法》，规定在股权配置方面应确权到户、量化到人、户内共享、社内流转。在股权证书发放方面，以人为基数、以户为单位向集体经济组织成员发放，以此作为成员占有集体资产股份、参与决策管理、享有收益分配权的有效凭证。博罗县要求各镇首先在有分红和有经营性资产的村组开展股权量化和份额量化工作，一人一股，尽量简化，并要求在二级经济村联合社中以小组为单位颁发集体股权证。截至2019年，全县颁发股权证11万本。2019年8月1日，园洲镇刘屋村挂牌成立农村股份经济合作联合社，标志着该县首个挂牌成立的农村股份制经济组织诞生，其他村集体也相继挂牌成立，进一步强化推进股份合作制改革工作的组织力量。

（五）强化组织领导，保障改革工作顺利推进

为确保改革工作顺利推进，博罗县高度重视组织领导在推进改革工作中的关键作用。第一，明确县、镇、村三级书记抓改革的工作思路，确保组织工作的全覆盖。博罗县委县政府高度重视博罗县农村集体产权制度改革工作，专门成立了由县委书记任组长的博罗县农村集体产权制度改革工作领导小组，把此项工作作为当前农业农村工作的重中之重，领导小组多次专门召开县委常委会议研究部署此项工作。全县专门制定并下发了《博罗县农村集体产权制度改革方案》，各镇、村也对应地根据当地实际情况制定了工作方案，成立领导小组，由各镇、村书记任组长，承担领导责任，扎实做好三级书记抓改革的工作思路。第二，组建业务熟练的改革工作队伍。博罗县从18个镇中各抽调一名熟悉农经工作、作风扎实、积极肯干的同志作为这次改革的业务指导员，在经过培训后返回到各镇开展业务指导工作。抽调期间，业务指导员工作任务由县农业农村局派遣，业务上接受县农业农村局指导。相应地，各镇也在各村中建立了一支业务操作员队伍，由各镇的业务指导员承担具体指导工作，以层层开展业务指导的方式提升总体工作效率。同时，博罗县还建立了各镇指导员的微信联系群，及时传递相关信息，方便各地业务指导员学习交流。第三，确立及时反馈的动态工作机制。博罗县农村集体产权制度改革工作的主要任务是要在全县建立"归属清晰，权能完整，保持严格，流转顺畅"的中国特色社会主义农村集体产权制度，保障农民作为农村集体经济组织成员的合法权益。县产权办根据上级工作部署，制定了改革倒排时间表，明确了每个阶段的工作任务和工作重点，并严格按照时间节点抓好各项工作的落实。为方便开展工作，县产权办将工作人员分为综合协调组、业务指导组、文字材料组、宣传档案组、证书发放组和信访调解组六个工作组，明确各自工作职责，狠抓工作落实。此外，博罗县还会定期编印《博罗县农村集体产权制度改革工作简报》，分别向省、市、县、镇相关部门反馈了博罗县的工作动态。第四，重视督查指导工作的开展。县委、县政府领导多次带队深入到各镇村、组开展实地调研和现场办公。同时，县政府督查部门定期派出督导组到各镇开展督导工作，采取听汇报、查资料、看档案以及随机抽查个别村和小组等方式进

行督查，保证改革工作保质保量地完成。

总的来看，博罗县的农村集体产权制度改革工作基本完成，并在此基础上扎实推进了建立健全农村集体经济组织、赋予农民对集体资产股份权能、发展壮大集体经济和强化农村集体资产财务管理等方面的工作，取得了阶段性成效，得到省、市农业主管部门的好评以及《南方日报》《惠州日报》等有关媒体的关注。自实施农村集体产权制度改革工作以来，博罗县没有发生一起因为产权改革而导致的群体上访事件。

二、壮大农村集体经济

博罗县通过开展农村集体产权制度改革工作，对发展壮大农村集体经济具有一定的成效。据统计，2018 年全县村组集体收入 7.55 亿元，比 2017 年的 6.77 亿元增加了 0.78 亿元，增长 11.52%。2018 年全县农村集体成员分红 2.08 亿元，比 2017 年的 1.23 亿元增长 68.59%。2018 年全县农村居民可支配收入 20650 元，比 2017 年的 19073 元增加了 1577 元，增长 8.27%。

（一）完善改革措施创设，引导集体经济规范发展

博罗县结合实际，制定出台了改革措施，如《博罗县开展清产核资工作方案》《博罗县农村集体经济组织成员身份界定指导意见》《博罗县农村集体经济组织股权管理试行办法》《博罗县××镇××股份经济合作联合社（股份经济合作社）章程（样本）》《博罗县农村集体经济组织登记赋码工作方案》等 20 多项改革措施，加强了农村集体资产的监管，引导集体经济发展走向规范路径。目前，全县 343 个村、2838 个小组已将村集体资产录入省级"三资"监管服务平台。县级平台建立了资产资源台账、交易管理台账和合同管理台账，加强了农村财务管理，有助于增加村集体和村民的收入。如园洲镇刘屋村通过这次农村产权制度改革，进一步完善了财务管理制度，对村财务审批、固定资产投资、工程招标、收益分配等方面规定做了修改完善。村民小孩从小学到高中全免费上学，考上大中专的学生分别有 5000～10000 元不等的奖学金，60 岁以上老人每年可领取 15600 元的老人金。

同时，博罗县认真指导各村组制订章程，制定并下发了《博罗县××镇××股份合作经济联合社章程（股份合作经济社）（样本）》给各镇参考，并要求各村组不能照搬照抄、搞"拿来主义"。出于党建引领在农村基层关键作用的考虑，博罗县还规定：理事会是本社的常务决策和管理机构，理事会任期与村"两委"任期同步。村党支部书记和村小组长为首届理事长。村小组换届后，小组长直接当选为理事长。这一规定保障了改革期间人员的稳定性，防止组织力量涣散的现象出现，为集体经济发展创造了稳定环境。

（二）扎实做好登记赋码换证工作，强化集体经济组织功能

做好登记赋码换证工作，稳固了集体经济组织的主体地位，提升了适应市场环境的能力，促进集体经济组织功能得到充分显现。博罗县根据上级的相关文件要求，

结合全县实际，制定了《博罗县农村集体经济组织登记赋码工作方案》，并结合登记工作实际，设置了《博罗县农村集体经济组织登记赋码申请表》《博罗县农村集体经济组织换证赋码申请表》《博罗县农村集体经济组织事项变更申请表》《博罗县农村集体经济组织补发证书申请表》。因登记赋码涉及有关电脑技术等方面的问题，为尽快完成博罗县农村集体经济组织赋码登记工作的开展，博罗县采取外包业务的方式，委托第三方机构帮助博罗县完成这项工作。

（三）农村集体产权制度改革与农村集体经济发展经验做法

1. 以清产核资工作为推力，探索集体资产盘活利用方式

全面落实清产核资工作，能够解决债务问题、账目问题、权属问题，提升农村集体资产财务管理水平，有利于农村集体经济组织探索通过盘活资源资产的方式壮大集体经济。博罗县湖镇镇坪山村推进农村集体产权制度改革，为盘活沉睡资产创造良好契机，有助于村集体经济的稳步发展。坪山村地形属于典型的丘陵地带，村民大多零散分布在地势相对平坦的西北部地带，并且由于年轻劳动力的大量外流，留在村里的都是老年人和幼童，成了"留守村""空心村"。近年来，村集体打算转丘陵地形劣势为优势，打造一家集田园风光、亲子拓展、古村文化、越野露营、农事体验为一体的生态农场——"欢乐稻场"。这一项目的开展需要集聚一定规模的农地，难以得到村民们的支持。随后，在村集体干部逐家逐户的游说下，村集体成员开始支持农地集中利用的方式，支持村集体打造乡村旅游产业。

由于当时村里缺乏配套的居住设施，加之人居环境脏乱，游客多是当日往返，抑制了产业创收、带动村民致富的成效。为彻底解决好"脏乱差"问题，坪山村开始重视后续人居环境改善，将集体经济壮大与人居环境整治有效衔接起来，发展绿色集体经济。在家禽放养污染环境方面，坪山村制定了"鸡鸭圈养，鸡鸭放出马路轧死免赔"的村规民约，解决了家禽四处排便带来的脏乱差现象，也减少了家禽被路过车辆轧死导致的纠纷和安全事故；在居住区域卫生方面，坪山村就组织党员干部上门规劝，并由党员干部带头带领村民一起参与村道清洁。在危房整治方面，坪山村陆续投入约35万元资金用于开展"三清三拆三整治"工作，共拆除危房、旧房面积约1万平方米；清理出房前屋后空地约5万平方米，同时还开展了河道沟渠、鱼塘清理等，村里的人居环境得到显著改善。此外，坪山村还聘请了有资质、有打造美丽宜居乡村经验的规划设计公司及施工单位，稳步推进人居环境整治、打造美丽宜居乡村。环境整治工作完成之后，"欢乐稻场"发展逐步步入正轨，村集体经济得到稳步壮大，拓宽了集体成员增收路径。

2. 引入新型农业经营主体，提升集体资产运营效率

新型农业经营主体由于懂经营、擅管理，能够弥补农村集体经济组织工作人员往往能力有限、市场信息掌握程度有限的缺陷，提高集体资产盘活能力，推动集体经济发展困境的突破。比如，博罗县麻陂镇艾埔村属于集体经济薄弱村，而惠州市广博大种植专业合作联社（母社为首批国家级示范社）的进驻，为推进农村集体产

权制度改革与集体经济壮大产生了显著成效。一是广博大联社通过承租的方式将"旧资产"转变为有价值的经营性资产，为村集体带来每年7万元的稳定收入；二是广博大联社以土地流转集中的方式实现农业规模经营，推动集体土地价值增值；三是广博大联社承担部分新型农业经营主体培训服务业务，为艾埔村经济联合社招商引资创造有利条件；四是广博大联社探索与艾埔村经济联合社的业务合作模式，为村集体成员提供稳定的销售平台服务，并通过提供"五统一"生产指导服务，逐步将艾埔村转为稳定的配送原料供应基地，拓宽集体经济增收渠道。此外，产权改革工作还加强了村一级和农民群众的联系，推动农村产业发展得到群众支持。以公庄镇黄陂村为例，该村村民在村集体引导下，将耕地租至村里，让村集体开办菜场、组建农民专业合作社。村民不仅能够稳定获得租金，还能就地获得就业机遇。

3. 调动成员参与积极性，发挥成员监督管理作用

农村集体产权制度改革不仅规范了村集体经济运作方式，还激发了集体成员参与资产运营监督管理的积极性。比如，罗阳街道鸡麻地村委规定下辖各股份经济合作社按13户选1户为代表，成为本社股份经济合作联合社股东户主代表，合理发挥好成员的监督管理作用。罗阳街道横江尾村横江尾股份经济合作社的相关章程、制度、财务管理等得以完善，村委还设了办公室，便于开展厂房的日常管理。过去，横江尾村民作为股东，手中握着股权证，一年到头对集体经济事务少有过问，"坐等"分红。自实施农村集体产权制度改革后，村民却坐不住了，积极参与监管集体经济事务，不管是水电开支还是厂房的日常维护、修缮管理，集体成员都积极参与，提供科学决策建议。同样在村民们的监管之下，村集体经济组织的开销变得更为合理，"三资"利用效率得到明显提升，村民分红也随之得到提高，村民每年拿到的分红从原来的七八百元提升到1000多元。石坝镇新村村以"小分红、促团结"原则有效激发了村民们创实业的热情。在展开产权改革工作时，新村村把上级支持建设的厂房改建成幼儿园，每年产生收益达7万多元，平均分到每位村民身上虽然不多，但随着成员明确、收益明确、流动明确等的框架建立起来，村民收益也能看得见摸得着，切实感受到发展实业带来的好处。如今，"多建几处"成为村民的愿望，村民对村委工作的支持和干事热情空前高涨，希望通过资产盘活能够打造出更多的村民收益项目。

4. 强化组织经营职能，稳固集体产业发展效益

通过挂牌建立股份经济合作联合社，村集体经济组织的经营职能能够得到强化，市场经营地位得到稳固，集体资产发展效益的实现也得到长远保障。刘屋村股份经济合作联合社挂牌后，博罗其他农村集体股份合作经济组织也陆续挂牌运作，这意味着博罗农村集体资产将由一个新型的股份制经济组织来管理。挂牌建立这一组织后，刘屋村通过经营好现有集体资产，加快旧资产改造，致力于集体经济的发展，村集体成员根据红利凭证享受股金分红。在集体产权改革工作推行之前，刘屋村虽然已建有集体经济联合社，但主要靠村规民约指引，运营尚不够规范透明。更为关

键的是，这一组织形式缺乏经营商业资产的权限，因此当时只能以厂房出租为主的租赁收入作为村集体收入来源，缺乏经营性收入的创造机遇。而自集体产权改革工作展开以来，刘屋村"两委"干部分别到东莞石龙镇的西湖村、佛山禅城的紫南村、罗南村等近20年前便推行集体经济股份制改革的村庄进行考察取经，形成该村的农村集体产权制度改革方案，历经3次修改，最终召开全体党员和村民代表大会表决通过。随着章程得到明确，资产管理制度得到完善，村集体经济组织完全可以在股东代表们同意的基础上进行商业投资、经营。股份经济合作联合社实行自主经营、独立核算、自负盈亏的方式，依法享有独立进行经济活动的自主权，经营管理属于本社成员集体所有的土地和其他资产、国家资源性资产等，并采取每5年做一次股权调整的策略。股东的股份可以在社内成员继承、馈赠，但不能质押。

下一步，刘屋村将继续重视为集体经济发展创造"造血"功能，探索走商业化自主经营道路，充分结合集体决策的民主性和科学性，将集体经济产业效益牢牢掌控在村集体全体成员手上。具体而言，刘屋村股份经济合作联合社将通过成立公司，打通投融资通道，为村里的商业项目建设提供资金支持，进一步壮大集体经济。同时，联合社由于决策需要经过八成以上股东户代表表决通过（比2/3以上村民同意的要求更高），完全不等同于企业决策过程，这使项目工作将推动得更为顺畅，更多村民能够参与到决策过程之中。

三、创新点与政策含义

博罗县扎实推进农村集体产权制度改革工作，壮大农村集体经济，促进集体成员持续增收，妥善解决好资产产权明晰、成员资格界定、股权设置等改革工作难题，做出了一系列颇有推广借鉴意义的创新性探索。

（一）主要的改革创新点

博罗县推进农村集体产权制度改革工作与农村集体经济发展过程中的亮点主要体现在以下"五化"：政策举措全面化、资产管理信息化、成员界定人性化、业务指导体系化、集体经济组织专业化。

1. 政策举措全面化

博罗县通过政策举措全面化，为基层改革工作提供全维度的纲领性指引，引导改革工作有序推进，农村集体经济规范发展。博罗县结合地方实际，制定出台了20多条改革措施，如《博罗县开展清产核资工作方案》《博罗县农村集体经济组织成员身份界定指导意见》《博罗县农村集体经济组织股权管理试行办法》《博罗县××镇××股份经济合作联合社（股份经济合作社）章程（样本）》《博罗县农村集体经济组织登记赋码工作方案》等20多项改革措施，为博罗县各村组在清产核资、成员界定、股改工作、集体经济发展、组织功能强化等各个维度提供方向性指导。各村组可以根据具体实际情况进行适度调整，确保各村组的制定章程过程在科学合理的方向上进行，同时又能够充分兼顾当地具体情况。为确保政策举措能够得到深入落实，博罗县重视实施前的宣传工作以及实施后的培训监督工作。一方面，博罗县除了做好会议内容传达工作之外，还积极运用微信等新媒体工具以及视频、漫画等新型传播形式来进行宣传，充分提升基层工作队伍对于落实好政策举措重要性的认识；另一方面，博罗县针对落实政策举措、制定章程过程中基层改革工作人员遇到的困难，积极通过培训、微信群交流等形式及时给予解决，并通过及时反馈的工作机制督促基层改革工作切切实实能够按时保质保量地推进。

2. 资产管理信息化

博罗县为提升农村集体资产财务管理水平，积极利用互联网技术提高资产管理的信息化水平。惠州市在县、镇、村三级互联互通的农村集体产权交易管理服务平台基础上还建立了市级服务平台，使农村集体资产管理更加规范有效。在这层级联动体系里，县级农村集体产权交易管理服务平台至关重要。博罗县将集体资产准确录入上传至平台，不仅能够使集体资产形成电子记录，不易应保存不当而出现资产流失，而且还能够推动产权交易关系更为顺畅，通过降低交易成本提升集体资产市场价值。同时，博罗县将推进农村集体资产管理改革的原始资料以及成果资料进行分门别类的电子化存档，便于后期做法交流、经验总结、数据统计分析等具体工作的开展。截至 2018 年底，全县为推进产权改革工作采购了 2300 多个档案盒，保存声像档案的相册 710 多册，其他相关电子资料已经分门别类妥善保存。

3. 成员界定人性化

博罗县在成员界定过程中，在充分尊重群众的基础上，鼓励地方对界定原则的适应性调整做出自主探索。各村组在成员界定过程中为做到边界清晰，制定明细的界定规则，并经成员代表大会表决通过。以"外嫁女""外来媳妇"问题为例，博罗县鸡麻地村经多次开会讨论，充分结合群体意见，明确了"外嫁女"不管户口是否迁出，一律不具备享受集体经济分红的权利，以维护村集体成员的长久利益。如果在成员界定规则上模棱两可，反而可能会带来更不稳定的因素，使矛盾隐患显现。对于个别"外嫁女""外来媳妇"矛盾尖锐的村、组，村集体充分考虑"外嫁女"的历史贡献，以折中的方式对其成员资格界定进行人性化处理。比如，园洲镇刘屋村则规定"外嫁女"如果原来有股份可以享受集体收益分红，但不能继续享受每年的定额福利，经过 5 年后的股权动态调整才取消其股份分红权利。对于娶回村的媳妇，刘屋村不给予股份分红权利，但给予领取福利分红的权利。如果"外来媳妇"想要股份，可以通过出资 9 万元而成为股东。

4. 业务指导体系化

博罗县为提升改革工作效率，确保改革工作落到实处，成立了覆盖镇、村两级的基层业务指导员，确保业务指导体系化，能够确保业务开展自上而下顺畅传达、自下而上及时反馈。博罗县从 18 个镇中各抽调一名熟悉农经工作、作风扎实、积极肯干的同志作为这次改革的业务指导员。业务指导员会定期参与县农业农村局培训，并负责对全镇业务指导工作的提供服务，包括章程制定等方向性业务以及矛盾纠纷化解具体性业务。为确保业务指导工作能够落实到每一个村组、作用于每一位成员，各村也相应地建立了业务操作员队伍，与镇级业务指导员的工作开展进行有机衔接。通过推动基层业务指导工作体系化，县、镇、村三级信息能够实现更为高效的互融互通，切实提高了具体业务开展的效率。

5. 集体经济组织专业化

博罗县强化农村集体经济组织的经营性质，提升其利用开发经营性资产的能力。博罗县经营性资产规模较大、集体经济发达的村集体，比如园洲镇刘屋村，率先挂牌建立股份经济合作联合社，将农村集体资产交由新型股份制经济组织管理，相比过去运营更为规范透明，并且拥有自主经营商业资产的权限，能够在符合村集体成员全体利益的情况下，通过创办公司等方式，充分发挥村集体经济组织在整合市场资源、创造经营性收入的专业性。而缺乏经营性资产、集体经济欠发达的村集体，比如麻陂镇艾埔村，也开始重视提升集体经济组织在运营资产方面的专业经营能力，通过引入新型农业经营主体，弥补自身在盘活集体资产方面的能力不足，提升集体经济组织在整合"三资"方面的综合专业水平。

（二）主要改革创新内容的适用条件和范围

博罗县通过改革，壮大了农村集体经济，拓宽了集体成员增收渠道，取得了较为显著的改革成效。其成功的一大重要原因是博罗县政府对于改革任务的高度重视，明确县、镇、村三级书记抓改革的工作思路，成立了职能明晰、分工明确的改革工作小组，确保组织工作的全覆盖，改革任务落实到基层，并确立及时反馈的动态工作机制，以分类考核指标体系推进改革工作进度。此外，由于博罗县的改革村落内部经济发展水平差异较大、改革工作推进基础不尽相同，博罗县改革经验的推广不一定广泛使用，需要遵循因时因地制宜原则。对于经济发展水平较高、经营性资产规模较大的村庄，当地政府要根据当地实际情况制定出将其列为先行改革村的明确标准，比如对总资产规模、经营性资产规模、集体经济创收能力、成员人均分红等指标进行综合考虑。对于集体经济欠发达村，当地政府要充分考虑村集体经济组织领导班子是否具备足够的能力、坚定的改革意识来推进改革工作深入群众。

推广博罗县改革经验成果，需要当地政府充分认识到改革的重要性，在思想上、行动上真正支持改革，并且需要准确理解、认识改革工作对于壮大集体经济、拓宽群众增收渠道的重大意义，扎实向基层群众做好宣传发动工作。同时，地方政府还需要完善政策支持体系，着力深化政策支撑，通过出台一系列政策文件，保障改革工作的顺利推进得到资金、技术、人员等方面的基础性支持，确保改革起步工作得到顺利开展。

四、现存主要问题与原因

（一）成员界定存在村规民约与法律、法规相冲突的问题

博罗县的成员界定难题主要突出表现在一些富裕村的"外嫁女"问题上。之所

以存在矛盾，主要原因是有些村的村规民约（特别是组规）规定，不论"外嫁女"户籍是否迁出都一律取消集体经济组织成员资格，不再享受集体经济组织的福利和分红，但这在内容上和《中华人民共和国村民委员会组织法》第二十七条第二款规定存在冲突。尽管博罗县集体经济发达、成员界定矛盾大的村集体已经根据地方实际情况较好地处理这一问题，但这些做法不一定对所有村庄都有借鉴意义。随着更多村、组集体经济发展规模的不断壮大，成员身份与股份难以完全匹配起来的矛盾还将更加凸显，村规民约里的规定、村民大会表决通过的结果都可能会引起不同利益群体的争议，其与法律法规相冲突的问题就更应引起充分重视。

（二）农经工作队伍力量薄弱

农村集体产权制度改革工作对基层队伍提出较高要求，尤其农经工作队伍更是承担着重要的改革工作任务，亟须健全队伍体系，壮大队伍力量。目前来看，博罗县农村集体产权制度改革任务主要由镇农经部门承担，而博罗县一些镇农经服务中心的工作人员构成不稳定，当中有一部分是临时从其他单位抽调过来的，不熟悉产权改革工作业务，参与实施产权改革工作的同时还要兼职其他工作，导致队伍组织松散，缺乏改革定力。整体来讲，博罗县的农经队伍力量较为薄弱，这将直接影响到博罗县产权改革工作的进一步有效开展。

（三）税收负担过重不利于集体经济壮大

各类税负常常对集体经济组织造成资金压力，从而不利于集体经济的壮大。农村集体经济组织改制为股份经济合作社需要承担较高的税费负担，在一定程度上抑制了村干部和农民推行产权制度改革的积极性。税负重主要体现在税类多、税率高等不合理现象。其中，在税类方面，股份经济合作社需要缴纳营业税、企业所得税、房产税、土地使用税、教育费附加税、地方教育税、红利税等多种税费。总的来看，改制后综合税率的明显上升将会大大削弱集体经济壮大的力量，也会直接影响到集体成员享受集体经济分红的多少。

五、下一步对策建议

（一）强化法律服务工作，处理好村民自治与法治之间的关系

博罗县要强化法律服务工作，完善基层法律服务体系，鼓励村集体构建起自治、法治、德治相结合的乡村治理体系。法治工作相对滞后极大地增加了村集体的综合治理成本，法律诉讼甚至会导致村集体经济组织不得不停止业务运作。具体来看，地方政府应为村集体经济组织配备好提供法律服务的工作人员，利用好微信等及时通信工具，建立起实时信息交流机制，推动法治意识融入到村民决策的过程之中，协调好村民自治与法治之间的关系。

（二）完善基层改革工作队伍体系建设

农经工作队伍、村集体经济组织工作队伍都属于一线基层工作队伍。改革工作的扎实推进需要基层工作队伍紧密协作，共同攻关改革期间所遇到的工作难题。由

于博罗县内村、组的情况千差万别，错综复杂，改革工作涵盖内容多、任务重，亟须提升改革工作效率。因此，博罗县需要建立完善农经体系队伍建设，并增加人员配备，保障经费预算，强化能力提升，确保农村改革有专门机构谋事，有专人干事。同时，强化调查研究，指导各镇、村妥善解决股份改革后理事长人选等问题，保证村集体经济组织工作队伍的综合素质。

（三）建议出台税收、用地等方面的优惠政策

农村集体经济组织由于需要承担好公共服务职能，并不能与现代企业在面临税收、用地等成本方面完全画上等号。特别地，目前农村集体经济组织对于壮大集体经济、拓宽农民财产性收入的作用总体上仍处于初级阶段，要想真正让农村集体经济组织"有所作为"，充分发挥好组织优势，必须要有相配套的税收、用电、用地等方面的优惠政策支持。此外，各级政府在征用农村集体土地时要考虑村集体经济组织发展用地，真正落实集体土地出让"同地同价"政策，并且在用地审批上尽量优化程序、简化手续。

第三十二章　广西壮族自治区农村集体产权制度改革和集体经济发展调研报告①

2019 年 12 月 28~31 日，中国人民大学农业与农村发展学院调研组对广西壮族自治区农村集体产权制度改革和集体经济发展进行了调研。调研组联合自治区农业农村厅、市农业农村局有关领导，就"农村集体产权制度改革工作"进行座谈，与单位所在的党委政府负责同志、有关部门负责同志、从事具体工作同志等开展座谈，听取了改革市县区面上工作汇报，对改革市、县、区实际工作的开展情况进行深入了解。调研组收集了包括改革工作方案、政策文件、统计报表、总结材料、宣传材料等在内的省级、市级、县区级一手文献资料。

同时，调研组与村干部、农民群众等开展座谈，听取了村干部的工作汇报和农民群众的发言，了解了改革工作中的真实情况、工作经验和存在的问题。收集了包括集体资产台账、集体成员名册、各类证书簿册、改革工作方案、总结材料等在内的村级一手资料文献。具体情况如表 32-1 所示。

表 32-1　广西壮族自治区实地调研工作行程安排

序号	时间	地点	内容
1	2019 年 12 月 28 日上午	北海市银海区政府 1 号楼四楼大会议室	银海区调研座谈交流会、翻阅材料
2	2019 年 12 月 28 日下午	北海市银海区银滩镇新村社区	实地调研、座谈交流、翻阅材料
3		北海市银海区银滩镇和兴村委	实地调研、座谈交流、翻阅材料
4	2019 年 12 月 29 日上午	乘车前往从北海市赴贵港市	
5	2019 年 12 月 29 日下午	贵港市港南区四家班子联席会议室	贵港市、贵港市港南区调研座谈交流会、翻阅材料
6	2019 年 12 月 30 日上午	贵港市港南区桥圩镇桥圩社区	实地调研、座谈交流、翻阅材料
7		贵港市港南区桥圩镇新庆村	实地调研、座谈交流、翻阅材料
8	2019 年 12 月 30 日下午	贵港市覃塘区政府	贵港市覃塘区调研座谈交流会、翻阅材料
9	2019 年 12 月 31 日上午	贵港市覃塘区山北乡石马村	实地调研、座谈交流、翻阅材料
10		贵港市覃塘区山北乡二龙村	实地调研、座谈交流、翻阅材料

---

① 执笔人：孔祥智、张怡铭。

一、广西农村集体产权制度改革举措及成效

根据中共中央、国务院《关于稳步推进农村集体产权制度改革的意见》的有关要求，广西壮族自治区农村集体产权制度改革内容包括七个方面，分别是：第一，全面开展农村集体资产清产核资；第二，全面确认农村集体经济组织成员身份；第三，推进经营性资产股份合作制改革；第四，赋予农民集体资产股份权能；第五，发挥农村集体经济组织功能作用；第六，多种形式发展农村集体经济；第七，全面加强农村集体资产财务管理。自治区在本级层面下发了相关政策文件（见表32-2），包括中共广西壮族自治区委员会、自治区人民政府颁布的《关于稳步推进农村集体产权制度改革的实施意见》（以下简称《实施意见》），自治区农业厅、财政厅等9部门颁布的《关于全面开展农村集体资产清产核资工作方案》（以下简称《清产核资方案》）等。各改革市、县（市、区）根据自治区的要求也相应下发了有关文件。

表32-2　广西壮族自治区下发的有关农村集体产权制度改革的文件

序号	文件名称	发布时间	主要内容
1	自治区委员会、自治区人民政府《关于稳步推进农村集体产权制度改革的实施意见》	2017年12月22日	从2017年开始，按照时间服从质量的要求逐步推进，力争用3年左右时间基本完成农村集体资产清产核资，用5年左右时间基本完成农村集体经营性资产股份合作制改革，实现清产核资和股份制改革有机结合、有效衔接
2	自治区农业厅、财政厅等9部门《关于全面开展农村集体资产清产核资工作方案》	2018年6月7日	坚持有序推进、合理合法，先将农村集体资产现状摸清查实、记录在册，对有需要的进行价值估值，严格遵守相关法规政策和财经制度，确保清查核实结果真实准确
3	自治区农业农村厅《2019年农村集体资产清产核资项目实施方案》	2019年3月22日	全面开展农村集体资产清产核资，将集体资产按照资源性、经营性、非经营性分类登记，实行台账管理。重点清查未承包到户的资源性资产和集体统一经营的经营性资产以及现金、债权债务等，查实存量、价值和使用情况，做到账证相符和账实相符
4	自治区农业农村厅、自治区市场监督管理局、中国人民银行南宁中心支行《关于开展农村集体经济组织登记赋码工作的通知》	2019年8月20日	各级农业农村行政管理部门作为农村集体组织建设和发展的主管部门，是农村集体经济组织登记赋码的管理部门
5	自治区发展壮大村级集体经济工作领导小组、自治区农业农村厅《关于开展村民合作社换证赋码工作的通知》	2019年11月25日	县级农业农村管理部门作为农村集体经济组织建设和发展的主管部门，承担村民合作社换证赋码的责任，负责向本辖区符合条件的村民合作社发放登记证书和赋统一社会信用代码，并将相关信息录入全国农村集体经济组织登记赋码管理系统
6	自治区党委办公厅、自治区人民政府办公厅《关于加快贫困村村级集体经济发展的意见》	2017年7月18日	每个贫困村健全一个具有发展活力的村级集体经济组织，培育一个带动集体经济发展的经营主体，培植一个以上可持续增收的集体经济项目，建立一套激励集体经济发展的灵活机制，健全一套规范集体经济健康发展的管理办法。到2020年，全区5000个贫困村每个贫困村集体经济年收入达到5万元以上

续表

序号	文件名称	发布时间	主要内容
7	自治区党委办公厅、自治区人民政府办公厅《关于发展壮大村级集体经济的若干政策措施》	2018年10月6日	实现村级集体经济组织（村民合作社，下同）全覆盖，每个行政村（含城中村、农村社区，下同）均要设立和发展一个村民合作社，并把村民合作社培育成一个具有发展活力、能带动集体经济持续健康发展的经营主体。力争到2018年底，每个行政村村级集体经济年收入达到2万元以上（其中已经脱贫摘帽和计划脱贫摘帽的贫困村达到3万元以上）；到2020年，每个行政村村级集体经济年收入达到5万元以上
8	自治区党委办公厅、自治区人民政府办公厅《关于实施发展壮大村级集体经济三年行动计划（2018—2020年）的意见》	2018年11月27日	到2018年底，力争每个行政村集体经济年收入达到2万元以上（已经脱贫摘帽和计划脱贫摘帽的贫困村达到3万元以上）；到2019年底，所有行政村集体经济年收入达到4万元以上，10%以上的行政村达到10万元以上，培育150个年收入超过20万元的集体经济示范村和30个年收入50万元以上的集体经济强村（明星村）；到2020年底，所有行政村集体经济年收入达到5万元以上，20%以上的行政村达到10万元以上，打造1000个年收入超过20万元的集体经济示范村和300个年收入50万元以上的集体经济强村（明星村）
9	自治区财政厅、农业厅等4部门《农村集体经济组织资金财务管理办法（试行）》	2018年3月12日	推行农村集体经济组织会计委托代理制度。农村集体经济组织应当委托乡镇政府确定的村级财务会计委托代理服务工作机构，或乡镇政府以购买服务方式确定的具有相应资质的代理记账服务机构（以下统称农村集体财务会计代理服务机构），代理农村集体经济组织财务会计业务
10	自治区发展壮大村级集体经济工作领导小组《关于严格防范村级集体经济投资经营风险的通知》	2018年2月1日	坚持"多条腿走路"，积极探索多元化的发展模式和增收渠道，尽可能避免"把所有鸡蛋放在一个篮子里"，切实分散投资经营风险。要加强对村级集体经济发展项目的摸底调研，发展新的项目之前必须严格按照村民议事制度、村民合作社章程有关规定，通过集体讨论、民主表决，选择最优投资项目，严禁搞"一言堂""一刀切"和"包办"等
11	自治区委员会组织部、自治区财政厅等4部门《关于印发加快推进我区村级财务会计委托代理服务工作意见》	2018年1月5日	通过建立健全规章制度，完善运行机制，规范管理行为，健全民主监督体系，改进工作手段等措施，积极推行村级财务会计委托代理服务；逐步实现农村财务财会"管理科学化，程序合法化，操作规范化，理财民主化，监督制度化，手段现代化"的工作目标

（一）农村集体资产清产核资

截至2019年10月底，广西壮族自治区农村集体产权制度改革的6个改革单位已全面完成清产核资工作，共核实资产156.81亿元，其中经营性资产46.40亿元，资源性资产集体土地3595.01万亩，其中农用地3241.08万亩。其中，玉林市纳入改革范围的21个镇级、1455个村级、30193个组级共31669个单位的清产核资数据全部通过省级审核上报。核实资产总额85.43亿元，其中经营性资产32.15亿元；资源

创新与发展

性资产集体土地 1563.82 万亩，其中农用地 1375.74 万亩。贵港市核实资产总额
46.62 亿元，其中经营性资产 9.49 亿元；资源性资产集体土地 1382.5 万亩，其中农
用地 1274.4 万亩，建设用地 103.2 万亩，未利用地 4.9 万亩。北海市银海区核实资
产总额 3.35 亿元，其中经营性资产 8985 万元；资源性资产集体土地 42.54 万亩，其
中农用地 34.19 万亩。崇左市扶绥县核实资产总额 7.61 亿元，其中经营性资产
7766.45 万元；资源性资产集体土地 252.71 万亩，其中农用地 236.90 万亩。梧州市
万秀区核实资产总额 6.42 亿元，其中经营性资产 2.80 亿元；资源性资产集体土地
46.37 万亩，其中农用地 45.15 万亩，林木资源 44.39 万立方米。桂林市荔浦市核实
资产总额 7.38 亿元，其中经营性 2838.10 万元；资源性资产集体土地 307.07 万亩，
其中农用地 274.66 万亩。

　　2018 年 6 月，自治区农业厅、财政厅等 9 部门制定出台了《清产核资方案》，要
求"全面查实至 2017 年 12 月 31 日止乡村组集体经济组织所有的资金、资产、资源
存量、结构、分布和管理使用状况，达到账款、账实相符；通过依法界定所有权，
明晰产权关系，建立登记台账，把应归集体所有的资产全部纳入管理范围，维护农
民群众合法权益；通过建立台账及网络信息化平台，健全管理制度，及时反映集体
资产开发利用和处置状况，实现农村集体资产动态化管理，促进集体资产保值增值
和资源合理利用，维护农民群众合法权益，推动农村改革发展与社会和谐稳定"。
2019 年 3 月，自治区农业农村厅印发了《2019 年农村集体资产清产核资项目实施方
案》，要求明确了"数据录入、健全管理制度、资料归档、改革完成"四个工作阶
段，制定了"产出指标和满意度指标"两类农村集体资产清产核资绩效考核指标。
各单位在省级文件的指导和要求下进行清产核资。工作方式主要有聘请第三方会计
公司、镇级财政所指导、自行清产核资三种。

　　一是聘请第三方会计公司的清产核资方式。以北海市银海区为例。在清产核资
阶段，北海市银海区与已有工作成果相结合，聘请第三方会计公司协助开展清产核
资工作。一方面，以村级会计账目和镇财政所会计账目为依据，固定资产有原始凭
证按原值登记，无凭证则进行资产估值，估值结果由村民代表大会确定；另一方面，
聘请第三方会计公司协助开展清产核资，以村（组）为单位厘清资产权属，逐笔逐
项登记集体资产。

　　二是镇级财政所指导的清产核资方式。以玉林市为例。在清产核资阶段，玉林
市与已有工作成果相结合，镇财政所专业会计全程参与，在充分利用已有数据摸底
登记的基础上，在镇财政所专业会计的专业指导下，对价格不明、票据不清、合同
丢失、无法追究的村进行重新估值。2018 年 12 月底，玉林市全市清产核资数据全部
录入系统实现市级审核上报。后又经过 7 轮查漏补缺、复核完善。

　　三是自行清产核资方式。例如，万秀区主要采取自我清查的方法，出台了《万
秀区农村集体资产清产核资工作指导意见》。在此基础上，一方面，进行了资产清
查，核实了各村、组的资金、资产和资源，解决了数据不明、权属不清的问题；另

一方面，进行了系统录入和审核上报，实现了系统化管理。

（二）农村集体经济组织成员身份确认

截至 2019 年 10 月底，广西壮族自治区 6 个改革单位全面完成成员确认（见表 32-3）。改革涉及人口总数 1124.5396 万人，确认成员身份为 1124.5396 万人，其中，确认成员股东 1081.8850 万人，集体股东 42.6447 万人。玉林市共确认成员身份 478.7433 万人，其中成员股东数 476.5816 万人，集体股东数 2.1518 万人。贵港市共确认成员身份 557.5540 万人，其中成员股东数 517.1090 万人，集体股东数 40.4450 万人。北海市银海区共确认成员身份 11.3788 万人，全部为成员股东，未设集体股东。崇左市扶绥县共确认成员身份 35.6738 万人，全部为成员股东，未设集体股东。梧州市万秀区共确认成员身份 8.2996 万人，全部为成员股东，未设集体股东。荔浦市共确认成员身份 32.8901 万人，其中成员股东数 32.8422 万人，集体股东数 479 人。

表 32-3　成员身份确认情况　　　　　　　　　　　单位：万人

	改革涉及人口数	股东总数	成员股东数	集体股东数
玉林市	478.7433（不含镇本级人口数）	478.7334	476.5816	2.1518
贵港市	557.5540	557.5540	517.1090	40.4450
北海市银海区	11.3788	11.3788	11.3788	0.0000
崇左市扶绥县	35.6738	35.6738	35.6738	0.0000
梧州市万秀区	8.2996	8.2996	8.2996	0.0000
荔浦市	32.8901	32.8901	32.8422	0.0479
合计	1124.5396	1124.5396	1081.8850	42.6447

在集体经济组织成员身份认定过程中，各改革单位遵循中共广西壮族自治区委员会、自治区人民政府印发的《实施意见》文件要求，"把农村集体资产的所有权确权到不同层级的农村集体经济组织成员集体，并依法由农村集体经济组织代表集体行使所有权"。具体的成员身份确认条件由各市县区辖区内的村组根据自己本地的实际情况制定出成员身份确认方案或办法开展成员身份确认工作，各改革单位所采取的成员身份认定办法大同小异，在方法导向方面，为避免出现涉及社会稳定不可控的风险和民众矛盾，普遍采取从宽界定的认定办法，只要成员身份不在不同集体经济组织内重复认定即可。在认定准则上，农村主要以改革基准日实际在册人口为基础，村改居社区则以祖居户为基础，进行成员身份确认。

例如，贵港市港南区新庆村农村集体经济组织成员身份的取得分为三种情况。一是原始取得，包括本村出生且户口未迁出的；刑满释放后户口迁回本村的；大中专院校的在校大学生，就读期间其户口由原籍临时迁入学校管理的学生，属于集体经济组织成员，学生毕业以后，按有关规定迁回原籍的。二是法定取得，包括与本村村民结婚且户口迁入本村的；本村村民依法办理子女收养手续且其所收养子女户口已迁入本村的；外国、省、市人员因婚姻关系与本集体经济组织成员结婚的，限于户籍政策原因，户口暂时不能迁入的，以其结婚证为依据，且需户籍所在地村委出证明确认不属于该村集体经济组织成员后，才可确认为本集体经济组织成员身份，外国人员则至少凭结婚证才可确认为本集体经济组织成员身份。三是协商取得，上述情形之外的其他人员，是否具有集体经济组织成员资格，由本集体经济组织村民（代表）会议讨论决定并经 2/3 以上成员或者 2/3 以上村民代表同意，可接纳为本集体经济组织成员。另外，港南区新庆村对特殊情况也做出了相关规定。一是户籍在本村内的合法再婚人员及依法随其生活户口迁入的未成年子女，应当确认其具有集体经济组织成员身份；二是以上未提及的其他特殊人员，在符合法律、法规和本集体经济组织章程有关的规定下，可自愿书面申请，按照民主议事程序，由本村村民代表大会讨论通过，经公示无异议后，可取得本集体经济组织成员身份。

（三）经营性资产股份合作制改革

截至 2019 年 11 月 10 日，广西壮族自治区 6 个改革单位全部完成股权量化和股权设置，共量化股本总金额 34.87 亿元，其中，成员股本总金额 329583.73 万元，集体股本总金额 19075.18 万元（见表 32-4），共设置成员股 2931.5476 万股、集体股 24393 股（见表 32-5）。就实地调研的改革单位来看，玉林市共量化股本总金额 208575.23 万元，其中，成员股本总金额 191889.21 万元，集体股本总金额 16686.02 万元，未设其他股本。玉林市共设置成员股 476.5816 万股、集体股 2.1518 万股，对无集体经营性资产的集体经济组织对股权设置进行创新即设置虚拟股。贵港市共量化股本总金额 95078.61 万元，其中，成员股本总金额 93304.71 万元，集体股本总金额 1773.90 万元，未设其他股本。贵港市共设置成员股 517.1100 万股，集体股 40.4500 万股。北海市银海区共量化股本总金额 5668.4 万元，其中，成员股本总金额 5619.86 万元，集体股本总金额 48.54 万元，未设其他股本。北海市银海区共设置成员股 11.3788 万股、集体股 0.0000 万股，对无集体经营性资产的集体经济组织实行"确股不确值"，先固化成员，设置虚拟股，待以后经营性资产达到一定水平后再进行资产量化。崇左市扶绥县共量化股本总金额 5613.00 万元，崇左部为成员股本，未设集体股本和其他股本。崇左市扶绥县共设置成员股 35.6738 万股、集体股 0.0000 万股，对无集体经营性资产的集体经济组织设置虚拟股。梧州市万秀区共量化股本总金额 28156.64 万元，梧州市万秀部为成员股本，未设其他股本。梧州市万秀区共设置成员股 8.2996 万股、集体股 0.0000 万股，对无集体经营性资产的集体经济组织设置虚拟股。荔浦市共量化股本总金额 5567.03 万元，其中，成员股本总金额 5000.31 万元，集体股本总金额 566.72 万元，未设其他股本。全市共设置成员股 32.8422 万股、集体股 479 股，对无集体经营性资产的集体经济组织设置虚拟股。

表32-4　股本金额与人均股金

	成员股本 金额（万元）	成员股东数 （万人）	集体股本 金额（万元）	集体股东数 （万人）	成员股人均 股金（元/人）	集体股人均 股金（元/人）
玉林市	191889.21	476.5816	16686.02	2.1518	402.64	7754.45
贵港市	93304.71	517.1100	1773.90	40.4500	180.43	43.85
北海市银海区	5619.86	11.3788	48.54	0.0000	493.89	—
崇左市扶绥县	5613.00	35.6738	0.00	0.0000	157.34	—
梧州市万秀区	28156.64	8.2996	0.00	0.0000	3392.53	—
荔浦市	5000.31	32.8422	566.72	0.0479	152.26	11831.32
合计	329583.73	—	19075.18	—	—	—

表32-5　股权设置情况

	成员股（万股）	集体股（股）	是否设置虚拟股	股权设置创新
玉林市	476.5816	21518	√	机动股
贵港市	2239.3200	0	×	贡献股、教育股、计生股、世居股
北海市银海区	129.0000	2396	√	"基本股+福利股""集体股+机动股+个人股"
崇左市扶绥县	35.6738	0	√	
梧州市万秀区	18.1300	0	√	
荔浦市	32.8422	479	√	"老人老办法，新人新办法"
合计	2931.5476	24393	—	—

在经营性资产股份合作制改革工作方面，各改革单位遵循中共广西壮族自治区委员会、自治区人民政府印发的《实施意见》改革文件要求中认真做到以下几点：一是在股权量化上，"对经营性资产和收益较多的村（组），要将集体经营性资产以股份或者份额的形式量化到本集体成员。对经营性资产和收益较少或没有经营性资产，但资源性资产较多的村（组），在充分尊重承包农户意愿的前提下，可先界定固化成员，明确成员在集体资产中的股份数额，暂不量化资产，待集体经济发展到一定水平后再量化集体资产，实行确权确股不确值。对经营性资产和资源性资产都较少的村（组），可在清产核资、界定成员、劳龄登记的基础上，组建集体经济组织。非经营性资产原则上不参与折股量化"。二是在股权设置上，"以成员股为主，是否设置集体股由本集体经济组织成员民主讨论决定。成员股中可设置基本股、劳龄股等，按照集体净资产总额，考虑人口、土地、劳龄等要素，合理确定权重和比例"。三是在股权管理上，"提倡实行不随人口增减变动而调整的方式"。

以荔浦市为例。截至2019年10月，荔浦市经营性资产股份合作制改革工作全部完成。一是在股权量化方面，对于同一经济组织2/3以上成员同意开展股份量化的组织，指导其进行股份量化及股权设置工作；对于同一经济组织2/3以上成员不同意开展股份量化的组织，取消股份量化这一环节的工作，指导其建立经济合作社。二是在股权设置方面，在已成立的143个农村集体经济组织中，绝大多数村只设立了成员股，未设集体股，成员股基本只设人口股。三是在股权管理上，荔浦市所有村（社区）均采用村集体经济组织成员普遍认可的"生不增，死不减"的静态管理模式，以减少利益冲突，降低管理成本。

（四）赋予农民集体资产股份权能

截止到2019年10月底，广西壮族自治区农村集体产权制度改革6个单位已全部完成股权颁证工作。6个改革单位依照《自治区农业农村厅关于启用〈广西壮族自治区农村股份经济合作社股权证〉样式有关事项的通知》的要求，统一了股权证、股东名册、分红记录表、股权变更登记表的样式和填写方式。在收益分红方面，广西壮族自治区6个农村集体产权制度改革单位2018年集体资产收益分红总额为50.12万元，6个改革单位累计分红总额为561.32万元，全部为成员股东分红（见表32-6）。

表32-6　集体资产收益分配情况　　　　单位：万元

	本年股金分红	累计股金分红	其中：成员股东分红	其中：集体股东分红
玉林市	0.00	0.00	0.00	0
贵港市	50.12	561.23	561.23	0
北海市银海区	0.00	0.00	0.00	0
崇左市扶绥县	0.00	0.00	0.00	0
梧州市万秀区	0.00	0.00	0.00	0
荔浦市	0.00	0.00	0.00	0
合计	50.12	561.23	561.23	0

在赋予农民集体资产股份权能工作方面，广西壮族自治区农业农村厅、市场监督管理局、中国人民银行南宁中心支行出台了《关于开展农村集体经济组织登记赋码工作的通知》（以下简称《登记赋码通知》），自治区发展壮大村级集体经济工作领导小组、自治区农业农村厅《关于开展村民合作社换证赋码工作的通知》（以下简称《换证赋码通知》），指导各单位有序、合理地进行股权证发放和集体资产收益分配。根据《登记赋码通知》的要求，各单位办理"确定农村集体经济组织名称，填报农村集体经济组织登记信息，加载统一社会信用代码，回传登记赋码信息，以及其他相关手续"。根据《换证赋码通知》的要求，对于已完成产权制度改革的行政村集体经济组织"依法成立新的村级集体经济组织，办理新的村级集体经济组织登记赋码，做好集体资产移交和文件衔接，办理村民合作社注销登记等手续"，对于未完成产权制度改革的行政村集体经济组织"先按照农村集体资产清产核资、农村集体

经济组织成员身份确认、农村集体经营性资产股份制改革等三个步骤完成农村集体产权制度改革工作，然后再按照已完成产权制度改革的行政村村级集体经济组织换证流程办理换证赋码手续"。

（五）发挥农村集体经济组织功能

广西壮族自治区6个改革单位中，玉林市、贵港市、北海市银海区、崇左市扶绥县、梧州市万秀区、荔浦市辖区内所有的行政村均成立了农村集体经济组织，其中万秀区379个组和31个行政村全部成立了农村集体经济组织。广西壮族自治区6个改革单位共成立农村集体经济组织3293个（见表32-7）。其中玉林市成立农村集体经济组织1451个，贵港市成立农村集体经济组织1117个，北海市银海区成立农村集体经济组织44个，崇左市扶绥县成立农村集体经济组织128个，梧州市万秀区成立农村集体经济组织410个，荔浦市成立农村集体经济组织143个。

表32-7 改革单位农村集体经济组织成立情况

	下辖组	下辖村	下辖乡（镇）	成立农村集体经济组织数
玉林市	0	1451	0	1451
贵港市	0	1117	0	1117
北海市银海区	0	44	0	44
崇左市扶绥县	0	128	0	128
梧州市万秀区	379	31	0	410
荔浦市	0	143	0	143
合计	379	2914	0	3293

广西在发挥农村集体经济组织作用工作方面，自治区委员会、自治区人民政府《实施意见》要求"按照集体资产的产权归属，尊重群众意愿，组建不同层级的农村新型集体经济组织，承担集体资产管理、运营和维护的职能……农村集体经济组织要建立内部治理结构，制定运作章程，并依据章程选举产生相应的工作机构和管理人员，充分保障集体经济组织成员的参与权、决策权和监督权"。根据要求，各改革单位出台了《农村集体经济组织成员登记备案管理制度》《农村集体股份经济合作社示范章程（试行）》，指导建立经济组织，有效发挥农村集体经济组织在管理集体资产、开发集体资源、发展集体经济、服务集体成员等方面的功能作用。

自2017年开始，为了规范农村村级集体资金资产资源经营管理，发展壮大村集体经济，在中共广西壮族自治区委员会的高度重视下，全区所有行政村按照相关程序均成立了村民合作社，村民合作社的成立是广西壮族自治区探索村级集体经济发展的一种途径方式。村民合作社成立后在各行政村承担着村级集体所有资金、资产、资源经营管理职能，并授权使用自治区农业农村部自行编制的地方编码和开设了经营账户。为这次农村集体产权制度改革建立集体经济组织时奠定了坚实的基础，同时中共广西壮族自治区委员会各级党委组织部门牵头成立发展壮大村级集体经济工作领导小组，沿用了村民合作社这一框架，并按照农经发〔2018〕4号文件要求，协助改革单位获得全国组织机构统一社会信用代码数据服务中心颁发的农村集体经济组织统一社会信用代码，按时完成了登记赋码及换证赋码工作。

在农村集体经济股份合作社章程制定方面，玉林市、贵港市、北海市银海区、崇左市扶绥县、梧州市万秀区、荔浦市分别印发了示范章程和指导意见，对收益分配制度、有偿退出办法、股份继承办法、股份抵押担保贷款办法做出了规定。

在登记赋码方面，截至2019年10月底，广西壮族自治区农村集体产权制度改革6个单位，在壮大村级集体经济领导小组办公室的协助下，全面完成了登记赋码工作。

由于缺乏管理、发展农村集体经济的专业人才，改革选举产生的农村集体股份经济组织领导班子均按照国家农村集体产权制度改革实施意见文件要求由村民大会选举产生。实地调研过程中发现，贵港市港南区桥圩镇桥圩社区股份经济合作社理事会正、副董事长均由本社区德高望重、有经济头脑的经济能人担任，每月仅给予300元的补贴，探索了政经分离的新途径。

（六）全面加强农村集体资产财务管理

在加强财务管理方面，自治区财政厅、农业厅等4部门下发了《农村集体经济组织资金财务管理办法（试行）》（以下简称《财务管理办法》），自治区发展壮大村级集体经济工作领导小组《关于严格防范村级集体经济投资经营风险的通知》，自治区委员会组织部、自治区财政厅等4部门《关于印发加快推进我区村级财务会计委托代理服务工作意见》，指导村级集体经济组织加强财务管理能力、规范发展集体经济，各改革单位严格遵循要求加强农村集体资产财务管理。例如，万秀区贯彻落实财政部《村集体经济组织会计制度》和自治区财政厅、农业厅等4部门《财务管理办法》，结合实际出台了一系列农村集体资产财务管理的各项制度和办法，包括：第一，明确资产、资源的登记、保管、使用的《万秀区农村集体经济组织"三资"管理制度的通知》；第二，明确农村集体资产处置管理要求的《万秀区农村集体资产处置管理办法》；第三，针对集体资产权属界定的《万秀区农村集体资产产权界定实施办法》。目前，万秀区31个行政村都建立起了规范的村级集体经济财务管理制度。

二、广西农村集体产权制度改革创新经验及典型做法

广西6个农村集体产权制度改革单位经过一年多的改革工作，积累了许多具有地区特色的推广价值高、可操作性强的创新经验，下面对主要创新经验和典型做法进行总结。

（一）因地制宜创新股权设置

广西改革单位在股权设置方面探索出了一些创新做法，包括机动股、贡献股、教育股、计生股、世居股、基本股、福利股。股权设置的创新对化解改革矛盾、协调各方利益、顺利完成改革任务提供了保障，主要有以下六种做法：

一是"基本股+福利股"。此种股权设置方式主要目的是将股权与表决权挂钩，更能有效保障集体经济组织成员利益，使成年人能按照股权持有量行使表决权。例如，北海市银海区福成镇亚平村只设个人股，不设集体股，个人股包括基本股和福利股。遵纪守法、遵守村规民约并履行村民义务的村集体经济组织成员享有 10 股个人股，其中，福利股 2 股，基本股 8 股。福利股只有分配权，没有表决权；基本股具有表决权和分配权。未成年成员只享有 10 股福利股，自成年后转为享有基本股 8 股、福利股 2 股。

二是机动股。广西的股权认定主要以户籍在本村（组）为标准，机动股的主要目的是解决两个问题：第一，许多地区村民常年在外打工，无法在身份认定截止日期前赶回提交材料；第二，一些村还有部分新增人口户口迁入手续尚处于办理过程中。为了解决上述问题，一些村设置了机动股，主要用于增补错漏人员身份。例如，在北海市银海区亚平村，集体经济组织成员共 599 人，按 1 人配置"10 股"制，设置集体股、个人股和机动股（10 人股），即个人股共 5990 股，集体股共 2396 股。由于亚平村人员身份结构比较复杂，为做到全面、准确、不遗漏，同时又能推进全村改革工作，预留 10 个机动人口股权（折合 100 股）用于增补错漏人员，预留时间有效期为一年。一年期满后，剩余的机动股转为公积金或公益金。

三是贡献股。贡献股主要为热心公益事业的村民而设，有助于提高村民荣誉感，传递正能量，鼓励更多人投入到公益事业。例如贵港市平南县丹竹镇东山村，至登记截止到 2019 年 5 月 20 日，符合东山村集体经济组织成员身份共 11907 人，只设个人股，不设集体股，按一人一股配置，共计配置 11907 股。另设置贡献股 200 股，用于激励对本社集体经济组织有杰出贡献者，经村股份经济合作社认定为对村集体经济组织有杰出贡献者每人奖励 10 股。本村村民李广富除了捐助款项修桥、铺路、其他公益事业外，从 1996 年起坚持每年中秋节、春节对东山全村的"五保户"，孤寡老人、低收入户进行慰问，村民代表一致通过给予李广富 10 股贡献股作为奖励。

四是教育股或助学股。主要用于激励本村教育水平的提高。例如丹竹镇白马村设置教育股 200 股，凡本集体经济组织成员有子女考上重点大学的，均奖励 25 股。白马村村民李松炎的女儿 2018 年考上美国华盛顿大学，村民代表一致同意给予奖励教育股 25 股。此创新举措在全镇形成了较大的影响力，其他村纷纷效仿。如团结村设置助学股 150 股，凡本集体经济组织成员有子女考上国内重点大学的，每户奖励10 股；考上外国重点大学的奖励 15 股。丰塘村设置教育股 200 股，凡本集体经济组织成员子女考取重点大学的，每户奖励 20 股。

五是计生股。为了奖励独生子女家庭，广西的一些地区设置了计生股。例如，贵港市平南县丹竹村符合村集体经济组织成员身份的共 6074 人，只设个人股，不设集体股，按一人一股配置，共计配置 6074 股。另设置计生股 100 股，用于奖励本集体经济组织成员中独生子女家庭，每户奖励 10 股。

六是世居股。世居股主要是为了奖励社区内长久居住、做出贡献的老村民，属于个人股的一种，是按人口数赋予股权的方式，虽然设立目的与贡献股类似，但贡献股是为某一类做出特殊贡献者单独进行的奖励，而世居股是对贡献较大的一类人（多为长期在此居住的老人）共同赋予的股权，所涉及的群体范围要大于贡献股。例如桂林市西山镇厢东社区，股权设置只设个人股，不设集体股，个人股设人口股和世居股。人口股采用"一人一股制"，所有成员均配置1股，符合厢东社区集体经济组织成员身份的共986人，共设人口股986股。世居股按第一轮土地承包时分到田地的村民，每人配置1股。获得世居股的成员世居股、人口股兼得。全村符合世居股资格的成员共299人，设世居股299股。

（二）以群众满意为原则，创新股权管理

在股权管理方面，广西各单位普遍采用"总量固定、比例不变、确权到户、户内共享、社内流转、长久不变"的静态管理模式。股权实行静态管理的村如覃塘区石马村，股权实行静态管理，实行"生不增，死不减；进不增，出不减"，维护现有持股社员的稳定。实行动态管理的如福成镇畔塘村，对股权实行两年一审核，并按程序进行调整确认，张榜公示和备案，并召开村民代表大会表决是否确认为本村集体经济组织成员。

另外，一些地区针对本社区面临的特殊问题进行了股权管理创新。例如，荔城镇针对集体资产所属成员群体分化问题，在静态管理模式的基础上，实行"老人老办法，新人新办法"的股权管理模式。该镇地处市区近郊，20世纪80年代前主要为城镇人口，80年代后逐渐迁入部分有农村户口者。该镇下辖的10个社区中一大部分资产为80年代前居住人口所建，大家认为这部分资产应当归80年代前居住者共同所有，其他资产属于全部集体成员共同所有。因此，荔城镇在"集体表决、尊重民意"原则的基础上，决定采取"老人老办法，新人新办法"的资产权属划分方式，即80年代前所建资产归80年代前的社区成员共同所有，80年代后所建资产归当前全体成员所有。上述资产所得的分红也按照这个办法。

（三）以经济发展为目标，探索政经分离

广西在改革过程中通过创新股份经济合作社人员任职方式，改革单位实现了政经分离，明晰了农村集体经济组织与村民委员会的职能关系，有效承担集体经济经营管理事务和村民自治事务。广西的创新做法对于妥善处理好村党组织、村民委员会和农村集体经济组织的关系，提供了可推广、可复制的经验。

在发展壮大集体经济的过程中，缺乏成熟的经营方法、管理理念和商业头脑。作为政经分离方式的一种探索，村集体选举具有"乡贤"性质的企业家担任理事长，能够增强号召力、提高经济效益、给予企业家荣誉感，实现集体经济的有效发展。例如港南区桥圩镇桥圩社区的股份经济合作社的理事长、副理事长就由村民代表大会选举了本村成功的企业家梁某、蔡某担任，合作社仅支付他们每月300元的补贴。理事长梁某现年67岁，自20世纪70年代开始经商，在自身的产业发展上取得了极大的成功，积累了数千万元的资产，拥有丰富的产业发展经验。副理事长蔡某60岁，经过多年经商同样积累了数千万元的资产。他们的加盟使社区股份经济合作社运转顺利、资产有望持续增值。

三、发展壮大农村集体经济举措及成效

广西发展壮大集体经济速度较快，取得了一定的成效。截至2019年10月底，玉林市村级集体经济收入总额达7277.56万元，同比增长136.33%；全市村级集体经济收入达4万元以上的村有1062个，达79.47%；全市442个低收入村集体经济收入均已达4万元以上。截至2019年10月31日，贵港市1117个行政村共实现集体经济收入8445.1万元，同比增长17.7%；所有村均实现集体经济收入4万元以上，其中达10万元以上的村有128个，占比11.51%。梧州市万秀区在2019年1~10月，全部改革的31个村中，有19个村收入达4万~5万元，有6个村收入达5万~10万元，有2个村收入达10万~20万元，有3个村收入达20万~30万元，有1个村收入达30万~50万元。

广西壮族自治区在发展农村集体经济工作方面，有着两年多的工作基础和工作经验。2017年，广西党委组织部为实现脱贫攻坚，以扶贫为目标，以发展壮大集体经济为抓手，组建了发展壮大村级集体经济工作领导小组。2018年，自治区第三批集体产权制度改革工作开展以后，农业农村厅农村集体产权制度改革工作领导小组将多种形式发展集体经济的任务融入党委组织部发展壮大集体经济工作当中，实现了脱贫攻坚工作与集体产权制度改革工作的有机结合。具体政策内容如下：

2017年6月2日，为加快贫困村村级集体经济发展，确保如期完成脱贫攻坚任务，自治区党委办公厅、自治区人民政府办公厅印发了《关于加快贫困村村级集体经济发展的意见》（以下简称《集体经济发展意见》），文件要求"每个贫困村（行政村）健全一个具有发展活力的村级集体经济组织，培育一个带动集体经济发展的经营主体，培植一个以上可持续增收的集体经济项目，建立一套激励集体经济发展的灵活机制，健全一套规范集体经济健康发展的管理办法"。2018年7月，自治区党委办公厅、自治区人民政府办公厅又印发了《关于发展壮大村级集体经济的若干政策措施》（以下简称《发展集体经济措施》），明确了发展目标，"实现村级集体经济组织（村民合作社，下同）全覆盖，每个行政村（含城中村、农村社区，下同）均要设立和发展一个村民合作社，并把村民合作社培育成一个具有发展活力、能带动集体经济持续健康发展的经营主体。力争到2018年底，每个行政村村级集体经济年收入达到2万元以上（其中已经脱贫摘帽和计划脱贫摘帽的贫困村达到3万元以上）；到2020年，每个行政村村级集体经济年收入达到5万元以上"。2018年11月17日，自治区党委办公厅、自治区人民政府办公厅《关于实施发展壮大村级集体经济三年行动计划（2018—2020年）的意见》（以下简称《意见》），将农业农村厅集体产权制度改革工作融入党委组织部发展壮大集体经济工作中，实现两部门工作

的有机结合,《意见》提出六项主要任务,前四项任务以自治区农业农村厅为牵头单位组织开展,第五项、第六项任务以自治区党委组织部为牵头单位组织开展。各改革单位在自治区文件的指导下,大力发展集体经济,形成了许多较好的做法和经验。

一是产业带动集体经济发展。例如,贵港市港南区湛江镇因地制宜地发展香水莲产业。湛江镇低收入村香水莲产业扶贫项目位于贵港市四季花田农业生态园内,占地11.1亩,其中蒙村5.9亩、福兴村2.6亩、同安村2.6亩。该产业是由蒙村、福兴村、同安村通过村民合作社将村集体经济发展扶持资金与四季花田公司合股种植香水莲而形成的村集体经济产业。四季花田公司负责技术指导和保底回购,村民合作社负责日常管护。收益分配为第一年、第二年保底亩产16000朵/年,回购价2.5元/朵;第三年保底亩产12000朵/年,回购价2.5元/朵,实现村集体经济持续获得收入的目标。2018年6月开始种植,截止到10月,蒙村香水莲花已获收益30000元;福兴村和同安村各获收益10000元。

二是建立农村产权交易中心。玉林市成立了自治区唯一地市级农村产权交易中心——玉林市农村产权交易中心,挂牌成立7个县(市、区)分中心、66个镇(街道)农村产权交易服务站、855个行政村(社区)农村产权交易服务室,累计组织交易与鉴证总涉及流转土地49.69万亩,涉及流转交易总额32.86亿元,其中通过鉴证审核项目共645个,涉及交易合同11906份,出具鉴证书983份。

三是盘活资源实现经济发展。平南县大鹏镇景华村的北帝山素有"小张家界"之称,该村通过招商引资由企业出资打造北帝山生态旅游区,开发土地17000多亩,目前已投资5亿元,基本完成基础设施的建设。该村2252名村民通过土地入股,并由村集体与景区签订土地资源入股协议,在景区建设期间,企业每年给村集体5万元收益,运营期间,将景区门票收入(100~120元/票)的5%作为景华村的村集体分红,并且就业岗位优先本村村民,旅游项目的发展也带动了周边旅游配套产业链的发展,改善了村民的生活条件,切实增加了村集体经济收入。

四是以服务获得收入,发展集体经济。例如,贵港市覃塘区成立区、乡镇(街道)、村(社区)三级农村土地预流转服务机构,大力推行"农地服务公司+土地预流转"的模式。在企业到村里进行投资之前,由村农地服务公司出面和群众洽谈,签订《土地预流转、流转协议书》,事先通过土地预流转的方式将可流转的土地进行挂牌登记,再由农地服务公司集中流转给企业。覃塘区成功引进了汉世伟科技股份有限公司、深圳诺普信农化股份有限公司等助力村集体产业发展。村集体经济组织协助企业做好各项服务工作,获取土地流转服务费用。

五是股份合作增加集体收入。例如,贵港市平南县丹竹镇廊廖村下新屯以120亩集体土地入股罗洪石业有限公司,占股3%,并参与分红;丰塘村胜利屯筹资成立自来水厂对外经营,并出租土地给六合砖厂,村集体每年分红2000元左右。覃塘廖覃塘街道办龙凤村以200万入股到覃塘富伟茶行的"花山茶海"休闲旅游示范区项目,村集体每年分红10万元。

四、广西发展壮大集体经济创新经验及典型做法

如前文所述，农村集体产权制度改革过程中并未单独开展发展农村集体经济工作，而是与帮扶工作进行了有机结合，形成了较长时间的工作基础、较好的工作成果、较强的工作力度和较快的推进速度。这一做法在全国范围内独树一帜，具有极强的创新性和可推广性。

（一）集体经济组织的组建

早在2017年6月2日，自治区党委办公厅、自治区人民政府办公厅就印发了《集体经济发展意见》，要求"加强贫困村村级集体经济组织建设。农村集体经济组织是集体资产管理的主体，每个贫困村设立一个村级集体经济组织，统一称为村民合作社"。2018年7月，自治区党委办公厅、自治区人民政府办公厅印发了《发展集体经济措施》，要求"实现村级集体经济组织（村民合作社）全覆盖"。

村民合作社这一组织形式为建立集体经济组织提供了框架和工作基础，通过换证赋码，村民合作社转变为新时期的集体经济组织，大大加快了农村集体产权制度改革的工作进程。根据自治区党委办公厅、自治区人民政府办公厅印发的《三年行动计划》，全自治区所有行政村将农村集体产权制度改革工作融入发展壮大集体经济工作之中。随后，各市、区（县）、镇、村（组）对集体经济组织的成立依次下发了文件和实施方案。如贵港市下发了《贵港市贫困村村级集体经济发展行动方案》《贵港市贯彻落实自治区关于发展壮大村级集体经济的若干政策措施的实施意见的通知》《关于加快发展壮大村级集体经济的若干意见》等，逐步推进发展壮大村级集体经济工作。

（二）农村集体资产财务管理

为加强农村集体资产财务管理，广西创新地采取了村级财务会计委托代理服务的方式。在建立村民合作社以后，针对农村普遍存在的缺乏专业财务会计管理人员的现象，中共广西壮族自治区委员会党委组织部、广西壮族自治区财政厅等四部门印发《加快推进我区村级财务会计委托代理服务工作意见》（以下简称《意见》），《意见》指出，各县（市、区）农业（经管）、财政部门负责确定村级财务会计委托代理服务工作机构，由民主选举产生的村干部（不含村支书、村主任）兼任或村民担任报账员负责村民合作社报账工作，村民合作社负责对村民合作社报账员日常管理监督，形成了"主管机构指导、专业机构负责、村民合作社监督"三位一体的财务管理规范。

（三）建设产权交易平台

广西壮族自治区在发展农村集体经济的基础上，在许多地区建立了各具特色的产权交易平台。

例如，自2018年以来，北海市银海区在清产核资的基础上建立了区、镇两级产权流转交易中心，明确了交易主体和交易品种，加强了对改革村资产流转行为的监

督、鉴证和规范化管理。同时，引导改革村按照资源开发、资产盘活、产业带动、物业经营、服务创收、股份合作六个方向进一步发展壮大村集体经济。截至2019年11月，44个改革村集体经济收入均达5万元以上，收入总额达651.5万元。

又如，贵港市覃塘区为了更好地整合农村资源要素，在县级农村产权交易中心的基础之上，配套建立了广西首个县级村集体经济孵化器。农村产权交易中心主要负责发布提供流转信息、组织产权交易、出具产权流转鉴定证书、办理流转交易咨询等服务，是村集体经济孵化器良好运行的基础。村集体经济孵化器主要为发展村集体经济提供技术咨询、农资供给、人员培训、产品展销、产权交易和金融信贷六大功能支持。目前已经进驻了12个部门和企业，其中农业农村局、林业局等涉农部门主要负责提供业务指导和政策支持；华夏助农、汉世伟、荷岸汇兴绿希望等农业龙头企业主要负责提供农技农资、市场信息等服务；北部湾产权交易所、广西金融投资集团、邮政储蓄银行、邮乐购太平洋保险等企业主要负责提供产权交易、金融、保险、信贷和物流等服务。覃塘区的产权交易平台建设主要承担单位是北部湾产权交易所，每年需支付25万元的平台建设和维护管理费用。在农村产权交易中心方面，目前有107宗交易项目在北部湾产权交易所集团农村产权"E农村"交易平台正式上线，预流转土地25579.72亩，成功交易16宗，流转土地2667.3亩，成交金额达1041.762万元。在村集体经济孵化器方面，自建立以来，成功举办了土地承包经营权流转、农村产权交易、金融信贷、百香果种植和致富带头人等培训班20多期，培训各乡镇分管农业领导、第一书记、村干部、种植大户等2000余人次，充分发挥了技术咨询和人员培训的功能，起到了很好的宣传推广效果。

（四）开展土地预流转

开展土地预流转是广西发展壮大集体经济的一项重要创新举措。在自治区党委办公厅、自治区人民政府办公厅印发的《集体经济发展意见》中提出要"鼓励贫困村村级集体经济组织与农户联合，流转农户承包的土地、水面、山林等，建立农产品加工原料生产基地，贫困村村级集体经济组织与农户按约定联合经营"。根据这一思路，一些贫困地区采取多种措施推进土地流转，预流转就是其中之一。土地预流转是指在企业到村里进行投资之前，由村农地服务公司出面和群众洽谈，签订《土地预流转、流转协议书》，事先通过土地预流转的方式将可流转的土地进行挂牌登记，再由农地服务公司集中流转给企业。这一做法通过整合资源，使企业投资需求更好地与农村土地资源供给进行了有效衔接，减少了信息不对称；免除了企业一家一户进行对接的繁杂程序，降低了交易成本；进一步加快了项目实施落地，提高了投资效率，推动了农村土地高效利用；充分利用了农村的闲置土地，提高了资源的利益效率。

例如，贵港市覃塘区出台了《覃塘区加快农村土地承包经营权流转推进农业适度规模经营的实施方案》（覃办发〔2019〕1号），成立区、乡镇（街道）、村（社区）三级农村土地预流转服务机构。村集体经济组织协助企业做好各项服务工作，获取土地流转服务费用。为支持开展土地预流转，政府出资给予帮助，落实各乡镇（街道）土地预流转工作经费 50 万元，对新增连片预流转面积达 100 亩以上的村集体，给予 30 元/亩的服务经费。覃塘区成功引进了汉世伟科技股份有限公司、深圳诺普信农化股份有限公司等先进村发展农业产业。2019 年 4 月 15 日，黄练镇农地服务公司成功把 460 亩预流转的土地租给深圳诺普信农化股份公司经营高标准稻虾共作生态示范基地，并将其支付的第一年土地租金代发给 403 户土地流转农户。此次合作协商全程仅用时 36 天，大大提高了投资效率。此外，樟木镇川山、寺江、元金等村集体也通过土地预流转招商引资创收 15 万元左右，并辐射带动其他村联合企业发展村集体经济，增加集体经济收入。

（五）抱团发展农业产业

自治区党委办公厅、自治区人民政府办公厅印发的《集体经济发展意见》，提出要"支持贫困村村级集体经济组织发展现代特色农林业、品牌农业和生态循环农业，大力打造区域品牌，形成'一村一品''一村多品'产业格局"。在发展集体经济过程中，集体经济组织面临着缺乏资金的困境。广西针对这一情况，在许多地区开展了村集体经济组织"飞地抱团"的发展模式，以产业带动集体经济发展。"飞地抱团"模式的特点主要是通过综合统筹，以入股的形式将部分区域内闲置或低效利用的土地或资金集中到区位优势较大、投资效益高的区域，发展集约化、规模化的村集体经济。

例如，桥圩镇"八村抱团"发展白鸽养殖产业。桥圩镇具有养殖白鸽传统，技术较为成熟，地理位置优越，市场潜力大，但部分村地理位置偏远、受规划限制、村内资源匮乏、发展空间较小，不具备单独发展农业产业的条件，集体经济发展乏力。为解决"空壳村"和"薄弱村"的集体经济发展问题，桥圩镇选取预脱贫村大垌心村，带领其余七个村，抱团发展白鸽养殖产业。大垌心村整合其余 7 个村的资金，在大垌心村养殖基地基础上，设立了"八村抱团"白鸽养殖基地。基地采取"党支部+合作社+基地+贫困户"的发展模式，通过统一规划、统一建设、灵活管理，由各村的村民合作社选定专人专职对接基地日常工作，最后按照各村养殖白鸽的数量进行分红。8 个村根据各自所得纯利润提取 30% 用于下一年度生产，60% 归各村村集体按投资比例进行分红，10% 对村干部和相关工作人员进行奖励。基地运营后，预计每年村集体最高可收入 6 万元，最低 8 千元。其中，青塘村通过养殖白鸽，村级集体经济 6 个月内实现集体经济效益突破 3 万元。

又如，贵港市港南区湛江镇在香水莲产业的区位条件、资源条件等方面都具有优势，且香水莲产业收益十分可观，但前期需要巨大的资金投入。尽管村集体经济组织看到了可观的效益，却陷入了启动资金不足的困境。为此，湛江镇党委和政府提出，蒙村、福兴村、同安村三个村集体经济组织抱团发展香水莲产业，将扶持发展资金入股到四季花田公司，合股种植，突破了资金不足的瓶颈。四季花田公司负责技术指导和保底回购，村民合作社负责日常管护。收益分配方式为：第一年、第二年保底亩产 16000 朵/年，回购价 2.5 元/朵；第三年保底亩产 12000 朵/年，回购价 2.5 元/朵，实现村集体经济持续获得收入的目标。于 2018 年 6 月开始种植，截至 2018 年 10 月，蒙村香水莲花已获收益 3 万元；福兴村和同安村各获收益 1 万元。

（六）土地集中入股合作社

自治区党委办公厅、自治区人民政府办公厅印发的《集体经济发展意见》提出要"鼓励贫困村村级集体经济组织与农户联合，流转农户承包的土地、水面、山林等，建立农产品加工原料生产基地，贫困村村级集体经济组织与农户按约定联合经营"。随着城市化的不断推进，大多数劳动力选择外出打工、创业、定居，在村人口逐渐减少，农村老龄化问题凸显，土地抛荒问题严重，成为了发展农村集体经济的难点。这次改革工作创新形成了"土地集中入股合作社"模式，很好地解决了劳动力少、撂荒严重地区的集体经济发展问题。"土地集中入股合作社"模式是指，集体将成员的土地以入股的方式集中流转，进行统一经营管理，因地制宜地发展农业产业，收益按入股面积分红，既盘活了资源，又增加了村集体和农民的收入。

以贵港市港南区东津镇石连村冲口屯为例。由于交通不便、经济薄弱，该村村民大多在外定居，在屯居住的以老人为主，且不足 40 人，平时以种植水稻、玉米等作物维持生活，土地撂荒问题严重。通过清产核资，盘点集体土地 3000 多亩，农户承包土地 847.89 亩。在港南区东津镇党委的助推下，2016 年 6 月，四位外出乡贤、经济能人发起组织成立港南区东津镇石连村冲口屯股份合作社，将全屯农民承包土地和集体土地统一入股、统一经营管理。所得收益按两部分分红，一是按流转土地分给农户，二是 3000 多亩集体土地产生的利润按全屯现有人口平均分配。目前已建立百香果基地 3000 亩，从 2016 年开始，平均每人分红 800 元，且收益不断增加。

五、主要问题、原因及潜在风险

广西壮族自治区的农村集体产权制度改革形成了较好的创新经验和典型做法，同时也出现了一些问题，为进一步完善相关政策提供了新的思路。

（一）村民大会决议与法院判决相矛盾

"外嫁女"问题一直是产权制度改革中的重点和难点，但在广西壮族自治区由于集体资产本身数量不大、分红不多，因而在广西"外嫁女"身份界定这一问题并不突出，在绝大多数地区都能达成一致。但在梧州市万秀区，因为"外嫁女"成员身份认定问题导致了 8 个村的工作比其他改革单位工作进度相对滞后一些，这种情况主要出现在集体收入较多的个别村组。

例如万秀区龙湖镇旺步村横石口组集体经济实力较为雄厚，在这次改革前，就由村民大会讨论决定已外嫁外地、但户口没有迁出的"外嫁女"不享有集体分红。在这次改革期间，部分"外嫁女"向法院起诉争取获得小组集体分红的权利，并获得了法院支持。这个判决因引起大部分村民的反对而无法执行，但法院在执行期限内冻结了该小组的资产，导致改革无法继续推进。"外嫁女"问题暴露了村民自治和现行法律之间的矛盾。这一矛盾使改革工作陷入了进退两难的困境，给改革工作造成了极大的困难。如果不能有效梳理村民自治与法律法规之间的关系，此类问题将会在全面开展农村集体产权制度改革时造成极大的障碍。

（二）农村集体经济组织经营范围无法覆盖已有经营业务

如前文所述，通过农村集体产权制度改革，广西全区的村民合作社全部换证赋码转变为农村集体经济组织，全面取代了原有的村民合作社，村民合作经济由原先的区农业农村部门自行编制的地方编码登记或者是工商登记，全部变为由县级以上农业农村行政管理部门登记赋码并发放登记证书，以股份经济合作社名义开展经营管理活动。但在全区的很多地区，出现了身份转变以后已有经营业务不能被农业农村部门登记系统覆盖的情况，揭示了农业农村部门规定的农村集体经济组织经营范围较窄的问题。

例如，"工程建设和运输"这一类经营业务缺失。2018 年 7 月，自治区党委办公厅、自治区人民政府办公厅印发的《发展集体经济措施》，为推动村级集体经济持续健康发展，提高村级组织自我保障、服务群众、推动发展的能力，推进乡村振兴战略实施，提出了创新项目扶持方式的思路，"对各级财政支持的 200 万元以下的农村公益类小型项目，凡技术不复杂、村级能够自己组织建设的，原则上应优先安排村民合作社作为建设管护主体"。因此在很多村，乡村治理工作中的道路建设工作、厕所革命工作，都交给村民合作社承担，在很大程度上促进了集体经济的发展，为农民带来了可观的收益。但在农村集体产权制度改革以后，在村民合作社换证赋码为股份经济合作社的过程中，在农业农村部系统里无法对"工程建设和运输"类的业务进行登记，造成了这部分业务无法开发票、报账的困难。

（三）改革后农村集体经济组织税费负担加重

在农村集体产权制度改革以前的村民合作社时期，村民合作社由自治区推行组建，自治区实施村民合作社税收减免政策。但在改革以后，尚未出台相关税收减免的法律法规和标准细则，各地市、县也无法出台税收减免政策。在没有成立新的农村集体经济组织即股份经济合作社以前，村民委员会在开展经营管理的过程中不需要缴纳任何赋税，但成立了股份经济合作社以后，在经营过程中需与其他企业一样缴纳 25% 的所得税和 5% 的增值税。广大农民对此非常不满，从而迟滞了改革的进程。这一问题的出现，将会增大城乡收入差距，不利于集体经济组织的健康发展。但税费减免是一把"双刃剑"，存在改革的困难和风险，稍不谨慎便会成为社会资本进行偷税漏税等违法犯罪行为的"温床"。

六、深化改革的法律政策建议

针对广西集体产权制度改革工作中出现的主要问题，调研组提出了以下建议：

（一）处理好村民自治与现有政策和法律之间的关系

广西农村集体产权制度改革过程中，揭露出了村民自治与法律法规之间的矛盾。

当村民大会做出的决定与法院判决相矛盾时，如何确定村民自治与法律法规之间的优先级，是农村集体产权制度改革推广过程中必须解决的问题。但由于涉及法律法规的问题不属于农业农村部职责范围，因此这一问题的解决面临一定的困难。为了解决上述问题，可以采取以下方式：一是对于农村改革中有关法律授权缺失的问题，农业农村部应会同农村改革先行区工作联席会议成员单位，积极争取得到改革的法律授权；二是在法律授权之前，中央有关部门应积极制定部门法规，地方政府也应积极制定地方法规；三是农业农村部应加强与农村改革先行区联席会议成员单位及其他部门的沟通和联系，出台配套政策。

（二）合理扩展集体经济组织经营范围

目前全国农村集体经济组织的经营范围主要是集体资产经营与管理、集体资源开发与利用、农业生产发展与服务、财务管理与收益分配等。而农村经济的实际范围较为宽泛，尤其是一些"城中村"和"城郊村"，大都以非农产业经营为主，如房地产、工程建设、运输等，如果不能包含在登记赋码业务范围内则无法继续开展经营活动，建议农业农村部尽快修改登记赋码系统，使这部分村集体经济组织能够顺利开展经营活动。

（三）处理好统一指导与地方为主的关系

广西出现的农村集体经济组织税收压力增加的问题，反映出改革单位还不敢大胆创新突破的普遍现象，表明了改革成效和影响与预期有差距的原因——受法律法规和政策所限。尽管《中共中央、国务院关于稳步推进农村集体产权制度改革的意见》中明确指出，"加大政策支持力度。清理废除各种阻碍农村集体经济发展的不合理规定，营造有利于推进农村集体产权制度改革的政策环境。农村集体经济组织承担大量农村社会公共服务支出，不同于一般经济组织，其成员按资产量化份额从集体获得的收益也不同于一般投资所得，要研究制定支持农村集体产权制度改革的税收政策"。但是多数改革单位并没有出台相关的突破现行法律、政策的改革措施。这是因为改革身份的赋予仅仅是给予了该单位改革的任务，但没有明确其可以突破现有的哪些法律法规，也就是说，没有给予改革单位完成任务路径和突破口。于是在实践中出现的现象是，农业农村部不断要求各改革先行区大胆创新；各改革先行区则向农业农村部要求得到相应的政策许可。为了解决这一问题，建议农业农村部明确允许改革单位可以突破相关领域的政策和体制，并列出可以突破的内容和范围的具体清单，并加强中央有关部门与各改革单位之间的沟通交流，对于基层的创新和突破进行及时总结和肯定。农业农村部要明确赋予改革单位的"试错权"，充分肯定试错的重大意义。

第三十三章 广西壮族自治区北海市银海区农村集体产权制度改革和集体经济发展调研报告[①]

2019 年 12 月 27~28 日，中国人民大学农业与农村发展学院调研组对广西壮族自治区北海市银海区农村集体产权制度改革和集体经济发展进行了调研。调研组与广西壮族自治区农业农村厅有关领导、北海市政府主管领导、区农业农村局的有关领导，银海区下辖乡镇镇长、村书记等相关人员就"银海区农村集体产权制度改革"进行了深入的互动式座谈交流。调研组认真查阅相关档案资料，与农户代表进行"一对一"交流。走访了北海市银海区银滩镇新村社区，召开了北海市银海区银滩镇新村社区产权制度改革调研座谈会，对北海市银海区银滩镇新村社区股份经济合作社进行了实地调研。调研组对银滩镇和兴村开展的清产核资情况与村民代表深入交谈，详细了解福成镇畔塘村、桥港镇亚平村的村集体经济发展情况。

一、银海区农村集体产权制度改革

（一）改革实施情况

北海市银海区由福成镇、平阳镇、银滩镇、侨港镇组成，共有 44 个村（社区），597 个村民小组涉及农村集体产权制度改革。银海区的农村集体产权制度改革，重点是以清产核资推动股份合作制改革，维持和完善农村基本经营制度，依法保障农民集体经济组织成员权利，积极发展农民股份合作，逐步实现壮大村集体经济的目标。

银海区成立了区委、区政府主要领导任组长的农村集体产权制度改革工作领导小组，有效组织开展相关工作，并印发了系列文件。具体包括《北海市银海区农村集体资产清产核资工作实施方案的通知》（北银办发〔2018〕66 号）、《北海市银海区农村集体产权制度改革实施方案》（北银办发〔2018〕67 号）、《北海市银海区农村工作领导小组办公室关于印发农村集体经济组织成员身份确认指导意见（试行）的通知》（北银农办字〔2019〕2 号）、《中国共产党北海市银海区委员会农村工作领导办公室关于印发农村集体经济股份量化及股权设置工作指导意见（试行）的通知》（北银农办字〔2019〕4 号）等相关文件。

银海区委、区政府多次邀请上级部门领导及专家进行清产核资培训，对农村集

---

① 执笔人：卢洋啸。

体经济组织成员身份确认、股权量化等具体工作进行现场指导与答疑；对实际操作中遇到的问题提供切实有效的解决方案。银海区委、区政府的主要负责人多次入村，在村内召开改革工作协调会议，为村干部详细解读村集体产权制度改革工作，为村民答疑解惑。

在改革过程中，银海区初步核实资产总额3.35亿元，其中经营性资产0.9亿元（占23.58%）。资源性资产集体土地42.54万亩，其中农用地为34.19万亩。共确认经济组织成员身份人数11.37万人，量化资产总额为0.544亿元，共设置成员股129万股、集体股2396股，对无集体经营性资产的集体经济组织，设置了虚拟股。银海区成立农村集体经济组织44个，村内多通过拉挂横幅、印发宣传手册、微信群答疑等方式，让村民多渠道了解改革工作的进展情况，及时疏解村民的各类纠纷，积极营造人人参与改革的良好氛围。

（二）改革工作的主要做法

调研组将银海区农村集体产权制度改革的主要做法归纳为以下六点：

一是加强组织领导，层层落实工作，形成改革合力。区、镇、村三级相应成立农村集体产权制度改革工作领导小组。通过采取主要领导主管负责的方式，派出专门工作组"联村包组"，及时通报督查。银海区将改革工作列入各级政府、各部门年度绩效考评，以强有力的组织领导保证改革工作按时完成。

二是加强宣传动员，营造改革氛围，激发改革活力。区、镇、村三级分别召开动员大会，分阶段进行业务培训与轮训，及时分享有益经验，汇总出现的问题，确保发现的问题及时解决。通过新闻媒体加大宣传力度，确保改革信息及时公布，发布致村民的公开信，调动村民参与积极性，推动改革稳步推进。

三是加强分类指导，因地制宜改革，保障村民权益。银海区建立了"1+N"立体化的政策体系。主要通过印发实施方案等方式，鼓励各村因地制宜、因村施策，避免政策"一刀切"，挫伤村民改革积极性。同时出台了集体经济组织成员确认、集体资产股份量化、集体资产收益分配等配套指导意见，全力保障村民权益。

四是加强合规管理，严格操作程序，细化改革步骤。银海区在推进农村集体产权制度改革过程中，严格按照清产核资、成员身份确认、资产折股量化、成立股份经济合作社4个具体程序有序推进。其中，清产核资按照6个步骤开展，具体包括资产清查、核实登记、公示确认、层层审核、录入系统和数据上报。成员身份确认按照5个步骤开展，包括出台办法、摸底调查、确认身份、公示公开和成员登记。资产折股量化按照4个步骤开展，包括出台方案、股权设置、资产量化和登记造册。成立股份经济合作社按照3个步骤开展，包括制定章程办法、召开成立大会和办理登记证书。

五是加强科学管理，准确量化资产，确认成员身份。银海区聘请第三方公司协助开展清产核资，以村（组）为单位厘清资产权属，逐笔逐项登记集体资产，以村级会计账目和镇财政所会计账目为依据，做到账证、账实相符，固定资产有原始凭证按原值登记，无凭证则进行资产调研，调研结果由村民代表大会确定。区、镇两级联合第三方公司层层审核，确保数据真实准确。银海区充分考虑不同群体的利益，在摸底时将人员分为"可确认""待确认""不确认"三类人员，"可确认"和"不确认"人员通过村民代表大会举手表决确认，"待确认"人员提交申请后通过村民代表大会讨论确定。提倡"宜宽不宜严"的成员身份确认办法，各村综合考虑户籍关系、土地承包、集体累积贡献等因素来民主协商确认成员身份。对于有经营性资产的村，将经营性资产以股份或份额量化到本村成员，无经营性资产的村则实行"确股不确值"，先固化成员，设置虚拟股，待日后经营性资产达到一定水平后再进行资产量化。

六是加强股权设置，成立经济组织，推动集体发展。银海区提倡只设成员股，不设集体股，为避免人员增漏可增设机动股，绝大部分村只设成员股，成员股以基本股为主，可分为基本股、福利股、劳龄股等。提倡户内"增人不增股，减人不减股"，新增人员通过户内分享按章程或办法取得成员身份和份额的静态管理模式，对于村内采取的模式，由各村召开村民代表大会确定，共设置成员股 129 万股。银海区以股权设置为契机，44 个改革村均成立了股份经济合作社，并领取了农村集体经济组织登记证，初步实现了"资金变股金，资源变资产，农民变股民"。

（三）改革工作的主要成效

银海区已全面完成农村集体经济组织登记赋码工作并已全部颁证。截止到 2019 年 11 月，银海区 44 个改革村集体经济收入均达 5 万元以上，收入总额达 651.5 万元，2019 年全年收入同比增长超 12%。银海区 641 个清查单位账面资产总额 28504.37 万元，经营性资产总额 4080.62 万元。核实集体资产总额 33514024 万元，经营性资产总额 7973.36 万元。集体土地 42.54 万亩，农用地总 34.19 万亩。银海区改革均成立了股份经济合作社，领取了农村集体经济组织登记证。银海区以区、镇两级政府为建设主体，建立了农村产权流转交易中心，建立了严格规范的农村产权交易制度，镇级农村产权流转交易服务机构作为补充，构建起了相对完备的农村产权流转交易体系，明确了交易主体、品种等具体要求，提高了集体资产监管和流转交易的规范性。银海区初步实现了"资金变股金，资源变资产，农民变股民"的转变。

银海区的农村集体资金、资产、资源管理初见成效，切实维护了农村集体经济组织和人民群众的合法权益。在改革过程中广泛动员各村村民。各级政府部门高度重视，组织召开动员大会。同时，针对改革的复杂性、时效性以及专业性，积极组织人员参与农村集体产权制度改革培训班，提高业务水平，按时完成数据报送工作，对资料的整理由农业农村局委派专人，负责指导各村进行装订、归档与扫描工作。对于清产核资工作，成立了银海区清产核资工作领导小组，各村成立由村"两委"班子任成员的清产核资工作小组，确保清产核资工作的顺利展开。在清产核资工作中，坚持因村施策分类指导。

例如，福成镇畔塘村根据村民意见设基本股、福利股。侨港镇亚平村对因婚姻、收养等户口迁入的特殊人群都确认为成员，将经营性资产折股量化到全村近600个成员，不固化到户，暂时实行"生增死减，进增出减"动态管理，确保摸清家底，保障村民的利益。有动有静的管理模式，对其他地区改革有借鉴意义，各村应根据实际情况，选择适合本村改革的模式，在最大程度上满足村民的合理诉求，保障村民的权益。

（四）创新经验

银海区在农村集体产权制度改革中，根据所辖村的不同特点，鼓励各村因地制宜，大胆尝试，探索农村集体所有制有效实现形式，创新农村集体经济运行机制，保护农民集体资产权益，调动农民的改革积极性。银海区因村施策的集体产权改革激发了集体经济组织成员履行义务的内生动力，有效提升了村民自治水平。调研组将银海区的创新经验归纳为以下六点：

一是设置不同的股权管理方式。银海区在股权设置上既有静态模式也有动态模式。静态模式主要是指股权设置采取静态化的管理模式。设计思路按照"总量固定、比例不变、确权到户、户内共享、社内流转、长久不变"的方式执行。银海区大部分的村（社区）均采用静态管理模式，该模式的主要特点是简单实用、易于推广，有效解决了股权设置过程中村民间的内部矛盾以及对于村内人口变动易引发争议等问题，同时也解除了合作社成员与村户口的依附关系，只要家庭有股份就能长期获取分红，从根本上解决了部分村民的后顾之忧。

动态模式主要是指股权设置采取动态化的管理模式。动态管理模式的设计思路是"户籍为准、量化到人、股随人走、生增死减、进增出减"。银海区侨港镇亚平村是唯一采用股权动态管理模式的村。该村位于城市中心，资产多、人员少，结合分红历史，采取以原分红成员和户籍为主的身份确认办法。通过"生增死减，进增出减"的动态成员管理方式，厘清集体与个人的利益关系，有效化解村民与村集体的矛盾纠纷。

二是创新股权设置模式。银海区在改革推进的过程中，充分尊重村集体与村民的意愿，在各村股权设置上不作硬性要求，主动提供各村改革所需的工作指导与帮助。具体村内股权设置方式由村民决定，由村民代表大会进行决议。例如，银海区福成镇畔塘村在股权设置上只设个人股、不设集体股，其中个人股采用"基本股+福利股"的创新模式。个人股分为基本股与福利股，两种股都有分红权，但基本股有表决权，福利股没有表决权。开创新模式，既保障了集体经济组织成员利益，又有效提高了经济组织成员参与村民自治、履行村民义务的积极性。同时，也为农村集体产权制度改革中的股权量化设置拓宽了思路，提供了可参考的范式。

三是确认不同成员身份。银海区在尊重村集体、村民代表大会决议的基础上，对于成员身份确认问题坚持"宜宽松、有底线"原则，特别是针对不同群体，细化确认原则。例如，对于村内的残疾村民、家庭困难户等特殊群体，坚持"应纳尽纳、宽松对待"的原则。对于村内的婚嫁人员，出现"A 村嫁至 B 村"情况时，坚持其只能享受其中一村的分红收益。对于村内的国家公职人员，坚持其不能成为股东参与分红，坚守不能与民争利的原则底线，但鼓励其为村集体经济发展建言献策，贡献自己的力量。坚持不同群体的成员身份确认原则，能够在最大程度上缓解农村内部矛盾，有效化解利益纠纷，保护村民的股东权益，更能赢得村民对改革工作的支持。

四是完善制度促进集体经济发展。银海区农村地区普遍存在集体经济制度不健全、资产不明晰、财务管理不规范、股份分配不合理等问题，通过提前制定并出台相对完善的制度规章，保障改革的顺利推进。先后制定出台了集体资产登记保管使用、财务管理、股份继承、有偿退出、农村集体经济组织成员登记备案等一系列具体明确的制度规定。从制度层面来看，规范村集体资金的支出明细，将村内资产资源处置权交还村民，村级事务从"一言堂"变为"全民参与"，从"暗箱操作"变为"阳光运行"，有利于缓和村民与村干部间的关系，赢得了村民的信任，密切了党群干群关系。

五是分离行政管理与经营管理。银海区实行村级集体经济组织与村民委员会分离管理模式。探索将村级集体经济组织与村民委员会事务分开，在每个行政村成立具有独立法人资格的股份经济合作社，负责对全村集体资产进行统一经营和管理，允许村股份经济合作社根据发展需要，在征得股东代表大会同意的前提下，用股权抵押贷款融资和用资金和资产向其他单位投资，使农村"死资源"变成了"活资产"，为农村集体资产保值增值提供了强有力保障。同时，让村干部把集体经济组织从繁重的行政事务中解放出来，回归集体资产经营管理，专心发展村集体经济。

六是多渠道增加村民收入。银海区帮助村民实现"一地生四金"，即收租金、挣薪金、分股金和赚现金的创新方式，增加收入。以流转土地赚取租金，以园区务工获得工资性收入，以入股股份合作社的方式分得股金，以参与产业经营的方式进一步增加收入。政府通过加大对村内项目扶持力度，持续助力村集体经济发展。个别村摆脱了集体经济为负的窘境，部分村实现了集体收入的倍数增长。例如，福成镇的西村、东村、福成村以及平阳镇的包家村，通过利用集体土地对外出租，建设农村农贸市场，增加集体经济收入。又如，福成镇竹林村通过开发"四荒"资源，凭借区位优势发展渔家乐等休闲旅游项目，扩展村集体收入渠道，实现项目增收。

二、银海区农村集体经济发展概况

加快村级集体经济发展有利于基层党组织更好地服务群众，吸收分散资金，提高村民的组织化程度，促进村民就近就业和增收致富。实地调研中通过与村民和驻村干部"一对一"访谈，调研组了解到在推动农村集体产权制度改革进程中，银海区高度重视农村集体经济发展，主要总结为以下几方面内容：

（一）多种形式发展农村集体经济

银海区在开展村级集体经济工作中，针对不同类型的新型经营主体，探索适合项目发展的运行模式。已经实施的 8 个村级集体经济项目，坚持筛选投资风险小、经济效益高的优质项目率先落地。银海区通过多种形式，因村施策，帮助曾经没有村级集体经济项目的村走出困境，帮助已有项目的村，提高经济效益增加收入。银海区主要通过以下 5 种形式发展村集体经济，为其他地区发展提供了实践模式。

1. 物业项目开发

部分村利用村集体自有土地，进行物业项目开发，发展物业经济。例如，银海区福成镇西村农贸市场、福成镇福成村综合商场、福成镇东村农贸市场、平阳镇包家农贸市场 4 个项目。福成镇福成村综合商场项目已投入使用，部分铺面已出租，实现租金收入 25 万元，全部铺面出租后收入将达 50 万元以上，以此增加村集体经济收入。

2. 联村项目共建

银海区鼓励区位优势明显或城镇规划地区，按照统筹建设的原则，通过异地兴建、联村共建等多种形式，增加村集体资产和物业经营收入，拓展村级集体经济发展空间。例如，福成镇大水江村和东村通过联村共建福兴市场项目，年收入超过 10 万元。打破了村与村间的位置划分，共同建设物业项目，提高整体收入，从而助力村集体经济发展。

3. 合作项目建设

针对部分村委已经没有集体土地的现实情况，通过与拥有土地资源村的合作，双方优势互补，建设物业项目，发展物业经济，例如，宁海农贸市场项目，宁海村委每年可从该项目获得收益 15 万元以上。通过村与村的合作，也带动了集体经济薄弱村的发展。

4. 资源开发项目

部分村开发村内荒地、荒水、荒滩、荒林等资源，发挥区位优势，大力发展休闲旅游、农家乐等产业，增加村级集体经济收入。例如，竹林村委的渔家乐项目，发挥邻近北海市海洋产业开发区的区位优势，建设渔家乐项目，预计年收入 10 万元以上。

5. 产业项目建设

部分土地资源丰富的村，积极推进土地流转，实现土地规模经营。通过集中连片发展特色农业，壮大村集体经济。例如，山梓村委现代果蔬产业帮扶基地项目，山梓村委会每年可从该项目获得的收益为 18 万元。发挥村内潜在优势，实现产业发展，增加村民收入。

（二）发挥农村集体经济组织功能作用

农村集体资产归成员集体所有，集体经济组织是集体资产管理的主体，依法代表成员集体行使集体资产所有权，要求有集体统一经营资产的村（组），应建立健全农村集体经济组织。在《民法总则》中将农村集体经济组织列为一类特别法人，在法律上解决了农村集体经济组织法人资格的问题，明确了集体经济组织和村民委员会是平等的民事主体。建立组织后，充分发挥农村集体经济组织功能，发挥基层党组织的积极作用，调动村民广泛参与，以监管促运行，以效益促增收，以增收促发展，在村内形成良性互动的运行体系。

在农村集体经济股份合作社章程制定方面，北海市银海区印发了示范章程和指导意见，对收益分配制度、有偿退出办法、股份继承办法、股份抵押担保贷款办法做出了规定。在登记赋码方面，截至 2019 年 10 月底，广西壮族自治区全国第三批农村集体产权制度改革 6 个改革单位，已全面完成了登记赋码工作。

由于缺乏管理、发展农村集体经济的专业人才，改革选举产生的农村集体股份经济组织领导班子均按照国家农村集体产权制度改革实施意见文件要求由村民大会选举产生。调研中发现，银海区由村支部书记担任村集体经济负责人。但在其他地区，也有由本村或社区德高望重、有经济头脑的经济能人担任，探索政经分离的新途径。虽然形式不同，但都促进了村级集体经济组织的发展。

（三）赋予农民集体资产股份权能

农民持有的集体资产股份权能主要包括六项权利，即占有权、收益权、有偿退出权及抵押权、担保权、继承权。通过建立集体资产股权登记制度，向集体经济组织成员出具股权证书，把成员对集体资产股份的占有权落实到位；通过健全集体收益分配制度，把农民集体资产股份收益分配权落到实处。农民持有的集体资产股份是其参与集体收益分配的依据，不同于股票市场的股票，不能拿到市场上操作。因此，现阶段有偿退出只能有两种，或者在本集体内部转让给其他成员，或者由本集体赎回。落实农民的土地承包权、宅基地使用权、集体收益分配权和对集体经济活动的民主管理权利，形成了有效维护农村集体经济组织成员权利的治理体系。

（四）全面加强农村集体资产财务管理

银海区通过加强农村集体资产财务管理，避免农村集体资产流失。细化农村集体资产资源监管的政策法规，加强基层政府对农村集体资产和资源的有效监管。广泛动员村民参与监督集体资产管理，及时公布村内账目，做到清晰透明。积极修订完善农村集体经济组织财务管理和会计制度，更好地服务村集体经济组织的发展。积极探索村级会计委托代理服务是规范农村集体财务管理，强化村集体经济组织会计核算能力，建立健全村级会计委托代理制度，规范农村集体财务管理工作；加强对村级会计委托代理服务机构的监管，纠正和查处违反财政纪律的行为。加强会计继续教育，提升会计人员能力素质，提高农村财务会计管理水平。推进提升信息化水平，增强农村财务会计监管能力。村内在落实信息化财务建设中，仍面临实际困难，需要上级部门进一步加强业务指导和资金支持。

三、调研村的典型做法

以实地调研的银海区银滩镇和兴村、新村社区，福成镇畔塘村，桥港镇亚平村为例，介绍其在农村集体产权制度改革和集体经济发展中的典型做法。

（一）银海区银滩镇和兴村

银海区银滩镇和兴村位于北海市城郊，村庄面积 6 平方千米，下辖 6 个自然村，11 个村民小组，常住人口 9067 人。其中，常住村民 660 户 2497 人，外来迁入户 6570 人。由于村与城市相连，辖区内流动人口众多。村内集体经济收入主要以场地和房屋出租为主。

1. 和兴村农村集体产权制度改革

该村在农村集体产权制度改革方面的典型做法主要概括为以下方面：

一是有效组织，广泛宣传，摸清家底。银海区主要领导多次到村中召开会议，银滩镇成立了和兴村集体产权制度改革工作领导小组及工作推进小组，在区农业服务中心抽调人员参与村内改革指导工作。镇工作推进小组、驻村工作队、村"两委"干部和村小组长都参与到改革工作中。村内召开"两委"干部会议、党员大会、村民小组长会议、村民代表会议等，加强宣传力度。分阶段进村入户、逐家逐户开展政策宣讲，将村集体产权制度改革工作讲清讲透。

和兴村突出围绕村资产、资源、资金三方面开展全面细致的清查登记工作。制定清产核资方案，明晰工作内容、工作职责、工作时限、工作要求。成立了和兴村集体资产清产核资工作小组，有序推进各项工作。安排专人跟进，积极参与区、镇业务培训，共同探讨出现的疑难问题。合理合法进行资产估价和财务处理。由镇政府委托的第三方公司统一进行数据录入，完成数据上报。和兴村已经清查出账面资产总额 955.48 万元，经营性资产账面总额 75.49 万元，非经营性资产账面总额 879.99 万元，核实资产总额 2363.75 万元，经营性资产总额 1175.48 万元，非经营性资产 1188.26 万元，包含小组资产的集体土地总面积 577.34 亩。

二是科学量化股权，合理划定收益分配。和兴村严格界定成员身份，制定了《银海镇和兴村集体经济组织成员身份确认办法》，划定出成员身份确认取得的三个条件：①初始取得，指原农业生产队、农业生产大队的村民，且户口一直保留在本集体经济组织所在地的农民。②法定取得，一方面指父母双方均具有本集体经济组织成员身份的出生人员，自其出生时起具有本集体经济组织成员身份，父母一方具有本集体经济组织成员身份且依法登记本集体经济组织所在地常住户口的出生人员，确认为本集体经济组织成员身份；另一方面指通过婚姻、合法收养，迁入本集体经济组织所在地生产、生活并依法登记本集体经济组织所在地常住户口的，确认为集体经济组织成员身份。③申请取得，指符合法律、法规和本集体经济组织章程有关规定，自愿书面申请，按照民主议事程序，由本集体经济组织成员大会讨论通过，经公示无异议，并报银滩镇政府备案后取得成员身份。通过上述几个条件，村民取得本村小组集体经济组织成员身份的人员，原则上自动取得其所在村集体经济组织成员身份。

和兴村全面开展人员调查登记，精准编制股东清册。根据各村小组村民基本户籍信息，编制一户一表的摸底调查表，开展入户登记调查。组织村干部、村民小组长收集村民户口本、身份证复印件，逐户校对人员信息，最后将人员分类，形成人员情况调查表。在完成清产核资和成员身份确认的基础上，将明确划分的经营性资产量化到人，固化到户，精准编制股东清册。

为切实保护新增人口权益，和兴村股权管理实行以户为单位的"增人不增股，减人不减股"，新增人员通过户内分享按章程获得股份和身份的静态管理方式方法。经成员代表大会决定，和兴村只设个人股，不设集体股，个人股仅设人口股，人口股采用"十股"制，符合成员身份资格的和兴村村民均等享有 10 份股权，全村成员2466 人，共 24660 股人口股，500 股机动股，全村共设置股份 25160 股。因和兴村现有人员身份结构比较复杂，为做到全面、准确、不遗漏，经全体成员讨论决定执行进退机制，即预留 50 个机动人口股折合，用于增补错漏人员。预留时间有效期为一年，如有错漏经调查审核，符合条件的给予同等股权享受，不符合条件的、弄虚作假的人员取消享受股权资格。一年期满后，剩余的预留股充值到公积金或公益金。和兴村的土地征用款和上级专项拨款不列入分配资金。社员福利、医疗保险及救助、经营性支出均在收益分配前列支，经营性净资产原则上按以下比例进行分配。按照每次分红前提取集体经营性净资产的 20% 作为公共积累基金，提取集体经营性净资产的 10% 作为公益金，公积金用于集体经济长远发展，公益金用于集体公益性、公共事务开支。

2. 和兴村集体经济发展

依法成立合作社，壮大村集体经济。和兴村制定了股份合作社章程和选举办法。通过召开股东代表大会，全票通过村股份合作社章程和选举办法，并选出股份经济合作社董事会和监事会候选人。于 2019 年 7 月 29 日召开了和兴村股份经济合作社第一届股东代表暨成立大会。董事会和监事会成员优先考虑致富能手、管理能人，实行差额投票选举产生。通过民主表决，和兴村股份经济合作社设明确董事会和监事会各由 5 人组成，大会选举产生了董事长、监事长。凭镇批复、章程和董事长及监事长名单，到区农业农村局申请办理了《农村集体经济组织登记证》，将村民合作社资产、合同移交给新成立的股份经济合作社进行经营运作。成立股份经济合作社后，和兴村依托靠近城市中心的地理区位优势，因地制宜发展集体产业，壮大村级集体经济，加大招商引资力度，盘活闲置集体资源，通过出租土地、土地入股等形式增加村民经济收入。

（二）银海区银滩镇新村社区

银海区银滩镇新村社区辖区面积 3 平方千米，全村 447 户 1893 人，共有新村东、新村中、沙尾、沙湾东、沙湾西 5 个居村小组，社区"两委"干部 6 人，党员64 人。

1. 新村社区农村集体产权制度改革

该社区的典型做法主要概括为以下方面：

一是加强领导，盘清家底。新村社区党支部成立了产权制度改革工作小组和清产核资工作小组，由支部书记担任组长，其他支部成员任小组成员，由党员牵头组织人员制定了《银滩镇新村集体产权制度改革工作实施方案》《新村社区集体资产清产核资工作实施方案》，全力推进集体产权制度改革各项工作。同时以多种形式宣传，多次召开会议，在社区张贴改革公告，制作横幅，发放村集体产权制度改革应知宣传资料。社区组织资产清查小组清查财务账目，实地核查经营性资产、非经营性资产和固定资产等各类资产，全面精准清查、核实社区集体资产和资金。该村已清理出的村级资产账面总额3457.01万元，核实村级资产总额3474.29万元。

二是合理确认成员身份，保障村民合法权益。新村社区确认集体经济组织成员1488名，按照"依据法律，发扬民主，尊重历史，维护稳定"原则，以新村社区户籍为基础，结合实际情况，统筹兼顾各类村民合法利益开展成员身份确认工作。新村社区村委干部充分利用周末、假期时间，组织人员上门入户，逐户摸底家庭成员信息，并协调派出所调取居民户籍信息，对照居民户籍底册精准核对。社区干部广泛听取意见，发挥党员先锋模范作用，指导群众统筹考虑户籍关系、承包地关系、集体贡献等因素，以民主协商的方式确认成员身份，防止多数人侵犯少数人的权益。

三是科学设置股权。新村社区改革小组制定出改革草案，经成员代表大会会讨论通过后，明确新村社区只设个人股，不设集体股，个人股仅设人口股，符合成员身份资格的新村社区居民均等享有10股，人口股共计14880股，为避免人员及股份增漏情况，预留450个机动人口股，折合4500股。股权管理按照"量化到人，确权到户，户内共享，社内流转，长期不变"原则，实行户为单位的"增人不增股，减人不减股"的静态管理模式，保持总股权相对稳定。以2017年12月31日为节点的清产核资，清查出新村社区基本没有经营性资产，经讨论决定先虚拟设置股份，待后期经营性资产发展到一定程度后再进行资产量化和收益分配。此次改革，按一人"十股"制固化每户股权份额，新村社区含机动股共19380股。

2. 新村社区农村集体经济发展

该社区成立了股份经济合作社，积极促进集体经济发展。2019年7月29日，在新村社区党总支部召开了第一届股东代表第一次会议暨成立大会，顺利选举产生了新村社区股份经济合作社董事会、监事会成员及董事长、监事长，成立了以社区党总支部书记为董事长的新村社区集体股份经济合作社，完成了产权制度改革的各项工作，为村集体经济的发展奠定了坚实基础。新村社区以股份经济合作社为平台，发挥社区党总支部的引领作用，规范集体资产管理，充分挖掘有限资源，通过土地出租、联营等方式，创办有本地特色的项目企业，不断壮大集体经济，增加收入，提升村民获得感和幸福感。

（三）银海区福成镇畔塘村

银海区福成镇畔塘村下辖12个自然村、31个村民小组，面积12.5平方千米，人口4370人，2018年人均纯收入8200元。

1. 畔塘村集体产权制度改革

畔塘村突出重点，打造亮点，保质保量完成农村集体产权制度改革，该村的典型做法如下：

一是严格界定成员身份，开展全员调查登记，编制股东清册。村委会制定了《福成镇畔塘村集体经济组织成员身份确认办法》，以户籍是否在本集体经济组织和是否长期在本集体经济组织生产、生活并履行本集体经济组织成员应尽义务等两个方面进行确认。两个条件都满足的为可确认为本集体经济组织成员；两个条件都不满足的为不确认人员；满足其中一个条件的为待确认人员。为防止待确定人员在界定过程中多重占有，待确定人员申请加入本集体经济组织，须向本集体经济组织提交特殊人员身份确认申报表，并经本村民（代表）大会表决通过后，报福成镇人民政府备案后，可确认为本集体经济组织成员。根据各村小组村民基本户籍信息，按照一户一表的方式，编制摸底调查表。组织村干部、村民小组长收集村民户口本、身份证复印件，开展入户登记调查，校对、补充人员户籍信息，变更户籍信息录入。在调查的基础上，以 2018 年 12 月 31 日 23 时 59 分为确认登记截止时间，确认符合福成镇畔塘村集体经济组织成员身份的人共 4274 人，均享有资产量化资格，以此为依据编制股东清册。

二是股权量化及股权设置。畔塘村只设个人股，不设集体股。个人股为"基本股+福利股"。基本股具有表决权、分配权，能更有效保障本集体经济组织成员利益，本集体经济组织成员享有基本股 8 股；未成年成员只享有分配权，没有表决权，等同于享受福利股，自成年后开始具有表决权。福利股为优先股，只有分配权，没有表决权，但福利股的设置能更有效地提高本集体经济组织成员参与村民自治各项工作、履行应尽的村民义务。本集体经济组织成员享有福利股 2 股。目前，福成镇畔塘村村集体经济股权共计 43740 股（含机动股），占福成镇畔塘村集体净资产总额的100%股份。此外，针对畔塘村现有人员身份结构比较复杂，为合理确认集体经济组织成员身份，做到全面、准确、不遗漏，同时又能推进全村改革工作，经全体成员讨论决定执行进退机制，即预留 800 股基本股、200 股福利股作为机动股用于增补错漏人员，预留时间有效期为一年，如有错漏经调查审核，符合条件的给予同等股权享受，不符合条件的、弄虚作假的人员取消享受股权资格，一年期满后，剩余的预留股充值到公积金或公益金。科学划定收益分配。提取集体经营性净收入的 20% 作为公积金，10% 作为公益金，70% 作为股红金，公积金用于集体经济长远发展，公益金用于集体公益性、公共事务开支，股红金用于集体经济组织股东按股分红。

三是加强档案管理。畔塘村对工作开展过程的材料分阶段、分类别进行归档整理，方便材料的查询追溯。收集的资料包括宣传发动、清产核资、成员身份界定、股份量化及股权设置、成立股份经济合作社整个流程的台账资料。

2. 畔塘村集体经济发展

该村成立股份经济合作社。畔塘村股东经济合作社股东代表以村民小组为单位进行推选，推选股东遵循民主推选原则，优先考虑其长期居住在本村且能够准时参加本集体股份经济合作社会议。从全体股东中共推选99名股东代表，每10户推选一名股东代表。2019年4月7日召开畔塘村股份经济合作社第一届股东代表暨成立大会。村内民主选举董事会、监事会成员。优先考虑致富能手、管理能人，从股东代表中推选出，实行差额投票选举产生，畔塘村股份经济合作社董事会由9人组成、监事会由3人组成，选举产生了董事长、副董事长和监事长，其中一名副董事长兼任总经理职务。

畔塘村是银海区农村集体产权制度改革村，以发展产业带动村集体经济壮大，有利于促进农民增收致富。畔塘村80%以上的土地主要种植花生和甘蔗，农民的年利润不足1000元/亩。近年来，用工难、用工贵，肥料等原材料价格上涨，传统的经济作业方式制约了农民增收。为了推动畔塘村经济发展，提高村民收入，福成镇党委、政府大力支持刘氏农业有限公司发展热带水果种植，帮助该企业打造乡级特色农业示范区。位于银海区福成镇畔塘村委福佬塘的北海刘氏农业开发有限公司成立于2018年8月16日，主要经营范围包括农作物、花卉、水果种植及销售，家禽养殖及销售，农副产品加工及销售，农业观光旅游，农业技术开发、技术应用、技术咨询、技术转让。

该公司通过土地流转等方式，以每年1000元/亩的价格向村民租赁了500亩土地，用于发展热带水果种植和蔬菜种植。三合口村、红旗村、古城村和端田村等村委集体经济专项资金共计200万元，当地265户低收入户的帮扶资金共计67万元，以资金入股的形式壮大公司发展规模，真正意义上实现村民变股东。基地种植的30亩百香果的第一批果实已经进入收获季节，第一批产量约500千克/亩，收购价达10元/千克，第二批果实上市后，产量实现翻倍，亩产量达3000~4000千克。

该公司已与加工企业达成了协议，产品直接送到企业，红心火龙果收购价格为10~16元/千克，黄心火龙果70元/千克，燕窝火龙果200元/千克。该公司聘请了周边村委19名村民从事长期工作，其中大部分是低收入户，每人每月工资为3000~3500元。农忙时节雇请的村民达上百人，日工资120元，村民可以就近务工。该公司计划将基地打造成现代特色农业基地，集农业、休闲旅游和深加工于一体，并计划逐步扩大火龙果基地，打造福成镇乡村旅游示范点。

（四）银海区桥港镇亚平村

亚平村辖区面积0.087平方千米，是首批全国文明村，全村134户599人，辖三个村民小组，村"两委"干部5人，党员26人。村级集体经济收入累计超过6100万元，每个村民分红累计超过10万元。2018年集体经济收入达95万元，人均可支配收入达22000元。

1. 亚平村农村集体产权制度改革

亚平村整合资源优势，加快产业发展，打造乡村振兴侨港特色发展模式，该村的典型做法如下：

一是发挥党员先锋模范作用，推动集体产权制度改革。镇、村两级组织制定了《侨港镇农村集体产权制度改革工作实施方案》《侨港镇农村集体资产清产核资工作实施方案》《亚平村集体产权制度改革工作实施方案》《亚平村集体资产清产核资工作实施方案》等具体方案，成立了镇、村两级集体产权制度改革工作领导小组和清产核资工作领导小组，村一级同时成立了村一级干部工作小组、清产核资清查工作小组、村民工作小组，全力推进改革各项工作。充分发挥党员先锋作用，组织资产清查小组、驻村工作队员清查财务账目，实地核查经营性资产、非经营性资产和固定资产等各类资产，全面精准清查、核实村集体资产和资金。

二是合理确认成员身份，科学量化设置股权。以亚平村户籍为基础，结合村民享受分红现状，统筹兼顾村民合法利益，上门入户确认家庭成员信息，并对照村民户籍底册，协调派出所调取、核对村民户籍信息，最终确认亚平村集体经济组织成员 599 名。在清产核资基础上，结合村内实际，把集体经营性资产折股量化，将股权设置成集体股、个人股和机动股三类，以保障集体性开支和股东利益。自实行收益分红开始，始终确保本村户口居民都能享受分红，对因婚姻、收养等户口迁入的特殊人群，都确认为亚平股份经济合作社股东，确保他们都能享受集体经济收益分红。在清产核资的基础上，将股权设置为集体股、机动股和个人股三类。集体股占总股数约 28.2%，用于集体经济发展和集体性事务开支；个人股占总股数约 70.6%，用于个人收益分红；机动股设 10 人股，每人 10 股，共 100 股，用于增补错漏人员身份，设置期限 1 年。亚平村实行动态管理，将经营性资产折股量化到人，不固化到户，即"生增死减，进增出减"的动态管理创新模式。

三是成立股份经济合作社，促进集体经济发展。2019 年 4 月 1 日，亚平村召开了村集体产权制度改革——股份经济合作社第一届股东代表第一次会议暨成立大会，顺利选举产生了亚平村股份经济合作社董事会、监事会成员及董事长、副董事长、监事长，成立以村支书为董事长股份经济合作社，完成了村集体产权制度改革工作任务，为村集体经济的发展奠定了坚实基础。亚平村以股份经济合作社为平台，发挥村党支部的引领作用，规范集体资产管理，加大招商引资，争取项目资金，以合作联营等模式改造宾馆，打造特色民宿，建立电商平台，推广亚平民宿、商贸旅游产业，壮大村级集体经济，增加村民收入。

2. 亚平村集体经济发展

银海区亚平村是北海市辖区面积最小的一个行政村，是我国唯一安置印支难民的行政村。亚平村从过去一个软弱涣散的问题村发展为如今村民年年有村级集体经济分红的全国首批文明村。亚平村坚持集体发展、村民受益、成果共享，村集体经济收入从 2017 年的 75 万元提高到 2019 年的 101.5 万元，增幅 35%，村民人均可支配收入从 1.3 万元提高到 2.2 万元，增幅 69%。以时间为线索，回顾亚平村的发展历程（见表 33-1）。

表 33-1　亚平村的发展历程

年份	具体情况
1992	亚平村的土地被征用，仅剩耕地 5.3 公顷
1993	亚平村 600 多亩土地被政府征收，获得了 430 多万元的征地拆迁补偿款
1994	1994 年以前，亚平村是北海市唯一没有建立党组织的行政村。村庄软弱涣散、管理混乱、治安不好，群众上访不断。成立了党支部后，经反复动员，将部分补偿款投资建设临街商铺出租，有了亚平村第一个村级集体经济项目，当年实现 12 万元村集体收入
1997	陈富担任村党支部书记，提出以集体经济强村，以个体经济富村。亚平村先后办成了屠宰场、鱼货加工场，水产养殖场等一批村级集体经济项目
2000	亚平村集体经济每年都以超 10 万元的速度递增，村集体经济年收入一度达到 160 多万元
2007	亚平村商铺规模达 520 间
2013	亚平村的土地和临街商铺逐年被征收，村集体经济逐年萎缩，一度从年收入 160 万元降至 10 万元
2017	亚平村将闲置的一栋 2000 平方米的临街楼房改建成为"亚平村民宿标杆"——辰光酒店，每年为村集体经济增收 20 万元，大力发展民宿旅游业
2019	亚平村村委自筹资金并积极申请上级财政支持，投入 80 余万元建设亚平村民宿旅游接待服务站。全村共有家庭宾馆 22 家，餐饮业 9 家，出租楼房 100 多栋

资料来源：实地调研访谈。

亚平村的发展并非一帆风顺，但由一个遍地荒滩野草、极度落后的贫困小渔村，发展成环境优美、村集体经济快速发展的明星村，其背后所付出的努力，所采取的做法，值得深入剖析。调研组经过实地走访，将亚平村集体经济发展的实际做法归纳如下：

一是依托侨港旅游资源，发展亚平村民宿产业。村"两委"引导村民大力发展民宿旅游业，推动村级集体资产升值，2017 年亚平村注重用集体经济的发展辐射带动全体村民增收致富，形成了办成一个项目、带富一方百姓的"鲇鱼效应"。村民从事市场经营、家庭宾馆、餐饮业、公路运输、旅游工艺品加工等，形成以商贸旅游业为主、海产品加工业为辅的经济发展格局。

二是整合土地资源，力求资源价值最大化。亚平村改变靠铺面出租收入的"小农意识"，与城市经济接轨，2015 年成功引进宝马 4S 店项目建设，不仅提升了村容村貌的建设，还为村集体经济每年创收 50 万元。把一片"脏、乱、差"的平房出租屋变成了"高、大、上"的宝马 4S 店，实现村集体经济的一次华丽转身。同时，还把村委的其他闲置土地盘活出租每年收入约 10 万元。

三是坚持"乡村振兴"，打造"三员九有"示范村。2018 年，亚平村贯彻落实自治区要求，积极响应北海市委号召，开展"三员九有"创建活动，进一步深化新农村建设、发展亚平村特色经济、完善村庄规划、改善村民生活。工作队员、驻村干部和村党员干部争当"资源调查员、项目包装员、招商引资员"，通过盘活资产、整合资源，走合作化发展道路，将原来的屠宰场改造建设成为一个经营餐饮、休闲娱乐的农家乐项目——"文记烧鸡"，为集体经济年增收 12 万元。打造有特色产品、有加工厂、有种养基地、有小市场、有电商、有农家乐、有小花园、有规划建设、有村民合作社的"九有"村落，加快了亚平村生态宜居和谐文明建设。

四是廉洁自律掌舵人，带领亚平村致富奔小康。亚平村党支部书记陈富在村民中有口皆碑，不仅发展了村集体经济，将原本收入为零的落后村发展成为北海市集体经济第一村。采取一系列措施，带动村民就业，帮助村民运用科学技术发展养殖业。有序引导村民转产转业，充分利用村内仅有的 5.3 公顷耕地，大力发展第三产业，扶持村民发展商贸、餐饮、海产品深加工和工业品加工，村民收入大幅提高，村内环境优美，村民生活品质显著提升，增强村民的归属感和幸福感。

五是坚持发展成果村民共享，带领村民共同致富。亚平村集体经济每上一个项目、每一笔分红，都严格按照"四议两公开"的要求决定。亚平村将村集体资产和收入、使用、分红情况动态公布，实时接受群众监督，建立公开、透明、可持续发展现代经济管理制度，打造阳光村务、破解联系服务群众"最后一公里"难题。亚平村通过村级集体经济发展，不断完善相关基础设施和配套设施，先后投入 400 多万元，新建村文化活动场所、体育健身中心和公园，铺设水泥路面，改造安装自来水管网，增容供电设施，全村自来水、卫生池、闭路电视普及率实现 100%，全村实施绿化亮化工程，道路硬底化率实现 100%。2019 年，亚平村积极争取上级财政支持300 万元对村容村貌进行整体提升。村集体经济还出资 15 万元为全体村民购买了新型农村合作医疗保险和农村养老保险，每年出资 2.4 万元解决全村清洁保洁费，全村基本上都是别墅式楼房或商住楼。

四、存在的主要问题

不同村的特点不同，对于有经营性资产的村，特别是"城中村"、"城郊村"、开发区村和经济发达村，重点要以股份或者份额形式将集体经营性资产量化到本集体经济组织成员，进行股份合作制改革。充分发挥村地理位置上的区位优势，提高经营性收入，提高村民的分红收益。借鉴改革较为成功的"城中村"，改善辖区环境，提升村容村貌，吸引资本投资，推动股份合作。对于没有经营性资产的村，重点是全面推进各类资源性资产的确权登记颁证，探索盘活农村资源的有效途径，积极发展土地股份合作等多种形式的股份合作制经济。通过与村内农民专业合作社联动发展，推广地域特色农产品，申请绿色食品安全认证，利用互联网电商提高知名度，打造村内特色品牌。对于有非经营性资产的村，结合美丽乡村建设，重点探索建立健全有利于提高公共服务能力的非经营性资产统一运行管护机制，更好地为集体经济组织成员提供公益性服务。银海区在农村集体产权制度改革和集体经济发展方面取得了一定成效，但仍存在一些问题。调研组将发现的问题归纳如下：

一是部分村经营性资产少，村集体经济组织发挥作用有限。银海区部分村集体土地、经营性资产少，村内缺少实力强、规模大的龙头企业带动农业产业发展，虽然目前均成立了股份经济合作社，但对于如何进一步推动村级集体经济发展较为困惑。村集体经济组织普遍较为薄弱，一方面多数村刚组建处于起步阶段，缺乏专业指导和实践经验，造成暂时的经营困难；另一方面个别村发展较为落后，产业基础薄弱，农产品销路不畅，易造成股份经济合作社无实质运作，未真正发挥作用。股份经济合作社兼具营利性与公益性，在刚刚起步阶段，政府部门间缺少沟通，未明确村集体经济组织的法人地位，对农村集体经济组织的设立、登记，享有的权利、需履行的义务和责任未从法律和制度层面做出明确规定。

二是部分村级账目资料不完整，管理和审计制度不完善。农村集体产权制度改革的账目管理至关重要，但由于多种原因，目前在村级管理中仍存有漏洞。专业的会计人员紧缺，日常档案管理人手有限，资料留存不规范的问题比较普遍。农村集体资产财务管理不规范，未形成完善的会计及审计制度。

三是农村股份经济合作社法律定位不明晰，缺乏配套的政策支持。例如，北海市银海区银滩镇新村社区股份经济合作社的登记机关是北海市银海区农业农村局，有统一的社会信用代码，但与在工商部门登记的农民专业合作社不同，法律上并未明确农村股份经济合作社能享受免税政策。目前，根据《企业所得税法》的规定，村集体成立的股份经济合作社也需要纳税。若以经营性资产出租，所需缴纳的税费较高，包含增值税、企业所得税、城市维护建设税、房产税、印花税、城镇土地使用税、交易附加费等相关税费。特别是对于资产薄弱村，股份经济合作社还未步入正轨，税费负担易挫伤村内发展积极性。

四是专业人才缺乏。产权制度改革工作涉及面广、专业性强，村干部需要同时对接上级多个部门，负责多项工作，在时间和精力上较难协调，影响工作效率。由上级派驻的工作人员多以提供指导性工作为主，难以协调专人长期驻扎负责改革工作。村内缺乏专业的财务人员，对于股份合作社的经营管理缺少职业经理人等专业人才。缺乏专业人才，一方面不利于政策的及时落地，易造成流于形式的布置安排工作。基层干部没有时间深入群众实地了解村民需求。由于人手紧缺，基层人员能按照已有规定执行已经力不从心，完全无暇及时反馈政策要求与实际不相符的情况。另一方面由于农村普遍人才外流严重，缺少配套的支持政策，无法留住、吸引人才，人员不充足、专业素质低，影响改革成效。

五、发展的对策建议

农村集体产权制度改革是维护农民合法权益、增加农民财产性收入的重大举措，对于坚持中国特色社会主义道路，完善农村基本经营制度，增强集体经济发展活力，引领农民逐步实现共同富裕具有深远历史意义。着力推进经营性资产确权到户和股份合作制改革，对于切实维护农民合法权益，增加农民财产性收入，赋予农民更多财产权利，如期实现全面建成小康社会目标具有重大现实意义。为更好地提升集体经济活力，让广大农民分享改革发展成果，提出以下对策建议：

一是发挥集体经济组织作用，引导社会资本有序参与。充分发挥股份经济合作社在发展村集体经济的作用，应建立健全农村集体经济组织，并在村党组织的领导和村民委员会的支持下，按照法律法规行使集体资产所有权。加强对集体经济项目建设和集体经营管理，进一步提高集体经济收入，股东分红逐年增多，促进农村集体资产保值增值，提高资源利用效率。集体资产所有权确权要严格按照产权归属进行，不能打乱原集体所有的界限。针对各村实际，组织合作社管理人员外出培训学习，开阔视野扩展思路。同时，对合作组织发展给予政策倾斜。调动股份经济合作社的发展积极性，盘活已有资源，逐步壮大集体经济。鼓励有实力的集体经济组织以集体资产参股经营文件的农民合作社和工商企业。鼓励资产薄弱的集体经济组织，通过融资担保等多种形式，解决资金困境，发展特色产业。鼓励地方特别是县乡依托集体资产监督管理、土地经营权流转管理等平台，建立符合农村实际需要的产权流转交易市场，开展农村承包土地经营权、集体林权、"四荒"地使用权、农业类知识产权、农村集体经营性资产出租等流转交易。

二是规范集体财产账目管理，加强会计从业人员培训。可以通过购买服务的形式，聘请第三方机构加强对村级集体资产的审核与监督，完善账务管理、红利分配等相关制度措施，定期组织纪委、财政、审计等部门开展走访巡察，指导村集体经济组织做好台账资料，规范管理集体财产账目。加强农村集体资金资产资源监督管理，加强乡镇农村经营管理体系建设。修订完善农村集体经济组织财务会计制度，加快农村集体资产监督管理平台建设，推动农村集体资产财务管理制度化、规范化、信息化。稳定农村财会队伍，落实民主理财，规范财务公开，切实维护集体成员的监督管理权。加强农村集体经济组织审计监督，做好日常财务收支等定期审计，继续开展村干部任期和离任经济责任等专项审计，建立问题移交、定期通报和责任追究查处制度，防止侵占集体资产。

三是加大对农村股份经济合作社的政策与资金支持力度。股份经济合作社肩负着农村集体产权制度改革后带领村民发展的重要使命，与农民切身利益密切相关。对政府拨款、减免税费等形成的资产归农村集体经济组织所有，可以量化为集体成员持有的股份。逐步增加政府对农村的公共服务支出，减少农村集体经济组织的相应负担。完善金融机构对农村集体经济组织的融资、担保等政策，健全风险防范分担机制。统筹安排农村集体经济组织发展所需用地。扶持壮大股份经济合作社，不仅是促进村民增收致富，同时也能为村庄治理和环境改善带来新的发展契机。一方面，通过减免税收等政策倾斜助力其发展。另一方面，通过加强对董事会、监事会的培训力度，培养适应时代合作社发展的新型职业经理人，进一步推动股份经济合作社逐步走向企业化的管理模式，创造市场价值。

四是加强基层队伍建设，注重农村实用人才培养。从国家政策层面逐步完善基层人才引进措施，改善人才待遇，健全基层人才保障机制。基层政府应当拓宽基层人才队伍的选用渠道，培养返乡创业的农民工和大学生作为村集体经济管理的后备人才。同时，对于基层干部聘用建议选择打破地域、身份、行业的限制，从致富能手、种养大户及大学生村官中选拔。鼓励各村积极与科研机构合作，助力村集体经济发展。可以借鉴参考银海区在改革过程中，村务监督委员会全程参与，确保清产核资工作取得实效。实行每月上报改革进展情况等具体工作办法，对所辖县、乡镇改革进度实行周调度，对重视程度不够、推动工作不力、改革效果差和进度排名靠后的乡镇采取约谈、问责等方式。通过多种方式及时跟进改革工作，有利于调整工作方法，更好地完成改革任务。

第三十四章 广西壮族自治区贵港市港南区集体产权制度改革调研报告^①

第三十四章 广西壮族自治区贵港市
港南区集体产权制度
改革调研报告^①

2019年12月28~29日，中国人民大学农业与农村发展学院调研组对广西壮族自治区贵港市港南区集体产权制度改革进行了调研。调研组召开了座谈会，对港南区下辖桥圩社区股份经济合作社进行了实地调研。调研组还实地调研了桥圩镇新庆村，从改革成效的角度与村民代表进行深入交谈。

一、改革任务进展评价及经验总结

（一）改革任务组织实施情况

贵港市港南区共下辖7个镇和2个街道办事处共165个村（社区），本次共有160个村（社区）参与了农村集体产权制度改革。港南区以城乡一体化发展为目标，通过全面推进农村集体产权制度改革，实现社员对集体资产产权的长久化、定量化享有，促进村级集体经济发展和农民增收。

港南区被确定为自治区改革单位后，从区到各个乡镇（街道）均成立了农村集体产权制度改革工作领导小组。区里成立了以区委书记、区长为组长，有关部门负责人为成员的领导机构，在区农业农村局设立办公室，安排专人负责农村集体产权制度改革工作。制定相关实施方案，印发了《中共港南区委员会办公室港南区人民政府办公室关于印发港南区稳步推进农村集体产权制度改革工作实施方案的通知》（港南办通〔2018〕52号）、《关于印发农村集体资产清产核资资产所有权界定暂行办法的通知》（港农产改办发〔2018〕2号）、《关于印发港南区农村集体经济组织成员身份界定指导意见的通知》（港农产改办发〔2018〕4号）等相关文件对改革工作予以指导。

区委区政府多次召开农村集体产权制度改革工作推进会，通过听取各镇（街道）的工作汇报，解决工作中遇到的困难和问题。区委区政府还组织区领导小组人员、各镇（街道）政府（办事处）负责人和相关领导到山东济南等地区进行考察，学习借鉴先进地区的经验和做法。

---

① 执笔人：薛仁杰。

（二）改革工作的主要做法

一是坚持党政主导，加强组织领导，明确改革思路。从区到乡镇分别成立了农村集体产权制度改革工作领导小组，并安排党、政主要负责人出任组长、副组长，全面负责农村集体产权制度改革工作。从区到村三级分别成立产权制度改革的领导小组，明确镇、村"一把手"作为产权制度改革的领导小组组长，并且分别成立清产核资工作小组和成员认定工作小组，专项负责关键环节。区绩效督查部门还将农村集体产权制度改革列入每年绩效重点督查任务，表彰改革成绩突出的村（社区），对于不作为、慢作为的村（社区）予以问责。以权责明晰的机构设立方式，有力的监督问责机制，增强组织领导力，确保改革工作的各个方面按时高效完成。

二是明确关键环节，坚决落实原则，分类有序推进。港南区严格按照"成立机构、制定方案、宣传培训、清产核资、成员认定、股权设置、注册登记、规范运营" 8个环节推进改革工作。将资产清理作为顺利推进改革的前提，坚持"账实、账证、账账"相符原则，核实村级固定资产，厘清债权债务，并充分接受村民监督。在成员身份确认工作中坚持村民自主原则，严格规范成员身份认定程序，坚持统一开会部署、统一实名登记、统一张榜公示以及召开村民代表大会确认的"三统一、一确认"方式。在股权设置工作中，根据各村（社区）情况设立成员股和机动股，在股权管理上，遵循"生不增，死不减；进不增，出不减"的静态模式原则，减少了利益冲突，并降低了管理成本。在改革工作中按照"改革先行，总结铺开"的方式，在每个乡镇选择集体拥有一定规模的经营性资产、村干部能力比较强的村（社区），将其作为镇村先开展工作，总结经验后再在全镇推广，避免"一刀切"现象的出现，较为合理地推进改革深化，对于改革进度的把握有着积极作用。

三是加强宣传培训，营造氛围，提升改革动力。区、镇、村三级分别利用媒体、板报、标语等方式对自治区、市改革政策进行解读，发放《致农民的一封信》宣传材料10多万份，并且在每个乡镇和村屯都举办了2次以上的宣传业务培训，做到使农民群众理解改革、拥护改革、支持改革、参与改革，提升改革动力，营造有助于改革工作推进的良好氛围。

四是积极投入资金，强化工作指导督查，确保改革成效。港南区区财政安排了160万元的专项改革经费用于农村集体产权制度改革工作，保证每个村（社区）都拥有1万元的经费用于改革工作，为农村集体产权制度改革的开展奠定了坚实基础。区农业农村局等单位抽调人员成立了港南区产权制度改革业务指导督导组，深入到各镇村（社区）进行检查指导，保证改革工作的质量。港南区还深入开展了挪用侵占农村集体资产清理专项巡查活动，确保最后的改革成效。

（三）改革工作的主要成效

港南区163个村（社区）已全部完成清产核资工作，完成率为100%。全区9个镇（街道）已全部开展成员身份认定的摸底调查。经清查核实后，贵港市港南区农村集体资产总额约为3.23亿元，其中经营性资产约为8879.5万元；集体土地约

82.25 万亩，港南区有改革任务的 160 个村（社区）全部完成了清产核资、成员身份认定、股权设置量化及成立股份经济合作社等工作，共成立农村集体股份经济合作社 160 个。

区下辖乡镇也取得了良好的改革成效，例如桥圩镇于 2018 年 12 月完成 26 个村（社区）的农村集体资产系统录入工作，共清理出资产 1010.38 万元，其中货币资金 997.92 万元，存货 12.46 万元。共清理出集体经营性固定资产 3750.34 万元，集体非经营性固定资产 6304.87 万元，共清理出集体资源性资产 14.42 万亩。成员身份认定共 28937 户、113192 人，并已进行集体成员身份公示，共设置个人股 137934 股。镇下辖 25 个村（社区）已完成农村集体产权制度改革工作，并已完成集体经济组织登记赋码换证工作。镇下辖桥圩社区通过清产核资工作，清产出库存物资资产 12257 元，银行存款 5443006 元，固定资产 3919300 元，资源性资产 21.5 亩。成员身份认定 2162 户、8423 人。在 2019 年完成产权制度改革后，社区年房屋租金收入约 40 万元，给社区原籍居民发放红利合计约 16 万元。

港南区以成为自治区农村集体产权制度改革单位为契机，对各村的资金、资产、资源进行全面清理、整合、盘活，通过资源再利用，盘活集体资源资产，发展集体经济，累计为村集体和低收入户增收 2500 多万元。港南区还利用产权交易中心，盘活集体资产，以农村集体产权交易市场中心平台为基础，建立了较为完备的农村产权流转交易体系，探索集体资产与股权的流转，探索集体资产，股权的流转、有偿退出新机制，加快推动了土地流转工作。

港南区通过开展产权制度改革工作，初步建立和完善了集体资产的登记、保管、使用、处置、财务民主管理等规章制度，形成了较为有效的内部监督管理机制，例如桥圩镇制定了《桥圩镇村级集体经济组织资金财务管理实施办法》和《桥圩镇村级集体经济会计委托代理服务工作实施方案》，通过会议审议、政府审批、定期公示、机构监督的工作方式对集体经济组织的资金使用进行监督，确保了经济合作社资金的合理使用，促进了合作社的规范化发展。

二、港南区的创新经验及典型做法

港南区在农村集体产权制度改革的过程中，结合本地下辖各村（社区）的不同资源特点和区位、市场优势，因地制宜地提出了相应的农村集体产权制度改革的路径方向，在改革中保持集体资产的完整性，增加成员的财产性收入，并且积极探索了集体经济的有效实现形式，调动了农民改革的积极性，现将港南区改革中的创新经验和典型做法概括如下：

（一）创新经验

一是因地制宜，结合区位因素整合资源，发展壮大集体经济。港南区在农村集体产权制度改革中注重集体经济的发展壮大，并积极通过产业引导和政策支持实现集体经济发展。例如桥圩镇在农村集体产权制度改革过程中，结合当下的中心工作，鼓励实施"飞地抱团"模式，消除"空壳村""薄弱村"问题，实现了村级集体经济的发展壮大。

"飞地抱团"模式的特点主要是通过综合统筹，以入股的形式，将部分区域内闲置或低效利用的土地或资金集中到区位优势较大、投资效益高的区域，发展集约化、规模化的村级经济，实现经济效益和社会效益的"双赢"，通过"党支部+合作社+产业园+贫困户"的模式，构建相关利益联结机制，形成发展合力。桥圩镇整合大垌心村等8个偏远或规划限制、村内资源匮乏、发展空间较小的村，设立了"八村抱团"白鸽养殖基地，由各村的村民合作社选定专人专职对接基地日常工作，最后按照各村养殖白鸽的数量进行分红。8个村根据各自所得纯利润适当提取30%用于下一年生产规划，60%收益归各村村集体所有，10%收益对村干部和相关工作人员进行奖励。基地运营后，预计每年村最高可收入6万元，最低可收入8000元。

桥圩镇"八村抱团"白鸽养殖项目综合利用各村资源，通过优势互补，实现各村集体经济发展。桥圩镇具有养殖白鸽传统，技术较为成熟，地理位置优越，市场潜力大，容易形成稳定增收的产业链。镇下辖大垌心村产业扶持力度大，扶持资金充足。因此桥圩镇根据因地制宜的原则，整合其余7个村的资金，在大垌心村养殖基地基础上，进一步扩大产业规模，获取更高效益。同时，8个村中的"空壳村"和"薄弱村"也顺势而为，突破"单打独斗"的局限，借由养殖项目发展村级集体经济，例如"空壳村"青塘村通过养殖白鸽，村级集体经济6个月内实现集体经济效益突破3万元。"八村抱团"的模式实现了发展壮大集体经济，促进低收入户就业的"双丰收"，发展壮大了村级集体经济，提高了各村的整体效益。

二是创新工作方式，全面盘活资产、资金、资源。港南区以成为自治区农村集体产权制度改革单位为契机，对各村的资产、资金、资源进行清理盘活，深入开展清理不规范合同工作。在开展工作时，创新性地运用"一清、二谈、三诉讼"的工作方法，成功清理不规范合同359份，涉及行政村51个，累计为村级集体增收500多万元，下辖桥圩镇成功清理不规范资产资源出租合同9份，村级集体经济增收60多万元。

"一清、二谈、三诉讼"的工作方法按照合理的流程，对化解当地的矛盾纠纷有着积极作用。"一清"是指审核各个村的集体资产承包合同，对价格设定不合理等群众反映强烈的不规范合同进行全面清理。"二谈"是指与承包方进行当面商谈，对合同中的不规范部分予以纠正，在原有合同的基础上，以公平的定价签订补充协议。"三诉讼"是指当面临有层层转包清理难度较大的合同，或经过多次协调仍不予配合的承包方，由政府联合司法所等部门，通过司法程序进行合同清理。层层递进清理不规范合同，极大地减少了合同签订双方的矛盾纠纷，为壮大村集体经济提供重要保障，为实现村集体经济多元化发展奠定基础。

三是积极探索政经分离，创新合作社组织人员任职方式。港南区下辖各村（桥圩社区）通过开展产权制度改革工作，积极探索政经分离，加强对合作社等集体经济组织的组织领导。例如桥圩社区积极实行村级集体经济组织与村民委员会分离的模式，由股份经济合作社对资金进行专项管理，既提高了资金的管理效率，同时又避免村干部参与资金管理可能产生的贪污腐败现象出现。同时，在合作社理事会成员任职的确定上，理事会会长由德高望重、有经济头脑的企业家进行兼任，经全体会议商讨后确定候选人员，再交由村民代表进行选举。桥圩社区经由村民代表大会选举，企业家梁池、蔡荣华以 68 票全票分任理事会理事长、副理事长。村集体每月向理事长、副理事长分别发放 300 元的劳务费用。

理事会理事长梁池 67 岁，于 20 世纪 70 年代开始经商，在自身的产业发展上取得了极大的成功，积累了数千万元的资产，拥有丰富的产业发展经验。副理事长蔡荣华 60 岁，也是一名企业家，经过多年经商同样积累了数千万元的资产。集体产权制度改革作为新生事物，先进经验的注入尤为重要，从村集体的角度出发，以选举的方式，推选具有"乡贤"性质的企业家担任理事会会长，能够以他们自身的成功经验赢取村民信任，促进村民积极响应产权制度改革工作，同时他们自身发展产业的成功经验也有助于探索村级集体经济的发展方向，并且每月 300 元的象征性劳务费用，也极大地减轻了村集体可能因聘请他村经济能人而产生的经济负担。从企业家理事长的角度出发，其将自身发展的成功经验注入集体产权制度改革，给村民带来效益的同时，也获得了村民的认可和尊重，赢得了荣誉感，在自身物质条件丰裕的同时，满足了其精神层面的更高需求。桥圩社区的理事会选举方式对集体经济发展方向进行了新的探索，在开拓新的发展路径的同时，也实现了企业家个人与集体双方的共赢。

四是积极探索集体经济发展模式，利用集体土地进行集中经营，并创新股权设置方式。例如港南区东津镇石连村冲口屯通过成立股份合作社，利用集体土地发展产业，将 3000 多亩的集体土地用于打造现代特色农业示范区。冲口屯土地 4000 多亩，其中耕地约 1000 亩，林地约 2000 亩，水域约 250 亩，其他性质土地约 750 亩，共有农户 138 户 705 人。目前，冲口屯已注册成立合作社 3 家，拆除旧房 300 多平方米，新修道路 7.5 千米（水泥硬化路面 2.5 千米）、加深加固水塘 50 多亩、利用低洼地改造成鱼塘 200 亩、种植莲藕 25 亩、沃柑 400 亩（其中百香果套种沃柑 100 亩）、百香果 1100 亩，共完成投资 1000 万元。产业的快速发展使冲口屯成为了全广西最大的百香果连片种植基地。

在土地确权的过程中，合作社理事会提出"确权不确地"的想法，积极探寻合理的土地确权方式，缓解了个人与集体间关于土地的矛盾，并且运用现代 GPS 定位技术重新丈量土地面积。在股权设置上，冲口屯总体上以土地入股为主，股权设置遵循三个原则：一是确权不确地，土地收归集体。以 1979 年分田到户的土地为基数，每户保留原有土地权属不变，但并不具体划分地块，只划分股权，把全屯土地统一收归集体。二是增人不增股，保底分红到户。土地收归集体后，为保障群众利益，把原来分田到户的 1000 亩土地获得的收益，按照原有基数进行分红。三是人变股也变，增收分红到个人。由合作社对剩余的 3000 亩集体土地获得收益进行分配，按照现有人口再分一份，使每户均能获得两份分红。冲口屯通过土地的统一规划、统一开发、统一使用，实现了农村集体资产的充分开发利用，助推了产业发展，为村级集体经济的发展探索出了新的道路。

（二）典型做法

以实地调研的港南区桥圩镇桥圩社区、新庆村为例，介绍其在农村集体产权制度改革中的典型做法。

1. 港南区桥圩镇桥圩社区

桥圩社区位于贵港市港南区桥圩镇，2016 年 1 月由桥圩村委升级为社区，社区辖区面积 5 平方千米，耕地 2935 亩，人口 5756 户、23240 人，其中社区原籍居民 2153 户、8420 人。2018 年 9 月正式启动农村集体产权制度改革工作，截至 2019 年 10 月底，基本完成农村集体产权制度改革工作。辖区内成员种类较多，结构较为复杂，村内集体经济收入主要以房屋出租为主。该村的典型做法主要概括为以下方面：

一是设立目标任务，摸清集体资产价值。桥圩社区在改革之初就召开了改革工作动员会，根据群众推荐成立了社区清产核资工作小组，对清产核资工作进行综合统筹，对整个清产核资工作进行相关的协调和指导，并通过商讨会议制定清产核资的工作实施方案。桥圩社区清产核资工作总体围绕宣传发动阶段、全面清理阶段、重点检查阶段、总结验收阶段四个阶段开展工作。

桥圩社区主要采用实地盘点法、询证核对法、实地丈量法的方式进行资产清查。实地盘点法通过实地盘点，查明资产实际数量，并与资产明细表进行对比，坚持"账实相符"原则，主要用于库存现金、库存物资等资产方法清查。询证核对法通过通信或其他手段到有关单位进行资产数量和金额的核实，坚持"账账"相符原则，主要用于代管资金、长短期投资、在建工程等资产清查。实地丈量法通过实地丈量确认资产数量，主要用于资源性资产的清查。

桥圩社区按照严格的工作流程组织进行清产核资工作，在对资产和债务进行清查后公示结果，并编写相应报告进行备案，遵循严格的工作程序。经过清产核算，桥圩社区集体资产总额为 3444.49 万元（含待界定资产），其中经营性资产 2670 万元，非经营性资产 774.48 万元（含待界定资产 200 万元）。库存物资资产 1.26 万元，货币资金资产 544.3 万元（含 534 万元征地补偿款），集体土地总 124.14 亩，其中农用地 31.8 亩，建设用地 92.34 亩。

二是明晰村民身份，合理确认成员身份。桥圩社区人口较多，且社区内部划分了一块移民安置区，整个港南区都有低收入户入住在安置区内，也受桥圩社区管辖，但同时也使桥圩社区的人员构成更为复杂。因此，桥圩社区花费大量精力投入集体经济组织成员身份确认工作，一共举行了商讨会大小共 5 次会议，制定了《桥圩社区 2019 年集体经济组织成员身份认定办法》，以原始取得、法定取得、协商取得三种方式确认集体经济组织成员资格，同时明确资格保留的事项和条件。原始取得，包括三类人员：①户口一直保留在桥圩社区的原籍居民；②刑满释放后户口迁回的居民；③大中专院校由原籍临时迁入学校管理的在校大学生。法定取得，包括三类人员：①婚嫁嫁入社区，并将户口迁入的居民；②被本社区居民依法办理收养手续收养，并将户口迁入的居民；③嫁入社区，户口还未迁入的居民。在针对法定取得中第三类人员时，桥圩社区按照"不能两头空，也不能两头占"的原则，以其结婚证为依据，需其户籍所在地村委出具证明确认不属于该村集体经济组织成员后，才可确认为本集体经济组织成员身份。协商取得，包括原始取得与法定取得两种情形之外的人员，其是否具有集体经济组织成员资格，由社区集体经济组织村民（代表）会议讨论决定并经 2/3 以上成员或者村民代表同意，可接纳为社区集体经济组织成员。在对居住在安置区的居民划分中，原住民 5 户纳入成员资格确认范围，其他 381 户居民不纳入成员资格认定范围。

桥圩社区在清产核资工作结束后，紧接着开展成员身份认定工作。桥圩社区成立集体经济组织成员调查、登记领导小组，具体负责界定工作，发布登记公告，对登记对象、登记基准日、登记时间、登记方式等内容进行明确。编制农村集体经济组织成员摸底登记表，以家庭为单位进行清查摸底和核实。根据摸底登记情况，针对不同类型人员和集体土地、资产情况，制定方案后表决，形成公示表，先后通过三榜公示，确认本社区集体经济组织成员的人员名单，最后上报镇政府备案。

为便于成员确认身份的固定和相关工作的开展，桥圩社区划定 2019 年 4 月 20 日晚 12 点为成员身份认定截止时间。2019 年 4 月 30 日后，按照"生不增，死不减；进不增，出不减"原则进行成员身份确认。通过严格的确认程序和精确的识别分类，桥圩社区顺利完成了集体组织成员身份认定工作，为下一阶段的股权设置工作奠定了基础。经过成员身份确认工作，桥圩社区集体经济组织成员总人数为 2162 户、8423 人。并将社区居民划分为五类：第一类是原始居民，共 1948 户、7948 人；第二类是"外嫁女"，共 161 户、344 人；第三类是倒插户，共 2 户、8 人；第四类是买户口迁回户，共 48 户、113 人；第五类是外籍迁入户，共 3 户、10 人。

三是合理设置股份，保护村民权益。桥圩社区严格按照《桥圩社区集体经济股权量化及股份设置管理办法》进行股权量化，把清理、估值确认的资产转换成股本量化到民。确定可量化的资产范围为原桥圩村的集体经营性资产。在股权设置办法上，经过桥圩社区集体产权制度改革工作领导小组和居民代表、党员大会研究讨论，确定股权设置中只设个人股，不设集体股，个人股只设人口股，人口股采用"一人配置一股制"，在经过成员身份认定过后取得资格的人员均可获得一份股权。按照股权量化结果，桥圩社区共有股东 8423 名，总股数 8900 股，总股本金 2670 万元。其中，个人股 8423 股，占总股数的 94.64%；机动股 477 股，占总股数的 5.36%。由于社区内部现有人员身份结构复杂，为合理确认集体经济组织成员身份，要做到全面、准确、不遗漏，全体成员召开会议决定建立进退机制，预留 477 个机动股用于填补错漏人员。通过配股到人，有效维护了桥圩社区内部居民作为集体资产所有权人的利益。

在集体资产产生效益后，桥圩社区按照有利于长远发展的原则对效益进行分红。根据经营性净资产的分配原则，桥圩社区确定每次分红前提取集体经营性净资产的20%作为公积金（公共积累基金），提取集体经营性净资产的10%作为公益金，公积金用于集体经济的未来发展，公益金则用于集体公益性、公共事务开支。桥圩社区从社区内居民实际生产生活情况出发，确定桥圩社区内的原籍住民在分红时股值占100%，而后来迁入户口的成员在分红时股值只占10%。

为了方便股权量化工作的开展，桥圩社区原则上不设立贡献股，但针对社区内部对于其经济增长有着重大贡献的村干部，桥圩社区采取发放生活津贴的方式，代替贡献股对这些村干部的贡献进行奖励。根据村民代表会议商议同意，在当地任职10年及10年以上的村干部，经过表决，在年满60岁以后可享受生活津贴，发放时长直至发放对象去世，发放生活津贴标准按照港南区村干部退休的公民补贴进行核算。桥圩社区遵循统一性和灵活性相结合的原则，在保证股权设置公平的基础上，灵活设立资金发放制度，既维持了公平，又积极维护了多方权益。

股权管理上执行"两不增，两不减"的静态管理方法，不随人口增减变动而调整股权，在各户内部实现平衡。并以户为单位向集体经济组织成员出具股权证书，作为其占有集体资产股份、参与决策管理、享有收益的收效凭证。户里如有将来子女分户的现象，按照原则不调整原股权设置，资产量化到人到户后，成员都不得变现退出。

四是成立股份经济合作组织，为村民权益保障提供载体。桥圩社区通过村民代表审议通过成立了股份经济合作社，并于2019年8月22日召开了股份经济合作社组织理事会成员选举会议，选出由三名社区"两委"干部和两名经济能人组成的理事会，为股份经济合作社后续发挥作用奠定了坚实基础。股份经济合作社设立股东大会、股东代表大会、理事会、监事会，理事会是合作社的常设决策机构和管理机构，设理事长1人、副理事长1人、理事3人，成员由股东（代表）大会以等额选举方式产生，任期3年，可以连选连任。监事会是由股东代表大会选举产生的内部监督机构，由3人组成，设监事长1人，其成员由股东（代表）大会等额选举方式产生，可以连选连任，理事会人员、财务人员及其直系亲属不得参加监事会。桥圩社区股份经济合作社实行按股分红、量入为出、保障公平的分配原则，正确处理国家、集体与个人之间的利益关系。

在成立股份经济合作社后，原有村民合作社的资金、资产、经营项目转移到股份经济合作社，经营政策按新的股份经济合作社运转。桥圩社区根据《桥圩镇关于开展农村集体经济组织登记赋码工作的通知》，积极向镇政府提出申请为股份经济合作社申请登记赋码，于2019年11月顺利完成赋码、换证、挂牌工作，完善了股份经济合作社的制度架构，对于发展经营项目获取效益奠定了较为坚实的基础。

2. 港南区桥圩镇新庆村

新庆村下辖 16 个屯 4000 多常住人口。从 2018 年 9 月开始进行集体产权制度改革相关工作，截止到 2019 年底，新庆村已基本完成农村集体产权制度改革工作，该村的做法主要总结为以下方面：

一是成立组织机构，确保权责明晰，营造改革氛围。新庆村成立了由村党支部书记任组长、村委会主任任副组长的新庆村集体产权制度改革工作领导小组，并下设两个工作组，负责新庆村集体产权制度改革方面的具体工作。村领导小组成员采取分片入户的方式，深入农民家中，做好群众思想工作和解释答疑工作，从而确保改革工作的顺利推进。同时对改革进行广泛宣传，鼓励群众响应号召，动员部署落实责任。新庆村于 2018 年 9 月组织了村"两委"干部等 20 余人参加宣传动员部署会和产权制度改革培训，并通过发放《致农民的一封信》的方式对农村产权制度改革的政策措施进行宣传，营造了良好的改革氛围。

二是摸清家底，做实资产清理。新庆村积极成立清产核资工作小组，摸清各类资产底数、明确权属，对集体资产进行逐笔逐项登记清理，将资产区分为资源性、经营性和非经营性资产，开展清产核资工作。同时新庆村制定了《新庆村集体资产清产核资工作方案》，按照严格的工作流程推进清产核资工作。新庆村于 2018 年 12 月组织工作人员完成农村集体资产系统录入工作，村内共有农村村级集体经济组织 1 个，组级集体经济组织 16 个，其中开展农村村级集体资产清产核资工作的经济组织 1 个，开展组级集体资产清产核资工作的经济组织 16 个。共清理出资产 284012.65 元，其中货币资金 283772.65 元；存货 240 元；共清理出集体经营性固定资产 2900000 元，集体非经营性固定资产 2598012.65 元，集体资源性资产 2469.04 亩。

三是严把成员身份认定，注重界定环节。成员资格认定是产权制度改革的关键环节，也是工作难点。新庆村从历史和当下实际出发，结合户籍关系、土地承包、村住状况以及义务履行情况，兼顾各类成员利益，尤其是妇女、儿童等弱势群体利益，在确认过程中按照"依据法律、尊重历史、公平合理"的原则，对村内集体经济组织成员身份进行严格认定。新庆村于 2019 年 3 月召开全镇村集体经济组织成员身份认定工作培训会，制定了《新庆村集体经济组织成员身份确认办法》，成立成员身份认定小组，完成了成员身份认定调查工作，全村成员身份认定 1064 户、4025人，并且将确认结果进行公示、上报备案。

四是科学量化股权，合理设置股份，赋予农民相应的股份权能。村改革小组在前期清产核资和成员资格认定结果的基础上，制定股份量化方案。在方案中确定集体资产折股量化的对象是经营性净资产，非经营性资产按估值确认数计入"公积公益金"账户。资源性资产只登记产权，暂不作估值量化，只作概念性固化。新庆村在股权设置上遵循因地制宜的灵活原则，在设立个人股的基础上，对集体股的设立不作硬性规定，采用"一股制"的股权设置方式，在股权管理原则上实行静态管理模式，但新庆村在股权管理上赋予了一定的灵活性，量化的股权在统一规定的条件下可以在集体经济组织内部转让。新庆村在完成股权量化工作后，共设置个人股4025股。

五是建立股份经济合作社，设立科学的收益分配制度。2019年8月，新庆村组织召开村民代表大会，通过民主选举成立了集体股份经济合作社及其监事会与理事会，制定了新庆村股份经济合作社章程，对经济合作社的收益进行合理分配。根据收益情况和章程规定，新庆村股份经济合作社的收益按照弥补亏损、提取公积公益金、提取集体福利费、按股份分红的顺序进行分配，每年提取公积公益金以及福利费的总额不超过当年可分配盈余的50%。在针对为村庄经济发展做出贡献的村级集体经济组织相关人员时，原则上可按照当年集体经济纯收益的10%~15%提取资金进行奖励。监事会对收益分配方案的制定和实施进行全程监督，对财务状况进行内部审计，严格落实民主管理、民主理财的相关要求。建立健全相关财务管理制度，控制非生产性开支。合作社各项开支按照规定均须经监事会审核盖章。合作社按月公开财务收支情况，随时公开涉及股东利益的重大事项，方便成员监督。

由于股份经济合作社在新庆村尚处于起步阶段，在产业经营上还存在着一些困难，效益体现还不明显，新庆村从实际情况出发，规定最初几年合作社内部盈余先不进行分配，用于合作社的未来发展，待股份经济合作社逐渐壮大后再对盈余进行分红，有利于村级集体经济组织的长远发展，提高村级集体经济的未来效益。

三、改革的主要问题及潜在风险

港南区在农村集体产权制度改革中，创新股权设置，重视制度建设，并且探寻了多种形式发展集体经济，取得了良好的成效，但是在改革逐渐推进的过程中，也遇到了一些问题，对集体产权制度的改革深入造成了一定程度的阻碍。

（一）股份经济合作社经营范围受限

在港南区的农村集体产权制度改革中，以往的村民合作社全部换证赋码转变为股份经济合作社，登记赋码全部转变为由县级以上农业农村行政管理部门登记赋码并发放证书。将村民合作社的资金、资产、经营项目全部转移到股份经济合作社，以新的股份经济合作社形式开展生产经营活动。但在完成登记赋码工作后，出现了农业部经营范围的赋码系统无法包含以往存在的经营业务的问题，给股份经济合作社的日常生产经营活动开展造成了极大的不便。

在2019年4月港南区印发的《港南区2019年发展壮大村级集体经济工作实施方案》中对创新项目扶持方式作出了明确规定，规定"对财政支持的200万元以下的农村公益类小型项目，凡技术不复杂、村级能够自己组织建设的，原则上应优先安排村民合作社作为建设管护主体"。港南区将此类工程项目交由村民合作社实施，极大地发展集体经济，给村民带来了较高的收益。在集体产权制度改革中，村民合作社全部换证赋码转变成了股份经济合作社，但在股份经济合作社在农业部系统进行信息登录以后，发现农业部的赋码系统中缺少了"工程和建设运输"这两项。而在港南区的部分地区，工程建设和运输是农业集体经济组织的重要经营内容，包括乡村中道路兴修，厕所改造等技术含量较低的项目都属于其经营范围。因此，农业部的赋码系统中两项业务的缺少，给合作社在开具发票和报账上造成了极大的困难，使股份经济合作社在这两项业务的工作难以开展，经营范围受限，最终也不利于集体经济的多元化发展，阻碍了集体收入的增加。

（二）集体经济组织改革后税收负担加重

在村民合作社运行时期，港南区对村民合作社兴办的各类经营性项目，依法依规减征免征相关税费。但在村民合作社转变为股份经济合作社以后，由于尚未出台有关税收减免的法律法规和标准细则，税级部门将股份经济合作社纳入缴税范围，合作社在经营上与其他企业一样要缴纳25%的企业所得税和5%的增值税，部分地区还要缴纳建筑工程的相关税费。在改革后，对于股份经济合作社来说，缴纳这些税费加重了其负担，减少了其收入，同时也引起了集体经济组织成员的反对，在产生效益能力尚不明显的时期，税收负担挫伤了集体经济组织的改革积极性，给集体经济的发展带来了消极影响。

（三）专业人才和机构缺乏，管理方式粗放

集体产权制度改革涉及面广，环节众多，对于专业人才有着极大的需求，在港南区的集体产权制度改革过程中，由于相关专业人才和机构的缺乏，在改革的过程中产生了不小的问题。

在改革工作推进中，村集体的财务管理，股份经济合作社经营管理，经营过程中如何节本增效等都需要相关的专业人才，但目前的村级机构中缺乏这些人才。同时也缺少专门的农经机构，导致上级即使派出了财会方面的工作人员，给他们安排的相关工作也具有极强的流动性，无法实现专业的经管人才管理经营问题。

由于缺乏专业人才的长驻，日常工作只能单一地依靠村干部进行管理。而村干部大都缺乏相关的专业知识，当涉及查看填写资产负债表等报表时，他们往往只能模棱两可地开展工作，在经营管理上也无法做到深入推进，形成较为粗放的管理方式，工作效率低的同时，也降低了收益。在经营管理中出现的与群众密切相关的资产做账、审计方面的质量问题，也容易引发新一轮的群众矛盾。

（四）政经分离模式尚不完善

港南区在集体产权制度改革的过程中仍然存在村干部职责交叉，政经分离不完善的问题。例如在桥圩社区，以往的农村合作医疗费用是由村干部收取，在分红的时候可以由村干部自己根据新农合缴纳费用到财政所报账，再对集体资产的收益进行分红，但在集体产权制度改革后，新农合费用改由农民群众自己缴纳，而这造成村干部对缴纳情况的不了解，随之使村干部到财政所的报账工作出现问题，影响集体收益的分红工作，资金报账工作的混乱同时也加大了村干部的工作压力。针对此情况，村干部认为村内既然已经选出了股份经济合作社的理事会，那么可以让他们来全权负责资金管理，干部自己在督促改革工作的同时，又要注重资金报账管理，对于村干部来说工作压力较大，且工作效率也较低。

四、深化改革的政策建议

农村集体产权制度改革是完善农村基本制度的客观选择，激发农业农村的内在要求，产权制度改革使农民群众真正拥有集体经济组织民主选举权、经营管理决策权和监督权，成为集体资产管理主体和集体经济受益主体，同时也有利于加强党在农村的执政基础。经过长时间的农村集体产权制度改革推进，港南区改革工作取得了很大的进展，积累了许多好的经验和做法，也出现了一些亟待解决的现实问题，为更好地推进集体产权制度工作深入，推动集体经济健康发展和农民收入持续增加，提出以下政策建议：

一是进一步重视集体经济组织运行的机制建设。在股份经济合作社的机制运行中，理事会等管理层人员的发展积极性和能力事关合作社的健康发展，因此要积极调动集体经济组织管理层的积极性，建立相应的激励约束机制，鼓励他们贡献自己的聪明才智，为积极发展壮大集体经济贡献自己的力量，同时对管理层人员的职责履行情况进行监督，确保管理层人员积极发挥自己的带头作用。指导集体经济组织借鉴现代企业制度，健全完善内部治理机制和资产运营机制，提高机体资产经营管理水平，提高集体经济组织的凝聚力、带动力和市场竞争力。

二是要出台相关政策，加强对村集体经济组织的扶持。探索采取"以奖代补"等多种形式扶持集体经济发展，允许财政项目资金直接投向农村集体经济组织，积极探索财政补助形成的资产转归农民集体所有的方式和途径。完善金融机构对农村集体经济组织的信贷、融资、抵押、担保等政策，统筹安排落实集体经济组织发展所需用地指标。在完善"给"的政策的同时，也要完善"免"的政策，由于股份经济合作社这类集体经济组织尚属于新生事物，效益产出能力尚不明显，且这些组织承担着发展集体经济和支持社区管理的双重职责。因此要探索对于承担农村社会公共服务的集体经济组织，暂免征收企业所得税。并加大国家财政对农村基础设施建设和公共服务的投入，逐步减少依法应由政府承担而实际由集体经济组织承担的公共服务支出。

三是要进一步拓宽农村集体经济组织经营范围。目前农业农村部赋码系统中划定的全国农村集体经济组织的经营范围主要是集体资产经营与管理、集体资源开发与利用、农业生产发展与服务、财务管理与收益分配等。但港南区部分农村集体经济组织成立有工程建设队伍、运输队伍等，且工程建设与运输在当地有着不小的项目数量，对于集体经济发展有着积极影响。但农业部赋码系统中相关业务代码的缺乏，导致这些工作无法正常开展。因此对于这些合理的、有助于集体经济发展的生产经营活动，建议将其纳入农业部登记赋码系统经营范围中，以便更好地发挥这些项目对集体经济发展的支持作用。

四是要加深对政经分离模式的路径探索。"政经分离"是深化完善集体经济股份合作制改革的重要内容，在处理集体经济组织与基层自治组织的关系上，建议以理清基层自治组织与股份经济合作社的资产、权责为重点，实现自治组织与集体经济组织政经分离，有效维护集体经济组织成员权益，逐步实现自治组织与股份经济合作社机构、职能、财务、议事决策相分离，提高了资金的管理使用效率，同时也明晰了权责，减轻了村干部的工作压力。

　　五是要全面加强农经体系建设。建议要在镇一级设立专门的农经管理机构，从政府、企业、学校等抽调选取，在各村配备相应的专职农经员，专人负责专事，建立一支完整的农经队伍。同时加强对农经队伍的培训，解决集体产权制度改革中的技术层面问题。

　　六是要探索集体经济组织提供服务的发展路径，拓宽发展集体经济的方式。当前港南区部分地区集体经济发展形式较为单一，例如桥圩社区和新庆村仍主要以房屋出租为主要收入方式，集体经济实现形式较窄。建议集体经济组织要因地制宜地以更多形式促进集体经济发展，发展方向要向社区性综合性靠拢，发展着力点不局限于房屋出租以及种植业、养殖业等生产活动，要将发展范围拓宽到对村民的服务上来，为村民日常的生产生活提供服务，同时深化服务的内涵，凡是一家一户解决不好的生产经营问题，都可以通过服务的方式予以解决。探索提供服务的发展路径，有利于实现多种形式发展集体经济，对于集体经济的长远发展有着深远意义。

第三十五章　广西壮族自治区贵港市覃塘区农村集体产权股份合作制改革调研报告①

2019 年 12 月 30~31 日，中国人民大学农业与农村发展学院调研组对广西壮族自治区贵港市覃塘区农村集体产权股份合作制改革进行了调研。调研组与覃塘区政府、农业农村局、财政局主要领导以及各乡镇（街道）负责人就农村集体产权制度改革的进展情况、主要成效、典型做法、存在的问题和不足等方面进行了座谈；参观走访了覃塘区农村产权交易中心；考察了下辖两个村的农村产权制度改革进展情况，与当地村民进行了交流；收集了调研所需的一手资料。具体情况如表 35-1 所示。

表 35-1　调研工作情况

序号	时间	活动	内容
1	2019 年 12 月 30 日下午	前往贵港市覃塘区政府	召开调研座谈会
2		覃塘区农村产权交易中心	参观集体经济孵化器
3	2019 年 12 月 31 日上午	走访覃塘区山北乡石马村	集体产权制度改革座谈会
4		走访覃塘区山北乡二龙村	集体产权制度改革座谈会

一、改革任务进展及成效评价

覃塘区认真贯彻落实中央、自治区和市委有关决策部署，严格按照流程进行农村集体产权制度改革清产核资、成员身份认定、清产核资验收、股权量化、成立股份经济合作社等工作，取得了良好的效果。

（一）改革任务组织实施情况

1. 改革工作的定位与改革思路

覃塘区农村集体产权股份合作制改革工作旨在全面贯彻落实国家、自治区和市委关于深化农村集体产权制度改革的具体要求，正确处理好国家、集体、成员三者之间的利益关系，优化农村集体经济组织资源配置，发展壮大农村集体经济，保护

---

① 执笔人：文鑫。

村集体经济组织成员的合法权益，增加农民收入，让广大农民群众共享改革红利，推动农村经济发展，实现乡村振兴。

在此指导思想之下，确立了四个目标任务：一是逐步构建归属清晰、权能完整、流转顺畅、保护严格的农村集体产权制度，保护和发展农民作为农村集体经济组织成员的合法权益；二是科学确认农村集体经济组织成员身份，明晰集体所有产权关系，发展新型集体经济；三是管好、用好集体资产，建立符合市场经济要求的农村集体经济运行新机制，促进集体资产保值增值；四是完善农村土地所有权、承包权、经营权"三权"分置制度，落实农民的土地承包权、宅基地使用权、集体收益分配权和对集体经济活动的民主管理权利，形成有效维护农村集体经济组织成员的治理体系。

为了确保四个目标任务的顺利实现，覃塘区按照准备工作、清产核资、全面铺开、全面完成验收以及完善提升五个阶段展开具体工作。在准备工作阶段（2018年8~9月），组织区直有关部门和各乡镇（街道）制定工作方案，集体讨论，形成决议，并做好宣传动员和部署培训工作。在清产核资工作阶段（2018年8~12月），对各乡镇（街道）按照本次农村集体产权制度改革的对象和范围，以农村集体经济组织为单位，按照全面清理、张榜公示、依法确认、严格审核和资料归档的流程规范有序地组织本次清产核资工作；并在每个乡镇（街道）各选取一个行政村（社区）作为区级的改革单位，在全面开展农村集体资产清产核资的同时，重点在农村集体经济组织成员身份确认、经营性资产股份合作制改革、赋予农民集体资产股份权能、发挥农村集体经济组织功能作用、多种形式发展农村集体经济、引导农村产权规范流转交易六个方面展开改革探索，总结形成可推广可复制的改革经验。在全面铺开阶段（2018年8月至2019年10月），要明确农村集体资产所有权、强化农村集体资产监督管理，从而全面加强农村集体资产管理；开展农村集体经济组织成员身份认定、折股量化设置股权、保障农民股份权利，扎实推进农村集体经营性资产产权制度改革；成立村（社区）村民合作社、引导农村产权规范流转交易，多种形式发展壮大农村集体经济。在全面验收阶段（2019年10月），全区各村（社区）要在10月底全面完成农村集体产权制度改革并完成自评工作；区农村集体产权制度改革工作领导小组对各乡镇（街道）改革情况进行验收，形成系统全面的工作总结逐级上报；各乡镇（社区）将改革的重要文件资料进行全面整理、归档备案。在完善提升阶段（2020年），建立全区联网的农村产权信息服务综合平台，进一步健全农村集体产权制度，建立起较为完善的符合市场经济要求的农村集体经济运行新机制，构建起有效维护农村集体经济组织成员权利的治理体系。

2. 改革工作组织领导与运行管理

首先，强化组织领导，制定实施方案。为保障农村集体产权制度改革顺利推进，覃塘区组建了区、乡、村三级组织机构，明确人员、责任、方案、方法。成立了以区委、区政府主要领导为组长，区委、区政府分管领导为副组长，相关部门主要领导为成员的工作领导小组。乡镇党委书记牵头组建农改办，村党支部书记牵头组成工作队，形成了一把手负总责，区、乡、村纵向贯通，相关单位横向联动的组织机构。印发了《覃塘区稳步推进农村集体产权制度改革工作实施方案》《覃塘区全面开展农村集体资产清产核资工作方案》，出台了《覃塘区农村集体经济组织成员身份确认指导意见》《覃塘区农村集体资产股权量化及股权设置指导意见》《覃塘区农村集体经济组织"三资"管理办法（暂行）》等工作指导意见和资产管理、处置的办法，推动农村集体产权制度改革工作。

其次，保障落实经费，加强指导培训。覃塘区共落实经费231.316万元，其中自治区级经费40.5万元，市级经费72.5万元，区级经费118.316万元。同时派出两个工作组，对全区10个乡镇（街道）和各行政村的业务人员进行培训指导，查漏补缺，提高质量。

最后，强化宣传监督，加强考核问效。利用村"两委"会、党员大会和村民代表大会等加强对村干部和村民的宣传，悬挂横幅、张贴标语300多条，发放《致农民朋友的一封信》20000份。坚持日常指导与阶段性集中督查相结合，及时发现并落实整改推进过程中遇到的问题和困难；把集体产权制度改革工作列入绩效考核，确保改革质量。

（二）改革任务进展情况

2019年6月底，覃塘区完成清产核资系统上报并通过自治区农业农村厅验收，共清查农村集体资产总额12.9亿元，经营性资产总额2.82亿元，集体土地168.92万亩。8月底完成农村集体经济组织成员身份认定工作，认定集体经济组织成员14.2239万户共计58.5353万人。9月底完成折股量化及股权设置工作，设置个人股554.8139万股、机动股32.2586万股和贡献股3200股。10月底完成全区10个乡镇（街道）145个行政村农村集体经济（股份）合作社系统登记赋码工作，并于11月底完成登记证发放。

1. 清产核资

清产核资工作按照《关于全面开展农村集体资产清产核资工作的方案》（覃农业发〔2018〕19号）进行，以覃塘区各乡镇（街道）、行政村（社区）、村民小组集体经济组织及所属企业等为清理对象；对农民集体所有的土地、森林、山岭、荒地等资源性资产，用于经营的房屋、建筑物、机器设备、工具器具、农业基础设施、集体投资兴办的企业及其所持有的其他经济组织的资产份额、无形资产等经营性资产，用于公共服务的教育、卫生、体育及办公场所等非经营性资产列为清理范围；全面查清村组集体所有的资金、资产、资源状况，核实集体资产底数，明晰产权关系，建立登记台账，健全管理制度，促进集体资金的规范管理、资产的保值增值和资源的合理利用，维护农民群众合法权益，夯实农村集体产权制度改革基础。并做到：第一，通过清理，全面摸清村、组集体所有的资产存量、结构、分布和管理使用情况，达到账款、账实相符；第二，通过依法界定所有权，把应归集体所有的资产全部纳入管理范围，理顺产权关系，维护农民群众合法权益；第三，通过建立登记台账，把集体所有的资产资源全部纳入管理范围，及时反映开发利用和处置情况；第四，通过建立台账及网络信息化平台，实现农村集体资产动态化管理。经过宣传发动、全面清理、重点检查和总结验收四个阶段的工作，于 2019 年 6 月底完成清产核资系统上报并通过自治区农业农村厅验收，覃塘全区共清查农村集体资产总额 12.9 亿元，经营性资产总额 2.82 亿元，集体土地总面积 168.92 万亩。

从调研情况来看，在覃塘街道进行清产核资过程当中，由于小学、养老院用地最初是由集体无偿划拨的，在清产核资时为了社会稳定，没有将其划入集体，而是归入了相应的政府主管部门，如将小学归入了教育部门。

2. 成员身份认定

成员身份认定工作按照《覃塘区农村集体经济组织成员身份确认指导意见》（覃农产改办发〔2019〕1 号）进行。按照成立工作小组、发布公告、摸底登记、方案制定、审核公示、上报备案的工作流程；本着尊重法律和历史、照顾现实、程序规范、群众认可的原则，决定集体成员身份。具体来说成员身份资格的取得有三种方式：

第一，原始取得。即本村出生且户口未迁出；刑满释放后户口迁回本村；大中专院校的在校大学生，就读期间其户口由原籍临时迁入学校管理的学生、毕业以后按有关规定迁回原籍的学生三种情况，可享有集体经济组织成员身份。第二，法定取得，即与本村村民结婚且户口迁入本村；本村村民依法办理子女收养手续且所收养子女户口已迁入本村；外省、市人员与本集体经济组织成员结婚但限于户籍政策原因暂时不能落户，以其结婚证为依据，且需户口所在地村委出具证明确认其不属于该村集体经济组织成员后，才可确认为本村集体经济组织成员；搬迁人员已将承包土地交回户口迁出村集体经济组织，并按现户口所在地集体经济组织的规定履行了相应的义务，可以取得现集体经济组织的成员身份。第三，协商取得，针对原农转非但仍有承包地的人员、其他将户口依法迁入本村并进行生产生活从而形成了权利义务关系的人员、非农业户口转为农业户口的人员等情况，按照各村实际情况，由本集体经济组织成员大会讨论决定。截至 2019 年 8 月底，覃塘区完成了农村集体经济组织成员身份认定工作，认定集体经济组织成员 14.2239 万户共计 58.5353 万人。

从调研情况来看，覃塘区各地根据自身实际也产生了一些具有特色的做法。在覃塘区山北乡二龙村，存在一些来自越南的无户口、无身份证的"黑户"妇女，但她们却与当地村民结婚生子，并且参与当地集体经济组织的生产生活。有鉴于此，二龙村根据当地实际情况，采用协商取得的办法，认为只要形成事实婚姻，为当地村民生儿育女，即使没有户籍和身份证，也一样享有集体经济组织成员资格。

3. 资产量化及股权设置

覃塘区资产量化及股权设置工作按照《覃塘区农村集体经济组织资产量化及股

权设置指导意见》（覃农产改办发〔2019〕4号）进行，分资产量化和股权设置两个步骤开展工作。第一步，在清产核资的基础之上，确定资产量化的范围和总额。农村集体产权制度改革资产量化对象主要是集体经营性净资产；量化总额包含经营性房屋、建筑物、设备、设施等固定资产，银行存款、现金、应收款等在内的村级集体经营性净资产和集体统一经营资源性资产总额；其他土地承包资源性资产和办公楼等公益性资产只作数量清理和公布，不作资产量化，但其变现后仍归股东按股权所有。第二步，在股权设置方面，股份经济合作社按照人口设置股份。在量化资产总额中，只设个人股，不设集体股，个人股的设置根据各村实际，统筹考量股东年龄、劳龄、特殊贡献等因素合理设置。个人股份确定之后，按照股份或者份额按户颁发股权证，对股权原则上实行静态管理，增人不增股，减人不减股。截至2019年9月底，折股量化及股权设置工作基本完成，共设置个人股554.8139万股，机动股32.2586万股，用以增补错漏人员，同时设置贡献股3200股，用以奖励为乡村做出巨大贡献的经济能人和技术能人。

4. 成立股份经济合作社

在资产量化和股权设置的基础之上，各村（社区）采用股份经济合作社的治理模式，按照《覃塘区农村集体股份经济合作社章程指导意见（试行）》（覃农产改办〔2019〕7号）要求，召开股东（代表）大会，讨论通过《股份经济合作社章程》，选举产生董事会、监事会，成立股份经济合作社。

通过股份经济合作社，充分赋予农民集体资产股份权能，保障农民对集体资产股份占有、收益、有偿退出、继承权和抵押贷款等方面的权益。印制股东股权证，向全体股东发放股权证书，作为股东占有集体资产股份、参与管理决策、享有收益分配的有效凭证；各村（社区）在缴纳国家有关税款、归还到期债务、弥补上年亏损、提留收益分配总额5%～8%的公积金、预留次年度经营管理费用、对外来投资者分利的基础上，根据各村实际情况进行按股分红；在股权退出和转让方面，由本人提出申请，经成员会议或代表会议讨论通过，由集体经济组织按上年度末审计的账面净资产计退，因大病、火灾等不可预见灾难等特殊情况退出股权的成员享有回购权；股权转让可实行本社内部有偿转让，经由集体经济组织回购，再转让给本集体经济组织其他成员，且股权转让的受让人总持股额不得超过受让时本集体经济组织成员平均持股额的5倍；在继承方面，已故股东的股份，继承人为本社内成员的，具体按照《中华人民共和国继承法》办理，继承人为非本社社员的，只能继承其持有的村集体资产股权的收益，不能继承其成员身份，也不能参与管理和决策，但可以由村集体经济组织回购或者转让给其他成员；在抵押贷款方面，农村股份经济合作组织及其成员可以使用农村集体资产股权作为抵押和担保，向银行业金融机构申请贷款；农村集体资产股权的抵押率在综合考虑借款人的资信情况、偿债能力、农村集体资产股权市场价格、权利变现难易程度、抵押担保贷款期限等因素的基础上确定，最高不超过估值的70%。截至2019年10月底，全区10个乡镇（街道）共登记赋码农村集体经济（股份）合作社 145 个，并于 11 月底完成登记证发放工作。

在实际调研过程中，专家组发现覃塘区大部分村（社区）由于经营性资产不多，产生的收益较少，股东往往一年只能分到几元到几十元，数量很少而且发放起来比较费事，因此很多股份经济合作社选择不进行分红。例如二龙村则将多余的收益用于村委的公共事务和公益事业，重阳节组织敬老用餐、重要节日举办歌唱比赛、举办篮球比赛等活动，弘扬中华民族传统文化，丰富村里的业余活动促进村子的多方面发展。

5. 多种形式发展农村集体经济

为了加快发展壮大村级集体经济，提高各村集体经济收入，推进资源变资产、资金变股金、农民变股民的"三变"；创新发展模式，拓宽发展路径，强化运营管理，增强村集体自我发展、持续发展的能力，实现集体资金、资产、资源保值增值，有效解决各村发展集体经济的难题。覃塘区委、区政府制定了《覃塘区发展壮大村级集体经济三年行动实施计划（2018—2020 年）》，立足各集体经济组织区委、资源、资产、产业等优势，因村施策，有针对性地选择发展路径，重点推行"六大模式"来发展壮大村集体经济。

（1）物业项目型。

有区位优势且集体资金积累较多的村，通过兴建或购置厂房、专业市场、门面商铺、仓储设施等固定资产，对外招租，发展物业经济。有资金积累但地理位置偏远或受规划限制、就地发展困难的村，可探索在城镇规划区等区位优势明显的地区，通过异地兴建、联村共建等形式建设物业项目来发展村级集体经济。

（2）产业发展型。

通过"龙头企业+村民合作社+基地+低收入户""创业致富带头人+村民合作社+基地+低收入户"等模式，发展区级"5+2"或村级"3+1"的产业。支持各村新建或者扩建一个以上超过 100 亩的种植类产业帮扶基地，由村民合作社、龙头企业或者创业致富带头人负责基地日常的生产、管理、销售等工作。区政府统筹相关资金、政策，对产业项目给予扶持。

（3）投资入股型。

整合村中资金或集体资产资源以入股的方式投资资质高、信誉好、实力雄厚的大型龙头企业或其他经济组织，获取股息分红。对集体经济薄弱村采取财政贴息贷款融资的方式，由村民合作社与市金投集团合资成立混合所有制公司，由该公司向商业银行申请贴息贷款，再与农业龙头企业进行贸易合作，市财政的贴息作为稳定收益留存村民合作社，归村集体所有。

（4）资产盘活型。

在符合土地使用总体规划和土地整治规划的前提下，对目前村集体中处于闲置状态或使用效率较低的村集体资产资源，通过更换使用方法或者重新改造、承包、租赁、入股经济实体等方式，盘活现有资产，提高生产效益。

（5）服务增收型。

支持村民合作社领办创办劳务服务队、运输公司、益农信息社等服务实体，为个人或经济组织提供劳务服务，获取集体经济效益。村民合作社要积极推动农村土地流转，为投资企业提供有偿服务，获取服务收益。对200万元以下、技术含量不高的农村公益类项目，原则上下放到村，由村集体成立的劳务服务公司或者建筑施工队承建。鼓励村民合作社牵头组建劳务合作社或劳务中介公司，承接劳务输出、环卫清洁、物业管理、村级公路养护、绿化管理、家政服务、企业后勤等业务，增加村集体经济收入。

（6）资源开发型。

坚持开发利用资源与保护生态环境相统一，在符合国家产业政策和法律法规的前提下，充分挖掘村域内的水、林、风景等自然资源，特别是荒水、荒地、荒滩等资源潜力和文化内涵，鼓励村民合作社领办或者在经济能人、其他经济实体的带领下开发乡村旅游，发展农家乐、度假村、休闲观光农业等，增加村集体经济收入。

（三）改革任务的整体效果

农村集体产权制度改革是为了破解农村集体资产混乱、集体产权主体缺位、农村集体经济组织成员权利不清、法人治理结构不完善和集体经济缺乏长效发展机制等难题。覃塘区通过清产核资、成员身份认定、资产量化及股权设置、建立股份经济合作社、多种方式发展集体经济等工作，不断深入推进农村集体产权制度改革，取得了良好效果。

1. 激发农村发展活力

通过农村集体产权制度改革，开展专项清产核资，弄清各村（社区）经营性资产、非经营性资产和资源性资产的具体情况，摸清了家底，搞清楚了"有什么"的问题，有利于充分挖掘和利用各村（社区）的资源禀赋，充分激发要素活力；通过集体经济组织成员身份认定工作，赋予成员资格，颁发产权证书，明确了集体资产的产权主体；通过经营性资产量化工作，给集体经济组织成员配置股权，使农民明白了自己所拥有的资产、资源份额，产权更加明晰，明确了"归谁有"的问题，激发了主体积极性，充分调动劳动力要素和主人翁精神；通过建立股份经济合作社，明确集体经济组织治理结构，完善组织架构，更好地整合资源，联结劳动力，增强组织活力、创造力和可持续发展能力，为"怎么搞"提供了组织载体。在山北乡石马村，经过产权制度改革之后，解决了土地产权不清晰、权责不明确、流转不顺畅的问题。通过股份经济合作社将清产核资之后的细碎化土地流转集中790亩，出租给当地种植专业户种植圣女果、黑米和红米，每年收取30元/亩的服务费，不仅增加了集体经济收入，同时也能在当地创造工作岗位，增加集体经济组织成员土地流转收入和务工收入。真正做到了盘活本地资源、激活劳动力、赋予组织生命力，从而调动了农村发展活力，促进农村集体经济发展。

2. 建立健全农村集体资产管理体系

在农村集体产权制度改革过程中，弄清了集体的资产，做到使人们心中有数，为民主监督奠定基础；股权量化分配，做到了责任到人，调动了民主监督的积极性；建立村级股份经济合作社的成立之后，一些村子通过村民股东代表大会选举出技术、经济能人和德高望重者担任合作社的理事长，推动实现了政经分离，实现了集体资产民主管理；区级农村产权交易平台的成立，实现了农村产权的线上流转交易，有利于资源的整合管理，提高管理的透明度和效率；通过清产核资的培训和操练，各村（社区）的财务管理制度得到规范和提升，制度化和管理能力明显提高。因此，一个以明晰产权为基础，制度化、规范化财务管理为手段，民主管理与民主监督为保障的农村集体资产管理体系正不断建立和完善。

3. 发展壮大集体经济

在集体产权制度改革之后，覃塘区成立"村级集体经济发展孵化器"、建设农村产权交易中心；通过"六大模式"发展壮大集体经济；实行村级集体经济收入与村干部报酬挂钩；加大对村级集体经济的贷款贴息力度，区财政安排不少于500万元用于集体经济发展项目贴息扶持；支持和鼓励各类"三农"资金优先向发展村级集体经济的项目倾斜，确保所有低收入村均能获得50万元村集体经济发展扶持资金；建立起了促进集体经济发展的长效机制和政策体系。2018年覃塘区145个村中集体经济收入达5万元的有54个村，达50万元以上的有8个村；2019年145个村中集体经济收入达5万元的有72个村，达50万元以上的有5个村，全面消除了村级集体经济收入"空壳村"。

（四）改革工作的经验总结

覃塘区在农村集体产权制度改革当中取得良好成效，其工作经验主要体现在组织领导体系、政策制度保障、改革分段实施、宣传发动群众和强化档案管理五个方面。

1. 建立强有力的组织领导体系

覃塘区为落实农村集体产权制度改革，成立了由区委书记、区长为组长，区委、区政府分管领导为副组长，有关部门主要领导为成员的工作领导小组；领导小组设立专门办公室负责全区农村集体产权制度改革的日常统筹协调工作，牵头制定改革政策措施，协调解决改革中遇到的困难和问题，具体督促乡镇（街道）开展工作；乡镇党委书记牵头组建农改办，村党支部书记牵头组成工作队；从而形成了一个三级贯通，横向联动的组织领导体系，提供了组织保障，确保农村集体产权制度改革领导有力，稳步推进，狠抓落实。

2. 完善政策制度保障

以《覃塘区稳步推进农村集体产权制度改革工作实施方案》（覃办通〔2018〕43号）为基础，构建了"1+N"的政策制度指导保障体系。先后出台了《关于成立覃塘区农村集体产权制度改革工作领导小组的通知》（覃办通〔2018〕44号）、《关于全面开展农村集体资产清产核资工作的方案》（覃农业发〔2018〕19 号）、《覃塘区农村集体经济组织成员身份确认指导意见》（覃农产改办发〔2019〕1 号）、《覃塘区农村集体经济组织资产量化及股权设置指导意见》（覃农产改办发〔2019〕4 号）、《覃塘区农村集体股份经济合作社章程指导意见（试行）》（覃农产改办发〔2019〕7 号）和《覃塘区发展壮大村级集体经济三年行动实施计划（2018—2020 年）》（覃组通〔2018〕55 号），为农村集体产权制度改革全程提供了制度指引和有效保障。

3. 改革先行，分段推进

覃塘区在推进农村集体产权制度改革的过程中，按照准备工作、清产核资、全面铺开、全面完成验收以及完善提升五个阶段展开具体工作。在进行清产核资的同时，在每个乡镇（街道）各选取一个行政村（社区）作为区级的改革单位，在农村集体经济组织成员身份确认、经营性资产股份合作制改革、赋予农民集体资产股份权能、发挥农村集体经济组织功能作用、多种形式发展农村集体经济、引导农村产权规范流转交易六个方面展开探索，总结形成可推广可复制的改革经验，分段推进相结合，可以及时发现改革中将要遇到的问题和困难，总结形成改革经验，形成可推广可复制的模式，减少全面铺开时的阻力和失误，更好地推进农村集体产权制度改革不断深入。

4. 加强宣传工作，调动群众参与

在农村集体产权制度改革的各个阶段，针对不同时期的工作重点，从区、乡镇（街道）、村（社区）三级通过培训会、座谈会、"两委"会、党员大会、村民代表大会和村民会议等形式，对村干部和村民进行宣传培训 40 余次，培训人数多达 2320人次。发放《农村集体资产清产核资报表》14300 本、《农村集体资产清产核资报表填表说明》3600 本、《农村集体资产清产核资工作 100 问》，悬挂横幅、张贴标语300 多条，发放《致农民朋友的一封信》20000 份，极大地宣传了农村集体产权制度改革有关知识，调动了群众的参与积极性。

5. 注重档案整理，进度可查可追

覃塘区在农村集体产权制度改革过程中，针对档案整理和归档工作，切实做到了"强落实、管到位、抓实际、留痕迹"。按照前期工作、清产核资、成员身份认定、股权设置与折股量化、农村集体经济组织五个类别分村自然小组、村级、乡镇（街道）层级进行归档整理，不仅有利于进度审查与考核，也方便经验总结与问题追溯。

二、创新点与政策含义

覃塘区在落实清产核资、成员身份确认、量化确权和成立股份经济合作社等农村集体产权制度改革内容的基础上，结合土地承包经营权流转推动农业适度规模经营的探索，尝试用多种方式发展农村集体经济，建立农村集体经济发展的长效机制，形成了一系列创新经验和典型做法，对农村集体产权制度改革全面推进具有参考意义，现总结如下：

（一）主要的改革创新点

1. 创新土地流转模式

覃塘区在农村集体产权制度改革的过程中，结合农村土地承包经营权流转的相关实践，出台了《覃塘区加快农村土地承包经营权流转推进农业适度规模经营的实施方案》（覃办发〔2019〕1号），成立区、乡镇（街道）、村（社区）三级农村土地预流转服务机构，大力推行"农地服务公司+土地预流转"的模式。在企业到村里进行投资之前，由村农地服务公司出面和群众洽谈，签订《土地预流转、流转协议书》，事先通过土地预流转的方式将可流转的土地进行挂牌登记，再由农地服务公司集中流转给企业。这一做法通过整合资源，使企业投资需求能够更好地和农村土地资源供给进行有效衔接，减少信息不对称；并且免除了企业一家一户进行对接的繁杂程序，降低了交易成本；进一步加快了项目实施落地，提高了投资效率，推动了农村土地高效利用。

在土地预流转的过程当中，政府也给予大力支持，落实各乡镇（街道）土地预流转工作经费50万元，对新增连片预流转面积达100亩以上的村集体，给予30元/亩的服务经费。在政府的大力支持下，通过"农地服务公司+土地预流转"的模式，覃塘区成功引进了汉世伟科技股份有限公司、深圳诺普信农化股份有限公司等助力村集体产业发展。村集体经济组织协助企业做好各项服务工作，获取土地流转服务费用。2019年4月15日，黄练镇农地服务公司成功把460亩预流转的土地租给深圳诺普信农化股份公司经营高标准稻虾共作生态示范基地，并将其支付的第一年土地租金代发到403户土地流转农户手中，此次合作协商全程仅用时36天，大大提高了投资效率。此外，樟木镇川山、寺江、元金等村集体也通过土地预流转招商引资创收15万元左右，并辐射带动其他村抱团企业发展，增加集体经济收入。

2. 农村产权交易平台与村集体经济孵化器联动

为了更好地整合农村资源要素，提供"一站式"综合服务，培育农村集体产业，促进农村集体经济发展，覃塘区在县级农村产权交易中心的基础之上，配套建立了广西首个县级村集体经济孵化器。农村产权交易中心主要负责发布提供流转信息、组织产权交易、出具产权流转鉴定证书、办理流转交易咨询等服务，是村集体经济孵化器良好运行的基础。村集体经济孵化器主要为发展村集体经济提供技术咨询、农资供给、人员培训、产品展销、产权交易和金融信贷六大功能支持。目前已经进驻了12个部门和企业，其中农业农村局、林业局等涉农部门主要负责提供业务指导和政策支持；华夏助农、汉世伟、荷岸汇兴绿希望等农业龙头企业主要负责提供农技农资、市场信息等服务；北部湾产权交易所、广西金融投资集团、邮政储蓄银行、邮乐购太平洋保险等企业主要负责提供产权交易、金融、保险、信贷和物流等服务。

在农村产权交易中心方面，目前有107宗交易项目在北部湾产权交易所集团农村产权"E农村"交易平台正式上线,预流转土地25579.72亩,成功交易16宗,流转土地2667.3亩,成交金额达1041.762万元。其中,平天山谭坪林站4林班14小班211.5亩土地转让项目起拍价78万元,经过100次竞拍,最终成交价111.4万元,增值70%,大大提高了农村土地的流转效率和价值。另外,自村集体经济孵化器建成以来,成功举办了土地承包经营权流转、农村产权交易、金融信贷、百香果种植和致富带头人等培训班20多期,培训各乡镇分管农业领导、第一书记、村干部、种植大户等2000余人次,充分发挥了技术咨询和人员培训的功能,起到了很好的宣传推广效果。目前已经进驻孵化器的村集体经济发展项目有美系种猪养殖、食用菌种植、柑橘种植、富硒百香果种植、稻虾共作以及澳大利亚坚果种植六大类共36个项目,涵盖了25个低收入村。通过"村民合作社+农村经纪人+农村产权交易平台+村集体经济孵化器+农业投资企业"模式,成功引进国家级高新技术企业、国内农药制剂领域上市公司深圳诺普信农化股份公司,3月签约流转土地460亩建设稻虾共作示范基地;4月再次签约流转土地1万亩,总投资2.18亿元种植澳大利亚坚果,预计年产量将达3000吨,产值将超过4500万元,带动当地300户群众就业,极大地提高了农村集体经济的产业发展能力。

通过农村产权交易平台建设,推进了农村土地流转的效率。从供给侧来看,覃塘区通过土地预流转,整合了大量的农村土地资源,仅樟木镇就预流转土地1.5万亩;从需求侧来看,农村产权交易平台的受众面更广,通过网上挂牌,直面需求市场,能够更好地实现供需对接,从供给与需求两方面提高效率。此外,农村产权交易平台能够使农村资产交易更加公开透明、规范化和制度化,减少交易过程中的信息不对称,降低不确定性,保护交易双方的合法权益。农村产权交易中心还可以为产权受让提供资质支撑,减少通过产权抵押获得银行贷款融资的风险,提高贷款成功率。农村产权交易平台的建设,使农村的资源资产活起来、转起来;在此基础上,村集体经济孵化器又通过企业对接、招商引资,用项目和产业的方式,将活起来、转起来的农村资源资产融入村集体产业发展,从而通过农村产权交易平台和村集体经济孵化器的联合互动,形成了农村集体经济长效发展机制,促进了农村集体经济不断发展壮大。

(二)改革创新内容的适用条件和范围

覃塘区通过创新土地流转模式,转出了"真金白银";通过创新交易载体,实现农村产权交易平台和村集体经济孵化器的联合互动,让"资源"变"资产"、"资金"变"股金"、"农民"变"股东"。探究其改革创新取得成功的原因,主要在于三个方面:一是通过农村集体产权制度改革,清产核资摸清了家底,量化配股明确了产权,盘活了农村集体经济组织的资产资源,调动起了集体经济组织成员的积极性和创造性;二是结合加快农村土地承包经营权流转推进农业适度规模经营的政策实践,以产权制度改革之后成立的股份经济合作社为抓手,成立农地服务公司,能够更加高效有序地推动土地预流转模式实施落地;三是政府提供政策支持和平台支撑，通过建立农村产权交易平台，促进农村资产资源有效流转；再配套村集体经济孵化器，对接外部资源，实现产业发展。此外，覃塘区地处广西中部，以平原山丘为主，盛产水稻、甘蔗、香葱、茶叶、莲藕、蘑菇、玉米、花生等，享有"甘蔗之乡""莲藕之乡""茶叶之乡"和"鱼米之乡"的美誉，自身农业资源禀赋较好，有一定的发展基础。因此，覃塘区的改革创新内容比较适合向有流转农村土地承包经营权和农业适度规模经营条件、有一定的农业资源禀赋、有一定招商引资条件的地方进行推广，这样才能充分发挥好土地预流转的作用，利用好农村产权交易平台和村集体经济孵化器的联合互动，培育集体产业，建立村集体经济发展的长效机制。

（三）对改革成果的推广建议

一要组织好改革队伍。改革是勇涉险滩、克艰攻难的过程，要推动好改革工作，必须建设一支改革尖兵。做好农村集体产权制度改革工作，要从区（县）、乡镇（街道）到村（社区）三级建立好责任到人、指挥有效、沟通顺畅、执行有力的领导小组和工作队伍，串联起各级有关部门，把握改革方向，监督工作进度，保证各级工作落到实处。特别是要在基层加强相关培训，建立合理的激励和监督机制，培养一批懂改革、懂农业、有财会技术的人才队伍，确保改革政策更好实施落地。

二要强化政策支持。在农村集体产权制度改革过程当中，针对清产核资、成员界定、量化配股、成立股份经济合作社和多种形式发展农村集体经济等环节，都要有配套的政策文件进行引导支持，使各方面都能够有序规范地进行，减少错误和混乱；但与此同时也要给予一定的政策空间，让各地能够根据自身的实际情况进行因村施策，切忌搞"一刀切"，村里出现的具体矛盾和分歧可以交由村民代表大会进行投票表决，在强化政策支持的同时充分尊重各地民意和乡风民情。

三是要建立集体经济发展长效机制。农村集体产权制度改革的目的是盘活农村资产资源，激活集体经济组织主体地位，调动集体经济组织成员生产积极性，探索集体经济发展的有效治理形式，从而实现集体经济的长远发展。在具体改革过程中，要结合自身资源禀赋，通过物业出租、产业发展、投资入股、资产盘活、服务增收、资源开发等形式，培育出合适的集体经济发展形态，增强可持续发展能力，不断推动集体经济发展壮大。

（四）改革创新内容对推动全局改革的意义

创新土地流转模式，实现农村产权交易平台和村集体经济孵化器的联合互动，对于农村集体产权制度改革全局的重要意义，主要体现在两个方面：一方面是作为多种形式发展农村集体经济的重要探索，实现了农村资产资源整合流转，使要素能够充分流转，利用市场机制，实现供需有效对接，培育产业能力，建立农村集体经济发展的长效机制。另一方面是通过长效机制的建立，让集体资产资源真正变为真金白银，让集体经济组织成员有获得感，从而更加拥护改革，确保农村集体产权制度改革的深入推进和成果的长期稳定，为乡村振兴提供强大动力。

三、存在的问题

（一）基层力量严重不足

农村集体产权制度改革政策性强、涉及面广、环节众多。在改革推行的过程当中，前期准备和宣传需要进行大量宣讲、培训和传单发放工作；在清产核资过程中要填写各种类型的台账、档案和表格，需要专业的财会技术；并且产权制度改革工作人员往往为各级抽调兼任，很多基层工作人员常常需要挨家挨户做工作，人少事多的矛盾非常明显，导致相关政策无法及时落实，影响工作效率。

（二）长效治理机制缺乏

在股份经济合作社成立之后，针对一部分仍由"两委"担任理事长的村（社区），两个机构一套班子，如何逐步理顺股份经济专业合作社与村"两委"的关系，做到政经分离；针对由股东代表大会选举产生的理事长，如何正确制定监督、激励和考核机制，发挥技术能人和经济能人的带动作用，保障村集体资产保值增值，都有待进一步探索。

（三）长效发展方式不够

农村集体产权制度改革的目的是促进农村集体经济的发展。在改革过程中，要在清产核资、身份确认、量化配股、成立股份经济合租社的基础上，结合当地的资源禀赋，探索集体经济发展的长效机制。目前大多从物业出租、产业发展、投资入股、资产盘活、服务增收、资源开发等形式出发，但由于缺乏相关的财税、土地、金融和人才政策配套支持，探索结果往往不够理想。

四、下一步工作

（一）完善改革配套，优化政策支持

进一步明确农村经济专业合作社组织形式和职能定位，在国家未出台相关法律法规之前，制定出台相关条例和指导性改革意见，用政策制度保障其健康运行，让基层干群由"要我改"向"我要改"转变。重点加强注册登记、减免税费等方面的政策和制度建设，消除基层干群的后顾之忧。

（二）深化改革措施，转变经营方式

推进运营激励机制创新，健全完善内部治理机制，提升集体资产的经验管理水平，提高股份经济合作社的带动能力和市场竞争力；逐步理顺村社股份经济合作社与村"两委"的关系，实现村"两委"只依法负责社会管理和公共服务，股份经济合作社只负责集体资产的管理和运营，做到各司其职；与此同时，妥善处理好积累和分配、分配和发展的关系，一些集体经营收入较少的村社，可以采取暂不分红的形式，由村集体经济组织统筹管理使用，集中资金，把钱用在"刀刃上"。

（三）立足产权制度改革成果，推进村集体经济发展

结合自身发展实际，进一步研究落实支持农村集体经济发展的财税、土地、金

融和人才等政策措施，鼓励经济发展水平较高的村，加快发展集体物业经济和农村的二三产业；鼓励和支持以农业为主、集体资产较少的村，结合农业产业建设种养基地和发展乡村旅游，采取"资源+资本"的方式吸引社会资本开发新的产业项目；支持农村产权交易平台和村集体经济孵化器的联合互动，培育更大的产业动能；为实现按股分红创造条件，探索村集体经济增长方式转变和发展模式创新的途径，增强集体经济发展的内生动力和可持续性。

下篇 集体经济发展

第三十六章 产权制度改革背景下的
农村集体经济发展[①]

农村集体经济在我国社会经济发展中起着重要作用。随着我国经济社会的快速发展，农村发生了深刻的变化。农村集体经济发展的快慢关系到农业农村农民问题的解决质量，关系到乡村振兴的实现。《中华人民共和国宪法》规定，"中华人民共和国的社会主义经济制度的基础是生产资料社会主义公有制，即全民所有制和劳动群众集体所有制"（第六条）；"农村中的生产、供销、信用、消费等各种形式的合作经济，是社会主义劳动群众集体所有制经济"（第八条）。党的十九大报告指出，"深化农村集体产权制度改革，保障农民财产权益，壮大集体经济"。改革开放后，我国集体经济发展缓慢，大部分村庄经济薄弱，呈现出"空壳村"现象。目前，我国农村集体经济的发展形式呈现多样化的趋势，如生产资料集体所有的社区集体经济组织、以村为单位的土地流转合作社（土地股份合作社）。整体而言，农村集体产权制度的改革促进了农村集体经济的发展，带动了农业的发展，促进了农村一二三产业的融合，并增加了农民的收入。促进农村集体产权制度改革，实现集体经济壮大，对于全面深化农村改革、实现乡村振兴、激发农业农村发展活力具有重要意义。

一、农村集体经济发展的过程

农村集体经济形成于计划经济时期，即高级合作社、人民公社的形式。农村集体经济经过不断发展，打破了原有"三级所有，队为基础"的农村集体经济框架，逐步发展了社区股份合作型、土地股份合作型、物业经济型、服务和资源经济型等多种类型的集体经济组织[②]。根据农村集体经济发展的特点，本章将农村集体经济发展划分为四个阶段。

（一）1949~1978 年

中华人民共和国成立后，我国政府通过土地改革，解决了耕者有其田的问题。由于当时我国农村缺少生产工具，生产力低下，因而迫切需要通过合作的方式实现农业的基本生产。此后，我国经历了互助组、初级合作社、高级合作社等阶段，中央出台多项政策，对农村集体经济进行了规范和界定。例如，1956 年 6 月 30 日全国

---

① 执笔人：张效榕。
② 左臣明. 农村集体经济有效实现形式的路径探索 [J]. 中国财政，2016 (11)：38-40.

人大一届三次会议通过并颁布的《高级农业生产合作社示范章程》规定，社员私有的主要生产资料转为合作社集体所有，农村集体所有制正式形成。1959 年 4 月，中央制定了《关于人民公社的十八个问题》，最早明确了人民公社实行"三级管理、三级预算"的体制，以生产队作为基本核算单位。1961 年 6 月 15 日，中央颁布了《农村人民公社工作条例（修正草案）》（即"六十条"），明确了人民公社"三级所有、队为基础"的集体所有制性质①。整体而言，"三级所有，队为基础"的农村集体经济框架，在当时虽然不能完全尊重农民意愿，长期无法提高农民生产积极性，但为工业和城市提供稳定的粮食来源，并以"剪刀差"的形式为工业发展提供原始积累，是非常时期富有效率的一种国民经济组织办法②。

（二）1978～1993 年

1978 年以后，我国开始进行农村改革，但改革的内容仅是在操作层面上把"队为基础"继续向下延伸到户，所有制关系并没有变化，集体经济的框架依然存在③。1982 年中央一号文件强调了家庭经营也是集体经济的组成部分，即提出"目前，我国农村的主体经济形式，是组织规模不等、经营方式不同的集体经济。与它并存的，还有国营农场和作为辅助的家庭经济""目前实行的各种责任制，包括小段包工定额计酬，专业承包联产计酬，联产到劳，包产到户、到组，包干到户、到组，等等，都是社会主义集体经济的生产责任制"。党的十五届三中全会通过的《中共中央关于农业和农村工作若干重大问题的决定》也指出，"实行土地集体所有、家庭承包经营，使用权同所有权分离，建立统分结合的双层经营体制，理顺了农村最基本的生产关系。这是能够极大促进生产力发展的农村集体所有制的有效实现形式"。

自 20 世纪 80 年代以来，广东、北京、上海、浙江等部分省份就开始率先进行农村集体产权制度改革探索。一些地区主动适应城乡统筹发展、农村经济社会结构深刻变化的新形势，进一步深化农村产权制度改革实践，取得了很好的效果。在这一阶段，农村集体经济的特点有二：一是在第一轮土地承包期内，土地和生产性固定资产基本均分到户，只有部分村集体还保留少量机动地以及林地、园地、鱼塘等，这些土地的发包可以成为村集体一部分收入的来源；二是乡镇企业在这一阶段"异军突起"，为农村集体经济的发展注入了新的"血液"④。"异军突起"主要表现在表 36-1 中的乡办企业企业收入快速增加，1986～1993 年乡办企业收入占农村经济总收入的 1/4 以上，其中 1993 年占比为 26.86%。此外，因责任制的改革，家庭经营收入增长速度较快。

① 方志权．农村集体经济组织产权制度改革若干问题［J］．中国农村经济，2014（07）：4-14.
② 梁昊．中国农村集体经济发展：问题及对策［J］．财政研究，2016（03）：68-76.
③④ 孔祥智，高强．改革开放以来我国农村集体经济的变迁与当前亟需解决的问题［J］．理论探索，2017（01）：116-122.

表36-1 1986~1993年中国农村各类经济发展状况 单位：万元

年份	农村经济总收入	乡办企业收入	村组集体经营收入	联户企业收入	家庭经营收入
1986	7998	2683	275	2222	4817
1987	10468	3787	378	295	6008
1988	11972	4289	520	338	6826
1989	13078	4509	520	381	7664
1990	15258	3657	2684	465	8452
1991	20204	5366	4040	635	10163
1992	30915	8941	6919	1218	13836
1993	47411	12736	10181	2340	22154

资料来源：历年《中国农业统计资料》。

（三）1993~2008年

1993年，中共中央发布11号文件，规定在原定的耕地承包期到期之后，再延长30年不变，从而开启了第二轮农村土地承包的进程。第二轮土地承包，不仅是承包期限的延长，还有两个重要特点：一是强调"增人不增地，减人不减地"，杜绝了土地的频繁调整；二是严格控制"机动地"。村集体留有"机动地"的原因很多，但最主要的是通过对"机动地"的发包，可以增加乡、村集体的收入，这在一定程度上损害了农民个体的利益。为此，1997年8月，中共中央办公厅、国务院办公厅联合发布了《关于进一步稳定和完善农村土地承包关系的通知》，强调各地"原则上不应留'机动地'"。上述两项规定都堵住了村集体通过土地发包获取一部分收入的不规范做法，但也在客观上造成了大多数村集体陷入"空壳"的困境。从表36-2可以看出，1993~2008年的村组集体经营收入增长缓慢，部分年份该收入出现同比下降的趋势，而农民家庭经营收入则快速增长。

表36-2 1993~2008年中国农村各类经济发展状况 单位：万元

年份	农村经济总收入	出售产品收入	乡（镇）办企业收入	村组集体经营收入	村办企业收入	农民家庭经营收入	其他经营方式收入
1993	47411	—	12736	10181	—	22154	2340
1994	64402	—	16714	13365	—	30778	3544
1995	77317	39763	19682	15624	12805	38188	3822
1996	87208	43005	21438	16411	12907	44947	4411
1997	90562	46741	21532	15680	12131	48498	4852
1998	94317	48838	22446	15123	11279	50935	5812
1999	99721	53094	24257	14801	10947	53466	7197
2000	106088	55959	26142	14479	10017	55974	9492

年份	农村经济总收入	出售产品收入	乡（镇）办企业收入	村组集体经营收入	村办企业收入	农民家庭经营收入	其他经营方式收入
2001	116630	65586	29495	13988	9684	59992	13156
2002	131719	75119	34560	15226	10220	64909	17025
2003	151173	89631	41434	15547	10327	72828	21364
2004	175289	104111	48518	16565	11061	81052	29154
2005	200239	118491	56210	18309	12489	90451	35269
2006	231466	140449	66099	18591	11501	103723	43053
2007	259403	154706	71995	20660	12694	115107	51641
2008	281187	164568	70468	18355	11278	134177	56345

资料来源：历年《中国农业统计资料》。

（四）2008 年至今

2008 年 10 月，党的十七届三中全会提出了"赋予农民更加充分而有保障的土地承包经营权，现有土地承包关系要保持稳定并长久不变"。加上 2007 年出台的《物权法》等一系列法律、政策，进一步推动了土地承包经营权的流转。2007 年，农业部《关于稳步推进农村集体经济组织产权制度改革试点的指导意见》下发后，各地开始加快推进以股份合作为主要形式，以清产核资、资产量化、股权设置、股权界定、股权管理为主要内容的农村集体产权制度改革。"十二五"期间，党中央、国务院进一步高度重视农村集体产权制度改革工作，在中央决定和有关文件中提出了明确要求。土地流转对于中国农业规模经营和现代农业发展的意义重大，很多地方政府都出台了促进土地流转的奖励政策，包括对村集体经济组织推动或组织流转达到一定规模的给予一定的奖励，这一政策推动了以村为单位、以村"两委"为主导的土地流转合作社（土地股份合作社）产生，客观上加速了土地流转，也为村集体经济组织带来部分收入。如表 36-3 所示。

表 36-3　1986~2015 年中国农村经济总收入　　　　单位：万元，%

年份	农村经济总收入	同比增长
1986	7998	—
1987	10468	30.88
1988	11972	14.37
1989	13078	9.24
1990	15258	16.66
1991	20204	32.42
1992	30915	53.01

续表

年份	农村经济总收入	同比增长
1993	47411	53.36
1994	64402	35.84
1995	77317	20.05
1996	87208	12.79
1997	90562	3.85
1998	94317	4.15
1999	99721	5.73
2000	106088	6.38
2001	116630	9.94
2002	131719	12.94
2003	151173	14.77
2004	175289	15.95
2005	200239	14.23
2006	231466	15.59
2007	259403	12.07
2008	281187	8.40
2009	314876	11.98
2010	336493	6.87
2011	357602	6.27
2012	387192	8.27
2013	400583	3.46
2014	409954	2.34
2015	425681	3.84

资料来源：历年《中国农业统计资料》。

二、农村集体经济发展现状

（一）农村集体经济整体发展缓慢

改革开放后，相当数量的行政村除土地收入外，没有固定持续的收入来源，导致出现了大批的"空壳村"。我国农村自2010年开始，当年有经营收益的村庄数量逐渐减少，其中5万元收益以下的村庄数量较为明显（见表36-4）。我国中央及地方各级政府对农村集体经济发展愈加重视，部分村庄集体经济快速发展，从表36-4可以看出5万元以上的村庄数量逐渐增多。整体而言，我国农村集体经济发展缓慢，"空壳村"集体经济发展困境难以破解，村庄整体呈缓慢发展趋势。

表 36-4　2010~2015 年中国农村集体经济发展状况　　　单位：万个

年份	2010	2011	2012	2013	2014	2015
汇入本表村数	58.9	58.9	58.9	58.7	58.7	58.4
当年无经营收益的村	31.0	31.0	31.1	32.0	32.0	32.3
当年有经营收益的村	27.9	27.9	27.8	26.7	26.7	26.1
其中：5 万元以下的村	15.9	15.9	15.1	13.7	13.7	12.7
5 万~10 万元的村	5.0	5.0	5.2	5.2	5.2	5.32
10 万~50 万元的村	4.5	4.5	4.8	4.9	4.9	5.2
50 万~100 万元的村	1.1	1.1	1.2	1.3	1.3	1.3
100 万元以上的村	1.4	1.4	1.5	1.6	1.6	1.7

资料来源：2011~2016 年《中国农业统计资料》。

（二）区域发展不平衡

在集体经济的发展过程中，全国中、东、西部农村经济发展存在一定差异，同一地区"城中村"、城乡接合部村、传统农业村也存在较为明显的经济发展差异。

如青岛的黄岛区与东平县，两地虽同属一省，但从经济体量、发展模式、资本积累等方面存在较大差异。其中，青岛市黄岛区资产清算后经营性资产达 171 亿元，而东平县经营性资产只有 14516 万元，两者经济基础全然不同。前者在集体经济发展方面主要以场地使用租赁的方式，后者则以土地股份合作形式开展农作物规模经营进行发展。此外，青岛市黄岛区从地理区位上又可以将农村分为"城中村"、城乡接合部村、传统农业村，各自发展的模式与经营状况完全不同。可见，同一省份中两者区域发展呈现不平衡态势，而同一市区中农村发展也有所差异。

再如，广西壮族自治区经济发展较慢，是"八山一水一分田"的少数民族地区，可用耕地少，低收入人口多，农村集体经济基础薄弱。其中，广西很多地方自然条件较差，集体土地、山林和村部等资产附加值低，开发成本高，难以带来直接效益，因而地方农村集体经济发展滞后，其乡镇村级运转主要靠上级转移支付。

（三）法人制度建设落后

尽管我国的《宪法》等法律均有"农村集体经济组织"的相关规定，但目前农村集体经济组织的性质和法律地位仍不明确[①]。2017 年出台的《民法总则》第九十六条明确规定农村集体经济组织法人为特别法人，第九十九条规定"农村集体经济组织依法取得法人资格"。但需要专门立法规定。由于至今没有一部专门法律，导致集体经济组织至今没有法人资格[②]，部分地区在实际操作中鼓励农村集体经济组织在

---

① 张忠根，李华敏．农村村级集体经济发展：作用、问题与思考——基于浙江省 138 个村的调查［J］．农业经济问题，2007（11）：30-34.

② 关锐捷，黎阳，郑有贵．新时期发展壮大农村集体经济组织的实践与探索［J］．毛泽东邓小平理论研究，2011（05）：28-34.

工商局登记，但由于没有规章制度，因而在具体实施过程中多处受限，影响集体经济的发展。此外，在现有法律的规定中，农村集体经济组织和村委会均有权管理集体资产，两类组织对集体财产的权利范围边界不清晰，职责存在交叉重叠。同时，集体经济组织因主体缺位，其对集体资产的经营管理职能被村委会、村党支部、乡镇政府等取代，引发农村基层组织权力混乱，既不利于集体经济发展壮大，也容易损害集体经济组织成员的集体权益。除此之外，法律规定集体土地禁止作为偿债资产，导致集体经济组织不具备市场经济主体的财产基础①。郑有贵指出，法人地位缺失，集体经济组织无法独立地开展市场活动，是农村社区集体经济发展滞后的根源②。

三、产权制度改革与农村集体经济发展

2007 年，在农业部出台的《关于稳步推进农村集体经济组织产权制度改革试点的指导意见》中提出，要引导有条件的地方开展以股份合作为主要形式，以清产核资、资产量化、股权设置、股权界定、股权管理为主要内容的农村集体经济组织产权制度改革。2014 年 11 月，农业部、中央农办、国家林业局正式联合下发《关于印发〈积极发展农民股份合作赋予农民对集体资产股份权能改革试点方案〉的通知》（农经发〔2014〕13 号）。改革试点方案经中央审议通过以后，全国 29 个省份各选定 1 个县（市、区）开展试点。《积极发展农民股份合作赋予农民对集体资产股份权能改革试点方案》的出台，也为各地组织开展相关改革试点和制定具体试点方案提供了有力的政策指导。2016 年 12 月，中共中央、国务院出台《关于稳步推进农村集体产权制度改革的意见》，明确了改革的五项原则以及改革的目标，并从集体资产清产核资、明确集体资产所有权、强化农村集体资产财务管理等方面对农村集体资产管理进行了规范。经过不断探索，各地的农村集体产权改革发展出资产租赁型（资产公司经营型）、为农服务型（土地股份合作）、产权流转型等集体经济发展模式，促进了农村的发展。其中，部分纯农业村发展了土地股份合作，部分城郊村采用了产权流转型的发展模式，部分"城中村"通过资产租赁发展了集体经济。

（一）政策梳理

产权制度改革与集体经济发展政策是农村经济社会发展中的重要政策。在农村集体经济发展中，清晰的资产、明确的产权以及股权、股份，是农村集体经济（集体经济组织）发展的重要基础。其中，农村集体产权制度的政策，明确了"三资"清算及量化的方法、成员资格认证的要求、股权及股份权能的设置，并实施了产权制度改革试点，为农村集体经济的发展奠定了制度基础。

---

① 王春平，张立富．农村集体经济组织的法律地位与企业化改造［J］．农业经济问题，2002（02）：35-39.

② 郑有贵．农村社区集体经济组织法人地位研究［J］．农业经济问题，2012（05）：22-28.

1. 产权制度改革政策

2010 年中央一号文件明确了有条件的地区开展产权制度改革，随后的政策文件对产权制度改革中的具体工作进行了部署，如农民对集体资产的权利、产权流转市场的建立、"三资"的管理办法等，如表 36-5 所示。

表 36-5　农村集体产权制度改革有关政策措施

时间	文件名称	政策内容
2009 年 12 月 31 日	《中共中央　国务院关于加大统筹城乡发展力度　进一步夯实农业农村发展基础的若干意见》	鼓励有条件的地方开展农村集体产权制度改革试点
2012 年 12 月 31 日	《中共中央　国务院关于加快发展现代农业　进一步增强农村发展活力的若干意见》	建立归属清晰、权能完整、流转顺畅、保护严格的农村集体产权制度，是激发农业农村发展活力的内在要求。必须健全农村集体经济组织资金资产资源管理制度，依法保障农民的土地承包经营权、宅基地使用权、集体收益分配权
2013 年 11 月 12 日	《中共中央关于全面深化改革若干重大问题的决定》	保障农民集体经济组织成员权利，积极发展农民股份合作，赋予农民对集体资产股份占有、收益、有偿退出及抵押、担保、继承权。建立农村产权流转交易市场，推动农村产权流转交易公开、公正、规范运行
2014 年 1 月 19 日	《关于全面深化农村改革加快推进农业现代化的若干意见》	推动农村集体产权股份合作制改革，保障农民集体经济组织成员权利，赋予农民对落实到户的集体资产股份占有、收益、有偿退出及抵押、担保、继承权，建立农村产权流转交易市场，加强农村集体资金、资产、资源管理，提高集体经济组织资产运营管理水平，发展壮大农村集体经济
2014 年 7 月 30 日	《关于进一步推进户籍制度改革的意见》	推进农村集体经济组织产权制度改革，探索集体经济组织成员资格认定办法和集体经济有效实现形式，保护成员的集体财产权和收益分配权。建立农村产权流转交易市场，推动农村产权流转交易公开、公正、规范运行
2015 年 2 月 1 日	《关于加大改革创新力度加快农业现代化建设的若干意见》	推进农村集体产权制度改革。探索农村集体所有制有效实现形式，创新农村集体经济运行机制。出台稳步推进农村集体产权制度改革的意见。对经营性资产，重点是明晰产权归属，将资产折股量化到本集体经济组织成员，发展多种形式的股份合作。开展赋予农民对集体资产股份权能改革试点，试点过程中要防止侵蚀农民利益，试点各项工作应严格限制在本集体经济组织内部。健全农村集体"三资"管理监督和收益分配制度。充分发挥县乡农村土地承包经营权、林权流转服务平台作用，引导农村产权流转交易市场健康发展。完善有利于推进农村集体产权制度改革的税费政策
2016 年 1 月 27 日	《关于落实发展新理念加快农业现代化实现全面小康目标的若干意见》	到 2020 年基本完成土地等农村集体资源性资产确权登记颁证、经营性资产折股量化到本集体经济组织成员，健全非经营性资产集体统一运营管理机制 探索将财政资金投入农业农村形成的经营性资产，通过股权量化到户，让集体组织成员长期分享资产收益。制定促进农村集体产权制度改革的税收优惠政策

续表

时间	文件名称	政策内容
2016 年 12 月 26 日	《关于稳步推进农村集体产权制度改革的意见》	把握正确改革方向、坚守法律政策底线、尊重农民群众意愿、分类有序推进改革、坚持党的领导五项原则。通过改革，逐步构建归属清晰、权能完整、流转顺畅、保护严格的中国特色社会主义农村集体产权制度，保护和发展农民作为农村集体经济组织成员的合法权益
2016 年 12 月 31 日	《关于深入推进农业供给侧结构性改革　加快培育农业农村发展新动能的若干意见》	全面开展农村集体资产清产核资。稳妥有序、由点及面推进农村集体经营性资产股份合作制改革，确认成员身份，量化经营性资产，保障农民集体资产权利。从实际出发探索发展集体经济有效途径，鼓励地方开展资源变资产、资金变股金、农民变股东等改革，增强集体经济发展活力和实力。研究制定支持农村集体产权制度改革的税收政策
2017 年 10 月 18 日	《决胜全面建成小康社会　夺取新时代中国特色社会主义伟大胜利》	深化农村集体产权制度改革，保障农民财产权益，壮大集体经济
2018 年 1 月 2 日	《中共中央　国务院关于实施乡村振兴战略的意见》	研究制定农村集体经济组织法，充实农村集体产权权能

2. 集体经济发展政策

农村集体经济组织在我国农业经济发展中占据着重要地位。自 2005 年中央一号文件以来，我国政府针对集体经济组织制定了多项政策，以促进集体经济的发展。从历年中央文件可以看出，我国政府对集体经济的重视程度逐年加强，并通过集体经济组织落实各项政策（见表 36-6）。其中，2005 年要求集体经济组织发挥农户与企业之间纽带作用；2007 年将集体经济组织作为现代农业经营主体之一培育。结合产权制度改革政策中对集体经济发展中的集体土地所有权证、集体产权制度、农村"三资"管理进行了明确的规定，并经过政府的推动与发展，我国农村集体经济发展道路愈加清晰。

表 36-6　发展集体经济有关政策措施

时间	文件名称	政策内容
2004 年 12 月 31 日	《中共中央　国务院关于进一步加强农村工作　提高农业综合生产能力若干政策的意见》	发展农业产业化经营。集体经济组织要增强实力，搞好服务，同其他专业合作组织一起发挥联结龙头企业和农户的桥梁和纽带作用
2006 年 12 月 31 日	《中共中央　国务院关于积极发展现代农业　扎实推进社会主义新农村建设的若干意见》	培育现代农业经营主体。积极发展种养专业大户、农民专业合作组织、龙头企业和集体经济组织等各类适应现代农业发展要求的经营主体。采取各类支持政策，鼓励外出务工农民带技术、带资金回乡创业，成为建设现代农业的带头人
2009 年 12 月 31 日	《中共中央　国务院关于加大统筹城乡发展力度　进一步夯实农业农村发展基础的若干意见》	有序推进农村土地管理制度改革。力争用 3 年时间把农村集体土地所有权证确认到每个具有所有权的农民集体经济组织 着力提高农业生产经营组织化程度。推动家庭经营向采用先进科技和生产手段的方向转变，推动统一经营向发展农户联合与合作，形成多元化、多层次、多形式经营服务体系的方向转变。壮大农村集体经济组织实力，为农民提供多种有效服务

续表

时间	文件名称	政策内容
2012 年 2 月 2 日	《关于加快推进农业科技创新持续增强农产品供给保障能力的若干意见》	培育和支持新型农业社会化服务组织。壮大农村集体经济，探索有效实现形式，增强集体组织对农户生产经营的服务能力
2012 年 11 月 8 日	《坚定不移沿着中国特色社会主义道路前进　为全面建成小康社会而奋斗》	推动城乡发展一体化。坚持和完善农村基本经营制度，依法维护农民土地承包经营权、宅基地使用权、集体收益分配权，壮大集体经济实力，发展农民专业合作和股份合作，培育新型经营主体，发展多种形式规模经营，构建集约化、专业化、组织化、社会化相结合的新型农业经营体系
2012 年 12 月 31 日	《中共中央　国务院关于加快发展现代农业　进一步增强农村发展活力的若干意见》	大力支持发展多种形式的新型农民合作组织。农民合作社是带动农户进入市场的基本主体，是发展农村集体经济的新型实体，是创新农村社会管理的有效载体 建立归属清晰、权能完整、流转顺畅、保护严格的农村集体产权制度，是激发农业农村发展活力的内在要求。必须健全农村集体经济组织资金资产资源管理制度，依法保障农民的土地承包经营权、宅基地使用权、集体收益分配权
2013 年 11 月 12 日	《中共中央关于全面深化改革若干重大问题的决定》	加快构建新型农业经营体系。坚持家庭经营在农业中的基础性地位，推进家庭经营、集体经营、合作经营、企业经营等共同发展的农业经营方式创新。坚持农村土地集体所有权，依法维护农民土地承包经营权，发展壮大集体经济 赋予农民更多财产权利。保障农民集体经济组织成员权利，积极发展农民股份合作，赋予农民对集体资产股份占有、收益、有偿退出及抵押、担保、继承权
2014 年 1 月 19 日	《关于全面深化农村改革　加快推进农业现代化的若干意见》	创新基层管理服务。推动农村集体产权股份合作制改革，保障农民集体经济组织成员权利，赋予农民对落实到户的集体资产股份占有、收益、有偿退出及抵押、担保、继承权，建立农村产权流转交易市场，加强农村集体资金、资产、资源管理，提高集体经济组织资产运营管理水平，发展壮大农村集体经济
2015 年 2 月 1 日	《关于加大改革创新力度　加快农业现代化建设的若干意见》	健全农村产权保护法律制度。抓紧研究起草农村集体经济组织条例
2015 年 12 月 31 日	《中共中央　国务院关于落实发展新理念　加快农业现代化实现全面小康目标的若干意见》	深化农村集体产权制度改革。到 2020 年基本完成土地等农村集体资源性资产确权登记颁证、经营性资产折股量化到本集体经济组织成员，健全非经营性资产集体统一运营管理机制。开展扶持村级集体经济发展试点
2016 年 12 月 31 日	《关于深入推进农业供给侧结构性改革　加快培育农业农村发展新动能的若干意见》	大力发展乡村休闲旅游产业。鼓励农村集体经济组织创办乡村旅游合作社，或与社会资本联办乡村旅游企业。研究制定引导和规范工商资本投资农业农村的具体意见。对各级财政支持的各类小型项目，优先安排农村集体经济组织、农民合作组织等作为建设管护主体，强化农民参与和全程监督 深化农村集体产权制度改革。抓紧研究制定农村集体经济组织相关法律，赋予农村集体经济组织法人资格。全面开展农村集体资产清产核资。稳妥有序、由点及面推进农村集体经营性资产股份合作制改革，确认成员身份，量化经营性资产，保障农民集体资产权利。从实际出发探索发展集体经济有效途径，鼓励地方开展资源变资产、资金变股金、农民变股东等改革，增强集体经济发展活力和实力

时间	文件名称	政策内容
2017 年 10 月 18 日	《决胜全面建成小康社会　夺取新时代中国特色社会主义伟大胜利》	实施乡村振兴战略。深化农村集体产权制度改革，保障农民财产权益，壮大集体经济
2018 年 1 月 2 日	《中共中央　国务院关于实施乡村振兴战略的意见》	深化村民自治实践。维护村民委员会、农村集体经济组织、农村合作经济组织的特别法人地位和权利 深入推进农村集体产权制度改革。全面开展农村集体资产清产核资、集体成员身份确认，加快推进集体经营性资产股份合作制改革。推动资源变资产、资金变股金、农民变股东，探索农村集体经济新的实现形式和运行机制

（二）产权制度改革中农村集体经济管理规范化

1. 资产清算及量化

（1）清算。

各地通过开展农村集体资产清产核资工作，全面清理了各项资金、资产、资源、债权债务和所有者权益；通过清查、盘点、核实，摸清了农村集体资产和资源的存量、分布、结构状况；通过公开、公示、整改，保证了清产核资结果准确无误和老百姓认可。清产核资后，村集体的固定资产有照片资料和电子台账，集体土地、"四荒"地、滩涂、水面、建设用地等资源的区位和面积有详细的登记，为明晰农村集体资产权属，推进农村集体产权制度改革奠定了坚实的工作基础。据不完全统计，截至 2015 年底，全国已有 5.8 万个村和 4.7 万个村民小组完成股份合作制改革，村组两级共量化集体资产 7417.5 亿元，累计股金分红 2591.6 亿元，其中 2015 年股金分红 411.1 亿元。全国共建立省级农村产权流转交易市场 7 个、地市级农村产权流转交易市场 77 个、县级农村产权流转交易市场 1070 个、乡镇级农村产权流转交易市场 13142 个。北京、苏州以及珠江三角洲等地区已经全面推开，改革覆盖面达 95% 以上，工作成效显著。

（2）量化。

各地在资产清算的过程中，对资产进行了量化。其中，资产可以分为两大类，即经营性资产与非经营性资产。经营性资产与非经营性资产（资源型）是根据资产经营状态决定的，随着村庄经济快速发展、城镇化水平的提高，原本非经营性资产在未来一段时间内均有可能成为经营性资产，资产的状态将会发生转变，因而部分地区也对非经营性资产折股量化为股份，从而保障集体资产所有者的权益。

如北京大兴区，在无经营性资产或有债务的村，则实行先固化但不量化，先进行股东资格界定，待集体经济状况改善后再划分个人股并明确股值。

青岛市黄岛区将经营性资产、非经营性资产实行全部资产量化。青岛市黄岛区列入改制资产范围后，改制资产不再仅限于经营性资产，而是在已确权的家庭承包土地和宅基地之外，将属于集体所有全部的资产、资源、资金全部纳入改制范围，确权移交给改制新成立的经济组织。黄岛区使用"确份额不确金额"的资产折股量化方法①，用科学的方法计算出每个成员应享有的份额，每个成员份额相加，就是经济组织的总股份，集体有收益时，按照份额来分配，确保成员对集体资产未来增值收益的分配权利。黄岛区六汪镇下河山村清产核资时区分经营性资产和非经营性资产，村的经营性资产作为资产，但不进行现金或实物分配，全部量化为改制后的经济合作社的股权进行分配。村服务中心、健身器材、道路、绿化等非经营性资产仍划归村委所有和管理。

四川省成都市温江区按"五个锁定"（即锁定各村民小组的集体土地所有权面积、集体建设用地使用权面积、农户的集体建设用地（宅基地）使用权面积、耕地总面积和农户的承包地块位置）的要求，对确权到户的产权进行全面清理，锁定未确权到户的集体资产和资源，形成清产核资固化决议，开展资产资源的确权颁证，形成资产固化。明确量化范围，只能对未确权到户的资产、资源进行量化，允许已确权到户的农村产权持证入股。规范资产量化，不再区分经营性资产和非经营性资产，只在资产运营、管理中加以区别对待。此外，贵州省湄潭县核桃坝村制定了《股改方案》，对未分到户的集体资源性、经营性资产采取"确权确股不确资"的方式，按一人一股平均量化给集体经济组织成员。

2. 成员资格认证

深化农村集体产权制度改革，赋予农民更加充分而有保障的财产权利，前提是清晰界定成员身份。在实践中，无论是集体经营收益及征地补偿费的分配、土地承包经营、宅基地使用，还是社会救济和社会保障，甚至土地承包合同纠纷的解决，无不与成员资格界定紧密相关。2013 年中央一号文件提出，"探索集体经济组织成员资格界定的具体办法"。2015 年中央一号文件提出，"抓紧研究起草农村集体经济组织条例"。从目前看，全国层面成员身份界定原则不明确。操作方法和界定标准各异，有的甚至争议性较大，引发权益纠纷。农村集体经济组织成员身份界定成为了事关农民财产权利实现、改革深入推进和农村社会稳定的重要因素。因此，加快制定相关法律，解决农村集体经济组织成员资格的界定问题。

农村集体经济组织成员资格的取得方式主要有以下四类：第一，出生取得。即父母双方或一方具有成员资格且依法登记为本集体经济组织所在地常住户口，则该父母之子女在出生之日起取得成员资格。这里需要注意的是，这里的子女既包括婚内子女，也包括非婚子女，且不论是否违反计划生育政策。这主要是因为成员资格涉及公民基本民事权利，不能因为父母违反计划生育政策而剥夺，而事实上一些村集体经济组织在产权制度改革中往往针对超生人口做出特殊性安排。第二，婚姻、收养取得。即因与集体成员达成合法的婚姻、收养关系，且在本集体所在地生产、

---

① 2015 年 10 月，青岛市黄岛区农村集体产权制度改革工作领导小组办公室出台《关于股权测算的指导意见》。

生活，并将户口迁入本集体经济组织所在地的人员，取得本集体经济组织成员资格。这种取得方式适用复合标准。第三，政策行为取得。即由于国家建设、国防建设等政策性原因，通过移民方式将户口迁入农村集体经济组织所在地，并在本集体参与生产、生活的人员。第四，集体同意取得。即经过农村集体经济组织一定比例的成员同意而取得成员资格。这类取得方式一般较少，但在一些地方性立法已有相关规定。需要注意的是，如果被接纳的人纳入国家公务员行列或城镇企业职工社会保障体系，应该在资格认定的时候区别对待。

如青岛严控成员资格界定标准。青岛市黄岛区以户籍在村作为总开关，以"依法确定常规成员，民主表决争议成员"为原则，将政策的严肃性和民主的灵活性有机结合，实现"低门槛、广覆盖"。同时，对全区有共性的几类特殊人员的政策划出红线，如大学生村官、聘用制教师、部队干部自主择业人员。青岛市黄岛区农村集体产权制度改革工作领导小组办公室在 2016 年 10 月下发了《关于几类特殊身份人员成员资格界定的指导意见》。其中，规定大学生村官、聘用制教师、部队干部自主择业人员均属于国家财政供养人员，在进行成员资格界定时上述三类人员不属于人口股享受对象。此外，历次机关事业单位机构改革中的分流人员中，只要是财政承担工资福利、按事业单位投保标准缴纳社保费用的，也认定为财政供养人员，在进行成员资格界定时，不属于人口股享受对象。但财政不负担工资福利并自行缴纳社保费用（需提供 6 个月以上的证明材料）的自谋职业者，原则上可认定为非财政供养人员。除此之外，对一些小范围的个例问题，由村级民主决议敲定，特殊事项实行"一村一策"。黄岛区长江路街道办事处荒里社区明确经济体制改革后迁入户口的人员，不再参加资产分配，共有 1171 人参加集体资产分配。该社区在成员中规定成员要求。第一类是具备在荒里社区有安置住宅楼房、有荒里社区户口、是村改居前的原荒里村村民以及村改居后因合法婚嫁或生育增加的人员、在 2012 年 7 月 31 日这一天仍健在这四个条件的人员。第二类是在本社区也要有安置住宅楼房，同时符合一定条件的人员，包括在 2012 年 7 月 31 日前已与荒里社区男性居民依法登记结婚的女方、在 2012 年 7 月 31 日前生育的应落未落户口的荒里社区孩子、在国家机关企事业单位工作的原荒里社区男性居民本人、因转地非户口迁入其他社区的原荒里社区居民（需在 2012 年 8 月 31 日前迁回本社区户口）等人员。第三类是在荒里社区有安置住宅楼房的原荒里村村民，因服兵役迁出户口的现役义务兵、士官。黄岛区辛安街道办事处薛家泊子社区的成员条件为：在本社区有安置住宅楼房的原薛家泊子村村民以及因合法婚嫁、生育增加的人员，且 2015 年 9 月 1 日健在的具有薛家泊子社区户口的上述人员；在本社区有安置住宅楼房；在本社区有安置住宅楼房的原薛家泊子村村民，因服兵役户口迁出的现役义务兵、士官，全日制大中专学校在校学生。

广西梧州市长洲区各村组按照《长洲区农村集体经济组织成员资格界定指导意见》原则性规定，将符合以下条件的人员界定为集体经济组织成员：1985 年前领有农村第一轮家庭联产承包责任地，且登记户口截止到2016年6月30日保留原籍集体经济组织人员；原有集体经济股份合作社的社员，且登记户口截止到2016年6月30日保留原籍集体经济组织人员；集体经济组织成员界定基准日前，符合原集体经济股份合作社章程规定认定社员资格，且登记户口截止到2016年6月30日保留原籍集体经济组织的人员；现有集体经济股份合作社有关人员，且登记户口截止到2016年6月30日保留原籍集体经济组织，经股东代表大会审议表决通过界定为集体经济组织成员的人员。

甘肃省陇西县在成员身份界定工作中，重点从以下四方面开展：第一，原始取得，即在20世纪50年代创设农业合作社的入社成员，自然取得农村集体经济组织成员资格。第二，出生取得，原始取得农村集体经济组织成员所生（婚生和非婚生、计划生育和非计划生育）子女，自出生后取得该集体经济组织成员资格（实践中一般采用子女随母原则）。第三，婚姻或收养关系迁入取得。其他集体经济组织的成员，因嫁入、入赘、合法收养而迁入新的集体经济组织后，取得该集体经济组织成员资格。第四，协商取得，其他类型的村民能否认定为集体经济组织的成员，经集体经济组织协商，召开成员大会2/3以上同意接收后，可确定为本集体经济组织成员。

3. 股权设置

深化农村集体产权制度改革，在集体资产产权改革中，各省市对股权管理及设置的方式不同，部分地区明确要求不设置集体股、只设个人股，部分地区在股权设置中设置了集体股。此外，各地在个人股的设置中，又细分出人口福利股、劳动贡献股（农龄股）、基本股、劳龄股、土地承包经营权股等不同的股份设置。

（1）是否设集体股。

1）设置集体股。

集体股是体现农村集体经济组织权益的股份。部分地区在农村经营性资产股份制改革过程中设有集体股。从现实来看，部分地区在农村经营性资产股份制改革过程中设有集体股。设置集体股的目的主要为以下两方面。一方面，集体股为村党支部、村民委员会等组织的各项运转及其为村民服务提供资金支持。部分农村集体经济组织仍然在很大程度上承担公共服务职能、公共事业开支。另一方面，用于处置遗留问题，如为新增人口或本次股改中的遗留问题做准备[①]。

比如，北京市海淀区玉渊潭乡的集体股为30%；大兴区按照不同经济发展水平，采取不同的股权设置模式。在有经营性净资产、集体收入有一定盈余的村，实行资产固化量化，根据清产核资结果，将集体经营性净资产划分为集体股和个人股，其

---

① 孔祥智. 农村社区股份合作社的股权设置及权能研究 [J]. 粮农智库，2017，23（03）：5-10.

中集体股股份设置比例分别为30%和35%①。江苏省苏州市苏中区部分农村社区保留不超过总股数20%的集体股份。陕西省西安市高陵区姬家街办杨官寨村的集体股为30%，该村将9184万元（不含土地的经营性净资产）的70%量化到1020户3960人（每人1000股，每股金额16.24元），30%量化到村集体，发放股权证书1021本（含集体1本）。上海闵行区村经济合作社中集体股一般控制在20%左右，上海闵行区在《关于全面推进农村集体经济组织产权制度改革工作的指导意见》（闵委发〔2011〕36号）中明确规定，有限责任公司、社区股份合作社股份设置个人股；村经济合作社设置个人股、集体股，其中集体股一般控制在20%左右。湖北省京山县股权设置多元化。对集体资产股份种类，必须在尊重群众意愿、满足集体运行需要的前提下设集体股，集体股占总股本的比例一般不高于30%。如新市镇城畈村、白谷洞村，永兴镇老柳河村在总股本中分别设置了5%、30%、11%的集体股。

2）不设集体股、只设个人股。

大部分地区采取了不设集体股、只设个人股的做法。

如广东省佛山市南海区明确规定不设集体股，但股份合作社的收益分配时先提取40%的公积金和福利费后再向个人分配。江苏省苏州市苏中区的大部分农村社区也不设集体股。海盐县不设集体股。四川省成都市温江区规范股权设置，不设集体股。山西省潞城市翟店镇小天贡村在股份制改革中不设集体股。重庆市梁平县不设集体股，采取按一定比例提取公积金、公益金的方式解决集体工作运行和一般公益性事业开支问题。山东省青岛市黄岛区全面推行了农村集体资产股份制改革，规定不设集体股，村居"两委"的日常支出全部列入集体经济组织正常支出范围，并在股份制改革后组建的有限责任公司或者股份经济合作社的章程中明确规定提取比例。安徽省天长市将经营性资产净额按照集体经济组织成员数全部折股量化到人，只设置"个人股"，不设"劳龄股"和"集体股"。贵州省湄潭县在改革中坚持不设集体股，湄潭县核桃坝村规定只设成员股、不设集体股和其他股，并以"人为基数，户为单位"核发股权证书。山东省昌乐县。股权设置原则上只设个人股、不设集体股，实行一人一股制，集体公益事业资金一般通过提取公积金和公益金的方式解决。允许在充分尊重群众意愿的前提下，探索创新股权设置办法。像宝都街道东南村，实行的是一人一股、不设集体股，但独生子女户可多享受一个股份，并为改革过渡期内的新生儿、新嫁入本村人员等预留了部分股份。

（2）个人股如何设置。

农村集体产权制度改革的实质就是把集体所有的经营性资产量化到成员，因此，

---

① 北京大兴区有11个镇统一设置了集体股和个人股，西红门镇、旧宫镇、亦庄镇3个镇无历史遗留问题，只设置了个人基础股，不保留集体股。对于无历史遗留问题的整建制转非村，将集体净资产100%量化到个人；其他村结合实际需要保留不超过35%的集体股，待公共开支、遗留问题解决后或者村集体经济组织实现"政经分离"后，逐渐降低或取消集体股。此外，大部分村经过民主决策程序，决定独生子女父母和政策性转居人员按现行成员基本股的一定比例获取补贴，从集体股分红中列支。

个人股的设置是这次改革的核心环节。从实践来看，各地做法的差异比较大，但都经历了在征求村民意见的基础上确定初步方案、公示方案、最终方案的过程，力争做到让每一位村民都满意。

黄岛区为了体现公平和贡献，个人股细分为人口福利股和劳动贡献股（农龄股），两者比例为6∶4~8∶2，农龄股计算时间为1956年1月1日至2004年12月31日，且年满16周岁，男女分别截止到60周岁和55周岁。如黄岛区泊里镇泊里河东村设置个人股不设集体股，本村集体经济组织产权制度改革后股权设置为个人股，个人股由人口股和农龄股构成，人口股与农龄股设置比例为6∶4。此外，按照每个农龄年限为1股，本村农龄股总和除以农龄股占全部资产比例，即为本村总股本。总股本减去农龄股总和即为人口股股本。此外，黄岛区王台镇王台东村，将农龄计算时间最早自1956年1月1日起至2004年12月31日止，不足1年的按1年计算（具体到每个成员以每个成员实际落户时间起算），计算起始年为年满16周岁，男女农龄截止分别为60周岁和55周岁。农龄最长男不超过44年，女不超过39年。

四川省成都市温江区规范股权设置，统一设置资产股和资源股；明确量化标准，资产股以1元为1股，资源股以土地面积1厘为1股；北京大兴区在有经营性净资产、集体收入有一定盈余的村，实行资产固化量化，其中个人股是个人作为村集体经济组织成员天然获得的股份，设置比例为70%和65%两种情况，个人股又分为基本股、劳龄股、土地承包经营权股和其他股。其中，土地承包经营权股主要针对土地实行统一经营的村社；劳龄股是指未一次性兑现劳龄贡献的村，对自本集体经济组织成立以来农民个人作为集体成员参加集体生产劳动年限（贡献）折算成的股份，劳龄股的确认不仅包括现成员，还包括原成员。

湖北省京山县股权设置多元化。对于个人股设置，主要采用了两种模式：第一种模式为"基本股+农（劳）龄股"。根据权利义务对等原则，以成员资格和各个历史时期的劳动贡献为依据来配置个人股，不同的集体成员所配的股份数量有所差别。第二种模式为单一股种。如永兴镇老柳河村经营性资产较少，在配置经营性资产和资源性资产时，就只设基本股，实行"一人一股"；京山经济开发区八里途村因一直保有集体统一经营资产和项目，成员参与集体生产经营和分配的底数清楚，就只为成员个人配置了农龄股。

山西省潞城市的个人股由各村自行选择，股权类型主要由"单一型""复合型""特色型"三种设置方式构成。单一型股权包括"人口股"或"人口股+土地股"等。复合型股权主要包括"保障股+贡献股"。保障股包括"原始股、土地股、人口股"等种类，部分村还设置了户籍股、计生股等，保障股股值人人均等；贡献股主要包括"村龄股"和"劳龄股"等，贡献股股值根据登记年限和相关贡献各不相同。特色型股权主要指根据村情不同而设置的扶贫股、管理绩效股等。扶贫股指用于增加贫困户收益设置的股种，可以随时因脱贫转化；管理绩效股主要为理事会成员管理报酬设置的股种，特色股股值均设置了相关限定条件和封顶股值。

海盐市武原镇小曲村实施产权制度改革期间经过七次修订，最终通过小曲股份合作社章程，将量化后的集体净资产折股设置"人口股"和"土地补偿股"。人口股和土地补偿股分别各占集体净资产股权的 70% 和 30%，并对特殊成员资格进行了限定：一是本村全日制大中专毕业生户口间接回迁者按 80% 享受，随其迁入的配偶及子女按 30% 享受；二是嫁给本村社员，无争议的无土居民及知青子女回迁者按80% 享受；三是有争议的婚嫁女配偶、子女及其他有争议人员按 30% 享受；四是离婚后户在人不在者按 20% 享受；五是原已出嫁在外，现户口回迁者按 20% 享受；六是顶替回迁者本人按 60% 享受；随其迁入的配偶和子女按 30% 享受；七是离婚后再婚户口迁入者，以第二轮土地承包（1998 年 12 月 31 日）时间为界限，即第二轮土地承包前迁入者全额享受；第二轮土地承包后迁入者按 50% 享受。

上海闵行区以农龄为主要依据确定成员所占集体资产份额，对知青农龄给予一次性买断。农龄从 1956 年算起，自正式参加镇、村、队集体经济组织及所属企业劳动之日起，至征地转居离开村、队结业，劳动不再镇、村、队时结束。不满 6 个月的按 0.5 年计算，满 6 个月不满 1 年的按 1 年计算。

4. 股份权能

（1）动静态管理。

1）静态管理。

海盐县在不设集体股的基础上，各村结合实际情况设置股权。其中，一般以人口股为主，再结合实际增设"原始农户股""集体劳动补偿股""土地补偿股"等。同时，明确股权可以继承，允许在内部转让，但不得退股提现，实行"生不增，死不减"的静态管理。

安徽省天长市将经营性资产净额按照集体经济组织成员数全部折股量化到人，只设置"个人股"，不设"劳龄股"和"集体股"。通过合作社章程约定，在收益分配中明确一定比例资金用于村级公益性支出。股权管理实行"生不增，死不减；进不增，出不减"的静态模式，并以户为单位统一发放股权证书。全市共量化资产8332.42 万元，发放股权证书 11.31 万本，42.63 万农民成为合作社股东。

贵州省湄潭县核桃坝村只设成员股、不设集体股和其他股，并以"人为基数，户为单位"核发股权证书。股权以户为单位，实行"增人不增股，减人不减股"，以保持股权的相对稳定。在量化股权的基础上，组建了注册资金 1500 万元的核桃坝村股份经济合作社，并向合作社股东核发股权证 859 本。

2）动态管理。

山东省东平市以农业生产为主。增（减）人不动股，确保股份权益稳定性。改革初期，多数村民难以接受股权固化模式，为保障股份权益稳定性，东平县规定调整股权的期限不低于 5 年，调整股权时以"增（减）人不动股"为原则，不打乱重分股权，增减的股份从集体持有的股份中调剂，充分发挥集体股的"蓄水池"作用，保障股份权益稳定性。

新疆维吾尔自治区沙湾县重点对经营性资产和资源性资产（村集体机动地，暂不涉及农村集体经营性建设用地和宅基地），确定了量化数额、股东范围、股权份额，考虑到新疆基层维稳的特殊性，沙湾县在工作方案中明确集体股所占比例不低于30%，各村结合实际具体确定集体股比例。对于股权管理，经村集体经济组织成员代表大会研究，决定采用"静态"和"动态"相结合的管理办法，即从成员身份界定日至第二轮土地承包结束前采取"静态"管理，第二轮土地承包期结束后股权设置可重新确定。

陕西省西安市高陵区股权设置量化到人。由村集体经济组织成员（代表）大会讨论决定股权设置。量化的股权在初期实行动态管理，仅对生死、婚迁、身份变化等人群进行微调，待条件成熟后再实行静态管理。满足条件的成员股权可以在本集体经济组织内部转让，但不得退股。

广西壮族自治区梧州市长洲区由动态管理向静态管理转变。长洲区原来8个村实行的股权管理是动态管理的模式。目前11个村全部实行了静态管理模式。即制订及实施股份合作社章程，实施集体经济组织成员资格界定、集体净资产拆股量化、实行股份"生不增，死不减；进不增，出不减"，探索"确权到户、户内共享、社内流转、长期不变"静态管理方式。赋予农民对集体资产股份占有权、收益权、股份有偿退出权、继承权，从根本上构建了集体资产归属清晰、权责明确、保护严格、流转顺畅的新型农村集体产权股份制度，充分保障了农民合法权利。

北京市大兴区分类管理股权充分尊重农民意愿。目前大兴区实行的股权固化和动态两种管理模式，普遍被基层干部群众接受。对于城镇建成区和城乡接合部及经济开发区已经全部转非安置的村，按照改制时点成员，实行股权固化管理，"生不增，死不减"；对于以农业生产为主，户籍流动及股权调整不大，且分红较少或没有分红的村，实行3~5年一调整或1年一调整的"生增死减"动态管理模式。

（2）权能设计。

产权制度在权能设计中，主要有分红、继承、转让、退出、抵押、担保等权能。

北京市大兴区有条件地推进股权有偿退出和继承。在完成转非安置、固化成员身份、固化股份的90个村，开展集体经济组织内部的股权有偿退出和家庭内部继承，制定了继承、转让、集体赎回等合同模板。瀛海镇政府针对22个整建制转非村，制定了《瀛海镇农村集体经济组织成员股权继承的暂行规定》《瀛海镇农村集体经济组织成员股权转让的暂行规定》等工作意见。亦庄镇有20个村发生继承股权，共926人继承股权金额13107.85万元。黄村镇已经有19个村发生继承股权，共发生341人继承股权29138股。

内江市市中区创新构建了多元退地模式。形成了退出换现金、退出换股份和退出换保障的"三换"模式。目前，通过"三换"模式已有605户农民退出土地921.28亩。一是"退出换现金"模式。在龙门镇龙门村的永久退出和长期退出中，探索出了退出承包地给予一次性现金补偿的"退出换现金"模式。内江市市中区龙门村参照当地 500 元/亩/年的土地流转价格，采取"村民自治，自主协商"的方式，对永久性退出的，按照土地流转价格的 2 倍，以 30 年计算，给予 3 万元/亩的一次性补偿；对长期退出的，按照 850 元/亩/年的标准×第二轮土地承包剩余年限 14 年，给予 1.19 万元/亩的一次性补偿，补偿款共 80 余万元暂由区财政借支给村集体，保留退地村民的选举权、宅基地使用权和集体资产收益分配权。此外，黄桷桥村按照 850 元/亩/年的标准，以 25 年计算，给予 2 万元/亩的一次性补偿。退出的承包地将用于修建游客接待中心及"砖厂咖啡"等设施发展乡村旅游，壮大村集体经济。二是"退出换股份"模式。在永安镇大庄村、七里冲村探索了农户将土地承包经营权退还村集体，退出获得的补偿金作为股金入股村集体经济组织的"退出换股份"模式。2016 年大庄村、七里冲村退出 251 户 356 亩。2017 年靖民镇双塘村退出 232 户 442 亩，退出的承包地用于农旅休闲项目，发展潜力可观，退地农户每户每年仅保底分红预计为 1700 元，比原来独户经营提高了 300 元以上。三是"退出换保障"模式。将土地承包经营权退出与助推提高收入紧密结合，建立"建档立卡贫困人员退地养老保障"和"退地换保困难救助保障"两项保障制度。对所有在册户籍人员因病因残因老丧失劳动力，并自愿永久退出家庭承包经营权参加退地养老保险的建档立卡低收入户，村集体经济组织按原始土地划分时的人地关系确定参保人员和补偿标准。内江市市中区"退出换社保"模式。内江市市中区参保人员退出土地按每人每份 2 万元进行补偿，补偿款用于参加养老保险，区政府为每位参保人员个人账户补助 5000 元；多退出的承包地按每份 1 万元的标准给予一次性现金补偿。参保人员年满 60 岁每月领取养老金 180 元，直至终身；未满 60 岁的可申请领取退地换保困难救助金每月 100 元，直至年满 60 岁领取退地养老金。2016 年已在永安镇下元村退出 12 户 38 亩，发展种养产业。

上海市闵行区退出和继承权能设计。《闵行区村集体经济组织股权管理暂行办法》（闵府发〔2016〕20 号）第四章明确了股权有偿退出及转让，规定经上一级集资委批准，按规定程序修改村集体经济组织章程后，可实行股权有偿退出。股权有偿退出程序：本人提出申请，经成员代表会议讨论通过，由集体经济组织按上年度末审计的账面净资产计退。退出主要有以下几种情况：一是正常退出，例如出国定居。二是从风险责任股中退出，当时干部带头入股，后续经济持续发展收入较高，考虑村民与干部之间有不公平意见，于是将其全部退出。三是针对知青，认可其劳动贡献，以一次性结清方式逐步将知青清退。四是因大病、火灾、车祸或其他不可预见灾难等特殊情况退出股权的成员享有回购权，回购价格按上年度末审计的账面净资产回购。五是一种特殊的退出方式——转让，规定不能超过集体经济组织的边界，且规定了 5 倍数量的上限。即受让人继承的股份加上自己的和转让过来的，不能超过平均人数的 5 倍，防止一股独大。目前，有 6 个镇 17 个村 2291 人开展股权有偿退出，退出金额 7938 万元。

上海市闵行区抵押权和担保权。《闵行区村集体经济组织股权管理暂行办法》

（闵府发〔2016〕20号）对股权抵押和担保给予明确规定。一是审慎开展股权抵押、担保，经批准试点后方可实施。二是经上一级集资委批准，按规定程序修改村集体经济组织章程，明确"股权可抵押和担保"，并规定"成员之间不得以股权相互担保""集体资金不得出借给成员个人"。三是具有完全民事行为能力、年龄在18周岁以上成员有急需融资需求的（个人创业等），可向指定的金融机构申请股权抵押贷款。村集体经济组织因厂房或商铺装修维护等有融资需求的，可向指定的金融机构申请股权抵押贷款。四是规定了股权抵押贷款办理程序。

（三）产权制度改革中实现农村集体经济发展的有效形式

农村在产权制度改革过程中，清算及量化了村庄集体资产、确定了集体成员，并在此基础上对股权及股份进行明确。农村通过产权制度的改革，能够有效地明确村集体的生产资料、经营性资产与非经营性资产，为农村集体经济的发展奠定基础①。我国在集体经济的发展中，部分村庄早先自主开展了集体资产产权改革，清算量化了集体资产，如北京的玉渊潭社区；部分村庄在农业农村部的集体经济发展过程中进行了产权改革，发展了集体经济。整体而言，产权制度的改革，促进了农村集体经济的发展。其带动集体经济发展的模式总结如下：

1. 资产租赁型（资产公司经管型）

资产租赁型集体经济，是指集体经济组织通过建设、购置或者以其他方式取得实物资产，进而将其出租以实现集体资产保值增值的一种经济组织形式。这类集体经济发展类型，一般都出现在工商业比较发达的城郊或工业聚集地区，是城郊农村被动或主动融入城市的一种经济行为②。

如北京市海淀区玉渊潭公社，自1958年起一直实行公社一级核算，集体经济发达、资产量较大。作为海淀区首批改革试点单位，以2002年6月30日为时间节点，玉渊潭开始进行集体产权制度改革。到2010年，基本完成了改制任务。改制共涉及4万余人，其中有3.6万人申请资产份额变现，有4000人入股成为股东。2013年，总分红金额为4亿元，分红率为25%，缴纳红利税8000万元。目前，集体经济组织已发展成为规模庞大的企业集团（玉渊潭农工商总公司），主要涉及酒店、置业和物业管理三大板块，下属近百家子公司。2013年，玉渊潭农工商总公司投资100亿元进军金融领域，成立了小额贷款公司。

2. 为农服务型（土地股份合作、土地托管型）

相比"城中村"、城乡接合部村，传统农业村由于地理区位、资源禀赋和资金积累等方面的限制，无法通过工业型模式发展集体经济③，也无法通过租赁产业发展集体经济或者发展社区类型的集体经济。但随着农业耕地价值的提高，村集体可以开

---

① 黄延信. 发展农村集体经济的几个问题［J］. 新重庆，2015（01）：9-13.

② 中国社会科学院农村发展研究所课题组. 农村集体经济现状和发展趋势调查［R］. 2017.

③ 孔祥智，高强. 改革开放以来我国农村集体经济的变迁与当前亟需解决的问题［J］. 理论探索，2017（01）：116-122.

始借助土地所有者、管理者的身份组建土地股份合作社。探索"保底收益+经营性收益""保底收益+经营性收益+服务收益"等多种形式的土地承包经营权入股分配方式,从而确保农民既分享产业增值收益,降低土地经营收入不确定性的风险,实现集体经济的快速发展。

（1）山东省东平县。

山东省东平县通过推行土地股份合作制改革,做实了所有权、增值了承包权、放活了经营权,实现了"三权"共赢。东平县在推进土地股份合作过程中,积极发挥村集体统领的作用。农户将土地流转给村集体经营,一方面能够保障农户的收益,另一方面村集体通过统一管理服务增加了集体收入。在推进土地股份合作的过程中,农户之间的土地流转租金由原有的每亩 300~500 元,变为入股后每亩保底的 700~1000 元,土地承包权的财产性收益翻倍。随着合作社集体经营收入的增加,农民作为股东每年每亩土地股还可获得一定数额的分红收入。同时,留守农村的劳动力,特别是一些不方便外出的低收入群体还可在合作社务工获得收入。比如,梯门镇西沟流村将集体 1000 亩荒山折股量化给村民后统一经营,同时引导农户自愿将零星分散的碎片薄地承包田 1000 亩入股,建立土地股份合作社,通过招商发展有机樱桃、石榴等高效优质林果规模种植,使昔日的荒山薄岭变成了如今的"金山、银山、花果山"。村民承包地亩增收 200 多元、合作社集体年增收 10 万元。同时,合作社需要长年务工人员 40 多人,年人均务工收入 13000 元;果实采摘季节需要务工人员 400 多人,年人均务工收入 3000 多元。

（2）贵州省六盘水市。

贵州六盘水农民以土地经营权入股。在坚持农民土地集体所有性质不改变、耕地红线不突破、农民权益不受损的前提下,引导农民将已确权登记的土地承包经营权入股到企业、合作社、家庭农场等经营主体,改变过去主要通过土地流转发展规模经营的方式,既让经营主体在不增加成本的情况下发展适度规模经营,又让入股农户通过以承包地入股成为参与者,促进农户与经营主体"联产联业""联股联心"。自 2014 年以来,六盘水市共有 47213 户约 17.82 万人以承包土地经营权入股企业、合作社、家庭农场等经营主体,入股土地 20.25 万亩,入股农户收入大幅提升。

（3）山东省滕州市。

滕州供销系统通过领办参办服务农民合作社,组建农民合作社联合社,推行"保姆式"全托管、"菜单式"半托管两种服务模式,年开展土地托管 40.2 万亩,占全市土地的 30%。滕州市供销社依托为农服务中心,大力推行"保姆式"全托管、"菜单式"半托管两种服务模式,打造"3 公里土地托管服务圈",与农民之间形成利益共享、风险共担的机制。同时,利用基层供销社的组织优势,与村"两委"联合组建农民合作社,进行土地托管服务,创新了"一村联两社"的互利共赢模式。此外,滕州市在对农村集体资源进行清理核实、确定权属关系的基础上,经集体经济组织全体成员同意，将集体投资兴建或购置的房屋、建筑物、机械设备等资产评估入股，将集体所有的土地、林地、草地、荒山、滩涂、水面等自然资源经营权折价入股，使集体经济组织拥有合作社、企业、家庭农场等经营主体的股权，按比例获得收益，让农村闲置的资源活起来，发展壮大集体经济。自2014年以来，全市共有16.52万亩集体土地、8.21万亩"四荒地"、32.18万平方米水面、3450平方米房屋入股到企业、合作社、家庭农场等经营主体。通过股权收益，新增村集体经济收入2477万元，消除"空壳村"157个。

3. 产权流转型

建立农村产权流转交易市场，能够有效促进农村土地流转，并规范土地流转交易，进而优化农村资源配置，壮大农村集体经济，持续增加农民收入。伴随着村庄合并，农村劳动力转移加快，农村中的农民专业合作社、家庭农场和专业大户等新型农业经营主体不断发展壮大。因而，适时建立农村产权流转交易市场，在达成农业规模经营的同时，促进农村集体经济快速发展，促进农村资产保值增值。

（1）天津市宝坻区。

天津市宝坻区自2001年撤县设区以来，第二产业和第三产业迅速发展，城镇化水平不断提高，农村劳动力转移速度加快。天津市宝坻区以农村产权流转交易市场建设试点为契机，构建了"三位一体"的农村产权流转交易市场服务体系，市级平台的天津农村产权交易所坐落在宝坻区，承担信息发布、资格审查交易鉴证等服务；区级分市场依托农经管理部门，承担信息备案、信息报送、组织交易等服务；镇（街）工作站依托镇（街）农经管理部门，承担信息收集、信息核实、信息上报、交易实施和村级指导等服务。最终为农户提供土地承包经营权、农村集体资源性资产、农村经营性资产和农村建设项目招标四大类鉴证服务。2014年进场交易共14笔、7628.69亩、合同总金额6838.04万元；2015年进场交易增加到56笔、30924.28亩、合同总金额23101.82万元；2016年进场交易快速增加到118笔、30145.10亩、合同总金额23529.14万元。天津市宝坻区通过农村产权流转交易市场建设促进了农村资产保值增值。如方家庄镇碱厂村1818亩土地流转项目从900元/亩/年的底价起拍，最终以1000元/亩/年的价格成交，增值11%；尔王庄镇小董庄村541.6亩鱼塘发包项目从1030元/亩/年的底价起拍，最终以1410元/亩/年的价格成交，增值36.9%；宝坻区郝各庄镇14户村学校起拍价45万元（总价），经过竞买人多次出价最终以75.20万元（总价）成交，溢价率达67.11%。

（2）山东省枣庄市。

山东省枣庄市针对农村产权交易市场标准化建设、承包土地经营权抵押贷款、农村土地经营权流转交易、社会工商资本租赁农地准入及监督管理等出台了管理办法或方案，形成了基本的农村产权交易制度架构。确立了"交易申请、登记审核、信息公告、登记受让意向、审查受让资格、组织竞价、委托组织拍卖、组织交易签约、交易款项结算、出具交易鉴证"的农村产权交易运行机制。明确了三级产权交易机构的职能，市农村产权交易中心负责对全市农村产权交易进行业务指导、备案、出具交易鉴定证书、组织跨区（市）交易及市外交易、交易平台维护等；区（市）农村产权交易中心负责组织辖区内交易主体跨镇（街）的交易，审核交易的合法性以及报市级中心备案鉴证；镇（街）交易服务所负责收集、发布交易信息，组织实施辖区内各类农村产权交易。

山东省枣庄市的农村产权交易市场标准化建设，有助于保护农民的合法权益。农村产权流转交易市场建设对加强农村集体资产、资源交易管理，使交易过程实现了公开、公正、公平，为解决农村"三资"问题发挥了关键作用。改革有利于保护农民利益，增加农民财产性收入。有助于培育新型农业经营主体。从近一段时间交易平台的产权交易主体来看，作为新型农业经营主体的专业合作社和家庭农场是主要的产权转入方，分别占转入方的54.5%和28.1%，也就是说，新型农业经营主体在所有交易中，作为交易主体的占比达82.6%。从结果来看，交易平台的主要服务对象是新型农业经营主体。枣庄市的农村产权流转交易市场改革对新型农业经营主体的发展发挥了一定的促进作用。形成了"三权分置"的实现形式。在中央提出对承包地的所有权、承包权和经营权实行"三权分置"的大背景下，枣庄市的改革针对把分散在多个农户中部分地块的经营权剥离，并整合集中使用的土地流转，通过发放交易鉴证书的形式予以确认，起到了规范土地经营权流转交易的作用，有效实现了在坚持家庭联产承包责任制的前提下，规模经营土地的承包权和经营权的分置，并起到了保护农民财产权的作用。有助于规范村集体资产管理。2016年6月，枣庄市针对农村土地经营权、农村集体林权、农村小型农田水利设施使用权和农村集体经济组织股权等分别出台了对应的《交易规则》，要求属于村集体所有的资源的产权交易必须经由交易平台，按照规定的程序进行交易，这在很大程度上避免了集体资产处置的随意性，为保障农民和农村集体经济组织的财产权益提供了制度保障。有助于优化农村资源配置。枣庄市农村产权交易市场及交易制度的确立，对增加以土地经营权为主的产权交易起到了推动作用，盘活了各类农村资源。通过使用权流转，一方面，使农村资源向更有经营能力的主体集中；另一方面，农村劳动力得到释放，青壮年劳动力可以放心地外出务工，留守的老年人和女性劳动力可以在当地的专业合作社等农业经营主体务工，增加了农民的收入来源，并提高了收入水平。

（3）江苏省常州市武进区。

江苏省常州市武进区为规范农地流入方流转农业用地行为，引导土地承包经营权依法健康有序流转，武进区全面建立了农地流入方市场准入机制。一是划定准入界限。即农地流入方进入农业的具体政策界限。二是明确准入条件。规定对用地规模在50亩以上的农地流入方实行资质准入制度，同时明确农地流入方所应具备的条件。三是严格准入流程。在流转合同签订前，由发包方对农地流入方的农业经营能力、经济实力和流转用途等情况进行审查。经审查具备从事农业生产基本条件、生产经营能力和符合产业发展规划的，予以准入；审查未通过的，原则上不予以准入，并以书面形式告知申报人或单位。

土地流转规范显著提升。武进区积极开展农村土地承包经营权确权登记颁证工作，及时完善承包合同，健全登记簿，颁发权属证书，建立健全承包合同取得权利、登记记载权利、证书证明权利的土地承包经营权登记制度，规范流转行为，防范流转风险，减少土地流转矛盾纠纷。截止到 2017 年 4 月底，武进区 10.15 万户农民、29.71 万亩耕地，已完善合同 9.81 万份，占需确权农民的 96.62%，已打印权证 3.15 万本，占需确权农民的 32.08%。通过农村土地承包经营权流转管理改革，有效推动了农村土地管理制度改革创新，有力带动了分散农民的土地承包经营权向家庭农场、专业合作社、农业龙头企业等新型经营主体流转，发展壮大了新型农业经营主体，实现了适度规模经营。截止到 2016 年 12 月底，武进区共有新型农业经营主体 742 家，其中，农业产业化龙头企业 39 家，农民专业合作社 471 家，家庭农场 232 家，规模经营面积占耕地总面积的 52%，现代经营格局初步建立。农村土地承包经营权流转管理改革的开展，不仅使农民从土地中获得多项收益，也将更多剩余劳动力从土地中解放出来，转移到第二产业、第三产业，实现了一二三产业的融合发展，优化了农业经济结构，增加了农民收入。2016 年，武进区农民人均可支配收入由 2014 年的 21777 元提高到 25392 元，增长了 16.6%。

4. 管理制度改进型

（1）适度缩小村民自治基本单元带动集体经济发展。

随着农村产权制度改革的推进，农村资产产权逐渐明晰。然而，部分行政村管辖范围过大、人口过多，而农村集体"三资"主要集中在村民小组，所辖的自然村之间缺少共同利益联系。因而需要适度缩小村民自治基本单元，有效运用农村内部力量参与解决农村经济社会问题。这种模式的农村，通过建立村民理事会为村民参政、议政搭建起一个平台，改变了过去由村干部包揽村政村务的做法，推动更多的村民参与村务管理，加快了村集体经济社会的和谐发展。发展集体经济重心下沉到村民小组后，有效激发农村集体经济发展活力。如在村民小组一级建立健全经济合作社，负责管理和经营农村集体资产，把发展农村集体经济的重心从行政村下移到村民小组一级。通过发挥村民小组对集体资源资产拥有所有权、支配权的优势，调动村民发展集体经济的积极性，整合土地、资金、劳动力等资源要素，多渠道发展农村集体经济，发展规模经营，有效壮大了村民小组的集体经济实力，提高了居民组织的凝聚力和服务能力。

广东省清远市行政村管辖范围过大、人口过多，而农村集体土地、资产所有权集中在村民小组一级，所辖的自然村之间缺少共同利益联系，难以联合起来形成有机的自治体。村民直接参与自治难，村民委员会呈现出明显的行政化倾向，村民自治功能不能很好地落实。针对这种情况，清远市探索适度缩小自治单元，以自然村或村小组为基本单元设立村民委员会，在熟人社区、在相对较小的范围、在利益共同体内实行村民自治，实现产权和治权合一，使村民自治真正落地。

适度缩小村民自治基本单元后，农民自我发展积极性有效调动，农村经济发展活力明显提升。由于清远市农村土地等集体资产资源基本集中在村民小组一级，村民自治重心和发展集体经济重心下移，实现了产权与治权的融合，激发了党组织、理事会、经济组织成员带领群众增收致富、发展集体经济的积极性。在党支部、村委会、理事会等村级组织的发动和带领下，各地农村积极开展土地整合，解决承包土地细碎化问题，发展农业适度规模经营。共有 17846 个经济合作社签名同意开展土地整合，占总数的 91.2%，同意整合耕地 230.5 万亩；实际完成整合耕地 118.1 万亩，占第二轮土地承包的 53.8%。在整合土地的基础上，积极培育发展家庭农场、专业大户农民合作社等新型农业经营主体，全市共成立农民合作社 4276 家，发展家庭农场 1520 家，培育专业大户 6919 户，有力推动了农业规模化经营。一批有条件的乡村结合美丽乡村建设，大力发展休闲观光农业、乡村旅游业、民宿和农家乐，拓宽了村集体和农民增收渠道。涌现出了清城区铺背村英德市活石水村、清新区马岳村等一大批典型。如连州市龙坪镇九耀水村整合 200 亩土地，引进投资建设"连州薰衣草世界"项目，2016 年共接待游客约 3 万人次，门票和农家乐收入达 120 多万元。

（2）基础设施改革带动集体经济发展。

农业生产基础设施在集体经济发展过程中起重要作用。通过农业农村基础设施改革，明确农田水利设施产权和资产收益权的主体，解决工程管理主体不明的问题。江苏省淮安市洪泽区通过对原有水利管理机制进行完善，推动农业水价改革，实现促进节约用水，降低农民水费支出，保障灌排工程良性运行，保障周边农村的农业生产。

江苏省淮安市洪泽区，通过建立工程管护经费长效投入机制、实施财政资金购买服务方式、建立政府绩效考核为基本依据的奖惩机制，有效解决了小型水利工程运行效率低的问题。通过改革，明确了管护主体和责任，小型水利工程使用更加规范，减少了因无人看管和使用不当造成的损坏，提高了小型水利工程完好率，延长了小型水利工程使用寿命。

江苏省淮安市洪泽区通过改革，完成了产权确权。通过颁发产权证完成了确权和移交工作。洪泽区对农村水利设施采取"谁投资、谁所有"的原则落实工程设施产权，产权年限一般不超过 30 年。实践中，将骨干水利工程产权确定为国有，跨村水利工程设施产权确定给镇政府，村水利工程产权确定给村集体。洪泽区共颁发由区政府统一印制的产权证 133 本，绝大多数水利工程产权明确了归属。洪泽区通过改革，一是编制了水价改革方案，修改并细化了改革地区及水价改革涉及的不同类型。二是完成了水价测算，算出了水价成本。所得结果为自流区全成本水价为亩均 60 元，运行成本水价为亩均 30 元。提灌区全成本水价为亩均 80 元，运行成本水价为亩均 40 元。水价测算为下一步改革提供了制度设计的基准。三是确定了实施"精准补贴"模式的水价改革。具体而言，洪泽区首先确定自流区运行成本水价为本次区范围内的终端水价。水费收取则是先对用水户按照历年执行的基本水价，即每亩12元预收费，其名义是对提灌区预提运行电费和人员管护费用。结算则是在灌溉结束后，按照计量点供水量和运行成本水价核算亩均应缴水费，所产生的差价作为精准补贴补助给用水户，并开具农业水费结算凭证。

江苏省淮安市洪泽区通过基础设施改革提高了农田水利设施的利用效果和群众满意度。洪泽区在管理体制改革工作中，通过建立工程管护经费长效投入机制、实施财政资金购买服务方式、建立政府绩效考核为基本依据的奖惩机制，有效解决了小型水利工程运行效率低的问题。一是提升了工程的完好率。通过改革，明确了管护主体和责任，工程使用更加规范，减少了因无人看管和使用不当造成的损坏，提高了工程完好率，延长了工程使用寿命。二是提升了水资源利用率。通过明确"五位一体"管护员供水管理责任，保证了分区分时供水、轮灌供水有序开展，杜绝了农户掘堤、毁闸、偷水、抢水事件以及农渠、斗渠、毛渠等因管护不利跑水、漏水现象发生，提高了水资源利用率。三是提升了群众满意度。通过加强工程管护工作，农田灌排及时，水环境得到改善，群众满意度达98.52%。此外，洪泽区通过基础设施改革还减少了农田排灌费用、管护成本和管护矛盾。洪泽区在实现上述"三提升"的同时，还实现了"三降低"。一是降低了农田管排费用。通过科学管理，抬高工程水位，亩均节约打水费、柴油费等费用近23元。二是降低了工程管理成本。全区实行"五位一体"的管理机制之后，管护员从原来的4158人减少为2017年的742人，管理费用从原来的3823万元降低为2017年的1638万元。三是降低了管护矛盾的发生。由管理员统一管理、统一调度，减少了供水矛盾，而同一区域的河渠、道路、村居垃圾由同一管理人员管护，减少了诸如管路的把垃圾扫进沟渠，管沟渠的把垃圾倒在路上等互相干扰的矛盾，提高了管理效率。

（四）产权制度的效果

近年来，中央与地方各级政府实施了农村改革，部分地区针对集体资产产权改革，部分地区对农村管理体制机制进行了改革。农村也因地制宜，采取了资产租赁、为农服务、产权流转、合作组织带动、集体产权经营型等多种适合本地发展的模式，促进农村集体经济发展。

各地虽然采取了不同类型的带动模式，但农村集体经济发展得到了发展。其中，农村集体产权制度改革使农民的土地承包经营权、宅基地使用权以及集体收益分配权得到了保障。同时，股份合作制的实行又将农民的各种权利得以盘活，促使其通过市场化入股的方式参与到集体经济建设中，从而拓宽了农民的增收渠道。为农服务型的带动模式，通过农民土地集中流转，引导农民加入农地股份合作社，实行土地保底收益分配制度，入社农民每年可获得土地入股保底收益，确保了社员农民有稳定的经济收入来源。而以土地入股合作经营的方式，当产业经营效益良好，可使农民获得持续收益，避免农地转出方收益短期化的发展困境，有利于农民的持续增收。通过产权制度改革，农村集体经济优化了资源的整合。通过实施土地整治、交易平台交易，有效盘活集聚了建设用地资源，促进了第一产业与二三产业的融合。此外，通过土地整治复垦，耕地数量得到扩充，耕地散布向集中连片转变，加速了规模经营的形成。

此外，退出机制的管理模式，有效保障了农民土地权益，落实了农民的自主权、盘活了农民财产权、保留了集体经济组织成员权。退出换现金让农民能够带着土地收益进城落户，实现了土地资源变资产；退出换股份让农民在享有土地租金收益的基础上，还可以分享土地增值收益的二次分红，实现了土地资源变资本；退出换保障让失去劳动能力的低收入人口参加养老保险，实现了土地资源变养老保障，而对退出承包权的农户，保留宅基地使用权、集体收益分配权等集体经济组织成员权利，使退地农民的合法权益得到有效保障。此外，产权流转带动型发展模式，解决了村民在劳动力转移时耕地转出的需求，也解决了新型农业经营主体开展规模经营的要求。

四、农村集体经济发展的问题与政策建议

我国农村集体经济的发展，在农村改革之后一度处于低水平徘徊状态，而在 21 世纪的改革中逐渐呈恢复态势。但从根本上看，农村集体经济要进一步发展，在当前需要重点解决存在的一些问题。

（一）农村集体经济发展存在的问题

1. 集体经济主体缺位

农村集体经济是劳动群众集体所有制的最重要组成部分。全民所有制的代表是国家，根据《中华人民共和国企业国有资产法》，各级政府组建相应级别的国有资产监督管理委员会（局）负责本级国有资产的监督和管理工作，并委派法人代表和经营团队进行管理和经营，使之保值增值。但农村集体经济并不具备法人主体资格，改革前政社不分，由人民公社、生产大队、生产小队分别负责本级范围内资产的管理，改革后则基本处于无主体状态，乡镇一级的资产（包括部分仍然属于乡镇所有的土地）由乡镇政府代管，只有少数地区成立了农工商联合公司或类似名称的经营管理机构。村、组两级基本上由村委会、村民小组代管。截至 2009 年底，全国农经统计调查的近 62 万个行政村中，只有 25 万个行政村建立了村级集体经济组织，占全部行政村的 40.5%。按照 2010 年中央一号文件的要求，"力争用 3 年时间把农村集体土地所有权证确认到每个具有所有权的农民集体经济组织"。按照这个部署，到 2012 年底，全国范围内农村土地的所有权已经基本落实到乡镇、村、组三级。由于缺乏相应的管理组织，大部分处于"名不正，言不顺"状态。当然，即使成立了相应的集体经济组织，也没有法人主体资格，在对资产的管理上仍然没有法律效力，并且不能取得合法营业资格和组织机构代码，严重影响了集体经济的正常运营。

2. 农村集体经济组织的成员权不清晰

农村集体经济组织成员权不清晰，在法律上说不清楚，是影响农村集体经济发

展的又一重大问题。中国人民大学课题组调查了北京市海淀区 10 余个已经改制或者正在改制的农村集体经济组织，发现每个组织对成员资格的界定都不一样。区农委也只能是模糊地界定一个范围供各地参考。在这种情况下，一旦出现纠纷，就有可能出现法律争议等问题。农村集体经济组织的成员权是指农民基于其成员身份，针对农民集体就集体财产和集体事务管理等方面的事项所享有的复合性权利，是以集体成员资格为基础进行界定的。问题在于，这个"资格"究竟是什么？指的是出生地还是贡献？不同时期出生的成员资格是否相同？如果这些问题弄不清楚，就有可能损害一部分集体组织成员的权益，甚至出现内部控制问题，阻碍农村基层民主政治的发展。

3. 法人治理结构不完善

2007 年，农业部《关于稳步推进农村集体经济组织产权制度改革试点的指导意见》下发后，各地开始加快推进以股份合作为主要形式，以清产核资、资产量化、股权设置、股权界定、股权管理为主要内容的农村集体产权制度改革。据不完全统计，截至 2015 年底，全国已有 5.8 万个村和 4.7 万个村民小组完成股份合作制改革，村组两级共量化集体资产 7417.5 亿元，累计股金分红 2591.6 亿元，其中 2015 年股金分红 411.1 亿元。完成产权制度改革的集体经济组织大都要成立一个机构，如江苏省叫农村社区股份合作社，北京市海淀区叫股份经济合作社，也有叫其他名称的。这些组织的共同特点是，主要负责人基本由村书记或者村主任担任，或者直接由村"两委"班子兼任。据统计，北京市村党支部书记兼任董事长的占 93.8%。新型农村集体经济发展壮大需要在股份合作基础上实现"政企分开"与"政经分离"，建立较为完善的现代企业制度和法人治理结构。但是，目前已完成产权制度改革的农村集体经济组织，在形式上普遍按照现代企业制度设立了股东代表大会、董事会和监事会，有的还设立了集体资产监督管理委员会。但从实际运作来看，集体经济组织在人事安排、项目运作上仍然受到行政力量的干预，因人设岗、交叉任职现象严重。有的股份合作社更像一个巨型的家族企业，民主决策、民主管理和民主监督问题突出。由于长期以来村级组织的运转经费主要依靠农村集体经济来保障，一些村改制后，并未真正实现村委会经费和集体经济组织经费分账管理、分账使用。当前已改制地区普遍反映，改制后村党支部、农村集体经济组织与村民自治组织职能交叉未能做到各司其职、各负其责。村党支部书记兼任集体经济组织负责人固然可以加强党对农村集体经济组织的领导，便于协调各组织之间的关系，但也会带来干部权责不清、决策不民主、资产管理不透明等问题，有的村甚至集体资产控制权集中在村干部等少数人手中，致使集体资产面临流失的危险。从市场角度来看，专业人才不足成为制约股份合作社发展的重要因素。一方面，原有的村社干部缺乏资本运营、管理分配与市场拓展等专业性知识，加大了集体资产运营管理上的风险；另一方面，新型集体经济组织也缺乏引进人才、留住人才的机制，造成能力强的职业经理人很难留在集体经济组织发挥作用。

4. 农村集体经济缺乏长效发展机制

一些发达地区农村集体产权制度改革虽然已经基本完成，但是改革后的新型农村集体经济在一定程度上受到规划、土地等方面的制约，新项目难以引进、老项目难以维持，在可持续发展方面面临着巨大的挑战。从全国来看，集体经济薄弱村占大多数，基本上以租赁物业为主，缺乏优良的经营性资产，没有形成稳定的收入来源。有的村集体经济组织采取了分家底的方式进行改制，兑现比例过高，而大规模兑现导致集体资产大幅减少，影响了改制后新型农村集体经济组织的持续经营。如北京市奥运村乡从乡级集体净资产 20.5 亿元中兑现了 19.1 亿元，大屯乡从净资产 7.65 亿元中兑现了 6.3 亿元。即便是对于一些经济实力较强的村集体来说，分红压力普遍较大，制约了集体经济的发展后劲。同时，由于缺少相关政策扶持和专业经营人才的支撑，新型农村集体经济组织还存在盲目投资的现象。

（二）农村集体经济发展的政策建议

1. 加快集体经济法律建设

由于农村集体经济组织具有特殊性，有关部门应抓紧开展村级集体经济组织的立法调研，明确其有限参与市场竞争的特殊法人地位，重点是明确集体经济组织的设立、权利、运行方式，保障其依法公平参与市场竞争，并为其设计一套特殊的法律保护制度与政策支持体系。

如江苏省为了解决法律缺位的问题，要求各地成立村级社区股份合作社，将村级集体所有的经营性资产以股权的形式量化给每个村级集体组织成员，并遵循股份合作制的原则，形成一个民主管理、民主决策、独立核算、自主经营、风险共担的新型合作经济组织。规定一个行政村只能设立一个农村社区股份合作社，如该行政村下设的村民小组有独立的集体经营性资产，可单独设立农村社区股份合作社。农村社区股份合作社经县（市、区）工商行政管理局依法登记，领取农民专业合作社法人营业执照，取得法人资格。设立农村社区股份合作社时，行政村的村民为合作社当然的设立人；居住在该行政村辖区内的其他人员，经该行政村村民会议 2/3 以上村民或者 2/3 以上村民代表同意，也可以成为合作社的设立人。江苏省的做法很有推广价值。但是，社区股份合作社毕竟是和农民专业合作社不一样的组织，硬把专业合作社的"壳"套在社区股份合作社上面，难免出现漏洞，甚至捉襟见肘。北京市海淀区农村集体经济组织产权制度改革后，按文件要求成立农村社区股份经济合作社，并要求在农业部门登记注册，但其根本不具有法人资格。

2. 进一步推动农村集体产权制度改革

集体产权改革是发展农村集体经济的重要条件，理清成员资格、资产股份量化范围、股权管理原则，促进农村集体经济的健康发展。

（1）成员资格认定。

集体资产是特定历史条件下形成的，集体资产成员资格认定，应按照尊重历史、照顾现实、程序规范、群众认可原则，统一明确集体经济组织成员身份界定办法，编制成员名册备案。成员在资格认定过程中应避免群众矛盾，依据户籍关系、土地承包关系和集体经济组织利益关系等因素，对成员的条件做出基本限定。认定中按照发布公告、摸底登记、方案制定、审核公示、上报备案等程序严格操作，做到程序规范、群众认可。充分尊重农民意愿，坚持程序合法、公开，由农村集体经济组织成员充分协商、民主决定，建立成员登记备案制度，编制成员名册，建立成员档案，切实保障农村集体经济组织成员的合法权益。

（2）健全农村集体经济组织运行机制。

理顺集体经济组织与其他村级组织的职责关系，从成员权利、组织功能、干部管理、账目资产、议事决策等方面推进"政经分离"改革。充分利用信息化的管理手段和民主化的监督方式，加强"三资"监管力度，推进集体所有制企业领导人员去行政化改革，尤其是解决干部之间交叉任职的问题，增加市场选聘人才比例，增强农村集体经济组织发展活力。

（3）实行股权固化管理，即"生不增，死不减"。

将经营性资产净额按照集体经济组织成员数全部折股量化到人，只设置"个人股"。避免集体经济发展中"集体股"后期分配不均、不公的问题。对于个别村可以采用相对固化管理模式，在过渡期实行"生增死减"的动态化管理，过渡期内可进行微调，后期仅对生死、婚迁、身份变化等人群进行微调，待条件成熟后逐步转变为实行股权长久固化，实行"生不增，死不减"的静态化管理模式。

3. 明晰集体资产职能

集体经济发展壮大后面临资产管理的问题，一些市场化程度高、资产量大、所属企业层级多的集体经济组织因体量过大而导致集体经济发展缓慢。集体资产由于其具有特殊属性，决定了其既不能照搬发达国家的资产管理模式，也不能模仿国有资本的管理方式。在农村集体经济发展中，应统筹考虑集体资产的经济目标、集体属性和社会使命，建立既符合市场经济规律，又能服务于区域战略布局的以管资本为主。通过集体资产管理职能的横向"三分开"与集体资产所有权权能的纵向"三分置"，在不同维度确保集体资产所有权、社会属性与战略目标达成。

（1）集体资产管理职能的横向"三分开"。

集体资产所有权的管理主要包括宏观管理、资本运营和监督评价三种职能。宏观管理着重从国家战略和区域发展高度对集体资产进行宏观规划、调节和管理。资本运营主要通过具体投资管理、资本运作等方式来实现资产保值增值、股东福利实现等战略目标。监督评价主要通过对集体资产所有权管理过程及结果的监督评价来确保集体资产战略目标的实现。可见，三种职能既相互独立又紧密联系，共同构成一个完整的管理体系。集体资产管理职能的横向"三分开"主要是指宏观管理、资本运营和监督评价三种职能不能相互交叉，宏观管理不能直接干预资本运营，资本运营必须要与监督评价互相分离，宏观管理与监督评价要相互独立。

（2）集体资产所有权权能的纵向"三分置"。

所有权权能纵向"三分置"是指集体资产所有权通过资本所有权、出资人产权和企业经营权三种不同形式存在。三种权能相互分离，明确权责界限。资本所有权是集体资产投资运营的前提和基础，其终极所有权人为集体，集体经济组织或村经济合作社代表集体行使所有权。出资人产权是出资人代表集体完成集体资产各项使命和目标的权利，主要体现为对集体资产的投资运营权，一般由股份社行使。企业经营权则是资本所有权和出资人产权得以实现的重要保障。企业经营权一般由社办企业行使。资本所有权、出资人产权和企业经营权是集体资产所有权衍生出的三项权能，三者紧密联系、相互依存共同构成一个完整的产权体系。资本所有权不能直接干预出资人产权的行使，而出资人产权要维护企业经营权。同样，资本所有权更不能越过出资人直接干预企业经营权的行使。

4. 发展多种农村集体经济发展模式

农村中的生产、供销、信用、消费等各种形式的合作经济，是社会主义劳动群众集体所有制经济。发展壮大农村集体经济，应该包括多种实现形式的发展模式。发展集体经济可以是全体集体成员得到集体经济，也可以是以部分集体成员为主的集体经济。即包括全体集体成员的、部分集体成员的、集体与外部成员合作的形式。集体经济的发展，还应实现形式多样化、发展途径开放化、经营方式多元化以及经营范围覆盖一二三产业的发展模式。此外，在遵循集体经济开放式发展的情况下，还应遵循集体经济中的财产所有权集体成员所有、成员份额清晰的原则。

探索多类型实现形式。一是土地股份合作制。通过采取"确权确股不确地"的形式，将集体土地平均量化到户，由集体将全部土地或部分土地流转出去，成员按照股份获得相应的收益。二是资产股份合作制。在集体经济资产清算后，将股权量化到成员，集体资产由集体经济组织统一经营，成员按照股份获得经营收益。三是资产混合所有制。采用集体经济组织与其他经济组织合作的方式，解决农村集体经济体量有限的问题，通过与不同区域的组织合作发展农村集体经济。将自身生产管理与企业先进资源有机结合，实现资源要素的优化配置，促进农业产业的提档升级。

探索多种形式的农村集体发展路径。一是整合资源，发展固定租赁收入业务。鼓励农村集体将其拥有的资源、资产交由其他主体承包经营，从而收取固定租金。鼓励农村集体发展其利用集体非农业建设用地、村级留用地以及村庄整治、集中居住点建设、宅基地整理复垦节余土地，建设商铺、厂房等，收取租赁及物业费。二是资源开发，发展产业。鼓励集体经济组织以土地为载体，吸引外部主体或金融资本通过合资或入股的方式发展产业增加股份分红。三是基于禀赋，开发本地产业。鼓励集体经济组织基于自身资源禀赋优势，通过发展产业实现集体资产的增值保值。

第三十七章　发达地区如何发展壮大农村集体经济

——以浙江省海盐县为例[①]

浙江省海盐县位于浙北杭嘉湖平原东部，处于上海、杭州、苏州、宁波四大城市的区位中心，县域总面积 1072.63 平方千米，其中陆地面积 584.96 平方千米，户籍人口 37.67 万，辖 9 个镇（街道）。2016 年，海盐县常住人口 44.42 万，国民生产总值为 407 亿元，城镇居民人均可支配收入 50216 元，农村居民人均可支配收入 29606 元，城乡收入比为 1.69∶1，远高于全国平均水平。随着经济水平的快速发展，目前海盐县已探索出了一条在经济发展水平较高地区值得借鉴的，以就地城镇化为依托的发展壮大农村集体经济的"海盐样本"。

一、海盐县发展壮大农村集体经济的背景

（一）海盐县农村集体经济的发展现状

当前，海盐县已进入到推进城乡融合发展的新阶段，随着农村集体产权股份合作制改革的推进，传统的一些问题得到了有效解决。然而，随着经济的快速发展，现有村级集体组织的各类产权关系复杂性日益显现，一些新情况、新问题不断涌现，亟待破解。例如，一是村经济合作社治理结构不完善，导致集体经济组织成员权保障不够充分。二是村经济合作社经营制度创新不够，对落实到户的股权在"赋权""活权"上不够有力。三是农村集体产权流转机制不畅，仅局限于村集体经济的股份收益权在村内部的自行流转。四是村级集体经济还比较薄弱，每年定期按股分红的村股份合作社少，分配金额少，农民持续增收面临"瓶颈"，农民财产权的活力亟待激发。

（二）海盐县农村集体经济的发展机遇

海盐县依托"确权、赋能、同待遇"三件事，不断激发农村发展活力，推进了以人为核心的就地城镇化。紧紧围绕健全城乡发展一体化体制机制，赋予农民更多的财产权利，深化农村集体产权股份合作制改革，实现三个优化：优化村级集体经济的治理结构，使集体经济股权成为可转让、可继承的财产权益，保障集体经济组织的成员权；优化集体经济组织资产的市场化配置，促进市场化流转、交易，提高利用效率，促进集体资产保值增值；优化村级集体经济在社会主义市场经济条件下

---

① 执笔人：张琛。

的有效实现形式和发展模式，促进集体经济组织社员的分工、分业、分化。

从理顺村经济合作社内部产权关系、建立新型股份合作制运营模式、建立健全产权流转交易机制、发展壮大村级集体经济和建立农民持续增收机制五个方面进行改革，实现了海盐县农村集体经济的快速发展。

二、海盐县发展壮大村集体经济的典型逻辑

海盐县农村集体产权制度改革的目标是探索出一条"资本经营、股份合作、风险共担、收益共享"的发展壮大村级集体经济的道路，具体逻辑是先确权、后赋权、再活权。每个村庄在清产核资的基础上，再结合实际明确股权设置，增设"原始农户股""集体劳动补偿股""土地补偿股"等，采用按人口折股量化到人、明晰到户的方式予以股权量化。每个村庄设立村经济股份合作社，优化村经济股份合作社的治理模式，负责农村集体资产的运营。海盐县为了实现保障集体经济组织成员权，出台了《海盐县农村集体资产股权交易管理办法（试行）》，明确股东对量化到人的股权享有收益分配权，赋予股权继承、赠与、转让和质押、担保的权能，实现了多权能的目标。建立农村集体资产产权可在县域范围内跨集体经济组织交易，建立"县—镇—村"三级农村产权交易平台，实现农村集体产权交易的区域全覆盖。按照"先确权、后赋权、再活权"的方式，实现农村集体资产的保值增值。通过农村集体产权股份合作制改革，村民股东掌握了集体经济家底，资产运营自主意识得到增强，有力地促进了土地全域整治和复垦，盘活了农村各类资源要素，走出了村集体经济发展的新路。依托资源整合，尤其是土地整治、土地规模流转的方式实现土地资源整合；借助多元合作，抱团发展实现村集体经济的增收；发展美丽乡村，为壮大村集体经济开辟了新路径。此外，政府监督管理机制的完善也是壮大村集体经济的关键因素。海盐县壮大村集体经济的具体做法如图37-1所示。

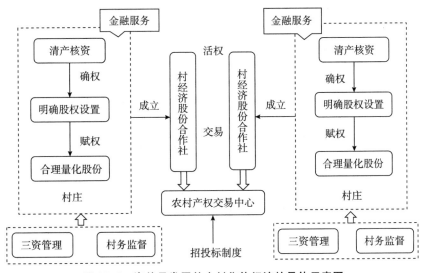

图37-1　海盐县发展壮大村集体经济的具体示意图

三、海盐县发展壮大农村集体经济的具体做法

海盐县成立了"深化农村集体产权股份合作制改革工作领导小组",召开动员大会,围绕保障和维护村集体经济组织成员对集体经营性资产的收益分配权、优化村集体经济组织治理结构、规范村集体经济管理等,全面部署农村集体产权制度改革,旨在壮大农村集体经济。

（一）明晰资产股权

根据详细的调查摸底情况,海盐县因地制宜、因村施策,将农民社会身份和经济身份分离,将集体经营性资产折股量化确权到人,并实行按人表决、按股分配的"股份合作制",有效提高了农民管理集体资产的主动性,加速了人员的流动。主要分三步:

一是实施清产核资。海盐县出台集体资产产权制度改革操作规章制度,由各镇（街道）统一资产清查基准日和人口排摸截止年限,依据排查摸底的结果由各村制定改革实施方案草案,确定资产量化范围、总额、对象以及成员界定办法,并按照海盐县统一的表式逐项盘点查实。除公益性资产和资源性资产外,最终将集体经营性净资产列入股份量化范围。

二是明确股权设置。在明确不设集体股的基础上,各村结合实际设置股权。一般以人口股为主,再结合实际增设"原始农户股""集体劳动补偿股""土地补偿股"等。同时,明确股权可以继承,允许在内部转让,但不得退股提现,实行"生不增,死不减"的静态管理。

三是合理量化股份。资产量化按照区别对待、灵活设置原则,主要采用按人口折股量化到人、明晰到户,建立股东股权台账。对法律、法规明确规定的享受对象不进行表决直接给予享受。对已死亡但未及时办理户口注销、机关和企事业单位离退休人员等5种对象明确不予享受。对于其他特殊成员的量化比例由各村经民主讨论,自主决定。

（二）优化治理结构

按照"社员相对稳定、股东允许流动、政经有效分开、议行合理分设"的原则,进一步建立完善村股份经济合作社的组织架构,优化村集体经济组织内部运作治理机制。

一是建立村股份经济合作社。召开股东（代表）大会,讨论通过章程和管理制度,建立股东（代表）大会、董事会、监事会三个机构。董事会是常设执行机构和日常工作机构。监事会是常设监督机构。

二是健全治理机制。健全股东（代表）大会制度,明确股东代表每届任期3年,股东（代表）大会每年至少召开2次会议。监事会成员与董事会成员不得交叉兼职。董事会以集体资产保值增值为目标,对本集体经济组织进行经营管理。

三是明晰股份经济合作社与村民（代表）会议的关系。继续坚持和完善村民

（代表）会议制度，负责本村的公共事务和公益事业，注重于农村基层社会管理服务。村股份经济合作社注重于转向资产运营，走"资本经营、股份合作、风险共担、收益共享"的发展壮大村级集体经济的道路。

（三）推进股权赋能

海盐县坚持围绕保障集体经济组织成员权这个核心，进一步理顺村股份经济合作社的产权关系和权能界限。海盐县出台了《海盐县农村集体资产股权交易管理办法（试行）》，明确股东对量化到人的股权享有收益分配权，赋予股权继承、赠与、转让和质押、担保的权能，实现了多权能的目标。农村集体资产产权可在县域范围内跨集体经济组织交易，在县、镇（街道）农村土地流转和产权交易服务中心进行。股权转让可以采用拍卖、招标、公开协商和国家法律、法规规定的其他方式进行；股权质押担保应取得股权所属股份经济合作社同意；股权继承应到股权所属股份经济合作社办理继承手续。通过进一步明晰股权权能，为促进集体经济组织发展转型，实现集体经济保值增值，为农民财产性收入同步增长创造了条件。

（四）完善监管机制

监管机制的完善是保障农村集体产权制度改革得以顺利完成的重要举措。为此，海盐县完善以下三项管理制度：

一是完善"三资"管理制度。出台了《海盐县村级集体财务"双代理"工作规则》，全面推进村级财务"双代理"管理机制，即村集体的会计、出纳工作委托给镇（街道）农村"三资"代理服务中心代理，进一步统一操作规程。严格"三年一轮审"制度，开展村级财务收支审计巡察。

二是完善招投标制度。出台了《关于进一步规范农村集体资产产权交易管理的实施意见》，凡涉及村（社区）集体经济组织所有的集体资产产权交易，原则上采取拍卖、招投标、竞价等方式公开交易。严禁为其他单位和个人提供经济担保，每年对资产进行清产核资。

三是完善村务监督制度。在全面建立村务监督委员会的基础上，下设村务公开监督小组、财务监督小组等，对村各项财务收支、集体土地征用征收、工程项目招投标等村务公开内容和村民代表会议决议执行情况进行监督。

（五）建立健全产权流转交易机制

为进一步激活农村资产，围绕"确权、赋权、活权、保权"四个重要环节，建立健全农村产权交易平台，促进了农村生产力要素的自由流动和优化配置。

一方面，优化提升交易平台。一是丰富交易品种。2009年，海盐县在全省率先建立了农村土地流转和产权交易服务中心。成立之初，产权交易中心主要以农村土地流转交易为主，随着改革的深入，交易品种不断丰富，目前有六大农村产权交易品种，主要包括：农村土地承包经营权流转、村集体资产（资源）经营权租赁、村集体资产所有权转让、农村土地整治增减挂钩节余指标交易、农村宅基地有偿选位权交易、村（社区）股份经济合作社个人股股权交易。二是加强三级平台网络建设。

成立之初，交易平台在海盐县各镇（街道）建立了分中心，各村（社区）成立了服务站，形成了县、镇、村三级农村产权交易平台全覆盖。2015年，针对农村产权交易挂牌信息单点发布的情况，建成了"海盐县农村产权交易挂牌信息联网发布系统"，实现了县、镇、村三级联网时时更新发布，通过信息化手段实现了产权交易的公开、公平和信息共享。三是进一步规范交易行为。先后出台了《建立健全农村土地承包经营权流转机制的意见》《进一步规范农村集体资产产权交易管理的实施意见》《海盐县农村集体资产股权交易管理办法（试行）的通知》等政策文件，规范和促进农村产权流转交易。截至2017年底，农村产权交易累计成交1422宗，累计交易金额30991.13万元。通过农村产权交易平台公开交易，村级集体资产实现了保值增值。

另一方面，推进农村金融创新。依托金融产品创新，进一步发挥金融资本在赋权、活权中的积极作用，切实提高农民的财产性收入。一是实现三权金融产品全覆盖。先后推出了农村承包地经营权抵押贷款、农村住宅抵押贷款、村级集体资产股权质押贷款等金融产品（如海盐农商银行开发的"农钻通""农宅通""农股通"产品）。不断推动农村产权的抵押融资，实现了农民"三权"金融产品的全覆盖。2017年底，农村承包土地的经营权抵押贷款余额3.13亿元，农村住宅抵押贷款186笔，累计放贷4880万元。村级集体资产股权质押贷款授信12户，金额75万元。二是建立三权风险补偿基金。为完善金融风险补偿机制，探索并建立了3000万元的"深化农村综合改革风险补偿基金"（简称"三权"基金）。该基金的设立，给银行吃了"定心丸"。三是深化农地经营权抵押贷款探索。形成了"确权先行、权能均享、标准引领、风险分担"的"海盐模式"。2017年底，海盐县对农村产权类涉农贷款累计发放达10.9亿元。

（六）促进集体经济保值增值

通过农村集体产权股份合作制改革，村民股东掌握了集体经济家底，资产运营自主意识得到增强，有力地促进了土地全域整治和复垦，盘活农村各类资源要素，走出村集体经济发展的新路。

第一，优化资源整合。一是推进土地整治。通过实施土地整治，县增减挂钩指标交易平台流转交易，有效盘活集聚了建设用地资源，促进了第一产业与第二产业、第三产业的融合。截至2017年底，共批准农村土地综合整治项目83个，整治建设用地14389亩。二是推动土地规模流转。通过土地整治复垦，耕地数量得到扩充，耕地散布向集中连片转变，加速了规模经营的形成。如百步镇得胜村通过土地整治，形成了近4000亩的连片农田，为现代农业发展提供了有利基础，引来工商资本的投入。三是促进人口集聚。出台政策引导农村人口向新市镇社区和新农村社区有序集聚，近几年共安排农民建房用地2698亩，累计搬迁农房10680户。

第二，深化多元合作。一是推行"强村联合体"模式。建立强村与弱村结对、企业与弱村结对、机关事业单位与弱村结对、弱村抱团发展等联合发展模式。海盐县共确定开发项目 10 个，涉及 41 个村，总投资 2.3 亿元。每年可为海盐县村集体经济增收 1590 万元，村均增收近 40 万元。二是开展"飞地造血"工程。2017 年海盐县首个县级跨镇的抱团项目启动实施，经济薄弱或地理位置偏远的村，以闲置集体建设用地指标折价参股抱团，解决了薄弱村项目启动建设出资或融资难问题。通过"飞地造血"，突破了集体经济实力较弱村的发展"瓶颈"，实现项目建成后的即期收益，可实现 10% 保底分红。三是参与市场竞争。结合临港产业发展，积极鼓励和支持村级集体资产以入股、合作、租赁等形式充分参与市场竞争，在政策上给予一定的奖励。

第三，发展美丽乡村。根据各村地域、产业、经济发展程度的不同，引导各村走资产经营型、休闲旅游型、股份合作型等多种形式发展新路子。一是融合发展乡村旅游业。充分利用绿水青山的环境优势，大力发展乡村旅游，精心打造了"湖光山色·五味线""丰山溢水·乡愁线""田野牧歌·农耕线""杉色染醉·水乡线"四条美丽乡村精品线，规划美丽乡村基础版 56 个，升级版 6 个。二是积极发展影视民宿产业。依托澉浦镇打造影视小镇，利用独特的自然风貌，探索发展特色民宿，推进紫金山村、文溪坞两个民宿群建设配套服务设施，发动村民改建民宿、组织村民为剧组提供劳务，在增加了村民收入的同时，也壮大了集体经济。

第四，加强政策扶持。一是创新工作机制。选调基层工作经验丰富的科局级以上领导干部，兼任村"第一书记"，做好提升村级集体经济的扶持和服务工作。目前海盐县村（社区）"第一书记"已实现了全覆盖。二是加大扶持力度。县财政对参与县级抱团项目建设的村集体给予补助，重点扶持村补助 100 万元，一般扶持村补助 40 万元。深化农村综合改革示范县项目，自 2012 年以来累计总投资近 1.5 亿元。三是减轻经济负担。在鼓励村级集体经济发展的同时，县财政每年给予重点扶持村 3 万元的运转经费补助，镇（街道）财政按 1∶1 配套，并对重点扶持村的创收项目给予用地政策扶持。

（七）持续推动农民增收致富

始终围绕农民钱袋子鼓起来的目标，千方百计开拓增收新途径、新渠道，农民收入得到持续增加，是农村集体产权制度改革的出发点和落脚点。

一是加快现代农业"接二连三"。推动土地适度规模经营，2017 年新增土地流转面积 1.26 万亩，累计流转 21.46 万亩，土地流转率达 67%。积极培育现代农业生产经营主体，海盐县共催生了 942 个规模农业经营主体，总量约占嘉兴市 1/4。其中县级以上农业龙头企业 54 家（国家级 1 家，省级 4 家）；农民专业合作社 291 家；发展家庭农场 597 家。推进农业生产工厂化和农业就业职业化，2017 年家庭农场的经营服务总收入 4297 万元，家庭农场人均收入为海盐县农民人均收入的 3 倍。大力发展现代精品农业，形成了葡萄、蔬菜、生猪、湖羊等一批主导产业。构建了"基地+合作社+农场（户）+龙头企业"的联合经营模式，通过"保底收益+按股分红"，密切了龙头企业与农民之间的利益联结，打造了"青莲样本""万好模式"，带动了周边 20000 多亩的农业生产经营。同时，借助美丽乡村建设，大力发展农家乐经营，2017 年海盐县农家乐经营收入 44018 万元，连续多年保持了 10% 以上的增长势头，有力推动了农民经营性收入持续增长。

二是增强农民就业能力。加强人力社保基层经办服务平台建设，建立起集人才工作、劳动就业、社会保障、劳动关系等服务于一体的镇（街道）、村（社区）两级人力社保所，为海盐县 9 个镇（街道）104 个村（社区）配备 180 名专兼职人力社保协管员。加强城乡失业人员再就业培训、农村劳动力转移就业培训、企业在岗职工技能提升培训，着力提高农民就业能力和岗位技能，助推农民从低层次就业向高层次就业转化。2017 年培育 1000 名农村实用技术人才和 300 名新型职业农民。在全市率先组建并最早实现了农村劳务合作社的全覆盖，已有社员 16290 人，开展劳务合作 1.94 万人次，实现劳务收入 5177 万元，个人最高月收入可达 3000 元。为海盐县劳务合作社社员统一参加团体人身意外伤害保险，由县财政补贴每人每年 95 元保费。

三是推进基本公共服务均等化。在农村交通、医疗保障、基础教育等方面加速城乡融合。推行城乡公交一票制，实现村村通公交；巩固分级诊疗制度，实现城乡"15 分钟卫生服务圈"全覆盖；实行城乡学校硬软件资源配置统一，降低农民在出行、医疗、教育等方面的成本。提升农民社会保障水平，建立县域统一并与职工基本养老保险无缝接轨的征地养老保险办法，被征地农民基本生活保障实现应保尽保，城乡职工基本养老保险实现全员参保，城乡居民社会养老保险实现全覆盖。职工基本医疗保险和城乡居民基本医疗保险实现了管理机构整合，建立了城乡一体化的基本医疗保障管理服务体系。城乡居民合作医疗参保率逐年提高，企业职工基本医疗保险参保登记实现本地户籍全覆盖，城乡居民基本医疗保险参保率达 99.58%。

四、海盐县发展壮大农村集体经济的经验成效与主要创新点

（一）经验总结

如何发展壮大农村集体经济，海盐县成功的经验有哪些呢？

一是党政一把手抓改革是核心。海盐县成立了以县委书记、县长为组长的海盐县深化农村集体产权股份合作制改革工作领导小组。领导小组负责对政策和制度建设等进行决策。党政领导班子一把手抓改革，确保了海盐县农村集体产权股份合作制改革顺利开展、稳步推进。组织领导体系建设是改革的核心。各相关村成立了农村集体产权股份合作制改革工作组，为深化农村集体产权股份合作制改革提供了组织保障。

二是制度建设是保障。海盐县县委县政府多次召开领导小组会议，结合地方实际情况，构建了"1+X"的制度体系。在《浙江省海盐县深化农村集体产权股份合作制改革试验方案》的基础上，结合《海盐县人民政府办公室关于进一步规范农村集体资产产权交易管理的实施意见》《海盐县农村集体资产股权交易管理办法（试

行）的通知》《海盐县村（社区）股份经济合作社深化改革若干注册登记暂行办法》《关于印发进一步推进村级集体经济发展壮大的意见的通知》《海盐县人民政府办公室关于开展集体土地范围内农村房屋登记工作的指导意见》《海盐县人民政府办公室关于印发海盐县集体土地范围内房屋登记实施细则试行通知》《海盐县集体土地范围内房屋登记工作实施方案》《关于印发海盐县"农股通"村（社区）股份经济合作社股权质押贷款管理办法（试行）的通知》《深化农村综合改革推进就地城镇化工作实施方案》一系列文件和规章制度，明确了农村集体产权股份合作制改革试点所涉及主体的任务、目标，为实现最终的改革目标奠定了制度基础。

三是考核机制是约束。海盐县制定具体的考核指标体系，实施年中与年终考核，并将考核结果作为对各级党政领导干部政绩考核的重要内容。建立日常督查机制，确保工作任务顺利完成。

（二）取得成效

一是股权设置得到了明晰。海盐县通过清产核资，理清了村级债权债务，摸清了集体的家底；通过资产量化，股份到人，从制度上改变了以往村集体资产处于"人人有份、人人无份"的虚无状态，确立了股东在村集体资产中的份额和收入预期。2015 年底，海盐县所辖的 104 个行政村（社区）100% 完成了股份制改造。股份合作制改革红利释放，截至 2017 年海盐县已累计分红 2948.67 万元。

二是村集体经济收入得到了增加。2017 年底，海盐县 104 个股份经济合作社拥有集体资产总额 15.06 亿元，其中经营性净资产总额 5.07 亿元，较 2014 年增长 15.8%，量化资产 4.84 亿元，村均 461 万元，拥有股东 301841 人。2014 年海盐县经常性收入 50 万元以下的村占 38%，至 2017 年 100% 实现 50 万元以上转化，100 万元以上的有 43 个村（社区），最高的村可达 453.93 万元。

三是城乡一体化进程得到了加快。海盐县民营经济发展迅速，2017 年海盐县三次产业比重为 4.4∶58.6∶37.0，二三产业从业人员比重达 84%。但是在转移就业的同时，村集体经济的份额、承包地、农房等这些产权牢牢地束缚住了农民。海盐以农村产权制度改革为突破口，摆脱了农民对农村产权的依赖。同时设计了"1+9+51+192"的"县城+新市镇+新社区+美丽乡村"的城乡建设布局，加速了农民的市民化进程，目前累计有 2.2 万户农户搬进了城乡一体化新社区。

四是农民收入得到了提高。2017 年海盐县农村居民人均可支配收入较 2014 年的 25101 元增长了 28.2%，年均增长 8.6%。城乡居民收入比从 2014 年的 1.74∶1 缩小到 2017 年的 1.69∶1。全面推进镇（街道）"两创"中心建设，促进农民就地就近非农就业创业、致富增收，2017 年底海盐县农村居民的工资性收入占总收入的比重达 65%，年增幅 6% 以上。

（三）创新做法

一是允许农村集体资产产权可在县域范围内跨集体经济组织交易。海盐县作为全国推动城乡融合发展的典型地区，充分考虑到自身区位优势，结合新型城镇化的发展方向，允许农村集体资产产权可以在县域范围内跨集体经济组织交易，具体在县、镇（街道）农村土地流转和产权交易服务中心进行。高度城镇化地区的许多村庄都会面临撤村建居、村庄合并、易地搬迁等现实问题，这些现实问题的出现会造成农村集体资产产权交易的不清晰，倘若完全是在本集体内进行交易，难以追随城镇化发展的进程。海盐县的做法属于重大创新，是高度城镇化地区农村集体资产产权交易的一个范本。

二是农村产权交易品种的多元化。随着农村集体产权股份合作制改革的深入推进，海盐县的农村产权交易品种不断丰富，主要包括以下六项：农村土地承包经营权流转、村集体资产（资源）经营权租赁、村集体资产所有权转让、农村土地整治增减挂钩节余指标交易、农村宅基地有偿选位权交易、村（社区）股份经济合作社个人股股权交易。

三是通过农村金融创新深化赋权与活权。海盐县深入推进农村金融创新，依托农村金融产品为农村集体产权股份合作制改革的"赋权、活权"提供帮助。海盐县先后推出了"农钻通""农宅通""农股通"产品，涉及农村承包土地的经营权抵押贷款、农村住宅抵押贷款、村级集体资产股权质押贷款。依托农村产权的抵押融资，实现了农民"三权"金融产品的全覆盖。此外，为了完善金融风险补偿机制，海盐县建立了 3000 万元的"深化农村综合改革风险补偿基金"，防范了风险，让银行吃了"定心丸"。

五、海盐县农村集体产权制度改革的障碍因素

（一）村集体经济组织的法人地位问题

法律地位不明给村集体经济组织开展经营活动、参与市场竞争带来很多困扰和不便。在浙江，根据《关于全面开展村经济合作社股份合作制改革的意见》（浙政办发〔2014〕101 号）文件的有关规定，简化登记管理，股份经济合作社按照《浙江省村经济合作社组织条例》的规定，执行村经济合作社工商注册登记管理办法。根据《关于村股份经济合作社工商登记的指导意见》（浙工商企〔2016〕11 号），村集体经济组织完成股份合作制改造后，登记类型为非公司企业法人，经济性质核定为"村经济合作社"。2017 年 10 月 1 日起施行的《中华人民共和国民法总则》新增"特别法人"类别，农村集体经济组织有了法人资格。但"特别法人"的权利、义务和责任没有明确的界定，特别是法人制度有待继续完善。建议加快对农村集体经济组织的设立、登记等相关内容做出明确规定。

（二）农村集体经营性建设用地入市问题

海盐县地处江浙沿海地区，乡镇民营经济较为发达，农村集体经营性建设用地交易需求旺盛。近年来，海盐县不断深化农村综合配套改革，探索并逐步走出了一条人口不需要大规模向大城市迁移，即可实现四化同步、破解"三农"问题的新路径，被新华社评价为"就地城镇化"的海盐样本。但是，在不断发展镇（街道）产业布局推动农村人口就近就业，给远离中心县城的村带来发展机遇的同时，村集体经营性建设用地入市受到法律制约。按照《土地管理法》第六十三条规定，农村集体经营性建设用地若想进入市场就只有通过政府征地的形式，也可能会出现违法使用集体经营性建设用地现象。同时，海盐县较早探索了宅基地"三权分置"改革，目前60%多农房已进行了颁证，农村住宅抵押贷款186笔，在风险防范上也积累了一些经验。建议逐步扩大集体经营性建设用地入市、宅基地制度改革等范围，给予海盐等地区更大的探索空间。

（三）农村集体经济增收受税收政策影响

农村股份经济合作社既具有营利性又具有公益性。根据《企业所得税法》的有关规定，农村股份经济合作社也需要纳税，各种税负和必要的公益开支常常造成资金短缺从而制约其发展。例如，海盐县元通街道新兴社区在经营性资产出租后，上缴税务部门税费有7项，分别是增值税、企业所得税、城市维护建设税、房产税、印花税、城镇土地使用税、交易附加费。税费总额约占收入的17.7%，其中土地使用税4元/平方米。

六、海盐县农村集体产权制度改革的政策建议

（一）进一步完善农村集体产权制度法律法规

2017年10月1日起施行的《中华人民共和国民法总则》新增"特别法人"类别，农村集体经济组织有了法人资格。但"特别法人"的权利、义务和责任没有明确的界定，特别法人制度有待继续完善。建议加快对农村集体经济组织的设立、登记等相关内容做出明确规定。

（二）进一步完善税收优惠政策

多种税负加剧了农村股份经济合作社的资金短缺问题，制约了合作社的发展。建议出台针对农村股份经济合作社税收的减免优惠政策。

七、典型案例

（一）案例一：海盐县农村土地流转和产权交易服务中心建立

2009年3月，海盐县在全省率先成立了农村土地流转和产权交易服务中心，并在海盐县各镇（街道）建立了分中心，各村（社区）成立了服务站，形成"县—镇—村"三级农村产权交易平台全覆盖。服务中心是面向"三农"、服务"三农"的公益性机构，主要职能是提供政策解读、收集并发布土地流转和产权交易信息、便民联系服务和农业金融服务等内容。县农村土地流转和产权服务中心为县级农村集体资产产权交易机构和服务窗口，待条件成熟后纳入县公共资源交易中心，业务上受县农经局指导；各镇（街道）农村土地流转和产权交易服务分中心为镇（街道）农村集体资产产权交易机构，纳入镇（街道）公共资源交易平台，并在镇（街道）便民服务中心设立服务窗口。农村集体资产产权交易平台是全县集中进行农村集体资产产权交易的有形市场，县、镇（街道）两级交易机构主要职能：为农村集体资产产权交易提供场所设施、政策咨询、信息发布、组织交易、交易鉴证等服务。村集体资产产权交易应遵守有关法律、法规、规章和政策规定，以服务"三农"为根本宗旨，并遵循以下原则：

一是坚持统筹城乡发展，集约节约、优化配置农村资源的原则。

二是坚持依法自愿有偿，任何组织和个人不得强迫或阻碍农村集体资产产权流动的原则。

三是坚持公开公平公正，保护农村集体经济组织和农民对农村集体资产产权的占有、使用、收益等合法权益的原则。

四是坚持不得改变土地集体所有性质、不得改变土地用途、不得损害农民土地承包权益的原则。

目前，海盐县已拥有专（兼）职服务人员 350 名，开通六大农村产权交易品种，主要包括：农村土地承包经营权流转、村集体资产（资源）经营权租赁、村集体资产所有权转让、农村土地整治增减挂钩节余指标交易、农村宅基地有偿选位权交易、村（社区）股份经济合作社个人股股权交易。2015 年，针对农村产权交易挂牌信息单点发布的情况，海盐县选择了 9 个镇（街道）13 个村（社区）进行试点，建成了"海盐县农村产权交易挂牌信息联网发布系统"，实现"县—镇—村"三级联网，时时更新发布，方便农户和农业经营主体查询，共投入财政资金 72.68 万元。服务中心的建立为海盐县农村产权交易提供了交易平台，推动了海盐县农村产权交易进程。通过土地经营权交易，使承包地所有权、承包权、经营权分离，实现了由"自发向委托、零星向规模、短期向长期"流转转变。截止到 2017 年底，海盐县通过农村产权交易平台累计成交 1422 宗，交易金额 3.1 亿元，其中土地流转 1299 宗，涉及金额 1.58 亿元；集体资产交易 109 宗，涉及金额 0.18 亿元；土地整治节余指标交易 2 宗，涉及金额 1.33 亿元；农村宅基地有偿选位权交易 12 宗，涉及金额 24 万元。通过农村产权平台交易，实现了资产的保值增值，壮大了村级集体经济实力，实现了村级组织"有钱办事、有人管事、有章理事"，并实现了赋权活权的目的，增加了农民的财产性收入。

（二）案例二：海盐县农村集体资产产权交易的案例

村集体资产交易：海盐县秦山街道庆丰村原窑厂房屋交易底价为 5.2 万元，经多方竞价最终以 8 万元成交，高出底价 2.8 万元，高了 15.4%。

土地承包经营权流转：海盐县百步镇得胜村通过土地整治，形成了近 4000 亩的连片农田，为现代农业发展提供了有利基础，引来了工商资本的投入。武原街道南环村等三个村通过抱团发展，对内增资扩股的方式筹集资金，建设了综合农贸市场，年均增收 330 万元。

农村宅基地有偿选位权交易：在海盐县于城镇江渭村，开展村庄有机更新时，由于农村的风俗习惯等原因，对房屋建造有位置、方向等的考虑和要求，通过有偿选位公开竞拍的方式确定宅基地位置，体现公平公正，也为村集体经济带来了一定的收益。

土地整治节余指标交易：海盐县沈荡镇100.02亩城乡建设用地增减挂钩节余指标进行公开挂牌竞价交易，嘉兴经济技术开发区投资发展集团有限责任公司以8501.3万元竞得。

（三）案例三：海盐县发展壮大村级集体经济八大扶持办法

一是对列入重点扶持的村，给予安排一个重点创收项目，县财政给予60万元的补助，镇（街道）财政按1∶0.5配套，实行"抱团"开发建设的，县、镇（街道）财政补助额各再提高15%，在此基础上对投资300万元以下的县财政再补40万元，投资300万元以上的再补50万元；对列入一般扶持的村，给予安排一个创收项目，县财政补助额最高可达30万元。

二是对以村集体经济组织为主体或控股，实施现代农业生产发展项目，增加村集体收入的，县财政按村集体实际投资额的40%给予补助，单个项目补助额最高不超过100万元。村集体结合"美丽乡村"建设创办旅游等休闲实体的，县财政按村实际出资作为实体注册资本金的20%予以奖励，最高奖励额不超过10万元。

三是对村集体经济组织创办服务组织，从事农业社会化服务和劳务、家政、物业、代理、保洁等服务工作，县财政每年根据服务组织为村集体增加净收益的50%给予奖励，最高奖励额为10万元。服务组织因开展业务向银行或信用社贷款的，县财政按年贴息率5%予以贴息，贴息额最高不超过20万元。

四是对村集体将资产或资金以入股形式与国有或有实力的企业和经济强村开展股份合作，县财政每年按合作项目为村集体增加净收益的30%给予奖励，最高奖励额不超过10万元。

五是对每个重点扶持村创收项目安排3亩用地指标，鼓励异地安排建设用地"抱团发展"。试点"飞地造血"，2017年实施全县首个跨镇抱团项目。

六是对村集体通过租赁资产获得的收入，利用财政政策的调控作用，按照村集体对地方财政贡献大小，给予原经济薄弱村、重点扶持村、一般扶持村100%的财政奖励、其他村80%的财政奖励。对原经济薄弱村、重点扶持村在创收项目审批过程中的有关费用给予减免。

七是进一步减轻村级负担。每个重点扶持村县财政每年给予3万元的补助，镇（街道）财政按1∶1配套；全面落实村党组织书记和村委会主任待遇报酬；对列入重点扶持的村，在计划实施县有补助政策的农业、水利、村级道路、民间桥梁等基础设施和社会公益事业建设项目时，县财政补助资金在原有基础上再提高50%；鼓励开展村级公益事业一事一议财政奖补项目建设。

八是专项贷款贴息。县信用联社为支持村级集体经济发展，推出了"强村行动"专项贷款，贷款按基准利率计算，县财政对重点扶持项目建设融资按基准利率进行贴息，每个项目年贴息额最高15万元，可连贴3年。

第三十八章　大城市郊区如何
发展集体经济

——以上海市闵行区为例[①]

一、基本情况

闵行区是上海城市化进程最快的地区之一，常住人口近 228 万人。其中，户籍人口 109 万人（农业人口 5.6 万人）。随着城市化进程不断推进，闵行农村集体资产不断增长，2017 年农村集体资产积累已达 1321 亿元，约占全市的 20%。总净资产286 亿元，其中镇级净资产 112 亿元、村级净资产 168 亿元，组级净资产 6 亿元。经过努力，闵行区改革取得了明显成效。一是全面落实了集体资产股份占有权、收益权。全区累计完成 142 个村集体经济组织改革，组建新集体经济组织 138 个，约有30 万余集体经济组织成员成为股民，持有集体资产股份 86 亿余元。50% 以上新型集体经济组织实施了分红，人均分红 4501 元。二是有条件开展股权有偿退出、继承。全区 6 个镇 17 个村有 2291 人实施了股权有偿退出，退出金额 7938 万元。30 个村有360 人实施了股权转让，转让金额 3335 万元。30 个村有 6494 人开展股权继承（多数为在世时赠与），涉及金额 31175 万元。三是慎重开展股权抵押、担保。已选择 1个村完成了集体股抵押工作，股权抵押贷款 200 万元。

闵行区出台了《闵行区村集体经济组织股权管理暂行办法》（闵府发〔2016〕20 号）、《闵行区村集体资产股权质押贷款实施办法（试行）》（闵农〔2017〕82号），明确制度安排，将农民对集体资产股份占有、收益、有偿退出及抵押担保、继承等权能落到实处。加强改革后续管理，设计开发了"农村集体经济组织管理服务平台"，对农村集体经济组织、成员、股权、收益分配、惠农服务等实施信息化监管，做到可追溯、可审计，争取在管理创新方面继续走在全市前列。

二、发展集体经济的主要做法

（一）通过发展楼宇经济壮大集体经济

以虹桥镇为例，虹桥镇是闵行区面积最小的一个镇，但同时也是全区人均产出最高、城镇化程度最高的一个镇。虹桥镇内，希尔顿酒店、金虹桥广场、天禧嘉福、

---

① 执笔人：何妮。

剪刀石头布、金钱豹等高楼林立。与别处不同的是，这些资产并不属于那些老板，而100%为全镇的农村集体经济所有。虹桥镇早在十几年前就作出一项规定：每个村在征地过程中，必须保留有自己的200亩左右的土地，留作今后的村集体经济发展所用。这一具有远见的决定，在快速城镇化的大浪潮中，为虹桥镇10个村留下了2000多亩宝贵的土地。2002年，虹桥镇较早提出了发展"楼宇经济"概念，各村在原仓储业、加工厂房基础上，按照"调整、改造、置换"的要求逐步建设发展楼宇经济。虹桥镇明确提出：造好的办公楼绝不出售，只进行租赁，保证村集体资产能够给农民带来长效增收。2017年，建筑面积超过1万平方米、纳入区重点楼宇考核的共有142幢，总建筑面积1270万平方米。虹桥镇实行楼宇经济管理办法，建立楼宇经济领导小组和楼宇管理办公室，协调产业规划、楼宇招商、项目审核管理等工作；设置租赁对象准入门槛，控制投资人进行楼宇转租，实行租赁合同集体决策制度；建立健全多项楼宇物业管理服务制度，提高服务水平；建立楼宇经济监管指标体系，监管楼宇空置率、注册率、单位面积产税率、租金收取率等，对欠租的企业进行制约。这些措施推进了楼宇经济产业集聚、特色形成、能级提升。虹桥镇10个村集体经济所获得的楼宇租金一年收入近7亿元，其中最多的村年租金收入超过1亿元，最少的年租金收入也近5000万元。

（二）积极推进村镇两级集体产权制度改革

1. 村级层面——以沪星村为例

（1）基本情况。

沪星村位于七宝镇西北部，行政区域面积为3.78平方千米，全村原有村民小组22个，总户数1274户，户籍人口4595人。截止到2017年12月底，沪星村总资产为83387.28万元，净资产为49362.77万元。

（2）改革情况。

农村集体资产是全体村民集体共同创造的劳动财富，在此次改制过程中，沪星村将村级集体资产通过资产量化、明晰产权、投资入股和按股分红的形式。改革后，上海闵行区七宝镇沪星经济合作社设置总股本46765.82万元。村民股入股人数为4568人，占户籍村民人数的99.41%，全股为6.5万元。村民以股东的身份参与新经济合作组织的经营和管理，将真正拥有集体资产的股份并长期得益，从而彻底改变村民对集体资产有名无实、有权无份的状况，成立的沪星村经济合作社健全了股东代表大会、理事会、监事会，从而更加规范了村级集体资产的管理和组织形式以及操作程序，切实维护了村民的根本利益。

（3）村民增收情况。

村级集体经济组织产权制度改革出发点和落脚点都是为了农民的利益，创建适应市场经济发展需要的农村集体经济组织管理体制和运行机制，从而发展村级集体经济，增加农民长效稳定的财产性收入，从根本上维护农民利益，使农民分享集体经济组织经营收益。截止到2017年12月31日，沪星合作社累计已发放股民红利

4380.83 万元，同比改革前，村股民平均每人每年可增加收入 1214.73 元，增幅约为 57.52%。2017 年沪星经济合作社实现集体收入 11945.17 万元，净利润达 2538.46 万元，股民当年人均可分红利比 2016 年增加 1511.32 元，红利率比上年增加 2.5%。通过集体经济组织产权改革，该村的村级集体资产管理更科学、经营更规范、运作更高效。通过改革使广大村民更加积极参与其中，以主人翁的姿态加强监督、共同维护好集体的利益，保障好自己的利益，造福子孙后代。

（4）集体股权质押贷款情况。

2017 年 8 月，为了更加合理、充分地利用集体资源，进一步提高集体收益，经村"两委"集体讨论，并报七宝镇集体资产监督管理委员会审核同意后，决定对沪星村位于涞亭路 888 号的八号桥农副产品交易市场进行升级改造，预计改造之后的市场每年可增加集体收益 1000 多万元。经测算，此次市场改造需花费资金 1631.13 万元，该村可自筹资金 1400 万元，存在 200 多万元的资金缺口。当时，正在村里进行基层调研的区农委、镇经管中心相关领导得知此消息后，积极帮助村里进行政策辅导，并结合闵行区"六项"权能工作的要求，建议沪星村合作社可采用集体股质押的方式进行银行贷款，从而有效地缓解了该村的资金压力，进一步保障了沪星村广大农民的长效增收机制。

根据《沪星村经济合作社章程》的相关规定，2017 年 10 月 24 日沪星经济合作社召开了股民代表大会，大会上经全体股民代表的投票决议，最终以 84 票同意，1 票反对的结果决定向上海闵行上银村镇银行进行集体股质押贷款，贷款金额 200 万元，贷款期限为 1 年。

2. 镇级层面——以七宝镇为例

（1）基本情况。

七宝镇镇级集体经济组织由七大公司 18 家企业组成。截止到 2016 年底，镇级集体经济组织总资产为 16.88 亿元，净资产为 9.89 亿元，集体总收益为 2.89 亿元。

（2）总体思路。

通过改革，将依法属于七宝镇全体农民的镇级集体资产，明晰到村级集体经济组织，改革总体思路按照"产权到村，收益到村"进行，变全镇农民"共同共有"的抽象拥有为各村农民的实际拥有，真正实现"还权于民，还利于民"；通过改革，进一步理顺和完善镇级集体公司的组织架构和投资关系、收益分配关系；通过改革，按照政企分开、政资分离原则，严格区分和界定国有资产与集体资产，实行分账管理，建立完善的公司管理体制和运营机制，达到农民长效增收的目的。该项工作也作为 2017 年区政府重点工作力争完成。

（3）改革形式。

按照"产权到村，收益到村"的改革思路，在清产核资和产权界定确认的基础上，将镇属经营性资产折股量化，量化的比例为村级 70%、镇级 30%，量化依据采取以农龄为主，兼顾成员人数。改革后新组建"上海闵行区七宝经济联合社"，作为投资主体，保留原镇级"上海七宝资产经营有限公司"对外经营运作。

（4）基本做法。

1）成员界定。

七宝镇各村（合作社）成员界定时将主要有农龄的成员和无农龄的失地农民子女，以及婚嫁户口迁入本镇的婿媳（本市外人员以结婚登记证为准，城镇居民除外）作为集体经济组织成员。时间节点为 2016 年 12 月 31 日。

2）统一农龄时点。

鉴于七宝镇各村（合作社）集体经济组织农龄统计截止日前后有差异，为统一全镇农龄统计时点，以 2011 年 12 月 31 日农龄统计截止日最后的一个村为基准，采用补差计算的方法来统一全镇的农龄统计时点年数。

3）清产核资。

由成员代表会议表决选定社会中介机构和清产核资方法，对清产核资结果进行梳理，区分经营性资产和非经营性资产，对清查过程中发现的不良资产，形成处置方案报镇改革领导小组和镇党委会议"三重一大"审议通过后，经成员代表会议表决确认。

4）"农龄+人头量化"模式。

集体资产的量化分配以"农龄"为主，兼顾"人头"，这样做既尊重劳动积累的历史，又照顾资源积累现有人员的生存与发展，使产权分配更为公平合理。并且七宝镇村级集体经济组织产权制度改革资产量化也采用这一模式，达到镇、村口径一致。

5）产权到村，收益到村。

将镇级集体经济组织经营性资产按镇级 30%、村级 70% 比重，以各村（合作社）集体经济组织"农龄+人头量化"（农龄 60%，人头 40%）量化到全镇 9 个村（合作社）集体经济组织，今后镇级集体经济组织收益按各村（合作社）所占股份比例进行分配，并由村（合作社）集体经济组织根据各自具体实际分配到人。

（5）改革后"经联社"的运行。

1）组织架构。

改革后组建的"上海闵行区七宝经济联合社"设立股东代表会议、理事会、监事会治理机构，保留"上海七宝资产经营有限公司"对外经营运作。

2）运行模式。

改革后，明确"上海闵行区七宝经济联合社"作为投资主体，"上海七宝资产经营有限公司"作为对外经营运作的法人单位，由其定期向理事会、监事会汇报资产运营情况和决策执行情况，其他镇属一级公司作为投资关系上的子公司，明确担负上缴税后利润和土地使用费以及管理费等责任。

3）收益分配。

收益分配由"上海闵行区七宝经济联合社"按股份分配至 9 个村（合作社）集

体经济组织，再由村（合作社）集体经济组织根据各村（合作社）具体实际进行分配。镇级集体股所获得的收益用于全镇集体经济组织发展以及处理改革后的遗留问题。

（三）赋权于民激活集体经济

闵行区深化农村集体产权股份合作制改革、保障集体经济组织成员权利是当前及今后一个阶段的努力方向。其中，全面开展赋予农民对集体资产股份的占有、收益、继承和有偿退出、股权抵押、担保六项权能的工作是核心内容。

1. 占有权与收益权的体现

七宝镇改革村落实股份的占有权、收益权，目前 8 个村发放 5370 本（户）股权证，股权证记载了成员所占集体资产的产权比例、红利分配额等信息，明晰了产权和收益分配权。村民变股民，成为集体经济组织的股东，提高了村民对集体资产的关心度，增强了村民参与管理的意识，年终集体经济组织将一部分经营利润按股东持股比例进行股利分配，成员所占集体资产的收益权得到了保障。

2. 抵押担保权的初步尝试

已改制村成员或集体经济组织因个人创业或集体经济发展，经批准后可开展股权质押担保贷款。七宝镇沪星村 2013 年完成了改革任务。沪星村在集体资产改扩建时，根据沪星村集体经济组织实际情况，区委、区政府提出在沪星村实行股权质押担保贷款，在区农委的支持和指导下与上海农商行、村镇银行签订了集体股权质押担保协议，顺利完成了 200 万元贷款，帮助了村集体经济发展，也为闵行区今后实施集体股权的质押担保提供了一定经验。

3. 有偿退出权和继承权还有待进一步的探索

七宝镇农村集体经济组织产权制度改革后，目前股权管理采用动态的管理方式，实行"生要增，死要退"的办法。成员在持股期间其股权原则上不得转让、不得退股，如遇大病、火灾或其他不可预料等特殊情况，经批准后可开展股权有偿退出，股权可在内部转让或由集体经济组织赎回其所持股权，但保留其成员身份和入股资格，这也体现了股权的有偿退出和继承，对于股权的继承，七宝镇将进一步研究落实股权的静态管理，即采用固化的股权管理模式来实现股权继承的权能。

（四）推动新经济组织健康稳定发展

一是保证组织机构正常运作。对撤销村建制的新集体经济组织，要求明确合作社的各项职能，明确与党组织、实业公司等机构班子成员之间的相互关系和工作职责，确定经济发展目标，制订年度工作计划，建章立制，认真做好财务预决算等各项工作，不断强化管理和服务；未撤销建制的村，要求理顺好村"两委"和合作社治理结构的关系，保持新老组织机构的协调高效运行，提升组织效率和管理效率，实施村经分离。二是有效实现福利分配向红利分配转变。要求按照集体经济组织经济发展的实际，将大部分福利转变为红利的内容项目，须保留的内容项目要明确告诉集体经济组织成员（股东），不断促进农民长效增收。同时，积极应对可能出现个别家庭和个人利益受影响的情况，认真做好宣传解释工作。三是正确处理发展和分配的关系。经济合作社成立后，要求充分认识发展和收益分配关系，始终牢记发展是第一要务，立足长远，科学谋划，该提取的发展基金等一定要足额提取，努力增收节支，实现可持续发展。

（五）加强集体资产运营管理

1. 加强制度保障

上海市研究出台了《关于加强和完善镇对村级集体经济组织"三资"监管工作的指导意见（试行）》（闵委办发〔2015〕10号）（以下简称《指导意见》）、《关于加强和规范村（组）集体资产管理的指导意见》（闵委办发〔2015〕29号）、《闵行区人民政府办公室关于转发闵行区村（组）财务收支管理暂行规定的通知》（闵府办发〔2016〕9号）等一系列政策，进一步规范了集体资产运营管理活动。考虑到农村集体经济组织产权制度改革的复杂性，依据《关于闵行区开展镇级集体经济组织产权制度改革工作的指导意见》（闵委发〔2014〕21号），镇属非经营性资产不参与改革，参照国有资产的管理方式进行保全管理。各镇可根据实际探索创新。例如虹桥镇的镇级集体资产改革，经界定属于镇级经营性集体资产的8.88亿元，参与镇级资产改革；属于镇级非经营性集体资产的1.9亿元，如环卫所、水务站等公益性单位，不参与镇级资产改革，参照国有资产的管理方式进行保全管理。七宝镇的镇级集体资产改革，清产核资后净资产14.91亿元，可量化经营性净资产为12.85亿元。集体非经营性资产为2.06亿元和资源性资产不纳入镇级资产改革，参照国有资产的管理方式进行保全管理。

2. 加强监督管理

《上海市农村集体资产监督管理条例》实施后，闵行区进一步将集体资产民主监督管理贯穿产权改革及经营管理的全过程，确保集体成员对改革的知情权、参与权、表达权和监督权。凡是法律、法规、制度规定应由成员（代表）会议讨论决定的经济事项必须依法办理；凡是与成员群众切身利益密切相关的经济事项，应经村领导班子集体研究，实行集体决策。成员（代表）会议讨论决定的经济事项应向镇政府业务主管部门备案。重大经济决策要做到会前广泛征求意见，会后及时公布；对决定事项的实施情况要及时公布，接受群众监督。目前，各改革村已经建立健全集体经济组织的"三会四权"治理机制，建立成员代表会议、理事会、监事会等现代法人治理结构，赋予成员知情权、表决权、收益权和监督权。实行成员代表会议决策，监事会全过程监管。

目前，区、镇两级全部开展农村集体财务审计。《指导意见》要求健全审计监督制度。发挥审计监督作用，体制内审计和社会审计相结合，加强对村级集体"三资"的专项审计、定期审计和管理层的任期审计，着力关注经济行为在决策、执行过程中的制度执行情况，及时发现问题，督促整改。村集体经济组织主要领导离任必须进行离任审计。加大村集体经济组织主要领导任期内审计频度，确保2~3年轮审一次。

三、创新之处与经验总结

（一）创新之处

1. 以农龄量化资产

农龄体现了劳动的原始积累，而目前的在册集体经济组织人员则不是人人都有农龄。闵行区以农龄为主要依据确定成员所占集体资产份额，对知青农龄给予一次性买断。农龄从 1956 年算起，自正式参加镇、村、队集体经济组织及所属企业劳动之日起，至征地转居离开村、队结业，劳动不再镇、村、队时结束。不满 6 个月的按 0.5 年计算，满 6 个月不满 1 年的按 1 年计算。农龄计算必须经过个人申报、核实、张榜公布、再核实、再公布等程序，由各镇制定实施细则，各村制定具体操作办法：以农龄量化分配为主，同时农龄和"人头"结合，既尊重劳动积累的历史，又照顾现有人员的生存与发展，使股权分配更为合理。这样做，使新的集体经济组织成员同股同利，均等享受集体资产收益，同时又充分顾及了失地农民无农龄子女的权利和利益。

2. 改革赋予农民对集体资产股份的权利

对于有偿退出权，建立股东对集体资产股份有偿退出机制，明确集体资产股份有偿退出的范围、条件和程序。退出主要有以下几种情况：一是正常退出，例如出国定居。二是从风险责任股中退出，当时干部带头入股，后续经济持续发展收入较高，考虑村民与干部之间有不公平意见，于是将其全部退出。三是针对知青，认可其劳动贡献，以一次性结清方式逐步将知青清退。四是因大病、火灾、车祸或其他不可预见灾难等特殊情况退出股权的成员享有回购权，回购价格按上年度末审计的账面净资产回购。五是一种特殊的退出方式——转让，规定不能超过集体经济组织的边界，且规定了一个 5 倍的上限。即受让人继承的股份加上自己的和转让过来的，不能超过平均人数的 5 倍，防止一股独大。

对于继承权，一是法定继承人为本集体经济组织成员的，按照法定顺序继承股权。二是法定继承人为非本集体经济组织成员的，被继承人所持股权原则上由本集体经济组织回购或转让给集体经济组织其他成员。继承的权属受限无法定继承人的，被继承人所持股权归集体经济组织所有。重点是非成员的继承问题，随着城市化的推进，许多村镇已经完全不具有"三农"形态，例如虹桥镇。对于后代非成员政策引导其退出，但通过摸底发现大部分村民希望继承，也是允许继承，但明确其权限受限。

关于抵押、担保权，在农民有需求和集体经济组织章程允许的情况下，在深入调研、充分协商的基础上，探索农民以其所持集体资产股份向金融机构申请抵押、担保贷款的具体办法以及可能面临的风险和制度障碍，提出完善相关法律政策的建议。目前，七宝镇的沪星村探索开展了集体股权抵押。沪星村改革成立了村经济合作社，资本金 4.6 亿元，其中村委会持有集体股约 1.84 亿元，有发展生产急需资金的融资需求。经过召开沪星村成员代表大会表决同意、镇农经站审核，沪星村以集体股为抵押，向区村镇银行申请了 200 万元贷款用于发展生产。经银行审批，签订借款合同，落实相关手续后发放贷款。沪星村贷款 200 万元，贷款年利率为 4.75%，期限 1 年。鉴于股权抵押是开创性的全新工作，因此在违约管理方面，政策对抵押股权总数作出了不得超过本集体经济组织股权总数 20% 的上限规定，并明确了质权人处理抵押股权的条件、范围以及纠纷处理方式，确保风险可控。

3. 分类推进农村集体产权制度改革

从实践来看，由于各镇、村之间差异较大：有撤制村、"城中村"，也有农业村；有经济强村，也有经济薄弱村；失地农民多，农民利益和农村稳定矛盾突出。因此，不改革不行，"一刀切"也不行，大家要根据各自的情况，因地制宜，分类推进。闵行区的改革：一是先村后镇，村级改革完成了再稳妥推进镇级改革；二是先城市化地区后农业地区，对农业地区一些资产量小、收益低、负资产村要先扶持其发展，为改革创造条件；三是先经营性资产后非经营性资产，比如资源性的承包地，主要通过确权登记颁证予以解决，公益性资产进行保全管理，能带来效益的经营性资产优先股权量化；四是股份权能试点，全面推进股份的占有权、收益权试点，有条件地推进股份的有偿退出与继承，审慎推进股份的抵押担保。

4. 加强集体资产管理

制定出台加强农村集体资金、资产、资源等"三资"监督管理的政策文件。一是制定加强农村集体资产监督管理工作意见，建立农村集体资产监督管理委员会。二是制定镇集体资金和财政资金分账管理办法，理清镇政府管理职能和集体经济运行职能。三是出台规范农村集体资产租赁和处置行为的办法，保证集体资产租赁和处置行为得到农民群众的有效监督。四是制定加强农村集体"三资"审计监督的实施意见，将审计结果与被审计领导干部考核、任免、奖惩和后续管理相结合。五是制定加强农村集体经济组织对外担保、出借资金和对外投资行为监管办法，加强权证管理。

5. 减免 20% 红利税

农民从新集体经济组织中获得股份红利应视作内部收益分配，不予征收个人所得税或先征后返。或将分红所得计入工资薪金，由个人按照超过 3500 元部分再按规定缴纳个人所得税。探索红利税中地方所得部分返还农村集体经济组织，用于发展集体经济。

（二）经验总结

1. 党委书记作为第一负责人，加强队伍建设

集体经济的发展涉及数以万计的组织成员的切身利益，事关农村未来经济社会发展的大局，区委领导非常重视。集体经济的发展离不开改革工作的有力推进。2003 年，闵行区成立了农村集体经济组织产权制度改革领导小组；2011 年进行了调整完善，组长由原来的区分管领导调整为区委书记担任，成员由原来 10 个部门的副职调整为 21 个部门的正职，镇、村也建立健全了相应的工作机构。全区自上而下形

成了党政主要领导亲自挂帅、各相关职能部门全面参与的改革氛围。实践证明，党委书记亲自推进农村改革，有利于统一思想认识，形成工作合力，整体谋划各项工作，加快集体经济的发展。

同时，加强队伍建设。区、镇两级建立农村经营管理机构，各镇成立镇农村经营管理站负责对应的工作职责。区、镇两级全部安排集体资产管理专职人员区、镇农村经营管理站有机构、有人员，全体职工分别负责集体资产管理具体的工作。目前，区农村经营管理站有员工19名，各镇农经机构从业人员108人。

2. 尊重农民意愿，保证公开、公正、公平

农民群众是集体经济组织的投资主体、经营管理主体和受益主体，是集体资产的主人。当前的改革是对现行农村集体经济制度的重大变革和原有利益格局的重新调整，可能成为历史和现实各种矛盾集中的焦点。因此，在改革中必须充分尊重农民意愿，把改革的决策权不折不扣地交给农民群众。凡是涉及农民群众切身利益的问题，都要严格履行民主程序。确定成员身份、农龄核实、资产处置、股权设置等必须经成员大会或成员代表会议讨论通过；对没有现行法律、法规和政策依据的问题，必须提交成员（代表）大会讨论通过后方能实施。尽最大努力做到取信于民、还权于民，赢得广大群众的理解和支持，才能确保改革工作的顺利推进和成功。

同时，因为改革涉及利益，所以一定要公开、公平、公正，要在阳光下改革。改革的集体经济组织成员要全程参与，公开透明。闵行区明确实行"一村一策"，不搞统一行动，其本质是让农民当家做主。集体资产有哪些、有多少，农民说了算；集体资产该怎么分、怎么兑现，也是农民说了算；折合股份后怎么入股，还是农民说了算。这是公开、公平、公正的最好注解。

3. 加强财政扶持

闵行区、各镇都设立财政专项资金，资金来源为改革后农村集体经济组织上缴的税收形成的区得增量部分，时间定为5年。对开展产权制度改革的，区对村给予10万~20万元的奖励。《闵行区农村集体经济组织产权制度改革财政专项资金使用管理暂行办法》（闵府办发〔2012〕13号）规定对开展改革的村，根据村集体经济组织资产规模、人员状况、改革难易程度及相关因素综合考虑，划为三档，区、镇、村分别给予10万元、15万元、20万元的工作支持与奖励。专项资金主要用于改革过程中宣传发动、召开座谈会、成员（代表）大会、成员身份界定与农龄统计、清产核资或资产评估、培训、学习交流、政策咨询及其他有关工作经费以及村集体经济发展。自2012年开始考评奖励，5年来共发放区镇两级专项资金4650万元，考评了8镇、2街道、1个工业区共142家，确保了改革的顺利实施和集体经济的顺利发展。

四、思考

综合上述闵行区的发展情况，可以认为，上海市闵行区极大地推动了当地集体

经济的发展与保值。其发展探索更是走在了全国前列，为其他地区发展集体经济提供了有效的经验。

需要进一步探讨的问题有：第一，当前这些地区很多村庄即将消失，消失的那些村庄该怎么办？对于闵行区而言，村消失了，集体成员的资格也将不复存在，这些集体资产该如何运行，现有的股东和其之间有何关系？到 2035 年，城市化率要达到 75%，在城乡融合、城镇化的这一大背景下，我们如何进行产权制度改革？这应该是这些地区下一步需要继续探索的问题。第二，在六项权能方面，尤其是抵押方面，对比福建地区林权制度改革，林权的抵押经历了 10 年左右的发展，当地和人民银行签订了协议，调查中特别关注了有没有不还的现象？这是最根本的。不还之后，银行拿这些资产怎么办？调查发现，没有这种现象，这从侧面反映了这个制度本身是无效的。有些地方试点了农村土地经营权，农民住房抵押也是如此。在集体产权制度方面，尤其像闵行区这些资产量大的地方，将来能不能探索一条制度真正实行抵押。集体经济组织在权力方面应该与那些上市公司是一致的，否则就存在歧视。第三，关于立法问题方面，尤其对于这些大城市郊区，拥有这么多资产，相关法律是急需制定的。借鉴农民专业合作社立法的经验，立法需要明确集体经济组织的法人地位，涉及众多方面，需要解决现实问题。

第三十九章　城乡一体化中的
农村集体经济发展

——以青岛市黄岛区为例①

随着我国经济社会的快速发展，农村发生了翻天覆地的变化。农村集体经济发展的快慢关系到农业农村农民问题的解决质量，关系到乡村振兴的实现。党的十九大报告指出，"深化农村集体产权制度改革，保障农民财产权益，壮大集体经济"。实现集体经济壮大、提升集体经济自我发展能力是当前政府农业工作的重心。其中，农村集体产权制度改革是全面深化农村改革的重大任务，推进农业现代化，制定清晰的产权，推进农村集体产权制度改革，是贯彻落实党的十九大、党的十八大和党的十八届三中、四中、五中全会等会议精神的重要举措，对于全面深化农村改革、激发农业农村发展活力具有重要意义。2018 年 5 月，课题组对青岛市黄岛区农村集体经济发展进行了实地调研，根据调研情况，对青岛市黄岛区农村集体经济的发展进行了以下分析：

一、黄岛区农村集体经济情况

山东省青岛市西海岸新区于 2014 年 6 月国务院批复同意设立，区域包括黄岛区全部行政区域。山东省青岛市黄岛区（青岛西海岸新区）陆域面积 2096 平方千米，海域面积约 5000 平方千米，区内海岸线 282 千米，滩涂 83 平方千米，岛屿 42 处，沿岸分布自然港湾 23 处。辖 27 个镇（街道、园区），城市社区 65 个、村（社区）1156 个，总人口 171 万人。黄岛区自 2015 年后，开始对农村集体产权制度改革，截止到 2017 年 10 月，黄岛区改制村累计量化农村集体资产 171 亿元，确认股东（社员）67 万人。2016 年分红 940 万元，累计发放红利约 4000 万元。

青岛市黄岛区发展集体经济具备多项优势。其中，黄岛区作为国家批复的第九个经济新区，享有各项政策先行先试的优势，可以最大限度地释放农业、农村经济发展活力，加快改革开放步伐。

（一）城乡一体化下的农村集体产权改革需求

根据国务院批复的西海岸发展规划，全区共划分为前湾保税港区、青岛经济技术开发区、董家口循环经济区、中德生态园、灵山湾影视文化产业区、古镇口海洋科技创新区、西海岸国际旅游度假区、青岛（胶南）新技术产业开发试验区、青岛

---

① 执笔人：张效榕。

西海岸现代农业示范区九大功能区。随着规划的组织实施，黄岛区将进入城乡大开发、大发展、大融合的新阶段，推进农村集体产权改革，是健全城乡发展一体化体制机制，优化城乡土地、劳动力、资本等资源配置，实现跨越式发展的现实需要。

（二）区域发展不平衡下的农村产权制度改革需求

黄岛区村庄从发展区位和经济发展水平上，主要分为三种类型：一是"城中村"，约有150个。主要特点是这部分村大多数完成了城市化改造，集体经济发达，集体所有的资源已经变成可以量化的资产，农民早已离开土地，人员流动性较大。二是功能区中村，约有400个。主要特点是这部分村庄属于经济功能区项目开发的范围，已经或者准备开发建设，集体土地已经变成建设储备用地，农民随时准备搬迁，实现人口城镇化、居住社区化。三是传统农业村，约有600个。主要特点是这部分村地处偏远的纯农业区，农民依靠第一产业为主，资源多、资产少。近几年，黄岛区围绕城中村产权制度改革进行了一些探索，取得了一些成效。但是对功能区中村、传统农业村如何推进产权制度改革，激活农村资产、资源活力，发展壮大集体经济，赋予农民更多财产权利，保护农民的收益分配权，是黄岛区改革发展中面临的亟须解决的问题。

（三）产权改革后农村发展对完善的体制机制需求

青岛市黄岛区已完成改革的村庄，普遍存在的改革成本高、政策不配套、环境不宽松、运营管理难等突出问题，探索改制后新的集体经济组织与现行村集体经济运行机制的融合问题，探索在"城中村"、功能区中村、传统农业村合理设置股权问题，探索改革过程中税收、费用增加的问题，探索改制后新的集体经济组织经营管理人才缺乏、经营范围狭窄、风险防范意识弱、监管机制不健全等问题。要解决这些难题，亟须完善政策支持，健全配套机制，优化发展环境，激发改革动力。

二、黄岛区集体经济发展

黄岛区在2014年设立后，根据该区规划定位、全区农村经济发展现状和城乡一体化的发展趋势，可以将黄岛区的村（居）划分成"城中村"、产业功能区（园）村、传统农业村三种类型。青岛市黄岛区共有1156个村居，累计有1038个村居启动了改制工作。截止到2017年底，已经有950个村居完成了改制任务，占全部村庄总量的82%。通过改制，激活了"沉睡"已久的集体资产资源，保障了农民的集体经济收益分配权，大大加快了农村城市化的步伐。截止到2017年10月，全区改制村累计量化农村集体资产171亿元，确认股东（社员）67万人。2016年分红940万元，累计发放红利约4000万元。农民变成了股民，可以安心地进城工作、生活，从更大范围、更高层次、更多渠道实现了城乡间土地、资本、人口等生产要素的合理流动。

（一）农村集体产权制度体系建设

1. 制度体系建设与实施

一方面，青岛市黄岛区健全了产权改革的工作机制。青岛市黄岛区分别于2014

年和 2018 年制定出台了全区《农村集体经济组织产权制度改革的实施意见》和《关于进一步深化农村集体产权制度改革的意见》，构建了区级为指导主体、镇街为责任主体、村级为工作主体的工作机构体系。

另一方面，青岛市黄岛区制定了详细的工作流程。青岛市黄岛区研究出台了 30 余个改制工作指导意见，逐步探索并完善固化了"三段九步"工作法，即将改制过程分为前期准备、工作实施、成立组织三个阶段，组成改制班子、形成改制决议、人口摸排、清产核资、界定成员、折股量化、注册登记等九个步骤。在工作推进中，按照工作步骤，设计出工作流程配档表，严格按照规定的程序推进。以下为青岛市黄岛区在制度体系建设中的具体做法。

（1）经营性资产、非经营性资产实行全部资产量化。

青岛市黄岛区列入改制资产范围后，改制资产不再仅限于经营性资产，而是在已确权的家庭承包土地和宅基地之外，将属于集体所有全部的资产、资源、资金，全部纳入改制范围，确权移交给改制新成立的经济组织。随着黄岛区经济快速发展、城镇化水平不断提高，原本非经营性资产在未来一段时间内均有可能成为经营性资产，资产的状态发展转变，因而黄岛区对非经营性资产折股量化为股份，保障集体资产所有者的权益。

同时，黄岛区使用"确份额不确金额"的资产折股量化方法，用科学的方法计算出每个成员应享有的份额，每个成员份额相加，就是经济组织的总股份，集体有收益时，按照份额来分配，确保成员对集体资产未来增值收益的分配权利。其中，青岛市黄岛区农村集体产权制度改革工作领导小组办公室在 2015 年 10 月出台了《关于股权测算的指导意见》，文件中分别对集体资产股份金额化及股份份额化的计算方式进行了详细描述。青岛市黄岛区通过这一做法，避免非经营性资产转变为经营性资产时资产权属不清、量化不清、分配不均等问题，同时实现集体资产的保值增值。

如黄岛区长阡沟村的青岛市黄岛区藏南镇长阡沟村经济合作社，将本村除"三十年合同"承包地和村民宅基地以外的所有集体资产，按照成员所占份额进行折股量化，对集体资产行使所有权，负责管理、经营集体资产，建立资产台账，实现集体资产保值增值。

如黄岛区六汪镇下河山村，清产核资区分经营性资产和非经营性资产，村的经营性资产作为资产，但不进行现金或实物分配，全部量化为改制后的经济合作社的股权进行分配。村服务中心、健身器材、道路、绿化等非经营性资产，仍划归村委所有和管理。经资产评估，村所有者权益总额 145.69 万元，固定资产总值 124.57 万元，资产总额 146.07 万元。

（2）不设集体股，只设个人股，实施静态管理。

为了体现公平和贡献，个人股细分为人口福利股和劳动贡献股（农龄股），两者比例为 6：4~8：2，农龄股计算时间为 1956 年 1 月 1 日至 2004 年 12 月 31 日，且年满 16 周岁，男女分别截止到 60 周岁和 55 周岁。股权实行静态管理，确权到户，户内共享、社内流转、长久不变。

黄岛区泊里镇泊里河东村设置个人股不设集体股，本村集体经济组织产权制度改革后股权设置为个人股，个人股由人口股和农龄股构成，人口股与农龄股设置比例为 6:4。此外，按照每个农龄年限为 1 股，本村农龄股总和除以农龄股占全部资产比例，即为本村总股本。总股本减去农龄股总和即为人口股股本。此外，黄岛区王台镇王台东村将农龄计算时间最早自 1956 年 1 月 1 日起至 2004 年 12 月 31 日，不足 1 年的按 1 年计算（具体到每个成员以每个成员实际落户时间起算），计算起始年为年满 16 周岁，男女农龄截止年龄分别为 60 周岁和 55 周岁。农龄最长男不超过 44 年，女不超过 39 年。

黄岛区辛安街道办事处薛家泊子社区将个人股划分为人口股和农龄股，比例为 7:3。其中，单位人口股权额 = 人口股权总额÷全体成员人口赋值总数；单位农龄股权额 = 农龄股权总额÷全体成员有效农龄年限总数。

（3）多种改制模式。

青岛市黄岛区农村集体产权股份合作制改革设计了有限责任公司、农村股份合作社、农村经济合作社三种集体经济组织形式。青岛市政府未明确集体经济组织登记的部门和类型，黄岛区针对资产体量较大的城中村设计了有限责任公司的改制模式，对既有资产又有资源的近郊村（产业园区村）设计了农村股份合作社的改制模式，对没有资产的传统农业村设计了农村经济合作社的改制模式。其中，有限责任公司、农村股份合作社为企业法人，在工商局登记；农村经济合作社在农业部门办理登记，既可以份额化也可以金额化登记。后者有法律地位但无法人地位（也可下设公司等企业法人），经营过程中可免交营业税、企业所得税，分红时能够免交个人所得税。中央 2016 年明确了成立的经济组织类型，青岛市黄岛区调整改制模式，鼓励改制村注册为农村经济合作社，不允许一步到位改成公司制。对经营性资产较多的集体经济组织，规定可以根据经营需要，由合作社出资或者控股，成立公司制企业进行企业化运营。

（4）严控成员资格界定标准。

青岛市黄岛区农村集体产权股份合作制改革以户籍在村作为"总开关"，以"依法确定常规成员，民主表决争议成员"为原则，将政策的严肃性和民主的灵活性有机结合，实现"低门槛、广覆盖"。同时，对全区有共性的几类特殊人员的政策划出红线，如大学生村官、聘用制教师、部队干部自主择业人员。青岛市黄岛区农村集体产权制度改革工作领导小组办公室在 2016 年 10 月下发了《关于几类特殊身份人员成员资格界定的指导意见》。其中，规定大学生村官、聘用制教师、部队干部自主择业人员均属于国家财政供养人员，在进行成员资格界定时上述三类人员不属于人口股享受对象。此外，历次机关事业单位机构改革中的分流人员中，只要是财政承担工资福利、按事业单位投保标准缴纳社保费用的，也认定为财政供养人员，在进行成员资格界定时，不属于人口股享受对象。但财政不负担工资福利并自行缴纳社保费用（需提供 6 个月以上的证明材料）的自谋职业者，原则上可认定为非财政供养人员。除此之外，对一些小范围的个例问题，由村级民主决议敲定，特殊事项实行"一村一策"。

黄岛区辛安街道办事处薛家泊子社区的成员条件为：在本社区有安置住宅楼房的原薛家泊子村村民以及因合法婚嫁、生育增加的人员，且 2015 年 9 月 1 日健在的具有薛家泊子社区户口的上述人员；在本社区有安置住宅楼房；在本社区有安置住宅楼房的原薛家泊子村村民，因服兵役户口迁出的现役义务兵、士官，全日制大中专学校在校学生。

黄岛区长江路街道办事处荒里社区，所辖居民楼 20 栋。该社区随着社区拆迁改造，社区以外的人员因购房将户口迁入社区，成为了社区居民。这些人员和原居民融合为一体，进而会要求享有集体资产的分配权，造成集体经济资产和原有居民利益的分散和流失。因此，荒里社区通过经济体制改革，明确经济体制改革后迁入户口的人员，不再参加资产分配，共有 1171 人参加集体资产分配。其中，该社区在成员中规定成员要求。第一类是具备在荒里社区有安置住宅楼房、有荒里社区户口、是村改居前的原荒里村村民以及村改居后因合法婚嫁或生育增加的人员，在 2012 年 7 月 31 日这一天仍健在这四个条件的人员。第二类是在本社区也要有安置住宅楼房，同时符合一定条件的人员，包括在 2012 年 7 月 31 日前已与荒里社区男性居民依法登记结婚的女方、在 2012 年 7 月 31 日前生育的应落未落户口的荒里社区孩子、在国家机关企事业单位工作的原荒里社区男性居民本人、因转地非户口迁入其他社区的原荒里社区居民（需在 2012 年 8 月 31 日前迁回本社区户口）等人员。第三类是在荒里社区有安置住宅楼房的原荒里村村民，因服兵役迁出户口的现役义务兵、士官。

2. 延伸效果

（1）农村集体经济快速发展。

青岛市黄岛区在近几年的改制过程中，抓住新机制带来的新机遇，激发新平台带来的新活力，大力探索"改制+"的发展路径，逐步形成了资源利用型、投资物业型、扶贫带动型、资产盘活型、产业带动型、物权利用型、新业态引领型、美丽乡村带动型八种特色发展模式，促进了集体经济转型发展。

（2）农村治理形成了新型架构。

一是按照现代企业制度，指导农村集体经济组织，构建内部管理和运行机制，健全成员（代表）大会、理事会和监事会等制度，完善集体经济组织的经营运行机制、民主监督机制和收益分配机制。二是建立了上级部门、村党支部对集体经济组织的监管机制，确保集体经济属性不变。三是建立了三套基层组织的融合机制，明确各自职能，提倡村党组织负责人按程序兼任集体经济组织负责人，三套机构的管理层实现一套人马、互相交叉任职；有需要或条件许可的地方，可探索建立村民委员会事务和集体经济组织事务分离、收入分账管理的机制。

（3）股民民主权利得到了充分保障。

农民成为股东后，集体资产的经营情况与自身利益密切相关，会更加关心集体经济组织经营管理，合作社的重大事项均需经过民主表决程序，保障了股民的知情权、决策权、监督权；在决策机制上，通过建立董（理）事会、监事会、股东（社员）大会，使决策机制更加科学和完善，经营者的决策行为也更加民主和慎重，基层组织依法治理水平不断提升。

（4）城乡生产要素实现了相互交流。

通过改制，全区完成改制村累计量化农村集体资产171亿元，成立合作组织以后，有了经营发展的主体地位，激活了"沉睡"的资源，把集体资产、资源调动起来，可以投资、融资、参股、注册新的企业，最大限度地参与到市场经济运行当中，实现集体资产的保值增值。农民可以将量化的股权转让、继承，从更大范围、更高层次、更多渠道实现了土地、资本、人口等生产要素的合理流动，为统筹城乡发展，推进农民向市民、农村向城市、村庄向社区转变奠定了坚实基础。

（5）农民收入得到了提高。

截止到2017年底，青岛市黄岛区量化农村集体资产171亿元，确认社员（股东）资格67万人，改制村已累计发放红利约4000万元。其中，2017年分红1000万元。农民通过分红的形式，享受集体经济发展带来的红利，有了固定而且稳定的收入来源，成为有股金、薪金、租金、医保金、养老金的"五金"农民。

3. 小结

青岛市黄岛区的集体产权改革取得了良好的效果，在政府改革中以下因素对于改革至关重要。首先，明确农村集体经济组织市场主体地位，完善农民对集体资产股份权能，把实现好、维护好、发展好广大农民的根本利益作为改革的出发点和落脚点，促进集体经济发展和农民持续增收。其次，坚持农民集体所有不动摇，防止在改革的过程中减弱农村的集体经济，同时防止集体资产流失；坚持农民权利不受损，防止在改革的过程将农民的财产权利改虚，同时防止内部少数人控制和外部资本侵占。再次，尊重农民意愿，发挥农民主体作用，支持农民创新创造，把选择权交给农民，确保农民知情权、参与权、表达权、监督权，真正让农民成为改革的参与者和受益者。又次，在改革的过程中应分类有序地推进，坚持因地制宜、分类实施、有序推进；坚持问题导向，明确改革路径和方式，着力在关键环节和重点领域取得突破。最后，在清产核资的基础上，应当按照确定的资产处置基准日，将集体所有的经营性净资产折股量化到每一个集体经济组织成员，组建村（社区）股份合作社；有条件的可以组建有限责任公司或股份有限公司，完善法人治理结构，按现代企业制度运营村（居）集体资产。

（二）农村集体经济发展

黄岛区属于青岛市的近郊区，但是近年来区域经济发展不平衡，呈现出区域内"东快西慢"的格局。农村集体经济发展呈现出不同的发展阶段，既有经济发达的

"城中村"，也有纳入产业功能区（园）规划的村庄，还有传统农业村。因而，青岛市黄岛区亟须通过开展不同类型村庄的产权制度改革，发展壮大集体经济，加快当地农村经济社会的发展。

1. 传统农业村集体经济发展

青岛市黄岛区传统农业村以大宗农作物为主要收入来源。传统农业村集体经济发展缓慢，部分村庄在集体经济方面存在"空壳村"的现象。因而，加强传统农业村的发展，带动农民增收，需要对村庄集体经济进行改革。青岛市黄岛区的传统农业村采取了建立村合作经济组织，通过整合土地资源进行规模经营，从而达到集体经济健康发展的目标。

以黄岛区宝山镇中山前村为例：

黄岛区宝山镇中山前村是典型的纯农业村，经营性资产少，有大量山林、土地资源，集体收入以土地发包为主。该村在集体经济改制前，村集体收入较少，无法开展集体性活动。2015 年，该村开始对集体经济改制，在改制时成立了农村经济合作社，拥有土地 681 亩，其中山林 154 亩；界定成员 266 人、折股 10863 股。

改制后，中山前村为巩固农村集体产权制度改革成果，使集体资产改制真正做到实处，针对村集体仍有部分机动地、荒山、荒沟等在部分村民手中，且也没有交纳任何费用的现实状况，决定收回后由村经济合作社统一管理，经营。因而，中山前村制定了《中山前村集体土地收回实施办法》，2016 年该村顺利调整了全村所有的菜园，并对全村的杨树地、柿树园、路林带、南沟、南崖、村庄周边及 2003 年村调整土地剩余的部分土地在 2016 年 3 月 30 日前全部回收，共收回耕地约 70 亩，荒山、荒沟约 30 余亩。

黄岛区宝山镇中山前村通过村经济合作社对收回的耕地、荒山、荒沟统一进行管理经营，促进了该村农业经济的发展。第一，中山前村积极寻求订单农业，与青岛康福莱公司合作，种植地瓜。第二，该村对收回的耕地公开出租种植地瓜，对本村低收入户优先，地价每亩只收 200 元，直接增加贫困户的收入。第三，该村立足本村实际，利用上级帮扶资金，在耕地上建起 1500 平方米的太阳能光伏发电项目，年发电量近 15 万千瓦时，每年可为村经济合作社增加收入约 15 万元。整体而言，中山前村通过改制，将原有荒弃耕地、林地加以整合，通过经济合作社与外界企业沟通，加强了谈判能力，增加了村民与集体的收入。

2. 产业功能区（园）村集体经济发展

产业功能区（园）内的村庄由于城市发展需要，将原有的耕地转换为建设用地，村民集中上楼，因而产业功能区（园）内的村庄集体经济无法通过土地整治的方式发展。如青岛市黄岛区薛家泊子社区已于 2004 年 7 月实行了村改居，2013 年底社区拆迁改造已经完成，现在社区已经没有农田，原来依靠种地的生活模式已经不存在了，社区居民就业也已经城市化，已经不再有农村、农业、农民的概念。

以黄岛区辛安街道办事处薛家泊子社区为例：

薛家泊子社区位于黄岛区辛安街道驻地东 1.5 千米，占地面积 1.02 平方千米。薛家泊子社区地处开发区北部，现有居民 511 户，人口 1847 人。党总支有中共党员 91 名，"两委"班子成员 8 人，38 名居民代表，10 个居民小组，所辖居民楼 27 栋，社区建筑面积 134519 万平方米。目前社区有网点房 12400 平方米，商业超市 8850 平方米，社区有企业 28 家，餐饮、商业、服务业 36 家，2015 年社区实现完成经济总收入 3.8 亿元；集体经济纯收入 1285 万元；集体净资产 3.55 亿元；居民人均纯收入 24260 元。

薛家泊子社区集体在经济改制中，遵循的公正、平等的原则对所在社区居民进行人员资格认定。此外，薛家泊子社区集体经济改制后，成立薛家泊子社区农村经济组织合作社，并严格按照合作社章程要求管理进行经营。在每一会计年度结束后，公司委托会计师事务所对合作社经营情况进行审计。经济合作社经营性净收入按以下比例进行分配：提取公积公益金不少于 40%；股东红利分配不超过 60%。此外，薛家泊子社区规定，经济合作社成员可以在本经济合作社内部转让股权，但不得退股提现；单个主体受让股权不得超过总股份的 5%。为保证经济合作社资产及成员股权安全，在相应法律法规出台之前，转让股权应经经济合作社理事会过半数通过，且只能转让给本社区居委会。

薛家泊子社区通过集体资产改制，社区在管理体制、分配制度、激励约束机制等方面，打破了传统的农村集体经济组织框架，妥善处理了农村集体资产归属、管理等方面的矛盾，有利于促进村民变市民、农村经济向城市经济过渡，有利于实现推进城市化和维护农民利益的双赢目标。

以黄岛区铁山街道办事处丙村为例：

黄岛区铁山街道办事处丙村位于黄岛区铁山工业园，距黄岛西城区不足 5 千米，距同三高速铁山出入口 2 千米，是重要的交通枢纽，地理位置优越。全村现有 225 户，人口 928 人（含行政事业 3 人），劳动力 564 人，集体资产 2321 万。

黄岛区铁山街道办事处丙村自 2015 年 3 月中旬开始启动农村集体产权制度改革工作，通过清产核资和成员界定，股权量化等程序，将丙村资产折股量化到人、落实到户，建立了丙村集体经济合作社，实现"资产变股权，村民变股东"，并颁发了股权证书，作为收益分红的凭证，实现资产股份化，收益分配股红化、股权流动规范化、监督约束法制化，让全村老百姓在改革中真正得到实惠。其中，黄岛区铁山街道办事处丙村在人口摸排时，组织专门班子严格核对从 1956 年以来的人口状况详细登记人口迁出迁入时间。不仅认真核对本村户籍档案、派出所常住人口档案，并且一户不漏地开展入户走访核对签认工作，确保零误差；清产核资时，专门聘请有资质的中介机构严格操作。在对经营性资产和非经营性资产严格核对账簿、凭证的同时，精细开展实物盘点，确保账实相符；对资源性资产在核对账簿的同时，认真开展实际测量工作，详细登记面积、位置，确保真实有效。并按照法定程序进行了张贴公示。

黄岛区铁山街道办事处丙村通过产权改革，突出解决了集体资产产权不清、主体不明的问题，破除人口流动障碍。并把农民土地承包经营权和农民集体资产股份固化到每一个集体经济组织成员，赋予村民更多财产性收入，同时可以拉动丙村城市化进程，避免丙村在向城市化过渡过程中集体资产流失，解决村民对土地的依附关系，促进农村劳动力转移，保护村民的切身利益，消除过去分配不公的因素，依法保护了丙村村民的合法权益。

3. 城中村集体经济发展

城中村不同于传统农业村以及产业功能区（园）村，这类村庄在发展的过程中，耕地逐渐变为工业用地，村中主导产业以写字楼租赁、工业及加工业企业场地租赁等为收入来源。随着项目占地和人员外出打工，村庄农田越来越少，原来依靠种地的生活模式逐步转变为外出就业模式。因此，通过实施改革，把资产量化到人，明晰产权关系，避免农村在向城市化过渡过程中集体资产被平调、流失的可能，解决农民对集体（土地）资产的依附关系，促进农村劳动力转移。青岛市黄岛区的"城中村"（城乡接合部村）在集体经济发展过程中，主要采取了集体资产改制的方式，量化资产，明晰成员资格，从而做到集体经济健康发展。

以黄岛区珠海街道郝家石桥村为例：

珠海街道郝家石桥村位于城区内，属典型的城中村，共有 804 户，2804 人，村党委下设 6 个党支部，党员总数 160 人。该村 2016 年完成集体资产改制，共量化资产 3 亿元，界定社员 2721 人，村经济合作社总股本 91256.3 股。有各类工业企业 80余家，商贸服务业企业 281 家落户，2016 年实现村集体经济收入 1200 万元，村经济收入主要来源为土地、房产租赁。

城中村产权制度改革工作的重点为清产核资。由于珠海街道郝家石桥村资产资源较多，村成立了清产核资工作领导小组。该小组由街道管区干部、会计代管中心会计、村两委干部、党员、村民代表、监督委员会成员等组成。小组建立后，明确了清理的目的、任务、范围、内容。同时，该村聘请了有资质的会计师事务所全程负责，按时保质保量完成清产核资任务。此外，珠海街道郝家石桥村村民户籍成分复杂，村民户籍变动频繁，因而，该村在完成人口摸排、掌握人员信息的基础上，根据上级政策，结合本村的实际，按照户籍性质、人员成分等原则，研究制定了全额、酌情以及不享受人口股界定原则和农龄股计算办法，依法确定常规成员、民主确定争议成员，实现了低门槛、广覆盖。

珠海街道郝家石桥村经过集体资产改制，激活了集体资产资源、保障了农民的集体经济收益分配权、维护了农村社会稳定、促进了集体资产依法监管和民主决策。一方面，珠海街道郝家石桥村集体资产改制激活了沉睡已久的集体资产资源。改制后新成立的农村经济合作社，有了经营发展的主体地位，对全村 3 亿元的集体资产进行经营管理，可以把集体资产、资源调动起来，投资、融资、参股、注册新的企业，最大限度地参与到市场经济运行当中，实现集体资产的保值增值。另一方面，珠海街道郝家石桥村的集体资产改制充分保障了农民的集体经济收益分配权。改制完成后，农民的集体收益分配由按人头发放实物变成按股份发放红利，农民通过分红的形式，享受集体经济发展带来的红利，有了固定而且稳定的收入来源，成为有股金、薪金、租金、医保金、养老金的"五金"农民。

以黄岛区胶南街道办事处闫家屋子村为例：

闫家屋子村是一个城乡接合部村，闫家屋子村位于胶南街道办事处北部，共有149户，总人口499人，主要为经营性资产、资源性资产、公益性设施等非经营性资产。2015年3月，闫家屋子村清产核资资产总额4722274.75元，负债总额243587.35元，所有者权益总额4478687.40元。

闫家屋子村与珠海街道郝家石桥村在股权及人口股的计算方式上存在一定差异。其中，闫家屋子村结合本村实际，在充分征求村民意见的基础上，决定产权改革股权设置只设个人股，不设集体股。个人股由人口股和农龄股组成。人口股与农龄股在总股本中设置比例为7∶3。此外，闫家屋子村的人口股计算方法为：①1997年12月31日24时前户籍迁入本村的，原农业户籍的享受全额人口股，原非农户籍享受50%人口股。②1998年1月1日0时至2004年12月31日24时前户籍迁入本村的，原农业户籍的享受80%人口股，非农户籍享受50%人口股。③2005年1月1日0时至2015年8月10日24时前户籍迁入本村的，不分户口性质，享受50%人口股。另外，闫家屋子村针对农龄股进行了单独的计算，其中农龄计算时间为1956年1月1日起至2004年12月31日，不足1年的按1年计算，计算起始年为年满16周岁，男女农龄截止年龄分别为60周岁和55周岁。改革后迁入户口的人员，不再参加资产分配。

闫家屋子村集体经济改革有利于明晰农村集体资产产权。通过产权改革可以使村内资产从过去的"共同共有"变为"按份共有"，解决了集体资产产权不清、主体不明的问题，从根本上改变集体资产"人人有份、人人无份"的虚化状态，让农民群众真正"看得见、摸得着"。此外，闫家屋子村的村集体经济改革的做法有利于保护村民切身利益。通过改革，使村民有一个稳定的收入来源，创新收益分配制度，切实加强基层治理机构，消除过去分配不公的因素，同时受益人口固化后，将不再受外来人口对本村集体资产的稀释，能依法保障农民合法权益。通过改革，闫家屋子村一共有499人参加集体资产分配。

4. 小结

青岛市黄岛区集体资产产权改革积极探索了三种产权制度改革新模式。城中村，探索规范成员资格界定、集体资产产权变更、法人治理结构的有效途径；产业功能区（园）村，探索开展农民土地承包经营权和集体资产股份"绑定"改革；传统农业村，参照"城中村"、产业功能区（园）村产权制度改革模式进行股份制改革。随着农村产权制度改革的推进，农村各类资产的数量、种类以及权属将逐步厘清，这就奠定了开展集体资产产权改革的基础。

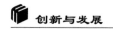

（三）总结

整体而言，青岛市黄岛区的农村集体产权股份合作制改革，坚持和完善农村基本经营制度，依法保障农民集体经济组织成员权利，积极发展农民股份合作。青岛市黄岛区将现行的集体资产共同共有改为成员按份共有，赋予农民对集体资产股份占有、收益、有偿退出及抵押、担保、继承权，建立了归属清晰、权责明确、利益共享、保护严格、流转规范、监管有力的农村集体经济组织产权制度，有效增加了农民财产性收入，发展壮大了农村集体经济，促进了农村社会的和谐稳定。

1. 三种产权制度改革新模式

针对"城中村"，探索规范成员资格界定、集体资产产权变更、法人治理结构的有效途径。针对产业功能区（园）村，开展确权、确股、确利、不确地的工作，探索开展农民土地承包经营权和集体资产股份"绑定"改革。针对传统农业村，将村委会管理的集体资产移交给股份合作社，确认并固化成员权益，实现"政企分离"，待条件成熟时，参照"城中村"、产业功能区（园）村产权制度改革模式进行股份制改革。

2. 改制后集体经济组织治理机制创新

探索改制后新的集体经济组织按照现代企业制度组建的法人治理结构与现行村集体经济运行机制的融合问题，探索加强公司内部控制制度，建立信息公开和披露制度，加大民主监督力度，发展壮大集体经济，保障成员收益分配权益。

3. 青岛市黄岛区集体经济发展中值得借鉴的做法

（1）不设集体股，只设个人股，实施静态管理。

为了体现公平和贡献，个人股细分为人口福利股和劳动贡献股（农龄股），两者比例为 6：4~8：2，农龄股计算时间为 1956 年 1 月 1 日至 2004 年 12 月 31 日，且年满 16 周岁，男女分别截止到 60 周岁和 55 周岁。股权实行静态管理，确权到户，户内共享、社内流转、长久不变。

（2）多种改制模式。

青岛市黄岛区农村集体产权股份合作制改革设计了有限责任公司、农村股份合作社、农村经济合作社三种集体经济组织形式。其中有限责任公司、农村股份合作社为企业法人，需进行工商登记；农村经济合作社按照青岛市政府有关规定办理登记，有法律地位但无法人地位（也可下设公司等企业法人），经营过程中可免交营业税、企业所得税，分红时能够免交个人所得税。随着青岛市黄岛区改革的深入和上级政策的完善，绝大多数改制村都注册为农村经济合作社。同时，对经营性资产较多的集体经济组织，可以根据经营需要，由合作社出资或者控股，成立公司制企业进行企业化运营。

（3）严控成员资格界定标准。

青岛市黄岛区农村集体产权股份合作制改革以户籍在村作为总开关，"依法确定常规成员，民主表决争议成员"为原则，将政策的严肃性和民主的灵活性有机结合，实现了"低门槛、广覆盖"。同时，对全区有共性的几类特殊人员的政策划出红线，如婚迁人员、落户人员拥有成员资格，村财政供养人员、军官不拥有成员资格。除此之外，对一些小范围的个例问题，由村级民主决议敲定，特殊事项实行"一村一策"。

（4）"确份额不确金额"的资产折股量化方法。

即用科学的方法计算出每个成员应享有的份额，每个成员份额相加，就是经济组织的总股份，集体有收益时，按照份额来分配，确保成员对集体资产未来增值收益的分配权利。

三、集体经济发展存在的问题与政策建议

（一）集体经济发展存在的问题

1. 农村经济合作社登记注册困难，法律地位还没落到实处

经济合作社在农口部门归口登记注册后，还无法取得社会信用代码，不仅在经济活动中无法享有应有的地位，在具体工作中也面临着暂时无法办理银行开户、税务登记、资产抵押等一些实际问题和困难。此外，改制后的集体经济组织还不是真正意义上的工商企业，集体经济的属性不变，影响村庄集体经济组织的发展。

2. 经济欠发达的农村改革积极性不高，纯农业村改制后群众的获得感不强

由于没有足够的经营性资产，加之受经营管理水平所限，纯农业村改制后发展壮大集体经济的路径不多、能力不足，在较长时间内不能分红，集体资产产权改革的动力不足。

3. 经济发达的农村改革后，治理经营机制有待健全

经济发达的农村，集体资产高，村民组建公司并进行经营管理。由于村民发展思路限制，缺乏对未来集体资产的市场经营的考虑，公司治理经营受到限制。此外，经济发达农村在村庄改制后，容易造成资产改到少数人手里，或者不利于资产的增值的现象。而集体经济组织管理机制的不健全，容易导致后续管理者以民主表决的形式改变农村集体经济组织的基本制度框架，使得集体经济发展受阻。

4. 公司制的集体经济组织改制，成本过高

虽然财政部、国家税务总局已下文免征因权利人名称变更登记、资产产权变更登记涉及的契税，免征签订产权转移书涉及的印花税，免收确权变更中的土地、房屋等不动产登记费等，但是土地增值税是最大的应税税种，纳税较多。青岛市黄岛区已完成的改制村居中，仅有4个村居采用有限公司改制模式，为避免过户纳税，改制时将部分的物业性资产暂时没有列入改制范围，仍在村委会名下。

（二）发展集体经济建议

1. 发展城市特色的农村集体经济

黄岛区的地理位置更接近于城市中心，在发展过程中拥有其他地区所不具备的优势。因而，青岛市黄新区的农村集体经济的发展应和城市的规划相连接。如"城

中村"利用自身资源优势，建设写字楼、厂房或物业公司，开展租赁形式的村集体经济发展模式；城乡接合部村应集中流转土地，利用城镇化趋势打造本地集体经济优势产业；周边传统农业村，应利用自身地理资源，开发休闲旅游产业，扩大集体经济发展方向。

2. 集体经济组织进行登记

黄岛区原有部分农村的经济组织在 2015 年在工商部门登记，现农业农村部、中国人民银行及国家市场监督管理总局出台文件①，青岛市黄岛区应统一规范农村集体经济组织登记，采用统一社会信用代码。

3. 实施激励机制

设立财政专项补助资金，对改制完成的村（居）实行以奖代补，用以弥补改制过程中产生的中介等费用，对合作社注册登记、股权证印刷、权证内容打印等费用全部由财政负担。此外，为避免过户纳税，改制时可将部分的物业性资产不列入改制范围，仍在村委会名下。

---

① 根据《中共中央　国务院关于稳步推进农村集体产权制度改革的意见》《国务院关于批转发展改革委等部门法人和其他组织统一社会信用代码制度建设总体方案的通知》，2018 年 5 月 11 日农业农村部、中国人民银行、国家市场监督管理总局出台《关于开展农村集体经济组织登记赋码工作的通知》（农经发〔2018〕4号）。详见：http://www.moa.gov.cn/govpublic/NCJJTZ/201806/t20180619_ 6152605.htm。

第四十章　激发集体经济活力
带动农民享受红利

——基于南京市的做法[①]

为赋予农民更多财产权利、明晰产权、完善权能、积极探索集体所有制的有效实现形式，不断壮大集体经济实力，不断增加农民的财产性收入，南京市在承包地抵押贷款以及农村集体招商引资等方面做出了一系列创新工作。通过集体产权制度改革来壮大集体经济实力，促进集体经济走上创新发展的道路，是南京市改革进程中的亮点，能够把壮大集体经济与拓宽农民财产性收入两大目标联动起来。

通过排定时间节点，明确责任分工，实施"挂图作战"，目前南京市已如期达到了壮大集体经济与促进农民增收的双重改革目标，既激活了村组集体经济的发展潜力，又让集体成员享受到集体经济发展所带来的红利。具体而言，到2017年底，407个村享受到了股份分红；45个村完成了股权固化改革；8个村开展了村社分设工作；农村产权交易市场在全省率先实现区镇两级全覆盖。

一、集体经济发展脉络：激活要素—产权明晰—衔接市场

（一）激活要素：逐步放活土地要素流动，确保集体经济发展有"地"可用

土地要素能否有效得以利用，是集体经济能否得以壮大的关键。在实践中，南京市通过土地指标置换、土地集中流转、土地征收等方式，促使土地要素与市场机制相衔接，使土地要素能够实现最大化价值，进而拉动集体经济的发展。允许农村集体经济组织在符合规划、土地用途管制的前提下，使用整治建新指标有序对集体建设用地自主建设利用（商品住宅除外）。同时，有序推行村发展留用地、经营性物业等实物安置，土地被征收的村可按不超过农用地征收面积2%的比例（总面积不超过100亩）预留发展用地，由村级集体经济组织按村民自治原则，依法选择自主开发、以地换房、货币化处置等开发模式，经镇街审核、区政府批准后实施。另外，规范了农村集体土地上项目建设审批，加快完善农村地区集体建设项目立项、规划、建设、用地、环保等审批流程。在逐步放活土地要素流动后，为了有效壮大集体经济，南京市着力为集体产权制度改革提供组织实体支撑，支持农村集体资产股份合作社实施法人登记，并通过建设或购置的综合楼、集贸市场、标准厂房、住宿楼、

---

① 执笔人：黄斌。

商业用房、公租房、仓储物流设施等集体物业项目以便于获取出租收入和农村集体土地流转收入。同时支持村集体资产股份合作社之间进行联合、抱团发展，由镇街牵头组织实施，集中若干村的集体留用地和财力，采取"统一规划、统一建设、统一出租、产权独立、按股分红、收益归社"的方式，在开发区、工业集中区、商业集聚区建设或购置综合楼、标准厂房等集体物业项目，形成规模集聚效应、促进集体经济转型升级，支持村集体经济组织将闲置、低效建设用地，通过土地综合整治置换到镇街以上工业园区集中建设，提高资源利用效率。

（二）产权明晰：深入推进产权制度改革，规范集体经济发展道路

村集体经济要想真正得到发展，必须深入推进农村集体产权制度改革，通过清产核资、确权颁证、权益固化，明晰村集体与集体成员之间的产权关系，为集体经济发展过程中可能存在的产权纠纷扫清了障碍，农民享有集体经济收益成果的财产权才能切实得到保护。只有要素流动的产权清晰、去向明确，集体经济的发展才更有活力，才能更好地与外部市场进行对接。首先，清产核资的范围包括对集体经济组织所有的各类资产进行全面清理核实，并区分经营性资产、非经营性资产和资源性资产，分别登记造册。按照"谁投资、谁所有、谁受益"的原则进行农村集体"三资"权属界定。其次，由集体经济组织成员大会或成员代表大会予以确认，在镇街村务公开栏中张榜公布，并颁发农村集体资产产权证书，实行"一物一码一证"管理，与不动产登记工作相衔接。最后，对经营性资产按份额折股量化到本集体经济组织成员，发展多种形式的股份合作，成立镇级集体资产股份合作社或组级集体股份合作社。让集体成员能参与到集体经济发展的决策过程当中，并共享决策所带来的红利。此外，南京市做出如下规定："撤制村""城中村""城郊村"等城镇化程度较高的村（居）原则上实行权益固化到户，以户为单位"增人不增股、减人不减股"，而其他地区的村也可按照"量化到人、固化到户"的方式探索权益固化改革。通过推动权益固化到户，集体经济发展的决策和受益群体更为稳定，能保证集体经济的发展路径具有长期稳定性。

（三）衔接市场：保证集体经济有序地纳入市场体系之中

实现集体经济的壮大要求集体经济能更好地与市场经济体系相适应，增加经营性资产，拓宽经营性收入渠道。为此，需要通过明确的规章制度对集体经济的发展行为和发展方向做出规定，引导集体经济有序地融入市场体系之中。具体而言，按照《关于加快推进我市农村产权流转交易市场建设的实施意见》（宁委办发〔2015〕19号）文件要求，南京市大力推动了全市农村产权流转交易市场建设，实现了市、区、镇街三级市场的有效联动，将农村承包土地经营权、农村集体经营性资产的所有权或使用权、农村集体经济组织养殖水面经营权、林权等纳入市场交易在条件成熟后再逐步扩大交易范围。按照国家统一部署，在国家有关部门出台具体方案的基础上，审慎推进农民住房财产权抵押贷款工作，在省政府出台指导意见的基础上，选择权属明确，抵质押登记单位明晰的成熟区域，探索开展土地承包经营权质押贷

款工作。

　　经济发展水平较高的村集体由于有着更强的市场适应能力，因此有条件的区域可以赋予市场经济更充分的发展空间，开展"村社分设"，做到村社职能分开、人员分开、财务分开，进一步明确农村社区集体资产股份合作组织的自主经营性质以及承担的集体经济发展职能。此外，南京市为规范股份合作组织的发展，还做出了明细规定，要求村（居）、社分设后，在一定时期内可由村（居）党组织主要负责人兼任社区资产股份合作社主要负责人，且在股份合作社实现规范运行后，具备一定条件时，可再通过培养、选拔、选举等方式产生股份合作社主要负责人。村社分设后，合作社必须办理工商注册登记，实行独立建账、单独核算，落实"一社一账户"，其收益按规定提取一定比例的公积金和公益金，再按同股同利的原则进行股份分红，并逐步提高社员分红比重，形成社员财产性收入长效增收机制。合作社财务预决算和收益分配方案等必须提交集体经济组织成员（代表）大会讨论通过。此外，南京市还通过制定完善农村集体经济组织的有关规章制度，进一步明确了农村集体经济组织含义、主体地位、性质、成员资格、组织机构、集体经济组织及成员的职责和义务、农村集体资产的经营管理和处置程序、相关扶持政策等内容，加强对违反农村集体经济组织规章制度的监督与责任追究，保障农村集体经济组织及其成员合法权益。

　　总的来说，自产权制度改革工作推进以来，南京市各试点村按照工作目标逐步落实改革工作，集体经济壮大成效显著，并显现出以下三大特点：第一，南京市鼓励各地积极探索适合本村的产权制度改革模式，以适合当地资源禀赋、成员关系等的方式壮大集体经济。在此基础上，各村形成了经代表大会多次讨论通过的、形成广泛共识的、具备实践基础的成员界定、股权设置方案，为南京建立市、区、镇街三级市场有效联动的产权交易市场奠定了坚实的基础，从根本上焕发了要素流动的活力，从而更有效地衔接外部市场，促进村集体"三资"价值增值。第二，不同经济发展水平的村庄形成了有所差异的发展路径，壮大集体经济分类推进。明晰产权和促进与市场衔接的发展路径都是一致的，差别在于促进价值变现的要素禀赋形态。对于经济发展水平较高的村，重点探索经营性资产如何通过产权市场交易实现价值最大化，而经济发展水平较低的远郊村，则重点研究村集体能显现经济效益的资源有哪些以及进行价值变现的方式，如流转、出租、转让等。第三，政府支持是壮大集体经济的必要条件。南京市政府通过推动"村社分设"工作，制定村集体组织章程，规范村级财务管理制度，是集体经济得以长期稳定发展、农民切实享受红利的保证。同时，政府的大力支持还是远郊村、欠发达村发展集体经济的重要保证。如南京市通过整合江宁、栖霞区的 67 个欠发达村建立了 4 家社区集体资产股份联合社，并把原来的薄弱村帮扶租金投向经济开发区，通过在经济开发区购买优质资产（股权）、承担实施相关配套项目等形式，每年以固定比例（8%～10%）获得稳定收益，拓宽了集体经济的增收来源。

二、发展集体经济经验总结

（一）发挥工作小组领导作用，确保多要素联动投入

南京市通过改革，发展壮大了农村集体经济，推动城乡要素之间的平等交换，取得了较为显著的改革成效。其成功的原因主要是南京市政府对于改革任务的重视，成立了职能明晰、分工明确的改革工作小组，将改革任务落实到基层。具体而言，南京市成立了由市长任组长、分管副书记和副市长任副组长的领导小组，明确了郊区党委、政府是责任主体和实施主体，并要求试点镇街主要负责人亲自挂帅实施。各郊区也分别成立了农村集体产权股份合作制改革工作领导小组。同时，结合南京市改革已形成的"1+4+4"系列文件，能够实现市、区改革的政策制度体系的配套联动，以科学有效的方式确保人、地、钱等要素的联动投入，在资金、技术、人员上有效保障了改革的顺利推进，切实为集体经济发展提供要素投入保障。

（二）创新产权界定方式，保证工作推进过程中产权清晰

集体经济发展最复杂的问题就是如何界定成员以及产权关系的问题，尤其是在南京市这一城镇化率较高的发达城市，不少村庄都位于城市郊区，有着村庄合并、改制、搬迁后导致产权模糊的难题。为了应对此难题，南京市基层单位进行了艰苦的探索，其中以南京市溧水区工农兵社区形成的"五核对、三公示、一签字"的"531工作法"为代表。这一工作方法的创新完全产生于基层的实际情况，由村集体成员共同商议决定，适用于解决当地遗存的产权界定难题。具体地，"五核"即分别对第一轮土地承包人员、第二轮土地承包人员、第二轮土地承包以后到股改截止时点的人员信息与户籍信息进行三次核对；各村组老干部、老党员等对第一轮土地承包人员、第二轮土地承包人员与现有人口进行第四次核对；集体成员名单张榜公示，对漏登、错登人员信息进行第五次核对。"三公示"即所有成员信息按自然村进行张榜公示，按户签字确认后进行二次公示，以户为单位将股权分配情况进行第三次公示。"一签字"即农户对集体成员等信息进行签字确认。

同时，为了提高村级资产监管效能，保障村集体获取财产收入的规范，南京市提出实施"村账村管"模式，这样不仅可以有效解决镇级部门由于代管村账而监督力度不足的情况，而且还能提升村级财务人员的业务素质，进一步明晰产权归属问题，包括资金所有权、使用权、审批权。如高淳区在账户清理过程中，共归还村级往年被镇级平调的资金1.13亿元，村均85万元。

（三）创新集体经济经营方式，实现规模集聚效益

集体经济的壮大需要实现资源转资产，创新集体经济的经营方式。南京市村集体把通过已建设或购置的综合楼、集贸市场、标准厂房、住宿楼、商业用房、公租房、仓储物流设施等集体物业项目进行出租，以获取集体经营性收入。同时支持村集体资产股份合作社之间进行联合，集中若干村的集体留用地和财力，采取"统一规划、统一建设、统一出租、产权独立、按股分红、收益归社"的方式，共同投资建设或购置综合楼、标准厂房等集体物业项目，已形成规模集聚效应，获得规模经济效益。可以看出，南京市村集体经济来源结构已发生了变化，不再是依赖于传统的承包地租金，而是通过投资、出租等方式获取财产性收入，并通过与其他村集体的股份合作社联合起来，获取规模集聚效益。

（四）健全治理保障机制，确保工作顺利推进

南京市为确保改革任务能顺利推进，壮大集体经济与促进农民增收目标能得以实现，建立了严格的工作考核机制。南京市每年都将农村集体产权股份合作制改革任务纳入市、区政府农口工作责任状和全市镇街分类考核指标体系，坚持实施"挂图作战"、月报制度、通报制度，强化日常工作推进。针对改革中遇到的难题困难，市委市政府先后两次组织召开现场推进会，分析研究推进举措，破解改革难题。加强部门之间的分工合作，明确部门具体负责内容，组织开展联合督查指导，推动国土、税务、民政等部门制定业务工作专项落实方案，完善改革具体推进举措，健全改革任务推进机制。

此外，由于考核机制的目的仍是促使各级干部重视此次改革工作以发挥较强的业务指导能力，加强业务培训在治理保障方面更具基础性作用。南京市为此先后举办了6次由郊区农工委、镇街和村（社区）干部参加的全市农村集体资产清产核资、农村集体产权股份合作制改革、农村产权交易市场建设专题培训班，详细讲解集体产权股份合作制改革等政策业务。两次组织郊区、镇街和村干部赴苏州、上海等地区考察交流，借鉴学习外地改革先进经验，提高基层干部股改的思想认识与业务水平。

保障集体经济推进工作的有序开展，还需要明确村集体财务资产管理的独立性。为此，南京市清理村集体多头开设的银行账户，要求每个村级组织只开设一个基本账户，实现"一村一账户、独立建账"，实现了村级所有资金进出都必须通过基本账户，避免了财务管理混乱、产权不清的问题。同时，南京市建立了市、区、镇、村联网的农村集体财务资产信息监管系统，村级财务所有原始单据采用数码方式上传，账务处理实现自动化、网络化。目前，所有村已全部实现集体财务网上做账，且以区为单位公开招投标确定统一的银行，所有村在该银行开设基本账户，实施村集体资金账户统管工作。同时为了避免村级资金使用的随意性，实施镇村双印鉴制度，村集体办理取款等业务，既需要有村里的财务专用印章，还需要有镇街农经部门的监管印章。目前，全市已有274个村实行村账自主管理，约占涉农村的39%。

三、发展集体经济存在问题

（一）基层干部发展意识不强烈

基层干部由于存在谋私利的心理，在壮大集体经济方面的积极性并没有预期的强烈，甚至趋于保守，不少村干部担心改革本身会影响自身的权利和经济利益而缺乏工作积极性。此外，部分基层干部发展意识落后，未充分认识改革对于壮大集体

经济的重要性。部分远郊基层干部甚至认为，村集体经营性资产少，改与不改都一样，思想上不够重视，行动上不够主动。事实上，通过推进清产核资、成员界定工作来明晰村集体产权关系，正是促使村集体经营性资产，壮大集体经济的前提，部分基层干部并没有认识到这一点。同时，由于改革工作涉及广大农民群众切身利益，矛盾纠纷很多，部分村干部甚至还存在"畏难"的心理。

（二）农经发展队伍力量单薄

农村集体产权股份合作制改革涉及宣传发动、清产核资、成员界定、股权设置、权益量化、制定章程、召开代表大会等多个改革环节，有的社区统计过，仅召开代表会议就达到了 30 余次，工作量巨大，其复杂程度可想而知。然而，基层镇街农经队伍普遍存在人员少、年龄老化、知识老化等问题，改革工作推进的难度较大。同时，农经队伍工作人员往往还承担着美丽乡村、农经发展等诸多管理职能任务，大大降低了集体产权改革工作在基层推进的效率。

四、发展集体经济未来规划

（一）继续完善农村产权市场交易体系

南京市下一步打算继续完善市场交易体系，坚持"背靠政府、面向市场"基本原则，坚持为农服务宗旨，加快转变农村产权交易市场发展方式，不断拓展延伸交易品种和服务范围，强化交易体系标准化、规范化建设，健全完善监督管理体系，着力打造品种齐全、功能完善、交易规范、管理科学的农村产权交易市场体系。具体地，南京市要进一步落实区镇两级农村产权交易市场实体平台和市、区、镇街三级联动的农村产权交易信息服务平台，引导农村各类产权进场规范交易，完善交易规则，拓展功能服务，提高农村资源要素配置水平。结合郊区实际，逐步推广南京市因地制宜地探索而建立的三种市场交易模式：一是以镇级市场交易为主的"高淳模式"，即根据交易时间段集中、参与竞价的农民多等特点，选择以镇农村产权交易中心为主要交易平台。二是以镇街公共资源交易站为载体的"六合模式"。所有集体资产资源交易、政府采购和小型工程发包，都须经村民议事、两委会决议后逐级审批，进行资产评估、造价预算或市场询价。三是以区级市场交易为主的"溧水模式"。前期各类农村产权在区级农村产权交易所进行交易，在业务流程相对规范后，再由区级授权一定交易额以下农村产权由各镇农村产权交易中心进行交易。

（二）集体经济发展路径要进一步分类推进

南京市目前发展集体经济的道路就是通过改革来盘活集体资产，并让集体成员参与到整个经营过程之中。但是，我们也应该注意到，大城市郊区的城市化速度是很快的，将来的村落很有可能消失，那么这些即将消失的村落的集体资产该如何经营，是下一步改革工作要探索的重点。同时，对于那些缺乏经营性资产的村落，是否需要走出一条新型集体经济发展道路，仍需要进一步探索。

对于此，南京市认为改革下一步的推进要遵循因地制宜的原则。改革工作的推进模式，集体经济的发展道路，都不能搞"一刀切"，而要根据不同地区的资源禀赋和现实条件，突出不同的重点改革任务，选择不同的发展路径。比如，对于城镇化程度较高、外来人口较多的地区，针对人员流动性较大的特点，可探索实行股权固化改革，以确保集体经济发展的稳定性。而对于远郊农村地区缺乏集体经营性资产且有条件的地方，可探索将产生经营效益的土地、山林等集体资源性资产折股量化到集体成员，相当于把集体资源转为经营性资产。总之，不同资源禀赋条件的村落仍需基于自身实际情况，继续探索出适宜当地的集体经济发展路径。

第四十一章　山东省东平县发展
壮大集体经济的实践探索①

"深化农村集体产权制度改革，保障农民财产权益，壮大集体经济"，既是实施乡村振兴战略的重要内容，也是加快城乡发展一体化的重要途径。近年来，山东省东平县按照"以改革促发展"的总体思路，大力推进农村集体资源资产股份合作制改革，激活了主体、要素和市场，释放了集体资源资产的潜能，探索了发展壮大农村集体经济的实现路径，推动了农业转型与乡村振兴。到2017年底，山东省东平县有90%的村集体收入达5万元，远高于全国平均水平。实地调查研究发现，东平在发展集体经济时，以股份改革为突破点，充分发挥村民、市场和政府三方面的作用，形成了自主经营型、市场带动型和政府扶持型三种典型模式，走出了独具特色的发展壮大集体经济的"东平模式"。

一、东平县发展壮大集体经济的背景

（一）农业产业化困境

东平县经营权分散、土地细碎化，难以形成规模化、现代化的土地经营。东平县总面积1343平方千米，辖14个乡镇（街道）、1个经济开发区、716个村（居）、80万人。全县共有家庭承包经营土地86.6万亩、集体"四荒"土地以及村庄内"空荒"土地20万亩。然而对于有资金和资源的新型经营主体来说，集中连片的土地是发挥规模经营能力的前提。东平县细碎化的土地分散在一家一户的小农手中，难以形成规模化的经营，现代化农业项目也无法推进。针对这种现状，通过集体产权制度改革，重点破解农村集体产权权属不明、管理难的问题，把细碎分散的土地集中起来，更好地引进资本和现代化生产要素，实现农业产业化。

（二）农民增收困难

过分依赖土地的传统一方面不利于分散化经营方式的改变，另一方面也不利于农业劳动力的合理流动，这些最终都会导致农民增收乏力。作为传统的以农为生的农业县，最大的资源优势是土地，东平县大多数农民视土地如"命根子"，土地不仅是他们营生的主要手段，更是他们精神和情感的寄托。因此，单家独户土地经营的情况普遍，地块小而分散，大量土地闲置，机械化难以推进，导致农民收益低下，

---

① 执笔人：赵昶。

土地收入受到了很大的限制。随着城乡一体化进程的加快和市场经济的发展，农民纷纷选择进城务工，通过非农转移来提高自己的收入，但是对于土地的依赖却阻碍了非农就业转移。土地承包经营权向规模经营主体集中已经成了城乡一体化进程中不可避免的趋势。

（三）集体经济薄弱

东平县农村集体经济发展长期滞后，村集体经济的"空壳化"问题严重，村集体治理能力有限，基层组织存在软弱涣散的问题。出于历史原因，东平县境内库区、滩区、山区、老区"四区"叠加，东平湖库区移民、黄河滩涂区移民、易地搬迁人口达到32.9万，是传统农业大县、移民大县、全省帮扶工作重点县。长期以来，村集体"三资"主体不清、权责不明，致使农民主体权益缺位，村集体资源潜力未能充分挖掘，资产效能未能得到充分发挥，资金未得到合理利用，出现了集体资产流失的现象，村集体经济难以持续发展壮大。因此壮大村集体经济是提升村集体话语权与办事能力的前提保障，解决了集体经济薄弱的问题，才能化解农民之间、集体之间、农民与集体之间的矛盾。

二、东平县发展壮大集体经济的典型逻辑

党的十八大和十八届三中全会指出，要让"广大农民平等参与现代化进程，共享现代化成果"。东平县的股份合作社通过"自愿入股"的方式让农民参与到现代化进程中来，通过"按股分红"的方式把利益返还给农民，在一定程度上共享了现代化成果。党的十八届三中全会指出，"要赋予农民更多财产权利，保障农民集体经济组织成员权利，积极发展农民股份合作社"。东平县通过鼓励农民加入土地股份合作社，促进了资源的资产化，给农民带来了一部分财产性收入，甚至有一部分农民增收来源不再以农业收入为主，而是主要以股份分红为主。东平县集体产权制度改革的方向是坚持一个核心、四项原则，确保两个增收两条红线不动摇。"一个核心"即坚持以"还权赋能"为核心，明晰所有权、放活经营权、落实处置权、保障收益权，推进农村资产权属明晰化、配置机制市场化、产权要素资本化、管理监督规范化。"四项原则"即坚持政府主导、群众主体，统筹推进、市场取向，试点先行、分类指导，封闭运行、风险可控。"两个增收两条红线"，即通过农村产权股份合作制改革，增加农民收入和集体收入，确保农民利益不受损、集体资产不流失。

东平县土地股份合作的经营模式大体形成了三种：一是合作经营型。土地股份合作社引入外部资金、技术和管理，将土地股份合作社打造为新型农业经营主体，合作发展。接山镇后口头村炬祥土地股份合作社以土地和劳务的形式，经营大户以资金和苗木形式进行合作经营，双方按5:5收益分成，实现了农民集体双增收。二是内股外租型。土地股份合作社把土地整体对外租赁，稳定获取租赁收入。梯门镇西沟流村宝泉土地股份合作社将1400亩土地对外租赁给灵泉农场，将分散的山岭薄地连片发展樱桃、石榴、核桃等高效优质林果规模种植，提高了土地产值，每亩平均收益由 700 元提高到 1300 元。三是产业经营型。成立土地股份合作社，自主培育产业。彭集街道安村，由土地股份合作社牵头，发展起了粉皮加工、生态养殖、有机蔬菜、中药材种植四大产业，村集体由三年前的负债变成 2017 年收入过千万元。

三、东平县发展壮大集体经济的具体做法

（一）通过实行土地资源份额化，促进了股权保值增值

改革前，东平县村级积累少、薄弱村多，全县农用土地 112 万亩，家庭承包地 86 万亩，村集体四荒地 26 万亩，即使土地资源比较丰富，但是却面临着"一户四五亩，种地五六块"这样分散化经营的情况，土地产权不清晰、权责不明确、保护不严格、运营不流畅始终阻碍着东平县的土地有效经营。

通过对集体土地资源的整合，东平县探索出了土地股份合作的路子。对均分到户的家庭承包地进行土地确权，对集体"四荒"地等土地资源丰富的村进行资源股份合作制的改革，凡是集体经营的"四荒"类土地资源，人均面积在 0.5 亩以上的村，都对成员占有份额进行了明晰的记录。东平县在推行土地股份合作制改革的基础上，落实了集体所有权，促进了土地承包权、经营权的增值，实现了"土地租金+务工收入+合作分红"的三级收入，解决了土地细碎化经营对劳动力的束缚。通过访谈发现，原来农户之间的土地流转一般为 300~500 元/亩，入股后保底收益为 700~1000 元/亩，在一定程度上实现了土地承包权的财产性收益的翻倍。随着合作社集体经营收入的增加，农民作为股东每年每亩土地股获得了一定数额的分红收入，同时留守农村的劳动力也在合作社获得了务工收入。走访中发现，梯门镇西沟流村将集体 1000 亩荒山折股量化给村民后统一经营，引导农户自愿将零星分散的碎片薄地承包田 1000 亩入股，建立宝泉土地股份合作社。通过成立该土地股份合作社，一是盘活了土地。农户分散经营的土地实现了集中连片，为农业适度规模发展创造了条件，为城乡工商资本下乡搭建了平台；同时，通过发展高效经济果木，也提高了土地产值，每亩平均收益可由 700 元增至 1300 元。二是促进了增收。自 2015 年以来，村集体通过参与经营管理，年增收公益金、公积金 10 万元。农户从土地上不仅有"租金"收入，还参与盈利分红，农民到基地打工，还有"薪金"收入，同时，合作社需要长年务工人员 40 多人，年人均务工收入 13000 元；果实采摘季节需要务工人员 400 多人，年人均务工收入 3000 多元。三是促进了美丽乡村的建设。西沟流村昔日的荒山薄岭变成了如今的"金山银山花果山"，成为了新的生态文明村和美好的生活家园。

（二）通过实行扶贫资金股份化，促进移民村脱贫

东平县是全国第二、全省第一移民大县，库区移民达 24.5 万人，每年承接财政扶持资金 3 亿多元，政策性资金往往采用"分散使用，平均到户"的使用方式。通过这次改革将扶持资金股份化，对那些集体承接政策性扶持资金人均 1000 元以上的村，集中形成股份合作制的经营项目，主要通过以下三种形式进行：一是自主经营

型的项目，对班子强、有产业的村，建设种、养、加特色园区，自主经营。比如彭集街道马流泽村股份经济合作社，利用集体经济增收项目扶持资金 90 万元自主发展草莓采摘园，2017 年集体收入 30 多万元，合作社成员每人分红 160 元。二是合作经营型的项目，对经营能力不足的村，引入工商资本参股，发展经营主体。接山镇夏谢五村共 317 户、1355 人，其中低收入人口 146 户、500 人，村集体无收入，是省级低收入村。该村利用 45 亩闲置的土地，引进外地客商投资建设生态养鸡场。将上级帮扶 160 万元资金入股经营。按照集体土地 10%、扶贫资金 35%、客商投资 55% 的比例组建 "泰安市创富农业开发有限公司"，饲养 "雪山" 牌草鸡。专项帮扶资金股归全体低收入户共有，按低收入人口平均分红，低收入群众在享受资金入股分红的同时还可以在养鸡场务工取得收入。三是租赁经营型的项目，对无资源无条件的村，异地置股或置业，借力发展。老湖镇 2017 年整合帮扶资金 605 万元，建设了水利帮扶产业园项目、富硒产业园项目、电商项目，通过租赁经营的方式，收取收益资金 51.5 万元，用于低收入户分红和村级帮扶公益事业，带动建档立卡低收入户331 户、793 人，人均增收 650 元。

（三）通过社区股权的确立，实现了迁居社区化

东平县在 2015 年就开始实施黄河滩区易地搬迁工程，利用移民迁居的机会，将社区建设与产权股份改革同步推进。一方面进行整体搬迁，撤村并居，成立社区配套组织，管理社会事务。另一方面队员村集体资产进行了彻底的清产核资，股权量化，组建了社区股份经济合作社，促使村民变成了股民，移民也搬进了社区，相关产业则搬进了园区。村民的住房条件得到了改善，就业工作也同步得到了保障，为整体脱贫做出了一些贡献。

接山镇朝阳庄村共有 270 户、970 人，土地 6400 亩，由于穷乡僻壤、交通封闭的自然条件，2015 年以前 80% 的村民处于省级贫困线以下，是远近闻名的省级贫困村。通过积极开展招商引资，将旧村落和 3800 亩荒山整体租赁给普世南山集团，发展了高端养殖和乡村旅游业，同时引导农户将 2000 亩家庭承包地入股组建集体经济合作社，将 3000 万元租金折股量化给了每一位成员。通过国家易地搬迁项目，发挥资源优势招商引资，将集体资源变现并实施股份合作制改革，利用现代经营管理模式发展乡村旅游产业经济，既解决了村民的居住困难，又一劳永逸地解决了村民的生产生计问题，从根本上促进了村民致富，受到了全体村民强烈拥护和赞成。昔日的穷乡僻壤变成了 "山峦起伏林木茂，沟壑纵横景色秀" 的美丽乡村。

（四）通过推动政经分离，实现了资产运营管理增收

东平县对班子强、区位条件好、有一定产业基础的村，在进行清产核资、成员界定后成立股份经济合作社，明晰集体资产权属，完善运营管理机制，激发集体经济发展活力。彭集街道后围村位于城郊，交通便利，又毗邻大型企业瑞星集团，通过发展物业出租和运输业，村集体有了一定积累。之前，集体资产由村 "两委" 经营，政经不分，权责不明，村年收入 100 多万元，管理费用高达 31 万元，向村民发

放福利 20 多万元，村民获得感较低。针对这一问题，后围村开展了集体资产股份合作制改革，分类推进集体资产资源股权量化，成立股份经济合作社，推动政经分离。一方面，将集体资产 874.3 万元折股量化，集体持股 30%，集体经济组织成员股东 1745 人持股 70%，集体资产改由合作社经营，精简管理人员，节省了开支。另一方面，将长期乱占、乱用的 310 亩闲置荒地按每人 7 股量化给成员，收归集体并由合作社统一经营，用于发展苗木花卉产业，年增收 10 万元。在此基础上，改"大锅饭"式的福利制度为按股分红制度，户均分红 450 元，体现了集体收入分配的公平性，增强了村民对集体经济的关注度和发展集体经济的劲头。

（五）通过引进社会资本，促进了美丽乡村的建设

东平县发挥财政资金撬动作用，吸引社会投资发展乡村旅游，对自然景观、村形态有一定开发价值的村进行旅游业建设。南堂子村是电视剧《新水浒传》的主要取景地。为了发展乡村旅游业，自 2014 年以来，南堂子村采取"固定土地股、变动户口股"的模式，成立了土地股份合作社，利用银行贷款对村庄进行旅游开发。为了激发各方的积极性，南堂子村设计出了兼顾土地、户口和劳动贡献的收益分配机制：土地股每年 1000 元/亩的"保底收益+年终分红"；户口股随人口变动而变化，并仅参与年终分红；管理人员的收益，直接与当年合作社盈余情况挂钩。合作社优先安排本村村民就业。至 2017 年底，南堂子村的门票和鲜果采摘收入已经从几年前的 10 万元快速增加到 500 万元，合作社的年盈余达到了 50 万元，带动了本村及周边 4000 多人就业。

四、东平县发展集体经济的主要创新点与经验

（一）经验总结

一是要以推动农村产业转型为着力点。东平县农村经营性资产少，现阶段靠资产运营增收的潜力有限，因此挖掘土地资源潜力是发展壮大集体经济最直接、最现实的途径。从实践来看，发展传统种养业难以实现村集体经济的长足发展，在走访各村发展壮大集体经济的过程中，无不是在向产业要效益，其中关键是以市场为导向，培育壮大新产业、新业态，促进农业结构调整。

二是以改革创新体制机制为切入点。东平县在发展壮大农村集体经济过程中，着力推进集体产权制度改革，一方面通过明晰产权、量化股权，防止少数人侵占多数人利益，提高了农民主人翁意识；另一方面提高了农民的组织化水平，为产业发展提供了支撑。就目前情况来看，改革对产业发展的支撑作用是显著的，但同时是否需要设置集体股、如何完善股份权能、如何理顺经济组织与自治组织的关系等，还有待深化探索。

三是以农民共享改革发展成果为落脚点。农民是农村改革发展的主体。农民能否公平享有村集体经济发展壮大带来的红利，既是农村各项事业顺利推进的前提，也是检验改革发展是否成功的"试金石"。一方面，保证土地基本收益。无论是农户

土地，还是村集体土地，入股土地每亩 1000 元左右的固定租金，作为保本收益，并且视具体情况适当浮动。另一方面，按股分红。收益剩余部分，根据股权和契约分配，让群众和村集体充分享受土地增值效益。不难看出，东平县在发展壮大农村集体经济过程中，兼顾了村集体和农民的利益，通过创造就业、按股分红、改善住房等方式，实现和保障了农民财产。

（二）主要创新点

立足土地资源优势，深化土地产权制度改革，充分发挥村集体统领作用，引导农民以地入股、合作生产、规模经营，通过做实所有权、增值承包权、放活经营权，实现了"三权"共赢，激发了农村发展活力。截止到目前，全县培育发展农村土地股份合作社 94 家，入社农户 9860 户，入股土地 7.6 万亩，带动发展家庭农场 210 家、农民专业合作社 420 余家。通过"三权分置"，土地入社，实现了"合作共赢，借土生金"。

1. 以村集体领办产业项目，带动土地合作经营

前些年，在农村土地流转改革进程中，除亲友、近邻之间的转包、代耕代种外，大户承包是主流，这其中不乏工商业者进入土地经营。大户承包对推动农村土地流转规模经营起到了一定推动作用，缓解了农村劳动力匮乏的困境。但从实践来看，单纯依靠大户承包不能从根本上解决农村土地经营制度改革面临的问题。一方面，大户承包经营，转出土地的农户只得到固定的租金收入，既无助于集体增收，也无助于农民增收；另一方面，"客人"型大户一旦亏本容易"跑路"，转出土地的农户往往遭受损失。面对此情，东平县立足土地资源优势、顺应土地流转趋势，支持鼓励村集体领办土地股份合作社发展产业项目。一方面是典型引路。一开始在每个乡镇选择 2~4 个村，取得成功经验后在全县推广。如泰安市首家"炬祥"土地股份合作社就是东平县接山镇后口头村党支部领办的。该村 2014 年动员 58 户村干部、党员、科技示范户等将 160 亩家庭承包地入股发展蔬菜、苗木等高效作物，在每亩1000 元租金基础上，农户又获得 200 元的分红。在村"两委"引领下，看到好处的农户开始自愿以地入股合作经营。面对愿意合作的和不愿意合作的农户，村"两委"没有搞"一刀切"，他们将土地划分为两大区域：集体统一经营区和农户自由经营区。规定自愿入股的家庭承包地必须是整户土地入股，入股期限不低于 5 年。不愿意入股集体经营的通过土地置换到自由经营区。目前，这个村 80% 以上的农户将 800多亩承包地入股到合作社统一经营。另一方面是政策扶持。对于机制健全、运行良好的土地股份合作社，通过组织专家评审，授予示范社称号。县里规定，凡财政扶持村一级的农业产业项目，一律优先于土地股份合作社。如彭集街道 53 个村，有 26个村集体领办了土地股份合作社，2016 年共获得财政扶持 2600 万元。目前在东平县，村集体领办的土地股份合作社普遍被农民认可，认为村集体比其他组织或个人更可靠、更有保障。

2. 以集体资源股份化改革，推进土地合作经营

村集体土地资源有两大类，一类是按人头均分到户的家庭承包土地，另一类是不宜家庭承包经营的集体"四荒"地、村内"荒片"等。对均分到户的家庭承包土地，东平县首先进行了确权登记颁证，确保农民的土地承包权益，全县98.5%的有地村完成了土地确权登记任务。在此基础上，引导集体"四荒"等土地资源丰富的村开展资源股份合作制改革，明晰集体成员对集体土地资源占有的份额。在发展集体土地规模经营项目的基础上，引导农户以家庭承包地自愿入股，建立以土地股份合作经营为主的经济合作社。在资源股权设置上，实行资源A股、资源B股，资源A股为集体配置股，即集体"四荒"地与村内"荒片"地；资源B股为个人自愿股，即由成员以家庭承包地自愿有偿加入，实行"租金保底+分红"，确保农民承包权保值增值。如彭集街道后围村，清理、清退、收回6个自然村荒片土地300多亩，平均量化股权后，成立土地股份合作社，统一经营苗木花卉，收入按股分红。

3. 以强化运营管理，壮大土地合作经济

发展土地股份合作经营的根本目的是提高土地效益、增加农民和集体收入。东平县把土地合作社经营管理作为改革的治本之策，形成了三种经营模式：一是自主经营型。在村"两委"成员有种植经验和技术的村，立足当地实际，培植发展主导产业。如沙站镇前河崖村"鑫冉"土地股份合作社经营土地650亩，种植小麦原种、丹参、芋头、甜玉米等高效作物，使土地亩产值由入股合作前的2200多元提高到3500多元，转出土地的农户每年在1000元租金收入的基础上，还可得到100~200元的分红收入，村集体通过产品营销年增收10万余元。二是合作经营型。土地股份合作社引入内外部资金、技术和管理，打造新型农业经营主体，合作发展。如梯门镇西沟流村将1000亩荒山折股到户、同时引导农户自愿将零星分散的碎片薄地承包田1000亩入股统一经营，成立宝泉土地股份合作社，吸引祖籍在本村的外地客商投资2000余万元成立泉灵公司合作经营，发展以樱桃、石榴为主的林果产业以及农家采摘为主的休闲旅游产业，使昔日的荒山薄岭变成了"金山银山花果山"。自2015年以来，村集体通过参与经营管理，年增收公益金、公积金10万元。农民从土地上不仅有"租金"收入，到基地打工还有"薪金"收入，合作社需要长年务工人员40多人，年人均务工收入13000元；果实采摘季节需要务工人员400多人，年人均务工收入3000多元。三是委托经营型。土地股份合作社把土地对外租赁，村"两委"协助搞好生产及销售上的服务与管理，并按产品销量提成分红。如银山镇后银山村60%的农户从事第三产业，全村550亩土地全部入股合作社委托给三个专业大户统一经营，通过招商投资1000余万元建立了"银凤农庄"，栽植樱桃、黄金桃、葡萄等，发展生态观光农业。

通过推进土地股份合作经营，一是做实了所有权、增值了承包权、放活了经营权，实现了"三权"共赢。东平县在推进土地股份合作过程中，积极发挥村集体统领的作用，让一家一户的农民有了靠山、找到了"娘家"，土地交给村集体经营收益

有保障、用途能管制、农民得安心，同时通过统一管理服务，村集体还增加了收入；农户的承包权也得了增值，原来农户之间的土地流转一般为300~500元/亩，入股后保底在700~1000元/亩，土地承包权的财产性收益翻倍。随着合作社集体经营收入的增加，农民作为股东每年每亩土地股还可获得一定数额的分红收入。同时，留守农村的劳动力还可在合作社务工获得收入。二是盘活了土地资源，促进了规模经营。解决了村集体"四荒"土地资源占有不公、经营不良问题，化解了家庭承包地分散经营与规模化生产的矛盾，充分解放了农村劳动力，加快了城乡统筹发展进程。三是改善了干群关系，夯实了基层基础。通过村集体领办土地股份合作社、发展产业项目，使村干部"有活想、有事干、有钱挣"，实现了由"管理型"向"服务型"转变，群众对干部的信任度、满意度提高了，村集体的凝聚力、战斗力增强了。

五、三种壮大集体经济的典型案例

一是支持村集体创办股份合作社，自主开展规模经营发展集体经济。当初分地时，为减少矛盾，各地普遍采取了"肥瘦搭配、按人均分"的方式，导致小块土地分散经营，产生了不少问题。一方面，集体难以发挥作用，只能做些辅助性工作，加剧了集体经济的虚化、弱化；另一方面，由于难以获得连片土地，新型经营主体发展受到阻滞，也影响了集体经济的发展空间。针对这种情况，东平走出了"以股份化促组织化、规模化"的集体经济发展道路。

东平县在股份合作制改革时，把集体"四荒"地、机动地与农户承包地分别设为资源A股（集体配置股，可以5年调整一次）和资源B股（个人自愿股，不做调整），积极引导农户自愿将承包地入股土地股份合作社，实行集体统一经营管理。在2015年实施股份化改革后，东平县后口头村成立了"炬祥土地股份合作社"，与农业企业签订苗木销售订单，并引入了10多家新型经营主体从事特色种植等。目前，除股份量化给全体成员的679亩"四荒地外"，后口头村还有740亩（占65.8%）农户承包地入股。入股土地不仅每年有700元的保底收益，还可以获得100~200元的年底分红，每年村集体收入从原来的不足2万元增加到现在的47万元。

东平县南堂子村是电视剧《新水浒传》的主要取景地。为了发展旅游业，南堂子村采取"固定土地股、变动户口股"的模式，成立了土地股份合作社，借助银行贷款对村庄进行旅游开发，并设计出了兼顾土地股、户口股和企业家贡献的收益分配机制，从而整合了各种资源，激发了各方的参与积极性。村集体旅游收入从2014年的20万元增加到2017年的500万元，直接受益农民达4000多人。

马流泽村2014年启动股份合作制改革后，将原先乱占乱用的209亩荒地和河滩地收归集体后，作为资源A股平均量化给成员，在此基础上村干部带头出资40万元，并争取了90万元的项目扶持资金，成立股份合作社，建设了大棚18栋。其中，8栋由合作社自主经营，10栋以3500元/年的租金承包出去，合作社负责出租大棚的整个生产过程的管理服务，企业给予15%的利润分成。由于集体经济焕发了活力、实现了盈利，2017年合作社成员每人分红160元。

可见，土地入股、统一管理经营不仅实现了农民增收，还有效解决了集体经济虚化、弱化的问题。

二是以股份改革后的"三资"入股企业，依托市场力量带动集体经济发展。大部分传统的集体经济自发性强、成长性弱，发展中存在资金、人才等障碍。统一利用集体所有的资源、资产和资金，与企业联合与合作，是实现集体经济持续发展的一个有效方式。借股份合作制改革的机遇，东平县通过土地入股优质企业、联合建设标准厂房、集体资产参股企业等灵活方式引进优质企业，让集体经济获得更好发展。

东平县西沟流村三面环山，全村有687人，耕地1700亩、山地3700亩，多为丘陵坡地，土壤贫瘠，靠天吃饭，土地抛荒严重。在实施股份合作制改革后，西沟流村将1000亩荒山折股到户，并引导农户将1000亩零星分散的承包田和荒山股份入股到宝泉土地股份合作社。合作社与招商进来的泉灵公司实行合股经营，主要从事樱桃种植、石榴种植、猪羊规模养殖和旅游观光农业。在股权设置方面，泉灵公司投资2000万元，占比53%；合作社的土地按700元/亩/年、共计15年折资，合计土地折资1785万元，占比43%。泉灵公司委托合作社进行日常经营管理，经营利润按投资比例分配。合作社得到的利润在提取公积金、公益金后，在集体和成员之间按比例分配。目前，该村种了7个品种的樱桃树2.6万棵、石榴树2.8万棵，养羊2000只，建设了可同时容纳8个家庭的家庭宾馆。村集体通过参与日常经营管理和公积金、公益金分配，每年可以实现集体收入10多万元。

三是将股份改革和社区、产业园区建设联动，借助政府扶持壮大集体经济。移民搬迁和集中居住是不少地方在帮扶开发、土地整治时经常采取的做法。大部分移民搬迁村集体经济的基础差、底子弱，如果没有其他产业做支撑，搬迁很难让集体经济焕发生机。针对这种问题，东平县2015年在实施"移民避险解困、黄河滩区建设、易地扶贫搬迁"三大工程时，注重以股份合作制改革为抓手，积极吸引企业入村，推动社区、产业园区"两区"共建。一方面，撤村并居、整体搬迁后成立社区配套组织，管理社会事务；另一方面，成立社区经济合作社，作为社区的经济主体，负责产业园区的建设与经营管理。社区经济合作社将承接的政府扶持资金用于在产业园区建设厂房，再以厂房租赁的方式发展集体经济，或者直接将承接的政府扶持资金入股到企业、合作社等，每年获得保底收益，集体成员按股分红。

东平县朝阳村原本是省级贫困村，因地处山区不宜居住，2015年在政府城乡建设用地"增减挂钩"政策支持下，实施了整体搬迁和集中居住，同时把老村的各种资源资产整体出租给南山集团69年，用于发展乡村旅游。集中居住后，村集体通过股份合作制改革，成立了经济合作社，统筹推进社区建设和产业发展。一方面，在政府帮助下，村里以经济合作社的名义投资建设了光伏发电设备，每天可以为集体带来6000元的收入；另一方面，将农户1260亩承包地和村里剩余的各种资金，量化给成员后入股到经济合作社，用于建设"幸福农庄"，发展休闲观光农业。合作社收益按股分红。

此外，一些村集体还通过政府扶持资金股份化等方式，在支持集体经济发展的同时，重点帮扶低收入户和"空壳村"。比如东平县夏谢五村，以 160 万元的政府帮扶资金和 45 亩闲置的集体土地（折资 50 万元），与农业龙头企业联合建设生态养鸡场，收益按照集体土地 10%、帮扶资金 35%、农业企业和大户投资 55% 的比例组建农业开发公司，收益按股分红。目前，该村每个低收入人口已从养鸡场项目中获得分红 1000 多元。

第四十二章 内蒙古自治区阿荣旗农村集体经济发展调研报告[①]

一、阿荣旗农村集体经济发展现状

阿荣旗地处呼伦贝尔市东南部，全旗总面积 1.36 万平方千米，下辖 8 个建制镇、4 个少数民族乡（包括满族、汉族、蒙古族、鄂温克族、达斡尔族、朝鲜族等 20 个民族）、7 个地方林场和 2 个国营农场，共有 148 个行政村，总人口 32 万人，其中农业人口 23 万人，全旗耕地 471 万亩，主要农作物有玉米、大豆、马铃薯、水稻等，常年粮食生产能力 40 亿斤，是全国 441 个优质商品粮基地、全国粮食生产先进县、自治区 5 个大豆主产区之一，素有"粮豆之乡""肉乳故里""绿色宝库"的美誉，12 次被农业部评为"全国粮食生产先进单位"，有优质天然草牧场 234 万亩，林地 892 万亩。

近年来，阿荣旗高度重视集体经济的发展，为进一步发展壮大农村集体经济，加快推进城乡统筹综合改革，在《农业部印发〈关于稳步推进农村集体经济组织产权制度改革试点的指导意见〉》（农经发〔2007〕22 号）精神指导下，2014 年 11 月，阿荣旗成为自治区唯一承担农村集体产权制度改革的旗县，承担起农村集体产权股份合作制改革任务，并出台了《内蒙古自治区阿荣旗农村集体产权股份合作制改革试验方案》，稳步开展农村集体产权股份改革工作。在改革过程中，阿荣旗紧紧围绕乡村振兴战略，突出产业兴旺，以土地确权颁证为基础，以产权制度改革为突破，以村股份经济合作社为载体，整合农村资源要素，聚力村集体经济发展，推动改革向纵深发展，实现了"资源变资产、资产变股权、农民变股东"的"三变"目标，取得了"改革见活力，集体见效益，农民见红利"的"三见"效果。截止到目前，已全面完成了 148 个行政村农村集体产权制度改革任务，并彻底消灭了"空壳村"，解决了农村集体经济无法做大做强、产业发展没有平台支撑的矛盾。

2018 年 8 月 6～7 日，中国人民大学课题组一行 6 人对阿荣旗农村集体经济发展情况进行了深入、细致的调研，探讨了阿荣旗发展农村集体经济的主要做法，即以股改为载体、多元化发展模式为主干、帮扶为突破点成功发展壮大了农村集体经济，并在此基础上进行经验总结。

---

① 执笔人：蒋承祚。

二、阿荣旗发展农村集体经济的主要做法

（一）股改为载体，激发农村集体经济发展活力

为进一步发展壮大农村集体经济，加快推进城乡统筹综合改革，根据《农业部印发〈关于稳步推进农村集体经济组织产权制度改革试点的指导意见〉》（农经发〔2007〕22 号）精神，阿荣旗稳步开展农村集体产权股份改革工作，出台了《内蒙古自治区阿荣旗农村集体产权股份合作制改革试验方案》，全面推进村集体股份合作制改革。

阿荣旗严格按照"归属清晰、权能完整、流转顺畅、保护严格"的现代产权制度和批复方案的要求，按照资源定权、资产定股、经营定向、农民定心的"四定"模式扎实推进改革工作，取得了初步成效。

阿荣旗的农村集体产权股份合作制改革集中力量推进"四定"模式，夯实了确权赋能的改革根基。一是资源定权。在全区率先完成了土地承包经营权确权登记颁证工作，实测土地 423 万亩，建立了土地承包管理信息平台，顺利通过了自治区验收和农业部数据汇交，实现了"确实权、颁铁证、赋新能"。对 171 万亩基本草牧场进行确权，明晰了土地、草场承包权属，彻底解决了多年来承包面积不准、四至不清的顽症。对全旗 70 万亩"五荒"（荒山、荒地、荒沟、荒滩、荒水）资源性资产，晰产权、促治理，发展林、果、蚕、草、药等富民产业；明晰了 62.3 万亩集体林地产权，落实了经营主体，发放林权证 1.34 万本，实现了"山定权、树定根"，被评为全国集体林权制度改革先进集体。二是资产定股。因村施策，尊重农民意愿，有法依法、无法依民，不搞"一刀切"，户籍在村的居民，均可享受配股；对现役军人、在校大学生、服刑人员都进行登记，预留份额，作为户口返回增补。目前，全旗 148 个村中有 72 个村量化资产 5788 万元，76 个村没有对资产进行量化，只是明确了每位股东将来参与集体资产收益分配的份额。三是经营定向。设立村股份经济合作社，各类资产确股到人，向全体股东发放股权证书，个别村同时成立了土地股份合作社。如，查巴奇乡猎民村在对村集体资产进行股份量化的同时，全村 103 户农民以 11070 亩土地入股合作社，并通过了《土地股份专业合作社章程》，进行了注册登记，初步建立了自主经营、独立核算、自负盈亏、民主管理、按股分红的农村土地股份专业合作社。该社以 7.5 亩土地为 1 股，共计 1476 股，每股分红 1450 元。2017 年，松塔沟、富吉、猎民 3 个村发放分红资金 18.5 万元，惠及股民 3027 人。其中，向阳峪镇松塔沟村每股分红 10 元，总额 6.4 万元、户均分红 200 元；音河乡富吉村每股分红 5 元，总额 10 万元、户均分红 119 元；查巴奇乡猎民村每股分红16.7 元，总额 2.1 万元、户均分红 204 元。四是农民定心。对农村土地、草场、林地、"五荒"等资源性资产定权，已发包的 50 万亩"五荒"资源，实现年助农增收1.5 亿元；集体林地实现年均效益 1.25 亿元。经营性资产量化到人，公益性资产强化管理服务，实现了各类资源资产权利明晰，充分保障了农民的知情权、参与权和

监督权，坚定了农民致富的信心。

阿荣旗以"四定"模式扎实推进农村集体产权股份合作制改革，有效拓宽了农民的增收渠道，促进了农村土地规模经营，降低了生产成本，增加了农民收入，维护了农村社会稳定。可以说，阿荣旗农村集体产权股份合作制改革成功激发了农村集体经济发展活力，为壮大农村集体经济奠定了基础。一是旗本级财政投入资金消灭"空壳村"。通过股改进行确权赋能后，2017年旗本级财政向147个行政村每村投入10万元，共1470万元，重点用于发展壮大村集体经济，彻底消灭了"空壳村"。二是整建制耕地轮作的新型经营主体上交管理费。2018年实施整建制140万亩耕地轮作的56家新型经营主体自愿每年每亩向村集体上交管理费5元，连续3年，总计2100万元，用于支持村集体经济做大做强。三是将帮扶农牧场建设为主抓手。2018年计划投资3.1亿元，首批建设帮扶农场5个，并将该资金纳入村集体经济管理台账，每年在村集体收益中提取30%作为村集体经济积累，记入村集体经济组织台账，用于发展壮大村集体经济。

（二）多元化发展模式为主干，壮大农村集体经济

自2017年初以来，根据内蒙古自治区党委办公厅印发《关于分类指导、分层推进嘎查村级组织党的建设工作的意见》和呼伦贝尔市委办公厅印发《呼伦贝尔市关于打造"北疆基层党建亮丽风景线"的实施意见》《关于进一步加强和改进农村牧区基层党建工作的实施意见》等文件要求，为全面提升村集体经济发展整体水平，为加强全旗发展村集体经济的统筹指导，组织召开了阿荣旗旗委书记办公会专题讨论《阿荣旗发展壮大村集体经济实施方案》，并先后两轮征求乡镇党委、旗直部门和有关处级领导的意见，使发展村集体经济工作方案内容更加完善、措施更加切合实际。

阿荣旗认真贯彻落实党的十八大和党的十八届三中、四中、五中、六中全会及习近平同志系列重要讲话精神，全面落实中央、自治区和呼伦贝尔市关于发展壮大村集体经济、夯实基层基础的部署要求，以农村集体资金、资产、资源等要素的有效利用为基础，以增强村集体经济实力为目标，加大政策、资金、项目等扶持力度，深入研究谋划，积极探索推动村集体经济多元化发展模式，包括土地经营模式、盘活集体资产模式、开发集体资源模式、领办合作社模式、实体兴村模式、服务创收模式、电商联盟模式、其他发展模式，以此来壮大农村集体经济。

1. 土地经营模式

土地经营模式主要包括直接发包、入股分红、投资建设、反租倒包四种方式，具体内容如下。一是直接发包。村集体有机动地的，通过对外发包形式获取租金收入。二是入股分红。采取将土地折价入股方式，建厂房、库房、门面、农家乐等，按比例获取收入。三是投资建设。争取资金建设蔬菜大棚、养殖小区、苗木基地等设施，产权归集体所有，以出租、承包等方式增加集体收入。四是反租倒包。村集体没有机动地的，可将农户分散的土地流转集中起来，进行统一规划和布局，将经

营权发包给种植大户或公司企业，获取收入。从调研情况来看，发现阿荣旗村集体已成功开展投资建设和反租倒包两种方式。

（1）投资建设方式。

大兴村位于复兴镇西南12.5千米，总面积36平方千米，耕地17594亩，辖6个村民小组，共有275户1060人，其中党员25人。复兴镇大兴村在"五荒"治理过程中，村党支部引导村民种植沙果1400亩，养殖柞蚕30把。然而由于没有相应的储存设备，只能是秋收后立即卖掉，价格较低，严重影响了经济效益。2016年，村党支部争取到项目资金60万元，建成了500平方米的冷库，专门用于为种养大户储备沙果和柞蚕。待冷库全面建成后，通过向外发包每年可增加集体经济收入2万元。这种方式是典型的投资建设方式，村集体争取项目资金用于建设冷库，产权是归集体所有，通过发包给种植大户储备沙果和柞蚕，村集体收取一定的发包费来增加村集体收入。

（2）反租倒包方式。

查巴奇乡河西村因位于阿伦河西岸而得名，现有耕地3.34万亩，草场1800亩，辖5个村民小组，共有410户1556人，其中党员28人。查巴奇乡河西村抓住随着肉牛养殖产业的发展，饲料的需求也在大量增加，村民的种植结构势必也会发生变化，按照依法、有偿、自愿的原则，积极引导农民进行土地流转，将土地向养殖大户流转，种植青贮作物，不断拓宽饲料来源，降低肉牛养殖成本。对于外出务工、缺劳动力和耕地较少的农户，村党总支积极动员，把土地向种植大户流转，鼓励种植绿色有机作物，增加收入，实现种植、养殖产业发展"两不误、两促进"。截至目前，全村3.34万亩土地累计流转1.2万余亩，流转率超过36.4%，其中种植青贮玉米、紫花苜蓿7000亩，作为合作社肉牛养殖饲料；种植黏玉米等绿色有机作物1000亩，逐步形成了"肉牛养殖产业化、耕地资源集约化、饲料供应规模化"的循环经济链条，为集体经济的可持续发展"保驾护航"。这种方式是典型的反租倒包方式，村集体将外出务工、缺劳动力和耕地较少的农户分散的土地流转集中起来，进行统一规划和布局，将经营权流转给种植大户，获取收入。

2.盘活集体资产模式

盘活集体资产模式主要包括自然资源租赁与闲置资产租赁两种方式，具体内容如下：一是自然资源租赁，将村集体的矿山、林地、水面、河流等自然资源承包租赁出去，收取承包费，增加村集体收入；二是闲置资产租赁，将村集体闲置的办公用房、校舍、仓库、院落等资产承包给业主经营，收取一定的承包费，增加村集体收入。

（1）"自然资源租赁+闲置资产租赁"方式。

那吉村是那吉镇的城关村，全村总面积7.5平方千米，耕地6800亩，有4个村民小组，768户1954人，以种植玉米、大豆、水稻、无公害蔬菜为主，2016年人均纯收入31900元。针对本村集体资产较少、原始积累不多的实际，村党总支积极争跑项目,在引领部门的帮助下,争取到 87 栋养殖圈舍建设项目,并在东华组建成天益多功能园区,经村民代表大会决议,将养殖小区两栋圈舍产权划归村集体所有,通过出租每年年收取租金 3 万元。同时,通过公开发包的方式,将村集体现有水田 150 亩、旱田 90 亩对外发包,每年可获得集体经济收入 7 万元。

(2)闲置资产租赁方式。

亚东镇六家子村现有耕地 3.06 万亩,辖 3 个村民小组,有 456 户 1321 人,其中党员 40 人。依托企业自身经营管理规范、产品附加值高等优势,结合村集体经济发展经验缺乏等实际困难,六家子村党支部主动联系天助米业,达成合作协议,充分利用企业项目落实带动村集体经济发展壮大,取得了良好的成效。六家子村通过外租集体房产的方式,将便民服务大厅一部分出租给天助米业,作为办公室、电商运作大厅及产品展示厅,为企业后续建立"水稻银行"项目的设想提供了孵化基地,村党支部收取屋舍租赁费用,解决了村部取暖费用,增加集体经济收入 3 万元。

3. 开发集体资源模式

开发集体资源模式主要包括开发自然资源和自然资源入股两种方式,具体内容如下:一是开发自然资源。坚持开发利用与保护生态环境相统一,在符合国家产业政策和法律法规的前提下,通过招商引资或自主开发等形式,开发利用现有荒山、荒地、荒水、荒滩、林地等资源,兴建厂房,发展旅游、水产养殖等产业,在开发经营中获取收入。二是自然资源入股。把山地、林地、水面等产权作为股份,采取与投资人合伙经营、按股分红的方式获取收入。从调研情况来看,阿荣旗的村集体目前采用开发自然资源方式来发展集体经济。

立新村位于霍尔奇镇政府西 12.5 千米处,全村现有常住人口 358 户 1347 人,其中党员 30 名,耕地 2.81 万亩,以种植玉米、大豆为主,2016 年农民人均纯收入 12000 余元,是典型的低收入村。自 2016 年以来,村党支部按照上级要求,在旗镇各级领导的指导下,充分挖掘利用丰富的林木资源,打造杜鹃岭风景区,发展自然风光观光旅游业,在增加集体经济收入的同时带领群众共同致富。立新村在风景区发展定位方面,始终坚持开发利用与保护生态环境相统一的原则;在发展模式方面,采用村党支部领办乡村旅游专业合作社的方式,集中力量办大事,兼顾每家每户利益的同时,有效避免了旅游市场的盲目开发,为旅游产业的持续发展奠定了良好的基础。下一步计划通过引导带动,以出租摊位销售岭上农产品和村里领办"农家乐"的方式实现村集体增收。根据发展趋势来看,建设完备的风景区一年预计将吸引游客 1 万人次以上,按照 50% 的游客在本地餐饮、购物消费,人均消费 50 元计算,全年收入 25 万元,扣除 60% 的基础建设维护及日常管理费用,村集体年收入可实现 10 万元。

4. 领办合作社模式

村党组织结合本村产业发展实际,本着"集体增收、农民增利"的原则,领办创办专业合作社,发展"一村一品"或庭院经济,具体内容如下:一是参与经营。

通过办理各项证件，提供生产、加工、销售等环节的服务，提取利润，增加集体收入。二是入股分红。可将本村土地、资金、农业机械等入股合作社，按收入比例获取分红。三是争取项目。以合作社名义，争取上级政策扶持，资金落地后，按村集体与合作社贡献大小合理分配，再次投资，增加收入。

（1）参与经营方式。

白桦泉村是典型的参与经营方式，提供销售环节的服务，提取利润，增加集体收入。白桦泉村位于三岔河镇南9千米，辖区面积41平方千米，辖9个村民小组，共有345户1458人，耕地34000亩，山地12000亩，退耕还林地5500亩。白桦泉村坚持以实体经济为基础，以整合服务为中心，围绕便民利民增收目标，着力推动农民致富和村集体经济发展双赢。白桦泉村党支部牵头于2011年成立白桦中草药产销专业合作社，合作社现有党员6名，入社会员达120人，散户种植中草药面积超过1000亩，合作社成为外地药材收购商的首选合作单位。白桦泉村集体主要为全村村民提供成品销售服务。以党支部成立的合作社（白桦中草药产销专业合作社）为带动，积极联系对接安徽、河北、黑龙江、辽宁等外地客商，通过整合全村及周边成熟中草药，以合作社名义与客商签订购销订单合同，客商以服务费方式支付合作社相关费用，扣除合作社管理成本、运营费用后，将部分剩余服务费作为村集体经济收入，并为进一步壮大村集体经济储备资金。2017年，通过合作社订单的方式，共出售赤芍、黄芩、苍术等成熟中草药30余万斤，客商支付服务费3万元，其中1万元作为村集体经济收入。

（2）入股分红方式。

那吉村是典型的入股分红方式，可将本村的大棚入股合作社，按收入比例获取分红。那吉村是那吉镇的城关村，全村总面积7.5平方千米，耕地6800亩，有4个村民小组，768户1954人，以种植玉米、大豆、水稻、无公害蔬菜为主，2016年人均纯收入31900元。村党总支依托现有的无公害蔬菜园区，积极创办了康健无公害蔬菜合作社，村集体以建成的大棚入股合作社，每年可获得分红2万元。自合作社建成以来，先后吸纳社员100余户，通过组织菜农抱团闯市场的方式，切实推动了蔬菜种植产业做大做强。

（3）争取项目方式。

河西村是典型的争取项目方式，以合作社名义，争取上级政策扶持，资金落地后，按村集体与合作社贡献大小合理分配，再次投资，增加收入。查巴奇乡河西村党总支结合资源禀赋和产业实际，决定大力推行"支部+合作社"发展模式，通过提供服务、出售青贮饲料等方式，在增加村集体收入的同时带领群众共同致富。在广泛征求意见和集体商议的基础上，村党总支领办了"正喜肉牛养殖专业合作社"，并采取"五统一分"的运行模式运作，即统一到外地购置优质肉牛，统一使用成本低、效果好、符合饲养标准的饲料，统一与协调包商银行为养殖户争取肉牛养殖贷款，统一对肉牛进行检验检疫，统一与肉类加工企业签订供销合同进行保底价收购，每年合作社社员根据出资情况进行分红。截至目前，合作社争取项目资金700余万元建设了肉牛养殖基地，先后3次购买肉牛82头，协调养殖贷款累计700余万元，检疫肉牛82头，目前共有社员62名，成为全乡集体经济发展的示范点。

5. 实体兴村模式

实体兴村模式主要包括创办实体型、股份合作型两种方式，具体内容如下：一是创办实体型。依托本地资源或区位优势，利用上级扶持政策、产业项目等，采取自办或招商引资的方式，兴办建材厂、修理厂、酿酒厂、手工制品厂、贸易公司、交易市场、种养殖基地等实体企业，通过经营获取收入。二是股份合作型。在创办实体的基础上，引导鼓励本村、本组种养殖大户、农户入股，按股权比例获取收益，实现共同富裕。

联合村采取了"创办实体+股份合作"方式。联合村位于兴安镇西南部，距镇政府所在地2千米，总面积21.8平方千米，下辖5个村民小组，439户1531人，其中党员39名，是自治区级低收入村。自2016年以来，联合村按照上级工作部署，将发展壮大村集体经济作为加强农村基层党组织自身实力、提升基层党组织战斗力的根本工作来抓。在上级领导及帮扶单位的大力支持、全村党员的多方努力下，联合村党支部严格按照"3221"工作法议事程序，通过支委会、党员大会和村民代表大会研究讨论，决定采取以村部入股的方式，与扎兰屯雅尔根楚珍源食用菌合作社达成合作。由该合作社出资在联合村建立黑木耳制菌厂，提供制菌技术，雇用本村村民到制菌厂工作，菌厂每培植一个菌袋提取0.1元纳入村集体经济收入，2016年增加村集体经济收入2万元。2017年本村积极争取旗民族局项目资金70万元，扩建厂房、冷库、发菌室，预计2018年菌厂年生产能力将提高到200万袋，可增加集体经济收入20万元。

6. 服务创收模式

服务创收模式主要包括生产服务、劳务服务、代理服务创收三种方式，具体内容如下：一是生产服务创收。由引领部门、项目单位投入或集体募集资金购置大型农机具，为农民提供产前、产中、产后服务获取收入。二是劳务服务创收。鼓励村级组织牵头成立劳务服务队或物业公司，组织农民承接工程项目、向外输出劳务，增加收入。三是代理服务创收。为金融、保险、邮政、广电、移动通信等企业代理服务获取收入。从调研情况来看，阿荣旗村集体已成功开展劳务服务创收方式来发展集体经济。

大兴村位于复兴镇西南12.5千米，总面积36平方千米，耕地17594亩，下辖6个村民小组，共有275户1060人，其中党员25人。2016年，春夏两季雨水较少，农业歉收，导致该年很多农民不愿意搞种植，因此村党支部将全村土地进行了集中流转，并原价倒包给了种养大户或相关企业，致使村里闲置了一大批劳动力。为了解决这一问题，村党支部牵头组建了大兴村便民施工队，专门承接一些危房改造、道路修整、院墙建设等较小规模的工程施工，从而实现闲置劳动力的第二次就业。

施工队获得收入的 80% 作为施工队队员收益，20% 作为村集体经济收入。

7. 电商联盟模式

依托各电商平台，由村集体领办、创办及协调服务，发展青年创业、贫困户创业、返乡农民创业、企业带动、村级服务站带动等模式，通过线下体验，线上订购，代理销售农产品，代购各类家电、日用品，发展村集体经济。

（1）那吉村是那吉镇的城关村，全村总面积 7.5 平方千米，耕地 6800 亩，有 4 个村民小组，768 户 1954 人，以种植玉米、大豆、水稻、无公害蔬菜为主，2016 年人均纯收入 31900 元。村党总支把发展电商产业作为提升蔬菜种植产业服务水平、扩大销售市场的有效手段，建立了那吉镇那吉村无公害果蔬产品销售网页，通过线下体验、线上订购的方式，专门代理销售那吉村康健无公害蔬菜合作社的果蔬产品，并对所销售的产品提取一定比例的服务费，每年可赚取服务费 1 万元。

（2）白桦泉村位于三岔河镇南 9 千米，辖区面积 41 平方千米，下辖 9 个村民小组，共有 345 户 1458 人，耕地 34000 亩，山地 12000 亩，退耕还林地 5500 亩。白桦泉村党支部通过电商网络平台、客户推荐等方式，提供种苗销售服务，打造白桦泉村中草药种植繁育品牌，在全国范围内推广中草药种子、种苗。2017 年，合作社签订订单种子 3000 斤、种苗 50 万株，客商支付服务费 4 万元，其中 0.5 万元作为村集体经济收入。

8. 其他发展模式

各村因资源条件和发展禀赋不同，发展村集体经济模式也不尽相同，要因村制宜探索符合本村实际的发展模式，音河乡富吉村立足本村实际整合现有资源，成立培训基地、发展培训产业、打造培训品牌，走出独具特色的发展壮大村集体经济之路。

音河乡富吉村位于阿荣旗正西 45 千米处，全村现有耕地 2.6 万亩，有 6 个村民小组，1335 户 3012 人，其中党员 75 名。在发展集体经济过程中，村党总支整合现有资源成立了呼伦贝尔市农村党员干部培训学校，大力发展培训产业，每年可为村集体创收 14 万元。

（1）整合资源，积极申报，成立培训基地。

2013 年初，村党总支对已有的 2950 平方米的便民服务综合楼进行了改造升级，将一楼改造为党建中心和民俗馆，二楼改造为 120 平方米的培训教室和 1380 平方米的餐厅，通过改造升级，建成了集培训、餐饮、参观于一体的富吉党群活动中心。村党总支依托党群活动中心，成功申办了农业部农村牧区实用人才带头人培训基地、呼伦贝尔市农村党员干部培训基地、阿荣旗干部教育培训基地。2013 年 8 月，国家农业部、自治区农牧业厅以及市旗两级相关领导出席了培训基地揭牌仪式。

（2）多方联系，合力推动，提升培训质量。

为提升培训质量，增加培训生源，提高集体收入，村党总支积极与扎兰屯市农牧学校、扎兰屯市林业学校、黑龙江省农科院沟通，达成了师资培训战略协议，将培训基地的培训内容扩充到涵盖农业、牧业、林业、党建等六大类50余门课程。为进一步丰富实地参观内容，村党总支在打造白瓜子产业园区、富吉肉牛养殖小区、党建中心和民俗馆四大参观基地的基础上，先后与新发米业、呼伦贝尔肉业集团等企业合作，建立参观基地，有效提升了培训基地实训水平。同时，每期培训班都为学员编印各类学习小册子和明白纸，从解决学员遇到的实际问题入手，由浅及深，通俗易懂，做到了教材从群众中来，再到群众中去。为保障培训生源，村党总支借助呼伦贝尔市农村党员干部培训基地的牌匾，成立了呼伦贝尔市农村党员干部培训学校，组建了招生部，定期向各地组织、人社、农牧等部门邮寄培训学校宣传册，并与自治区农牧业厅签订了培训协议，每年至少可获得稳定的培训班次4期。目前，每名学员平均每天培训费为180元，每名学员纯利润在90元左右。自2013年培训基地建成以来，先后举办培训班20期，培训种粮大户、养殖能手、致富带头人、嘎查村党组织书记、主任等1800余人次，累计收入50余万元。

（3）完善设置，精细管理，打造培训品牌。

村党总支把提升服务水平作为进一步做大做强培训品牌的突破点，精细设置了服务部、招生部、师资部、综合部等部门，打造了从课前准备，到现场教学，再到生活服务、学员返程的服务链条。积极拓宽培训基地服务圈、商业圈，通过招商引资，先后建成3所便民超市、2个物流公司和勒莫格日民俗园、吉雅泰休闲农业风情园，切实满足了学员休闲、购物、游玩、餐饮等课余生活需求，有效带动了服务产业的发展。不断完善基础设施建设，2014年，村党总支积极争取项目资金，新建了占地2000平方米的音河宾馆，并将30%的产权划归村集体，不但改善了学员住宿条件，而且能够每年为村集体创收，该宾馆于2016年正式投入使用，村集体当年分红2万余元。

（三）以帮扶为突破点，进一步推动农村集体经济的发展

2018年，阿荣旗把建设扶贫农牧场作为产业帮扶的重点，在音河乡、向阳峪镇、霍尔奇镇和亚东镇4个乡镇，建设5个帮扶农牧场，年可养殖优质能繁母牛总量达1.2万头，年可出栏育肥牛达1万头，辐射带动全旗建档立卡低收入户1.2万户，实现户均1头基础母牛目标。

1. 加强组织领导，整合项目资金

阿荣旗多次召开会议，安排部署肉产业发展及扶贫工作，印发了《加快推进阿荣旗肉产业发展进一步完善扶贫开发长效机制实施方案》，明晰肉产业发展思路，在用地、资金等方面给予扶持。扶贫农牧场项目总投资6000万元，其中，旗财政为每个扶贫农牧场整合"三到"项目资金及产业发展资金1000万元，用于基础设施建设，并将该资金纳入村集体经济管理台账，收入记入村集体经济账户。下设5个旗级专项工作推进组分工负责、按时限开展工作。具体为牛场建设规划方案审查验收组、设施农用地征占用推进工作组、项目资金推进工作组、种养殖技术、保险、粪污资源化利用服务组、产业扶贫发展有限公司财务监管工作组。由呼伦贝尔肉业

（集团）股份有限公司负责从澳大利亚、新西兰、南美洲等国家引进扶贫农牧场肉牛，已与阿荣旗农牧业局签订采购合同，共 9046 头，品种主要以安格斯、弗莱维赫和海福特等品种为主。已交付 2046 头安格斯肉牛 50%购牛款。进一步整合产业发展资金，形成合力。有效整合粮改饲、标准化养殖圈舍等项目，共同做好扶贫农牧场建设。抓好利益联结机制，确保企业、牛场、农民共同分享产业融合带来的利益，以利益发展促进产业融合、促进村民致富。

2. 签订合作协议，合理确定股份分配比例

由 11 个乡镇的 147 个村民委员会作为法人股东参与企业注资（已在民政局注册的特殊法人，在统一组织机构代码证）与呼伦贝尔肉业集团按比例出资金共同组建。采取资产收益、入股分红的经营模式，扶贫农牧场养殖收益根据生产经营收入，减去经营成本后实现的纯利润，按投资比例分红。其中呼伦贝尔肉业集团出资 20%（100 万元），其他村共同出资占 80%（400 万元）。呼伦贝尔肉业（集团）股份有限公司投资 1000 万元已到位。扶贫农牧场的繁育、育肥、种植等业务在扣除经营成本后所取得的净利润，其中 60%用于偿还银行贷款，40%由肉业集团村集体按照 2∶8 的比例进行分配，在村集体 80%的收益中提取 70%用于低收入户分红，30%作为村集体经济积累，记入村集体台账，用于发展壮大村集体经济。

3. 银行为农户提供贷款，政府给予农户贴息

鼓励扶持全旗 2014~2017 年全部建档立卡低收入户每户购置 1 头基础母牛，价格以呼伦贝尔市农牧业局招标落地价为准，由金融部门为每个建档立卡低收入户提供 3 万元贷款支持，并享受 2018~2020 年的财政全额贴息政策支持。对非低收入户发展肉产业，由养殖户自己提供担保抵押，享受旗财政连续三年给予每头牛贷款贴息政策支持，采用托管方式纳入扶贫农牧场集中养殖。

4. 保险公司做好肉产业发展服务保障，实现养殖"零风险"

扶贫农牧场肉牛品种以安格斯、弗莱维赫和海福特等品种为主，由公肉业集团司负责从澳大利亚、新西兰等国家引进。为进一步降低养殖风险，由承担阿荣旗"金融支农试点"的人保财险公司按每头牛市场公允价值的 70%予以保险，安格斯等品种牛保费费率为 5%，一般基础母牛保费费率为 3%；剩余 30%由产值保险解决，保费由"金融支农试点"和全旗产业发展资金解决，从而实现养殖"零风险"。

5. "以种养牧，以牧促农"发展循环农牧业

鼓励每个扶贫农牧场流转土地 2 万~3 万亩，主要用于青贮种植等，施用牧场产生的有机肥到农场地块，产生的饲料供应牧场，从而实现种养结合，达到有机、绿色、生态、环保要求，循环利用。由阿荣旗政府和肉业集团组织专业管理团队进行种植管理，选派低收入户代表予以全程监督，经营成本和收益分别记入对应的扶贫农牧场。同时，优先聘用低收入户和流转土地农户到基地务工。每万亩轮作项目区各建设一个耕地质量监测点，实现产前、产中、产后全程可追溯体系，为打造东北最大的绿色有机农产品输出基地提供保障。

6. 成立监督委员会，全力做好农牧场监管

一是成立监督委员会。每个扶贫牛场由受益行政村选聘责任心强的低收入户和村"两委"代表，旗农牧业局和相关乡镇派专人参与，对企业的日常运营进行监督管理。二是引入"智慧牧场"管理系统。为每头牛佩戴射频耳标，所有牛只的入栏、转群、出栏、疾病诊疗、饲养等信息全部输入大数据监管系统，通过 PC 端和手机端对扶贫农牧场牛养殖状况时时掌握查看，并实现扶贫农牧场的可视化实施监控，提升扶贫农牧场管理水平，确保肉牛养殖全程公开、透明、可控。三是加强财务监管。每个扶贫农牧场作为独立的法人企业，由旗政府聘请具有专业资质的第三方财务公司进行财务管理。同时，旗政府成立由旗财政、发改、农牧、审计等部门负责人组成的扶贫农牧场专项资金监管领导小组，定期对扶贫农牧场进行监督检查和财务审计，确保项目资金使用安全，实现项目资金效益最大化。扶贫农牧场贷款到期后，按时结清贷款。

7. 明确职责，做好宣传发动

一是各相关乡镇政府分别成立产业扶贫发展有限公司，公司成立后，委托呼伦贝尔肉业集团进行扶贫牛场的建设管理。乡镇开展政策宣传，把扶贫农场、牛场的养殖模式、繁育模式、销售模式、低收入户参与模式及防范措施宣传到位。为养殖户算好效益账，做到养殖户在贷款贴息使用方面、入股量化方面、分红兑现方面都明白、清楚。与农牧业局共同做好农户、低收入户入场开展劳务的前期培训和专业技能提高工作，提高从业人员素质和能力。二是对产业扶贫发展有限公司实行"统一购牛、统一技术、统一饲养、统一核算、统一营销"的管理模式，并设立母牛繁育养殖专业化服务团队，做好扶贫牛场的饲养管理、品种改良、技术指导、疫病防控等工作。

目前，扶贫农场共流转土地 15.6 万亩，其中复兴镇 5.9 万亩、查巴奇乡 1.2 万亩、得力其尔乡 8.5 万亩，主要种植玉米、大豆、高粱，作物长势良好，预计年末每亩收入在 200 元左右，总收入在 3000 万元左右，低收入户年末分红在 1000 元左右。扶贫牧场已完成选址、征地和初步设计工作，投入征地费 1630 万元，同步开展环评、水资源论证和社会稳定风险评估，聘请专业财务团队和律师团队开展相关工作，开展打井和电力测绘工作。积极开展扶贫农牧场贷款工作，为符合条件的低收入户在邮储银行提供三年期贷款 5 万元，其中 1.7 万元用于购基础母牛，1.5 万元用于扶贫农场，1.8 万元用于购育肥牛、饲料、人工和流动资金，采取政府贴息、统一偿还方式，享受 2018~2020 年的财政全额贴息政策支持。

目前，经初步统计，已有 13078 户农户（含非低收入户 694 户）提交《阿荣旗扶贫农牧场申请表》，同意委托扶贫农牧场代为养殖。购牛已签订第一批购进协议，交付 2954 头安格斯肉牛 50% 的购牛款，第二批 1.01 万头基础肉牛正在采购中，品种主要是安格斯和海福特，每头牛约 1.7 万元。组建 10 个产业扶贫发展有限公司，现已完成注册，取得营业执照。在每个产业扶贫发展有限公司中，呼伦贝尔肉业集

团占股10%，其他村委会占股90%。2018年在全旗11个乡镇成立10个乡镇产业扶贫发展有限公司，力争实现以下三大目标：一是建立紧密型利益联结机制，发展肉产业，使基地做大，企业做强，农民增收。二是使产业发展与村民致富相结合。通过建设产业扶贫发展有限公司，建立利益共同体，打造帮扶长效机制，使低收入户变股民，带动低收入户致富。三是进一步发展壮大村集体经济。利用阿荣旗农村改革工作成果，通过各村股份经济合作社与呼伦贝尔肉业集团联手，成立产业扶贫发展有限公司，拉动全旗11个乡镇147个村集体增加公共积累。

三、经验总结

阿荣旗的农村集体产权股份合作制改革重点通过"四定"模式来确权赋能，实现了"资产变股权、资金变股金、村民变股东"的股改目标，成功激发了农村集体经济发展活力。阿荣旗在上级组织部门的有力指导下，结合实际，坚持以党建为引领，提出了土地经营模式、盘活集体资产重点模式、开发集体资源模式、领办合作社模式、实体兴村模式、服务创收模式、电商联盟模式、其他发展模式八种模式，建立了村集体经济收入稳定增长机制，不断满足农村基础设施建设、服务和管理的支出需要，保障基层组织高效运转，村"两委"引领发展、带动致富、服务群众能力显著增强，在实践中成功壮大了集体经济。这一切的实现，离不开多方扶持的推动、党政建设的保障、监督管理的约束，具体经验总结如下：

（一）多方扶持是推力

1. 政策支持

一是财政政策。阿荣旗认真落实自治区党委办公厅《转发自治区党委组织部等六部门〈关于分类指导、分层推进村级组织党的建设工作的意见〉的通知》要求，除直接补贴到户项目外的以集体名义申请的各级财政投入的资金、项目，可以作为村集体资产，进行经营，获取收益。统筹农村各类专项资金，通过无息信贷和以奖代补方式鼓励或支持村级组织发展集体经济。财政"一事一议"等奖补项目形成的基础设施可作为集体固定资产，由村集体进行管护，在村民受益的同时可以向外经营，获取一定的集体收入。二是产业政策。阿荣旗鼓励发展设施农业、舍饲畜牧业的政策性项目中，留出一定的份额给村级组织用于发展集体经济。鼓励村集体建设标准蔬菜大棚、肉羊肉牛标准化棚舍等设施，以多种经营方式发展集体经济。三是信贷政策。阿荣旗的农业银行、农村信合等涉农金融部门将村集体领办创办的合作社和兴办的经济实体纳入对小微企业的扶持范围，提供贴息或免息贷款，为发展壮大村集体经济提供资金支持。四是税费政策。阿荣旗的各收费部门对村办经济实体提供免费年检、验收等服务，特别是税务部门，要充分利用相关政策，最大限度地减免相关税费，切实开辟扶持集体经济发展的惠农绿色通道。五是扶贫政策。阿荣旗依托相关项目，按照政策合理分配所有权和经营权，推广项目资金分权到户、集体统一组织经营模式，在项目见到效益后，村集体获得一定比例的经营性收入。

2. 引领帮扶

结合大引领工作，将发展村集体经济纳入引领工作范畴。旗级引领队加强工作统筹调度，优化资源，整合力量，引领和推动村集体经济快速发展。引领部门结合自身实际，发挥各自职能优势，将引领村确定为发展壮大集体经济的联系点，帮助引领村理清发展思路，制定工作方案，争取项目资金，落实帮扶政策，协调解决存在问题，确保到2017年底，各行政村至少有1个集体经济发展模式，有较为稳定的收入。镇、村引领队要紧密配合旗级引领队工作，落实好具体任务。在各村有集体经济收入的基础上，培树不同典型，示范引领，鼓励集体经济收入较高的村，主动辐射带动周边集体经济薄弱村，扩大强村生产经营规模，延伸产业链，整合各类资源，让弱村参与到种养加、产供销体系的分工中，提高经营管理水平，在互利共赢中发展壮大集体经济。

3. 部门扶持

阿荣旗发展村集体经济涉及多个部门，必须齐抓共管，上下联动。发改、住建、国土、环保、市场监管等部门对申报的村集体经济发展项目，建立审批绿色通道，简化审批手续，缩短审批时限；人社、农牧、水务、林业等涉农部门的项目根据发展村集体经济实际情况，有计划、分期分批向农村倾斜；民政部门加强村级自治组织的指导管理；商务、经信、移动、联通等部门要做好农村电子商务平台的开发建设与网络维护工作；金融、信贷部门积极开展信用评估授权，适当提高涉农贷款规模，降低信贷利率。其他各相关部门结合各自职能，落实相关优惠政策，支持村集体经济发展。

4. 表彰奖励

阿荣旗每年评选表彰村集体经济发展"双十强"（总量"十强"、发展"十强"）村和工作突出引领部门，每村、部门奖励1万元。把村集体经济增收和村干部报酬挂钩，按相关政策从村集体经济当年新增经营性纯收入中列支20%奖励村"两委"成员。建立激励机制，对发展村集体经济做出突出贡献的引领员和"第一书记"进行表彰，符合领导干部选用条件的，优先提拔使用；对于发展村集体经济进入"双十强"的村党组织书记进行表彰，对于上级有政策、符合选任事业编制人员条件的，优先推荐选用。鼓励大学生村官创办或领办村集体经济项目，构建发展村集体经济和解决大学生村官出路的双赢格局。

（二）党政建设是保障

1. 加强组织领导

阿荣旗各引领工作队、各乡镇、各部门把发展壮大村集体经济作为解决"三农"问题的一项重要任务，作为加强农村基层组织建设的根本性措施。旗级成立由旗委、政府分管领导为组长的发展壮大村集体经济工作领导小组，指挥调度全旗村集体经济发展工作。各引领队要把发展村集体经济作为开展引领工作的重要内容，指导帮助引领村协调项目，出谋划策。各乡镇党委、政府要落实主体责任，把推进村集体经济发展纳入重要工作日程，成立领导机构，有针对性地制定工作方案，与产业发展等重点工作一并部署，同时推进。各村党组织、村民委员会要担负直接责任，主动对接上级部门，积极谋划，认真研究，确保各项措施落实到位。

2. 建强工作队伍

阿荣旗切实加强以村党组织为核心的农村基层组织建设，调整优化村党组织书记队伍，选派优秀第一书记驻村开展工作。开展对村干部的教育培训，进行多种途径培养锻炼，不断增强经营管理、领富带富和干事创业能力。重点对班子软弱涣散、村务财务管理混乱、矛盾纠纷较多、干群关系紧张的村级组织进行整顿治理，增强村级组织的内生动力。通过增强基层组织的战斗力和干部队伍的带动力，为发展集体经济提供坚强有力的组织和人力保障。

3. 营造浓厚氛围

阿荣旗把发展壮大村集体经济作为贯彻五大发展理念、推动农村经济社会发展、加快美丽乡村建设、加强农村基层党组织建设的重要抓手，通过层层动员、引导各级党员干部充分认识发展村集体经济的重要性、紧迫性，坚定发展信心。宣传部门和新闻媒体，要充分运用报刊、广播电视、网络等新闻媒体，多渠道多途径宣传阿荣旗发展村集体经济的进展情况和经验做法，扩大工作影响力，形成示范带动、竞相赶超、竞相发展的良好局面。

（三）监督管理是约束

1. 加强产权监管

阿荣旗各乡镇要按照"三资"管理要求，指导村级组织开展集体资产清查工作，并逐一登记造册。对清查出的没有登记入账或者核算不准确的，经核对公示后登记入账；对长期借出或未按规定手续租赁转让的，清理收回或补办手续；对侵占集体资金和资产的，如数退回，涉及违规违纪的要移交纪检和司法部门处理。村集体所有或部分所有的经济项目，实行确权制度，做到产权清晰、权责明确。加强动态监管，凡集体所有股份、固定资产形成的产权发生转让、出售等变更状况，必须经乡镇政府审核把关，通过"3221"工作法决策。

2. 规范财务管理

按照"村财乡管"的要求，集体经济收入的资金要在乡镇农经部门单列，小额支出由村"两委"在村务监督委员会的监督下研究决定，大项支出按"3221"工作法决策执行，由乡镇定期进行审计。全面加强农村集体经济审计监督，做好日常财务收支等定期审计，继续开展村干部任期和离任等专项审计，防止侵占集体资产现象发生。同时要明晰适用范围，村集体经济收入资金的支出范围，首先用于滚动发展、扩大经营规模，重点用于发展公益事业，救助弱困群众，落实村民福利待遇，支付村"两委"成员绩效工资，开展党员和群众文化活动等。具体支出比例由镇、村两级研究确定。对于采取股份制模式获取集体经济收入的村，按股权比例进行分红。

3. 强化督查考核

领导小组办公室每半年对各乡镇、村发展集体经济情况进行督查。从 2017 年开始，旗委将发展壮大村集体经济工作纳入各乡镇、部门领导班子实绩考核内容，同时作为各级引领员工作考核的一项重要内容。凡年度集体经济发展达不到目标要求的，相关乡镇、引领部门领导班子不能评为实绩突出领导班子，村级党组织不能评为一类村党组织，对发展村集体经济措施不力、推进缓慢、成效不明显的乡镇部门相关负责人，视情况给予提醒、函询和诫勉。

第四十三章　四川省内江市市中区探索农村集体经济新的实现形式和运行机制调研报告①

2020 年 11 月 12~13 日，中国人民大学农业与农村发展学院调研组对四川省内江市市中区农村集体经济新实现形式和运行机制进行了调研。

一、改革内容及效果

市中区探索农村集体经济发展经历了三个阶段：第一个阶段是 2012~2014 年，市中区全面完成了 10 个乡镇 128 个村的土地房屋确权颁证工作，为开展农村集体产权制度改革，发展农村集体经济奠定基础；第二个阶段是 2014~2018 年，市中区深入推进了土地承包经营权退出、供销社综合改革和农民合作社、家庭农场、村转社区等农村基层党组织建设，推动了新型农业经营体系的建立；第三个阶段是 2018 年至今，市中区在深化农村集体产权制度改革，推进农村"三块地"改革的基础上因地制宜发展农村产业，探索多种农村集体经济经营方式。

（一）具体改革情况

1. 完成集体产权制度改革，形成产权明晰背景

2018~2019 年，市中区开展了农村集体产权制度改革试点工作。市中区有效完成了全面清产核资、科学确认身份、落实股权量化、组织登记赋码、健全管理制度、搭建交易平台等改革任务。

市中区全面开展了农村集体资产清产核资，登记了经营性资产 5158.70 万元，非经营性资产 92643.81 万元，资源性资产 455889.24 亩；明确了镇、村、组三级集体资产的权属，明确 12 个镇 156 个村级（含 3 个撤村建居社区）资产 39704.92 万元，1393 个组级资产 58097.59 万元；在完成清产核资后，将相关数据全部纳入全国农村集体资产监督管理平台。为明晰成员边界，保障成员利益，市中区通过"初始取得、法定取得、申请取得"三种方式，共确认村级集体经济组织成员 27.9 万人，组级集体经济组织成员 27.9 万人，并在村和组两级组织都编制了成员名册，建立了集体资产台账。继而，市中区对村组的股权进行了量化，153 个村量化股权 28.85 万股，其中设置成员股 27.9 万股，有 7 个村设置集体股 0.95 万股；对 1393 个组量化

---

① 执笔人：李琦、孔祥智。

股权 27.9 万股, 全部设置成员股。并且出台了《内江市市中区农村集体资产股份管理办法(试行)》, 对农村集体资产股份占有、收益、继承、退出、抵押担保等方面内容作出了规定。为确定集体经济组织市场主体地位, 市中区制定了《市中区农村集体经济组织登记赋码工作方案》, 推进了农村集体经济组织登记赋码工作, 为进一步发挥集体经济组织在管理集体资产、开发集体资源、发展集体经济、服务集体成员等方面的功能作用提供了基础。市中区建立农村集体资产台账制度, 出台了《加强村集体经济股份合作社规范化管理意见》, 对各级集体经济组织建立规范的财务管理制度和组织决策结构发挥了重要作用。为提供农村产权交易平台, 市中区组建了区农村产权交易服务中心, 为农村土地承包经营权、林权等产权交易提供农村产权评估、抵押、担保等中介服务。上述任务的完成实现了村集体产权的明晰化, 为探索农村集体经济新的实现形式和运行机制打下了制度基础。

2. 因地制宜进行分类指导, 壮大农村集体经济

市中区探索出以资源有效利用、提供服务、物业管理、混合经营等为主要内容的多种集体经济实现形式和运行机制, 形成特色种养业、劳务经济、自主加工业、租赁经营等多种形式的增收产业。市中区发展壮大集体经济以当地资源特色为基础, 进行产业发展和经营方式的设计。

对于村"两委"班子较强的村集体, 主要开展村集体自主经营, 即村集体结合自身产业发展需要, 发挥村干部领导能力, 成立公司开展生产、服务、加工、销售、旅游等方面内容, 以获取经营性收入。如靖民镇长安村成立长安村建筑劳务公司, 对外承接劳务, 目前, 已累计派工 3000 人次, 实现村集体收益 1.54 万元, 带动农户务工收入 24.56 万元。凌家镇乌鸡冲村充分发挥地处农副产品加工集中区地域优势, 利用财政扶持资金和集体自筹资金, 建设粮油加工厂, 发展稻米加工、储备、包装等农产品自主加工, 预计实现集体年收入 12 万元。全安镇狮湾村种植果桑 521 亩, 连续 3 年举办桑葚采摘节, 吸引游客达 24 万人次, 并通过初加工制成桑葚干对外销售, 为集体经济年创收 16 万元。

对于基础设施建设完备的村集体, 主要依托闲置的校舍、办公用房、村办企业厂房等集体房产, 水库、塘堰、小型集中供水设施等集体设施以及财政"补改投"形成的集体资产, 在进行改造后租赁给其他市场经营主体, 村集体担任物业管理角色, 以获取租金收入。如永安镇尚腾新村集体经济组织将商业一条街出租给汉安公司发展民宿产业, 年收入达 13 万元; 靖民镇长安村自筹资金 150 万元, 结合寿溪河旅游基础设施建设项目修建停车场 6000 平方米, 并对原村小学校进行装修改造为游客接待中心, 将停车场和游客接待中心租赁给开发公司, 实现村集体年收益 12 万元。

对于获取产业扶持基金的村集体, 以财政"补"改"投"的资金参股农民专业合作社或企业等主体, 或与其他村集体进行股份合作, 开展联合多元化经营, 发展内江黑猪养殖、大棚蔬菜种植、乡村旅游等产业, 以获取股份分红。

财政支农资金的"补"改"投"主要包括三种实现方式：一是固定收益模式，即由项目所在村集体经济组织以优先股的形式与农业企业、农民合作社、家庭农场等签订投资协议，不承担项目的经营亏损，获取固定收益；二是"保底分红+二次分配"模式，即由项目所在村集体经济组织与农业企业、农民合作社、家庭农场等签订投资协议，在获取保底固定收益基础上，以投资协议签订条款约定二次分红；三是合作经营模式，即由项目所在村集体经济组织与农业企业、农民合作社、家庭农场等签订投资协议，合作经营、共担风险，但仅以投资额为限承担风险。朝阳镇回龙桥村、全安镇皂角村利用产业扶持基金，与企业合作，发展光伏产业，集体年收入达 30 万元以上；永安镇尚腾新村以土地、道路等资源入股"川南大草原"农旅休闲项目，通过每张门票提取一元钱，村集体年分红达 30 万元以上。靖民镇相邻的高梯与高阳村联建党支部，整合财政、社会资本 200 万元，自筹资金 30 万元（收益按两个村集体的投资比 2∶1 分配），发展中草药种植 500 余亩，引进设备对药材进行初加工，村集体年收益达 16 万元。永安镇大堰村与相邻 7 个村开展产业联建，统筹整合扶持资金 800 万元，发展内江黑猪养殖和大棚蔬菜种植 2 个产业，投产初期预计每个村集体经济组织收入 8 万元以上，到 2022 年，每村集体经济累计收入达 20 万元以上。

3. 推动多类主体参与带动，延伸农产品产业链

市中区探索了与农合联等主体的合作经营方式。内江市市中区农村合作经济组织联合会（以下简称区农合联），成立于 2016 年 9 月，主要由全区农业龙头企业、农业大户、涉农企事业单位构成。截至目前区农合联成立了内江市市中区联华会计服务有限公司、内江市禾贵农产品销售有限公司、内江市田园味种植专业合作社联合社三个实体企业。区农合联通过生产、供销、信用、消费四个方面合作关系的建设，搭建"线上+线下"平台，促进农产品产销对接。目前区农合联已经吸纳了 361 家会员，其中集体经济股份合作社 129 家。区农合联采取统一加工、统一包装、统一销售、统一配送的服务方式，为村集体销售肉禽、蔬菜等农副产品 320 万元。区农合联也为村集体经济组织提供代理记账服务，主要包括核定税种、财务筹划、纳税申报、代理记账、税务核算、汇算清缴、工商年检等内容，帮助村集体经济组织规范其财务管理，也有利于避免村级财务上的一些"暗箱"操作。

在政府政策引导下，内江鑫隆国有资产管理有限公司全资子公司内江鑫喜劳务派遣有限公司成立了鑫喜实业公司，并由该公司投资兴办了爱心超市——甜城乡邻，挂"市中区扶贫农产品综合超市"牌子，总店面积 400 平方米。农产品超市在扶持壮大村级集体经济期间，特别是在未完成消除"空壳村""薄弱村"任务前，不以追求经济效益为经营目标，而以追求帮扶效益和社会效益为主。

农产品综合超市原则上优先采购来源于村集体经济组织的货源，并且鼓励区内其他专业合作社积极与村集体经济组织合作，向农产品综合超市供货。农产品综合超市会定期向区农业农村局、区供销社、各村集体经济组织发布需求清单。但是，

农产品超市并不是对村集体经济组织的货源照单全收，产品应符合农产品质量要求，超市严格落实产品溯源机制，对出现农产品质量问题的供货单位，移交相关监管部门处置，并纳入供货黑名单。区农业农村局和市场监管局也会定期抽检超市产品质量。在价格上，超市对"空壳村"和"薄弱村"设立 2~3 年扶持期，采购价格在市场批发价的基础上上浮 10%~20%。农产品超市发展了电子商务业务，由内江鑫隆国有资产经营有限公司结合智慧小区改造开发网销 App，农产品综合超市将销售产品简易包装成可供网销售的规格，统一标准、统一定价、统一配送、统一结算，打造同城配送网络，并通过线上直播等方式，拓展网销市场。消费者可根据个人需求直接在网上下单，可选送货上门或到店自取。自营业以来，超市里 50% 的农副产品来自全区各个村集体经济组织，有效解决了销售难题，极大地促进了村集体经济发展。

4. 创新采用五股分配模式，完善利益联结机制

市中区创新提出了村集体收益"五股"分配模式，主要分为管理股、发展股、公益股、人头股以及土地股。管理股用于集体经济组织管理人员分红，原则上不超过 30%；发展股用于村集体后续生产发展；公益股用于低收入户分红和公益设施建设等；人头股用于所有集体成员分红；土地股用于退出或流转土地给村集体发展产业的农户二次分红。目前市中区已经有 25 家集体经济组织推广运用了"五股"分配模式。以永安镇下元村为例，2019 年底该村累计实现集体经济收入 65 万元，低收入户人均分红 266 元，村民人均分红 20 元。

"五股"分配模式主要适用于市中区发展自主经营的村集体。而对于其他开展租赁经营或入股经营的村集体，根据《四川省农村集体经济组织示范章程（试行）》，可按照 15%、5% 和 10% 的比例提取公积金、公益金和管理费后向集体经济组织成员进行收益分配。分配比例应由各村根据实际情况，经由成员同意后实施。

内江市市中区出台的发展农村集体经济的相关政策如表 43-1 所示。

表 43-1　四川省内江市市中区农村集体经济发展相关政策

时间	政策名称	主要内容
2016 年 10 月 21 日	《内江市市中区贫困村产业扶持基金管理办法》	该文件指出产业扶持基金的使用对象为建档立卡贫困户和村级集体经济组织，并对基金的规范化使用作出了规定
2016 年 10 月 25 日	《关于印发〈内江市市中区农村土地经营权抵押融资试点工作实施方案〉等 6 个方案和管理办法的通知》	为有效解决集体经济组织股份合作社等主体融资难的问题，就农村土地经营权抵押融资试点等工作的开展作出了相关规定，主要包括农村土地经营权抵押贷款对象条件、额度、期限、登记和资金管理；农村土地经营权价值评估测算；农村流转土地经营权证登记管理等方面内容
2017 年 3 月 13 日	《内江市市中区财政支农资金"补"改"投"改革实施方案》	该文件提出将财政投入农业产业项目资金和其他基础建设资金量化为农村集体经济组织资产，进一步通过投资、合作等形式与农业企业、农民合作社、家庭农场等新型经营主体开展经营活动。并且对资金使用范围、投资方式、股权管理、收益分配等方面内容作出了具体指导

续表

时间	政策名称	主要内容
2017 年 3 月 13 日	《内江市市中区深化农业科技体制改革试点激励科技人员创新创业的实施方案》	鼓励农业科技人员在村集体经济组织兼职，并取得相应合法股权或薪资
2017 年 3 月 27 日	《内江市市中区关于进一步推动土地流转促进农业适度规模经营的奖励办法》	该文件提出为推动土地集中连片经营，促进农业产业规模经营和集体经济组织壮大，对辖区内流转承包土地的新型农业经营主体进行奖励，并规定了奖励标准、条件、审核程序等内容
2018 年 6 月 7 日	《内江市市中区 2018 年返乡创业"回家工程"工作方案》	提出落实返乡创业工作，引导返乡农民工等人员积极发展"一村一品""一村一业"，鼓励回乡创业人员用带回的先进技术指导乡友发展种养殖、文化旅游、农家乐等产业
2018 年 6 月 13 日	《内江市市中区深化供销合作社综合改革工作方案》	引导村集体利用村级服务中心创办综合服务社、便民服务店，开展农村电子商务，帮助解决农业生产、农民生活、农产品销售困难问题
2020 年 1 月 19 日	《关于加快构建政策体系培育新型农业经营主体的实施方案》	利用财政支农资金，采取"集体经济组织+业主+农户"模式，以"补改投"方式投入村集体经济组织作为股本金，开展自主经营或入股联营、租赁经营，增加集体收益。推行集体经济"五股分配"模式。支持农民专业合作社和村集体经济组织共建仓储烘干、晾晒场、保鲜库、农机库棚等农业设施
2020 年 4 月 26 日	《内江市市中区扶持村级集体经济发展项目资金管理办法》	就市中区专项用于扶持村级集体经济发展项目的资金扶持对象、项目使用范围、申报实施、监督管理、审计验收等方面内容作出了详细规定
2020 年 4 月 28 日	《市中区建设扶贫农产品综合超市促进消费扶贫助推集体经济发展工作方案》	提出由商贸公司投资兴办农产品综合超市，优先采购村集体经济组织货源，严格农产品把关，对集体经济较为薄弱的村给予 2~3 年的收购价格扶持，并提出了进一步发展农产品加工业、申请涉农项目、打造区域品牌、开展电子商务的发展任务

（二）改革成效

四川省内江市市中区在明晰产权的基础上，盘活农村资产资源，探索出以自主经营、租赁经营、入股经营、主体合作等多种集体经济实现形式和运行机制，发展了特色种养业、劳务经济、自主加工业、乡村旅游等多种形式的增收产业。如表 43-2 所示，相比探索集体经济新的实现形式和运行机制之前，农村集体资产总额逐年增加，2019 年末已达 11.87 亿元；各类财政扶持资金在 2020 年得到大幅提升，相比 2019 年增加了 1229 万元，增幅在 90% 以上；截至 2020 年 11 月，村级建制调整后的 85 个行政村累计实现村集体经济收入 1230 万元。

总的来说，四川省内江市市中区在探索农村集体经济新的实现形式和运行机制上取得了阶段性的成果，农村集体资产逐步增加，农村集体经济收入、人均可支配收入均得以提升，农村集体经济不断发展壮大。

表 43-2　四川省内江市市中区农村集体经济发展进程

内容＼年份	2017	2018	2019	2020（截至 11 月）
农村集体资产总额（亿元）	9.78	8.20	11.87	每年末登记
农村集体资源性资产（亩）	455889.24	392347.79	390705.14	每年末登记
各类财政扶持资金（万元）	1664	1560	1300	2529
集体经济组织数（个）	141	141	153	将在农业农村部门重新登记赋码
集体经济收入（万元）	—	417	1064	1230
有集体经济收入的村数（总村数 153 个）	—	85	147	85（村级建制调整后总村数为 85 个）
人均可支配收入（元）	14008	15320	16881	—

二、创新点与政策含义

四川省内江市市中区对农村集体经济新的实现形式和运行机制的探索形成了一系列可推广可复制的经验，其创新之处和政策含义可被总结如下：

（一）深化农村集体产权制度改革

市中区全面完成了对资源性资产、非经营性资产和经营性资产的分类登记，按照"初始取得、法定取得、申请取得"三种方式确认了村级集体经济组织成员，并对集体资产股份进行了量化，对农村集体经济组织进行了登记赋码。农村集体产权制度改革工作的完成，使集体资产边界更为明晰，权责更为明确，这一方面有利于集体资产量化到人，形成了规范的村集体财务管理制度，保障了村集体经济组织成员的利益，另一方面更有利于建立与市场经济相匹配的农村集体资产管理运营制度，推进农村集体资产管理效率的进一步提升。

农村集体产权界定不清将造成农村集体经济组织发展的严重阻碍。因此，在其他地区探索村集体经济组织发展形式前，应建立起归属清晰、权能完整的农村集体产权制度。通过综合考虑户籍、土地等关系，依据程序规范、群众认可的原则确认成员身份；清产核资后，对农村集体产权进行科学划分，实现确权赋能，避免对村集体和成员利益的损害，形成不断壮大农村集体经济实力，进而增加农民的财产性收入的制度基础。

（二）盘活利用各类农业生产要素

市中区探索农村集体经济新的实现形式过程中，充分利用了土地、资金、人才等要素。市中区通过开展"三块地"改革，奠定了特色农业产业发展的基础。一是推动土地承包经营权的流转。2017 年市中区政府发布《关于进一步推动土地流转促进农业适度规模经营的奖励办法》，对本辖区内流转承包土地的家庭农场、农民专业合作组织、农业公司等新型农业经营主体，以一次性奖励 200 元/亩的标准给予支持鼓励，以推动农地流转工作，进而促进农业产业规模经营。并且推广承包地"三换模式"。引导农村土地适度规模经营，推广土地承包经营权退出换现金、换股份、换保障的"三换模式"。最终市中区累计退出土地 6005 亩，主要用于发展藤椒、雷竹、柑橘等特色产业。二是探索宅基地"三权分置"。在巩固所有权地位的基础上，市中区探索了资格权自愿有偿退出，鼓励通过使用权入股、联营、转让等方式，盘活闲置农房和宅基地，用于发展民宿、农旅等产业，增加农民财产性收入。截至 2020 年，农户自愿有偿退出 37 宗闲置农房和宅基地，整理腾退宅基地 30.5 亩，闲置农房出租 17 户，占地 5708 平方米，年租金约 6.28 万元，村集体可增收 4.5 万元，流转期限为 15 年。三是盘活农村集体建设用地。市中区探索出了"作价联营"以合理利用集体建设用地，构建起集体经济长效增收机制。朝阳镇黄桷桥村将 11.54 亩经营性建设用地 40 年使用权作价 290.16 万元，入股竹苑水乡农旅项目，集体经济预计年增收 12 万元。由联营方划拨与摘牌价等额的房产产权为村集体经济组织持有，并明确规定此部分房产不能用于设定抵押，在联营企业出现经营不善时村集体可随时收回另行寻求合作方或自主经营，优先保障村集体和农民的利益。

市中区也在财政补助上给予了村集体经济发展较大的支持。2017 年市中区获得省财政厅扶持村集体经济发展资金 1000 万元，用于扶持 10 个村村级集体经济发展；2019 年市中区确定了凌家镇乌鸡冲村、靖民镇高梯村、史家镇牛桥村、永安镇漏棚湾村、龚家镇桐梓村、全安镇洪坝村 6 个村，给予每个村 100 万元财政专项资金用于当地产业发展，其中中央资金 50 万元，省级资金 30 万元，市级资金 10 万元，区级资金 10 万元。2020 年，市中区进一步增大了财政支持力度，扩大了财政支持范围（见表 43-3），重点扶持永安镇金马村、大堰村、糖房坳村、红牌坊村、多向湾村、鹿子村、柏杨村、新桥村 8 个村，鼓励采取"抱团发展"方式，一次性补助每村 100 万元，用于发展壮大村级集体经济。

表 43-3　2020 年整镇推进及中省（市区）财政补助村级集体经济发展名单

2020 年中省财政补助村级 集体经济发展名单	2020 年区级扶持发展村级 集体经济村名单	2020 年整镇推进村级 集体经济发展名单
永安镇金马村	永安镇枷担湾村	永安镇
永安镇大堰村	永安镇上元村	全安镇
永安镇糖房坳村	全安镇余坝村	
永安镇红牌坊村	全安镇天台村	
永安镇多向湾村	全安镇吼冲村	
永安镇鹿子村	朝阳镇六公丘村	
永安镇柏杨村	凌家镇何家坡村	
永安镇新桥村	龙门镇兰家沱村	
	白马镇海棠村	
	白马镇三边冲村	

市中区对于科技人员、返乡创业者的引进，赋予了村集体经济新的发展活力。2017 年《内江市市中区深化农业科技体制改革试点激励科技人员创新创业实施方案》鼓励全区涉农单位和镇街，开展科技成果转化收益、科技人员兼职取酬、保留人事关系离岗转化科技成果和领办创办科技型企业改革，增强农业科技人员活力，加强对现代农业发展的支撑。而对返乡创业者，市中区致力于打造建设平台，为创业者营造良好的创业环境，以发挥返乡创业者对农村产业的带动作用。

市中区的经验在政策上可体现为以下几点含义：在土地方面，积极引导农民进行土地流转或土地入股等多种规模化经营方式；在资金方面，推广市中区"补"改"投"模式，让财政支农资金更具生命力和发展活力；在人才方面，引进第一书记，鼓励农民工、大学生等返乡创业，加强高素质农民培育工作。

（三）鼓励探索多种经营方式结合

市中区探索了包含多项内容的农业产业经营方式，总结了村企联建、校地联建、村村联建、产业联建等模式，实质上即广泛开展村集体经济组织与农民专业合作社、农业企业、科研院所、其他村集体等主体的合作，实现多元化经营，不断探索和丰富村级集体经济实现形式。一是通过"村集体+公司（合作社）"，破解有资源无资金，有技术无平台的困境；二是探索"校地合作""高校+村集体合作社+农民"的发展模式，调动高校科研人员、村集体合作社以及村民广泛参与的积极性；三是推动相邻村进行要素联合，规模化发展产业，优势互补、统一规划、协同发展。

因此，在政策上应鼓励村集体探索多种经营方式相结合的道路，一方面，应积极引进市场主体开展联合经营，加强农村集体经济组织与新型经营主体的合作与联合，推动发展当地加工、旅游等产业，延伸产业链，促进集体资产保值增值。另一方面，应发挥外部主体对村集体发展的带动作用，根据市中区改革经验，探索与农合联等主体的合作，解决村集体销售端的问题。

（四）推广集体股份分配机制创新

市中区"五股分配"模式肯定了村干部为集体经济所做出的贡献，并给予其实质的股份分红回报，形成了有效的制度激励机制，为发挥村干部带领村集体经济发展的积极性具有重要作用。这形成了其他地区可根据自身发展条件复制推广的股份分配机制。

股份分红是发挥集体经济作用，增强集体成员身份认同的有效途径。根据市中区发展经验，应在尊重村集体经济组织成员意愿的前提下，探索建立开放性的集体股份的动态调整机制，设置多种类型股份，推动形成完善的组织内部治理结构。

三、存在的问题与可能的风险

（一）管理队伍整体素质偏低，经营管理水平较弱

当前村干部多数在处理村务党务等方面经验丰富，对本地产业发展情况较为了解并且具有乡土情怀。但农村集体经济发展工作是一项系统工程，相比农村社会治

理更具有一定的复杂性，要求集体经济组织发展带头人不仅要懂农业、爱农村，还要善经营，要对市场变化规律有基本的认识，再结合当地实际情况开展经营活动。目前大部分村干部在村集体经济经营管理方面仍存在对市场经济状况不够了解，缺乏市场敏锐度和经营能力不足等问题，并且更倾向于规避风险，这可能导致资源管理和调配不合理，甚至错失投资发展机会。

（二）缺乏发展项目启动资金，经济发展动力不足

部分村集体经济组织在发展初期普遍面临资金匮乏的难题，欠缺撬动集体经济发展的启动资金。在无项目、无补助的情况下，多数村集体自身发展力量薄弱，能够维持正常运转已属不易，要实现集体经济的自我发展仍缺乏动力支撑。

（三）部分村集体资源禀赋差，可能出现改革死角

部分村集体村"两委"班子较弱，不具备自主经营发展条件。并且由于位置偏僻，对外部市场主体投资的吸引力较低，也难以开展租赁经营或入股经营。因此这部分村集体距实现经济发展壮大目标仍有较大差距，进一步的工作开展也困难重重。

四、下一步工作方向

（一）推进农村集体经济组织市场化

未来的农村集体经济发展要形成一个长效机制，应进一步推进村集体经济组织的市场化。目前，村集体登记赋码工作确立了村集体股份经济合作社市场主体的地位。但是，其他市场主体对村集体经济组织的认可度和合作意向仍较低，村集体经济组织仍面临着贷款难、招商引资难的困境。

这需要村集体进一步的市场化改革，即遵循市场发展的基本规律，形成因地制宜的产业发展方案，通过成立公司或入股公司等方式，深化与其他市场主体的交易，拓展村集体的增收途径，壮大村集体经济。

（二）加强人才资金等政策支撑

一是加强人才队伍建设。始终将人才作为集体经济发展的关键，充分发挥村"两委"的领头带动作用，强化人才外引内育，继续推广第一书记制度，加强现有农村工作人员培训，建立完善分层分类培训体系，打造一支"懂农业、爱农村、善经营"的新型农村集体经营人才队伍。

二是加大财政投入力度。加大对村集体经济的资金支持，缓解村集体所面临的资金及信贷不足的困境，为村集体经济提供发展动力。

后　记

　　2016 年 12 月 26 日，中共中央、国务院发布了《关于稳步推进农村集体产权制度改革的意见》，对农村集体经营性资产进行改革。改革的目标是"逐步构建归属清晰、权能完整、流转顺畅、保护严格的中国特色社会主义农村集体产权制度，保护和发展农民作为农村集体经济组织成员的合法权益。……发展新型集体经济"。这就要开展集体资产清产核资、明确集体资产所有权、强化农村集体资产财务管理、有序推进经营性资产股份合作制改革、确认农村集体经济组织成员身份、保障农民集体资产股份权利、发挥农村集体经济组织功能作用。改革后形成的"新型集体经济"的组织形式，可以是经济合作社，也可以是股份经济合作社，分别对应集体经营性资产少和集体经营性资产多两大类型，当然不可能十分严格。按照文件的要求，2021 年在全国范围内要基本完成农村集体产权制度改革任务。

　　改革不是目的，目的是发展，即通过股份合作制改革的手段，促进农村集体经济的发展。这两者之间有什么逻辑关系？在新的形势下如何发展"新型集体经济"？学术界应该深入挖掘并给出答案。习近平同志在 2017 年中央农村工作会议上说，"壮大集体经济，……要在搞好统一经营服务上、在盘活利用好集体资源上、在发展多种形式的股份合作上多想办法"。可见，发展新型农村集体经济是乡村振兴的现实需要。本书出版的目的，就是要展现调研地区是如何在改革的前提下发展新型农村集体经济，以及集体经济对于乡村振兴究竟能够起到什么样的作用。

　　自 2018 年以来，农业农村部就委托笔者牵头对农村产权制度改革的部分试点（试验）地区进行评估，有的是期中评估，有的是期末评估。我们有意识地就改革后集体经济发展状况进行调研和总结。评估是任务，而调研是附加的，这就要给试点（试验）地区带来额外的麻烦，在此一并致歉并致谢。当然，也要对交给我们评估任务的农业农村部的有关领导同志致以衷心的感谢。必须说明的是，本书撰写的是调研报告，而不是评估报告。

　　自 2018 年以来，我们针对农村集体产权制度改革和集体经济发展这个专题，以完成评估任务为契机，对 20 多个县（市、区、旗）进行调研。由于评估的时间要求紧，我们也不愿意给地方添更多的麻烦，因此，一些地区的调研可能不是很详细，但我们努力做到把在调研期间看到的、想到的写下来，算是对这一改革阶段我国农民伟大创造的一点记录，也给学术界提供一点深入研究的素材。

　　本书按照内容大体分为三篇，上篇为理论探讨篇，主要是这几年在调研基础上撰写的部分理论性文章；中篇为产权改革篇，主要是农村集体产权制度改革的调研报告，部分报告也包括集体经济发展内容；下篇为集体经济发展篇，主要是农村集体经济发展的调研部分。由于具体报告的不可分性，第二部分的部分报告包括了第三部分的内容。第一部分的理论探讨还不够深入，我们还会在这些调研的基础上继续深入研究，挖掘改革背后的机理，形成公理性结论以进一步推进改革。

孔祥智

2021 年 11 月 15 日